KARL GERHARD STECK
PREDIGTMEDITATIONEN

KARL GERHARD STECK

Predigtmeditationen

Aus vier Jahrzehnten für das
Kirchenjahr ausgewählt

Mit einer Einleitung von Dieter Schellong

CHR. KAISER

CIP-Kurztitelaufnahme der Deutschen Bibliothek

Steck, Karl Gerhard:
Predigtmeditationen : aus 4 Jahrzehnten für d. Kirchenjahr ausgew. / Karl Gerhard Steck.
Mit e. Vorw. von Dieter Schellong.
– München: Kaiser 1983.
ISBN 3-459-01482-2
NE: Steck, Karl Gerhard: [Sammlung]

 – Umschlag von Ingeborg Geith, München. – Gesamtherstellung Georg Wagner, Nördlingen. – Printed in Germany.

Dem Verlag Vandenhoek & Ruprecht in Göttingen, der die hier zusammengefaßten Ausarbeitungen von Karl Gerhard Steck in den Göttinger Predigt-Meditationen erstmals veröffentlicht hat, danken wir an dieser Stelle eigens für seine Zustimmung zu diesem Neudruck.

Inhaltsverzeichnis

Einleitung

In den nunmehr 37 Jahren, in denen die Göttinger Predigt-Meditationen erscheinen, sind von keinem Mitarbeiter so regelmäßig Beiträge verfaßt worden wie von Karl Gerhard Steck. In der Anfangszeit, als die GPM ganz von Angehörigen der Theologischen Fakultät Göttingen getragen wurden, hing das regelmäßige Erscheinen davon ab, daß jeder Mitarbeiter in jedem Vierteljahr mehrere Meditationen abfaßte. Das war gar nicht durchzuhalten, so daß Hans Joachim Iwand (der ursprüngliche Anreger und seit Heft 3 des Jahrgangs 1946/47 auch Herausgeber der GPM) sich darum bemühte, zusätzliche Mitarbeiter zu gewinnen und die geistige Basis des Unternehmens Schritt für Schritt zu verbreitern. Im Vorwort zu Heft 1 des Jahrgangs 1947/48 konnte Iwand dankbar auf eine Reihe neuer Mitarbeiter hinweisen – und zu denen gehörte auch K. G. Steck, der in diesem Heft mit einer Meditation über Offb. 5. 1–14 (zum Sonntag Oculi) seinen Einstand in den GPM gab. Auch als sich durch ständige Erweiterung des Mitarbeiterkreises die Arbeit auf viele Schultern verteilte, verfaßte der Herausgeber noch weiterhin zwei Beiträge für jedes Vierteljahrs-Heft; und außer ihm trug eine solche Bürde nur noch K. G. Steck. Im Laufe der Zeit pendelte es sich für Steck dann auf einen Beitrag pro Heft ein, wobei es bis heute in einzigartiger Treue geblieben ist. Das erbrachte eine außergewöhnlich große Zahl von Meditationen, die Texte aus allen Teilen der Bibel und zu allen Sonn- und Feiertagen des Kirchenjahres z. T. mehrfach behandeln. Nimmt man hinzu, daß Steck außerdem für die von Georg Eichholz herausgegebenen Meditationsbände »Herr, tue meine Lippen auf« und für deren Nachfolgereihe »Hören und fragen«, hg. von G. Eichholz und A. Falkenroth, schrieb, wird das Bild seiner Predigtmeditation noch erheblich stattlicher. Wollte man alle Beiträge zusammenstellen und gesammelt neu vorlegen, müßte man ein vielbändiges Unternehmen in Gang setzen. Daran hat der Verfasser selber nie gedacht; denn die Predigtmeditationen sind aktuelle Gebrauchsliteratur, man könnte sagen: Verbrauchsliteratur. Auch wenn er einen schon einmal behandelten Text wiederum auszulegen hatte, wandte sich der Autor der Aufgabe neu zu und arbeitete eine neue Meditation aus. Man könnte an Hand des Genus' der Predigtmeditationen einmal über die Zeitbedingtheit, oder positiver gesagt: die Zeitzugeordnetheit der theologischen Literatur im Ganzen nachdenken . . .

Stecks Mitarbeit an Predigtmeditationen stammt aus deren ersten Stunde: aus der Zeit des Kirchenkampfes, genauer: aus dem Jahre 1939. Da schien es nötig geworden zu sein, den Pfarrern der Bekennenden Kirche in der Unruhe und in den Bedrängnissen jener Zeit und in der für sie neuen und ungewöhnlichen Lage der Kirche etwas an die Hand zu geben, das der Gefahr der Zerstreuung wehren kann. Denn Zerstreuung blieb nicht aus bei dem Vorrang der Kirchenpolitik, bei deren ständig wechselnden taktischen Situationen und Berechnungen mit aller zugehörigen Aufregung und Geschäftigkeit. Dazu kam der Mangel an theologischer Literatur und an Möglichkeiten zu theologischer Arbeit. Die Predigtmeditationen wollten mit ihrer Orientierung an einem zentralen Tätigkeitsbereich des Pfarrers Praxis und biblisch-theologische Konzentration verbinden und den Grund, auf dem die Kirche des Bekenntnisses sich sammelte, immer wieder festmachen. Dementsprechend waren die Predigtmeditationen in der Zeit des Kirchenkampfes der Sache nach ziemlich streng biblisch und dogmatisch gehalten, der Sprache nach vorwiegend thetisch, auf Ermunterung und Gewißheit ausgehend. Liest man die Meditationen von Steck aus jener Zeit und hält man sie gegen seine Meditationen etwa aus den Siebzigerjahren in den GPM, so fällt sofort in die Augen, wieviel seitdem sich gewandelt hat. Gewiß mag auch die Entwicklung im Lebensalter des Verfassers mitspielen, doch das erklärt nicht alles. Auch bei anderen Autoren läßt sich, wenn auch in sehr verschiedenartiger Weise, eine entsprechende Wandlung erkennen. Darin kommt die Zeitbedingtheit, eben der Verbrauchscharakter der Predigtmeditationen zum Ausdruck.

Es war im Rahmen dieses Bandes nicht möglich, aus der ganzen Zeit der Predigtmeditationen, die von ihren Anfängen an mit der Autorschaft K. G. Stecks untrennbar verbunden ist, Proben zu bieten. Der Verlag hat sich nach allseitigen Rücksprachen dafür entschieden, sich auf die GPM als Quelle zu beschränken. Interessant ist der Vergleich aber schon, und es ist auch bewegend, demselben Autor – in ein und demselben Genus! – auf so verschiedenen Stationen und in so verschiedenen Gewändern zu begegnen (. . . und wahrscheinlich gehen die Unterschiede ja noch tiefer, als daß das Bild von den Gewändern ausreichend sein könnte).

Doch auch innerhalb der GPM tritt uns Steck keineswegs immer in derselben Weise gegenüber – so sehr man im Stil und in der Art denselben Verfasser erkennt. In der Zeit unmittelbar nach dem Kriege, als die

Bücher- und Papiernot Spiegel von viel tieferen und schwerer wiegenden Nöten und Mängeln war, sind Art und Stil noch näher bei der Zeit des Kirchenkampfes – wenn auch nicht mehr so darauf aus, Gewißheit zu vermitteln. Doch schon bald fällt in Stecks Beiträgen in den GPM auf, wie er sich jeweils um die neueste Literatur bemüht und diese zum Aufschließen der Texte für die zeitgenössische Predigt heranzieht. Das hat zur Folge, daß die Wendungen im allgemeinen Bewußtsein und dementsprechend im theologischen Klima und in den theologischen Forschungsrichtungen sich in seinen Predigtmeditationen niederschlagen und dort zu verfolgen sind. Könnte man die Predigtmeditationen Stecks in chronologischer Reihenfolge neu vorlegen, würde das einen unschätzbaren Einblick in die theologischen Vorgänge des letzten Menschenalters ermöglichen – wahrscheinlich den gehaltvollsten und dabei unaufdringlichsten, den man finden kann. Doch in einem bleibt Steck stets der Tendenz aus der Anfangszeit der Predigtmeditationen treu: der Zerstreuung zu wehren. Der Vielgeschäftigkeit der Wirtschaftswunderzeit und dann ihrer Ernüchterung wird ebensowenig nachgegeben wie der Hektik aus pastörlichen Minderwertigkeitsgefühlen oder Selbstgefälligkeiten. Die größere Vielfalt an verarbeiteter Literatur, an Stoffdarbietung, an Problemen und Argumentationssträngen, die jetzt möglich geworden ist und von Steck originell genutzt und ausgebaut wird, dient immer der Sorgfalt und Konzentration im Umgang mit dem Text und will von der zerstreuten Vielgeschäftigkeit fort genau dahin führen. Darin zeigt sich nocheinmal die Treue zur Predigtaufgabe des Pfarrers, die schon aus der unermüdlichen Teilnahme am Dienst der Predigtmeditation spricht: Die Zeitnähe und Zeitgemäßheit der Predigt und ihrer Vorbereitung soll ohne Konzessionen an die Bequemlichkeit mit Textnähe und ebenso mit sorgfältiger intellektueller Rechenschaftsabgabe verbunden werden.

Deshalb wird durchaus nicht um jeden Preis dem Neuesten Kredit gegeben und Interesse zugewandt. Vielleicht wird mancher Benutzer der GPM bei den Meditationen von Steck gar nicht primär an die Aufbereitung der jeweils neuesten Literatur denken als vielmehr an die der Auslegungen aus dem 19. und frühen 20. Jahrhundert. Ebenso müßte man aber auch die ständige Einbeziehung der reformatorischen Bibelauslegung nennen, und zwar nicht nur der Luthers, die Steck durch seine intensiven Lutherstudien besonders überlegen bereithält, sondern auch der Calvins, die vielen – ich kann es von mir selber sagen – durch Stecks Predigtmeditationen überhaupt erst in das Blickfeld und in den Bereich ernster Betrachtung gerückt worden ist. Trotzdem fällt mir im Rückblick auf, wie stark Steck immer auf die jeweils neueren Veröffentlichungen achtet und sie den Lesern vorstellt und mit in den Kreis des zu Bedenkenden einbezieht. Hier liegt sicher ein nicht zu unterschätzendes Anliegen seiner Meditationsarbeit als Erstellung von aktueller Verbrauchsliteratur.

Die zahlreichen Hinweise auf Auslegungen der Vergangenheit, besonders des 19. Jahrhunderts, ordnen die neueren Fragestellungen und Antworten in die größeren Zusammenhänge der Problem- und Auslegungsgeschichte ein. Dabei verliert manch Neuestes seine Originalität und Wichtigkeit, dabei wird manche Rechthaberei durch die Einsichten der Väter relativiert und korrigiert; aber ebenso wird manch scheinbar Triviales in seiner Bedeutung gewürdigt und manche vergessene Erkenntnis in ihrer Aktualität und auch Tiefe neu erschlossen. Es wird nicht nur mir so gegangen sein, daß man sich öfter bei Stecks Darbietungen aus der Auslegungsgeschichte an den Kopf gefaßt und sich gefragt hat, wie es kam, daß man diese oder jene Problemstellung vergessen oder unterbewertet oder daß man etwas fälschlicherweise als ganz neue Erkenntnis oder auch Mode eingestuft hat. In der Weite der Bezüge, die sich bei Steck aufgrund der souveränen Einbeziehung der Auslegungsgeschichte öffnet, rückt vieles sich von selber zurecht – aber vieles rückt einem auch jetzt erst richtig auf den Leib. Würde man (wie ich es mir wünschte) Stecks Predigtmeditationen in ihrer Gesamtheit nach den biblischen Schriften geordnet vorlegen, könnte man eine moderne Auslegungsgeschichte, eine Problemgeschichte des Umgangs mit den biblischen Texten erhalten, wie sie ohne Vergleich wäre.

Doch es zeichnen sich unter Stecks Arbeiten nicht nur die Predigtmeditationen dadurch aus, daß die Problemgeschichte der neuzeitlichen Theologie präsent ist. Ob es wohl viele seiner Studenten in seinen akademischen Lehrveranstaltungen ganz haben würdigen können, mit welcher Treffsicherheit und mit welchem Bewußtsein um die Zusammenhänge die Hinweise und Textproben aus der neueren Theologiegeschichte – beider Konfessionen! – ausgewählt waren? Dadurch konnte man vor manchen Abirrungen bewahrt werden: vor Abirrungen in ungenau oder falsch angegebene Fragestellungen, die als modern gelten und in denen sich doch nicht niedergeschlagen hat, was sich wirklich im Rahmen der neuzeitlichen Problemgeschichte in der Theologie abspielt. Ob man K. G. Steck bitten darf, aus seinen unvergleichlichen Textzusammenstellungen einmal eine Edition unter systematischen Gesichtspunkten zu veranstalten, aus der dann auch weitere Kreise Belehrung schöpfen können? Sollte dafür nicht genügend Interesse vorhanden sein? Es ist sehr schade, daß eine vor zehn Jahren – zum 65. Geburtstag des

Autors und zum nahenden Abschluß seiner akademischen Lehrtätigkeit – vorgesehene Zusammenstellung von Aufsätzen Stecks zur neueren Theologiegeschichte nicht zustande gekommen ist. Bei der gegenwärtigen desolaten Finanzlage der Bibliotheken ist an einen solchen Sammelband nicht mehr zu denken. Aber deshalb sollte nicht unausgeschöpft bleiben, was Steck zur neuzeitlichen Theologie erarbeitet hat – weniger in weitgespannter Theorie als in präziser Darbietung und Würdigung des Einzelnen und dabei des Wesentlichen!

Die Auswahl der Predigtmeditationen, die hier vorgelegt wird, ist nun aber nach dem Kirchenjahr geordnet, so wie es ihrer Entstehung und Abzweckung für den laufenden Dienst des Pfarrers im Rahmen der GPM entspricht. Mehr als eine kleine Auswahl kann nicht geboten werden, doch konnte für fast alle Sonn- und Feiertage des Kirchenjahres je eine Meditation aufgenommen werden, die den Text auch in der besonderen homiletischen Situation und Aufgabe bedenkt, für die er ausgesucht worden ist. Wie sehr sich Steck der Predigtaufgabe des Pfarrers verbunden weiß, zeigen zudem die eingestreuten Ausschnitte aus weiteren Meditationen von ihm, an deren Präsentation zunächst nur gedacht war, um den freien Raum zu füllen, der beim photomechanischen Nachdruck entstanden ist, die aber nun zu einem besonderen Juwel des Bandes geworden sind und die auch für den homiletisch Erfahrenen reizvoll und lehrreich sein werden.

Wollte ich herausheben, was mir (und ich weiß, daß es anderen Pfarrern ähnlich geht) bei Stecks Meditationen das Wesentlichste war und ist, so kann ich es vielleicht so zusammenfassen: Man sieht sich als Prediger ernst genommen. Man wird nicht bevormundet – keine bestimmte Meinung wird einem aufgenötigt, kein bestimmtes Predigtrezept wird angepriesen; die eigene Arbeit wird angeregt, die Eigenständigkeit nicht zugeschüttet. Wenn ich eine eigene Predigtmeditation in einem Heft der GPM neben einer von Steck betrachte, erschrecke ich meist darüber, wie plump und einlinig von mir die Einsichten an den Mann gebracht werden, wo Steck sich gleichsam neben den Prediger stellt, dessen Bedenken und Schwierigkeiten mitempfindet und ausspricht, den Text von verschiedenen Seiten anleuchtet und betrachtet und ihn ohne Zwang zur systematischen Geschlossenheit, die immer etwas Gewaltsames an sich hat, zum Sprechen bringt – und uns ins Gespräch mit dem Text. Und wo wir anderen aufhören mit der Meditation, weil wir nun zu wissen und gesagt zu haben meinen, worum es geht, dreht Steck diese oder jene Deutung oder Verlegenheit nocheinmal herum, um sie von der anderen Seite anzusehen – und da zeigt sich, daß jetzt erst die ergiebigsten Erkenntnise aufleuchten und das eigene Nachdenken erst richtig in Gang gesetzt wird. Und stets fühlt man sich als Leser in voller Freiheit eingeladen mitzugehen – oder auch vorher stehen zu bleiben. Man kann auch widersprechen, ohne daß dadurch das Band des Vertrauens zwischen Autor und Leser zerreißen würde, wie es sonst so oft geschieht, wenn man einem Autor nicht folgen kann oder mag.

An dieser Stelle muß ich auch die Nüchternheit der Steckschen Predigtmeditationen nennen. Ich meine, man wird auch darin als Leser ernstgenommen, daß einem nicht durch Patentlösungen, begeisternde Neuentdeckungen, großartige Theorien oder ähnliches der Kopf benebelt wird. Gewiß würde mancher gerne manchmal mehr in Schwung gebracht werden, und in der Verbrauchtheit durch den Alltag und das dauernde Reden-Müssen ist man auch schon mal versucht, nach zündenden neuen Ideen Ausschau zu halten; aber der Kater bleibt hinterher nicht aus, wie gerade die Geschichte der sich einander jagenden theologischen »Entwürfe« des letzten Menschenalters gezeigt hat. Mit Stecks Nüchternheit ist man längerfristig solider bedient und letztlich ernster genommen, und ich meine, daß auch dadurch seine Predigtmeditationen so unverbraucht wirken, daß sich der Verlag gern entschlossen hat, sie trotz ihres Charakters als »Verbrauchsliteratur« in Auswahl erneut vorzulegen.

Diese Nüchternheit ist aber noch in einem anderen Sinne bedeutsam: Sie hält im Bewußtsein des Vorläufigen und Vergänglichen fest, was – besonders in der Kirche – sich so gern mit dem Anspruch des Heiligen und Ewigen aufplustert. Mit Bemerkungen wie der, daß das Kirchenjahr leicht »heidentümlich« sei, oder mit der Ablehnung des Kirchenrechts als geistlichem Recht (um nur zwei Dinge zu nennen, die mir bei der ersten Kenntnisnahme großen Eindruck gemacht haben) wird direkt zwar nichts geändert am kirchlichen Betrieb; es ist auch gar nicht intendiert, daß unbedingt etwas geändert werden muß. Aber es wird deutlich markiert, daß wir es hierbei wie bei all unseren Veranstaltungen mit ganz menschlichen Einrichtungen zu tun haben, die wir nicht mit dem Wirken des Heiligen Geistes verwechseln sollten. Steck hat sich gerade in dem Zeitraum, dem die Mehrzahl der hier neu abgedruckten Predigtmeditationen angehören, in vielem von Karl Barth entfernt, zu dessen Schülerkreis er zählt; aber in diesem wesentlichen Punkt hat er sich immer in Übereinstimmung mit Barth bewegt: in der Bereitschaft, das Irdische – auch und gerade das der Kirche – ohne Verklärung als das anzusehen und anzunehmen, was es in seiner Begrenztheit ist, und die Hypertrophie des geistlichen Selbst- und Kirchenbewußtseins gründlich zu vermeiden.

Gerade darin wirken die Predigtmeditationen frisch und unverbraucht. Gerade als schlicht menschliche Hinweise und Überlegungen können sie dem Prediger und Theologen auch weiterhin von Nutzen sein, indem sie ihm helfen, sich offen zu halten für den Geist, den nicht wir verwalten und verteilen können.

Epiphanias 1983

Dieter Schellong

1. Advent

Römer 13,8–12 (13–14)

Lit. Auswahl: Außer den Kommentaren von *Luther* (1515/16 Übers. v. Ed. Ellwein 1937), *Melanchthon* (1532 Werke in Ausw. Bd. 5 ed. Rud. Schäfer 1965), *Calvin* (In N.T. Comm. Vol. V[4] 1864 ed. Tholuck), *Ad. Jülicher* (Schr. d. N.T. Bd. 2 [3]1917), *K. Barth* (1919 und [5]1929), *A. Schlatter* (Gottes Gerechtigkeit 1935), *O. Michel* (1955), *E. Käsemann* ([3]1973) und *H. Schlier* (Herders Theol. Komm. Bd. VI 1977): *P. Tillich*, Kairos und Logos in Kairos Zur Geisteslage und Geisteswendung (Darmstadt 1926) 23–75; *E. Lohmeyer*, Grundlagen paulin. Theol. 1929 123f.; 132f.; 138f.; *A. Schweitzer*, Die Mystik des Ap. Pl. 1930; *R. Bultmann*, Das christl. Gebot der Nächstenliebe (in Glb. u. Verstehen I, 1933, 229–244); *K. Barth*, Kirchl. Dogm. IV,1 (1953) 811ff. Die Zeit der Gemeinde; IV,2 (1955), 626ff. Die Erweckung zur Umkehr; *M. Dibelius*, Glaube und Mystik bei Paulus (Botschaft u. Geschichte II, (1956), 94–116) *U. Hedinger*, Unsere Zukunft Aspekte der Zukunftsvorstellungen in der heutigen Theologie (Theol. Stud. 70, 1963) 52 S.; *G. Bornkamm*, Wandlungen im alt- und neutestamentl. Gesetzesverständnis (Glaube und Gesch. 2. Teil = Ges. Aufs. Bd. 4 1971 73–119); *H.D. Wendland*, Die Ethik des N.T. (NTD Erg. R. 4 1975). – *M. Luther*, Kirchenpostille WA 10 I/2 S. 3ff. E.A. 7,25ff.; ferner WA 32,210ff. E.A. 17, 449ff.; WA 51,90ff. E.A. 19,416ff. – GPM zu Röm 13,11–14: *Gollwitzer* 5, 1950/1; *R. Frick* 10, 1955/6; *J.M. Lochman* 16, 1961/2; *E. Brandenburger* u.a. 22, 1967/8; *W. Schrage* 28, 1973/4. *H.J. Iwand* in Gg. Eichholz, Herr tue meine Lippen auf Bd. 2, [2]1959, 1–15; zu Röm 13,8–10 GPM *E. Fuchs* 16, 1961/2; *H. Traub* 22, 1967/8; *W. Schmithals* 28, 1973/4.

I. Dokumentation

Denn durch das Wort „wie dich selbst" wird jede geheuchelte Liebe ausgeschlossen (Luther 1515/16 Ellw. 482). – Nicht dem Fleisch, sondern dem Laster des Fleisches muß man Abbruch tun (Luther ebda 492). – Darumb auch, daß die Vermahnung desto stärker sei, und lieblich eingehe, brauchet er viel hübscher, verblümter Wort, und machet eine feine buntfarbene Rede, nennet den Schlaf, Finsterniß, Licht, Aufwachen, Waffen, Werk, Tag und Nacht; das sind eitel verblümete Wort, durch welche etwas anderes verstanden wird, denn ihr Art und Natur gibt ... er bildet uns für durch solch natürlich Gleichniß, damit er uns reize und führe in unser geistlich Wesen (Luther EA 7, 25f.). – Es haben etliche vierlei Zukunft Christi gesetzt, nach den vier Sonntagen im Advent. Aber diese, die am allernötigsten ist, da alle Macht anliegt, davon hie St. Paul redet, haben sie nicht ersehen; denn sie wissen nicht, was Evangelion ist, oder wozu und warumb es gegeben ist, schwätzen viel von Christus Zukunft und jagen ihn doch von uns weiter, denn Himmel und Erde von einander sind. Was ist Christus nutz, wenn er nicht wird mit dem Glauben besessen? Wie mag er aber mit dem Glauben besessen werden, wo das Evangelium nicht gepredigt wird? (Luther ebda 31f.).

Niemals lieben wir Gott und den Nächsten genug. Daher sind Erfüllung des Gesetzes und Rechtfertigung nicht identisch, denn die Rechtfertigung gehört nicht zum Gesetz, sondern zur Verheißung (Melanchthon 1532 S. 326,4).

Ergo violat caritatem, si quis anarchian inducit, quam statim consequitur rerum omnium perturbatio: daher handelt gegen die Liebe, wer die Anarchie einführt, auf welche alsbald der Umsturz aller Dinge folgt (Calvin z. Vers 8).

Aufmerksame Leser werden übrigens bemerken, daß ich den Apostel nicht die Sinnlichkeit überhaupt und an sich verwerfend vorstelle, sondern nur das Übermaß, die Herrschaft derselben in den Menschen. Sinnlich leben, sinnliche Lüste, allen sinnlichen Eindrücken folgen, herrschende Sinnlichkeit ist etwas ganz andres, als seine Sinne brauchen, sinnlicher Triebe, sinnlicher Eindrücke fähig seyn: eine durch die Vernunft geleitete Sinnlichkeit (W. A. Teller, Wörterbuch des N. T., zur Erklärung der christl. Lehre ([4]1785 209 s. v. Fleisch).

Da habt ihr das positive Prinzip eures überlegenen Verhaltens, durch das ihr das göttliche Wort verkündigen sollt. Nur die Liebe baut die neue Welt (5,5), aber die Liebe baut sie sicher. Alle Auflehnung und alle Negation gegenüber den herrschenden Gewalten ist zweideutig (das können die Andern auch!), die Liebe ist das unzweideutige Wort, das von der Menschheit verstanden wird. Aller Kampf gegen das Böse auf seinem eigenen Boden schlägt letztlich nicht durch, die Liebe ist die Kraft der Auferstehung, durch die es zu einer neuen Schöpfung kommt (K. Barth 1919, 391 z. Vers 8b–10).

Denn der Kairos, der Schicksalsmoment des Erkennens ist absolut, insofern er in diesem Augenblick vor die absolute Entscheidung für oder wider die Wahrheit stellt, und er ist relativ, sofern er weiß, daß diese Entscheidung nur als konkrete Entscheidung, als Zeitschicksal möglich ist. So dient der Kairos nicht der Verhüllung, sondern der Offenbarung des Logos (Pl. Tillich 75). Pauli Gedanke ist von allen hellenistischen Vorstellungen, die sich in solchem theatralischen Handeln zu verwirklichen suchen, darin grundverschieden, daß es sich bei ihm um ein kollektives und dauerndes Erleben handelt, das zudem nur aus der Anschauung des mystischen Leibes Christi begreiflich wird. Miteinander und ständig haben die Erwählten auf geheimnisvolle Weise die verklärte Leiblichkeit Christi an sich. Der Akt, in dem sie ihnen verliehen wurde – die Taufe – ging ohne jeden auf ein solches Bekleidetwerden bezüglichen Pomp vor sich (A. Schweitzer 135).

Im Christentum handelt es sich weder um allgemeine Menschenliebe, noch ist die Liebe eine Tugend, die zur Vollkommenheit des Menschen gehört. Sie ist nicht eine Eigenschaft, die der Mensch für sich haben kann wie Selbstbeherrschung oder Gelehrsamkeit; erst recht natürlich nicht ein Gefühl, ein Affekt der den Einzelnen erfüllen kann. Das schon deshalb nicht, weil es dann sinnlos wäre, Liebe zu fordern. Sie ist von vornherein eines Weise seines Seins zu andern. „Die Eigenschaft der Liebe kannst du nicht für dich selbst haben, denn durch sie oder in ihr bist du nur für andre" (Kierkegaard). Die Liebe ist überhaupt keine Eigenschaft, kein Was am Menschen, sondern ein Wie seines Miteinanderseins (R. Bultmann 237).

II. Abgrenzung und Zusammenhang

Die Frage nach Zusammenhang und Abgrenzung drängt sich sofort auf, weil wir in Abänderung der alten Ordnung nicht nur über Röm 13,11–14 sondern über 13,8–14 predigen sollen. Außer dem Hinweis, daß diese, für uns neue Abgrenzung im Common Prayer Book vorgesehen sei, habe ich eine Begründung dafür nicht finden können. In den Kommentaren und Meditationen herrscht Uneinigkeit. Die einen nehmen Vers 8–14 zusammen (K. Barth in Röm 2. Aufl.: die große positive Möglichkeit; E. Käsemann: Summarium der allgemeinen Paränesen; ähnlich Wendland und Schlier); die andern trennen die beiden Abschnitte (Ad. Jülicher, Ad. Schlatter, O. Michel). Auch das Urteil über Röm 13,1–7 spielt herein. Schmithals bezeichnet nicht nur 13,1–7 als selbständig, sondern meint sogar, 13,11–14 sei eine sekundäre Einlage in einen ursprünglichen Zusammenhang von 12,1–21; 13,8–10 und 14,1ff. Eine genaue Begründung konnte er im Rahmen der GPM nicht geben (110).

Der jetzige Vorschlag hat für sich, daß er dem Prediger eine neue, freilich auch ungemein schwierige Aufgabe stellt: die beiden Abschnitte sind in sich sehr gehaltvoll; über 13,8–10 ist ja neuerdings auch immer wieder gepredigt worden. Wie man in *einer* Predigt über zwei so wenig homogene Abschnitte predigen soll, steht dahin. Wer bei der alten Abgrenzung bleibt und also nur über 13,11–14 predigt, kann das m. E. besten Gewissens tun. Denn niemand wird bezweifeln, daß 13,11ff. ein nicht nur angemessener, sondern großartiger Text zum 1. Advent als Beginn des Kirchenjahrs war und ist. Wem es noch nicht aufgegangen ist, der mag sich das an Iwands grandiosem Beitrag von 1959 klar machen. Dem Verfasser der Meditation obliegt es, der neuen Ordnung sich anzuschließen, und zwar incl. Vers 13f.

Gerade dann stellt sich die Frage, wie eng unsere Perikope mit dem berühmten Abschnitt 13,1–7 zusammenhängen soll. Calvin hat einen engen Zusammenhang gesehen und betont (s. o.!). Für uns besteht hieran kein Interesse. Es ist genug, daß jeder Text seine eigene Plage habe. Wohl aber ist der Zusammenhang mit 12,1ff. zu beachten. Mindestens 8–10, irgendwie auch 11–14 setzt die Paränesen des 12. Kapitels fort. Freilich unterscheiden sich die Motivationen von 13,8–10 von denjenigen in 12,1f. beträchtlich. Erst recht stellt 11–14 alles zuvor Gesagte in eine neue, in die eschatologische Perspektive. Schon hier sei die mir wenig einleuchtende These Käsemanns erwähnt, Vers 11ff. schimmere noch durch, daß ursprünglich die Naherwartung die christliche Ermahnung begründete, während bei Paulus schon Taufe und Pneuma diese Funktion haben (349). Anderseits wendet sich Käsemann im gleichen Zusammenhang gegen Hypothesen von einer Abschwächung des apokalyptischen Denkens bei Paulus! Aber das alles wird sich beim Versuch unserer Auslegung herausstellen müssen.

III. Versuch einer Auslegung

Ohne Anspruch auf Vollständigkeit ist wenigstens dasjenige Detail zu behandeln, das von jeher dem Verständnis des Lesers Schwierigkeiten bereitet. Ich folge dabei dem Gang des Textes.

Zu Vers 8: Die Mahnung, niemand etwas schuldig zu bleiben, scheint sich an die „Schuldigkeiten" von Vers 7 anzuschließen. Sie hat Anlaß zu vielem Tiefsinn gegeben, ob nun die christliche Liebe in diese Reihe gehört oder gerade nicht gehört, ob sie als Pflicht erfüllt oder gerade nicht erfüllt werden könne usw. Mit H. Schlier möchte ich hier nicht allzuviel investieren, vielmehr so verstehen: wir sollen niemandem etwas schuldig bleiben, aber einander lieben. – Daß das ‚heteron' (V. 8b) nicht auf Nomos (Gesetz) zu beziehen ist, sondern auf agapan (lieben), sollte klar sein. Es muß betont werden, weil u. a. auch Wilckens in der Übersetzung erwägt, es werde hier das Liebesgebot dem ‚andern Gesetz', sei es dem staatlichen, sei es dem mosaischen der zweiten Tafel konfrontiert. Das Verbum agapan ist nie intransitiv.

Zur Vers 9f. Der atl. Zusammenhang ist zu bedenken. Die Zusammenfassung der Gebote in dem einen Gebot der Nächstenliebe ist nicht erst eine Errungenschaft des Neuen Testaments, sondern findet sich schon Lev 19,18. Daß der Zusatz „wie dich selbst" keine Limitation, sondern eine Radikalisierung des Liebesgebotes bedeutet, hat Luther mit Recht betont (s.o.!). Aber was heißt pleroma? W. A. Teller übersetzt: Inbegriff (182), was mir einleuchtet. Käsemann stellt fest, daß hier jede Polemik gegen den Nomos fehlt. Natürlich ist aus der Nuance von nomos und entole nichts für die beliebte Dialektik von Gebot und Gesetz (gegenüber dem Evangelium) abzuleiten. Was Schlatter mit seiner Kritik an Luther bezweckt – Paulus habe nicht wie der Reformator aus den negativen Vorschriften des Dekalogs positive Gebote machen können (357f.) – verstehe ich nicht. Auch Paulus faßt die negativ formulierten Gebote in dem positiven Liebesgebot zusammen.

Zu Vers 11f. Zu touto wird meist ergänzt: poieite: das tut (so handelt) und erkennt dabei den Kairos. So sehr mich Iwands tiefsinnige und anregende Sätze zum biblischen Kairos beeindrucken, muß ich doch bemerken: Paulus hat hier zunächst einen engeren Horizont. Zwischen seiner und der Leser Bekehrung und ihrer Gegenwart ist Zeit vergangen. Aber das ist kein Unglück, kein Anlaß, über die Vergänglichkeit des Daseins zu meditieren, sondern ein Glück: Unser Heil (Teller 297: „das ganze Glück des Christenthums") ist näher herbeigekommen. Aber es bleibt dann doch nicht bei der nur autobiographischen Notiz. Was das mit der christlichen Paränese zu tun hat, ist unten zu bedenken.

Die Metaphern von Nacht und Tag, von Finsternis und Licht sind in und außer der Bibel belegt. Sie gehören zum Grundvokabular jeder Religion. Der Gegensatz von „Werken der Finsternis" und „Waffen des Lichts" ist immer beachtet worden. „Et arma potius quam opera, quoniam Domino militandum est: eher Waffen als Werke, weil es dem Herrn Soldatendienst (zu leisten) gilt" (Calvin zu Vers 11).

Zu Vers 13. Plötzlich wandelt sich der Ausdruck. Pl. wechselt von der religiösethischen, erwecklichen Sprache zu der der hellenistisch-bürgerlichen Ethik: Als am Tage sollen wir wohlanständig wandeln. Der Tag hat hier nichts Apokalyptisch-Eschatologisches mehr, sondern betrifft unser Leben in der nachbarschaftlichen Öffentlichkeit. Selbst in der Antike, deren Sittengeschichte oft geschildert worden ist, kann man sich in der Öffentlichkeit nicht alles leisten. Bekanntlich hat Augustin diesen Satz „zufällig" aufgeschlagen und gelesen. „Ich wollte nicht weiter lesen und brauchte nicht weiter zu lesen. Denn kaum da ich den Satz zu Ende gelesen, kam's in mein Herz, ein Licht der Zuversicht und der Gewißheit, und alle Nacht des Zweifels war zerstoben" (Conf. IX, 12 Übers. v. H. Hefele 1928 S. 157). Der Eindruck wird den heutigen Menschen vielleicht überraschen.

Zu Vers 14. Auch die Metapher vom Anziehen ist inner- und außerbiblisch. Alb. Schweitzer hat mit Recht den Unterschied der Stimmung bei Apuleius und bei Paulus betont (s.o.!). Iwand hat Luthers Auslegung zu der Parallele Gal 3,27 zitiert: Induere vero Christum Evangelice non est imitationis, sed nativitatis et creationis novae (WA 40 I, 540 EA Gal 2, 127): Christus anziehen heißt nach dem Evanglium nicht ihn nachahmen, sondern neu geboren und geschaffen werden." Schlatter hat die Metapher mehr praktisch verstehen wollen, als sei mit dem Gewand auch für die Christen der soziale Status u. ähnl. gemeint (360f.). Dazu geben die seltenen Belege im N.T. wohl doch kein Recht.

Umstritten ist das Verständnis von 14b: Von Luther über Teller bis A. Schlatter pflegt man die legitime und die illegitime Sorge für den Körper zu unterscheiden. Die heutigen Ausleger möchten das nicht gelten lassen (E. Käsemann, W. Schrage 5 Anm. 11). Wer den Satz unbefangen bedenkt – „Betreibt die Leibsorge nicht zur Sucht" – wird der älteren Auslegung eher zustimmen. Wenn Käsemann das anti-enthusiastische Anliegen in der Paränese des Paulus betont, sollte man erwarten, daß er Vers 14 nicht so radikal asketisch deutet wie er es dann doch tut. Auch Paulus weiß, daß wir die Welt nicht räumen können (1. Kor 5,10b). Dem steht auch die Parallele 1. Kor 9,27 nicht im Wege.

Wir haben nach all dem Detail die Grundlinien der Perikope zu suchen.

IV. Grundlinien

Nacheinander sind die beiden Abschnitte je für sich und dann im Zusammenhang ins Auge zu fassen. In Vers 8–10 nimmt die paulinische Paränese zwar einen praktischen Anlauf: bleibt niemandem etwas schuldig; sie wendet sich dann der mehr theoretischen Feststellung zu, die verschiedenen Gebote seien zusammengefaßt in dem Gebot der Nächstenliebe, und sie sei der Inbegriff des Gesetzes. Zur Näherbestimmung der Nächstenliebe dient auch hier, wie im Dekalog, der negative Satz von 10a. Zur Abgrenzung gegen weitverbreitete Mißverständnisse der Liebe mögen Bultmanns Sätze verhelfen (s.o.!). Freilich scheint die Pointe von Vers 8–10 (:die Liebe als Inbegriff des Gesetzes nach Form und Inhalt) heute fast ins Leere zu stoßen. Oder ergibt sich für die Predigt aus Vers 8–10 ein Anlaß, je nach Lage etwas gegen unsere mehr oder weniger starren bürgerlichen Moralen vorzubringen?!

Vers 11–14 scheint dann doch mehr zu bieten, sei es auf der Linie des Kairosdenkens nach Tillich oder nach Iwand. Iwand konzentriert sich ganz auf die Mitte: „Das Licht ist das Evangelium selbst, die Nähe Gottes bei den Menschen (Mk 1,15). Das Licht steht dort still, wo der Himmel sich zur Erde neigt, wo es heißt: heute!" (5). Man sollte aber Tillichs Entwurf nicht ins rein Spekulative abschieben. Für uns liegt das Problem des Textes nicht in diesen Nuancen, sondern in folgendem: Wie der Kreis des Kirchenjahrs, so wird bestenfalls auch der kräftige Weckruf dieser Epistel zum Ritus, der sich alle Jahre wiederholt. Worin für Paulus und seine Leser noch echte und ursprüngliche Spannung lag: jetzt näher als bei unserer Bekehrung! – ist für uns zur liturgischen Formel und Gewohnheit verkommen. Wir können uns nur mehr sehr künstlich in die aufregende Spannung von Vers 12 versetzen. Auch Iwands grandioses Pathos wird daran wenig ändern.

So legt es sich nahe, das für uns kaum zu aktualisierende Zeitmoment zu meiden, und sich den zeitlosen Mahnungen zuzuwenden: abtun die Werke der Finsternis, anlegen die Waffen des Lichts. Das gilt gestern, heute und morgen. Vers 13f. bringt ja dann auch mehr allgemeine, nicht zeitbezogene Sätze. Niemandem ist dieser Weg zu verwehren. Aber wir verlieren dann die Eigentümlichkeit der Perikope eben doch. Wer die Ausleger beachtet, wird belehrt, es handle sich bei dieser Perikope um eine Taufermahnung (O. Michel, E. Käsemann, H. Schlier, W. Schrage). Ja, es wird uns empfohlen, Auslegung und Predigt unter diesen Gesichtspunkt: reditus ad baptismum zu stellen. Iwand hat hier energisch – und mit Recht – abgewinkt: „Es wird auch nicht verständlicher, wenn man sagt, es sei damit auf die Taufe verwiesen (Gal 3,27)! Da denkt jedermann doch nur an den Taufakt der Volkskirche – und so bleibt wieder alles beim Alten. Aber Christum anziehen, das heißt, daß nichts beim Alten bleibt und das bedeutete auch einmal die Taufe! (Röm 6,4). Aber das ist lange her. Darum soll man nicht das Anziehen des Christus von dem Taufritus her erklären, sondern umgekehrt: Erst damit, daß wir Christum anziehen, sind wir wahrhaft getauft" (14).

Noch ist zu prüfen, ob und wie der Perikope 8–14 ein einheitlicher Duktus eignet, der dann auch den Weg der Predigt zu bestimmen hätte. Ohne leise Gewalt wird es nicht gehen und man kommt dabei bezüglich der Diktierpausen des Paulus (vgl. Röm 16,22!) auf seltsame Gedanken, die aber für das Predigtgeschäft nicht viel austragen. Immerhin haben die drei Abschnitte (8–10; 11f.; 13f.) das Paränetische gemeinsam (Statt dieses nur Apg 27,9; 22 belegten Wortes verwendet das NT parakalein und paraklesis!). Fast legt sich zum 1. Advent nahe, etwas Grundsätzliches zu diesem Thema vorzubringen: Die knappen Auslegungen zu Röm 12,1f. von K. Barth (Vom christlichen Leben 1926) und von H. Schlier (Das Wesen der apostolischen Ermahnung nach Röm 12,1 u. 2 Beitr. z. ev. Theol. 1 o.J. 50–86) waren unserer Generation besonders wichtig und hilfreich!. Immer ist zu bedenken, daß der Christenmensch ermahnt werden muß und ermahnt werden kann. Auch die Predigt wäre danach zu gliedern; nur darf sie nicht zu allgemein und abstrakt werden. Wir nehmen die ganze Perikope selbst in den Blick.

Dabei tritt Vers 11 in den Vordergrund: Zeit und Stunde, vom Schlaf aufzuwachen, ohne daß wir das Spezielle und für uns Vergangene von Vers 11b übernehmen. Das heißt doch ganz handgreiflich: die – mehr oder weniger gottesdienstlich bestimmte – Gemeindeversammlung darf und will nicht einschläfern, vom Kirchenschlaf bis zum Opium des Volkes! Sie soll erwecken.

„Das ist der Ernst der Stunde, daß unser Geist jetzt zweier Zeiten Schlachtgebiet, daß die Wende der Äonen im Christus uns zu einer Frage persönlicher Verantwortlichkeit, daß jene Abwendung und Zuwendung nun unsere eigentliche Lebensaufgabe geworden ist" (K. Barth 1919, 395). Es kommt nach Röm 12,2 zur kritischen Erkenntnis des Willens Gottes, d.h. daß es Licht und Finsternis gibt, daß nicht alles gleichgültig und/oder sinnlos ist. Was Licht und was Finsternis ist, bemißt sich nach unserm Heil, „dem ganzen Glück des Christentums (Teller s.o.). Die Sprache wird militärisch: Waffen des Lichts. Von hier aus ordnen sich die Abschnitte 13f. und 8–10 der Sache nach als Konkretisierungen und Erläuterungen zu.

Vers 13f. argumentiert zugleich heidnisch-moralisch: anständig wandeln, und konzentriert christlich: den Herrn Jesus Christus anziehen, wodurch allem ungezügelten Wesen gewehrt wird. Das könnte immer noch auf eine individualistische, heilsegoistische Praxis und Theorie hinauslaufen. Dem steht der Zusammenhang Vers 8–10 entgegen, in dem jüdisch-alttestamentlich argumentiert wird. Auch außerhalb dieses Bereichs sind wir ja keine unbeschriebenen Tafeln. Kodizes aller Art bestimmen uns, auch christlich-fromme, biblisch-erbauliche Regeln, die wir zu erfüllen meinen und u.U. mißbrauchen. Auch die Christianisierung ist keine Garantie für unser Urteilen und Handeln. Nur die Liebe ist aller Regeln Erfüllung und Inbegriff, sowohl der heidnischen wie der jüdischen Überlieferung.

> „Herr, dein Wort macht uns klug, wenn es uns auch nicht mehr gelehrt hätte, als, diese unsere Tage zählen. Was für ein Rausch, was für ein Nichts sind sie in unsern Augen, wenn die Vernunft sie zählt! was für ein All, was für eine Ewigkeit, wenn sie der Glaube zählt! Herr! lehre mich meine Tage zählen, auf daß ich klug werde! ... Der Christ allein ist ein Mensch, er allein liebt sich, die seinigen und seine Väter, weil er Gott liebt, der ihn zuvor geliebt hat, da er noch nicht da war. Der Christ allein ist ein Herr seiner Tage, weil er ein Erbe der Zukunft ist. So hängt unsere Zeit mit der Ewigkeit zusammen, daß man sie nicht trennen kann, ohne beyden das Licht ihres Lebens auszublasen" (J.G. Hamann, Bibl. Betrachtungen H.'s Schriften hg. v. Fr. Roth, Erster Theil Berlin 1821 S. 80f.).

2. Advent

Römer 15, 4—13

Außer auf die älteren und neueren Kommentare verweise ich für die Arbeit an dieser Perikope auf die Beiträge in den GPM (W. Kreck, Jg. V, S. 7 ff.; H. Traub, Jg. X, S. 6 ff.) und bei Eichholz (Bd. 2, 1. Aufl. v. P. Brunner, 2. Aufl. von mir). – Die Luther-Auslegung in der Wartburgpostille (Münch. Ausg. Erg. Bd. 5, 1960) ist ungewöhnlich breit; bei Buchwald, Luther-Predigten 1926, Bd. II ist eine kürzere Predigt zu finden. Aus der späteren Predigtüberlieferung nenne ich Schleiermacher (III. 712 ff.) und K. Barth (Theol. Ex. h. 6, 1933, S. 11–19).

Denn Gott zu haben, kannst Du wohl abnehmen, daß man ihn nicht mit Fingern ergreifen und fassen noch in Beutel stecken oder in Kasten schließen kann. Das heißet ihn aber gefasset, wenn ihn das Herz ergreifet und an ihm hanget. Mit dem Herzen aber an ihm hangen, ist nichts anders, denn sich gänzlich auf ihn verlassen. Darumb will er uns von allem andern abwenden, das außer ihm ist, und zu sich ziehen, weil er das einige ewige Gut ist (*Luther*, Gr. Katechism. Ausl. 1. Gebot Abschn. 13 ff. Gött. Ausg. S. 563).

Worin erreicht das menschliche Leben sein letztes Ziel? In der Erkenntnis Gottes, der uns geschaffen hat. – Wie kommst Du zu dieser Behauptung? Er hat uns ja dazu geschaffen und in die Welt gestellt, daß er in uns verherrlicht werde. So ist es doch auch billig, daß wir zum Dank unser Leben, das aus ihm seinen Ursprung nahm, auch zu seiner Verherrlichung führen. – Und worin besteht nun das köstlichste Gut des Menschen? Im nämlichen. – Weshalb hältst Du das für das köstlichste Gut? Ohne dies wären wir ja jämmerlicher daran als irgendein Tier. – Das zeigt uns also deutlich, wie dem Menschen kein größeres Unglück widerfahren kann als das, nicht zur Ehre Gottes zu leben. (*Calvin*, Genfer Katechismus 1545 (?) n. d. Calvin-Auswahl von Matth. Simon, Um Gottes Ehre 1924 S. 95 Französ. Urtext bei W. Niesel, Bek.schr. u. Kirchenordn. d. nach Gottes Wort reformierten Kirche o. J. S. 3).

Quidam fanatici vociferantur nos tribuere verbis scripturae vim quandam magicam, et ablegatis scripturis iubent quaerere voluntatem Dei in aliis quibusdam cogitationibus. Sed res ostendit illos ignorare, quid sit fides. Deus enim vult in verbo suo quaeri, non extra verbum in humanis imaginationibus. Nec tribuimus verbis aliquam vim magicam, sed voluntatem Dei non posse cognosci nisi per verbum sentimus. Itaque in omnibus afflictationibus decurrendum est ad verbum Dei, sicut et Paulus ad Ephesios praecipit (6, 10 ff.). Nam fides est cognitio voluntatis Dei, cum sit fiducia misericordiae ac benevolentiae Dei: Manche Schwärmer schreien, wir schrieben den Schriftworten eine magische Kraft zu, und heißen uns, die Schrift beiseite zu lassen und nach dem Willen Gottes in irgendwelchen andern Gedankengängen zu suchen. Aber die Sache selbst zeigt, daß sie nicht verstehen, was der Glaube ist. Denn Gott will in seinem Worte gesucht werden, nicht außerhalb des Wortes in menschlichen Phantasien. Wir schreiben den Worten keine magische Kraft zu, sondern meinen, daß wir den Willen Gottes nur durchs Wort erkennen können. Daher muß man in allen Anfechtungen zum Wort Gottes Zuflucht nehmen, wie Paulus (im Brief an) die Epheser befiehlt. Denn Glaube heißt Erkenntnis des Willens Gottes, da er im Vertrauen auf Gottes Erbarmen und Güte besteht (*Melanchthon*, Römerbriefkommentar 153 2Stud.Ausg. ed. Stupperich Bd. V, 1965 S. 358 f. z. St.).

Die Zeiten sind vorbei, wo der Mensch sich eitel seiner persönlichen Überzeugung freuen durfte oder gar mußte. Einst waren die verschiedenen Religionen, Sittlichkeiten und Parteianschauungen die Wahrzeichen der Gottlosigkeit, des Subjektivismus und der Zerklüftung der Menschheit und gleichzeitig die Quelle immer neuer Eitelkeiten und Selbstgerechtigkeiten. Jetzt aber sind ihre Schranken gegeneinander gefallen, indem im Christus aller menschlich-persönliche Geistesschwung in seiner Beschränktheit erkannt und in den befreienden Zusammenhang der göttlichen Bewegung gebracht ist. Die Wahrheit Gottes, die einst von den Propheten Israels, von Plato und ihresgleichen auf eherne Tafeln geschrieben und dann vergraben wurde für bessere Zeiten, diese Wahrheit ist nun das Licht der Völker geworden und fordert von allen nicht „persönliche Überzeugung", sondern den Gehorsam des Glaubens. Wir, die wir in diesem Lichte stehen, können nicht tun, als ob es sich noch darum handelte, gegen die Andern Recht zu haben (3, 27–31). Gott hat Recht (*K. Barth*, Der Römerbrief 1919 S. 420 z. St.).

Wundervoll harmoniert der Schluß seines großen Lehrvortrags an die Gemeinde zu Rom 15, 13 mit dem Anfang 1, 16; 17: hier wie dort wird die Kraft Gottes als der Quell alles Heils betont, hier wie dort über die Hoffnung, das Leben des Heils gejubelt, hier wie dort aber auch der Glaube als das A und O des Christenstandes erhoben; ein Paulus kann so wenig über einzelne Schwierigkeit im Gemeindeleben wie über die Grundfrage des Christentums handeln, ohne dem Glauben den Ehrenplatz zu wahren! (*Ad. Jülicher* in Schr. d. Neuen Testaments Bd. II, Göttingen 1917 S. 326 f.). – Welch ein Glück, daß wir das Evangelium doch nicht bloß so, wie Paulus es verkündigte, besitzen! (*ders.*, ebenda S. 229).

I.

Das neue Kirchenjahr, zu dessen zweitem Sonntag sich der Prediger zu rüsten hat, mag uns müde finden, weil wir uns nach des Dienstes ewig gleichgestellter Uhr auf eine neue Runde zu begeben haben, und mehr noch, weil uns diesmal die altkirchlichen Episteln aufgegeben sind, an deren Auswahl und Zuschnitt schon Luther so herzhaft kritisierte, ohne daß es ihm oder einem Späteren gelungen wäre, diesem Herkommen den Garaus zu machen. Aus der Müdigkeit mag Überdruß werden in einer Lage, in der immer mehr der hergebrachten, an Texte gebundenen Predigt der Boden entzogen wird oder sich zu entziehen scheint.

Da nicht für alle Eines sich schickt, suche ich Erfrischung nicht in den vielen Versuchen, die herkömmliche Predigt zu ersetzen, sondern darin, an den Horizont zu erinnern, innerhalb dessen wir uns mit unserm Predigtauftrag bewegen — dabei nicht wie die blinden Gäule, die man einen Göpel umtreiben läßt. Daher die Sätze Luthers, in denen er m. E. mit dem Kern des Evangeliums auch den seiner Auslegung des Ersten Gebots freigelegt hat: Er (Gott) will uns zu sich ziehen, weil er das einige ewige Gut ist. Calvin fügt hinzu, daß eben darin das Eigentliche des Menschen besteht, das ihn vom Tier unterscheidet. Melanchthon erinnert daran, daß wir dabei auf abenteuerliche Abwege geraten können, wenn wir uns den Imaginationen des eigenen Geistes überlassen, und K. Barth betont, daß es sich hier um ein Geschehen handelt, dem gegenüber wir nicht so tun können, als sei nichts geschehen.

Gewiß, auch dies sind nur in Buchstaben und Worte gefaßte Erinnerungen, mit denen so wenig wie mit dem Bibelwort magische Kräfte verbunden sind. Aber irgendwann haben uns diese Erkenntnisse eingeleuchtet, sie haben unser Herz und unsern Weg erleuchtet, und es wäre seltsam, wenn sie uns diesen Dienst nicht immer wieder neu tun könnten.

Dabei stellt sich heraus, daß im Umgang mit den biblischen Texten Ethos und Dogma miteinander stehen und fallen. Es wäre also wenig verheißungsvoll, nun einmal — zur Abwechslung gegen Luthers Urteil! — die altkirchlichen Episteln gerade wegen ihres Reichtums an ethischer Anweisung andern Texten vorzuziehen. Auf der Suche nach dem „Eigentlichen" des Christentums und seiner Botschaft würde wenig herauskommen, wollten wir hier Prioritäten aufstellen. Wenn in unserer Perikope, wie in vielem, mit denen wirs im Lauf dieses Kirchenjahrs zu tun bekommen, das Gemeinschaftsleben der ersten Christen ein Hauptthema darstellt, das auch heute wichtig ist, so ist damit der Zugang zu diesen Texten noch keineswegs leichter als zu mehr ‚dogmatischen' Perikopen. Wir werden sehen, daß uns die Argumentation des Paulus fremd genug bleibt, mag es sich auch um ein ethisches Thema handeln. Eben dieser Argumentation will ich mich jetzt zuwenden.

II.

Obzwar eine durchs Herkommen befestigte Perikope, entstammt sie doch einem *Zusammenhang*, der dem heutigen christlichen Bewußtsein fast entschwunden ist. Aus der ganzen sehr realen und aktuellen Diskussion von Röm 14 und 15, die derjenigen von 1.Kor 8—10 parallel geht, ist dem heutigen Bibelleser und Kirchenchristen nur mehr 14,7 u. 8 präsent geblieben — und dies als Spruch an den Särgen und Gräbern der Unsrigen! In Wirklichkeit dreht es sich um die Magna Charta christlichen Zusammenlebens, sofern wir alle in Überlieferungen und nach Maßstäben leben, die uns binden und die wir fast selbstverständlich ‚in der Gemeinde' weiter pflegen: damals kultisch bestimmte Regeln und Tabus für Essen und Trinken, später andere, Kultur und Leben bestimmende Selbstverständlichkeiten, heute oft mit politisch-weltanschaulichen Akzenten versehen: aber die neue Welt Gottes, das Reich Gottes besteht nicht in Essen und Trinken, sondern in Gerechtigkeit, Friede und Freude durch den Heiligen Geist (14,17 nach der Übers. v. Ulr. Wilckens). — Schon hier kann unser Fahrzeug umkippen: indem wir „Gerechtigkeit, Frieden und Freude" nur mehr als ideelle Redensarten, als geistliche Zutaten, als Überbau empfinden, womit die Argumentation des Paulus den Sinn verliert. Was Paulus hier in Erinnerung bringt, muß ja real und wirksam genug sein, um die älteren Bindungen zu lösen, um überkommene Grenzziehungen und Gräben zu ignorieren — wenn wir nicht annehmen, schon bei den Christen in Korinth oder in Rom hätte Paulus den sozialen Realitäten nur Wörter entgegenstellen können! — Das andere, was auffällt, ist die Rolle, die dabei dem Glauben zukommt: Den Glauben, den du hast, behalte vor Gott für dich selbst (14, 22). Dies gilt gegen die Sucht der Gläubigen, aus der Glorie ihrer Gläubigkeit über die Sitten und das sittliche Vermögen der andern zu urteilen. Der Glaube kann nicht als Regel übergestülpt werden, und da alles, was nicht aus dem Glauben kommt, Sünde ist (14, 23), verbietet sich ein solches Aburteilen — oder sollte sich verbieten.

Warum will Gott einmütig in einem Munde gepriesen werden (15,6)? Calvin antwortet: Tanti enim Deo est servorum suorum unitas, ut inter dissidia et contentiones gloriam suam personare nolit: Soviel liegt Gott an der Einheit seiner Knechte, daß er seinen Ruhm nicht unter Zwistigkeiten und Streitereien ertönen lassen will (zu 15, 5). Im sog. ökumenischen Zeitalter gilt Einheit viel, wenn nicht alles. Daß wirkliches Leben nur in Vielfalt und Widerstreit möglich ist; daß der Schritt von der Einheit zur Uniformität oft unmerklich geschieht; daß die Wahrheitsfrage vom Einheitsmythos zuweilen verdrängt wird, — all dies gilt heute wenig. Nun soll auch noch die Ehre Gottes als Motiv der Mahnung zur Einheit dienen! Vielleicht ist es doch ein typischer Überbau für eine an sich mehr politische als religiöse Tendenz?! Oder spielt für Paulus/Calvin ein ästhetisches Motiv mit? Konsonanz geht auch Gott besser ins Ohr als Dissonanz?! Ich versuche mit diesen lästigen Fragen nur den Nebel zu lichten, der heute über diesen Dingen liegt: als ob Einheit selbstverständlich und ein Selbstwert wäre. Calvin bedenkt immerhin: Misera enim conspiratio est, quae fit extra deum: illa autem extra Deum est, quae ab eius veritate nos alienat: Es ist ja eine erbärmliche Konspiration, wenn sie abseits von Gott zustande kommt, das ist dann der Fall, wenn sie uns der Wahrheit Gottes entfremdet (ebenda). Gottes Wahrheit und Wille ist also für Paulus wie für Calvin, fürs Neue Testament wie für die Reformation, das wesentliche Kriterium auch dort, wo Streit und Friede der Gemeinde auf dem Spiel steht. Darin dürfte sich jenes ältere vom heutigen Denken und Urteilen unterscheiden. Denn wer darf es heute wagen, Gottes Wahrheit und Wille so eng mit unsern menschlich-christlichen Zuständen zusammenzubringen? Wer möchte ernsthaft Gottes Ehre in solcher Abhängigkeit sehen von dem, wie es bei uns auf Erden zugeht? Wir müssen die Perikope noch etwas genauer auf ihre Argumentation prüfen.

III.

Der *Kernsatz* findet sich 15,7: „Darum nehmt euch einander an, wie Christus uns angenommen hat, zum Preise Gottes" (nach der Übers. v. Ulr. Wilckens; ähnlich 14, 1). Wir empfinden heute stärker als ehedem das überaus Prekäre, unsern menschlich-christlichen Streit um Einheit und Wahrheit mit dem wirklichen Gott in Zusammenhang zu bringen. Es ist unfair denen gegenüber, die das nicht tun, und es gibt den Auseinandersetzungen eine Unerbittlichkeit, die uns in unserm Relativismus unangemessen und unheimlich vorkommt. Was kann es da besagen, wenn Paulus auf das Heilsgeschehen in Christus verweist: Er hat uns angenommen? Die Ausleger, Luther nicht anders als die heutigen, werden hier überschwenglich. Weil es sich um den Kern der biblisch-christlichen Heilsaussage handelt, ist Nüchternheit geboten. Unser menschliches Zusammenleben ist auf Selbsterhaltung angewiesen. Wir akzeptieren uns gegenseitig nur unter Vorbehalt, soweit es sich unter der Bedingung unserer Selbsterhaltung machen läßt. Das gilt für die Gruppe wie für den einzelnen. Jesus Christus hat uns ohne solchen Vorbehalt angenommen. In der Gemeinde seiner Jünger muß es also auch vorbehaltlose Annahme geben. Religion und Sitte bewirken die stärksten Vorbehalte gegen alle, die diese nicht teilen. Das Selbstbewußtsein des atl. Gottesvolkes hat diese Vorbehalte noch verstärkt. In der römischen Gemeinde wirken sie noch kräftig. Paulus sieht sie abgebaut, sofern die Christen sich selbst von Christus vorbehaltlos angenommen wissen. Diese Annahme durch Christus soll sich hier also nicht als neue Grenzziehung Andersgläubigen gegenüber auswirken, sondern alle bisherigen Ausschließungen überwinden. Und weil Jesu Sendung ja nicht seine eigene, sondern Gottes Sendung und Sache ist, steht Gottes eigene Ehre dabei auf dem Spiel. Nun geht uns dies leichter vom Munde als von der Hand. Unser Lebensgefühl ist mehr von Schiller als von Paulus geprägt, etwa von dem Vers: Da tritt kein anderer für ihn ein, auf sich selber steht er da ganz allein. In Wirklichkeit kann keiner ganz allein auf sich selbst stehen. Daher braucht er um so dringlicher die ihn tragenden Sitten und Selbstverständlichkeiten. Jenen damals fiel es offensichtlich auch nicht leicht, darauf zu verzichten. Als Prediger haben wir dagegen kein anderes Argument als es der Apostel und Briefschreiber Paulus von Tarsus geltend machen konnte: Jesu Tat und Vorbild und die Ehre Gottes.

Daß wir heute nicht mehr die Vorbehalte zwischen Juden und Heiden so vordringlich empfinden, versteht sich. Unsere Vorbehalte liegen im Ästhetischen, im Wirtschaftlichen, im Sozialen, im Politischen. Oft genug ist unsere christliche Überlieferung selbst zum härtesten Vorbehalt gegen solche geworden, die wir als weniger christlich bestimmt kennen oder verdächtigen. Die Auseinandersetzungen der letzten fünf Jahre haben das erneut erwiesen. Je stärker wir unser Wahrheitserbe mit der eigenen Geltung ineins setzen, desto schwieriger wird es, den christlichen Vorbehalt gegen eine falsche Lehre und den unchristlichen Vorbehalt gegen Fremdes, weil es fremd ist, zu unterscheiden. Der Text selbst liefert uns dafür die Kriterien.

IV.

Paulus argumentiert sehr ausführlich mit den Sätzen der Hl. Schrift Alten Testaments. Ungeschickt abgegrenzt, beginnt unsere Perikope mit einem darauf bezüglichen Satz: was geschrieben ist, ist um unsertwillen geschrieben; Geduld, Trost und Hoffnung sollen gestärkt werden. Auch wenn dieser Aspekt in der schließlichen Sonntagspredigt nicht thematisiert wird, haben wir doch den Sachverhalt von Vers 4 zu bedenken. Unser Umgang mit der Bibel unterscheidet sich vom Umgang mit sonstiger Literatur: von dieser holen wir Information und Unterhaltung, nur im Ausnahmefall Geduld, Trost, Hoffnung. Daher schadet es auch nicht so viel, wenn wir die Bibel schon kennen. Hierin tritt sie nicht in Konkurrenz mit dem, was wir sonst lesen. Neben den allgemeinen Satz von Ziel und Zweck der Hl. Schrift treten die vielen Sätze, die belegen sollen, daß immer schon der Zaun zwischen Israel und den Völkern (Heiden) abgebrochen werden sollte. Dabei stehen die Juden anders da als die Heiden: jenen gegenüber hat Christus die Wahrheit der göttlichen Verheißung zu bekräftigen, diese erfahren die Barmherzigkeit Gottes, die ihnen in Jesu Sendung zuteil wird. Der Sachverhalt und die Problematik von Röm 9–11 sind noch wirksam im Gedächtnis. Die Streitigkeiten in der römischen Gemeinde um die Regeln des Essens und Trinkens hingen ja mit dem jüdischen oder heidnischen Hintergrund der Neuchristen zusammen. Sie können und sollen beigelegt werden, weil der religöse Graben zwischen beiden nicht mehr besteht: Juden und Heiden können Gott einmütig und einstimmig preisen, in einer Einmütigkeit, die Jesus Christus entspricht (Vers 6 u. 5 nach der Übers. v. U. Wilckens). Wenn man will, kann man das ganze Neue Testament als Dokument dieses Vorgangs zwischen Israel und den Völkern verstehen. Dieser Vorgang ist aber in der weiteren Geschichte des Christentums ohne Entsprechung geblieben. Erst heute zeigen sich Möglichkeiten, den damals abgebrochenen Vorgang fortzusetzen. Es scheint mir aber nicht zwingend, daß die Predigt sich diesem schwierigen und der heutigen Gemeinde immer noch fernen Thema thematisch widmen müßte.

V.

Für den Plan einer möglichen *Predigt* über die Perikope möchte ich mich diesmal Schleiermacher anschließen. Im zweiten Teil seiner Predigt (von 1833) hat er so etwas wie einen Grundriß ökumenischen Urteilens und Verhaltens gezeichnet – ohne den Ausdruck zu gebrauchen! –, der mir vorbildlich erscheint. Er geht von der Erkenntnis aus, daß aus dem Nacheinander, in dem die Heiden und Israel zueinander stehen, in der Christenheit eine Gleichzeitigkeit geworden ist. Jetzt ist die Kirche zerteilt; aber Schleiermacher sieht das nicht als Unheil an, sondern zählt auf, warum es so sein muß. In Zeit und Raum gibt es keine lebensfähige Religion ohne Gruppenbildung, am allerwenigsten eine solche, die ihr religiöses Leben nach außen mitzuteilen vermag. Das himmlische Licht des Evangeliums bricht sich in sehr verschiedener Weise. Geistlich und natürlich dürfen wir die vorhandenen Gemeinschaften so ansehen, daß sie nicht nur unvermeidlich sind, sondern Verheißung haben. Keine der sich bildenden Gemeinschaften ist vollkommen, keine soll von sich beanspruchen, das Urbild darzustellen. Dennoch ist das Gestaltungsgesetz unserer Konfessionen nicht unverbrüchlich. Wie es Verfinsterungen gibt, gibt es auch Verbesserungen. Alle Beteiligten sollen sich dabei an das Vorbild des Erlösers halten. Die Grenzen, die zu meiden sind, sind auf der einen Seite die Verwirrung als Folge einer unbedachten ständigen Reformiererei, auf der andern

„der ins Verderben übergehende Stillstand", der die Lebensmitteilung unmöglich macht. Nach Jesu Vorbild liegt es uns ob, „daß wir einerseits da, wo Gott uns hingestellt hat zu dienen und zu wirken, alles was zum gemeinsamen Leben gehört, so wie es besteht, ehren und festhalten, andererseits aber dem besseren die Bahn bereiten und Raum machen, indem wir unsere Überzeugung und Erkenntnis von dem, was wir als das bessere erkennen, auch in Umlauf bringen" (a.a.O. S. 719).

Auch für Schleiermacher gehört Ökumene und Mission zusammen, und von dieser handelt er in einem weiteren Abschnitt, wieder ohne den technischen Ausdruck zu gebrauchen. Er denkt dabei nicht so sehr an Berufsmissionare, sondern an die Möglichkeiten des einzelnen und der Gemeinde, die sich aus den technischen Fortschritten und Erleichterungen des Völkerverkehrs ergeben. Für den Christen ergibt sich dabei, was er erst zu erlernen hat, daß er die übrige Welt nicht nur nach dem ihm Vertrauten in Sitte und Sprache beurteilen darf. „Keiner sei so befangen, daß er glaube, nur in dem Kreise, dem er zunächst angehört, ... nur da sei das Reich Gottes; alle andern müßten erst herbeigeführt werden." Es soll aber auch niemand nach der umgekehrten Regel handeln, immer dort sein und handeln zu wollen, wo ihn die göttliche Weisheit nicht hingestellt hat. „Nur auf dem Wege der demütigen christlichen Erfahrung kann einer hoffen, daß sein Licht und sein Zeugnis auch in weiterem Kreise wirken könne . . ." (721). Wohl gemerkt steht dabei für Schleiermacher die Seligkeit auf dem Spiel. „Zu dem vollen seligen Genuß, zu dem wir berufen sind, gelangen wir doch nur, indem wir über den unmittelbaren Kreis unserer Tätigkeit hinaus auf den großen und weiten Zusammenhang der Wege Gottes schauen" (ebenda). In einer grandiosen Schau erweitert der Prediger den Gesichtskreis der Gemeinde — womit er dem Text und dem, wie er m. E. auch heute auszulegen ist, entspricht, ohne daß wir uns im Detail seiner Sprache anschließen müßten: „Wie könnte auch etwas geringeres das menschliche Herz stillen und ausfüllen, als die frohe Erkenntnis und die aus der rechten Freude sich immer entwickelnde tätige Teilnahme an diesem großen Zusammenhang im Reich der Wahrheit und des Lichtes! Was kann uns mit besserer Hoffnung erfüllen, als daß wir es so zu sagen berechnen können, mit wie beschleunigter Geschwindigkeit immer mehr alle Schranken fallen werden, welche die Menschen noch auseinander halten, während überall heilige Ordnungen feststehen, die sie wohltätig verbinden, immer mehr die Verschiedenheiten aufhören werden, welche sie trennen, indem sie sie erkennen lernen als nur verschiedene Arten, wie jedem auf dem ihm angemessensten Wege das Licht zuströmt und die Kräfte zugeleitet werden. Finden wir nun auch uns selbst in diesen Zusammenhang gestellt mit dem Kreise, in welchem wir wirksam sind: so haben wir ja darin schon das lebendige Bewußtsein von der Herrlichkeit des Reiches Gottes, welche ewig währt, und mögen in Wahrheit sagen, daß wir schon aus dem Tode zum ewigen Leben hindurchgedrungen sind, nicht an den gegenwärtigen Augenblick, in dem wir leben, nicht an den engen Raum, den wir einnehmen, mit unserm Dasein gebunden, sondern wahrhaftig lebend in dem unendlichen Raum, aber alles zurückführend auf den Einen, welcher zum Herrn gesetzt ist über alle, weil sie nur in ihm ihre Seligkeit finden können und den Frieden, welcher ursprünglich nur in ihm wohnte und sich nur von ihm verbreiten kann über alle. Amen" (a.a.O. S. 722 f.).

3. Advent

1. Korinther 4, 1—5

Die heilige Stätte oder Kirche lehret also, daß weder Priester noch Christen ein einiges Sacrament machen, auch die heilige christliche Kirche selbs nicht. Unser Ampt heißt und soll sein, nicht machen noch wandlen, sondern allein reichen oder geben. Als, ein Pfarrherr oder Prediger macht nicht das Evangelion, und durch sein Predigen oder Ampt wird sein Wort nicht zum Evangelion: sonst mußt es alles Evangelion sein, was er reden künnte; sondern er reicht allein und gibt durch sein Predigen das Evangelion, denn das Evangelion ist zuvor da und muß zuvor da sein: das hat unser Herr Christus gemacht, hergebracht und hinter sich gelassen, und erstlich in der Apostel Herz gedrückt, und immer für und für durch der Apostel Nachkommen in der Christen Herz gedrückt, daneben auch äußerlich in die Buchstaben und Bilder lassen malen. Also bleibt nichts im Pfarrampt oder Predigtampt, denn das einige Werk, nämlich geben oder darreichen das Evangelion, von Christo befohlen zu predigen. Der Papst und seine Greuel haben wohl viel Lehre gemacht aus ihrem Kopf; aber es heißen nicht Gottes Wort noch Evangelion (Luther, Von der Winkelmesse und Pfaffenweihe 1533, Cl. 4, 278, 5—20 nach der Schreibung der Erl. Ausg. 31, 359 f.).

Die Perikope wurde in den GPM Jg. V, 1950/1 von W. Trillhaas, Jg. X, 1955/6 von W. Staemmler, Jg. XVI, 1961/2 von M. Mezger, bei Eichholz Bd. II in der 1. Aufl., 1942 von P. Brunner, in der 2. Aufl. 1959 von mir behandelt. Was ich aus meinem früheren Beitrag übernehme, brauche ich wohl nicht eigens zu kennzeichnen. Aus der älteren Predigtmeditation nenne ich die große Auslegung Luthers in der Wartburgpostille von 1522 (Münch. Lutherausg. Erg.-Bd. 5, 1960); außerdem W. Löhe in seiner Epistelpostille 3. Aufl. 1897. Aus den Kommentaren ist neben Calvin Ad. Schlatter, Paulus der Bote Jesu, 1934, besonders wertvoll. Zur Geschichte des Verständnisses von 1. Kor. 4, 4 bei den Reformatoren und im Luthertum vgl. den Exkurs bei Pl. Althaus, Paulus und Luther über den Menschen, 1951² S. 96—109; zum Grundbegriff des Mysterion den ausgezeichneten Artikel von G. Bornkamm im ThW Bd. IV, 809—834 (1941).

I.

Während wir Älteren bei unserm so oft wiederholten Umgang mit den altkirchlichen Episteltexten von der Gefahr der Routine bedroht sind, werden die Jüngeren die Schwierigkeiten ganz anderswo finden: Sie nähern sich, wenn überhaupt, dem Text historisch-kritisch, und er bleibt dann in großer Ferne. Denn die beiden Grundaussagen der Perikope von der Haushalterschaft über Gottes Mysterien und von der Parusie des Kyrios zum Gericht sind, so wie sie lauten und gemeint sind, schwer zugänglich und noch schwerer nachzuvollziehen. Wir tun also gut, uns zeitig an die Arbeit zu begeben.

Manchen mag es auch verdrießen, Paulus hier wieder einmal bei seinem Lieblingsthema zu sehen: bei der Verteidigung seines Amtes den korinthischen

Kritikastern gegenüber. Ihrem (begreiflichen) Urteil hat schon Ad. Schlatter einiges zu bedenken gegeben:

„Daher dürfen die wuchtigen Sätze, mit denen Paulus sein eigenes Verhältnis zu den Korinthern ordnet, nicht als ein wenig bedeutender Anhang zu den großen lehrhaften Sätzen gewertet werden, als ob Paulus hier nicht bis zum Grund der in Korinth geschehenden Ereignisse durchstieße. Ob Ehen zwischen Blutsverwandten gestattet oder verboten seien, ob der Verkehr mit der Dirne von der Gemeinde ausschließe oder übersehen werden könne, ob es ratsam sei, aus der Ehe die Scheinehe zu machen und die Mädchen nicht zu verheiraten, ob Opferfleisch gegessen werden dürfe oder nicht, ja auch, ob Tote auferstehen können oder nicht, an all dem lag den neuen Führern ungleich weniger als daran, daß die Macht des Paulus über die Kirche gebrochen werde. Wer in Kap. 4 nur einen Anhang zu Kap. 1–3 sieht, wird folgerichtig auch im zweiten Brief nur einen matten, wenig bedeutenden Anhang zum ersten Brief sehen. Dann ist aber das, worum Paulus mit den korinthischen Meistern rang, verkannt, und dies in einer Zeit, in der ein wirres Gespräch über das Thema „Jesus oder Paulus", „paulinische Theologie oder gegenwärtiges Christentum" im Gange ist und die Frage, wer in der Kirche die Führung habe, der Apostel oder der Theologe, das Evangelium oder die theologische Wissenschaft, für sie eine Lebensfrage geworden ist" (Paulus der Bote Jesu, S. 145).

Das ‚wirre Gespräch' ist seither kaum klarer geworden, wenn es vielleicht auch heute nicht an solchen fehlt, denen die Selbstverteidigung des Apostels nicht verdrießlich, sondern willkommen ist, weil sie selber in der Apotheose des Amtes das eigentliche Thema und die Basis ihres Pfarrerberufs erblicken. Unter diesen Umständen empfiehlt es sich vielleicht, unsere Perikope zunächst einmal nicht im Blick auf unsere Hörer, sondern im Blick auf uns selbst als Prediger zu bedenken. Denn deren werden immer weniger, die am liebsten die Gebärde des Apostels nachahmen; deren werden immer mehr, die vom Text nicht mehr zur Predigt finden, und um derentwillen H. Thielicke seine kleine Schrift „Über die Angst des heutigen Theologiestudenten vor dem geistlichen Amt" (Tübingen, J. C. B. Mohr 1967) veröffentlicht hat.

II.

Dem sorgfältigen Leser der Paulusbriefe und insbes. unseres Textes fällt auf, wie ungemein intensiv Paulus über sein Amt und über seine Beziehungen zur Gemeinde reflektiert. Was in den Evangelien nur selten und höchstens indirekt greifbar wird — das Verhältnis zwischen Apostel und Gemeinde —, beschäftigt ihn unablässig und macht einen Hauptteil dessen aus, was uns in den Briefen von ihm erhalten ist. Es ist heute damit ähnlich bestellt: denn wie am Anfang der Geschichte der Mission und Ausbreitung des Christentums die Formen erst gefunden, die Gleise erst gelegt werden mußten, in denen und auf denen „das Wort Gottes wachsen und zunehmen" sollte, so stehen wir heute, am Ende dieser Geschichte, vor dem Faktum, daß alles Herkömmliche und Selbstverständliche zwischen Prediger und Gemeinde im Schwinden ist. Mehr als je bedarf es der Besinnung, worauf sich diese Beziehung eigentlich zu berufen vermag und begründen kann. Daher braucht uns der Einwand nicht zu bekümmern, daß wir nicht ohne weiteres den Prediger von heute mit dem Apostel von damals auf eine Ebene stellen dürfen. Niemand von uns wird sich nach Berufung und Charisma unmittelbar neben Paulus stellen mögen. Aber jeder von uns findet sich wie er in einer Umwelt vor, in der dem ‚geistlichen Amt' das Selbstverständliche nicht mehr zukommt, mit dem unsere Vorfahren rechnen konnten. Um so mehr muß uns interessieren, worauf Paulus sich beruft, und wie er seinen Standort als Apostel den Korinthern gegenüber bezeichnet.

Was immer die Korinther im einzelnen zu ihrer Kritik am Apostel veranlassen mochte, wie sehr dabei die griechische Lust am Cliquenwesen und am rhetorisch-charismatischen Selbstruhm mitspielte, wir müssen uns zuerst vor Augen stellen, was für eine fragwürdige Figur der Apostel mit seiner Botschaft auf dem religiösen Jahrmarkt der Antike darstellte: „Wir sind geworden wie der Abschaum der Welt, jedermanns Kehricht, bis heute" (I,4,13). Wohl dem Prediger heute, der sich in seiner Umwelt noch nicht ganz so vorkommt! Aber vielleicht hat er es nur noch nicht gemerkt, wie seltsam und fragwürdig er mit seiner Funktion und mit seiner Sache sich ausnimmt. Vielleicht sind die hermeneutischen Unruhen der Gegenwart auch ein Ausdruck dafür, daß es mit der Selbstverständlichkeit des geistlichen Amtes auch dort zu Ende ist, wo die äußeren Formen sich noch erhalten haben. An diesem Punkt haben wir von Luther und den Reformatoren unmittelbar nichts zu lernen und können bei ihnen nicht anknüpfen. Denn damals ging der Kampf um das rechte Verständnis des Evangeliums, nur selten schon darum, ob überhaupt der Dienst der Kirche angebracht und möglich ist. An dem eingangs von mir zitierten Votum Luthers kann man ablesen, was er voraussetzen kann und was er verfechten muß.

III.

Mit einer doppelten Selbstbezeichnung setzt sich Paulus von dem ab, wofür ihn die Korinther nahmen. Er und seine Mitarbeiter sind nicht Schulhäupter, erst recht nicht Genies, nicht einmal Religionsstifter. Sie sind „Ruderknechte Christi und Verwalter der Gottesgeheimnisse" (V. 1). Damit plaziert sich Paulus zugleich sehr niedrig und unerschwinglich hoch. Vor allem aber konstatiert er schon damit seine Unabhängigkeit von der Gemeinde. Selbst wenn sie ihm, was nur rechtens wäre, den äußeren Unterhalt gewährte, können sie über ihn nicht herrschen wollen. Er hat nur Einen Herrn, Christus selbst. Auch als Verwalter ist er kein freier Herr, geschweige daß er die Gemeinde zu beherrschen hätte. Wenn die Korinther seine Machtausübung empfinden und abschütteln wollen, so sollten sie dabei nicht vergessen, daß er nur Diener dessen ist, den auch sie als ihren Herrn gelten lassen. Das alles läßt sich auch heute hören, leidlich verstehen und in etwa nachsagen. Kritisch wird es erst, wenn wir uns dem zuwenden, wie Paulus nun seinen Dienst und seine Haushalterschaft genauer und eigentümlich bezeichnet: Verwalter der Gottesmysterien. (In Luthers Auslegung von 1522 erleben wir mit, wie er den Begriff des Mysteriums verdeutscht!)

G. Bornkamm definiert Mysterium als „den vorweltlichen, vor der Welt verborgenen, aber den Pneumatikern erschlossenen Ratschluß Gottes, der am Kreuz des Herrn der Herrlichkeit eschatologisch vollendet ist und die Verherrlichung der Glaubenden mit einschließt. In dieser Prägung zeigt der Begriff seine deutliche Abhängigkeit von dem spätjüdisch-apokalyptischen Begriff und seinen Abstand gegenüber dem der Mysterienkulte und der Gnosis" (a.a.O. S. 826, 17). Charakteristisch sei die unauflösliche Verknüpfung von Mysterion und Kerygma (S. 825, 22), die in der alten Kirche zum Schaden der Sache wieder verlorengehe (S. 831 ff.); gerade an solchen Stellen, die mit den Mysterienkulten der Umwelt verwandt seien (z. B. in den Sakramentstexten) fehle das Wort Mysterion; wo das Wort Mysterion begegne, da sei keine wirkliche Beziehung zu den Mysterienkulten vorhanden (S. 831, 4 ff.).

Aber wir möchten nicht nur die Abgrenzungen sehen, sondern begreifen, was wir mit diesem, für die Geschichte des Christentums so ambivalent gewordenen Begriff des Mysteriums anfangen können. Es genügt uns nicht, wenn Luther dabei einfach auf die Sätze des Apostolicums hinweist oder diese mit seinen eigenen Worten nachspricht. Form und Inhalt dessen, was hier gemeint sein soll und was wir zu ‚vergegenwärtigen' versuchen, sind dabei unauflöslich verknüpft und gleich schwierig und rätselhaft. Die Geheimnisse Gottes enthalten und sagen aus, „was Gott an uns gewendet hat", mehr noch, daß er sich uns zugewendet hat und zuwendet. In Jesus Christus hat dies seinen Real- und Erkenntnisgrund. Paulus meint also nicht das Geheimnis der Welt, das die Philosophen zu ergründen suchen; er meint auch nicht das Geheimnis des Menschen als solchen. Aber warum nennt er Gottes Zuwendung in Jesus Christus einen Mysterienzusammenhang? Warum muß sie offenbart werden und ist nicht einfach zugänglich? Wird das nicht einfach deswegen behauptet, um damit den Apostel — und später wie heute die Kirche etc. — unentbehrlich zu machen? Mysterienwesen und Klerikalismus gehören ja in der Religionsgeschichte zusammen. So daß also der Zusammenhang von Offenbarung, Kirche, Theologie nur ein Herrschaftssystem etabliert! Man sieht, wie berechtigt es war, daß Schlatter die Tragweite der Sätze des Apostels, die uns beschäftigen, so stark unterstrich. Auch Paulus kann dagegen nur ins Feld führen, wie gering seine tatsächliche Macht ist, die viel eher Ohnmacht genannt werden müßte. — Daß die Geheimnisse Gottes Geheimnis bleiben, brauchte Paulus (noch) nicht zu betonen. Und auch wir heute sollten darauf nicht mit dem komischen Eifer hinweisen, der immer nur von der Unverfügbarkeit der Offenbarungswahrheit redet, weil er sonst keine vernünftige Auskunft weiß. Wohl aber sollten wir sagen können, inwiefern die Geheimnisse Gottes verwaltet werden können. Aus dieser Ökonomie oder dispensatio (Vulgata) entstand ja das ganze Amtswesen der Kirche, an dem sie groß geworden ist und vor dessen Zusammenbruch wir jetzt stehen. Denn kaum jemand läßt sich heute von kirchlicher Amtsautorität als solcher imponieren. Paulus selbst läßt nur indirekt erkennen, worin solche ‚Verwaltung' bestehen mag. Ihm liegt an dem Bild nur deswegen, weil er die moralischen Kriterien dafür brauchen kann: vom Verwalter wird Treue und nichts sonst gefordert (V. 2). Wir meinen heute meist, verwalten könne man nur dinghafte Wirklichkeiten, wie denn der Katholizismus unsern Text gerne auf den sakramentalen Bereich bezieht und anwendet, wozu kein Anlaß ist. Auch die geistigen Sachverhalte der christlichen Lehrverkündigung werden im katholischen Verständnis ähnlich betrachtet und gehandhabt. Da diese geistigen Sachverhalte dem geschichtlichen Wandel unterworfen sind, erweist sich das Bild von der Verwaltung heute immer deutlicher als unbrauchbar. Begnügen wir uns damit: Gott will seinen Willen und seine Wahrheit uns Menschen durch den Zeugendienst von Menschen zukommen lassen. Wer will, soll unsern Umgang mit dieser Zeugnisaufgabe ,Verwaltung' nennen. Das Geheimnis und Faktum des Unglaubens *und* die Freiheit des göttlichen Geistes sorgen dafür, daß die Zeugen der christlichen Wahrheit nicht zu übermütig werden können.

IV.

Der Haushalter über Gottes Geheimnisse ist auf keinen Fall autark oder exemt. Indem Paulus den Korinthern ihre Kritik verweist, entzieht er sich gerade nicht dem Urteil und der Kritik überhaupt. Er nennt gleichsam ein immanentes und ein transzendentes Kriterium, dem er sich unterworfen weiß: die Treue jetzt und hier, das Auge und Urteil Gottes dann und dort. Die Unterscheidung mag problematisch scheinen, als läsen wir in Paulus hinein, was erst spätere Zeiten distinguiert haben. Aber — immerhin versteht Paulus die Verwaltertreue als etwas, was vor Augen liegt, was auch abseits von Apostel und Gemeinde im täglichen Leben erwartet und geleistet wird, also auch festgestellt werden kann.

Auch hier bleiben Fragen, auf die Paulus nicht direkt eingeht, da er über den geschichtlichen Wandel des Glaubenszeugnisses nicht nachzudenken hat. Wir dagegen fragen uns, ob sich die vom Haushalter geforderte Treue in dogmatischen Lehrverpflichtungen fixieren läßt. M. a. W., wir fragen, wo etwa die Untreue anfängt, die aus dem treuen Zeugen den Verleugner der Gottesgeheimnisse macht. Und wir können das komplizierte Ineinander von Person und Sache beim christlichen Zeugen nicht ignorieren, an dem jede mechanische Urteilsweise und Handhabung scheitert oder ihren Zweck verfehlt. Immerhin wird sich der Zeuge die Frage nach seiner Treue gefallen lassen müssen, wie sie sich auch Paulus gefallen läßt; er bringt sie ja — nach dem Vorgang der Evangelien (vgl. Lk. 12,42 u. Verwandtes) — selbst vor. Aber er wendet sie eschatologisch-apokalyptisch an.

Denn das wirkliche Urteil über die Treue des Haushalters bleibt allen irdisch Beteiligten entzogen: „Der Herr ists, der mich richtet" (V. 4b). Alles andere Urteilen wäre vorzeitig und voreilig. Wir bemerken den eschatologischen Horizont, in dem Paulus seinen Zeugendienst und sein Verhältnis zur Gemeinde allein sehen kann. Darüber wird heute — mit und ohne Bezug auf unsere Perikope — allenthalben verhandelt, ohne daß man dessen wirklich froh werden könnte. Denn „was man nicht deklinieren kann, das spricht man als eschatologisch an", möchte man die Lage seit dem Ersten Weltkrieg persiflieren. Denn die krampfhafte Anstrengung des Begriffs, des Prinzips Hoffnung oder dergl. bringt nicht ohne weiteres den weggebrochenen Horizont des wiederkommenden Herrn mit sich. Vorerst behält Luther recht mit seiner Prognose:

„Aus dem dritten Haufen (scil. den Leugnern des pro me der Sendung Christi) werden nu kommen und sind bereit viel furhanden, die werden nicht glauben, daß Christus sei von den Toten auferstanden, noch sitze zur Rechten Gottes, und was mehr von Christo im Glauben folget, die werden dem Faß den Boden ausstoßen, und des Spiels ein Ende machen. Denn damit wird der ganze Christus untergehen; und wird die Welt nichts halten vom kunftigen Leben, so ist denn Christus nichts mehr. Denn wer das kunftige Leben nicht hoffet, der (be)darf Christus eben so wenig, als die Kühe und andere Thier des Paradieses, weil Christus Reich nicht ist noch sein kann auf Erden, wie er selbs vor Pilato bekennet: Joh. 18, 36: mein Reich ist nicht von der Welt etc." (Die drei Symbola 1538 WA 50, 269, EA 23, 262.)

Der Wandel, der sich hier ereignet hat und gegen den natürlich mit Jeremiaden und Denunziationen nichts auszurichten ist, läßt sich an zwei Sätzen ablesen. Luther bemerkt einmal gegen Erasmus, ohne darüber mit ihm zu debattieren, „dieses (irdische) Leben sei nichts als Vorlauf oder besser Anfang des zukünftigen Lebens" (cum haec vita sit nihil nisi praecursus aut initium potius futurae vitae (Cl. 3, 290, 35). Goethe schreibt am 8. Februar 1796 an Heinrich Meyer (den ‚Kunstmeyer'): „Der Zweck des Lebens ist das Leben selbst." Bis heute freilich hat sich bei vielen das Gefühl und der Ausdruck einer über Individuum und Gemeinschaft hinausreichenden Verantwortung erhalten, von der in seiner Weise auch Paulus redet. Diese Verantwortung ist, vom Menschen her gesehen, der Faden, an dem unser Leben und unser ‚Nachleben' zusammenhängen. Das ist gewiß nicht nichts. Aber es bleibt leicht abstrakt und ein wenig kahl. Wer freilich unsern religiösen Vorstellungen Realität und Kraft abspricht, was man aber nur unter völliger Verkennung des menschlichen Wesens tun kann, wird den heutigen Kampf um die Bilder und Vorstellungen vom Jenseits und von der Zukunft bagatellisieren mögen. Wir andern meinen, daß wir auch und gerade die Geheimnisse Gottes nicht ohne Bilder und Vorstellungen glauben und bezeugen können.

V.

Für die Predigt ergibt sich, daß sie von außen nach innen und von innen nach außen gehen kann. Wir setzen entweder bei den allgemeinen Aussagen der Perikope ein oder wir schildern zunächst das problematische Verhältnis zwischen den Korinthern und ihrem Apostel; es hängt von der Lage der Gemeinde ab, wie wir verfahren; aber auch davon, ob die Thematik ‚Amt und Gemeinde' schon anderwärts in der Sonntagspredigt zur Sprache kam.

Für den Weg von außen nach innen spricht, daß wir durch Vers 3—5 der Perikopen gezeigt bekommen, wie wesentlich für alle Menschen aller Zeiten das eigene Urteil und das Urteil der andern ist. Niemandem ist das Urteil der Umwelt gleichgültig, selbst wenn er das vorgibt. Prestigefragen sind Lebensfragen. Zwischen dem Spruch des eigenen Gewissens — „ich bin mir nichts bewußt"! — und dem Urteil der Gesellschaft bewegt sich unser Selbstbewußtsein trotzig und verzweifelt hin und her, ohne sich je wirklich beruhigt zu finden. Wer sich auf das Evangelium einläßt, sieht sich demgegenüber auf eine ganz andere Instanz gewiesen: auf den Tag und auf das Urteil des kommenden Kyrios. Das kann zur billigen Ausflucht vor der irdischen Verantwortung werden, ist es auch zuweilen geworden. Es kann aber auch zur inneren (und äußeren) Freiheit vor allem Menschenurteil verhelfen. Nicht als ob wir damit die äußeren und inneren Stimmen einfach zum Schweigen bringen könnten: aber indem wir uns an jene letzte und zukünftige Instanz halten, relativiert sich auf jeden Fall das Gewicht alles sonstigen Urteils. Es relativiert sich allerdings auch, was wir gewöhnlich als Lob und als Rüge empfinden. Das könnte die Erbitterung, mit der wir uns meist selbst zu behaupten suchen und gegeneinander zu Felde ziehen, erheblich mäßigen. Aber wir müßten zugleich auf manchen Triumph verzichten. Denn was hebt uns mehr, als wenn wir von unserer Stufe der Lebensleiter auf andere herabblikken können. „Wer angibt, hat mehr vom Leben!" Wer sich auf das Evangelium einläßt, braucht dieses ebenso schöne wie mörderische Spiel nicht mehr mitzumachen.

Der innere Bereich des Gemeindelebens ist von diesen Dingen nicht frei. Was zwischen Paulus und den Korinthern so penetrant zum Vorschein kommt, kann auch in der heutigen Gemeinde nicht ausbleiben, es sei denn, wir lebten nur in Konventionen. Wer über den Ausbruch menschlich-christlichen Richtens über den Prediger sich entrüsten wollte, müßte sich fragen lassen, was er eigentlich erwartet hat. Im Gegenteil, wo das Evangelium wirklich bezeugt wird, beginnen die Puppen zu tanzen, regen sich die Geister. Wir sind als Prediger und als Gemeinde aber einander nicht auf Gnade und Ungnade ausgeliefert. Nicht wir, sondern Er, der Kyrios, wird das Verborgene der Dunkelheit erhellen und die Herzenswünsche ans Licht bringen. Das vollzieht sich nicht unbedingt spektakulär, in Skandalen und Verfahren; es vollzieht sich von Sonntag zu Sonntag und in der Woche. Es müßte eigentlich das äußere und innere Leben der Gemeinde zu einem Schauplatz machen, der die Wahrheit unserer Existenz in ihrem innersten Kern, in ihrer eigentlichen Anfechtung und in dem, was uns hält und tröstet, immer wieder einmal ans Licht bringt. Dann wäre die Rede vom Advent Jesu Christi keine Dekoration mehr, sondern die Wahrheit und das Licht, in deren Schein auch das übrige Leben erträglich, vielleicht sogar sinnvoll wird.

In dem heutigen Streit um das rechte Christuszeugnis der Gemeinde und ihrer Prediger wird oft betont, es dürfe die Herrlichkeit Jesu Christi nicht verstellt und erst recht nicht verleugnet werden. In dieser Perspektive haben wir auch die lukanische Vorgeschichte zu sehen. Aber worin besteht diese Herrlichkeit? Daß sie nach dem Zeugnis des Neuen Testaments auch wunderhaft und supranatural ist, duldet keinen Zweifel. Aber wie verträgt sich das mit dem Vorzeichen des Kreuzes und seiner Nicht-Herrlichkeit, das doch durch die Auferstehungstexte nicht beseitigt wird? Ob wir sagen müssen, daß hier durch die Aussagen des Neuen Testaments selbst eine gewisse Zwiespältigkeit geht? Mit gewaltsamen Einheitsformeln ist wenig bewirkt.

4. Sonntag im Advent — 21. 12. 1980

Lukas 1,26–38

I. Dokumentation

Und verborgen blieb den Fürsten dieser Welt die Jungfrauschaft Mariens und ihre Geburt, wie auch der Tod des Herrn: drei schreiende Mysterien, die in der Stille Gottes vollbracht wurden (*Ignatius v. Ant.* Eph. 19,1 hier zit. nach H. Frh. v. Campenhausen, Die Jungfrauengeburt in der Theologie der alten Kirche SB der Heidelb. Akad. d. Wissensch. Philos.-Histor. Kl. 1962 H. 3 69 S.).

Unser Herr Jesus Christus wurde nur aus folgendem Grunde aus einer Jungfrau geboren: er sollte die Erzeugung, die aus gesetzloser Begierde hervorgeht, zunichte machen und dem Herrscher dieser Welt den Beweis liefern, daß Gott den Menschen auch ohne den geschlechtlichen Verkehr von Menschen zu bilden vermöchte (*Pseud.-Justin* Üb. d. Auferstehung (2. Jh.) bei v. C. ebenda 43).

Ohne Zweifel ist auch der hl. Geist anzubeten, wenn der angebetet wird, der nach dem Fleisch aus dem hl. Geist geboren wurde. Aber daß nur niemand dies auf die Jungfrau Maria erstreckt (derivet): Maria war der Tempel Gottes, nicht der Gott des Tempels und also ist nur jener anzubeten, der im Tempel wirkte (*Ambrosius* Spir. s. III,79f. nach v.C. 60 Anm. 5).

Siehe zu, daß du aus der Geschichte dir eine Gabe machst, daß Christus dir empfangen, geboren und gestorben sei (*Luther* nach E. Mühlhaupt, D.M. Luthers Evang.auslegung 1. Teil Die Weihnachts- und Vorgeschichte bei Mt und Lk 1938, 83). Das Wort ‚empfangen' widerlegt genugsam das Delirium des Marcion und des Mani. Denn man kann daraus leicht schließen, Maria hat nicht einen ätherischen Leib oder seine Scheingestalt (spectrum) geboren, sondern den Fötus, den sie vorher im Mutterleib empfangen hatte (*Calvin* z.v. 31). – Gewiß, wenn sie (Maria) die Sache mit fleischlichem Urteil eingeschätzt hätte, hätte sie, was sie vom Engel gehört hatte, für eine Fabel gehalten (*Calvin* ebda zu V. 34). – Der Geist ist ja eine gleichsam essentielle Kraft Gottes, deren Wirkung sich sowohl in der ganzen Lenkung der Welt wie in Wundern darstellt und auswirkt (*Calvin* z. V. 35).

Also, m.g.Fr., unser Glaube an die Vertretung unsers Erlösers beim Vater, unser Glaube daran, daß wir in ihm das Bild des himmlischen Vaters und den Abglanz seiner Herrlichkeit schauen, unser Glaube an die Unübertrefflichkeit und die beständige Fortdauer seiner Lehre, sowie an die Zulänglichkeit und Unumstößlichkeit seiner Gebote, – das alles hängt davon ab, daß er schon auf dieser Welt erschienen ist als das ewige Wort, das Fleisch ward, als das Licht von oben, das in die Finsternis hineinschien (*Schleiermacher*, S.W. 2. Abth. Predigten 2. Bd. 1834, 55ff. IV Daß der Erlöser als der Sohn Gottes geboren ist (Zitat S. 61f. Schl. predigte nur über V. 31 und 32!)

Aber das ist nur die sinnbildliche Auffassung des göttlichen Lebens in Christo, eine gemeinsame Symbolik des ganzen Alterthums, d.h. der Gedanke einer Verwandtschaft des Menschen mit Gott, einer göttlichen Natur des Menschen ist da, wo dieselbe in einem Individuum culminirte, unter dem mythischen Sinnbild einer Menschwerdung aufgefaßt worden, als Incarnation oder als Apotheose, wesentlich derselbe Act nur aufgefaßt als Bewegung von Oben nach Unten oder von Unten nach Oben (*K. Hase*, Geschichte Jesu Lpzg 1876, S. 197).

Wenn ... das Christenthum seiner sittlich-religiösen Grundlage nach zwar aus dem Judenthum hervorgegangen ist, doch aus diesem erst hervorgehen konnte, nachdem sich dasselbe im Verlauf der Geschichte mit allerlei auswärtigen, insbes. griechischen Bildungsstoffen durchdrungen hatte, so gilt dies auch von einer Vorstellung, die zwar nicht zu jener geistigen Grundlage des Christenthums gehört, aber für seine Form bestimmend geworden war, die Vorstellung von Jesus als dem Sohne Gottes. Daß Jesus als Messias so genannt wurde, war im ältesten Judenthum begründet, hatte aber hier ... einen bloß bildlichen Sinn, der eine volle menschliche Sohnschaft nicht ausschloß; daß mit jenem Ausdruck Ernst gemacht, Jesus als Sohn Gottes mit Ausschluß eines menschlichen Vaters gefaßt wurde, darin ist eine Einwirkung heidnischer Vorstellungen auf die urchristlichen Kreise kaum zu verkennen (*D. Fr. Strauß*, Das Leben Jesu ^{3}1874, S. 347).

Abgesehen von der unnatürlichen Frage der Maria V. 34 ist die ganze Szene ein Meisterstück zarter, poetischer Erzählung, die denn auch die Künstler erklärlicherweise immer wieder zu einer Wiedergabe begeistert hat (*J. Weiß-W. Bousset*, Die Schr. d. N. T. I ^{3}1917, S. 403).

Es ist kein Satz als Wort Jesu überliefert, der erklären soll, wie sich seine Ewigkeit und seine Geburt miteinander ausgleichen und das Zeitliche und Gewordene dennoch zugleich ein Ewiges sein könne. Noch weniger schuf er Formeln, die sein Verhältnis zu Gott in seiner ewigen Herrlichkeit verdeutlichen sollten (*Ad. Schlatter*, Die Gesch. d. Christus ^{2}1923, S. 17). – Das supranaturale Wirken Gottes und das natürliche Werden des Lebens berühren sich nicht im Vater, sondern in der Mutter. In ihr wird das Menschliche geheiligt und das Natürliche mit der göttlichen Wirkung gefüllt (*ders.*, Das Evang. d. Lukas ^{2}1960, S. 164).

Das Wunder der Jungfrauengeburt hat nicht ontische, sondern noetische Bedeutung (*K. Barth*, Credo 1935, S. 63). – Wenn das nicht nur heilige Geschichte ist, sondern auch unsere Geschichte, Licht der hl. Geschichte, das auf unsere dunkle Geschichte gefallen ist, dann als Siegesgeschichte dessen, bei dem kein Ding unmöglich ist, dann als Wundergeschichte, deren Gewalt gegenüber unser hartes Herz weich geworden ist, dann als Geschichte von Barmherzigkeit, deren wir nicht wert sind. Wer wollte es auf sich nehmen, zu sagen, das ist meine Geschichte? Gott aber ist groß genug, daß es heute noch seine Geschichte auf dem traurigen Schauplatz unserer Geschichte sein kann (*K. Barth*, Die große Barmherzigkeit Predigten 1953, S. 115).

Zu sagen, was außer jener „Mitte der Schrift" noch alles zum verbindlichen Aussagegehalt des apostolischen Zeugnisses gehört und was nicht, kann letztlich nicht Sache der Exegese sein, ist vielmehr von einem Vorverständnis abhängig, das von der bezeugten Sache her die „Mitte der Schrift" zur „Ganzheit der Schrift" in Beziehung hält. So ist denn auch ein innerer pneumatischer Sachkontakt zu dem sich offenbarenden Christuszeugnis verlangt, wenn beurteilt werden soll, was vom Offenbarungsgeschehen und in welchem Verständnis es in der vorliegenden Erzählung glaubensverbindlich zu Wort gekommen ist. An solche (kirchliche) Verbindlichkeitserklärung kann die philologische und historische Arbeit immer nur approximativ heranführen (*H. Schürmann*, Das Lukasevangelium 1. Teil Herder 1969, S. 64).

In der ersten Szene erfahren Joseph und Maria – junge Leute, die „in den Blumen liegen" und sich küssen, dann wegen Marias Schwangerschaft sich wechselseitig für betrogen halten – vom Engel, daß Gott der Vater des Kindes ist und dieses die Welt erlösen soll. Ihre Antwort auf die Berufung: „Warum denn grad uns? Wir haben ihm doch gar nix getan. Er soll uns in Ruhe lassen ... Ich wünsch mir ein einfaches Leben, gesunde Kinder, einen braven Mann und Feuer im Ofen, ein Dach überm Kopf, Brot, Wein und friedlichen Schlaf" (Nach der „Zeit" Nr. 22 vom 23.5.1980 über die Oper „Jesu Hochzeit" von Gottfr. v. Einem).

II. Zur Literatur

Unter den Titeln, aus denen die Dokumentation entnommen ist, sind einige besonders zu kennzeichnen; daneben nenne ich noch andere Beiträge von Gewicht. Die gelehrte Abhandlung v. Campenhausens erinnert auch an den Anteil der katholischen Mariologie am Thema der Perikope. – Luthers Auslegung des sog. englischen Grußes im „Sendbrief vom Dolmetschen" (1530) ist hoffentlich jedermann zur Hand (W.A. 30 II, S. 638f.). – Calvins Auslegung ist ungewöhnlich ausführlich und wie immer hilfreich. – Der Satz aus Schlatters Werk von 1923 ist einem Abschnitt entnommen: „Der aus Gott Geborene", in dem unsere Perikope mit Jesu Selbstzeugnis aus dem vierten Evangelium verknüpft und so aus ihrer Isolierung befreit wird; Schleiermacher verfährt in seiner Weihnachtspredigt ähnlich. Auch wer solche Kombinationen mit den kritisch-historischen Voraussetzungen kaum vereinigen kann, wird Schlatters Kapitel mit Nutzen zu Rate ziehen. – Aus der gleichen Zeit wie Barths Predigt stammt seine Auslegung der Perikope in den „Vier Bibelstunden" (Theol. Ex. h.H. 19, 1935, S. 16–28). Die Predigt ist mir wichtiger geworden. Zur dogmatischen Behandlung vgl. noch Barths K.D.I., 2 (1938) – siehe Register! – und den Grundriß der Dogmatik von 1947. Zur Dogmatik heute vgl. *W. Trillhaas*, Dogmatik 1962. – Aus den Kommentaren nenne ich außer *E. Klostermann* (Handb. z. N.T. ^{3}1975) *Gerh. Schneider*, Das Evangelium nach Lukas Kp. 1–10. Ökumen. TB Kommentar zum N.T. 3/1 Siebenstern 500, 1977. – Die GPM verzeichnen den Beitrag von *H.J. Iwand* (4, 1949/50, S. 24–28) und von *G. Klein* (31, 1976/7, S. 22–29); bei Klein wird die neuere exegetische Arbeit an der Perikope kritisch referiert, worauf ich – zu meiner Entlastung – hier energisch verweise.

III. Die Perspektiven

Wozu eigentlich die Dokumentation? Sollten wir uns nicht besser auf den Text konzentrieren? Eben um dies zu realisieren, gilt es, sich auf die Perspektiven zu besinnen, in denen man diese Perikope gesehen und gebraucht hat. Niemand darf sich einbilden, ohne Klärung der Perspektiven mit Aussicht auf Erfolg ans Werk gehen zu können.

H.v. Campenhausen hat im Blick auf die frühchristliche und altkirchliche Emtwicklung unterschieden zwischen dem dogmatischen und dem apologetischen Umgang mit diesem Text. Beide finden sich schon in den Vorlagen von Mt 1 und Lk 1; einzeln und zusammen liefern sie das Gerüst für alles, was nachkam. Über die historische Frage wird dabei zunächst nicht reflektiert. Sie taucht auf, als die biblischen Berichte ihre Ausnahmestellung verlieren. Man kann an K. Hases und D. Fr. Strauß' Versuchen, sich auf diese Verse einen Vers zu machen, erkennen, wie das unmittelbare dogmatisch-apologetische Interesse (zwar nicht verdrängt, aber) zurückgedrängt wird durch die Erkenntnis, daß man es in den Evangelien mit Ergebnissen einer komplizierten Rezeptions- und Traditionsgeschichte zu tun hat, die ihrerseits in einem kultur- und religionsgeschichtlichen Zusammenhang steht. Im Vordergrund stehen nicht mehr die ästhetischen Eindrücke des Vorgangs oder biographisch gemeinte Situationsbeschreibungen von Maria und Joseph, sondern die Aufgaben und Anliegen der Evangelisten als Tradenten, sowie ihrer eventuellen Vorgänger und Vorlagen. Die Frage der Nachprüfbarkeit (und Nachvollziehbarkeit) tritt in den Hintergrund. G. Klein redet nur mehr ironisch von der vormals nicht selten gestellten Frage, ob und wieweit die Vorgeschichte Jesu auf Mitteilungen der Maria zurückgeht (26).

Das religionsgeschichtliche Problem sollte m. E. nicht ignoriert werden. Ungeachtet der bürgerlich-humanistischen Terminologie behält Strauß mit seinen Thesen doch recht. Es kann offen bleiben, ob man mit Iwand adventliche Gesichtspunkte hereinbringt – „Die Völker haben dein geharrt" (28) – oder dies ablehnt (Klein 28). Die Evangelisten teilen ja die Perspektive von Verheißung und Erfüllung. Man verweist heute lieber auf die außerbiblischen Vorbilder und Parallelen als auf die alttestamentlichen (Isaak – Simson – Samuel!); aber sie treffen den entscheidenden Punkt unserer Perikope doch nicht ganz; die Gottessohnschaft fehlt. Es bleibt etwas über die alttestamentliche Vorlage hinaus, wenn auch die Botschaft des Engels alttestamentlich mitbestimmt ist. Schlatter ist zu hören mit seinem Hinweis: „Weil Jesus sich so vollkommen mit Gott zusammenschloß, verwarf ihn Israel und darum glaubten seine Jünger an ihn". Sollten die biblischen Zeugen die Schuld Jerusalems darin suchen, daß es einen Gedanken ablehnte, mit dem erst sie Jesus ausstatteten (Schlatter 1923, S. 18)?

Hinter der abstrakten Unterscheidung Barths zwischen der möglicherweise ontischen oder noetischen Bedeutung der Jungfrauengeburt – sofern diese doch eine Pointe des Textes ist?! –, verbirgt sich ein Problem, dem wir zwar gerne ausweichen – vielleicht wollte auch Barth ihm ausweichen – dem wir uns aber nicht entziehen sollten. Was ist nun eigentlich geschehen? Wie steht es mit der handgreiflichen Realität des Engels, wie dann vor allem mit der Realität der Jungfrauengeburt (nach v. Campenhausen besser der jungfräulichen Empfängnis) selbst? Trillhaas meint, diese sei schon wegen ihrer nur peripheren Bezeugung im Neuen Testament weder eine historische Tatsache noch eine Heilstatsache (265). Erst recht sei die Erörterung biologischer Dinge unstatthaft. Es trifft zu, daß die Ankündigung der jungfräulichen Geburt in der Engelsbotschaft nicht das Einzige ist. Aber nebensächlich ist sie nicht. Im Bewußtsein unserer Kirchgenossen spielt die Tatsachenfrage immer noch eine große Rolle, und da das natus ex virgine im Apostolicum eigens erwähnt wird, bleibt sie lebendig, oft genug als Ärgernis.

K. Barth hat unterschieden zwischen dem Geheimnis (von Weihnachten) und dem Wunder (der Jungfrauengeburt). „Das Geheimnis beruht nicht auf dem Wunder. Aber auf dem Geheimnis beruht das Wunder, und das Wunder bezeugt das Geheimnis, das Geheimnis wird bezeugt durch das Wunder" (K.D. I,2, 1938, S. 221). Es käme darauf an, die Zeugniskraft der Aussage von der Jungfrauengeburt spürbar und einleuchtend zu machen. Negativ läßt sich das noch am ehesten verdeutlichen: Gott handelt zwar inmitten der Kontinuität der kreatürlichen Welt, aber unabhängig von ihr (K. B. a. a. O. S. 199). Barth vergleicht das Wunder der Jungfrauengeburt mit der Wache vor der Tür, „die uns darauf aufmerksam macht, daß es hier um das Geheimnis, um Gottes freie Gnade geht" (Credo 1935, S. 63). Zur zwar banalen, aber unausweichlichen Tatsachenfrage selbst können und müssen wir sehr nüchtern bemerken, daß uns der Zugang dazu verwehrt ist, weil wir nicht dabei waren.

Noch ist zu fragen, ob man schon hier vom Nachvollzug des Textes in unserer eigenen Geschichte reden darf. G. Klein lehnt das schroff ab. Luther und K. Barth haben es ungeniert getan, wenn freilich Barth viel vorsichtiger und gebrochener als Luther (und als manche Weihnachtslieder). Bei den homiletischen Erwägungen kommen wir darauf zurück. Zunächst haben wir aber den gesamten Inhalt der Engelsbotschaft genau ins Auge zu fassen. Die Auslegung und der praktische Gebrauch der Perikope leidet darunter, daß sich alles Interesse (und alle Kritik) der Aussage der Jungfrauengeburt zuwendet, womit man den Text keineswegs gerecht wird.

IV. Die Botschaft

Die Versuche, den Text formgeschichtlich zu analysieren und nach seinen Vorlagen aufzugliedern, haben (nach Klein, S. 23ff.) zu keinen brauchbaren Ergebnissen geführt. Wir können ihn als Einheit betrachten. Für sein Verständnis ist die Erkenntnis und Beachtung des Rahmens wichtig. Wir haben es mit einem Epiphanie-Bericht zu tun. Die bei Nestle-Aland angegebenen Parallelen aus dem Alten Testament, besonders aus dem Richterbuch, machen das anschaulich. Nicht mehr Jahwe selbst erscheint, sondern sein Engel und vor ihm gebärdet sich Maria wie die Väter vor dem erscheinenden HErrn. An eine innere (subjektive) Vision ist offensichtlich nicht gedacht. Sie würde für den Inhalt der Botschaft (für die annunciatio Mariae) keine ausreichende Legitimation abgeben.

Die Grußworte V. 28–30 sind nicht zu überlasten. Daß auserwählte Menschen vor Gott Gnade finden, ist nach dem Alten Testament nicht völlig unerhört, so unerhört es für den oder die jeweils Betroffenen selbst ist. Der Disput Luthers über den sog. englischen Gruß von V. 28 verdankt sich nicht dem Text selbst, sondern der kirchlichen Übersetzung, Auslegung und Verwendung. Dennoch ist der Sendbrief nach wie vor die Magna Charta evangelischer Bibelauslegung, z. B. angesichts des neuen Schürmannschen Kommentars.

Mit V. 31 beginnt das Besondere. Daß der Engel sich im ganzen und im einzelnen alttestamentlicher Zitate und Reminiszenzen bedient, wirft ein Licht auf die Lage der Evangelisten und ihrer Leser: sie brauchen den Schriftbeweis. Wenn der Engel sich nur eigener Worte bediente, wäre das weniger überzeugend. – Inhaltlich wird ein Bild von der kommenden Herrschaft des verheißenen „Sohnes" entworfen, dem im irdischen Leben Jesu nichts entspricht. Ich kann das

„Facit" G. Kleins übernehmen: „Der Evangelist arbeitet mit vielfältigen nuanciertem christologischen Material, das nur im ganzen, als Ensemble zur Geltung kommen will. Besonders bedeutsam ist 1. der qualitative Sprung in V.32f. zwischen dem mit „mittleren" Kategorien beschriebenen Stand des Irdischen und dem mit der messianischen Spitzenaussage beschriebenen Stand des Auferweckten; 2. die eigentümliche lukanische Variante des Paradoxes der Inkarnation in V.35, wo in engster Verflechtung der Prädikationen die Menschlichkeit und die Einzigartigkeit des Erlösers zusammengebunden werden" (26).

V.35–38 sind der zweite Gang der „Verkündigung". D. Fr. Strauß hat charakteristisch erläutert: „Es war kein Gott in Menschen- oder auch Schlangengestalt, der sich insgeheim zu seiner Mutter geschlichen hatte, sondern der hl. Geist, Gottes übersinnliche Schöpferkraft, die in dem Leibe der reinen Jungfrau die göttliche Frucht ins Leben gerufen hatte" (350). Vielleicht würden wir heute vom Geist Gottes nicht mehr so spirituell reden. – V.36 sinkt ins fast Normale zurück: auch Elisabeth, die unfruchtbare Greisin erwartet einen Sohn; daß es ein Sohn wird, weiß der Engel schon im voraus. Bei Gott ist kein Wort, keine Setzung, keine creatio ex nihilo unmöglich. Die Argumentation verliert sich. Auch die Antwort Mariens sollte man nicht überlasten. Ich stelle zwei Interpretationen nebeneinander:

> „Die biblische Maria, so will es die Gemeinde, muß anders gewesen sein, schließlich ist sie die Vorläuferin einer später allerseligsten Mutter der Kirche, die spontan sich unterwirft ... (aus der „Zeit" vom 23.5.80).
>
> „Nach biblischem Denken kann von Gottes Allmacht nur die Rede sein im Zusammenhang mit dem Worte Gottes. Wir haben Gott nirgends anderswo zu suchen als in dem, was er uns sagt ... Was wirklich Allmacht Gottes ist, das merken wir aber erst dann, wenn wir das tun, was Maria hier tut, wenn wir einräumen, zugeben, einverstanden sind: Mir geschehe, was du gesagt hast ... Es ist der glaubende Mensch, der das anerkennt" (K. Barth, Vier Bibelstunden, S. 27f.).

V. Zur Predigt

Vorfragen: Empfiehlt es sich, die Predigt als Homilie anzulegen, also sich an die Textfolge engstens anzuschließen? K. Barth hat es in den „Vier Bibelstunden" exemplarisch, in der Predigt weniger streng vorgemacht; Iwand empfiehlt es. Unter den Bedingungen unserer Sonntagspredigt von heute läßt sich dies kaum sinnvoll realisieren. Es muß eine gezielte Auswahl aus der Fülle der Textaussagen versucht werden.

Unsere Perikope liefert bekanntlich einen der wenigen Schriftbeweise für die sog. Mariologie, die sich zur Zeit recht üppig entfaltet, aber fast völlig außerhalb der konfessionellen Kontroverse und unseres protestantischen Bewußtseins bleibt. Nur in Gemeinden, deren Situation es erfordert, scheint es angebracht, etwas über Christus und Maria zu sagen. In beiden Auslegungen hat Barth wichtige Anregungen dazu gegeben.

Vielleicht darf daran erinnert werden, daß die Evangelien Missions- d.h. Werbeschriften sind. Wie sollten wir nicht mitten in der vorweihnachtlichen Werbeflut daran denken, daß es zwischen dieser und unsern Weihnachtstexten nicht bloß antagonistisch zugeht, daß beides sich nicht ausschließt? Auch und gerade die Texte der ‚Vorgeschichte Jesu' wollen für Jesus von Nazareth als den Christus Gottes werben. Nicht alles, was damals werbewirksam war, muß es heute auch noch sein. Aber als christliche Gemeinde sind wir mit den Evangelisten darin einig, daß für Jesus geworben, Zeugnis abgelegt werden soll. „Das Schönste sucht er auf den Fluren, womit er seine Liebe schmückt!" Was ist die angemessene Werbung für Jesus an Weihnachten?! Ein relatives Verständnis für jene Ursprungsversuche sollte uns erschwinglich sein.

Es ist den Evangelisten wichtig, daß Jesus seine Sendung und ihren Anspruch nicht dem geschichtlichen Zufall, auch nicht der eigenen Anstrengung verdankt. Alles fügt sich in den göttlichen Gesamtplan – Verheißung und Erfüllung – ein, und ist auch im einzelnen vorbestimmt und geordnet: V. 26 der Engel Gabriel geht in einem bestimmten Monat aus von Gott ... Die Kriterien der Werbung für Jesus entstammen nicht der Rationalität und dem Pragmatismus unseres heutigen Lebens; sie haben ihre eigene Rationalität und den entsprechenden Pragmatismus. Sie richten sich auf die eigentlichen Bedürfnisse der Menschen: du wirst seinen Namen Jesus rufen, d.h. Heiland (31). Matth 1,21 fügt hinzu: denn er wird sein Volk erlösen von ihren Sünden.

Je tiefer die Erkenntnis der Heillosigkeit, desto mehr Verständnis für die besonderen, sozus. unerschwinglichen Voraussetzungen eines solchen Heilswerkes. Jesu einzigartige Legitimation und Befähigung dazu wird nach allen Seiten hin fundiert und expliziert. Auch und gerade die Ansage der jungfräulichen Geburt ist ein Element der Legitimierung, der Bezeugung und Verherrlichung Jesu. K. Hase hat in seiner Untersuchung dieser Perikopen auch aufgeführt „die Rechtfertigung der mythischen Ansicht gegen die natürliche Erklärung des Wunderbaren" (187). Die Apologeten aller Richtungen hätten sich vieles sparen können bei sorgfältiger Beachtung dieser Zielsetzung. Wir heute werden geneigt sein, K. Barth mit seiner Intention zuzustimmen, durch das natus ex virgine sei der Geheimnischarakter der Inkarnation unterstrichen. Im ursprünglichen Zusammenhang der Vorgeschichtsüberlieferung scheint diese Intention nicht gelegen zu sein; wohl aber soll der menschliche Zweifel durch den Hinweis auf Elisabeth (V. 36f.) und auf die göttliche Pragmatik behoben werden.

Einen Versuch, im Sinn der Lutherschen Weisungen oder der Anregungen Barths das Geschehen um Maria „zu meiner Geschichte" zu machen, würde ich an meinem Teil – ich werde am 4. Advent zu predigen haben – zur Zeit nicht wagen.

Indem der Text von der Gotteskindschaft redet, erschließt er einen Bereich, in dem wir anders dran sind als im übrigen Leben: hier gelten Beziehungen jenseits dessen, woran uns sonst liegt: es ist die neue Welt Gottes, die sich hier auftut. Sie muß einem nicht einleuchten oder wichtig werden; aber sie kann es. Indem wir im Anschluß an die Apostel davon reden, soll sie aufleuchten und einleuchten.

Weihnachten I

1. Johannes 3, 1–6

Jeder unter euch, der fromm lebt, der das Irdische gering achtet, der nicht ins Theater gehen will, der sich nicht sozusagen zur besonderen Feierlichkeit betrinken will, und, was schwerer wiegt, bei festlicher Begehung heiliger Tage nicht sündig werden will, wer das nicht tun will, wie verspotten ihn die, die solches tun! Würde man ihn verspotten, wenn man ihn kennte? Warum aber erkennt man ihn nicht? Es sind die Weltbewohner. Wenn ihr „Welt" in schlechter Bedeutung hört, so versteht darunter immer jene, die die Welt lieben. „Deshalb hat die Welt uns nicht erkannt, weil sie ihn nicht erkannt hat." Auch der Herr Jesus Christus selber wandelte auf Erden, war Gott im Fleische, war verborgen in der Schwachheit. Und warum wurde er nicht erkannt? Weil er die Menschen ihrer Sünde wegen anklagte. Weil sie die Sündenfreuden liebten, erkannten sie Gott nicht. Indem sie liebten, wozu das Fieber sie lockte, vergingen sie sich gegen den Arzt (*Augustin*, Tractatus in epistolam Joannis I, übers. von Fr. Hofmann, Gott ist die Liebe, Pred. d. hl. Augustin über den 1. Joh.brief, Zeugen des Wortes, Freiburg i. Br. 1938, S. 55 Tract. 4, 4).

So mag es wohl sein, ist auch durchaus glaubhaft, daß wir dereinst das weltlich Körperhafte des neuen Himmels und der neuen Erde auf neue Weise schauen werden, nämlich so, daß wir den allgegenwärtigen, auch über allem Körperlichen waltenden Gott vermittels der Körper, die wir tragen und die wir erblicken, wohin wir auch die Augen wenden, in hellster Klarheit schauen, und zwar nicht bloß so, wie wir jetzt Gottes unsichtbares Wesen an den Werken der Schöpfung nur durch einen Spiegel im Rätsel und stückweise ersehen und erkennen, wobei unser Glaube wirksamer ist als die körperlichen Gestalten, die wir mit unsern leiblichen Augen erblicken. Sondern wie wir die lebendigen und Lebensbewegungen verrichtenden Menschen, unter denen wir leben, sobald wir sie erblicken, nicht bloß für lebendig halten, sondern sehen, daß sie leben — obwohl wir doch ihr Leben ohne ihre Leiber nicht sehen können, während wir es vermittels ihrer Leiber an ihnen unzweifelhaft erblicken —, ebenso werden wir überall, wohin die geistigen Lichtstrahlen unserer leiblichen Augen fallen, vermittels unseres Leibes den unkörperlichen Gott erblicken, der über allem waltet. Entweder also werden wir mit den neuen Augen Gott darum schauen, weil sie in ihrer wunderbaren Klarheit dem Geist ähnlich geworden und instandgesetzt sind, auch eine unkörperliche Natur zu schauen, was man freilich nur schwer oder gar nicht durch Beispiele oder Schriftzeugnisse belegen kann, oder aber — das wäre leichter zu begreifen — Gott wird uns dadurch bekannt und einsichtig sein, daß wir alle ihn im Geist in uns allen erblicken, der eine im andern und jeder in sich selbst, ihn erblicken im neuen Himmel und der neuen Erde und in allen Kreaturen, die es dann dort geben wird, ihn erblicken durch Vermittlung des Leibes in allen Leibern, wohin irgend die Augen des geistlichen Leibes ihre Strahlen senden werden. Auch unsere Gedanken werden uns dann gegenseitig offenbar sein ... Dann werden wir stille sein und schauen, schauen und lieben, lieben und loben. Das ist's, was dereinst sein wird, an jenem Ende ohne Ende ... (*Augustin,* De civitate Dei XXII, 29 nach der Übersetzung von W. Thimme in der von Urs v. Balthasar herausg. Auswahl Fischerbücherei 374, 1961, S. 298 f.).

Denn wenn auch die Gottlosen uns nicht dazu bringen sollen, unsere Hoffnung wegzuwerfen, so ist doch unser gegenwärtiger Zustand von der Herrlichkeit der Kinder Gottes weit entfernt. Denn was den Leib angeht, sind wir Staub und Schatten; der Tod steht immer vor Augen; inzwischen sind wir tausend Mühsalen preisgegeben, die Seele aber unzählbaren Übeln unterworfen: so werden wir in uns stets eine Hölle vorfinden. Um so mehr müssen wir alle unsere Sinne vom augenblicklichen Anblick der Dinge abziehen, damit uns die Nöte, von denen wir allenthalben umgeben und fast verschüttet sind, die Zuversicht auf die noch verborgene Glückseligkeit nicht vertreiben ... Denn im Himmel ist unsere Glückseligkeit, wir aber pilgern fernab auf der Erde; denn dieses hinfällige und stets hundert Toden unterworfene Leben ist ganz und gar unähnlich der ewigen Herrlichkeit, die den Kindern Gottes zusteht, weil wir im Zuchthaus des Fleisches wie Sklaven eingesperrt weit von einer freien Beherrschung Himmels und der Erde fern sind (*Calvin,* In N. T. Epistolas Comm. Pars IV ed. Tholuck 1865 zu 1.Joh 3, 2).

Also streitet die Epistel wider beide Teile, wider die, so gar ohne Werk sein wollen im Glauben, und wider die, so mit Werken wollen fromm werden, und behält uns auf rechter Mittelstraßen, daß wir durch den Glauben fromm und der Sünde los werden; und darnach auch, wenn wir nu fromm sind, gute Werke und Liebe, umb Gottes willen, üben, frei ohn alles Gesuch (*Luther,* Vorrede auf die drei Johannesbriefe, 1522, E. A. 63, 154).

Alleinige wesengebende Ursache endlich ist die Gerechtigkeit Gottes, nicht die Gerechtigkeit, durch die er selbst gerecht ist, sondern durch die er uns gerecht macht, mit der wir von ihm beschenkt im innern Geist erneuert werden und nicht nur als Gerechte gelten, sondern wirklich Gerechte heißen und es sind. Denn wir nehmen die Gerechtigkeit in uns auf, jeder seine eigene nach dem Maß, das der Heilige Geist den einzelnen zuteilt, wie er will (1.Kor 12, 11) und entsprechend der eigenen Bereitung und Mitwirkung eines jeden (*Concil. Trid.* Sess. VII cap. VII, Übers. N.-Ross Nr. 719).

In dem Begriff ‚*Kind Gottes*' treffen beide Bedeutungen, und das in hervorgehobenster Weise, wieder zusammen: die so heißen, sind Menschen, deren *Sein* über ihre Geschöpflichkeit hinaus durch eine besondere Tat Gottes begründet ist, so daß es in seinen besonderen *Akten* dem Sein und Akt Jesu Christi, des einen ursprünglichen Sohnes Gottes analog, von anderem menschlichen Sein verschieden, eine Manifestation des besonderen Willens und Werkes dessen darstellt, der wie der Vater Jesu Christi auch ihr Vater ist (*K. Barth*, Kirchl. Dogm. IV, 3 2. Hälfte, 1959, S. 614).

I.

„Die Johannesbriefe haben schon lange die Forschung in Verlegenheit gebracht. Der Gedankengang des ersten Briefes ist undurchsichtig, das Verhältnis zum vierten Evangelium fraglich, die Verfasserschaft umstritten, die Form ungeklärt, die Quellenfrage offen, die religionsgeschichtliche Stellung zweifelhaft, die theologische Aussage verschieden ausgelegt." So beginnt Ernst Haenchen seinen Forschungsbericht über „Neuere Literatur zu den Johannesbriefen"[1]. Er hat damit für jeden Umgang mit diesen Texten das beste Hilfsmittel geliefert. Aus den Kommentarreihen sind vor allem zu nennen Rudolf Schnackenburg[2] und Rud. Bultmann[3]. Daneben die Abhandlung Herbert Brauns über „Literar-Analyse und theologische Schichtung im ersten Johannes-Brief"[4]. Die Beiträge in dem GPM stammen von W. Trillhaas (3, 1948/9 48—51), G. Bornkamm (7, 1952/3 18—21), J. Kijvit (14, 1959/60 24—30), W. Schrage (20, 1965/66 33—41). Bei Eichholz hat H. J. Iwand für 1955 den Text ausgelegt[5]. Wer diese Beiträge heute wieder liest, steht vor der Frage, ob und inwieweit wir in diesen zwanzig Jahren vorangekommen sind: unbestritten in der sorgfältigen Ausübung des exegetischen Handwerks, die auch dem Prediger zuzumuten ist; in allen andern Hinsichten wird das Urteil offenbleiben.

Die Schwierigkeiten liegen ja nicht nur an der exegetisch zunächst zugänglichen Oberfläche; sie liegen in der Perspektive des Textes und deren fraglicher Nachvollziehbarkeit heute. Für die ältere Überlieferung war die Perikope zwar kein häufiger oder gar selbstverständlicher Predigttext, wohl aber lieferte sie einen klassischen Schriftbeweis, einerlei welches ihrer drei Grundmotive wir ins Auge fassen: dasjenige der Gotteskindschaft, dasjenige der Vorläufigkeit des Christenstandes, oder dasjenige der endgültigen Gottesschau. Augustin hat sich dem Motiv der visio Dei beatifica besonders gewidmet. Was ich oben

---

[1] Theol. Rundschau 26, 1960, 1—43; 266—291; erneut gedruckt in Ernst Haenchen, Die Bibel und wir, Ges. Aufs. 2. Band, Tübingen 1968, 235—311.

[2] Rud. Schnackenburg, Die Johannesbriefe (Herders Kommentar z. N. T. hrsg. von Alfred Wikenhauser † und Anton Vögtle Bd. XIII Fasz. 3) 1963 2. Aufl.

[3] Rud. Bultmann, Die Johannesbriefe (Meyers krit.-exeget. Kommentar über das N. T. 14. Abt.), Göttingen 1969, 2. Aufl.

[4] Ztschr. f. Theol. u. Kirche 48, 1951, 262—292; neu gedruckt in Herb. Braun, Ges. Studien zum Neuen Testament und seiner Umwelt, Tübingen 1962, 210—242.

[5] Georg Eichholz, Herr tue meine Lippen auf, Band 4, 1955, 43—57.

aus De civitate zitiere, ist nur ein Ausschnitt. Thomas von Aquin ist in der berühmten Quaestio 12 des ersten Teils der Summa „Wie erkennen wir Gott?" auf den Spuren unserer Perikope und der verwandten biblischen Texte wie auf denen Augustins zu finden. Bei Calvin schiebt sich die meditatio futurae vitae ganz in den Vordergrund. Er tadelt die Künsteleien Augustins[6]. In dem Ausdruck der Weltflüchtigkeit sind beide von ähnlicher, wie ich meine, bedenkenswerter Intensität — denn solche Sätze nur ihrer mönchischen Schulung oder ihrem galligen Temperament zuzuschreiben, wäre doch etwas zu oberflächlich. Aus dem neuzeitlichen Umgang mit der Perikope sind mir keine auch nur von Ferne an das Niveau Augustins oder Calvins heranreichenden Auslegungen begegnet — Iwand überfremdet den Text etwas durch eine exklusiv an den reformatorischen Axiomen sich orientierende Fragestellung. Und Asmussens Auslegung von 1938 wirkt heute nicht mehr so unmittelbar und hilfreich wie zur Zeit ihrer ersten Veröffentlichung[7]. Soviel ich sehe, gehört unsere Perikope für K. Barth nicht zu den ‚sedes doctrinae'. Er hat sie immer nur beiläufig erwähnt. Es scheint, als müßten wir im Dickicht der bloßen Texterklärung verbleiben. Dort warten allerdings manche kaum lösbaren Knoten.

II.

Die heutige Auslegung ist bestimmt von der Annahme, der Schreiber des 1. Joh.briefs habe eine Vorlage aufgenommen und erweitert. Bultmann meint, in einer Reihe von antithetisch-dualistischen Sätzen diese Vorlage herausfinden zu können. Andere fassen die Dinge etwas anders. Für uns ergibt sich daraus vor allem: wenn es sich um einen so uneinheitlichen Text handelt, wird manches am Befund erklärlich, was die ältere Auslegung und was jeden unbefangenen Leser stört: man möchte z. B. wissen, wer Subjekt in V. 2b ist: „Wenn er (oder: es) erscheinen wird." Man fragt (wohl vergeblich), wem wir gleich sein werden: dem Vater oder Christus; oder, wen wir sehen werden, wie er ist: Christus oder Gott. Die Exegeten antworten darauf sehr unterschiedlich, und keiner ist ganz überzeugend. Offensichtlich gilt das Interesse des Textes, wie er vorliegt, solchen Unterscheidungen nicht.

---

[6] Zu 3, 2. Er verweist auf De Civitate, Buch 22, und auf Augustins Briefe an Paulina und Fortunatianus, bezeichnet es dann aber doch als der Beachtung wert, was Augustin sagt: plus valere in hac inquisitione vivendi quam loquendi modum, et cavendum esse, ne, dum altercando quaerimus, quomodo possit Deus videri pacem et sanctificationem perdamus, sine qua nemo eum videbit: in dieser Untersuchung wiege die Art des Lebens mehr als die Art des Sprechens, und wir sollten uns hüten, daß wir nicht im Wortstreit um die Art des Schauens Gottes den Frieden und die Heiligung verlieren, ohne die niemand Gott schauen wird. — Luther hat in seinen lateinisch erhaltenen Vorlesungen zum 1. Joh-brief von 1527 (W.A. 20, 592 ff.) zur Auslegung der Perikope kaum etwas Besonderes vorgebracht.

[7] Hans Asmussen, Wahrheit und Liebe, Eine Einführung in die Johannesbriefe (= Die urchristliche Botschaft, 22. Abt.) Berlin 1938. — Die Auslegung R. Rothes (hrsg. von E. Mühlhäußer 1878) ist mir nicht zugänglich.

Diese Vieldeutigkeit reicht bis in den textkritischen Befund und seine Bewertung. Bekanntlich fehlt in der Textfassung der sog. Koine, auf die sich Erasmus bei seiner Edition von 1516 stützte und die dann auch für Luthers Übersetzung von 1522 maßgebend blieb, in V. 1 b das Sätzchen: „und wir sind es." Erst in den neuesten revidierten Ausgaben der Lutherbibel ist die von den Fachleuten als ursprünglich angesehene Glosse eingefügt. Es ist belustigend, aber mehr noch entmutigend, wie die Exegeten unter dem Zwang ihrer Traditionen über dieses Sätzchen urteilen. Nach dem gut reformierten Fritz Horn ist es „eigentlich nicht nötig. Denn wenn Gott etwas sagt, dann ist es so"[8]. Der Katholik Schnackenburg spricht von einem „selbständigen und betonten Sätzchen" und meint, diese realistische Betrachtung entstamme sicher dem sakramentalen Denken und setze den Geistbesitz voraus, wofür u. a. auf Joh. 3 verwiesen wird[9]. Welche philosophischen Vorstellungen sich in der älteren Tradition mit solchen Seinsaussagen verbinden, zeigt Augustin besonders eindrucksvoll[10]. Ob wir dem Sätzchen einen Platz im ursprünglichen Text zuschreiben oder es für die nachträgliche Glosse eines Abschreibers halten, hat kaum ein Gewicht für die Frage nach dem Verhältnis von Wort und Wirklichkeit. In V. 2 lesen wir ja: „Jetzt sind wir Kinder Gottes." Wohl aber bedeutet es etwas für die Auslegung der Perikope, ob wir dem Verf. ein höheres Maß an Reflexion zuzuschreiben haben: dann wenn die Glosse ursprünglich ist; oder ob wir eine gewisse Unbefangenheit bei ihm voraussetzen können: dann wenn die Glosse nachträglich ist. (Ich muß gestehen, daß ich sie, trotz der guten Bezeugung in den Handschriften, für nachträglich halte).

Ähnlich vieldeutig ist die Auslegung von 4a und b: „Die hamartia ist die anomia". Auch hier fehlt es bei den Exegeten nicht an erstaunlichen Vereinfachungen, die in philosophischen Axiomen wurzeln. „Für uns liegt in dem wahrlich nicht als Sternspruch geeigneten schwierigen Worte der tiefe Sinn: das christliche Sittengesetz ist die mit unerbittlicher Strenge ausnahmslos durchgeführte allgemein-menschliche Sittlichkeit."[11] Die Auslegung hat inzwischen erkannt, daß V. 4 sich auf den Anspruch der Irrlehrer auf Sündlosigkeit bezieht und zwar unter dem eschatologisch-apokalyptischen Gesichtspunkt. Am Auftauchen der Widerchristen erkennen wir die letzte Stunde (2,18). „In 1. Joh ist die Gestalt des eschatologischen Antichrists historisiert worden, dementsprechend ist auch die anomia schon ein gegenwärtiges Phänomen, so daß auch den Irrlehrern vorgeworfen werden kann, daß sie sich der anomia schuldig machen."[12]

---

[8] Fritz Horn, Der erste Brief des Johannes, Übersetzt und für Bibelfreunde ausgelegt, München 1931, 62. – Die Auslegung ist K. Barth gewidmet.

[9] A. Anm. 2 a. O. 169.

[10] Zu 3,2: „Was ‚ist' genannt wird und nicht nur genannt wird, sondern wahrhaft ist, ist unveränderlich; immer bleibt es, kann sich nicht ändern und erleidet in keinem Teil eine Einbuße: es nimmt nicht zu, weil es vollkommen ist, und nimmt nicht ab, weil es ewig ist" (Tract. 4,5 a.a.O. S. 56).

[11] So O. Baumgarten in den „Schriften des N. T." Bd. 3, 3. Aufl. 1918, z. St.

[12] R. Bultmann, a.a.O. z. St.

Natürlich haben die Sätze über das Nicht-Sündigen (V. 6 im Zusammenhang mit V. 9 und im Gegenüber zu 1, 8—10) die Auslegung und Predigt stets am stärksten beschäftigt. Für Augustin vermittelt sich der offenkundige Widerspruch dahin, daß sich die Kinder Gottes und die Kinder des Teufels am Liebesgebot unterscheiden und scheiden. „Mit dem, was wir vorgebracht haben, ist für die Verständigen die Frage gelöst. Wer gegen die Bruderliebe handelt, der wage es nicht, sich zu rühmen und zu sagen, er sei aus Gott geboren; wenn einer in der Bruderliebe steht, so gibt es Sünden, die er nicht zulassen kann, am allerwenigsten die des Bruderhasses. Und was tut er wegen der übrigen Sünden, um derentwillen es heißt: (folgt 1, 8)? Aus einer andern Stelle der Schrift höre er, daß er ohne Sorge sein darf: ‚Die Liebe bedeckt die Menge der Sünden (1.Petr 4, 8).'"[13] Die Reformatoren haben sich mit der Unterscheidung zwischen ungewollter und gewollter Sünde durchgeholfen. Der Christ „non sinit peccatum regnare, sed detestatur, morsus dentium spiritualium statim adest", formuliert Luther[14]. Bultmann meint, es bestehe „kein wirklicher Widerspruch; denn V. 6 a sagt nur die grundsätzliche Wahrheit, daß jeder, der ‚in ihm bleibt' d. h. wer ihm treu verbunden bleibt, nicht sündigt. Das menein en auto ist also die Bedingung des me hamartanein. Aber im Hinblick auf 1, 8 ff. wird die Frage dringlich: wer kann von sich behaupten, daß er diese Bedingung stets erfüllt? Indirekt enthält also V. 6 a die Mahnung zur Treue, wie die vom menein redenden Sätze teils direkt imperativisch sind (2, 24, 27 c, 28) teils im Indikativ doch indirekt eine Mahnung enthalten (2, 27 a; 3, 24; 4, 15 f.). Jeder muß und kann also wissen, ob und wann von ihm das ouch harmartanei gilt"[15]. Wir nehmen weiter unten den Faden noch einmal auf.

Der disparate und spröde Text, mehr noch die glossatorische und punktuelle Art der Kommentare kann uns zwar Details erschließen, aber das Ganze der Perikope bleibt fremd und fern. In seinem so hilfreichen Forschungsbericht hat es Ernst Haenchen vermocht, dieses Ganze nicht nur unseres Textes, sondern des Briefes greifbar und anschaulich zu machen. Der Verf. ist — nach Haenchen — ein Praktiker im guten Sinn, aber für theologische Finessen hat er weder Ohr noch Zeit. Daher kann er die verschiedensten Formeln aus der eigenen Tradition und von den Gegnern übernehmen. Sie besagen für ihn „letztlich nicht verschiedene Dinge, sondern den einen und einfältigen Inhalt des rechten Christenlebens. Daß sich dieses Leben im geschlossenen Kreis der Gemeinde abspielt, den die Welt verlockend und gefährlich umbrandet . . ., das ist die Lage, in der damals nicht nur eine einzelne Gemeinde existierte, sondern die Lage der Christenheit überhaupt. Diese Situation wird freilich nicht andauern. Die letzte Stunde hat begonnen. Daß die Irrlehrer als eine Verkörperung des Antichrist aufgetreten sind, verbürgt das. Aber von einer

---

[13] Tract. 5, 3 a.a.O. 64 f.

[14] W. A. 20, 703, 19. Dazu vgl. die Beiträge von Gg. Eichholz zum Verständnis des 1. Joh.briefes in Evang. Theol. 4, 1937 und 5, 1938.

[15] Bultmann, a.a.O. 156.

Panik angesichts des drohenden Endes ist nichts zu spüren. Wenn der Herr, wie verheißen, wiederkehrt, dann werden die Christen aus dieser abnormen Lage befreit werden, in der sie der Haß der Welt umgibt, und an der Herrlichkeit des Herrn den vollen, gleichen Anteil haben (3,2)"[16].

Auf diesem Hintergrund sind nun die wesentlichen Motive der Perikope im Blick auf den heutigen Nachvollzug noch einmal zu bedenken.

III.

Zwar findet sich unsere Perikope in einem eschatologischen Zusammenhang. Jedoch sollte man den Sätzen 3,1 ff. ihre Selbständigkeit lassen. Dann tritt als die wesentliche Aussage entgegen das Perfektum: der Vater hat Liebe gegeben, indem er uns Gottes Kinder heißen läßt. Alle Glieder dieser Kette sind heute stark angefochten: das Vorgegebene des göttlichen Handelns; daß es Erweis und Tat von Liebe sein soll; und daß es im Bild von Vater und Kindern ausgedrückt wird. Die Ablehnung und Auflehnung dokumentiert sich für mein Empfinden am deutlichsten in dem gelegentlich zu lesenden Satz einer jungen Zeitgenossin, es passe ihr nicht, daß sie von Eltern gezeugt und geboren sei, sich also nicht selbst zur Welt und ins Leben gebracht habe (ich kann die Äußerung nicht belegen, habe sie aber nicht erfunden!). So unerträglich spielte also menschliche Elternschaft den Kindern mit, daß sie dem Lauf der Natur absagen möchten. Dagegen ist mit rationalen Mitteln kaum anzukommen; auch nicht damit, daß man das Autoritäre des biblischen Befunds von Gott dem Vater in den Hintergrund schiebt und das Liebevolle betont[17]. Die Christenheit und die Welt, in der sie lebt, muß auslöffeln, was sie sich eingebrockt hat: daß alle zwischenmenschlichen Beziehungen, auch die natürlichsten und ehedem selbstverständlichsten, schäbig und unglaubwürdig, ja widerwärtig geworden sind. Es wird nichts nützen, die möglichen guten Erfahrungen mit Vaterschaft von gestern und heute gegen ihre rasende Diskreditierung ins Feld zu führen. Eher könnte irdisch-menschliche Vaterschaft zu Kräften kommen, wo die Vaterschaft im Handeln Gottes einzuleuchten vermag — aber wie soll sie das, wenn nicht durch unser Zeugnis im Gefolge des biblischen Zeugnisses?!

Dagegen verblassen die vordem so gerne verhandelten Kategorien des Moralisch-Psychologischen in Antithese zum Naturhaften im Verständnis von Vaterschaft und Sohnschaft. Jeder merkt, daß es sich ohnehin um Bilder handelt und daß wir die Beziehungen analog zu denken haben. Sonst werden sie absurd. Daß man die biblischen Aussagen von der Vaterschaft Gottes nicht

---

[16] Haenchen Th. R. S. 40 f. Ges. Auf. II 280 f.

[17] So H. Gollwitzer in seinem neuen Buch „Krummes Holz — aufrechter Gang", München 1970, S. 71: „Darum darf man auch die biblischen Vater-Aussagen nicht unter Freuds Einfluß als Bindungen an ein strenges Über-Ich verstehen, auf die die Reaktion des Ödipus-Komplexes nur allzu natürlich ist. Der biblische Vater-Titel symbolisiert Gottes vorausgehende, lebensspendende und heimatgewährende Zuwendung."

zeit- und geschichtslos verstehen kann, sondern im engsten Zusammenhang der sozialen Entwicklung der Antike, hat G. Schrenk in seinem ausgezeichneten Beitrag zum Stichwort pater schon 1954 betont[18].

Gottes Handeln ist also gekennzeichnet als väterliche Liebe oder liebende Väterlichkeit. Es macht die, die sich davon treffen lassen, zu Kindern und entnimmt sie damit dem Weltzusammenhang. Ihr „Sein ist über ihre Geschöpflichkeit hinaus durch eine besondere Tat Gottes begründet", wie es K. Barth in dem eingangs meines Beitrags zitierten Passus aus K. D. IV, 3 ausdrückte. Diese Entfremdung oder Entweltlichung darf nicht verleugnet oder vergessen werden. Man sollte sie nicht als beiläufige soziale Bedingtheit der frühen Christengemeinden ansehen, die wir längst hinter uns gelassen haben. Der Gegensatz ist vom Ursprung und vom Ziel her: der Ursprung, die Geburt aus Gott oder vom Teufel (V. 10), und das Ziel der Erkenntnis und der Liebe: sie kennt ihn nicht (V. 1b). Augustin hat das mit Recht besonders betont[19]. Dem heutigen Haschen nach Welt kommt daher in der Christenheit kein Recht und keine Verheißung zu.

Allerdings ist mit all dem nichts Vollkommenes oder Endgültiges gemeint, beschrieben und gefordert. „Es ist noch nicht erschienen was wir sein werden. Wir wissen aber, wenn es erscheinen wird, daß wir ihm gleich sein werden; denn wir werden ihn sehen, wie er ist" (V. 2). Hier sind die apokalyptischen Phantasien, wie sie außerhalb und am Rande der Bibel auftauchen, beiseite gelassen. Was verheißen ist und erhofft wird, ist gleichsam auf seinen Kern reduziert: ihm gleich werden; ihn schauen, wie er ist. Begreiflich, daß die Ausleger von jeher betonen, es könne sich nicht um so etwas wie Gottgleichheit handeln, und die Vorstellungen der Mysterienfrömmigkeit seien fernzuhalten[20]. Aber darauf kommt es, zumal heute, wohl weniger an als darauf, ob und inwieweit wir solche Sätze überhaupt nachvollziehen können.

Es läßt sich wohl nur ausdrücken in der Weise Augustins, wenn er zu unserem Text sagt: „Wir werden etwas schauen, das alle Erdenschönheit, alle Schönheit des Meeres und der Luft, die Schönheit der Sonne und des Mondes, die Schönheit der Sterne, die Schönheit der Engel, mit einem Wort, das alles überragt, weil alles von daher seine Schönheit gewinnt."[21]

Auch über das Verhältnis der geschenkten und vorhandenen Gotteskindschaft zu dem, was hier als vollkommene Gemeinschaft vor Gott und mit Gott angedeutet ist, sollte man dem Text nicht zu viel entnehmen wollen. Wenn die ältere Überlieferung auf diesen und ähnliche Texte die Lehre vom deside-

---

[18] Vgl. Theol. Wb. z. N. T. V, 981–1016.

[19] Fr. Hofmann bemerkt dazu a.a.O. 55: „Es ist ein tiefer Gedanke Augustins, die tiefsten Unterschiede zwischen den Menschen in dem letzten Gegenstand ihrer Liebe begründet zu sehen." Er hätte auch auf Luthers Auslegung des 1. Gebotes im Gr. Katechismus hinweisen können, wo freilich vor allem vom Vertrauen des Herzens die Rede ist.

[20] So in ihrer Weise Luther und Calvin nicht anders als heute etwa W. Michaelis in Theol. Wb. z. N. T. V, 367.

[21] Augustin, a.a.O. 57.

rium naturale gegründet hat, so ist dies zwar begreiflich; aber der Text wird damit überlastet[22]. Schrage wird recht haben, wenn er meint, es handle sich um „eine sich dann erstmals verwirklichende Möglichkeit", nicht um renovatio, sondern um ein Novum[23].

Was soll der Prediger stärker betonen: die Vorläufigkeit unseres jetzigen Zustands als Christenmenschen oder die Größe und Schönheit des verheißenen Neuen? Es wird auf den Zustand der Gemeinde und der Umwelt ankommen. Die Vorläufigkeit ist leichter zu beschreiben als die unanschauliche Anschaulichkeit der verheißenen Zukunft.

Noch bleibt V. 3 und seine Erläuterung in V. 4—6. Aber dies ist zu erwägen, indem wir nun endlich nach der Predigt als einer Weihnachtspredigt fragen. Wir gehen dabei von der Voraussetzung aus, daß nicht die ganze Perikope (V. 1—6), sondern nur deren erste Hälfte (V. 1—3) der Predigt zugrunde gelegt werden.

IV.

Wohl haben wir dem Anschein nach den Weihnachtsgesichtspunkt bisher ganz ignoriert. In allen Meditationen wird ja auch darüber geredet, wie wenig die Perikope mit der Geburt und Menschwerdung des Gottessohnes zu tun hat. Höchstens V. 1 a gehört unmittelbar dorthin; aber auch dann fehlt jeder Hinweis, was die Menschwerdung mit unserer Gotteskindschaft zu tun habe. Dennoch ist der Text weihnachtlich in einem ganz andern, heutigen Sinn: er entfaltet vor uns Fülle und Glanz — nicht der irdischen Gaben, die man erwirbt und konsumiert oder auch sich schenken läßt, um sie zu konsumieren; wohl aber der Verheißung und Zukunftsgewißheit für den Menschen und Christen. Eben deshalb habe ich die Väter, vor allem Augustin, so ausführlich zu Worte kommen lassen. Und ich fände es kummervoll, wollten wir uns wegen der heutigen Engpässe des Denkens und der Vorstellung von Bildern der Vorzeit gar nichts mehr zu Gemüte führen. Gewiß, zu streiten ist hierüber mit niemandem, weil es hier Denkzwänge gibt, denen mit rationalen Mitteln nicht beizukommen ist. Aber niemand soll sich freiwillig und ungezwungen auspowern lassen.

Mit der Kulturkritik und der Verteufelung des Konsumzwangs in der Weihnachtspredigt ist wenig getan, wenn dieser Zwang auch in der Tat etwas Dämonisches hat. Dies kann man an der Haltung der Kinder beobachten. Vielmehr empfiehlt sich, von der Beobachtung auszugehen: Mit solchen Worten und den ihnen zugrunde liegenden Sachverhalten, wie sie die Perikope

---

[22] Vgl. Thomas, S. Theol. I qu. 12 Art. 1: Sobald nämlich der Mensch eine Wirkung sieht, regt sich sein natürliches Verlangen, auch deren Ursache zu erkennen; daher kommt es ja, daß der Mensch sich über etwas wundert. Könnte nun der geschaffene Verstand nicht zur ersten Ursache der Dinge aufsteigen, so würde das Verlangen der Natur unerfüllt bleiben. Man muß also daran festhalten, daß die Seligen das Wesen Gottes schauen (Übers. nach der dt.-lat. Thomas-Ausgabe Bd. I, 1934, 207).

[23] A.a.O. 35.

bringt, war ein ursprüngliches, machtvolles Geschehen, eine reelle Wirkung verbunden. Was am Lebensgefühl der frühen Christenheit hat sich so ansprechen lassen? Und wo sind die Entsprechungen heute?

Wiederum liegt es nahe, daß wir die Attraktion der biblisch-christlichen Weihnachtsworte und -sachen damit herstellen oder vermehren wollen, daß wir an die Hinfälligkeit der Weltdinge und an die unvermeidliche Enttäuschung und Ernüchterung der kommenden Tage erinnern — manchmal breitet sie sich ja schon am sog. Hl. Abend aus. Es ist fast unvermeidlich, daß wirs so machen; aber es ist nicht verheißungsvoll. Wie dann? Indem der Text von der Gotteskindschaft redet, erschließt er einen Bereich, in dem wir anders dran sind als im übrigen Leben: hier gelten Beziehungen jenseits dessen, woran uns sonst liegt: es ist die neue Welt Gottes, die sich hier auftut. Sie muß einem nicht einleuchten oder wichtig werden; aber sie kann es. Indem wir im Anschluß an die Apostel davon reden, soll sie aufleuchten und einleuchten.

Wie wir dann die Sachverhalte der Perikope anordnen, ist dem Dafürhalten des einzelnen überlassen. Im Blick auf den Charakter des Predigttages muß doch zuerst von dem Handeln Gottes in der Vergangenheit die Rede sein. Es hat eben jene neue Welt mit ihren Regeln, Gaben und Aussichten eröffnet, aus denen sich all unser Christliches speist, in welcher zeitgemäßen Verdünnung und Verflüchtigung auch immer. Aber der Text selbst sorgt dafür, daß wir den Mund nicht zu voll nehmen und unglaubwürdig werden. Auch das Geschehen von Weihnachten ist noch nicht das Letzte und Eigentliche. Natürlich wird nicht darüber zu streiten sein, wie Gott und Mensch ihren Anteil an der Gestalt der Zukunft aufteilen. Hier sind uns Fragen gestellt, die den ersten Lesern dieses Briefes nicht gestellt waren. Wohl aber muß gelten, daß die Zukunft für den Christen keine Zukunft ohne Gott ist: wir werden ihn sehen, wie er ist. Calvin hat recht ausführlich davon geredet, daß die Konfrontation mit dem wirklichen Gott keineswegs nur helle Aspekte hat. Auch unser Text verharmlost hier nichts: Ein jeder der solche Hoffnung hat, reinigt sich (V. 3). Im Namen irgend welcher Zukünfte werden von den Menschen die härtesten Leistungen oder Verzichte erwartet. Die neue Welt Gottes hat andere, ihre eigenen Regeln. Auch der, dem sie einleuchtet und der sich darauf einläßt, wird sie niemals als selbstverständlich betrachten.

„Gott ist im Fleische: wer kann dies Geheimnis verstehen?/ Hier ist die Pforte des Lebens nun offen zu sehen./ Gehet hinein,/ eins mit dem Kinde zu sein,/ die ihr zum Vater wollt gehen" (G. Tersteegen).

Epiphanias

Matthäus 3, 13 – 17

Da kam an den Jordan Jesus, der als Sohn des Zimmermanns Joseph galt, und der, wie es die Schriften verkündeten, ohne Herrlichkeit erschien und den man als Zimmermann ansah ... Auf ihn nun flog – und zwar wie gesagt um des Menschen willen – der Heilige Geist in Gestalt einer Taube, und zugleich kam eine Stimme vom Himmel, welche auch David erwähnt, wenn er im Namen Christi die Worte von welchen dieser wollte, daß der Vater sie an ihn richte, spricht: „Mein bist du, heute habe ich dich erzeugt." Der Vater verkündete damals den Menschen die Geburt Christi, damit sie zu seiner Erkenntnis geführt würden (Justin, Dial. 88, 8 u. d. Übers. der BKV).

Das ist das erste Stück, daß wir wissen heute das herrliche Werk zu feiern, daß Christus getauft und eingesetzt sei als ein Herr und Doktor der ganzen Welt. Das rote Barett hat ihm heute der Vater aufgesetzt. Das soll nun unsere Freude sein (Luther, Pred. bearb. v. Gg. Buchwald II, 1928, 84 – vom 5. Jan. 1531).

Will man sich aber die Sache als wirklich so geschehen vorstellen, so stößt die gebildete Reflexion auf nicht unbedeutende Schwierigkeiten. Erstlich, daß bei der Erscheinung eines göttlichen Wesens auf der Erde sich erst der sichtbare Himmel aufthun müsse, um demselben das Heruntersteigen aus seinem gewöhnlichen Sitz möglich zu machen, dieß kann doch wohl nichts Objektives, sondern nur subjektive Vorstellung einer Zeit sein, welche den Wohnplatz Gottes über dem festen Himmelsgewölbe dachte. Ferner, wie ist es mit richtigen Begriffen von dem heiligen Geiste, als der göttlichen, Alles erfüllenden Kraft, zu vereinigen, daß sich derselbe, wie ein endliches Wesen, von einem Orte zum andern bewegen, und vollends gar in einer Taube sich verkörpern solle? Endlich aber, daß Gott menschlich articulirte Töne in einer bestimmten Landessprache von sich gegeben habe, hat man mit Recht selbst abenteuerlich gefunden (D. Fr. Strauß, Das Leben Jesu kritisch bearbeitet, 3. Aufl. 1838, Bd. I, 437 – Strauß zitiert zum letzten Satz u. a. F. Chr. Baur).

Nicht indem der Mensch als sein eigener Befreier an die Stelle Jesu Christi, sondern indem Jesus Christus an die Stelle des Menschen tritt, um ihn daselbst zu befreien, kommt es zur Begründung des christlichen Lebens (K. Barth, Extra nos – pro nobis – in nobis, in: Hören und Handeln, Festschr. f. Ernst Wolf, 1962, 25).

I.

Die Perikope von der Taufe am Jordan hat in der Christenheit ein merkwürdiges Schicksal: Sie wird von Anfang an als eigentümliche Schwierigkeit empfunden, als ‚pudendum', wie Herb. Braun in einer knappen und sehr instruktiven Übersicht der frühesten Textüberlieferungen es einmal ausdrückte[1]. So findet sie sich auch nicht in der Reihe der sog. altkirchlichen Evangelien. Die Predigttradition ist also nicht be-

---

[1] H. Braun, Entscheidende Motive in den Berichten über die Taufe Jesu von Markus bis Justin (ZThK 50, 1953, 39 – 43).

sonders dicht, wenn auch freilich Luther selbst nicht selten über den Text gepredigt hat[2]. Auch in unsern GPM ist er nur einmal bearbeitet worden[3]. Schleiermacher hat die Disparatheit der Berichte dazu benutzt, um der Gemeinde das Übel des Buchstabenglaubens auszutreiben[4]. Dennoch hat sich das Geschehen unseres Textes zutiefst in das christliche Bewußtsein der Menschen aller Jahrhunderte eingegraben, nicht zuletzt durch die bildende Kunst. Luther hat recht, wenn er in seinem Tauflied unterstreicht: Solchs hat er uns beweiset klar mit B i l d e r n und mit Worten[5].

Die Schwierigkeiten liegen nicht in der Frage nach dem historischen Kern des Geschehens. Daß sich Jesus von Johannes d. T. taufen läßt, gilt auch der kritischen Forschung als durchaus wahrscheinlich. Gerade weil dies schon den ersten Erzählern der Jesusgeschichten Schwierigkeiten macht, erscheint das Faktum als solches ‚unerfindbar'[6]. Ja, man vermutet, daß Jesus eine Zeitlang zu den Johannesjüngern gehört hat[7]. Und eben dies wird im Lauf der Geschichte der synoptischen und der späteren Überlieferung immer stärker in den Hintergrund gedrängt. An der oben abgedruckten Erzählung Justins kann man sehen, wie das Getauftwerden Jesu selbst überhaupt nicht mehr erwähnt wird. Alle Aufmerksamkeit gilt den wunderbaren Ereignissen, die sich begeben, nachdem Jesus aus dem Wasser wieder heraus- und heraufgestiegen ist.

Diese wunderbaren Ereignisse, das Sichauftun der Himmel, die Herabkunft des göttlichen Geistes in der Gestalt der Taube, die Himmelsstimme, die nach Markus Jesus unmittelbar anredet, während nach Mt. und Lk. über ihn gesprochen wird, sie geben denn auch der theologischen Deutung des Textes für die ältere Zeit der Christenheit die Aufgabe und den Glanz, von dem noch Luthers Auslegung lebt, den neueren Exegeten, zumal seit D. Fr. Strauß die Problematik, der sich dann auch das homiletische Handwerk nicht entziehen kann und darf[8]. Dennoch sollte das Ziel der Meditation und der Predigt nicht darin bestehen, jene wunderbaren Ereignisse zu rationalisieren oder zu – beschweigen. Dem Text ist nach seinen b e i d e n Seiten und Akzenten standzuhalten.

---

[2] Der Index WA 22, XLVI nennt 7 Predigten. Ich verweise besonders auf die Predigt von 1546 WA 51, 107 ff. EA 20 II, 456 ff. Luther zieht freilich den Bericht von der Taufe Jesu ganz und gar in die christliche Tauflehre hinein.

[3] G. Bornkamm, Jg. IX, 41 ff. Bei Eichholz hat P. Brunner den Text bearbeitet.

[4] Pred. üb. d. Ev. Marci etc., ed. Fr. Zabel, Lit. Nachl. Pred. I, 1835, 16 ff. „So ist meine Absicht bei dieser Gelegenheit, darauf uns aufmerksam zu machen, wie wir überhaupt die heilige Schrift zu gebrauchen haben" (23).

[5] EKG 146, 3.

[6] Vgl. E. Dinkler s. v. Taufe und Ph. Vielhauer s. v. Johannes d. T. in der neuen RGG.

[7] So Vielhauer, a.a.O.

[8] Am sorgfältigsten und nützlichsten L. Fendt in seiner praktischen Auslegung der neuen Perikopen im Lietzmannschen Handbuch 23, 1941, 50 f.: „Am leichtesten haben es diejenigen Praktiker, welche sich nicht um das ‚Historisch' oder ‚Nicht-Historisch' kümmern, sondern die Erzählung als ‚Transparent der Gestalt Jesu' einfach hinnehmen und ausdeuten. ‚So war Jesus, ob nun die Erzählung stimmt oder nicht stimmt, mit Jesus stimmt es, nämlich mit seiner Gestalt im Ganzen.' Aber diese Art geht doch nur so lange, als andere die Last und Hitze der Kritik, des Suchens, Zweifelns und Wegebauens tragen, wären diese andern nicht, dann könnte man ebensogut an jedem Jesus-Buch der Literaturgeschichte die Operation mit der ‚Transparenz der Jesusgestalt' machen."

II.

Zu V. 13–15. Ganz ohne jede Verknüpfung wird dem Bericht über das Auftreten des Täufers angefügt, daß sich nun auch Jesus auf den Weg an den Jordan macht, um sich von Johannes taufen zu lassen. Alle Bemühungen der Leben-Jesu-Forschung und Darstellung waren und sind vergebens, Spuren in der Bewußtseinsentwicklung des Jesus der Evangelien aufzufinden, die uns in die Lage versetzen, diesen Weg Jesu zum Jordan psychologisch nachzuvollziehen. Ebensowenig nützen uns die Kategorien der späteren Christologie. Eher schon läßt sich etwas sagen, wenn wir an die geschichtliche Lage des jüdischen Volkes damals denken, wie das A. Schlatter mehrfach eindrucksvoll beschrieben hat[9]. Der Täufer aktualisiert die apokalyptisch-eschatologische Erwartung. Er verkündet die Nähe des Reiches Gottes. Wer von diesem Ruf erreicht wird, läßt sich mit dem Zeichen der Taufe versiegeln. Nach dem Bericht der Evangelien stehen aber die Pharisäer abseits. Man wird keine Karikatur von ihnen entwerfen. Aber auf den Ruf des Täufers zu hören, kann nun doch nicht ihre Sache sein. Sie gehören im besten Sinne des Wortes zu den Starken, die des Arztes nicht bedürfen und die den Richter, von dem auch der Täufer spricht, nicht zu scheuen haben.

Indem Jesus sich zum Täufer begibt, indem er begehrt, sich mit dieser Taufe taufen zu lassen, stellt er sich zum Volk, zu denen, die diesen Ruf hören und dies Zeichen annehmen.

Einerlei, wie die Gegenrede des Täufers zustande kommt — auch Luthers viel zitiertes ‚Er reucht den Geist'[10] ist ja nur eine Chiffre für einen Vorgang, den wir

---

[9] A. Schlatter, Die Geschichte des Christus, ^{2}1932, 88–96; ders., Kennen wir Jesus?, ^{2}1938, 27–29. „Wird er aber nicht, wenn er die Taufe für sich begehrt, in der Schar der Büßenden verschwinden? War nun nicht auch er einer der vielen Hoffenden? Hoffende hatte es seit der Zeit der Väter Ungezählte gegeben; er aber konnte nicht nur ein Hoffender sein, wenn er das Wort des Täufers aufnehmen und das von ihm Begonnene als der vollenden soll, der mit dem Geist und mit dem Feuer tauft. Aber sein königliches Recht konnte nicht er selbst verkünden. Wenn er selbst es ausriefe und dafür stritte, würde er selbst seinen Anspruch unwahr und unglaublich machen. Ihn kann nur Gott erhöhen; er kann nur sein, was Gott aus ihm macht. Mochten die Stolzen sagen, vom Täufer getauft werden, erniedrige – für Jesus gab es keinen andern Weg zur Macht" (29). – Der Sache nach gibt Schlatter hier auch die entscheidende Antwort auf den bekannten Einwand M. Bubers, demzufolge Jesus sich nur zu Unrecht und unter Verlust seiner Sendung als der erwählte Messias bezeichnen durfte und konnte (M. Buber, Die chassidischen Bücher, Schockenverlag, Berlin o. J., XXIII ff.).

[10] G. Menken zitiert Luther (Betr. üb. d. Ev. Matth. 1822, I, 153): „Es wird ihm geahnet haben, er sey nicht ein schlechter Mensch, es werde etwas Höheres hinter ihm seyn. Christus war ihm nicht gestalt, wie andere Leute, es ging etwas Kräftigeres von ihm aus, denn von einem andern Menschen. – Er reucht den Geist, denn es ging Saft und Kraft von ihm. Und es ist auch wahr, daß, wo ein solch geistreicher Mann ist, so bedünkt einem, der bei ihm ist, es sey ihm besser, denn bei andern Leuten, der Geist kann sich nicht verbergen, es geht eine sonderliche Kraft von solchen Leuten. – Denn das ist die Natur und Art des Geistes, daß er sich spüren und merken läßt, er äugnet sich mit Blicken und Geberden, giebt den Menschen eine andere Art, Sinn und Schmack. Also ist es auch hier geschehen, da Christus kommt, und Johannes sein gewahr wird, da sieht er ihn für einen besonderen und heiligen Mann an,

nicht wirklich beurteilen können: die Frage drängt sich auf, ob mit dem Willen Jesu, sich von Johannes taufen zu lassen, nicht die Dinge bedenklich verkehrt und auf den Kopf gestellt werden. Auch wenn die spätere Gemeinde hier spricht und wenn wir also eine Spur der rasch verklungenen Auseinandersetzung der ersten Jünger Jesu mit den Johannesjüngern haben, die Frage stellt sich unvermeidlich, was dieser Jesus bei dem apokalyptisch-ethischen Taufgeschäft zu suchen habe. Anders als die Auslegung des 19. Jahrhunderts werden wir hier im Gedanken der Stellvertretung die rechte Begründung und Antwort finden. Und weil D. Fr. Strauß und die Seinen damals und heute davon nichts wissen und wissen wollen, stoßen sie sich an den inneren und äußeren Schwierigkeiten des Berichtes [11].

Die Auslegung Luthers aber hat hierauf mit Recht den eigentlichen Akzent gesetzt, und wir versuchen, ihn heute nicht ohne Mühe dort zu belassen und dies nicht nur formelhaft [12]. Es ist einzuräumen, daß der Text selbst darüber nur mit dem schwer verständlichen Ausdruck vom Erfüllen der Gerechtigkeit redet. Aber er ist damit die Brücke zum AT und zum Glauben und zur Frömmigkeit des damaligen Judentums. Nur durch das ‚so' wird sie näher bestimmt, und E. Lohmeyer wird recht haben, wenn er bemerkt, es werde die Taufe als die letzte und höchste Forderung bezeichnet, die Gott jetzt noch zu allen Geboten des Gesetzes noch auferlegt, und dabei auf Mt. 21,32 hinweist, wo die Johannestaufe als ‚Weg der Gerechtigkeit' bezeichnet wird [13]. Ob wir diesem ‚ersten Wort' Jesu nach Matthäus eine besondere programmatische Bedeutung beilegen müssen oder dürfen, wie es in der Auslegung nicht selten geschieht, möchte ich lieber offen lassen. Immerhin ist das Wort vom Erfüllen der Gerechtigkeit auch ein Kernwort der Bergpredigt (5,20); es ist aber die neue Gerechtigkeit im Gegensatz zu derjenigen der Pharisäer und Schriftgelehrten.

III.

V. 16–17. Das Taufgeschehen selbst wird nicht genauer expliziert, nur eben erwähnt. Alle Aufmerksamkeit richtet sich auf die wunderbaren Zeichen, die nun geschehen. Der Himmel spaltet (Markus) oder öffnet sich. Der göttliche Geist kommt sichtbar in Gestalt der Taube auf Jesus. Ob Jesus der ist, der es sieht, oder der

---

fällt gleich darauf und denket, es wird wahrlich Christus seyn!" (Pred. v. 1526 WA 20, 224 EA 15, 247).

[11] Über die inneren Schwierigkeiten vgl. den § 48 bei Strauß.

[12] „Johannes kriegt allhie ein Sünder, der keine Sund für sein Person hat; und ist doch der größte Sünder, der aller Welt Sunde hat und trägt. Darumb er sich auch läßt täufen, und bekennet mit solcher Tat, daß er ein Sünder sei. Aber nicht fur sich, sondern fur uns. Denn er tritt allhie in meine und deine Person, und stehet an unser aller Statt, die da Sünder sind ... Weil er nu solcher Sünder worden ist, der unser aller Sünde auf ihm liegend hat, so (be)darf er wahrlich der Taufe, und muß sich lassen täufen zur Vergebung der Sünden ..." (Pred. v. 1540 EA 20 I, 482 f.). – H. Cremer, Das Wort vom Kreuz, Jahrgang Predigten 1900, 128: „Denn der Heiland, der auf alles verzichtet, was er vor uns voraushat, auch auf seine Unschuld (Sperrung im Orig.), der bedurfte des Vaters Gnade auf Schritt und Tritt zum Handeln und zum Leiden."

[13] E. Lohmeyer, Das Evangelium des Matthäus, hrsg. v. W. Schmauch, 1958, 50 f.

Täufer, bleibt undeutlich. Erst das vierte Evangelium berichtet etwas von der Augenzeugenschaft des Täufers, während er in unserer Perikope nicht mehr erwähnt wird. Daß der Geist nicht nur vorübergehend über Jesus kommt, meinen auch die Synoptiker. Wie sich diese Geistbemächtigung zur wunderbaren Geburt Jesu verhält, unterliegt keiner erkennbaren Reflexion. So haben auch alle späteren Reflexionen des exegetisch-dogmatischen Denkens nur relativen Wert. Das NT bietet eine Fülle nicht selten kaum ausgleichbarer Christusaussagen, aber kein geschlossenes christologisches System. Dies anzuerkennen, sollte uns möglich sein, einerlei wie stark unser eigenes Bedürfnis zum geschlossenen System ist. Zum wort- und lautlosen Geschehen, das apokryphe Texte noch ausmalen[14], gesellt sich die Stimme vom Himmel. Was sie sagt, stammt aus Ps. 2,7 und Jes. 42,1, wenn wir den gut überlieferten Text der Variante bei Lk. 3,22, wie ihn auch Justin (s. o.) bringt, hinzunehmen. Aber was bedeutet das alles?

Indem Jesus sich der Taufe des Johannes unterzieht, stellt er sich ganz und gar auf die Seite der Menschen, die das nötig haben. Eben zu diesem Tun Jesu und damit zu seiner Sendung in der Welt bekennt sich Gott durch all die wunderbaren Zeichen, die berichtet werden. Da es Zeichen nicht nur für Jesus selbst, sondern auch für die Leser des Evangeliums und vielleicht auch für die Augenzeugen jener Taufszene sind, ereignen sie sich in der Weise des biblisch-antiken Denkens, im Rahmen der damaligen Weltanschauung, dies verblasene Wort buchstäblich genommen. All diese Zeichen sagen nur das eine: Gott war in Christus und versöhnte die Welt mit ihm selber.

Im einzelnen widerstehen die wunderbaren Zeichen unserer Neigung zur bloßen Geistigkeit der Gottes- oder Himmelsvorstellungen. Aber es ist keine besondere Leidenschaft zu investieren im Auf- oder Abbau dieser Gewichte und Vorlieben. Unser Heil liegt nicht im Idealismus, aber auch nicht in der Kritik des Idealismus. D. Fr. Strauß stößt mit seinen kritischen Fragen, die eingangs dieser Meditation in Auswahl zitiert sind, letztlich ins Leere. Er möchte uns verführen, bei uns selbst zu bleiben, weil er das Befremden des natürlich-autonomen Menschen vor dem Christus extra nos et pro nobis nicht zu überwinden vermag. Über dem berichteten Geschehen liegt ein besonders helles Licht, das selbst den heutigen Leser noch anziehen und zu blenden vermag. Es ist gleichsam Offenbarungsgeschehen in der Potenz. Nur von Ostern, dann auch von der Verklärungsperikope und von der Sinaioffenbarung geht die gleiche Helligkeit aus. Luther hat zwar den Unterschied des Geschehens am Sinai und am Jordanfluß stark beachtet und hervorgehoben[15]. Aber prüft man seinen Umgang mit den Epiphanietexten der Bibel im ganzen, so bemerkt man, wie wichtig sie ihm waren,

---

[14] Beachte auch die Varianten im Nestle-Text!

[15] „Auch ist das wohl zu merken, daß allhie uber der Taufe Christi ist nicht ein solcher schrecklicher Anblick zu sehen gewest, wie am Berge Sinai, da das Volk Israel das Gesetz empfinge ... sondern da gehet alles fein lieblich, tröstlich und fröhlich zu. Der Vater läßt sich aufs freundlichst hören, er habe ein Wohlgefallen am Sohn; der Sohn stehet da in der Menschheit und läßt sich uns zu gut täufen; und der heilig Geist fähret ernieder, gleich als ein Tauben. Da ist ja kein schrecklich oder majestätisch Gestalt zu sehen, auch keine harte, unleidliche Predigt zu hören gewest, darin sich Gott erzeiget und hören hätte lassen; sondern ist alles lieblich und tröstlich anzusehen gewesen" (EA 20 I, 493 f.).

sowohl diejenigen aus dem NT wie besonders auch diejenigen aus dem AT. Das veranlaßt uns dazu, wenn wir erkennen und sagen sollen, was göttliche Offenbarung nach dem Zeugnis der Bibel sei, uns nicht auf die herkömmliche Dialektik von Offenbarung und Verhüllung zu beschränken oder zurückzuziehen. In diesen potenzierten Epiphanietexten ist gleichsam nur Licht, ohne jede Verhüllung, ohne Schatten und ohne Wolke. Es bleibt keine Zweideutigkeit übrig. Dies ist mein geliebter Sohn. Die Eudokia Gottes hat sich auf Erden niedergelassen. Im Menschen Jesus von Nazareth ist die Sohnschaft wahr und wirklich geworden.

Während die neuere Auslegung die Wunderzeichen der Perikope unter religionsgeschichtlichen Gesichtspunkten betrachtet, ohne daß dabei wirklich eindeutige Abhängigkeiten sich statuieren lassen, hat die ältere Auslegung, Luther zumal[16], hier einen Schriftbeweis für die Wahrheit der Dreieinigkeitslehre gefunden. Sie ist ja das Kriterium des christlichen Gottesglaubens gegenüber den Religionen, und es ist auch für uns heute angemessen, in der Auslegung des Tauftextes nicht zu nivellieren, sondern zu differenzieren, auch wenn wir die Methode des älteren dogmatischen Schriftbeweises nicht mehr befolgen wollen.

IV.

Fassen wir im Blick auf die Predigt die Aussage des Textes zusammen, so läßt sich sagen: Jesus von Nazareth wird, indem er die Taufe auf sich nimmt, als der Sohn des göttlichen Wohlgefallens offenbar und erkenntlich[17]. Der Weg in die Tiefe des Jordans wird ausgezeichnet durch den Glanz des geöffneten Himmels, durch die Bemächtigung des Geistes und durch die himmlische Stimme. Insoweit ist von uns, von der Gemeinde, von den Predigthörern noch gar nicht die Rede. Wer von Gott redet, muß zwar von Jesus als dem Christus reden, aber noch nicht sofort von uns. Dies ist gerade uns zuzumuten, da wir uns auch als Christenheit unablässig um uns selbst drehen. Dennoch hat die reformatorische und jede spätere Auslegung der Perikope recht, wenn sie sich nicht mit der Bedeutung des Textes für eine objektive Christologie begnügt, sondern wenn sie die Gemeinde und den einzelnen hineinnimmt. Auch unsere Predigt hat das zu versuchen. Es liegt nahe, in der Weise Luthers[18] an unserer Taufe

---

[16] „Das soll man dem christlichen Volk heute aus diesem Evangelio furhalten, daß solcher Artikel von dem Unterscheid der Personen in der Gottheit den Christgläubigen bekannt und offenbar werde, daß sie solche Unterscheid wissen, behalten und gläuben sollen: derhalb auch diese herrliche und wundersame Offenbarung vom Himmel geschehen, und der Welt von Gott geoffenbart ist ... So will Gott erkannt sein, und das ist unser christlicher Glaube, darauf wir getauft und berufen sind; darum wir auch Christen heißen. Das laßt uns, die wir mit Ernst wollen Christen sein und hoffen selig zu werden, behalten und gläuben; denn ohn dieß Artikels Erkenntniß und Bekenntniß nehme ihm nur niemand fur, gen Himmel zu kommen. Drumb wohl denen, die ihm gläuben! wer aber nicht will, der laß es" (EA 20 II, 459 Pred. v. 1546).

[17] Vgl. dazu vor allem K. Barth, KD IV, 2, 362.

[18] Luther legt z. B. unsere Perikope im Jahr 1538 im Zusammenhang von vier Predigten über die Taufe aus (EA 20 I, 66 ff.). In der Sache sei wenigstens ein charakteristischer Zusammenhang aus der Predigt von 1546 zitiert: „Darumb so sollen wir diesen Text und die herrliche historiam und Offenbarung von der Tauf Christi hoch und werth halten und theuer

anzuknüpfen, und das Tauf- und Lichtgeschehen um Christus am Jordan zu übertragen auf das, was in der Taufe des Christen geschieht. Ich fürchte freilich, daß wir damit wenig ausrichten, solange das kirchliche Taufgeschehen für unsere theologische Erkenntnis und für die herkömmliche Gemeindefrömmigkeit so undeutlich und unklar ist[19]. So scheint es mir empfehlenswerter, sich an die Hinweise Calvins anzuschließen, wenn er als Absicht dessen, daß Christus sich taufen läßt, folgendes angibt: quod communem nobiscum baptismum suceperit, ut certius sibi persuadeant fideles in eius corpus sese inseri, et consepeliri cum eo baptismo, ut in vitae novitatem resurgant[20]. Christus und wir Christen gehören zusammen. Seine Taufe geschieht uns zugute und macht unsere Taufe heilsam und sinnvoll, aber wir beschränken uns dabei nicht auf das rituelle Geschehen der heutigen Kirchen- und Haustaufe, sondern lassen das ganze Leben des Christen vom Geschehen am Jordan erfaßt sein, so wie es in anderer Weise vom Geschehen an Weihnachten erfaßt war und ist. Aber wir sollen dabei nicht allzu selbstverständlich von Jesus als dem Christus reden. Die eben veröffentlichten Memoiren von C. G. Jung, ebenso lehrreich wie zutiefst widerwärtig, machen deutlich, wie mißverständlich und verheerend die allzu kompakte und formelhafte Rede von Christus auf den Hörer wirken kann[21]. Es ist Jesus von Nazareth, der hier als Gottes lieber Sohn, als der Mensch Gottes offenbar wird. Wir sind, bemerkt Calvin zu V. 17, als solche von Natur (in nobis) Gott feindlich und verhaßt (exosi); es muß die Vaterliebe Gottes von ihm auf uns überfließen. Dies ist inauguriert im Geschehen am Jordan; es ist verheißen, daß es überall dort erneut geschieht, wo wir das Zeugnis dieses Textes hören und glauben.

---

achten, sie nimmer von unsern Augen, viel weniger aus dem Herzen kommen lassen: daß sich der Himmel aufthut, und des Vaters Stimme hören läßt, der Sohn Gottes im Wasser steht, und der heilige Geist in Taubengestalt herniederfährt, und die lieben Engel häufig da sein. Welchs nicht allein hie bei der Tauf Christi und bei der Person, sondern auch geschicht bei aller Christen Tauf. Sollen auch nicht denken, daß bald nach dieser Tauf der Himmel sich wieder zugeschlossen sonder steht noch täglich offen, bis an jüngsten Tag, dazumal aber ist er sichtiglich offen gestanden, daß wir gläuben sollen und gewiß sein, solchs geschehe noch täglich, wenn wir und andere getauft werden. Ob wirs gleich nicht sehen mit unsern leiblichen Augen, die viel zu stumpf und dunkel darzu sein, so hören wir dennoch die Wort: Ich täufe dich im Namen des Vaters, des Sohnes und des heiligen Geistes. Meinestu, das sind geringe Wort? Ob sie wohl einfältig geredt sein, so bringen sie dennoch so viel mit, daß da alles geschicht, was bei der Tauf Christi geschehen ist" (EA 20 II, 467).

[19] Vgl. dazu neuerdings H. Diem, Taufverkündigung und Taufordnung (ThEx-NF, Heft 98, 1962).

[20] Calvin in der Ev. Harmonie z. St.: „Daß er (Christus) die mit uns gemeinsame Taufe auf sich genommen habe, damit sich die Gläubigen gewisser davon überzeugen können, sie seien in seinen Leib eingepflanzt und mit ihm in der Taufe begraben, auf daß sie in einem neuen Leben auferstehen."

[21] Unter dem Titel „Ängste der Nacht", abgedruckt in: Die Weltwoche vom 31. August 1962, Nr. 1503, 17 ff. Nachträglich bei der Korrektur bemerke ich, daß der Eindruck des Widerwärtigen in den Fortsetzungen der Memoiren C. G. Jungs sich mindert. Die Lektüre dieser Memoiren sollte sich kein Prediger des Evangeliums ersparen!

Der Prediger frage sich, was sein eigentliches Ziel ist: die basileia Jesu oder ein anderes »Reich«? Und die Gemeinde muß sich die gleiche Frage stellen, ohne ihren überlieferten bürgerlichen Status allzu naiv mit der basileia Jesu in eins zu sehen. Die Konflikte, die heute hier auftauchen, sind dann segensreich, wenn sie allen Beteiligten zur Klarheit verhelfen, wem gedient werden soll: jedenfalls nur einem Herrn!

1. Sonntag nach Epiphanias

1.Johannes 5,(9f.)11–13

Damit meine Beiträge etwas kürzer werden, verzichte ich mit dem neuen Jahrgang der GPM auf die Dokumentationen aus der Auslegungsgeschichte. –

Der Text ist bei uns behandelt worden 3, 1948/49 und 12, 1957/58 von mir, 1963/64 von *J.Haar*, 24, 1969/70 von *G.Harbsmeier*. Bei Eichholz finde ich keinen Beitrag. Predigtbeispiele weiß ich nicht zu nennen. Wissenschaftlich ist dem 1.Johannesbrief neuerdings viel Mühe gewidmet wirden. Voran ging *Rudolf Schnackenburg* mit seinem großen Kommentar (Die Joh.briefe Herders Theol. Komm. z.N.T., 1963, 298 Seiten), für protestantische Leser recht konservativ, für den Fortgang der Exegese im katholischen Bereich sehr bedeutend und wirksam. Dann hat *R.Bultmann* die lang von ihm erwartete Auslegung der Joh.-briefe in der Meyerschen Reihe publiziert (1967, 2.Aufl. 1969). Aus den neueren Einzelbeiträgen nenne ich *Herbert Braun*, Literarische Analyse und theologische Schichtung im 1.Joh.brief (ZThK 48, 1951, 262–292 = Ges. Stud. z. N.T. Tüb. 1962, 210–242); *Ernst Haenchen*, Neuere Lit. z. d. Joh.briefen (Theol. Rundschau 26, 1960, 1–43; 267–291); *G.Klein*, „Das wahre Licht scheint schon", Beobachtungen zur Zeit- und Geschichtserfahrung einer urchristlichen Schule (ZThK 68, 1971, 261–326). Die Auslegung Luthers von 1527 (W. A. 20, 592ff. deutsch in der Calwer Luther-Ausg. Bd. 9 = Siebenstern TB 112, 1968 S. 207ff.) und Calvins ist auch für den heutigen Leser und Prediger wertvoll und anregend.

I. Versuch einer Paraphrase

Das in sich kaum einheitliche Kapitel 5 führt zwar das Motiv der Agape noch mit (5,1b–3), läßt es aber dann hinter dem Motiv der Pistis und ihres Sieges zurücktreten (das ist gegen Harbsmeiers Auslegung einzuwenden!). Auch für den weltüberwindenden Glauben ist die Bindung an den gekommenen Gottessohn wesentlich und im Zusammenhang damit wird die für unsere Perikope beherrschende Vokabel von der Martyria ins Spiel gebracht. Damit ist ein johanneisches Grundwort gegeben. Nehmen wir Vers 9 bis 12 (bzw. 13) zusammen, läßt sich der Gedankengang etwa so paraphrasieren: Wenn wir schon das Zeugnis von Menschen als glaubwürdig betrachten und behandeln, so kommt das dem Zeugnis Gottes erst recht zu. Dieses Gotteszeugnis betrifft den Gottessohn (ohne daß dazu Näheres gesagt wird). Vermittelt wird dieses Zeugnis (nach Form und Inhalt, als Ereignis und als Botschaft) durch den Glauben. Dieser Glaube ist ein Haben (wiederum ohne daß über die Art dieses Habens Näheres gesagt würde). Statt dessen wird der Gegensatz herausgearbeitet: Wer sich dem Zeugnis verschließt, macht Gott zum Lügner. Gott ist also – der Geist ist die Wahrheit, hieß es Vers 6! – nicht gleichgültig gegenüber dem Zeugnis von ihm.

In Vers 11 wird der Inhalt des Zeugnisses nach einer andern Seite bezeichnet: da wir den Gottessohn haben und in ihm ewiges Leben ist, gilt: wer den Sohn hat, hat ewiges Leben – als Gabe, nicht als Ergebnis eigenen Vermögens oder auch nur des Begehrens. Auch hier schließt sich die negative, exklusive Konsequenz unmittelbar und vordringlich an: wer den Sohn nicht hat, der hat das ewige Leben nicht.

Vers 13 wird meist als ursprünglicher Schluß des ganzen Schreibens betrachtet. In der Aussage von V. 13 ist gegenüber V. 9–12 neu, daß vom Namen des Gottessohnes gesprochen wird. Man sieht, die Gottessohnschaft wird als Wirklichkeit und Wahrheit vorausgesetzt, behauptet und betont, aber nicht expliziert. Zeugnis – Glaube – ewiges Leben sind die Hauptmotive (so auch bei J. Haar!); der Gleichklang der Sätze vom Zeugnis Gottes Vers 9b und 11a ist zu beachten.

II. *Versuch einer Analyse*

So leicht es ist, die einfachen und kompakten Sätze eines solchen Textes nachzusprechen, so schwierig ist es, sie nachzuvollziehen. Dabei kommt es uns weniger auf eine genetische Erfassung des ntl. Zusammenhangs an, wie sie neuerdings Johannes Beutler vorgelegt hat[1], als vielmehr darauf, wie wir als heutige Leser und Prediger mit den Textaussagen durchkommen und ankommen können. Wir gehen bei dem Versuch einer solchen Analyse am Text entlang.

Der Schluß a minori ad maius, vom Geringeren aufs Größere, von den zwischenmenschlichen Relationen auf diejenigen, bei denen Gott im Spiele ist, ist eine beliebte biblische Argumentation. Mag sie ursprünglich schlüssig gewesen sein, so ist sie es heute kaum mehr im gleichen Maße. Der Schluß: wenn schon Vertrauen unter Menschen möglich und wirklich ist, dann erst recht, wenn Gott sich mitteilt, setzt ja die Wirklichkeit und Wahrheit dieser göttlichen Selbstmitteilung voraus. Auch wenn diese Selbstmitteilung in Zweifel

---

[1] Vgl. Johannes Beutler, SJ, Martyria, Traditionsgeschichtliche Untersuchungen zum Zeugnis-Thema bei Johannes (= Frankfurter Theologische Studien hg. v. Heinr. Bacht u. a. 10) Frankfurt 1972, 398 Seiten. Aus dem stoffreichen Buch ergibt sich nur, daß das biblische, insbes. d. johanneische Verständnis von martyria ziemlich analogielos ist. Zu unserm Text wird betont, daß das positive Anliegen überwiegt.

gerät, findet sich doch bis heute in der phänomenologischen Beschreibung des Glaubens die Argumentation von Vers 9: so wie zwischen Menschen ohne Vertrauen kein Leben zu denken ist – angefangen von dem Regeln des Straßenverkehrs bis zum Geldverkehr und zur wissenschaftlichen Kommunikation, so auch im religiösen Bereich! Aber dem nachdenklichen Zeitgenossen benimmt der Schluß den Zweifel doch nicht so leicht: es bleibt eine Spur des Unbehagens, selbst dann, wenn wir für unsere Menschenwelt einen solchen Vorschuß an Vertrauen, wie er hier angenommen wird, zu leisten gewillt sein sollten. Immerhin ist glaubensvoll nicht einfach identisch mit vertrauensselig! „Vertrauen ist gut, Kontrolle ist besser!" Aber man darf dem Argument von Vers 9 auch nicht zu viel Gewicht im Ganzen unseres Textes zuschreiben.

Die Aussagen zielen vielmehr daraufhin, den Lesern die Glaubenspflicht einzuschärfen. Sie dürfen unter keinen Umständen Gott und Gottes Zeugnis zum Lügner und zur Lüge machen (V. 10); von dieser Alternative her gewinnt der Text seine Eigentümlichkeit, den Ernst und die Schärfe, auch den Gegensatz zum heutigen Denken. „Certe nihil Deo pretiosius est quam sua veritas: Gewißlich ist Gott nichts köstlicher als seine Wahrheit" (Calvin zu V. 10). Sonst wäre kein Unterschied zwischen Theologie und Religionswissenschaft, zwischen Dogma und philosophischen Axiomen oder zwischen Kirche und Schule. Wer allerdings bürgt uns dafür, daß wir nicht in Gott eintragen, was uns dazu dienen kann, die Barrieren zwischen den Gruppen und Klassen möglichst unübersteigbar und steil zu machen? Der ökumenische Dialog ist heute das Feld, auf dem diese Dinge ausgefochten werden. Natürlich haben alle daran beteiligten Konfessionen sich den johanneischen Wahrheitsabsolutismus und die daraus erwachsende Exklusivität zu Diensten genommen[2]. Wenn heute viele geneigt sind, diesem Absolutismus endgültig abzusagen, ist das zwar begreiflich – er findet wenig Echo in der Gegenwart! –, doch sind die biblischen Aussagen zu deutlich und zu apodiktisch, als daß man sie leichthin ignorieren könnte.

Wie begründet sich Glaubenspflicht in dieser Perikope genauer? Dabei lassen wir den Schluß vom Geringeren aufs Größere beiseite. Die Vokabel Zeugnis soll den Grund abgeben; und der Inhalt dieses Zeugnisses ist (V. 9 und V. 10) der Sohn Gottes. Mit der Vokabel Zeugnis betreten wir das Gebiet des Forensischen, der Bibel von jeher wichtig für die Metaphern vom Handeln Gottes (vgl. die Konkordanzen zu den deutschen Bibelübersetzungen!). Das Forensische hat seinen eigenen Ernst und seine eigenen Schwächen. Alle Beteiligten sind auf Zeugen und Zeugnisse angewiesen, weil sie bei dem, was zu eruieren ist, nicht selbst dabeigewesen sind. Zeugnisse sind Ersatzhandlungen – bis hin zum Schulzeugnis und ärztlichen Zeugnis. Sie können gefälscht sein. Darin liegt die Schwäche eines Urteils oder einer Entscheidung, die auf Zeugen und Zeugnisse angewiesen sind. Gerade der reiche differenzierte Gebrauch der Martyria-

---

[2] Der Sachverhalt – Gott (nicht) zum Lügner machen – ist für Luthers De libertate christiana (W.A. 7,53f.) ebenso wichtig wie für das Erste Vatikanum (Denz.-Schönm. Randnr. 3008).

Kategorie im johanneischen Bereich macht diese Ambivalenz bewußt. R. Bultmann hat sie für unsere Generation in dem Johannes-Kommentar von 1937ff. ganz neu und scharf zum Bewußtsein gebracht, während in (vermeintlich) friedlichen Zeiten Zeugnis synonym mit Lehre, Predigt, Versicherung klingt[3].

Unserm Text nun scheint es zu genügen, wenn er immer wieder den Inhalt dieses Gotteszeugnisses – als Zeugnis von dem Gottessohn – einschärft. Nicht als ob dem Schreiber und den Lesern des 1.Johannesbriefes das Ja zu diesem Sachverhalt selbstverständlich gewesen wäre! Der Brief dient ja der Einschärfung des Satzes vom Gottessohn, da er offensichtlich hart bestritten wurde. Aber die Leugner des Satzes vom Gottessohn haben kaum die Schwierigkeiten dabei, die wir heute haben: das Mythologische am Bild und der Rede vom Gottessohn stört sie nicht. Daher braucht der Text dafür keine besonderen Gründe beizubringen. Er betont die Gottessohnschaft; als solche gibt sie dem Zeugnis die Würde und den Anspruch der Gotteswahrheit. Wer sie, damit die Zuspitzung aller göttlichen Selbstoffenbarung und -mitteilung, in Abrede stellt, macht Gott zum Lügner am empfindlichsten Punkt, eben in seiner Selbstmitteilung und Selbsthingabe – im Sohn, wozu u.a. 1.Joh 4,9ff. zu vergleichen ist.

Heute haben wir den Fragenbereich des Dogmas vom Gottessohn weithin aus dem öffentlichen Bewußtsein verloren. Wir mühen uns ab mit dem Verhältnis von Zeugnis und Glaube, wozu unsere Perikope einen Beitrag gibt. Ich zitiere den wegen seiner Ungeniertheit immer zu hörenden Otto Baumgarten zu unserer Perikope:

„...daß die christliche Gewißheit für die, die außerhalb des ergriffenen Kreises stehen, ein circulus vitiosus ist: der Glaube schafft erst die Gewißheit der Offenbarung Gottes in Christus und doch beruft er sich darauf. Aber anders ist es nicht mit der christlichen Wahrheit: man erfaßt und erfährt sie erst, wenn man von ihrem lebendigen Mittelpunkt Christus unmittelbar ergriffen und in den Kreis seiner Lebenszeugnisse hineingezogen ist. So trägt der Gläubige das Zeugnis in sich und ist seiner Sache innerlich gewiß, eine Gewißheit, die er notwendig auf ihn (Gott) zurückführt, da er sie sich nicht selbst gegeben hat. Für seine Empfindung macht darum Jeder, der sich nicht von Christus überzeugen läßt (also Gott, der doch so deutlich für seinen Sohn Zeugnis ablegt, nicht glaubt), Gott zum Lügner. Daß dieses auf übernatürlichem, absolutem Offenbarungsbegriff beruhende Verdikt über alle Nichtchristen oder abtrünnigen Christen, das einer gerechten, geschichtlichen und psychologischen Würdigung des Zweifels im Wege steht, von uns Heutigen abgelehnt werden muß, sollte uns nicht verständnislos machen gegen die Wucht der religiösen Gewißheit, die sich darin ausspricht."[4]

---

[3] Vgl. Wilh. Abr. Teller, Wörterbuch des Neuen Testaments zur Erklärung der christlichen Lehre, Berlin 4. Aufl. 1785, S. 488: „Zeuge – Zeugen – Zeugniß. Diese Wörter sollten in folgenden Stellen mit den eigentlichen ‚Lehrer, Lehren, Lehre' verwechselt werden Offb. 1,5; 3,14; Joh. 18,37; 1.Tim. 2,6; 2.Tim. 1,8; 2.Thess. 1,10. Luther hat schon selbst Predigt und Predigen dafür gebraucht: 1.Cor. 1,6; 2,1; 1.Tim. 2,6. Zuweilen als 1.Joh. 5,6; Röm. 8,16 sind sie überhaupt in der Bedeutung versichern, Versicherung zu nehmen."

[4] Die Schriften des N.T. in 3. Aufl. hg. von W. Bousset u. W. Heitmüller, Bd. IV, 1918, S. 220.

Was besagt der Satz, den Otto Baumgarten interpretieren will? Was meint die Formel vom Zeugnis-in-ihm (oder sich)-Haben? Mit Bultmann werden viele ihn so verstehen: „Der Glaubende bedarf also keiner außerhalb seiner aufweisbaren Bezeugung" (Komm. S.85). Das liefe auf den circulus vitiosus hinaus, den Baumgarten beschrieb. Schnackenburg dagegen möchte nichts von einem solchen ‚inneren Zeugnis', ähnlich dem testimonium internum spiritus sancti, gelten lassen (Komm. S.270), weil davon weder hier noch sonst im johanneischen Schrifttum die Rede ist. Während wir auf die konfessionell bestimmten Überlieferungen, die hier mitspielen, nicht näher eingehen können[5], sollte sich doch aus dem Text ergeben, was gemeint ist.

Unter Zitierung von Vers 10 (neben Joh 3,33 und 17,17) meint Bultmann: „Das ist das Paradoxe, daß das Wort Jesu seine Beglaubigung nicht im Rückgang vom bezeugenden Wort auf die bezeugte Sache, die außerhalb seiner selbst aufweisbar wäre, findet, sondern nur in der gläubigen Annahme des Wortes."[6]

Der Text trägt zu einer Entscheidung dieser Frage nur indirekt bei, sein Anliegen geht in die Richtung, die Leser das Gewicht ihrer Glaubensentscheidung empfinden zu lassen: daß Gott nicht zum Lügner werden soll[7]. Ich meine aber, daß die Kategorie der Martyria in ihr Gegenteil verkehrt wird, wenn ihre Evidenz nicht gelten soll. Wohl kann man verstehen, daß wir gegen schlechte Ausweisbarkeiten uns abgrenzen; aber das legitimiert nicht dazu, die Evidenz des biblisch bezeugten göttlichen Handelns in ihr Gegenteil zu verkehren. Das Zeugnis Gottes in seinem Sohn, wie dann auch das Zeugnis der Christen von diesem Geschehen, kann sich nicht in die Zweideutigkeit einer Glaubensdialektik flüchten, die, was sie mit der einen Hand gibt, mit der andern wieder nimmt: es sei dies alles nur dem Glauben zugedacht und zugänglich.

Dies um so mehr, da nicht weniger als das ewige Leben auf dem Spiele steht. Wiederum mit R. Bultmann reden wir von der zoe aicnios als vom „eschatologi-

---

[5] Sowohl die innerevangelischen Unterschiede (verbum externum und/oder testimonium internum) – Luther betont jenes, Calvin ausschließlich dieses in der Auslegung der Perikope! – wie die Differenzen der römischen und der protestantischen Gewißheitsbegründung wären hier zu bedenken. Nach J.H. Newman kommt es nach katholischer Anschauung für die Annahme des Glaubenszeugnisses primär auf die Legitimität an, nach der Reformation primär auf die Wahrheit des Inhalts. „Die Person laß fahren, die Lehre aber mußt du bekennen" (Von beiderlei Gestalt des Sakraments zu nehmen 1522, hier zitiert nach m. Luther-Studienausg. Fischer, TB 6007, 1970, S.144).

[6] Rud. Bultmann, Theol. des N.T., 2. Lfg., 1951, S. 415.

[7] Für Luther führt das zur extremen Betonung von Lehre und Lehrer. Zu Vers 11: „Jeder falsche Lehrer nimmt Gott seine Gottheit und macht daraus eine Teufelei, er schafft den wahren Gott weg und ist so daran schuld, daß der wahre Gott für einen Satan und Satan für den wahren Gott gehalten und angebetet wird. Hat er aber Gott abgeschafft, hat er auch das ewige Leben abgeschafft und bringt den Tod herein; er nimmt Gott aus dem Herzen weg und stellt den Teufel dort auf. Das sind die schrecklichen Früchte falscher Lehre. Darum gibt's nichts Verheerenderes als einen falschen Lehrer" (Übers. a.a.O. S. 211).

schen Heilsgut" (Komm. S. 86). Weil diese Ausdrucksweise inzwischen verbraucht ist, belehren wir uns aus dem 18. Jahrhundert: „Nach der ersten Bedeutung ist nun ewiges Leben die dauerhafte Glückseligkeit, die schon hier, besonders in den Herzen und Gewissen der Guten den Anfang nimmt, und in einem künftigen Zustand zu immer höhern Stufen aufsteigen soll. Es ist also ein Ganzes, dessen Anfang man nicht erst in eine andere Welt setzen muß, wofür 1.Joh 5,11 sehr beweisend ist"[8]. Ich will die endlose Debatte zur Theologie der Hoffnung nicht aufnehmen; sie durchzieht sämtliche Beiträge der GPM (und sollte vielleicht einmal von einem Außenstehenden überblickt und -überprüft werden). Auch hier fällt am Text auf, daß er keinerlei Grund dafür vorbringt, daß es so etwas wie ewiges Leben geben kann. Ihm liegt an der Sendung und Sohnschaft Jesu Christi; in ihm ist auch (ewiges) Leben und wer sich an ihn hält, der hat damit ewiges Leben. Das frühe Christentum und die Alte Kirche können mit der Vorstellung ‚ewiges Leben' rechnen. Sie müssen aber dessen Wahrheit und Wirklichkeit in Jesus von Nazareth bezeugen und zu begründen versuchen. Dabei gilt, daß unser Brief wie die ntl. Schriften auch sonst mehr nach innen als nach außen gerichtet sind. So oder so gesehen, wollen die Negationen im Text nicht ignoriert werden: Wer nicht glaubt, hat Gott zum Lügner gemacht (V. 9), wer den Sohn nicht hat, der hat das Leben nicht (V. 12). Nur selten ist ein Ausleger so ungeniert wie O. Baumgarten, von dem wir hörten, daß diese exklusiven Sätze für uns nicht verbindlich seien, daß man sie bestenfalls als imponierenden Ausdruck einer vergangenen Frömmigkeit anzusehen habe. Die Ausleger gehen an solchen Sätzen lieber vorbei. Calvin läßt sie gelten und beruft sich im Blick auf die Frömmigkeit der Heiden auf die verborgene Bosheit der menschlichen Natur, die äußerlich mit Tugenden glänzen kann. Im übrigen meint er, wir sollten unsere unnützen Spekulationen unterlassen und nur an dem deutlichen Weg des Heils, den er uns gezeigt hat, festhalten; denn er, Gott, habe ja verborgene und wunderbare Weisen des Handelns[9].

Der Text hat keine universale Religions- und Heilsbetrachtung im Sinn; ihm kommt es darauf an, die Leser bei dem festzuhalten, was sie zum Glauben gebracht und zur Gemeinde gesammelt hat. Ich übernehme aus meinem Beitrag von 1957/58: „Erinnern wir uns an eine Formulierung K. Barths: ‚Offenbarung im christlichen Verständnis des Begriffs meint Offenbarung, welche dem Menschen schlechterdings nicht nur relativ, sondern lebensnotwendig, schlechterdings unentbehrlich ist zu seinem Menschsein, also Offenbarung, ohne die er faktisch nicht wäre und nicht Mensch wäre, also Offenbarung, in der es um Sein oder Nicht-Sein geht, um Alles oder Nichts, also nicht um fakultative Offenbarung.' Daher die notwendige Exklusivität, die uns aber hier nicht in ihrer Bedeutung für die ‚andern', für die ‚draußen' interessieren sollte,

---

[8] W. A. Teller, a.a.O., S. 333 s. v. Leben.

[9] Calvin zu V. 12: „Verum quia occultas et mirificas agendi rationes habet Deus, omissis, quae nihil prosunt, speculationibus, tantum planam viam salutis, quam nobis ostendit, teneamus" (Edit. Tholuck, Berlin 1865, 4. Aufl., S. 375).

sondern für uns, für die, die sich drinnen wähnen oder die drinnen sind."[10] Nur daß dies alles nicht wie eine schlechte Ausrede klingen darf[11].

III. Ansätze zur Predigt

„Die Predigt über die Perikope gewinnt ihre Vollmacht nicht aus der Kunst der unerläßlichen Textinterpretation, sondern aus dem Leben, das diesen Text beherrscht. Jeder Prediger über diesen Text möge bedenken, wie sehr in diesem 1.Joh die ‚Christologie' dem Leben in der Liebe Christi verhaftet ist. Daß nur ja die Predigt über diesen Text keine bloß ‚dogmatische' Predigt werde! Daß nur ja erkannt werde, wie hier das Dogmatische im entscheidenden Kontext der Bruderliebe steht, durch die allein erwiesen wird, was einer von christologischer Dogmatik wirklich verstanden hat. Ohne den Zusammenhang: Gottesliebe – Bruderliebe muß eine Predigt über diese Perikope hoffnungslos toten dogmatischen Richtigkeiten verfallen. Es geht hier nicht um die Richtigkeiten christologischer Aussagen, sondern um die Bestimmung unseres Menschenlebens zur weltüberwindenden Liebe oder zur lieb- und loblosen Existenz unter der Gewalt der Selbstbehauptung durch Ausschaltung der andern." So nicht etwa Otto Baumgarten 1918, sondern Götz Harbsmeier 1969 (a.a.O. S.82) als Anweisung zur Predigt. Aus folgenden Gründen kann ich mir *diese* Anweisung zu *diesem* Text nicht zu eigen machen.

1. Er handelt nun einmal nicht von der Liebe, sondern vom Glauben und von dem Zeugnis, an welches der Glaube sich zu halten hat.

2. Die Alternative von toten dogmatischen Richtigkeiten und – dann natürlich nicht so toten – Mahnungen (oder wie man es nennen will) meinten wir eigentlich der Generation Baumgartens überlassen zu dürfen. Und was die Verschlissenheit betrifft, so ist die christliche Rede von der Liebe um nichts besser dran als die übrigen christlichen Sprachfelder.

3. Auch die Auslegung johanneischer Texte, in denen von dem Zusammenhang der Gottes- und Bruderliebe die Rede ist, sieht sich am Ende vor die Frage gestellt, der unsere Perikope nachgeht: der Frage nach der Gewißheit des uns überlieferten Zeugnisses vom Gottessohn.

[10] Vgl. K. Barth, Das christliche Verständnis der Offenbarung, Theol. Ex. h. N.F., Heft 12, 1948, S.5.

[11] Zum Text verweise ich noch auf Herm. Strathmanns Artikel zum Wortfeld martys etc. im ThW IV, 477ff., 1939, besd. S.503f.: „Der Verf. des 4.Ev. und des 1.Joh. beansprucht zwar gewiß auch im historischen Sinne Zeuge, Augenzeuge des geschichtlichen Jesus gewesen zu sein. Aber für seinen Zeugenbegriff ist dies nicht in dem Sinne wichtig wie für Lk., nämlich als Beweismittel für die Geschichtlichkeit bestimmter Vorgänge, sondern in einem viel tieferen Sinne, nämlich als Begnadung mit der Möglichkeit, einen Eindruck von der doxa Jesu... (Joh 1,14) zu empfangen, von dem nun zu zeugen er nicht umhin kann. Von dieser doxa sieht der, der nur Augenzeuge im historischen Sinne ist, überhaupt nichts. Sie erschließt sich nur dem Glaubenden 1 J 5,9f. Aber nicht nur dem Glaubenden unter den Augenzeugen im historischen Sinn, sondern jedem Glaubenden. Denn (folgt 1 J 5,10). Darum können immer neue Zeugen entstehen,

So würde ich den Gang einer Predigt lieber von den Akzenten bestimmen lassen, die Luther in seiner Auslegung setzt. Ich nehme dabei seine markantesten Sätze als Überschriften der Teile einer Predigt.

„Es ghet uber das testimonium" (W.A. 20, 784,4) – durchaus im Vergleich, den Vers 9a anstellt und nahelegt. – „Ablata divinitate est eum facere diabolum" (Zeile 21) – wer Christus die Gottheit nimmt, macht ihn zum Teufel (weshalb hier nicht tote dogmatische Richtigkeiten auf dem Spiel stehen). – Weil das dem natürlichen Streben und Urteilen des Menschen zuwider ist, werden wir ermahnt: „Nolite speculari ... kriech ins testimonium, per quod voluit nobis notus fieri. Non vult nobis visibiliter apparere ut apostolis. Per verbum vestrum, inquit, credent in me (Joh 17,20) ... Ibi claudendi oculi et apprehendendum testimonium (787,10–18): Laßt das Spekulieren ... kriech ins Zeugnis, durch das er uns bekannt werden wollte. Er will uns nicht sichtbar erscheinen wie den Aposteln. Durch euer Wort, sagte er, werden sie an mich glauben ... Da soll man die Augen schließen und das Zeugnis annehmen." – Vom Glauben aber heißt es dann „‚Habere' est credere" (788,4). Und damit wir uns nicht übernehmen, lassen wir uns von Luther den Vers 13, den ich hier ausklammerte, erläutern: „Nos manemus in ista simplicitate, quod Christus venit per testimonium, quod venit per Scripturam et verbum vocale" (789,15): Wir verbleiben in der Einfalt, daß Christus durch das Zeugnis kommt, daß er durch Schrift und mündliches Wort kommt. Eben dies ist „seine Herrlichkeit" (Joh 1,14), von der der Wochenspruch und die dem 1. Sonntag nach Epiphanias zugeordneten Texte – und hoffentlich auch unsere Predigt – Zeugnis geben.

---

d.h. solche, die, was Jesus war und bedeutete, werbend bekennen." Auch Strathmann entgeht der etwas dubiosen Dialektik in der Explikation des Glaubenszeugen nicht ganz. Aber seine Formulierungen sind nicht überspannt und wirken nicht als Flucht in die Ausrede.

Die Gefahr, daß aus dem supranaturalen Ziel Jesu, aus der über- und gegenweltlichen Verheißung des Evangeliums, aus der Enderwartung der Christenheit eine Mystifikation wird, in der sich die Christenheit ihres irdischen Standorts und der damit gegebenen Verpflichtungen entschlägt, ist uns inzwischen deutlicher geworden als früheren christlichen Generationen. Das »Recht des Irdischen« wird vielleicht heute von der Kirche mehr in Schutz genommen als von der ideologisierten Welt (vgl. H. Asmussens gleichnamige kleine Schrift, Frankfurt 1947). Die Jenseitigkeit des Christentums steht in vielen und verschiedenen theologischen Lagern nicht besonders hoch im Kurs. Die Warnung Dietrich Bonhoeffers, nicht aus der Jenseits-Verheißung des Evangeliums eine Art Hinterwelt zu machen, die mit der Wirklichkeit Gottes nichts zu tun hat, können und werden wir nicht vergessen. Schon 1933 schrieb er an etwas abgelegener Stelle: »Es sind nun aber Hinterweltlertum und Säkularismus nur die beiden Seiten derselben Sache – nämlich daß Gottes Reich nicht geglaubt wird. Weder der glaubt es, der zu ihm aus der Welt flieht, der es dort sucht, wo seine Plage nicht ist, noch der glaubt es, der es als ein Reich der Welt selbst aufrichten zu sollen meint.« Vielleicht kann uns hier Luthers berühmte Formel noch immer am besten den Weg zeigen, »daß wir richtig und stracks für uns gehen und aller Güter, so Gott uns gibt, brauchen nicht weiter, denn wie ein Schuster seiner Nadel, Ahl und Draht brauchet zur Erbeit und danach hinweg legt oder wie ein Gast der Herberge, Futter und Lager, allein zur zeitlichen Notdurft, ein iglicher in seinem Stand nach Gottes Ordnung, und lasse nur keines seinen Herrn oder Abgott sein«.

3. Sonntag nach Epiphanias

Johannes 4,5—14

„Wer von mir ißt, den hungert immer nach mir; und wer von mir trinkt, den dürstet immer nach mir" (Jesus Sirach 24,28 f.).

„Die Stärke Christi hat dich erschaffen, die Schwäche Christi hat dich neugeschaffen. Die Stärke Christi hat bewirkt, daß sei, was nicht war; die Schwäche Christi hat bewirkt, daß nicht verloren gehe, was war. Er hat uns erschaffen durch seine Stärke, uns gesucht durch seine Schwäche" (Augustinus, Tract. in Evang. Joh. XV, 6 nach der Übers. in BKV).

„Niemals können wahre Christen den herzlichen Glauben an das göttliche im Erlöser zum Vorwande gebraucht haben, um sich den Anforderungen zu entziehen, welche das Vorbild, so er uns gelassen, an einen jeden von uns macht. Oder wie? wenn er unser Bruder geworden ist in allem, was in reinem Sinne die Schwachheit unserer menschlichen Natur ist ohne Sünde: sind nicht auch wir seine Brüder geworden in allem, was in ihm göttliche Kraft heißt, soweit sie sich nämlich in seinem Leben offenbart, wenngleich sie sich weit schwächer nur und unvollkommener in dem unsrigen darstellen kann? Ja wir sind seine Brüder in diesem Sinne durch jene von ihm ausgehende Mittheilung des Geistes, ohne welche wir überall in das Verhältniß noch nicht eingetreten sind, daß er wahrhaft uns angehört und wir ihm" (Fr. Schleiermacher, SW II. Abth. Predigten, 1. Bd. [1834], 400 f.).

„Und ist ein wunderlich Ding, daß der Mann soll auf Erden so gehen und betteln ein Trunk kalten Wassers, und hab nicht so viel Eigens, darvon er essen konnte oder einen Trunk kalten Wassers bekommen, sondern er muß es vom Weibe betteln. Aber es ist geschrieben zur Warnung, wer sich will warnen lassen, daß do Christus auf Erden ist, da hungert und durstet ihnen, er ist elend und nacket, stirbet auch am Kreuz. Worumb ist er nicht im Himmel geblieben, do er ein Herr uber Alles war, und hätte nicht Mangel und Hunger leiden dürfen? (Luther, Pred. über das 3. und 4. Kap. Johannis 1537–1540; WA 47, 220, EA 47, 209).

„Ich bin hungerig gewesen. Willt du verstehen das Wort Ich? Gott verkleidet sich in Gestalt eines Christen, spricht: Es kompt zu dir mein armer Apostel und Christ, der gar nichts hat. Derselbige Apostel oder Prediger führet den Namen Ich. Willt du mir nun geben und hofiren im Himmel, Lieber, thue mirs hier auf Erden, droben bedarf ichs nicht. Aber laß deinen Pfarrherr und Kaplan nicht nothleiden" (Luther, ebd. WA 223, EA 213).

Vorbemerkung: Da es sich um eine Perikope aus der sog. Eisenacher Reihe handelt, ist die Predigttradition erst neuerdings etwas dichter. Aus der älteren Zeit bringe ich mit Nachdruck in Erinnerung die immer wieder erstaunliche Auslegung Augustins, aus der ich daher wenigstens einen Satz oben bringe. Dann Luthers Predigtauslegung aus der Spätzeit. Aus der neueren Zeit sind mir Schleiermacher (auch in den Johanneshomilien) und G. Menken (in der Letzten Sammlung von 1847) wichtig und nützlich gewesen. In den GPM vgl. Wischmann in Jg. I H. 2 41 ff., Iwand Jg. VI, 1951/52 50 ff, Hamel Jg. 17, 1962/63 83 ff., wo viel zu holen ist. Bei Eichholz hat in beiden Auflagen von Bd. III Hermann Diem den Text im Anschluß an den Bultmannschen Johanneskommentar behandelt.

I.

Unser Text nimmt an den Vorzügen und Schwierigkeiten des vierten Evangeliums vollen Anteil: an der Einfachheit von Stil und Sprache, an der Anschaulichkeit der Schilderung von Milieu und Gespräch, aber auch an der damit dennoch verbundenen Fremdartigkeit und Unzugänglichkeit dessen, was da geschildert und gesprochen wird. Was hier eigentlich jeder Leser des vierten Evangeliums und jeder, der über Texte daraus zu predigen hat, immer schon empfunden hat und empfindet, hat Ernst Käsemann in seiner kleinen

Schrift „Jesu letzter Wille nach Johannes 17" (Tübingen 1967) mit wissenschaftlichem Gewicht und stilistischem Elan erneut ins Bewußtsein erhoben. Auch wer als Gemeindepfarrer und Prädikant sich weder verpflichtet noch imstande zu fühlen braucht, den Strom der Forschungbeiträge zum Neuen Testament in sich aufzunehmen, wird an dem Büchlein Käsemanns nicht vorübergehen wollen und können. Und wer von dessen Kühnheit und Einseitigkeiten erschreckt ist, mag Günther Bornkamms kritische Anzeige in EvTheol 28, 1968, H. 1, 8—25, zur Kenntnis nehmen. Dabei spielt unser Text natürlich keine besonders große Rolle. Aber wir lesen auch Joh. 4 mit andern Augen, wenn wir vorher die Anregungen Käsemanns und Bornkamms aufgenommen und verarbeitet haben.

Wer unsere Perikope und das ganze Kapitel 4 leidlich unbefangen liest, ist zwiespältig beeindruckt: das äußere und das innere Milieu ist scheinbar konkret und anschaulich genug, gerade auch für den neuzeitlichen Leser. Die Archäologen und Historiker haben viele Angaben zur Topologie gerne bestätigt, und die Psychologen, Pädagogen und Seelsorger haben von Jesu Gespräch mit der Samariterin als von einem fast kanonischen Modell mit Vorliebe Gebrauch gemacht. Aber diese Rechnungen gingen und gehen nie so richtig auf, und manche neueren Stimmen zum Text (z. B. H. Diem) haben dann den Gesprächscharakter von Joh. 4 erstaunlich leicht und fast schnöde in Abrede gestellt. Das befriedigt aber auch nicht wirklich. Darum scheint mir E. Hirsch der Sache immer noch näher zu kommen, wenn er — im Stil freilich wie oft wenig genießbar — meint: „Wir haben hier das schönste und reinste Beispiel der analytisch tiefen, aber die Wirklichkeit verlassenden Schau des Verfassers in die Bewegungen des menschlichen Herzens, das Jesus begegnet. Durchsichtig wie ein Präparat ist das seelische Geschehen, in dem der Glaube der Frau wird. Und doch könnte nun und nimmermehr ein wirkliches Gespräch Jesu mit einer gesetzlosen samaritischen Frau so verlaufen. Schon der kunstvolle dichterische Gebrauch des Wortes ‚lebendiges Wasser' ist zugleich Nahrung tieferen Verstehens durch den Leser wie Verlassen der Wirklichkeitslage, und hat mit der Gleichnisrede des wirklichen Jesus nichts mehr zu tun. Vor allem aber kann der Inhalt des Geschehens, daß ein Herz sich anbetend vor dem beugt, der es erkennt bis in den Grund und doch nicht wegstößt, sondern sich ihm offenbar macht als der Erfüller aller seiner religiösen Sehnsucht und Bedürftigkeit, in einem solchen Gespräche wohl als tief abgebildet gelten, aber nicht sich wirklich vollziehen. Man muß jedoch empfinden, daß diese wirklichkeitsüberschreitende Durchsichtigkeit das Geheimnis der göttlichen Vollmacht dessen, der der Sohn ist, eben um des Unwirklichen willen unvergleichlich nahe bringt."[1] Dabei braucht die richtige und wesentliche Erkenntnis nicht zu kurz zu kommen, daß es wie dem vierten Evangelium im ganzen so auch unserm Text nur auf das Eine ankommt, die Selbstoffenbarung des Offenbarers zu bezeugen und einleuchtend zu machen, während ihm die Antwort-

---

[1] Emanuel Hirsch, Das vierte Evangelium 1936, 147.

vorgänge beim Menschen nicht interessant sind, es sei denn, daß diese immer von neuem bestätigen müssen, was programmatisch schon im Prolog steht: die Finsternis hats nicht begriffen, die Seinen nahmen ihn nicht auf. Wenn der rätselhafte Verfasser des vierten Evangeliums nur jene Selbstoffenbarung hätte bezeugen wollen, so hätte er sich auf die Stilmittel der ‚Ich-bin'-Worte u. ä. beschränken können und müssen. Das tut er offensichtlich nicht. Was aber soll ein Gespräch, das nach unsern Vorstellungen keins ist? Wenn wir an diesem Punkt überhaupt über ein steriles Ja oder Nein hinauskommen wollen, würde ich doch die Andeutungen E. Hirschs als weiterführend und hilfreich ansehen, wie überhaupt jene Auslegung aus dem Jahr 1936, ungeachtet ihres zuweilen peinlichen Erdgeruchs der damaligen Zeitgeschichte, auch für den Leser von heute wertvoll genug ist.

Aber — selbst wenn wir mit dieser notorischen Schwierigkeit irgendwie zurechtkommen, so stehen wir sofort vor einer zweiten Hürde, die viel äußerlicher, aber damit noch nicht einfacher zu überwinden ist. „Ich hoffe, es ist euch angenehm gewesen, daß ich einmal von der leidigen Gewohnheit unserer Kirche, nur kleine Stellen des Wortes Gottes zu lesen, abgewichen bin, und Eurer Andacht eine große reiche Stelle vorgelesen habe. Die Bibel ist kein Spruchkästlein; sie muß als ein Ganzes angesehen und behandelt werden. Wem Gottes Wort seines Fußes Leuchte und ein Licht auf seinem Wege sein soll, der lese es im Zusammenhang . . . Wir wollen den schönen vorgelesenen Abschnitt vor uns nehmen, unbekümmert darum, ob wir ihn ganz durchgehen werden oder nicht." [2] So G. Menken. Er hat aber dann doch mehrere Predigten über den Zusammenhang bis Vers 30 gehalten. Schleiermacher hat in einer Predigt Vers 4—26 bewältigt. Wir sollen bei Vers 14 innehalten, und zwei weitere Abschnitte sind in der Eisenacher Reihe für andere Termine vorgesehen. An Luthers mehreren Predigten kann man sehen, daß er recht diffus geworden ist und auf den einheitlichen Grundzug des Gesprächs eigentlich verzichtet hat. Je mehr wir begreifen, daß es in der Tat auf das Selbstzeugnis Jesu ankommt, desto peinlicher wird es, wenn wir hier abteilen und atomisieren. Aber wer wagt es heute, sich selbst und den Hörern den ganzen Zusammenhang mindestens bis Vers 26, eigentlich aber bis Vers 30 zuzumuten? Einen wirklich befriedigenden Ausweg weiß ich hier nicht vorzuschlagen, auch wenn ich mich in diesem Versuch nun doch praktisch auf die vorgesehene Teilperikope Vers 5—14 beschränke.

II.

Der Text hat jedenfalls zwei Schwerpunkte: Jesu Umgang mit einer Samariterin und das Bild vom (lebendigen) Wasser. Sie verdienen beide gleiche Beachtung; aber es ist gar nicht einfach, im Gleichgewicht zu bleiben. Denn der erste Sachverhalt ist uns von den Synoptikern her vertraut. Er hat deutliche Konturen und ist mehr als aktuell. Der zweite Sachverhalt ist allgemein;

---

[2] Gottfried Menken, Letzte Sammlung christlicher Predigten 1847, 81.

das Bild vom lebendigen Wasser hat zwar religionsgeschichtliche Tiefe; aber es war für den Morgenländer doch sprechender als für uns, es sei denn, wir waren einmal selbst in unserm Leben am äußeren (oder inneren) Verdursten. Es ist auch sachlich wesentlich, daß wir über dem mehr moralischen Punkt des Umgangs mit der Samariterin den mehr metaphysischen Punkt mit dem lebendigen Wasser nicht aus dem Auge verlieren. Luther etwa hat sich in seiner Predigt, aus der ich oben zitierte, in erstaunlicher Weise modern im Sinne der ‚Mitmenschlichkeit' hören lassen. Aber — er konnte es sich eben leisten.

„‚Wer Brot der Samariter ißt, ist wie einer der Hundefleisch ißt', lautete ein böser rabbinischer Ausspruch."[3] Die Kommentare sind sehr reich an Angaben in der Dokumentation über das Verhältnis der Juden und der Samariter. Es ist ein bischen billig, dann im Gefolge der synoptischen Berichte, unseres Kapitels und solcher Stellen wie Joh. 8,48 die Samariter zu glorifizieren, und die Intoleranz und Inhumanität ganz den Juden zuzuschieben. So ist es in den Evangelien vielleicht doch nicht gemeint. Jedenfalls wird die Samariterin in unserm Text keineswegs glorifiziert. Aber es wird freilich auf- und ernstgenommen, was sie zu sagen hat. Sie hängt an der uralten Überlieferung vom Erzvater Jakob, von dem Brunnen, den er gegraben und aus dem er getrunken hat und seine Kinder und sein Vieh. Und sie hängt am Ritus der Väter, die auf dem Berg Garizim angebetet haben. Sie weiß das dem fremden Juden, der sie um einen Trunk bittet, durchaus entgegenzuhalten und sie läßt sich auf eine Erörterung über die Heiligtümer der beiden streitenden Völker bringen (V. 20). Sie bleibt der jüdischen Exklusivität nichts schuldig. Es war seit langem und es ist heute leicht, über eine solche Haltung kritisch herzufallen. Aber es stimmt doch nachdenklich, wenn wir sehen, wie Schleiermacher aus dem negativen Vorzeichen vor der traditionellen Haltung der Samariterin unversehens ein positives Vorzeichen macht[4]. Und in Wirklichkeit gibt es keine Konfession und keine Kirche heute, die nicht auf ihren Erzvater Jakob und seine Zisternen und Brunnen angewiesen wäre und die auf die Exklusivität gerade der Nachbarkonfession gegenüber wirklich zu verzichten vermöchte. Denn mit dem ökumenischen Überschwang ist es nicht getan, mit der Indifferenz eines vagen Verständnisses von der Anbetung Gottes im Geist und in der Wahrheit noch weniger. Wären wir in unsern westdeutschen Kirch- und Gemeindeverhältnissen nicht so homogen, so kämen uns die einschlägigen biblischen Sätze von der Anerkennung des Fremden auch nicht so selbstverständlich und leicht vor. Umgekehrt fällt es uns schwer genug, über die Grenzen des christlichen Bürgertums hinaus allem Fremden wirklich Zugang und Einlaß zu gewähren. Über grundsätzliche Deklamationen kommen wir hier selten hinaus. So wird der Weg Jesu zu den Samaritern und die Gesprächshand, die er der Frau am Brunnen reicht, leicht bilderbuchhaft und ferne von dem, was unsere Gemeinden in Wirklichkeit zusammen-

---

[3] Zitiert nach H. Strathmann im NTD z.St.

[4] A.a.O. 407 ff.

hält und von anderen trennt. Ich würde es für erlaubt halten, schon hier in der Predigt vorzugreifen zu dem großen Zusammenhang von Vers 23 f.

Eine andere Frage ist es, ob wir — mit Augustin, Luther und vielen anderen — dem durstigen und müden Jesus von Nazareth am Brunnen nachgehen sollen. Ich bemerkte schon, daß Luther hier eine veritable Ethik der Mitmenschlichkeit eingebaut hat. Aber wenn wir Ernst Käsemanns Verständnis des vierten Evangeliums nicht abweisen können, die Herrlichkeitschristologie dieser Schrift stehe in der Gefahr eines Doketismus, „der noch naiv sich geltend macht und als Gefahr noch nicht erkannt ist"[5], so ergibt sich daraus, daß wir diese Thematik hier fernhalten und nicht eintragen sollten. Daß Jesus müde und durstig ist, braucht uns nicht zu dogmatischen Tiefbohrungen zu veranlassen. Daß er sich als Jude mit einer Samariterin in ein Gespräch einläßt, ist desto wichtiger, mögen wir nun das Gespräch als echt oder unecht, wirklich oder unwirklich empfinden.

Es kommt aber nun alles darauf an, daß uns über der Mitmenschlichkeit Jesu, der der Sünder und Zöllner Geselle ist und den Umgang mit den Samaritern nicht meidet, nicht die eigentliche Pointe des Textes verloren geht: „Wenn du erkenntest die Gabe Gottes und wer der ist, der zu dir sagt: ‚Gib mir zu trinken', du bätest ihn und er gäbe dir lebendiges Wasser" (V. 10). Hier drängt sich vieles zusammen: das Verhältnis der natürlichen und der geistlichen Lebensmittel, am Bild des Wassers; mehr noch: das Verhältnis von Geber und Gabe; und schließlich die Frage, wie es denn zu solcher wesentlichen und heilsamen Gabe kommen soll — über die Barriere der eigenen Tradition und Religion und ihrer Exklusivität hinweg.

III.

„Nicht schriftstellerische Mode, sondern ein sehr ernsthafter beständig wirksamer Tatbestand bewog Johannes, immer wieder auf die Befangenheit im natürlichen Sehfeld hinzuzeigen, die in allen dem Wort Jesu widerstand. Beiden Schichten des Volkes, der, die Nikodemus uns zeigt, und der, die die Samariterin vertritt, war es trotz des großen Unterschieds in ihrem geistigen Besitz gemeinsam, daß sie durch das, was die Natur ihnen gab, völlig beherrscht und von Jesus getrennt waren."[6] Darin hat Schlatter gewiß recht. Aber das irdische Wasser wird dennoch zum Bild des lebendigen Wassers, und der Jesus unseres Textes und des ganzen vierten Evangeliums führt immer vom einen zum andern. Er tut es, indem er dem vergänglichen, den Durst immer nur vorübergehend stillendem Wasser, von dem die Frau allein weiß, den Brunnen des Wassers entgegenstellt, „das in das ewige Leben quillt" (V. 14). — Hier ist die empfindlichste Stelle auf dem Wege unserer Predigt: es ehrt Schleiermacher, daß er etwas davon gewußt und ausgesprochen hat, wie zwiespältig unsere geistig-geistliche Drängerei oft ist und wirkt. Aber

---

[5] A.a.O. 51.

[6] Ad. Schlatter, Der Evangelist Johannes 1930, 121.

hier tun wir heute wohl eher zuwenig als zuviel. Vielmehr handelt es sich darum, ob und wie wir glaubwürdig von dem reden, was Jesus hier verheißt: „Wer aber von dem Wasser trinken wird, das ich ihm geben werde, den wird ewiglich nicht dürsten" (V. 14). Der Idealist Schleiermacher und seine gebildeten Nicht-verächter der Religion konnten sich hier den Worten Jesu viel näher fühlen als wir, mochten sie sonst in vielem das Evangelium auch schlechter verstanden haben. Wir blicken vielleicht mitleidig auf die Väter des 19. Jahrhunderts herab, weil sich die christliche Wahrheit für sie im Zwiespalt von Natur und Geist zu bewähren hatte, während wir gerne von Ganzheit reden und dabei unseres Materialismus doch nicht froh werden. Gewiß, wir erkennen die Geschichtlichkeit und Veränderlichkeit auch des Geistes und seiner Güter. Aber wer vermag, von dem ewigen Genügen dessen anschaulich und einleuchtend zu reden, was Jesus der Samariterin hier verheißt?

Daß wir in der christlichen Erkenntnis des Glaubenslebens den Geber und die Gabe nicht auseinanderfallen lassen dürfen, ist uns vertraut. Luther hat es im Kampf mit der römisch-katholischen Gnadentheorie und -praxis unermüdlich eingeschärft. Aber es ist leichter gefordert als erfüllt. Ein Kind wird im Laufe der Zeit dazu kommen, nicht nur die Geschenke und Gaben der Eltern zu begrüßen und zu genießen, sondern auch die Güte und Zuwendung, die sie ausdrücken, zumal wenn es einmal gemerkt hat, daß es sich um diese Güte und Zuwendung selbst bringen kann und vielleicht gebracht hat. Aber die Gaben, die im Evangelium gemeint und gebracht sind, sind kaum je so handgreiflich und die Beschreibungen der Vorzeit sind uns meist zu überschwenglich[7]. Auch die älteren Gesangbuchlieder tun hier des Guten oft genug zuviel. Iwand hat sich dem entzogen, indem er den Sachverhalt ethisiert: „Jetzt soll von diesen Menschen Leben ausgehen, das wiederum für andere zur Erquickung innerhalb der Wüste dieser Welt wird ... Und zwar so, daß diese halb heidnischen, vom Lebenshunger und -durst umgetriebenen Menschen diese Verheißung vernehmen: Ihr Begehren wird sich verwandeln in ein Ausströmen und Schenken ... Sie werden nicht mehr einander aussaugen und mit ihren Begierden verwüsten, sondern sich erquicken mit den Gaben, die zum ewigen Leben dienen."[8] Dies alles in Auslegung von Vers 14. Vielleicht bleibt uns kein anderer Ausweg. Aber ‚johanneisch' ist es wahrscheinlich gerade nicht[9].

Bleibt die Frage, wie diese Gabe und dieser Geber zu denen kommt, die diesen Text hören, lesen oder sich auslegen lassen? Was geschieht eigentlich,

[7] Vgl. Joh. Goßner, Geist des Lebens und der Lehre Jesu, Nürnberg 1818, 774: „Von Natur hat man dieses Wasser nicht; sondern der Brunnen muß erst in uns gegraben, und die Quelle geöffnet werden. Wenn sie aber in uns aufgethan ist, diese Quelle, so bleibt das Wasser nicht nur in uns, sondern ergießt sich auch auf andere. Welche Seligkeit! daß wir den Brunnen in uns haben können, und nicht erst weiterlaufen dürfen, um zu schöpfen! Welche Seligkeit, daß wir eine so reiche Quelle in uns haben können, die nie versiegt, die immer Überfluß hat, die fortquillt bis ins ewige Leben, bis wir im Meer des lebendigen Wassers Gottes schwimmen, und uns ganz in die Urquelle verloren haben werden!

[8] Iwand, a.a.O. 53.

[9] Vgl. Ernst Käsemann, a.a.O. 112 f.

wenn wir diesen Text hören und weitergeben? Das ist es, was Luther in seinen Predigten zu dieser Perikope am stärksten beschäftigt. Denn er hat sich gerade nicht damit begnügt, formelhaft auf das Heilsmittel des göttlichen Wortes hinzuweisen, und alles übrige dem Heiligen Geist zuzuschreiben, wie es seine Nachredner aus verständlichen Gründen gerne tun. Nur ein paar Sätze: „Derhalben, so spricht Christus allhier: Du erkennest nicht die Gnade, denn wir erkennen weder das Wort noch die Person Christi, sondern stoßen uns an der armen schwachen Menschheit Christi. Nun wenn Gott mit uns reden und handeln will, so gebraucht er dazu nicht eines Engels, sondern der Eltern, des Pfarrherrs oder meines Nachbarn. Das stoßet mich dann fur den Kopf und blendet mich, daß ich nicht erkenne Gott, der mit mir redet in der Person des Predigers und Vaters ... Aber durch Gottes Gnade haben wir angefangen ein wenig zu erkennen, was Gottes Gabe und wer der Lehrer sei ... Wir haben aber davon nur die Erstling und nicht den Zehenten. Wir heben an, zu erkennen, daß es ein unaussprechliche Gabe sei, daß Gott mit uns redet, und wir zu den Ehren kommen, daß wir Gottes Schuler und discipuli sein ... Aber dieweil wir dem gottlichen Wort keine Ehre anlegen, auch nach unser selbst eigen Herrlichkeit nichts fragen, derhalben so hören wir das Wort nicht, und wird keiner gerne gehört, er hab denn eine gute, helle Stimme. Wenn du dahin kompst, so bist du allbereit halb Jakob worden, wenn du mehr siehest auf den Pfarrherr, denn auf Gott, und siehest die Person Gottes nicht, sondern gaffest allein darauf, ob die Person gelehrt und geschickt sei, und gute Sprach oder Ausrede habe ... Laß die Schusseln ungleich sein, etlich sind silbern, andere zinnern, oder von Thon geglasuret, irdische Gefäße: aber einerlei Speise wird in Silber und Zinn etc. angericht, und schmeckt das Wildpret, so wohl gewurzt und zugericht ist, eben so wohl aus einem holzernen Becken, als aus einem silber." [10]

Wir sehen: es fällt Luther um nichts leichter als uns, die Vermittlung der Stimme Gottes, der christlichen Wahrheit einleuchtend zu finden und sich gefallen zu lassen. Auch er sieht sich wie wir auf die Verheißung angewiesen, daß aus dem irdischen Zeugnis in der Auslegung und Weitergabe unseres Textes die Sache selbst, die allen Menschendurst stillende Wahrheit sich durchsetzt. Eben diese Verheißung ist das Ziel der Perikope, wenn wir sie so nehmen, wie sie vorgeschlagen ist: „Wer aber von dem Wasser trinken wird, das ich ihm gebe, den wird ewiglich nicht dürsten" (V. 14 a). Luthers Auslegung hat das gar nicht mehr aufgenommen und beachtet. Calvin ist wie so oft dem Detail des Textes viel genauer nachgegangen. Er, wie andere Ausleger, stehen dann freilich vor der Frage, ob irgend etwas in der Erfahrung des Christen der Verheißung auch nur von ferne entspricht: ewiglich nicht dürsten. „Ihr ganzes Leben lang dürsten die Gläubigen und zwar brennend", stellt er fest[11]. So etwas wie einen Ausweg zeigt hier die heutige Exegese: „Jesu Gabe

[10] A.a.O. WA 229 f., EA 223 ff.

[11] Calvin zu Joh. 4, 14: Ita sitiunt tota vita fideles, et quidem ardenter.

stillt das Verlangen nach Leben, weil sie im Menschen das Leben erzeugt. Nach der alttestamentlichen Vorstellung leidet der Vollendete nicht mehr Durst, weil er stets von der Quelle trinken kann; nach dieser dualistischen Ausdrucksweise erwacht in ihm kein Durstgefühl mehr, weil er die Lebensquelle in sich hat. Die neue Ausdrucksweise entspricht der die Weissagung überbietenden Erfüllung. Jesu Gabe kann in formal-dualistischer Antithese zu dem Bestand dieser Schöpfung als das eigentliche Wasser beschrieben werden, weil sie von innen her eine totale Erneuerung wirkt. Seine Gabe, das lebendige Wasser, das zur Wasserquelle wird, ist sein Wort (Joh. 8,37; 15,7), sein Geist (Joh. 7,39; 14,7), er selbst (Joh. 6,56; 14,20; 15,4f.) in eins."[12] – Aber wie soll man so plerophorische Dinge predigen?

IV.

Wie der Text, so hat die Predigt einen zugänglichen Sachpunkt, das Gespräch über die ‚Väter', über die Autorität der Tradition usw., und den sehr viel weniger zugänglichen Sachpunkt ‚vom Wasser des Lebens', vielleicht gerade weil diese Metapher so universal ist. Was der Exeget sachlich und zutreffend beschreibt, soll unsere Predigt einerseits mit unserer Lebenserfahrung konfrontieren, ohne im geringsten den Mund zu voll zu nehmen, und sie soll anderseits von der Gewalt der Zusage und Verheißung Jesu Christi nichts abbrechen. Konstatieren und postulieren hilft hier nichts. Es muß einen andern Ausweg geben. „Beides gehört zusammen: Die Erkenntnis, ‚wer Er ist' und die Bitte um Gottes Gabe, d.h.: das Leben ... Jesus erkennen heißt: wissen, worum wir ihn zu bitten haben. Und diese Bitte wird die Gewißheit bei sich haben, daß sie erfüllt ist, ehe sie über unsere Lippen kommt. Denn Jesus wird als der Sohn Gottes erkannt, damit wir von ihm diese Gabe erbitten, und wir erbitten sie von ihm, damit wir ihn damit als den, in dem das Leben erschienen ist, vor aller Welt bekannt machen. So bleibt das Gebet die Grenze, an der unsere Verkündigung Halt zu machen hat. Aber das dürfen wir diesem Gebet zusichern, daß da, wo es geschieht, in der Erkenntnis, wer Jesus ist, seine Erfüllung gewiß ist."[13]

---

[12] L. Goppelt in: ThW VIII, 326, 7.

[13] Iwand, a.a.O. 53 f.

Damit stoßen wir auf den wohl neuralgischsten Punkt im Leben unserer Christenheit: ihre missionarische Schwäche. Fast alles ist bei uns institutionalisiert, so daß der Einzelchrist und die Einzelgemeinde sich weithin entlastet sieht. Nur ein Narr wird diese institutionellen Hilfen als solche verwünschen oder beseitigen wollen – oder wäre dies die Torheit des Evangeliums? Wir haben uns zu fragen, ob und inwieweit wir konkret durch unsern Christenstand als Einzelne und als Gemeinde etwas von Jesu Sendungsauftrag realisieren, Jünger zu gewinnen. Jede Sendung bewirkt Bewegung – »gehet hin/poreuthentes«! nichts ist stabiler und unbeweglicher als die Christenheit, faktisch die älteste und stabilste Organisation unserer Geschichte! Ist das die Wirkung der Allmacht und Allgegenwart Jesu?! Ohne dem heute beliebten Exodus-Gerede zu verfallen, gilt es doch auf die Zeichen des Aufbruchs zu achten. Aber noch wichtiger ist, daß nur *die* Jünger gewinnen können, die selbst Jünger sind.

4. Sonntag nach Epiphanias

Matthäus 8,23—27

Ceterum navicula illa figuram ecclesiae praeferebat, quod in mari, id est saeculo, fluctibus, id est persecutionibus et tentationibus inquietatur, domino per patientiam velut dormiente, donec orationibus sanctorum in ultimis suscitatus compescat saeculum et tranquillitatem suis reddat: Übrigens diente jenes Schifflein als Sinnbild der Kirche, weil sie im Meere, d.h. in der Welt — von den Wogen, d.h. durch die Verfolgungen und Versuchungen, beunruhigt wird, indem der Herr in seiner Nachsicht gleichsam schläft, bis er, durch die Gebete der Heiligen zuletzt aufgeweckt, die Welt bändigt und den Seinigen die Ruhe wieder schenkt (Tertullian, De baptismo cap. 12, Übers. v. Heinr. Kellner, BKV, Bd. 7, 1912, 290).

Wohlan! Christus ist mit im Schiff, ersauf ich, so wird er auch müssen herhalten (Luther, Pred. vom 3. 2. 1544, WA 49,334 f.; hier zit. nach EA 20, II, 13). — Denn das ist des Glaubens hohe Kunst und Kraft, daß er siehet, das nicht gesehen wird, und siehet nicht, das doch gefühlet wird, ja, das da drückt und dringet; gleichwie der Unglaube nur siehet, das er fühlet, und gar nicht hangen mag an dem, das er nicht fühlet (Luther, Kirchenpostille hier zit. nach EA 11, 74). — Darumb sollen wir immerdar das Evangelium hören, und beten, und andere auch zum Gebet vermahnen. Denn wir seind auf dem Meer, und folgen dem Herrn Christo nach, und hören ihn. Wenn wir nun den haben, so wird der Teufel kommen und mit unserm Fleisch und Welt das Schifflein angreifen. Das wird nicht außen bleiben; derhalben mögen wir uns halten zum Geist der Gnaden und des Gebets, sonst ist kein Rath noch Hülfe (Luther, Pred. am 3. Febr. 1538 WA 46, 161ff., hier zit. nach EA 20, I, 54).

Wer er ist, wissen wir und verwundern uns nicht mehr. Mag er die Krankheiten bannen, mögen die besessenen vor ihm niederfallen, mag er den Wellen gebieten: es ist dieselbe göttliche Gewalt über die Natur, die uns an ihm gewohnt ist. Er ist der Mann, dem Wind und Wellen gehorsam sind, dessen geistigen Zwecken nichts feindselig sein darf in der Natur, so wie auch alle Stürme in der geistigen Welt zu seiner Heilsordnung wirksam sein müssen. Der ist freilich er allein; aber doch muß es uns aufrichten und alle Kleingläubigkeit verbannen, daß dieser uns gehört, und wir ihm (Schleiermacher, Zuversicht und Kleingläubigkeit in der Schiffahrt Christ dargestellt, Pred. Bd. IV, Berlin 1835, 263). — Wer je an den Erlöser geglaubt, in ihm die Herrlichkeit des Sohnes Gottes erkannt hat, der muß auch sagen, Alles was sich je Herrliches, Gottähnliches in den Menschen nur entfalten kann, es kann doch nur sein ein Abglanz und Widerschein von ihm. Daß Alles von ihm abstamme und geworden sei, das ist und bleibt doch das seligste Bewußtsein, und dabei fühlen wir uns nicht aufgehalten in einem Fortschritte, den der menschliche Geist machen könnte; alles Schöne und Herrliche, es muß erreicht werden, und so gewiß er damals mit den Seinigen nicht untergehen konnte: so gewiß ist es, daß sein Volk nicht wird untergehen können, in welchen Stürmen es auch sei, und wieviele Anstrengungen der Menschen auch dagegen sich erheben mögen, sein Werk wird nie untergehen. Das ist der Glaube, den wir festhalten wollen, und wollen nie furchtsam sein und verzagen, und nie glauben, daß er je, sei es mit uns oder nach uns, verderben könne; sondern das Eine Heil bleibet unter den Menschen aufgerichtet, es steht fest für alle Zeiten, wie ihm auch immer wird widersprochen werden, und wie Moses eine Schlange aufgerichtet hat in der Wüste für Alle, die in der Gefahr des Todes waren: so bleibet auch des Menschen Sohn aufgerichtet für Alle zu einem Zeichen bis ans Ende der Tage. Amen (Schleiermacher, Pred. üb. d. Evang. Marci, SW III, 5 Lit. Nachl. Bd. I, Berlin 1835, 230f.).

Weil Christus sich erkannte als den, auf welchen die Völker verwiesen sind, weil in der Welle, welches sein Schifflein verschlungen hätte, die ganze Christenheit ersoffen wäre: weiß er, daß der Sturm, den die Schrift einen Diener des Höchsten nennt, seinen Nachen folgsam zum Gestade tragen muß (K. Hase, Geschichte Jesu, 1876, 440). — Was der Wundertäter verliert, dem doch nichts Größeres zugeschrieben wird, als was der Grönländer seinem Zauberer zutraut, das gewinnt der sittliche Held, der Cäsar, der nicht seinem Glück, aber seiner welthistorischen Bestimmung und seinem himmlischen Vater vertraut. Die Sturmbeschwörung ist ein Mißverständnis der Apostel oder der galiläischen Überlieferung. Dennoch ist daraus zu lernen, daß es noch etwas höheres gibt auf dem Meer als seine Wogen und Stürme, nämlich einen Christus, der sie beschwört; oder im allgemeinen Sinne, der Geist, der in christlicher Bildung Gott vertraut, daß der Gläubige auch aus Schiffbruch und Schiffbrand gerettet werden kann, oder äußerlich untergehend nicht untergeht für das Gottesreich (ebd. 442).

Daß Jesu Leben, noch ehe es zur Entfaltung seines reichen Inhalts und zur Lösung seiner Aufgabe gekommen war, den widrigen Zufällen einer Seeüberfahrt nicht zum Opfer fallen könne, war ihnen, vielleicht sogar mehrfach (vgl. Mc 6, 47—51 = Mt 14, 24—33), zur erfahrungsmäßigen Gewißheit geworden. Nur sofern ein unmittelbarer Causalnexus zwischen dem Wort Jesu und der eingetretenen Stillung des

Sturmes behauptet wird, ist, was die Evangelisten erzählen, ein Wunder, und zwar ein, jedwede innerliche und sittliche Vermittelungen überspringendes Naturwunder, welches zugleich sinnbildliche Kraft und Bedeutung hat (vgl. Mc 11, 23 die gleiche Pointe des analogen Naturwunders vom Feigenbaum) und bereits ästhetischen Charakter trägt, in der Weise eines Kunstwerkes wirkt, daher auch zu jeder Zeit allegorische Auslegung und Verwertung erfahren hat ... Einleuchtender als bei allen ähnlichen Zügen, die uns bisher schon begegnet sind, ist aber auf diesem Bilde das Herauswachsen einzelner Elemente der Darstellung aus atl. Stoffen (H. J. Holtzmann, Die Synoptiker. Die Apg., Hand-Comm. z. NT 1, 1889, 154).

I.

Die Perikope von der „Stillung des Sturmes" — alle diese Überschriften stehen ja im Urtext nicht — ist, zumal in der Matthäus-Fassung, sprachlich so vollendet, knapp, anschaulich und geschlossen, — man braucht nur die farblosen Parallelgeschichten der rabbinischen Überlieferung (bei Strack-Billerbeck I, 189 f.) danebenzuhalten, um das zu bemerken —, daß es fast schade ist, ihr mit exegetischen und homiletischen Hilfsmitteln zu Leibe zu rücken. Ein so sachkundiger Homilet wie W. Löhe hat sich (in der Evangelienpostille) weitgehend auf nachmalende Betrachtung der Ereignisse beschränkt. Aber ganz ohne Deutung und Wertung ist auch er nicht ausgekommen, und sie fiel dann ziemlich fragwürdig aus: Das Schifflein mit Jesus und den Jüngern ist die eigene, lutherisch-konfessionell bestimmte Kirche, die ‚andern Fahrzeuge' (Mk 4, 36) sind die andern Konfessionen. Es wird also doch besser sein, daß wir uns auch bei einer so unmittelbar ansprechenden Perikope nach den Hilfsmitteln umsehen.

Obwohl von jeher mit dem 4. Sonntag nach Ephiphanias fest verbunden, hat der Text in den 26 Jahrgängen unserer GPM nur einmal Aufnahme und Bearbeiter gefunden: G. Bornkamm in Jg. 4, 1949/50, 56—59. Er konnte damals schon auf seine ausführliche Abhandlung in Wort und Dienst. Jahrb. d. Theol. Schule Bethel, 1948, 49 ff. verweisen. Die Pointe seiner Auslegung war: Aus der Wundergeschichte bei Markus und Lukas wird ein Text von Nachfolge und Jüngerschaft, ja schon von Gemeinde und Kirche. Im Blick auf die Überlieferung kann man, summarisch urteilend und einteilend, sagen: Die Exegeten haben mehr die drei Motive ‚von Christus', ‚vom Wunder', ‚vom Glauben' im Text gefunden; die Homileten das von Jüngerschaft, Gemeinde und vor allem Kirche. Immerhin bleibt das Thema vom ‚Schifflein der Kirche' mehr im Hintergrund als man erwarten mochte. Nur in stürmischen Zeiten der Christenheit wurde es wichtig, und dann mit eminenter Intensität. An die Predigtauslegung Karl Barths (in Barmen-Gemarke am 3. 2. 1935, Theol. Ex. h. 22, 1935, 23—35, später abgedruckt im Predigtband Fürchte dich nicht, 1949) und Heinrich Schliers (etwa um die gleiche Zeit in Gießen, Das Schifflein der Kirche, Theol. Ex. h. 23, 1935, 22 S.) erinnern wir Älteren uns noch heute, ohne daß wir den Stil von 1935 wiederholen möchten. Auch H. J. Iwand hat damals eine Predigt über die Lukas-Parallele veröffentlicht (in den von Jul. Sammetreuther hrsg. Bekenntnis-Predigten 26, 1936, 3—6). — Bei Eichholz findet sich im ersten Band eine in den beiden Auflagen gleichlautende Bearbeitung von H. Obendiek.

Die älteren Auslegungen denken gerne über die christologischen Aspekte z.B. des Schlafens Jesu nach. Vilmar hat darüber einiges bemerkt, worauf ich noch zurückkomme; er hat es aber nicht vermocht, diese Überlegungen dem neuzeitlichen Bewußtsein zu vermitteln. Schleiermacher vermochte es viel besser, die Größe Jesu gerade diesem Text zu entnehmen. In den beiden oben vermerkten Predigten spricht er den Hörer (und Leser) unmittelbar an, und der von mir herausgehobene Schlußpassus der Markus-Homilie hat etwas besonders Bewegendes: der Prediger stellt die nicht einholbare ‚Absolutheit Jesu' — ohne dies unschöne Wort zu gebrauchen — der unaufhaltsamen Evolution des Menschengeistes gegenüber. Die Wunderfrage hat Schleiermacher im Hintergrund gelassen. — Seit D. Fr. Strauß war das kaum mehr möglich, und an K. Hase kann man sehen, wie man sich später aus der Affäre zu ziehen versuchte. Auch wir werden die Wunderfrage nicht ignorieren dürfen. Es ist gut und dankenswert, daß, wie schon G. Dehn in seiner Markus-Auslegung in der Furchereihe 1940, jetzt auch E. Schweizer in der neuen Auslegung im NTD (Bd, 1, 1968) einen Exkurs zum Wunderproblem bringt. Dehn meinte damals, die naturwissenschaftlich-positivistisch fundierte Skepsis dem Wunder gegenüber habe nachgelassen und vom Gefühl des Chaos und der Dämonien der Welt aus sei „dann ein neues Verständnis des biblischen Wunders unter uns wachgeworden" (a.a.O. 104). E. Schweizer ist zurückhaltender, sein Exkurs wird uns noch beschäftigen.

Der Zugang zur Wunderfrage wird oft verstellt durch die heutige Methode, nur nach der Form- und Redaktionsgeschichte eines Textes zu sehen. Darüber wird dann auch die Frage nach der Faktizität des berichteten Geschehens unwichtig. In den älteren Auslegungen, Kommentaren wie Jesusbüchern, wird die ‚Stillung des Sturmes' offen als Legende bezeichnet (so bei Pl. Wernle, Jesus, 1917, 281 und von Jülicher in: Schriften des NT f. d. Gegenwart übers. und erkl., 1917, z.St.). E. Schweizer formuliert: „Daß Jesus Vollmachtstaten, vor allem Heilungen vollbrachte, ist nicht anzuzweifeln; was aber im einzelnen historisch ist und was nicht, ist nicht mehr sicher festzustellen" (a.a.O. 60). Er meint, wir bekämen keine Beweise in die Hand, die ein Glauben unnötig machten — worauf ebenfalls noch einzugehen ist. Schon jetzt halten wir fest, daß das Ja und Nein zur Frage des Faktischen und zum Wunderproblem eng zusammenhängen.

Im ganzen überwiegt in den Auslegungen das Interesse am Glaubensgeschehen. Hier wirkt wohl der überragende Einfluß der Predigten Luthers nach. Auch selbständige Prediger wie Johann Gerhard (1582—1637) und Heinrich Müller (1631—1675) nehmen ohne ausdrückliches Zitat seine Gedanken und Formeln auf. Erst im 19. Jahrhundert wehrt man sich gelegentlich gerade auf konservativer Seite gegen diese einseitige Gewichtsverteilung. „Diese Perikope wird ... zu allererst als reale Geschichte auszulegen sein", bemerkt A. Nebe (Die evang. Perikopen des Kirchenjahres, Bd. I, 1869, 441). Wir wenden uns den schon genannten Hauptmotiven der Perikope zu.

II.

Auch unser Text ist Zeugnis von Jesus von Nazareth. Diese Perspektive braucht ihm nicht aufgenötigt zu werden. „Was ist das für ein Mensch, daß ihm Winde und Meer gehorchen" (V. 27)? Die ältere Christenheit hat auf diese Frage mit der Entfaltung eines christologischen Dogmas (und mit dem Streit darüber) geantwortet. So reflektiert man angesichts der Erzählung von Jesu Verhalten über das Gottheitliche und Menschheitliche und verteilt die einzelnen Aspekte unterschiedlich. „Der Herr, dem Wind und Meer gehorsam sind, ist ein wahrer Mensch gewesen. Eben dieses (sein) Schlafen zeigt seine wahre Menschheit an. Denn das Schlafen gehört nicht zur Sünde; denn Tag und Nacht gehört zur Schöpfung der Erde, also auch der Schlaf. Wie das weiter zusammenhängt, brauchen wir nicht zu wissen. Der Herr hat als ein originärer Mensch auch geschlafen (auch unsern Schlaf geheiligt). Wo aber war die Gottheit? fragt die Neugier. Auch dieser Frage gehe man nicht aus dem Wege. Der Geist schläft allerdings nicht, aber Gottheit und Menschheit sind in Christo so verbunden, daß, wo die letztere ihre Action nach außen einstellt, auch die der Gottheit nach außen nicht operiert." So Vilmar im Coll. Bibl. zur Stelle. Etwas davon klingt auch in Barths Predigt von 1935 nach. Niemand soll es sich zur Ehre anrechnen, wenn ihm solche Überlegungen völlig fremd geworden sind. Aber sie dürfen auch keinem Heutigen aufgedrängt werden. Auch uns heute beschäftigt die Frage nach dem Geheimnis der Person Jesu: Was für ein Mensch? Wir fragen wohl primitiver als die Vorzeit. Wir fragen, was ‚der Erlöser' — um mit Schleiermacher zu reden — mit den Naturgewalten und ihrer Beherrschung zu tun hat. Erstreckt sich das Reich Christi weiter als auf die Herzen der Menschenkinder? Ist die vielbeklagte Verinnerlichung der christlichen Wahrheit unter den Bedingungen der Neuzeit nicht auch einfach die Folge der naturwissenschaftlich-technischen Erkenntnisse und Möglichkeiten? Im 19. Jahrhundert kann sich das Reich Christi noch verstehen und betätigen in der Herrschaft des Geistes über die Natur. Dies ist die Pointe der Schleiermacherschen Christusverkündigung und derjenigen seiner Nachfolger. Inzwischen ist aber der Geist fast ganz naturalisiert. Wo bleibt dann Raum für Christi Herrschaft? Es trägt nichts aus, wenn wir die Parolen von der Leiblichkeit als Ende der Wege Gottes aufnehmen und den schlechten Spiritualismus kulturprotestantischer Theologie und Ethik denunzieren. Der Satz Oetingers von der Leiblichkeit bleibt in der Regel doch nur Machtspruch und Wunschdenken. Wir verzichten notgedrungen auf seine Verifizierung.

Zuweilen hat man, wie die Sätze K. Hases und Holtzmanns zeigen, auch den Ausweg gesucht, nach Jesu Sendungsbewußtsein zu fragen: wie Caesar bei der Überfahrt über das stürmische Meer dessen gewiß ist, daß er nicht vorzeitig untergehen kann, so auch Jesus auf dem Schifflein. Obendrein schläft er, was von Caesar nicht erzählt wird. Nur daß wir davon im Text und sonst in den Evangelien nichts wahrnehmen. Der Text will Jesus als den Wundermann bezeugen, dem auch Wind und Meer gehorsam sind — nicht weniger und nicht mehr. Dogmatisch gesprochen: unser Text bildet eine Nahtstelle zwischen Christologie und Providenzlehre. Das hat ihn der älteren Auslegung so wert gemacht. Das bringt die großen Schwierigkeiten heute. Sie schlagen sich nieder in der Erörterung der Wunderfrage. Ehe ich darauf eingehe, teile ich hier wenigstens die Leitsätze der beiden Paragraphen der Kirchlichen Dogmatik mit, in denen K. Barth die Verbindung von Christologie und Providenzlehre andeutet, und erinnere an den großen Beitrag von M. Geiger zur Barthschen Providenzlehre in der Parrhesia-Festschrift von 1966 (673—707). Die Leitsätze lauten:

§ 48. In der Lehre von der Vorsehung handelt es sich um die Geschichte des geschaffenen Seins als solchen, und zwar darum, daß auch sie in jeder Hinsicht und in ihrem ganzen Umfang unter der väterlichen Herrschaft des Schöpfers verläuft, dessen Wille in seiner Gnadenwahl und also in der Geschichte des Bundes zwischen ihm und dem Menschen und also in Jesus Christus geschieht und erkennbar ist (KD IV, 3, 1950, 1).

§ 49. Gott vollstreckt seine väterliche Herrschaft über sein Geschöpf, indem er den Verlauf seines besonderen Daseins erhält, begleitet und regiert. Er tut das, indem seine Barmherzigkeit in Jesus Christus in der Geschöpfwelt erschienen und kräftig ist und damit die Herrlichkeit dieses seines Sohnes an ihr kund werde" (ebd. 67). — NB! Auf unsere Perikope geht Barth dort nicht ein!

III.

Wir versuchen also, der in unserm Text steckenden Frage nach dem Wunder nicht auszuweichen und nicht sofort vom Glauben zu handeln. Ich nehme nochmals auf, was E. Schweizer im NTD vorbringt. „Was wir von Jesu Handeln noch wissen, stellt die Frage, nimmt uns aber die Antwort nicht ab. Das aber ist genau die Lage, in der auch die Zeitgenossen Jesu standen. Abgesehen davon besteht freilich ein doppelter Unterschied. Einmal können wir nicht mehr ohne weiteres mirakulöses und nicht mirakulöses Geschehen grundsätzlich scheiden. Ein heutiger Naturwissenschaftler ist durchaus bereit, auch bisher unerklärliche Sonderereignisse zu konstatieren, da sein Weltbild auch für Ereignisse offen ist, die zwar mit äußerst geringer Wahrscheinlichkeit zu erwarten, grundsätzlich aber nicht unmöglich sind. Umgekehrt haben wir gelernt, daß ein Ereignis nicht durch seine Seltsamkeit zum Wunder wird, sondern erst dadurch, daß darin Gott zu uns spricht, wobei es an sich gleichgültig ist, ob dies in mirakulöser oder nichtmirakulöser Form geschieht. Dennoch ist nicht zu bestreiten, daß ein Ereignis, das nur mit äußerst geringer Möglichkeit zu erwarten war — etwa die Heilung eines Menschen, für den kaum noch Hoffnung bestand —, zwar keinen Beweis für Gottes Wirken darstellt, wohl aber die Frage nach ihm dringlicher stellt als ein anderes. Gott muß gelegentlich gewissermaßen mit dem Holzpfahl winken, damit wir aufmerken. Darum ist der zweite Unterschied wichtig: Uns ist die Geschichte, wie schon den Lesern des Evangeliums, nur als Zeugnis eines glaubenden Menschen überliefert, d.h. so, daß der Erzähler zugleich mit seinem Erzählen für das einsteht, was nicht zu beweisen, nur zu bezeugen ist: daß nämlich in diesem Ereignis Gott Menschen anspricht und ihren Glauben sucht und dies auch heute noch tut" (a.a.O. 60f.). Die Leser werden mit mir dem Verf. dankbar sein, daß er nicht wie die meisten Ausleger der Evangelien über die Wunderfrage hinweggehuscht ist. Daher zitiere ich auch so ausführlich. — E. Schweizer überspringt den seit Lessing so oft besprochenen breiten häßlichen Graben zwischen Vergangenheit und Gegenwart, indem er am Ende schlicht beifügt: „und dies auch heute noch tut". Meines Erachtens kann das keinem Prediger zur Nachahmung auferlegt, keinem freilich auch untersagt werden. Für meinen Teil möchte ich *diese* Frage hier auf sich beruhen lassen.

Eine im Verlag Josef Kral, Abensberg, gedruckte, von Wilhelm Schamoni zusammengestellte Sammlung von ‚Parallelen zum Neuen Testament aus Heiligsprechungsakten' (1971) schreckt eher ab als daß sie zum Glauben ermuntert. Vgl. meine Besprechung im nächsten Heft der Theol. Rundschau.

Was wir dem Text selbst zu entnehmen haben, ist dies: die frühe Gemeinde hat unter dem Eindruck des Zeugnisses der Weggenossen Jesu diesem ein solches Tun zugetraut und zugeschrieben, wie es die wunderbare Stillung des Sturms darstellt. Ob dahinter ein tatsächliches Geschehen oder die Hereinnahme jüdischer und sonstiger antiker Legenden steht, können wir historisch nicht ausmachen. Aber dies alles, meine ich, hat mit dem Glauben nichts zu tun. Der Satz Schweizers, wir bekämen aus den Evangelien keine Beweise in die Hand, die ein Glauben unnötig machten, setzt eine ‚Arbeitsteilung' voraus, die ich bedenklich finde. Wir werden dadurch verleitet, unser Verhältnis zum Evangelium doch wieder auf Anerkennung von Wundern zu gründen. Im Evangelium finden wir Jesu Sendung, Botschaft und Person. Sie leuchten uns ein, oder sie leuchten uns nicht ein. Was wir sonst von ihm finden, vermitteln wir ‚irgendwie' mit den Regeln unseres Lebens in der Welt. Die Welt können wir — auch nach Paulus 1.Kor 5,10! — nicht räumen. In der Begegnung mit dem Jesus der Evangelien ist uns ein Friede über alle Vernunft verheißen. Aber die Regeln des Lebens in der Welt treten nicht außer Kraft. Jesu Herrschaft und den natürlichen Lauf der Welt können wir heute nicht mehr so unmittelbar aufeinander beziehen, wie die Vorzeit dies tat. Es kommt in der Tat auf das Verständnis von Glaube an.

IV.

Der Rettungsruf der Jünger wird, begreiflicherweise, oft etwas überinterpretiert, als Zeichen des immerhin vorhandenen Zutrauens und Glaubens dem schlafenden Jesus gegenüber. Zunächst ist der Ruf wirklich nur die Folge des Schreckens in der ausweglosen Lage. Auch all das, was man über die seemännische Erfahrung der Jünger und im Gegensatz dazu über die Unerfahrenheit Jesu, des Zimmermanns von Nazareth, zu erzählen weiß, sind Veranschaulichungen, die dem Text selbst fernliegen. Dem Text liegt an dem Satz: „Ihr Kleingläubigen, warum seid ihr furchtsam" (V. 26). Es ist auch nicht so wichtig, wie manche Ausleger meinen, ob Jesus diesen Satz vor der Stillung des Sturmes oder nach ihr spricht. Wichtig zu begreifen wäre aber, was ‚oligopistos' eigentlich heißt. Im Pistis-Artikel Bultmanns im ThW steht, daß das seltsame Wort sich nur in den Synoptikern findet; im W. Bauer, daß es nur im christlichen Sprachschatz vorkommt. Schlatter erklärt: „Der Kleingläubige läßt Gottes Macht und Hilfe aus den Augen, sowie er sie in besonderem Maße nötig hat. Er läuft in verkehrter Richtung. Da, wo er mehr glauben sollte, tut er's weniger; wo er fester Gottes Hand ergreifen sollte, läßt er sie fahren und macht dann, wenn er auf seine Gnade zu sehen hat, von der Gefahr erschreckt, die Augen zu" (Erläuterungen zum Evangelium des Matthäus, z. St.). In seiner Monographie ‚Der Glaube im Neuen Testament' heißt es: „Der ‚im Glauben kurze' ist derjenige, der die in der früheren Situation gewonnene Glaubensstellung nicht festhält, sondern in der neuen Situation wegen ihrer besonderen Schwierigkeit das Glauben unterläßt. Darum erinnert Jesu die verzagten Jünger an seine früheren Taten, weil ihnen dieselben bleibend als Glaubensmotiv dienen sollen: habt ihr ‚noch nicht' Glauben? Mk 4, 40." Zur Übersetzung ‚kleingläubig' meint Schlatter, sie lenke den Begriff hinüber auf die Intensität des Glaubens, ob er groß oder klein sei, während er sich darauf bezieht, ob er stetig geübt oder wieder unterlassen wird, weil er sich gegen neue Schwierigkeiten nicht zu erhalten vermag (a.a.O. ²1896, 71).

Wir bleiben damit im Bereich des Vorsehungsglaubens und der entsprechenden Frömmigkeit. Ich weiß, sie steht nicht hoch im Kurs. Gegen das Paul-Gerhardt-Christentum hat man in unserem Jahrhundert viele Einwände erhoben. Daß K. Barth die Kategorien der älteren Vorsehungslehre, wenn auch modifiziert, wieder in die Dogmatik eingeführt hat, hat sich zwar herumgesprochen, aber meines Wissens noch nicht sehr ausgewirkt. Unsere Lage als Menschen und Christen ist in diesem Punkt ambivalent genug: einerseits eine Naturbeherrschung und Lebenssicherung, von der sich noch die Bibelleser und Prediger vor 1914 keine Vorstellung machen konnten. Auf der anderen Seite eine omnipräsente Bedrohung und Gefährdung alles Lebens, die das Reden von der Vorsehung — im Krankenhaus und an den Gräbern — zu verbieten scheint. Anlaß genug, das verachtete ‚Befiehl-Du-Deine-Wege'-Christentum erneut zu bedenken. Unsere großspurigen Entwürfe helfen uns hier kaum weiter. Kleine, überlegte, verantwortbare Schritte der Erkenntnis und des Ausdrucks in Predigt, Seelsorge und Unterweisung sind gefordert.

Alle oder viele Schwierigkeiten scheinen sich beheben zu lassen, wenn man der seit Tertullian belegten Deutung der Perikope auf das Schifflein der Kirche folgt. Gewiß, bei uns kann man nicht von stürmischen Zeiten für die Landeskirchen sprechen. Man müßte dann schon eher eine Betrachtung im Weltmaßstab anstellen. So unterläßt man es wohl besser. Denn es ist schwer, dann den falschen Grenzziehungen zu entgehen, als gebe es eindeutig aufweisbare Grenzen zwischen Welt und Kirche, zwischen drinnen und draußen. All diese Kategorien sind nur eschatologisch sinnvoll, d.h. im Blick auf ewiges Heil und ewiges Gericht. So war ja das Bild von der Kirche als Arche Noah in der Sintflut, als Rettungsboot im Sturm der Welt gemeint. G. Bornkamm hat schon in der erwähnten Auslegung von 1948/49 auf den gerade bei Matthäus spürbaren apokalyptisch-eschatologischen Unterton der Wortwahl hingewiesen (σεισμος z.B.!). Aber hier ist es noch viel schwieriger, die rechten Ausdrücke zu finden, kein falsches Gruppen- und Sicherungsgefühl hervorzurufen, als im Umgang mit der Vorsehungsproblematik. Es besteht die Gefahr, daß wir dann aus lauter nur zu begründeter Vorsicht überhaupt nicht mehr zur Sache selbst kommen.

V.

Mit *einem* Wort: eine Predigt über diese schöne, knappe, eindrucksvolle Geschichte wird auf erhebliche Schwierigkeiten stoßen. Es muß auch freistehen, den Text für diesmal in Frieden zu lassen und sich einen anderen zu wählen. Wer dem — an sich nur zufälligen, aber altüberlieferten Zusammenhang von Evangelium und Epistel nachgeht, findet sich — vielleicht zu seiner Überraschung — ausgerechnet mit Röm 13,1 ff. befaßt. Wer Mt 8,23 ff. ganz bildlich nehmen will, hat dann freie Fahrt zu Erwägungen, die sich auf das Gegenüber von Kirche und politischer Welt beziehen. Vielleicht dient unter diesen Umständen eine Zusammenfassung Luthers dazu, unseren Predigtnachen vom Ufer abzustoßen — um homiletisch im Bilde zu bleiben! „Darumb ist nu dieß Evangelium ein tröstlich Exempel und Lehre, wie wir uns halten sollen, daß wir nicht verzagen in der Sunden Noth, in Todes Pein, in der Welt Toben, und wissen, daß darumb nicht verloren, ob die Wellen gleich das Schiff bedecken; mußt nicht darumb in die Hölle, ob du Sunde, Zorn und Ungnaden im bösen Gewissen fühlest; wirst nicht darumb sterben, ob alle Welt dich hasset und verfolget, ob sie den Rachen gleich so weit aufsperret als die Morgenröthe. Es sind alles Wellen, die über dein Schifflein fallen, und machen dich verzagt, und zwingen dich zu schreien: Es ist verloren, o Herr, hilf! So siehest du hie das erste Stück des Evangelii, wie der soll geartet sein; daneben, wie untüchtig und verzagt der Unglaube sei" (EA 11,76).

Septuagesimae

Matthäus 20,1–6

Literatur: Außer den Jesus-Büchern (Pl. Wernle 1917, R. Bultmann 1926, G. Bornkamm 1956, H. Braun 1969) und den Kommentaren von Joh. Weiß-W. Bousset 1917, E. Haenchen, Der Weg Jesu 1966, Ed. Schweizer NTD 2, 1973: G. Bornkamm, Der Lohngedanke im N.T. (1943, 1946) Ges. Aufs. II, 1959, 69–92 besd. 81ff.; Joach. Jeremias, Die Gleichnisse Jesu 4. Aufl. 1956, 23ff.; 118ff. Homiletisch: K.G. Steck bei Eichholz, Herr tue meine Lippen auf I, 1939; 2. Aufl. 1954; in den GPM: O. Weber 4, 1949/50; H. Braun 9, 1954/5; H. Benckert 15, 1960/1; A. Geense 27, 1972/3. – K. Barth Predigt von 1932 in K. Barth Ed. Thurneysen, Die große Barmherzigkeit 1953.

I. Predigtskizze

Diesmal schicke ich eine Predigtskizze voraus und versuche, deren Gang in der Meditation zu begründen und in die Überlieferung einzuordnen.

Liebe Gemeinde! In dieser Gleichnisgeschichte nimmt Jesus jene damals und uns heute an der Hand und führt uns in ein anderes Land, in sein Reich, das das Reich seiner Jünger werden soll. Von diesem Reich redet er so, wie wir auch von unserm Leben reden. Da gibt es einen Weingutbesitzer, der Tagelöhner einstellt, wohl weil Erntezeit ist. Ein bestimmter Lohn wird ausgemacht und dann auch ausbezahlt. So weit, so gut. Aber was hat das Reich Gottes, was hat unser Glaube und unser Heil mit einem Weingut und seinen Arbeitsbedingungen zu tun? Hören wir weiter zu: Der Gutsbesitzer hat schlecht geplant. Er braucht und findet weitere Arbeitskräfte; und dies mehr als einmal. Die Letzten werden eine Stunde vor Arbeitsschluß eingestellt. „Was recht ist, soll euch werden." Ob man sich das so vorstellen kann? Auch ein orientalischer Arbeitgeber wird nicht so schlecht planen. Die Gleichnisgeschichte läuft auf etwas anderes hinaus: bei der Lohnzahlung stellt sich heraus, daß alle gleich viel bekommen: den *einen* Denar – das war der übliche Tagelohn –, der mit dem ersten ausgemacht war.

Jetzt hört die Ökonomie auf und die Psychologie fängt an. Die Auszahlung hatte mit den Letzten begonnen. Und als die Ersten drankamen, dachten sie, sie würden mehr bekommen. Sie begehren gegen den Gutsbesitzer auf: Die andern haben nur eine Stunde gearbeitet; wir haben des Tages Last und Hitze getragen, und du hast sie uns gleichgemacht: Chancengleichheit vielleicht, aber doch nicht gleicher Lohn bei so ungleicher Leistung. Gewiß: Jedem das Seine! Aber doch nicht: Jedem das Gleiche! – Aber der Gutsherr ist um die Antwort nicht verlegen: Ich tue dir nicht unrecht. Wir bleiben bei der Abrede. Nimm deinen Lohn und geh. Kann ich mit meinem Geld nicht tun, was ich will? Bist du neidisch, weil ich so gütig bin?

Wo mag es einen solchen Gutsherrn geben? In welches Land hat Jesus uns geführt? Welche Regeln sollen da gelten? Nach Jesu Gleichnis haben Gott und Mensch etwas miteinander zu tun, sie sind aufeinander angewiesen – nicht anders als bei uns die Arbeitnehmer und die Arbeitgeber. Wenn sie einander brauchen, kann es eigentlich nicht anders zugehen als nach der Regel: Lohn nach Leistung und Leistung gegen Lohn. Wir nennen das Gerechtigkeit und können uns ein Leben ohne solche Gerechtigkeit weder vorstellen noch wünschen. Das Murren der Arbeiter ist berechtigt. Sollen sie sich abfinden mit dem Tun dieses Herren? Das ginge doch an die Wurzel unseres Lebens.

Warum will Jesus hier das Grundgesetz unseres Lebens aufheben: Leistung gegen Lohn? Ganz selbstverständlich hatten die Jünger gefragt: Wir haben alles verlassen und sind dir nachgefolgt. Was wird uns dafür? Umgekehrt hatten sich schon immer die Juden darüber gewundert und empört, daß Jesus gerade die Zöllner und die Huren in sein Reich rief. Soll es in seinem Reich nicht nach Verdienst und Würdigkeit gehen? Selbst wenn wir als Christen wissen, daß wir vor Gott uns nicht überheben, sondern demütig sein sollen, kann doch jenes Grundgesetz von Leistung und Lohn nicht außer Kraft treten. Aber von dieser Demut spricht das Gleichnis gar nicht. Es will uns ein Doppeltes zeigen und einschärfen: wie wir mit Gott dran sind, und wie wir untereinander dran sind.

Dieser Gutsbesitzer und Arbeitgeber ist kein Ausbeuter. Er zahlt nicht weniger, sondern er zahlt mehr als er müßte, und er will sich das nicht verbieten lassen, und sei es im Namen der Gerechtigkeit. Ob uns das etwas angeht? Besinnen wir uns darauf, wie wir gerne mit Gott dran sein möchten, so werden wir unsicher: vom Gott der Liebe haben wir gehört, und wenn das heißen soll, daß es uns gut geht, sind wir gerne damit einverstanden. Wie wir mit den dunklen Dingen des Lebens zurechtkommen, ist allerdings eine andere Frage. Aber wenn es uns schlechter geht als wir's zu verdienen meinen; wenn wir zu vergleichen beginnen und finden, daß es andere besser haben, als sie es verdienen; wenn wir selbst nicht nach Gebühr gewürdigt werden – dann beginnt die Unruhe: du hast sie – die anderen – uns gleichgemacht, obwohl wir mehr als sie geleistet haben. Das mögen wir nun einmal nicht. Aber in Jesu Reich soll es nicht nach Leistung und Lohn gehen, sondern nach dem Willen Gottes, und der ist lauter Güte.

Hat sich Jesus wenigstens bei seinen Jüngern durchgesetzt? Wem Jesu Sache gleichgültig ist, kann hier nicht mitreden. Wer aber ernsthaft mitmachen will – und es gibt solche Menschen –, wird erleben, daß auch in Jesu Umgebung Ehrgeiz und Neid nicht ausgestorben sind. Wer unser Gleichnis im Matthäus-Evangelium weiterliest, erfährt, daß sich unter den Jüngern selbst ein Streit um die besten Plätze in Jesu Reich zugetragen hat. Und wer sich in der heutigen Christenheit umsieht, wird ähnliches finden. Hat dann das Gleichnis überhaupt noch Sinn und Kraft?

Unser Alltag ist durch die Regel von Leistung und Lohn bestimmt. Das hängt auch damit zusammen, daß fast alle Arbeit ihre Befriedigung nicht in sich selbst hat. Wer uns sagen wollte: Mein Lohn ist, daß ich darf, würde nur verlacht und verhöhnt werden. Nicht einmal ein Arbeitsloser würde sich eine solche Parole gefallenlassen. Jesu Gleichnis erinnert daran, daß es ein anderes Leben, ein anderes Reich, andere Arbeitsverhältnisse gibt. Dann steht die Arbeit nicht unter dem Fluch des Vergeblichen und Vergänglichen. Dann brauchen wir nicht neidisch auf den andern zu blicken, wenn ihm mehr zufällt als man für recht hält. Es hat immer in der Christenheit Werke der Liebe gegeben, in denen die Tätigen nicht zuerst nach dem Lohn schauen. Und überall in der Welt gibt es die Hoffnung und Erwartung eines zukünftigen Lebens, in dem die harten und feindseligen Regeln unseres irdischen Lebens nicht mehr gelten. Die Offenbarung Johannis am Ende des Neuen Testaments malt das in grandiosen Bildern aus: „Siehe! Die Wohnung Gottes bei den Menschen! Er wird bei Ihnen wohnen, und sie werden sein Volk sein, und er, Gott, wird mit ihnen sein, und alle Tränen von ihrem Angesicht abwischen ... denn das Erste ist vergangen." Und weiter: „Ich will dem Durstigen geben von dem Brunnen des lebendigen Wassers umsonst. Wer überwindet, der wird es alles ererben, und ich werde sein Gott sein, und er wird mein Sohn sein." Dann erst, aber dann wirklich wird sich erfüllen, was Jesus in der Gleichnisgeschichte vom Herrn des Weinbergs und von seinen Arbeitern verheißen hat. Amen.

II. Meditation

Die Predigtauslegung hat zu entscheiden, wie der Zusammenhang bestimmt werden soll. Nach J. Jeremias handelt es sich um ein Gleichnis, das seine ursprüngliche Pointe geändert hat. Zunächst sollte es den überheblichen Anspruch der Judenschaft abwehren, die sich über die Anhänger Jesu erhaben vorkommt, weil sie schon immer das gesetzestreue Volk Gottes war. Das Gleichnis von den beiden Söhnen bietet die Parallele (Mt 21,28ff., Lk 15,11ff.). In der frühchristlichen Gemeinde tritt diese Sicht in den Hintergrund. Aber auf eine neue Art wiederholt sich Ähnliches in der Verachtung der „Kleinen", die man ihre Wege gehen ließ und denen gegenüber man nicht ausdauernd genug in der Vergebung war (Mt 18,10; 14; 21; 32f. nach E. Schweizer NTD 2, 258). Auch sonst finden sich ja Spuren eines Konkurrenzdenkens in den urchristlichen Schriften (Gal 1 u. 2; 1.Kor 15,9; 1.Tim 1,12ff.; 2.Pt 3,15f.; Joh 20 u. 21). Wir lassen aber den jetzigen Zusammenhang unserer Perikope mit 19,27ff. zunächst unbeachtet, weil wir das Gleichnis unabhängig von jeder Deutung zu Gesicht bekommen möchten.

Das Eigentümliche und Schwierige des Gleichnisses besteht darin, daß Jesus das Lohndenken voraussetzt, verwendet und dann doch hinter sich läßt. J. Weiß-Bousset fragen, ob die positiven Sätze über den Lohngedanken von Jesus ironisch oder ernst gemeint sind (346). E. Haenchen meint, daran die natürliche Kraft des Lohndenkens zu erkennen, daß es den ganzen Zusammenhang von Mt 19 und 20 bestimmt (37). Strittig bleibt, wieweit das damalige Judentum auf das Lohndenken festzulegen ist. In dem ernsthaft erst heute beginnenden Gespräch zwischen Christen und Juden hat sich herausgestellt, daß wir das polemische Bild des jüdischen Glaubens, wie es das Neue Testament bietet, nicht unbesehen übernehmen dürfen. Ähnliches gilt von der klassischen

Kontroverse zwischen den Konfessionen über den Lohngedanken. In den knappen Hilfen zur Auslegung der Sonntagsevangelien im Anhang des Catechismus Romanus von 1566 finde ich zu unserm Text die Bemerkung: „Dennoch gibt es im Himmel eine varietas der Belohnung und der Glorie, je nach dem Maße der Leistung und der Gesinnung mit der der einzelne wirkt: pro ratione laboris et affectus, quo quis operatur". G. Bornkamm hat das heutige Stadium der Debatte dargestellt (83ff.). Nur im seltensten Fall wird es sich nahelegen, diese Kontroverse auf die Kanzel zu bringen.

Noch tiefer in die eigentümlich protestantische Tradition führt die kantische These eines entschlossenen Anti-Eudämonismus, wozu ich hier auf W. Trillhaas, Ethik 3. Aufl. 1970, 112ff. verweisen muß. Was J. T. Beck der kantischen Position gegenüber vorbrachte (s. u. die Dokumentation), gilt nach wie vor und wird heute noch mehr Zustimmung finden als um 1900. Aber wir haben stets zu prüfen, wie sich die egoistischen und die sachlichen Motive in unserm christlichen Handeln mischen und zueinander verhalten.

Ob und in welchem Sinn wir in Auslegung dieses Gleichnisses vom Lohn reden, müßte sich vor allem aus dem ergeben, was wir mit Lohn meinen. Das Gleichnis selbst sagt dazu nichts. Es könnte der tägliche Lebensunterhalt sein; aber die Dimensionen des Alltags bleiben im Ablauf des Geschehens dahinten. Im Rückblick auf 19,27ff. besteht der Lohn sehr handgreiflich in der weit über Hiobs neuen Wohlstand hinausgehenden Vergeltung und Wiederherstellung in der Palingenese, in der Geburtsstunde der neuen Welt (Wilckens) mit der Zuspitzung: Erbe des ewigen Lebens, nach Wilckens: Vollkommenheit des Lebens! K. Barth hat die Problematik dieser Aussagen in der Predigt von 1932 aufgenommen, indem er deutet: „Wir gehen dann – nicht einem phantastischen Paradies und auch nicht einem ewigen Hallelujasingen, wohl aber einem Offenbarwerden des Eigentlichen in unserm Leben als Glaubende entgegen ... Das ist das Ziel, der Lohn, der Groschen, daß wir an uns selbst und an aller Kreatur eben das werden schauen dürfen, was jetzt im Glauben verhüllt, nur als unzulänglich und unbegreiflich hohe Botschaft geglaubt werden kann ... Es wird kein anderes, zweites Werk sein, sondern eben dieses unser jetziges irdisches Lebenswerk als dieses, aber in seiner Eigentlichkeit, in der Klarheit, in der es jetzt nur vor Gott da ist, für uns aber gänzlich zukünftig?" (101). In meiner eigenen Predigtskizze habe ich dazu nichts vorgesehen. Auch Barth weiß: „Wir wissen ja nicht, was wir sagen, wenn wir der Schrift die zwei Worte „ewiges Leben" nachsprechen" (101f.). Vorerst ist mir Barths Deutung zu abstrakt, als daß ich eine für sie zugängliche Sprache fände. Ich habe aber sonst keine Vorschläge dazu gefunden.

Noch bleibt zu bedenken, ob unser Gleichnis nur *ein* tertium comparationis hat – das wäre der Lohn und seine überraschende Behandlung, oder ob auch nach der spezifischen Bedeutung von Weinberg und Weinbergsarbeit zu fragen ist. Auch für eine strenge Gleichnisdeutung würde gelten, daß Lohn und Arbeit zusammengehören, daß also auch der Komplex Weinbergsarbeit theologisch-homiletisch zu deuten ist. Dies um so mehr, da Jüngerschaft auch sonst als ein Arbeitsverhältnis dargestellt wird (vor allem Mt 9,35–39; Joh 4,31–38 und die paulinischen Reflexionen über seine Leistung).

So wie die Dinge in der Christenheit liegen, stößt unsere Deutung auf Schwierigkeiten. Die Rede von der Arbeit im Weinberg des Herrn ist längst ein klerikaler, pastoraler Topos geworden, der einmal kritisch zu untersuchen wäre. Aber was soll eine Predigt darüber vor einer heutigen volkskirchlichen Gemeinde, in der eine winzige Minderheit kirchlich-christliche Mitarbeit leistet, während die Mehrheit das Angebot bestenfalls konsumiert und genießt. Wer soll hier scheel auf wen blicken? Was soll dort eine Erörterung kirchlicher Arbeit und ihrer Gefahren im Licht unseres Gleichnisses? Den Kreis zu erweitern und vom bürgerlichen Arbeitsleben zu handeln und es in dieses Licht zu stellen, wirkt auch etwas künstlich.

Auch hier hat K. Barth in der Predigt von 1932 sich nicht totgestellt, sondern einen Versuch gemacht, der die klerikal-pastorale Verwertung vermeidet. Barth versteht und bezeichnet den Glauben als das Werk der gehorsamen Jesus-Nachfolge. „Jesus ist der Herr, der dich berufen hat, dem du nachfolgst, in dessen Weinberg du arbeitest oder er ist dein Jesus nicht. Der Glaube, der Gehorsam ist, will dich, nicht bloß dein Fühlen und Denken, wie aufrichtig und wahr beide sein mögen ..." (97). Barth gewinnt aus dieser Deutung dann auch Kriterien für die Legitimität der Jüngerschaft, der Nachfolge und ihrer Betätigung, ohne durch voreilige Konkretionen die Anwendung einzuengen. Vielmehr leitet er dazu an, die kritische Wendung des Gleichnisses als Warnung zu begreifen. Im schiefen Blick verlieren wir die Jüngerschaft. Und haben Anlaß, uns als die eben noch zuletzt Berufenen zu erkennen. „Daß es das gibt, eine solche elfte Stunde, gerade auch für uns Glaubende, die wir uns immer wieder, und zwar gerade auf den Höhepunkten unseres Glaubens als Unglaubende entdecken müssen, daß Gott gerade an uns nicht in seinem Zorn, sondern in seiner unbegreiflichen Güte handelt, das ist der Trost, den wir nötig haben, um uns dann und so des Trostes der Verheißung wirklich zu trösten" (105).

III. Dokumentation

Weniger als je möchte ich Anlaß bieten, die Stimmen der Väter zu überhören. Unsere Beiträge sollen den Weg zu vielerlei Auslegung und Predigt anzeigen.

„Beurteile den Glauben nicht nach der Zeit ... Der heilige Paulus, aus einem Verfolger zum Apostel geworden, ist der Zeit nach der Letzte, den Verdiensten nach der erste, da er, wiewohl der letzte, mehr als alle gearbeitet hat. Ein plötzlicher Eifer übertrifft eine lange Lauigkeit" (Hieronymus, hier zit. n. G. Bornkamm S. 85).

„Wir aber zanken nicht um das Wort Lohn, sondern von diesen großen, hohen, allerwichtigsten Sachen, nämlich wie christliche Herzen rechten gewissen Trost suchen sollen. Item ob unsere Werke die Gewissen können zu Ruhen oder Frieden bringen" (Melanchthon Apol. IV, 362 Bek.schr. 228, 36).

„So ist nu dieß die Summa dieses Evangelii: Kein Mensch ist so hoch, noch wird so hoch kommen, der nicht zu fürchten habe, er werde der Allerniedrigste. Wiederumb, niemand liegt so tief gefallen, dem nicht zu hoffen sei, er möge der Höhest werden; weil hie alle Verdienst aufgehoben, und allein Gottes Güte gepreiset wird, und beschlossen ist festiglich: Der Erste soll der Letzte sein, nimpt er dir alle Vermessenheit, und verbeut dir, daß du dich über keine Hure erhebest, wenn du gleich Abraham, David, Petrus oder Paulus wärest. Damit aber daß er spricht: Der Letzte soll der Erste sein, wehret er dir alle Verzweiflung, und verbeut dir, daß du dich unter keinen Heiligen werfest, wenn du auch Pilatus, Herodes, Sodom und Gomorra wärest. Denn gleichwie wir keine Ursache haben, uns zu vermessen, so haben wir auch keine Ursache zu verzweifeln, sondern die Mittelstraße wird durch dieß Evangelium bestätigt und bewahret, daß man nicht nach dem Groschen sehe, sondern nach der Güte des Hausvaters" (Luther Pred. üb. Mt 20,1ff. von 1523 E.A. 11,89ff.).

„Si quis hinc colligat, creari homines ad aliquid agendum, ac suam cuique provinciam divinitus injungi, ne ignavi desideant, non torquebit Christi verba: Schließt man hieraus, die Menschen seien geschaffen zur Tätigkeit, und jedem werde von Gott her sein Gebiet zugeteilt, damit sie nicht müßig dasitzen, wird man Christi Worte nicht martern. – Colligere etiam licebit inutilem esse totam vitam nostram, et merito nos inertiae damnari, quo usque ad Dei mandatum et vocationem quisque vitam suam componat: Auch darf man folgern, unser ganzes Leben sei unnütz, und wir würden nach Gebühr der Trägheit bezichtigt, solange nicht jeder (von uns) sein Leben nach Gottes Gebot und Berufung gestaltet" (Calvin z. St.).

„Wenn wir also zu diesen Arbeitern im Reiche Gottes gehören wollen, so müssen wir nicht wissen, was Lohn für ein Ding ist, müssen so einfältig seyn, daß wir denken: wenn wir arbeiten, und es wird was draus, so haben wir Lohn genug. Wird uns von einem andern Lohn vorgeredet, so stehen wir und wundern uns, wie wir dazu kommen. Auf die Art können wir in der letzten Zeit Gnade und Segen haben, daß wir uns selbst darüber schämen und wundern müssen" (Joh. Goßner, Geist des Lebens und der Lehre Jesu Christi im Neuen Testament Nürnberg 1818, 244).

„Es lautet sehr uneigennützig und rein moralisch, wenn man sagt, Gott oder das Gute müsse rein um seiner selbst willen geliebt werden, nicht um einer künftigen Belohnung, um der guten Folgen willen. Auf das hin werden dann die christlichen Verheißungen, die zukünftigen Dinge des Reiches Gottes verachtet, und auf den Standpunkt der Apostel: ‚Wir haben alles verlassen, – was wird uns dafür?' wird wie auf einen Niederträchtigen herabgesehen. Aber hinter jener scheinbaren Uneigennützigkeit und Selbstverleugnung kann die hochmütige Grundlage stecken, welche die menschliche Abhängigkeit von äußeren Dingen, die jedes Essen und Trinken, jedes Sehen und Hören uns predigt, nicht anerkennen will, alles im eigenen Selbst zusammenfassen und aus ihm entwickeln will, als könnten wir sagen, wir seien wie Gott, der allein keines Dinges bedarf und das Leben in ihm selber hat. Dieser Denkweise stehen die Fundamente der christlichen Gesinnung entgegen, wo man sich arm im eignen Geiste wissen muß, hungern und dürsten nach einem Reich Gottes und seiner Gerechtigkeit, in welchem allein für die menschlichen Bedürfnisse das bereitet ist, was den Menschen füllt mit göttlicher Lebensfülle" (J.T. Beck, Gedanken aus und nach der Schrift 4. Aufl. 1900, 5f. hier zit. nach meinem Beitrag in Eichholz Bd. I, 1939).

„Damit aber die Freudigkeit und Zuversicht der Jünger sie nicht zur Versündigung führe, vereinte Jesus seine Verheißung mit der Verurteilung der religiösen Selbstüberhebung, und zeigte ihnen an den zu verschiedenen Stunden gedingten Arbeitern, wie aus Ersten Letzte, aus Letzten Erste werden. Die Widerlegung jeder Überhebung ergibt sich daraus, daß der Anteil an Gottes Gabe nicht durch die Rechtsregel bemessen wird, die der menschlichen Leistung den gebührenden Lohn gewährt, sondern durch Gottes Gnade bestimmt wird, die in ihrer Freiheit über alle Verhaltensregeln hinweg vergibt und gibt, und eben deshalb, weil er die Zuversicht der Jünger auf die Freigiebigkeit der göttlichen Gnade gründete, hatte seine Verheißung einen scharfen Bußruf bei sich, da so nicht nur deutlich wird, daß Gottes Gnade in alle Tiefen menschlicher Bedürftigkeit hinabreicht, sondern auch, daß sie sich denen widersetzt, die sie an die Größe ihrer Leistung binden und daher denen versagen, die schwächer sind als sie. Wenn die Jünger vergaßen, daß die, die es ihnen jetzt nicht gleichtun, doch noch berufen werden können, und aus der ihnen erwiesenen Gnade einen Grund für ihren eigenen Ruhm machten, so bewirkten sie ihren Fall, durch den auch aus Ersten noch Letzte werden" (A. Schlatter, Die Geschichte des Christus 1923, S. 427).

Das Christentum als Herrschaftssystem diente gewiß nicht zur Beglaubigung der christlichen Wahrheit selbst. Gerade die christlichen Sätze von Sünde, Schuld, Versöhnung usw. sind vom Geist der Neuzeit vor allem deswegen verworfen worden, weil sie zu Instrumenten der christlichen Herrschaft geworden sind. Hier muß vieles neu artikuliert werden.

Estomihi

Hebräer 4, 9—13

„Predigtmeditationen, diese formgeschichtlichen Monstren, dienen dem Zweck, *trotz* den Erkenntnissen der Theologie noch predigen zu können ... Hat man einmal bemerkt, daß die meisten Kanzeln einen doppelten Boden haben, dann fragt man sich, ob nicht schon die akademische Theologie ihren kritischen Anspruch hinter die kirchlichen Bedürfnisse zurückstellt, und man erkennt: kirchliche Wissenschaft kann keine kritische Wissenschaft sein. Wir sollten daraus folgern, daß wir Theologie treiben sollten, nicht mehr im Dienst der Kirche, sondern um ihr die Waffen aus der Hand zu schlagen. Die Bibel ist viel konkreter als das, was die Pharisäer und Schriftgelehrten aus ihr gemacht haben. Sie kann uns zwar nicht sagen, was wir nicht ohnehin wissen, aber sie zeigt, richtig ausgelegt, daß wir mehr Recht hätten, uns auf sie zu berufen, als diejenigen, die das Wort Gottes dauernd im Mund führen" (Martin *Henkel*, in: Radius, Heft 1/März 1969, S. 47).

„Ich bin aus Chikago mit der Überzeugung zurückgekommen, daß der größte Teil der Energien, die ein deutscher Student der Theologie für die biblischen Disziplinen aufbringen muß, vergeudete Zeit darstellen. Die intensive philologische Ausbildung deutscher Theologiestudenten ist für die Situation in der fortgeschrittenen Industriegesellschaft weitgehend irrelevant. Die Textgebundenheit der deutschen Theologie ist ein Relikt repressiver Gesellschaftsformen, die in den deutschen Landeskirchen weithin restauriert werden" (Rolf Trommershäuser nach Amos, Kritische Blätter aus Westfalen 1, 1969, S. 15).

„Das Neue Testament ist das Produkt neurotischer Spießer" (Joachim Kahl, Das Elend des Christentums, rororo aktuell 1093, 1967, S. 51).

I.

Absichtlich verzichte ich diesmal darauf, den Lesern unserer GPM zum Sachverhalt und Verständnis der aufgegebenen Perikope positive oder kritische Stimmen einer früheren Zeit in Erinnerung zu rufen. Wir treiben Theologie nach dem Tode Karl Barths; das Klima hat sich geändert. Parolen werden hörbar, die bis vor kurzem so nicht zu hören waren. Ich für meinen Teil kann sie nicht ignorieren; würde auch nicht meinen, daß die Leser sie ignorieren dürfen. Dies um so mehr, da wir aus den Texten der Reformationszeit, eigentlich auch der Bibel, entnehmen müssen, daß Polemik zur Erkenntnis verhelfen kann und daß der Christenmensch und Theologe gerade aus den bittersten

Angriffen den Sachverhalten auf die Spur kommen kann. Damit lassen wir die Aufgabe der GPM nicht außer acht, uns in eine möglichst intensive Beziehung zum jeweiligen Text zu bringen. Dies gilt angesichts eines so zentralen Textes wie dem von Hebr 4, 9—13 erst recht.

Dabei braucht es uns nicht zu stören, unter welche formgeschichtliche Kategorie unsere Beiträge eingereiht werden. Wenn die Monstren verrichten, was sie sollen, haben sie ihr Daseinsrecht. Aber was sollen sie verrichten? Sie sollen in der Tat dazu helfen, daß wir predigen können. Dabei stehen wir zwischen dem, was jede Zeit als Wissenschaft betrachtet, und dem, was an Kirche vorhanden ist. Daß es dabei zu Konflikten kommen kann, ist nicht neu; ebensowenig wie das andere, daß die einen dabei einseitig die Wissenschaft kultivieren, andere aber die Kirche. In unserm soziologisch interessierten Jahrhundert sollte es sich herumgesprochen haben, daß es eine reine Wissenschaft, völlig unabhängig von gesellschaftlichen Bedingungen, nicht geben kann und nicht gibt; daß aber jede Wissenschaft auf ihrem Gebiet und mit ihren Mitteln darauf zu achten hat, bei ihrer Sache zu bleiben und sich nicht unbedacht den Bedürfnissen der sie tragenden Gesellschaft zu unterwerfen. Ich habe die Formel von der Theologie als Funktion der Kirche immer für kurzschlüssig und insoweit für unzureichend gehalten. Es kann auch dazu kommen, daß sich die Kirche, die ja nicht die anderen, sondern die wir selbst sind, Waffen aus der Hand schlagen lassen muß, die nichts taugen. Aber eine Theologie, die ohne Beziehung zur Kirche getrieben würde, käme unweigerlich in Abhängigkeiten, die ihrer Aufgabe noch weniger förderlich sind. Wir sind ja nicht ohne Erfahrung in dieser Hinsicht.

Der Blick auf die verschiedenen Arten des Umgangs mit der Bibel lehrt auch, daß mit der Parole von der Konkretheit so viel nicht ausgerichtet ist, wie manche meinen. Die Konkretheit, d.h. die geschichtliche Bedingtheit der Bibel ist gleichzeitig ihre Stärke und ihre Schwäche. Das kann man nur außer acht lassen, wenn man meint, man wüßte, was sie uns zu sagen hat, und sie hätte uns nichts zu sagen, was wir nicht schon wüßten. Das trifft zwar in einem kulturgeschichtlichen Sinn zu: das biblische Erbe ist in unsere Geistes- und Denkwelt so tief eingedrungen, daß sich keiner dem völlig zu entziehen vermag. Aber dies nach Gewinn und Verlust zu prüfen, ist jetzt nicht meine Absicht. Wie der Manifestant im Radius selbst bemerkt, kommt es auf die richtige Auslegung an. Die Pharisäer und Schriftgelehrten sind in der Polemik immer die anderen — schon im Neuen Testament! —, und hinsichtlich des Wortes Gottes kommt es nicht darauf an, es im Munde zu führen, sondern auf den Beweis des Geistes und der Kraft, oder eben darauf, was sich von den Aussagen unserer Perikope (V. 12 und 13) bewährt. Im übrigen erzählt Apg 19, 13—17 etwas, was uns im Umgang mit dem Gegenstand des biblischen Zeugnisses und der theologischen Arbeit zur äußersten Vorsicht veranlassen müßte.

Nun werden wir freilich belehrt, die Textgebundenheit unserer Theologie (und dann doch wohl auch und gerade unserer Predigt) sei ein Relikt repressiver Gesellschaftsformen, d.h. eine bleibende Fessel, die abzustreifen wir endlich uns aufraffen müßten. — Daß die philologische Seite im Umgang der Theologen und Prediger mit der Bibel eine Plage ist, ist heute weniger als je zuvor zu leugnen; daß die Schnellbleiche unserer Sprachprüfungen wenig über den Tag (des Examens) hinaus bewirkt und aus den meisten von uns keine regelmäßigen Leser des griechischen (oder gar hebräischen) Urtexts macht, läßt sich vermuten, auch wenn man mit den Arbeitsgewohnheiten der Amtsbrüder nicht genauer vertraut ist. In anderen Ländern und Bereichen der Christenheit wird es anders gehalten, und ein Gelehrter wie Adolf Deißmann hat m.W. schon nach 1918 vorgeschlagen, statt Hebräisch Englisch obligatorisch zu machen. Nur muß man wissen, was man preisgibt: verzichten wir für unsern Umgang mit der Bibel auf die Kenntnis der Ursprachen ganz, so machen wir uns abhängig von den Kennern und Spezialisten. Wir sind das heutzutage ohnehin in einem bedenklichen Maße. Aber wer hat den Mut, uns auch noch das bißchen an eigenem, freiem Zugang zu den biblischen Texten in ihrer Urgestalt zu nehmen? Was Luther aus der Erfahrung seiner Zeit dazu zu bemerken hatte, ist heute nicht weniger aktuell und kann in seiner Schrift ‚An die Ratsherren aller Städte' von 1524 von jedermann nachgelesen werden (Clemen 2,452—456). Vielleicht müssen wir uns ihm anschließen, wenn er eine doppelte Ausbildung in Erwägung zieht: schlichte Prediger des Glaubens und Ausleger der Schrift (453,24); aber wir haben kaum Anlaß, uns einer solchen Notlösung auch noch zu rühmen, geschweige denn sie für progressiv zu halten.

Nun meint freilich die Stimme, die im ‚Amos' wiedergegeben wird, es handle sich in unserer herkömmlichen Bindung an biblische Texte um Überbleibsel repressiver Gesellschaftsformen. So kann es einer Sache also gehen: Was für die Zeit der Reformation Zeichen und Errungenschaft der Freiheit war, nicht unbesehen der Autorität der Kirche zu folgen, sondern sie an Schrift und Evangelium zu messen, das wird jetzt als schlechte Repression entlarvt und denunziert. Was zunächst vielleicht nur polemisches Klischee ist, stößt uns dann doch auf einen merkwürdigen Tatbestand: die normative, kanonische Autorität der Bibel ist viel älter als die Herrschaftsgestalt des Christentums. Selbst für die Autorität des Apostels ist die Schrift schon autoritativ vorgegeben. Soviel wir aus der ebenso profunden wie glänzend geschriebenen ‚Entstehung der christlichen Bibel' H. Frhr. v. Campenhausens (1968) auch zu lernen vermögen, es bleibt immer der rätselhafte Rest einer Selbstdurchsetzung der Bibel in einem Zeitalter ohne spezifische Sanktionen für deren Geltung. Daß dann viel später Dogma, Kirche und Bibel sich in ihrer autoritativen Geltung und Gewalt gegenseitig stützen und bedingen, ist leicht zu erkennen und beschäftigt uns hier nicht. Wiederum ist gerade unsere Perikope dazu angetan, daß wir hier von den falschen Fragestellungen zu den richtigeren durchdringen.

Vorher muß aber noch etwas zur augenblicklichen Lage gesagt werden: Manche von uns Älteren auf Kanzel und Katheder werden unwillkürlich fragen: Womit haben wir das verdient? Diese Ausbrüche des Unwillens, des Nichtverstehens, des Hasses — vom Mißtrauen gegen die sogenannte offizielle Kirche ganz zu schweigen?! Vieles daran mag psychologisch zu verrechnen sein. Jedenfalls ist, was da wächst und heraufkommt, auf dem von uns Älteren bisher bestellten Acker von Theologie und Kirche gewachsen und heraufgekommen. Das zwingt zu möglichster Sachlichkeit. Vielleicht haben wir im eigenen Umgang mit der christlichen Überlieferung und ihrem Wahrheitsanspruch etwas Entscheidendes nicht deutlich genug gesehen und gesagt. Das meiste der uns heute treffenden Polemik richtet sich gegen den autoritativen Anspruch in Theologie und Kirche. Wir haben also vielleicht in bezug auf die Autorität der christlichen Wahrheit etwas verkehrt gemacht. Wir haben sie begründet auf die Autorität der Kirche oder der Bibel als solcher, oder der Wissenschaft, oder — im seltensten Fall — unserer Erfahrung. Wir bekommen jetzt gesagt und gezeigt, daß solche Begründungen nicht standhalten. Wenn die Sache selbst nicht für sich spricht, so halten alle Appelle an die Autorität der Zeugen nicht stand. Daß die Geschichte der Christenheit keine ausreichende Begründung für die Wahrheit des Evangeliums liefert, mußte uns eigentlich nicht erst J. Kahls elendes Christentum zum Bewußtsein bringen. Ähnliches gilt von dem Autoritätsanspruch von Kirche und Verkündigung als solchem: wir glauben, wenn wir glauben, nicht um der Kirche oder der Verkündigung willen, sondern um der Sache willen, die dort überliefert ist. Der Streit, mindestens die immer neue Mühe um die Sache des Evangeliums hat eine Verheißung, der Streit um und das Pochen auf begleitende oder gar legitimierende Autoritäten, seien es Kirche oder Wissenschaft oder was sonst, ist ohne Verheißung. Der römische Katholizismus schickt sich in der Gegenwart an, dies langsam zu lernen. Wir könnten es längst — von der Reformation her — wissen. Aber es scheint, als hätten wir es bisher nicht deutlich genug gesehen und nicht wirklich einleuchtend zu machen verstanden. An der Sache und nicht an ihren Stützen entscheidet es sich auch, ob das, was sich heute als emanzipatorische kritische Theologie präsentiert, aufzunehmen oder abzulehnen ist. Das setzt freilich voraus, daß wir von eben dieser Sache etwas wissen. Unsere Perikope kann uns dazu verhelfen.

II.

Der Text redet vom Heilsziel und vom Heilsmittel. Er redet also höchst zentral. Das kann bewirken, daß wir uns in ausgefahrenen Gleisen bewegen; es kann auch mit sich bringen, daß wir wirklich zur Sache kommen. Ob wir es mit einem ursprünglichen Zusammenhang zu tun haben oder ob der Verfasser des Hebr V. 12 und 13 aus einer Vorlage übernommen hat, wie Windisch vermutet, ist nicht auszumachen; es ist auch nicht besonders wichtig. Uns ist allemal der Zusammenhang wie er vorliegt gegeben.

Das Heilsziel wird als *sabbatismos* und als *katapausis* bezeichnet. An der Überlieferung alttestamentlicher Texte wird gezeigt, daß dies tatsächlich als Heilsziel gegeben und verheißen ist, daß wir es verfehlen können, wie es viele beim Wüstenzug verfehlt haben; vor allem, daß es im Raum und Rahmen der Geschichte Israels nicht erreicht, nicht erfüllt wurde. Das Ziel, die Ruhe des göttlichen Sabbat, steht noch aus. Für die Predigt braucht uns m. E. diese Verklammerung mit dem Alten Testament nicht zu beschäftigen. Wohl aber muß uns die besondere Art, in der hier das Ziel des Heils vorgestellt und bezeichnet wird, nachhaltig beschäftigen.

In der neueren Auslegung des Hebr hat vor allem E. Käsemann durch seine Monographie „Das wandernde Gottesvolk" zum Bewußtsein gebracht, wie wichtig für das Verständnis des ganzen Briefs wie unserer Perikope die Kategorien vom Weg, von der Wanderschaft, vom Ziel der Ruhe im göttlichen Sabbat sind. Es ist ein anderer, besonderer Ausdruck für das, was die Bibel, was das Neue Testament sonst mit dem Neuen Äon, mit dem Reich Gottes meint. Welchen Anteil an dieser Vorstellung das Alte Testament selbst, das Spätjudentum, der Hellenismus und die Gnosis haben, braucht uns auch im Detail nicht zu beschäftigen. Wohl aber legen sich zwei andere Fragen nahe.

Das Motiv vom Leben als Wanderschaft, als Pilgerschaft und vom wandernden Gottesvolk als Weg- und Wandergemeinschaft mutet ursprünglich biblisch-christlich an. Die Lieblingskategorie heutigen Denkens und Sprechens von der Geschichtlichkeit des Daseins läßt sich hier finden und ableiten, und der Prediger kann auch noch der billigen Kritik am statischen Denken des Griechentums Tribut zollen. Wie aber, wenn sich herausstellt, daß unsere biblisch-christliche Sprache hier nur einen Befund wiedergibt und verklärt, der zwar Wirklichkeit ist — die Wirklichkeit dessen, daß wir vergänglich sind, daß unser Sein in die Zeit verhaftet ist —, der aber deshalb noch lange nicht rettende Wahrheit zu sein braucht?

Vielleicht haben die Griechen mit ihrem — angeblich oder wirklich — geschichtsfernen und geschichtslosen Denken richtiger erkannt, was auf dem Spiel steht, und gut daran getan, die Geschichtlichkeit unseres Daseins nicht zu glorifizieren. M. a. W.: Wer weiß, ob unsere Redeweise vom wandernden Gottesvolke usw. nicht nur die religiöse Deutung und Übermalung eines natürlichen und insoweit verheißungslosen Zustands und Befunds ist? Jedenfalls sollten wir darauf verzichten, die Bilder von Weg, Wanderschaft und was dahin gehört als solche für die eigentliche Pointe christlicher Erkenntnis und Rede zu halten. Daß die Zeit vergeht und wir mit ihr, ist noch nicht das Heil und die Wahrheit. Futurologie und Eschatologie sind nicht identisch.

Die andere, in der älteren und neueren Auslegung ziemlich fleißig erwogene Frage richtet sich auf den Satz vom *sabbatismos*, von der *katapausis*. Wie kann die ‚Ewige Ruhe der Heiligen' dem tätigen Menschen als Heilsziel verlockend vor Augen stehen? Müßte sie ihm nicht als gähnende Langeweile vorkommen?! Und was ist es für ein Gott, der für sich selbst und für die Seinen nichts im Sinne hat als die sabbatliche Ruhe? So hat man eilends und mühsam biblische Sätze vom wirkenden, tätigen Gott zusammengesucht, vor allem Joh 5,17, um dem Einwand des *homo faber* gegen einen solchen Gott und eine solche Ewigkeit zu begegnen. Wer noch das rheinisch-westfälische Gesangbuch in Schule, Haus und Kirche zu benutzen hat, mag die Probe darauf machen, und das Lied 337 „Es ist noch eine Ruh' vorhanden" mit ungebrochnen Zeitgenossen, vorab mit Jugendlichen, darauf hin prüfen. In der Tat, zwischen Heilsziel und Gottesbild bestehen immer enge Zusammenhänge, und in beidem spiegelt sich das jeweilige Lebensgefühl und die Kulturauffassung wider. Aber — was hat das mit der christlichen Wahrheit, mit dem Evangelium zu tun?

Wir sollten dennoch diesen Zusammenhang ernsthaft bedenken. Denn nur zum Schaden aller Beteiligten können wir unsere Lebensziele von unserm Gottesbild und unserm Gottesglauben isolieren. Nun sind Arbeit und Ruhe die elementarsten Existentialien unseres Lebens; sie machen den Alltag und den Sonntag aus. Wie sollten sie nicht in die Reichweite der Verkündigung kommen? Weil aber neben dem Lebensstandard die Arbeit und die Leistung unser aller Leben normieren und knechten, könnten die biblischen Sätze vom sabbatlichen Ruhen Gottes und von der Ruhe, die dem Volk Gottes als ausstehend noch verheißen ist, uns daran erinnern, daß diese Normen und Gewalten von Arbeit und Leistung nicht Normen Gottes sind. Das wirkt allerdings erst dann einleuchtend und hilfreich, wenn wir die dahinterliegende Grundfrage ins Bewußtsein und zur Sprache gebracht haben.

Calvin bemerkt zu 4,10 und hat damit, wie so oft, den Kern der Sache berührt: „*Quicquid enim unquam de summo bono disputarunt Philosophi, insipidum ac nugatorium fuit, quia hominem in se ipso detinebant, quum necesse sit extra nos exire, ut felicitatem reperiamus. Summum ergo hominis bonum nihil aliud est quam cum Deo coniunctio:* Denn was die Philosophen je vom höchsten Gut hin und her geredet haben, ist unweise und unnütz; denn sie hielten den Menschen bei sich selbst fest, während wir doch aus uns herausgehen müssen, um Glückseligkeit zu finden. Das höchste Gut des Menschen ist also nichts anderes als die Gemeinschaft mit Gott." Glaube ist unser Ja zu diesem Sachverhalt, in dem die Religionen und das Christentum letztlich übereingehen. Wirklicher, sei es praktischer, sei es theoretischer Atheismus wehrt sich eben gegen diesen Sachverhalt: daß unser Heil außerhalb unser selbst als des Individuums und als der Menschheit liegt. Da wo du nicht bist, ist das Glück. Es ist dir aber zugedacht und du bist dafür bestimmt.

Calvin hat seiner Art entsprechend dabei die Zumutung an den Menschen fast stärker herausgearbeitet als die Hilfe, indem er das Ruhen von den Werken so versteht und beschreibt: „*Quid enim aliud est cessatio ab operibus nostris, quam carnis mortificatio, dum sibi homo renuntiat, ut vivat Deo:* Was ist das Ruhen von den Werken anders als die Abtötung des Fleisches, indem der Mensch sich selbst verleugnet (auf sich selbst verzichtet), um Gott zu leben?" (ebenda).

Dahinter tritt an Wichtigkeit zurück, wie wir das ewige Heil uns vorstellen, ob als Ruhe oder als Tätigkeit. Wir kommen dabei ohnehin an die Grenze dessen, was wir denken oder sagen könnten. Und unser Lebensgefühl mag hier zu seinem relativen Recht kommen. Erst auf dem Hintergrund, den Calvin verdeutlicht, können wir dann auch das eigentliche Ziel unseres Textes eher uns aneignen: der Verfasser des Hebr will ja nicht spekulieren, sondern er will seine Leser, eine frühchristliche Gemeinde der zweiten oder dritten Generation, dazu anleiten, daß sie das Ziel der Ruhe nicht verfehlt, daß es nicht so geht wie Israel beim Wüstenzug, daß „keiner durch dasselbe Beispiel (= in derselben Weise) des Ungehorsams falle" (V. 11). Er verfehlt ja dann nicht einen Endzustand, über dessen Wert und Wünschbarkeit man allemal streiten kann, sondern er verfehlt das ‚höchste Gut', die Verbindung, die Gemeinschaft mit Gott. Erst wenn unsere Verkündigung diese Dimension enthält, wird sie der Sache gerecht, gewinnt sie den Ernst, den die biblischen Texte haben. Nur wenn sie Ewigkeitshilfe bietet, und nicht nur Lebenshilfe, ist sie biblisch und christlich. Erst dann lohnt es sich, den Ausdruck ihrer Vollmacht kritisch zu prüfen, dessen sie sich bedient oder den sie — heute wohl in vielen Fällen — zu Unrecht sich vorhalten lassen muß. Das alles wirkt sich nun darauf aus, wie wir die Sätze des Textes über das Heilsmittel, über ‚das Wort Gottes' zu verstehen und nachzuvollziehen haben.

III.

Daß wir es in Bibel, Theologie und Kirche mit dem ‚Wort Gottes', mit dem Wort und Willen des zu uns redenden Gottes zu tun haben, daß wir also in der Tat das Wort Gottes im Munde führen, ist auch und gerade dann der Grundsachverhalt, wenn wir aus vielen Ursachen daran irre werden möchten. Wenn uns die fatale Selbstverständlichkeit einer Theologie des Wortes Gottes im Sinn des kirchlich-pastoralen Geredes heute verginge, so wäre das zunächst einmal gewiß ein Segen für die Beteiligten. Wäre die Entdeckung des Wortes Gottes den Christen und Theologen des 16. Jahrhunderts je selbstverständlich gewesen oder auch nur geworden, so hätten sich die geschichtlichen Wirkungen nicht damit verbunden, die wir in den Lehr- und Lesebüchern der Kirchengeschichte berichtet finden. Und was an der Entwicklung in Theologie und Kirche nach 1918 der Mühe wert ist, rührt ebenfalls davon her, daß das Wort Gottes in unserm, in der Kirche Mund alles andere als selbstverständlich ist. Denn für uns ist ja der ganze Kosmos als Gottes Rede nicht mehr in der Weise sprechend, wie es in der älteren christlichen Zeit der Fall war. Wenn die Rede vom Tode Gottes daran erinnern will, daß Gott in der Welt der Natur und der Geschichte verborgen und stumm ist, dann hat sie recht; sie sagt eine alte Wahrheit nur in anderer Weise.

Nach dem Zeugnis des Hebräerbriefs hat aber Gott am letzten in diesen Tagen zu uns gesprochen durch den Sohn (Hebr 1,1). Und er hat die Rede dieses Sohnes und von ihm weitergeben lassen, und es haben sich Menschen darum gesammelt, die sich deswegen als die Gemeinde Jesu Christi, als das Volk Gottes bezeichnen und wissen. Sie sind dabei Menschen geblieben, und das Ganze hat sich in der irdischen Welt und Geschichte zugetragen. Das Neue Testament im ganzen und der Hebr im besonderen zeigen wie nur irgendein

Dokument der Menschengeschichte die Fülle und Mischung der Motive im Umgang der Christenmenschen miteinander und mit der Umwelt. Das, was sie zu Christen macht und von der Umwelt unterscheidet, ist eben dies, daß ihnen das Wort Gottes als Wahrheit und Wirklichkeit in Jesus Christus begegnet ist.

Weil sie Menschen sind, können sie was sie haben auch wieder verlieren; muß ihnen gesagt und müssen sie daran erinnert werden, was auf dem Spiel steht. Weil wie Jesus Christus selbst, so auch das Wort von ihm, das Evangelium, als Mensch und als Menschenwort begegnet, muß eigens an die besondere Vollmacht dieses Wortes erinnert werden: es ist lebendig und mächtig; es trifft die Menschen und holt sie aus ihren Hüllen und Masken; es macht sie, die Menschen, verantwortlich vor diesem Wort — so ist vielleicht doch der letzte Satz des Textes gemeint, und nicht nur als rhetorische Wiederholung des Themas.

„Das Wort des Neuen Testaments ist ein wahrhaft lebendiges Wort, eine direkte Anrede, die, wie sie selbst nichts verbirgt, auch nichts verborgen läßt und nichts einklammert. Dieses Wort dringt durch und durch wie ein zweischneidiges Schwert, es zerlegt den Menschen gleichsam, es enthüllt alle seine Eingeweide und macht klar, wo eigentlich die Wurzel seines Ungehorsams sitzt, daß er ein Gesetzesübertreter bleibt, auch wenn er noch so ‚gerecht' ist im Sinn des mosaischen Gesetzes. Das in Jesus Fleisch gewordene Wort deckt die Sünde nicht wie das Wort vom Sinai zu, sondern auf, allerdings, um sie zu vergeben, und die Annahme dieser Vergebung ist nun der vollkommene Gehorsam, die direkte Antwort, die vom Christen gefordert wird. Wir sollen uns also die Ursünde und mit ihr alle andern Sünden vergeben lassen. Das ist scheinbar sehr leicht und sehr wenig, aber es ist tatsächlich alles; denn so gehorchen bedeutet ja, uns Gott restlos hingeben, uns ihm ganz zur Verfügung stellen, so daß in uns gar nichts Gottwidriges, gar nichts Unheiliges zurückbleibt . . . Das durch den Sohn gesprochne direkte Wort Gottes kann der Mensch nicht unbeachtet und unbeantwortet lassen. Hier gibt es keine Neutralität, kein Abwarten. Hier heißt es: Wer nicht mit mir ist, der ist wider mich, und wer nicht mit mir sammelt, der zerstreut. Auch schon das bloße Schweigen, die bloße Nicht-Antwort bedeutet Auflehnung und Verleugnung Gottes. Dem lebendigen, ins Mark eindringenden Wort gegenüber kann man sich nicht entscheidungslos verhalten. Es legt unsere Sünde bloß und gestattet uns nicht den Rückzug in irgendein Versteck. Zu der Tatsache, daß wir Sünder sind von Anbeginn und daß da einer vor uns steht, der uns unsere Sünden vergibt, müssen wir so oder so Stellung nehmen, bekennen oder das Bekenntnis verweigern, jede dritte Möglichkeit bleibt ausgeschaltet. ‚Latere enim non potes, sed confiteri potes' (Augustinus). Das Wort des Neuen Testaments wirkt auf jeden Fall, wenn nicht als Wort der Gnade, so als Wort des Gerichts. Es ist gesprochen aus der *parrhesia*, aus der Offenbarkeit, und so öffnet es jeden, den es trifft, auch gegen seinen Willen. Wer diese Operation an sich vollziehen läßt, im Vertrauen auf den Arzt, der wird gerettet, wer aber nicht vertraut und sich zur Wehr setzt, wer sich, obwohl ihm die Eiterbeule seiner Sünde gezeigt wurde, in seinem So-Sein behaupten will, der stirbt schließlich unter dem Messer." [1]

IV.

Ich weiß nicht, wer von uns heute noch so unmittelbar zu reden wagt wie dieser Ausleger unseres Textes vor dreißig Jahren. Ich gebe seine Worte hier nicht dazu wieder, daß sie jemand unbedacht nachspricht. Sie sollen uns nur daran erinnern, in welchen Dimensionen sich christliche Rede abspielt, wenn sie auf der biblischen Linie bleibt; mehr noch, wer diese Dimensionen nicht wahrnehmen und gelten lassen will, der soll wenigstens wissen, wovon er sich abwendet und wessen er sich und die ihn hören beraubt.

---

[1] Erwin Reisner, Der Brief an die Hebräer, München 1938, S. 82 f. – Aus den alten und neuen Kommentaren nenne ich den von Calvin als den nach wie vor ergiebigsten. – In den GPM finden sich zum Text Beiträge von W. Wiesner Jg. 2 H. 2, S. 60 ff.; G. v. Rad Jg. 8, S. 72 ff.; M. Fischer Jg. 12, S. 69 ff. Bei Eichholz H. Schlingensiepen Bd. 4, S. 462 ff. – Zur eingangs kurz erwähnten Sprachenfrage weise ich nachträglich auf die Voten in „Evang. Kommentare" April 1969 hin, vor allem auf dasjenige von W. Trillhaas. Auch wenn ich alles gerne gelten lasse, was er vorbringt, kann ich doch das Bedenken nicht unterdrücken, das ich oben aussprach. – Mein Beitrag ist im April 1969 geschrieben.

Invokavit

Matthäus 16,21—27

Diesmal entsteht mein Beitrag zum Sonntag Invokavit fast ganz ohne die Hilfsmittel, die die Universitätsstadt bietet. So muß die neuere und neueste exegetische Arbeit unbeachtet bleiben. Nur zwei, inzwischen auch schon ältere Auslegungen benutze ich: Bonhoeffers Nachfolge von 1937, S. 39—46 und die knappen aber wertbeständigen Skizzen, die Ad. Schlatter 1938 in dem Buch „Kennen wir Jesus?" fast zu jedem Vers der Perikope veröffentlicht hat. Aus dem Neuangebot einer sogenannten theologia crucis, die sich in unserer westlichen Christenheit recht seltsam ausnimmt, berücksichtige und benutze ich nur den Aufsatz von Ulrich Luz in Ev. Theol. 34, 1974, S. 116—140. In den GPM wurde der Text 1950/1 von mir, 1961/2 von Werner Jetter behandelt; bei Georg Eichholz Bd. 3, 2. Aufl., 1964, S. 133—138 von Walter Kreck.

I. Vorfragen

Jedem Leser, auch dem Prediger, kommen im Blick auf Mt 16,21—27 einige Fragen, die noch nichts mit deren eigentlicher Botschaft zu tun haben, die aber nicht übersprungen werden dürfen. In den beiden Fassungen, Mk 8,31—9,1 und hier — weniger deutlich in der Lukas-Parallele 9,22—27 — wird der zeitliche Zusammenhang betont: V. 21 απο τοτε; V 24 τοτε (ab damals, damals)! Die Zeitangabe weist zurück auf den Bericht vom sogenannten Bekenntnis des Petrus (Mt 16,13—20; Mk 8,27—30). Die Folge dieser beiden Szenen ergibt eine Dramatik, die in der Auslegung und mehr noch in der Predigt gern ausgenutzt wurde: aus dem Bekenner Petrus, mit der Chance, zum Fels der Kirche zu werden, wird der Versucher, der sich abweisen lassen muß. Da wir die Frage, wie es eigentlich gewesen ist, nie ganz unterdrücken können, vermuten viele hier so etwas wie geschichtliches Urgestein und beuten den Zusammenhang auch in diesem Sinn aus. Niemand braucht sich das verbieten zu lassen. Aber er darf es sich dabei nicht zu einfach machen.

Denn — das ist die zweite Vorfrage: Womit haben wir es in Jesu Leidens-Ankündigungen zu tun? Nur mit sog. vaticinia ex eventu, denen kein Vorgang im Leben des vorösterlichen Jesus entspricht? Dies ist, schlicht gesagt, die Ansicht der kritisch-historischen Auslegung (R. Bultmann u.v.a.). Man hat sich damit manches vom Hals geschafft, aber man bringt sich auch um vieles. Schlatters Auslegung zeigt, daß man auf wichtige Sachverhalte stößt, wenn man nicht sofort kritisch-negativ urteilt. In meinem Versuch von 1950/1 habe ich diese Frage, wie wir damals fast alle, übersprungen, indem ich aus der nachösterlichen Perspektive, in der diese und alle ähnlichen Perikopen stehen, die Folgerung zog, es komme auf die historische Frage nicht an. Auch heute meine ich, es komme letztlich nicht darauf an. Aber das soll uns nicht dazu verleiten, das Detail des Textes zu überspringen.

Oft wird dabei — dies unsere dritte Vorfrage — übersehen, daß wir es in unserer Perikope nicht mit einen einheitlichen Bericht zu tun haben. V. 21—23 und V. 24—27 (oder 28) heben sich deutlich voneinander ab: V. 24 bringt erneut eine Einführungsformel. In V. 21—23 ist noch nicht ausdrücklich vom Kreuz die Rede. Dies Stichwort taucht erst V. 25 auf. Auch der zweite Teil der Perikope (V. 24—27) ist in sich nicht einheitlich, wie auch der Blick auf die synoptischen Parallelen zeigt. Mag man V. 21—23 noch einen möglichen Platz im Leben des vorösterlichen Jesus zuschreiben —, für die Regeln von V. 24—27 scheint das unmöglich zu sein. Von Nachfolge im Zeichen des Kreuzes kann erst nach Karfreitag und Ostern die Rede sein. Wo aber ist der Ort zu suchen, an dem die Redewendung von Nachfolge als Kreuztragen entstand?

II.

V. 21—23 Das Muß der Passion

In der Sicht des Evangelisten stellt es sich so dar, daß Jesus „ab damals" seinen Jüngern etwas Neues und Unerwartetes zu zeigen beginnt; man mag es als Lernprozeß bezeichnen. Für den Leser aber wirkt es mehr wie eine plötzliche Eröffnung, ein Schock. Dem entspricht, daß wir in den Evangelien von einer zunehmenden Einsicht der Jünger nichts bemerken. Es ist also nicht falsch, wenn wir das Schockartige des Vorgangs beachten und betonen.

Es wird allerdings modifiziert durch das rätselhafte Muß, mit dem Jesus den Weg nach Jerusalem als Weg in Leiden und Tod begründet, wenn es eine Begründung ist. Wohl hat Schlatter dieses Muß eindrucksvoll und zunächst auch einleuchtend expliziert: „Was begonnen ist, *muß* fertig werden; was befohlen ist, *muß* getan werden; was versprochen ist, *muß* eintreten" (a.a.O. S. 238). Wir wüßten nur gerne, wieviel davon nachträgliche Deutung ist, und wie wir uns das ursprüngliche Geschehen vorzustellen haben. Wir stoßen hier auf ein Grundproblem der Evangelien: sie stellen den Weg Jesu natürlich von seinem Ziel und Ende her dar. Dazu kommen die „höheren Faktoren". Das bewirkt für den historisch nicht geschulten Leser, daß die Bewegungen Jesu etwas Marionettenhaftes haben: alles geplant, alles wie es kommen muß, insoweit alles jenseits dessen, was wir als Lebenswirklichkeit kennen. Wir spüren kaum etwas von Kontingenz und Spontaneität, die menschliches Leben sonst kennzeichnen. Dem ist schwer abzuhelfen: denn jeder Versuch, hinter die von den Evangelisten gestellte Szenerie zu kommen, ist auf bloße Vermutungen angewiesen.

Schlatter hat auch sonst das Mögliche getan, um die Leidens- und Todes-Ankündigung Jesu verstehbar und einleuchtend zu machen. Jesus darf nicht in Galiläa bleiben und etwa dort eine Jüngergemeinschaft gründen; er kann sich nicht (unmittelbar oder durch die Sendung der Jünger) an Jerusalem vorbei an die Welt wenden. Erst durch den Weg nach Jerusalem hat er „seinem Wort die Bahn in die Welt hinaus frei gemacht" (S. 240). Für Jerusalem als Stadt Gottes, als Sitz des Tempels, als Wirkungsstätte der Ältesten, Priester und Schriftgelehrten (V. 21) bedeutet die Verwerfung Jesu freilich das Ende ihrer göttlichen Sendung. Für die Welt bedeutet es, daß jetzt kein Tempel, keine Priesterschaft mehr zwischen Gott und die Menschen tritt, die Jünger werden sollen.

Ich müßte zu ausführlich werden, wollte ich aus Schlatters Auslegung auch nur das Wichtigste und Beste zu den einzelnen Stationen des Weges Jesu — Leiden, Tod, Auferweckung — aufnehmen! Bonhoeffer bringt zu diesem Teil der Perikope nur den Hinweis, wie er sich aus der Markusfassung ergibt: erst daraus, daß Jesus leidet *und* verworfen wird, ergibt sich das Schwere und Schreckliche seiner Passion. „Leiden und Verworfenwerden ist nicht dasselbe ... Das Verworfenwerden nimmt dem Leiden jede Würde" (39).

Der Einspruch des Petrus und seine schroffe Zurückweisung durch den Herrn hat der Perikope wohl ihren Platz am Sonntag Invocavit gegeben, dem von jeher Mt 4, 1 ff. zugeordnet ist. Einerlei, ob man mit Schlatter meint, die schwerste Versuchung für Jesus sei das Sterben (in der Gottverlassenheit) gewesen, oder ob man näher beim Text das Versuchliche in der Einrede des Petrus findet: das Ganze darf in unserer Wiedergabe nicht wie ein abgekartetes Spiel wirken. Der Einspruch des Petrus hat Gewicht, und seine Abweisung ist nicht selbstverständlich. Die Begründung ist leider sehr summarisch: was ist in dieser Sache das Göttliche, was ist das Menschliche? Selbst nachträglich ist das nicht so rasch ausgemacht, erst recht nicht zu einer Zeit, da noch alles unentschieden ist.

Fast möchte sich unser Nachdenken hier festbeißen: Konnten und mußten die Beteiligten aus dem bisherigen Weg Gottes mit Israel erkennen, daß nur der Weg ans Kreuz „göttlich gedacht" war, oder ist dies nur die keineswegs zwingende interpretatio christiana, der *eine* Ausgang der biblischen Geschichte des AT, neben dem es in gleicher Legitimität den Ausgang der jüdisch-rabbinischen und sogar den der islamischen Auslegung gibt?! Für die Evangelisten gibt es nur diesen Ausgang, und sie urteilen nicht abstrakt, auch nicht wissenschaftlich, sondern im Licht von Karfreitag, Ostern und Pfingsten!

Wir könnten uns damit zufrieden geben, es sei nun eben einmal dies der Weg Gottes gewesen — wie auch immer erkennbar vom AT her. Aber ein solcher, an sich legitimer und respektabler „Positivismus" reicht angesichts der Perikope nicht ganz aus. Was für Jesus der göttlich gewiesene Weg war, soll nun auch die Regel für die Jünger werden.

Ehe wir uns dem zuwenden, nehme ich noch den doppelten Hinweis Schlatters auf: Er benutzt den Einspruch des Petrus, um daran zu klären, was „Weltanschauung" ist. Diese ist unvermeidlich, sie ist Ergebnis der menschlichen Erfahrung, daher perspektivisch. Wir dürfen nur nicht vergessen, „daß wir nicht in der Mitte des Weltalls stehen und nicht seine Bildner und Regierer sind" (S. 248). Petrus möchte über Gott verfügen, und das wird ihm (und uns) verwehrt. Dennoch bleibt Petrus Jünger und geht mit Jesus nach Jerusalem!

III.

V. 24–27 Der Preis der Nachfolge

Jesu Ankündigung seines Leidens und Sterbens könnte ganz anders fortgesetzt werden, als es tatsächlich der Fall ist: sozusagen paulinisch, mit einer Deutung „für uns". Davon ist hier keine Rede. Es heißt einfach, er muß leiden und sterben, die Gegner werden eigens ausführlich genannt. Was es für den Glaubenden bedeutet, wird in ganz anderer Richtung reflektiert. Schon in der Debatte über Paulus und Jesus vor 1914 hat man das erörtert; der ganze Ingrimm des neuzeitlichen Bewußtseins richtet sich gegen die von Paulus vertretene Deutung von Jesu Leiden und Sterben als ein Geschehen „für uns", uns zugute, ein Versöhnungsgeschehen, aus dem sich eine Versöhnungslehre ergibt. Die Frage hat sich inzwischen noch verschärft: sie gilt jetzt schon der Verehrung Jesu Christi als Gott oder Gottessohn, womit sich die Christen in erstaunlich früher Zeit „von dem immerhin nicht leichten Anspruch zur Nachfolge des Stifters entbunden" haben. H.-G. Link, den ich hier zitiere[1], gibt auch die Gründe seines Gewährsmannes an: „Mit der Vergottung ist mithin eine Entfremdung, Entfernung des Stifters geleistet; als jenseitig Distanzierter wird er wohl angebetet, nicht aber ernstlich nachgeahmt ... Sobald nämlich der ursprüngliche Vorgang der Nachfolge in Verehrung umgeschlagen ist, gerät die Leistung des Gründers zum bereitliegenden Gnadenkapital, verwaltet von der Priesterschaft"[2]. Ad. Holl müßte sich allerdings fragen, ob nicht bei den Jüngern die Verehrung Jesu das erste war, ohne die der Ruf in die Nachfolge und die Nachfolge selbst gegenstandslos sind. Wie sich dann später Dogma und Ethos der frühen Christenheit entwickelt haben, muß hier auf sich beruhen.

Wir bleiben beim Text und versuchen, ihn zu ergründen. Das wird nie völlig gelingen. Denn er ist abgründig. Nicht darin, daß Nachfolge und Jüngerschaft freigestellt bleiben. Es heißt, wie Schlatter und Bonhoeffer unterstreichen: *wenn* einer mir nachfolgen will. Immerhin liegt auf allen Nachfolger-Texten die Ananke, von der auch Paulus Zeugnis gibt (vgl. 1.Kor 9,16). – Das Abgründige ist vielmehr das Wort von der Selbstverleugnung und vom Aufnehmen des Kreuzes; beide beleuchten und erklären sich ja: Der Christ verwirklicht sich nicht, sondern er verleugnet sich, wenn er das Kreuz trägt; und umgekehrt, alle Selbstverleugnung realisiert sich am zu tragenden Kreuz; es handelt sich nicht um selbsterwähltes Leiden. Alles in uns widerspricht hier. Denn wir leben von Natur unter dem selbstverständlichen Gebot der Selbstbehauptung und Selbstverwirklichung. Wir können uns dafür sogar auf das Gebot Gottes des Schöpfers berufen. Und wir wissen aus Erfahrung, wie unmöglich Selbstverleugnung ist, wenn sie mehr als gelegentliche angestrengte Selbstüberwindung sein soll[3]. Was macht Jesus für diese Regel gel-

[1] Ev. Theol. 34, 1934, S. 114.

[2] Ad. Holl, Jesus in schlechter Gesellschaft, 1971, S. 51.

[3] Ohne die Abhandlung im Augenblick verfügbar zu haben, erinnere ich an D. Schellongs Calvindeutung zum Thema: Das evangelische Gesetz in der Auslegung Calvins, in: ThExhNF 152, 1968, S. 35–39.

tend? Er geht sofort aufs Ganze: die Seele, d. h. biblisch das Leben als solches steht auf dem Spiel. Gerade der natürliche Drang der Selbsterhaltung führt ins Verderben; die Freigabe, das Verlorengeben des Lebens führt zum Heil. V. 26 wiederholt das, indem er den Horizont ausweitet: die ganze Welt gewinnen und darüber das Leben verlieren. Fast möchte man an das Schicksal des reichen Kornbauern denken (Lk 12, 16 ff.). Schlatter meinte, es sei hier an Sendung und Auftrag der Jünger gedacht: wenn sie die ganze Welt für Jesus gewönnen und darüber Schaden am Leben nähmen, wäre alles sinnlos. Die Pointe ist bei jeder Deutung paradox: das Leben des Jüngers ist unersetzlich; es darf nicht verkehrt eingesetzt werden.

So paradox die Forderung Jesu ist, sie stellt den Jünger nicht ins Nichts. Sie bedeutet für ihn Verzicht, aber dieser Verzicht soll sich lohnen. Es ist keine resignatio ad inferos, wie sie Paulus Röm 9, 3 und Luther im Anschluß daran erwogen haben. Die Angel, in der sich alles dreht, heißt (V. 25): „das Leben verlieren um meinetwillen". Von hier aus versteht sich auch die Erläuterung (V. 27) von der Vergeltung bei der „Ankunft" oder „Wiederkunft" des Menschensohns.

Dabei brauchen wir auf die berühmte Frage, ob der vorösterliche Jesus von sich selbst als Menschensohn gesprochen habe, nicht einzugehen. Die Evangelisten, auf deren Text wir angewiesen sind, haben es so gemeint.

Worin besteht der „Lohn"? Das Wort „Lohn" ist der Jesus-Überlieferung nicht fremd, wenn es auch in unserer Perikope nicht vorkommt. Schlatter hat natürlich recht, wenn er daran erinnert: „Was er (Jesus) ihnen schenkte, waren nicht von ihm trennbare Gaben; der Jünger erhielt von ihm nichts Dingliches. Er selbst ist die Gabe Gottes, und was er den Jüngern gibt, ist er selbst" S. 251 zu Mt 10, 38). Wer wird hier widersprechen wollen? Aber die Frage bleibt: was findet der Jünger, der um Jesu willen das Leben wagt? Findet er *sich* in einem neuen Leben wieder, in dem er auch in unmittelbarer Gemeinschaft mit Jesus steht? Was heißt oder worin besteht die Gabe, die Jesus selbst ist? Oder ist unsere ganze Frage falsch und verrät nur den unausrottbaren Heilsegoismus des natürlichfrommen Menschen?! Warum verweist Jesus dem Petrus die Frage nicht: Wir haben alles verlassen und sind dir nachgefolgt, was wird uns dafür? (Mt 19, 27 ff.); freilich wird durch das Gleichnis, daß sich anschließt (Mt 20, 1 ff.), die Frage des Petrus auch wieder zurechtgerückt. Weder Schlatter noch Bonhoeffer halten dieser Frage wirklich stand; vielleicht haben sie sie gar nicht deutlich empfunden. Bonhoeffer geht statt dessen der Frage nach, worin das Kreuz des Christen eigentlich bestehe.

Er bemerkt mit Recht, daß für ein bürgerlich gewordenes Christentum das Wort vom Kreuztragen praktisch gegenstandslos wird (S. 41). Er nennt die verschiedenen Konkretisierungen: im Martyrium der frühen Christenheit, im klösterlichen oder im bewußt nicht-klösterlichen, weltlichen Leben, im täglichen Kampf gegen Sünde und Teufel. Und da ihm das offensichtlich zu wenig ist, meint er, das Kreuz des Christen bestehe auch darin, daß er, nach Gal 6, 2, des andern Last zu tragen hat: „Der Christ wird zum Träger von Schuld und

Sünde für andere Menschen ... Ich trage die Last, indem ich sie vergebe. Sündenvergebung ist gebotenes Christusleiden der Jünger" (S. 43). Das ist zweifellos überspannt, davon steht nichts im Text. Bonhoeffer hat sich hier, wie auch sonst oft genug, „verhoben".

Bleiben wir beim Text, so besteht das Kreuz, auf das die Jünger gefaßt sein müssen, darin, daß sie von ihrer Umgebung nicht akzeptiert, sondern verfolgt werden. Was diese Prognose für die Christenheit heute bedeutet, ist später zu erörtern.

Vorher gehe ich zwei andern Hinweisen Bonhoeffers nach. Er fragt, wie das Kreuz als solches zu erkennen sei, und antwortet mit dem Schluß, der Jünger werde in der Gemeinschaft Jesu sein Kreuz erkennen (S. 43). Wir wissen aus den Jahren, in denen Bonhoeffers Nachfolge entstand und wirksam wurde, daß eine solche Antwort vieles offen läßt. Es war und ist zwischen selbst gewähltem und um Jesu willen getragenem Kreuz nicht so leicht zu unterscheiden. Aber darüber kann im voraus und im allgemeinen nichts Verbindliches gesagt werden.

Auch die Sätze Bonhoeffers über das Bestehen des Leidens sind zu summarisch und zu kryptisch, als daß sie uns heute weiterbrächten. „Das Leid wird vorübergehen, indem es erlitten wird" (S. 44). Und es „muß getragen werden, damit es vorübergeht. Entweder die Welt muß es tragen und daran zugrunde gehen oder es fällt auf Christus und wird in ihm überwunden" (S. 45). Wir werden angesichts solcher Sätze auf möglichste Deutlichkeit bedacht sein. Auch stellt sich spätestens jetzt heraus, daß unsere Perikope kein Beitrag zu einer Theodizee ist, daß sie keine Antwort auf die Frage nach dem Sinn des Leidens gibt, es sei denn die der Vertröstung auf einen späteren Ausgleich.

IV.

Jüngerschaft heute?

Im Text ist nicht von Jüngerschaft, sondern von Nachfolge, vom Kreuz und von dem, was damit zusammenhängt, die Rede. Dennoch setze ich mit Bedacht über den Abschnitt nicht die Leitworte Nachfolge oder Kreuz, sondern das Wort Jüngerschaft. Die beiden andern Worte sind zu undeutlich, weil sie für die einen zu vieldeutig, für die anderen zu fremd sind. Jüngerschaft, wofür ich ein Äquivalent im griechischen Neuen Testament nicht kenne, eignet sich nach meinem Urteil besser als Leitwort.

Dabei muß ich die ganze Perikope bedenken, während der Prediger das Recht hat, auch einen Ausschnitt als Text zu nehmen — für eine mehr herkömmliche Predigt am ersten Passionssonntag würde V. 21—23 sich bieten und genügen. Wer die Konventionen der Passionspredigt scheut, muß es dann mit V. 24—27 wagen. Dem Gesamtsachverhalt wird freilich nur eine Predigt über den ganzen Text gerecht. Welchen Gang soll sie nehmen?

Will man nicht einfach mit den beiden Hauptaussagen der Perikope — Jesu Weg nach Jerusalem und sein Ruf unter das Kreuz — wie mit der Tür ins Haus fallen —, was nur manchmal für eine Predigt ratsam und sicher kein allgemeines Rezept ist! —, so wird man vielleicht an den Anfang stellen: Das eine — die Passionsgestalt Jesu — ist uns und der Gemeinde so vertraut, daß sie uns kaum stark berühren könnte! Das andere — der Ruf unter das Kreuz um seinetwillen — steht quer zu allem, was unser Leben ausmacht, und zwar das Leben in Welt *und* Kirche!

Diese Koppelung, Eingängiges mit Ungenießbarem verknüpft, ist die Chance und das Risiko der Predigt. Mit Recht formulierte nun Ulr. Luz als „die eigentlich brennende Frage: gehört das kritisch-polemische Verständnis des Kreuzes zu den grundlegenden Konstituenten christlicher Identität, oder ist es ein von den christlichen Kirchen im allgemeinen mit Recht liegen gelassener, in einzelnen Fällen aber zur Korrektur gefährlicher Einseitigkeiten nötiger Zusatz zur christlichen Identität?" (S. 140). Einfacher gesagt: ist unser Text in seinen beiden Teilen die Mitte des Evangeliums, und gibt es keinen christlichen Glauben und kein christliches Leben ohne beide Tatbestände, das Kreuz Christi und das Kreuz der Jüngerschaft, oder wird das nur im Ausnahmefall real und aktuell? Falsche Tiefe und Plerophorie, wie sie Bonhoeffer nahelag, oder falsche Flachheit und bürgerliche Lebenskunst, wie sie unschwer auch zu belegen wären, sind die beiden Abwege, die eine Predigt vermeiden möchte.

Wir gehen davon aus, daß heute kaum einer nur äußerlich, nur der Sitte entsprechend, sich zur Gemeinde und zum Predigtgottesdienst hält. Sind wir überhaupt da, so deswegen, weil wir uns irgendwie zu Jesus von Nazareth rechnen, nach ihm fragen, seine Jünger sein wollen. Solche Jünger gab es nicht nur zu seinen irdischen Lebzeiten; es gibt sie auch heute. Wir gehören, wie anspruchslos auch immer, zu ihnen. Ein Jünger hat einen Meister, auf den er hört, dessen Bild und Weg für ihn maßgebend sind. Jesu Bild und Weg als Bild des leidenden Christus und als Weg nach Jerusalem ist uns bekannt genug. Versetzen wir uns in die Lage des Petrus, dem dieser Weg zum ersten Mal angezeigt wird, müssen wir nachdenklich werden. Stimmen wir, nicht äußerlich-kirchlich, sondern von Herzen nicht doch dem Petrus zu?

Weil wir von Natur das Talent haben, uns auch gegen schärfste Zumutungen zu sichern, muß Jesus seine Belehrung fortsetzen und verschärfen: nicht nur er befindet sich auf dem Weg ans Kreuz, sondern er ruft uns auf eben diesen Weg!

Kein Zweifel, daß dies nicht in unsere Lebenslandschaft paßt. Selbst wenn wir das Leben als Last empfinden und — wie man sagt — manches Kreuz zu tragen haben — wer bei uns wollte einfach sagen, das sei ihm auferlegt um Jesu willen, um des Evangeliums willen?!

Was sollen wir aber dann tun, wenn Jesus uns anweist, das Kreuz in seiner Nachfolge aufzunehmen, wenn es aber gar kein solches Kreuz um seinetwillen gibt? Wir werden als Christen hierzulande nicht verfolgt. In all den Jahrhunderten ohne Verfolgung haben sich die Christen angewöhnt, alle sonstige Plage ihres Lebens als Kreuz zu bezeichnen. Wir kennen und lieben, singen und beten die Kreuz- und Trostlieder im Gesangbuch.

Der Text dieses Sonntags erinnert uns daran, daß dies nicht das letzte und eigentliche der Jüngerschaft ist. Das heutige Wort Jesu will uns aus den Gewohnheiten unseres bürgerlich-friedlichen, wenn auch nicht immer leichten Lebens herausholen. Mögen wir auch den Jahren nach alt und erfahren sein, so gehen wir doch heute neu in die Schule bei unserm Herrn, um seine Wahrheit und seinen Willen zu lernen (hier mag sich nochmals eine Lesung der Verse 24—27 anschließen!).

Man könnte die ganze Geschichte der Christenheit am roten Faden ihrer Umkehrpredigt und ihrer Buß- und Erweckungsbewegungen verfolgen. Aber eben deswegen wollen die uralten Bilder und Worte kaum mehr greifen, und die Flucht in eindrucksvolle Zitate der Vorzeit wäre eben – Flucht. Gewiß, es läßt sich heute einiges Zutreffende sagen darüber, daß die Christenheit, im ganzen und im einzelnen, sich u. U. gerne hinter ihre religiös-kirchliche Tradition verschanzt, wie die Juden sich auf ihre Abrahamskindschaft beriefen. Und der grandiose Satz, Gott könne aus den am Fluß liegenden Steinen dem Abraham die verheißene Nachkommenschaft erstehen lassen – so ähnlich wie Deukalion und Pyrrha übrigens! –, ist sicher geeignet, jeden innerkirchlichen oder innerchristlichen Triumphalismus abzubauen. Aber das sind doch nur geringe Dinge angesichts dessen, was auch noch dasteht: Umkehr, drohender Zorn Gottes, rechte Frucht – unsere Vorstellungen von der Geschichtlichkeit, d. h. Unumkehrbarkeit von Zeit und Sein, unser Gottesbild und unsere Urteile über Gut und Böse stehen auf dem Spiel.

Reminiszere

Markus 12,1–12

Literatur: Luther, Pred. über Mt 18–23 WA 47,412–431 EA 44,275–305; *Calvin* Synoptikerkomm. von 1555; Ps. komm. von 1557 zu Ps. 118; außerdem zu Apg 4,11. Heute außer den Kommentaren von *E. Lohmeyer* (1937), *E. Haenchen,* Der Weg Jesu (1966), *Ed. Schweizer* NTD I, 1968; II, 1973: *Ad. Schlatter,* Kennen wir Jesus? 2. Aufl. 1938, 322–327; *Joach. Jeremias,* Die Gleichnisse Jesu 4. Aufl. 1959, 59ff.; *H. Conzelmann,* Theol. als Schriftauslegung 1974, 37f.; *W. G. Kümmel,* Die Theol. d. N. T. nach den Hauptzeugen NTD Erg. R. 3, 3. Aufl. 1976, 67f.; *Gerh. Sellin,* Allegorie und „Gleichnis" Zur Formenlehre der synoptischen Gleichnisse ZThK 75, 1978, 281–355. – GPM: *Iwand* 11, 1956/7; *K. G. Steck* 13, 1958/9; *Haar* 19, 1964/5; *H.-P. Müller* 25, 1970/1; *Scheidacker* 31, 1976/7; *Schleiermacher,* Pred. Lit. Nachl. II, 1835, 151–163.

I. Dokumentation

Diesmal beschränke ich mich auf den Abdruck der Paraphrase der Matthäus-Fassung des Textes in dem zunächst anonym gedruckten Buch von Joh. Goßner, Geist des Lebens und der Lehre Jesu Christi im Neuen Testament, Nürnberg In der Raw'schen Buchhandlung 1818, 260ff.:

33. Höret ein anderes Gleichniß: Es war ein Hausvater, der pflanzte einen Weinberg (und Gott in Christo eine Kirche, die bis zu derselben Zeit bey den Juden war), und umgab ihn mit einem Zaun (des Gesetzes, seines Willens, der Kirchenzucht, der Vorsehung und Beschirmung und Absonderung von anderen Völkern und Menschen), und grub darin eine Kelter (durch Anordnung eines Gottesdienstes und aller Mittel zur Erbauung in der Gottseligkeit) und baute einen Thurm (oder Lehramt oder Warte zur Aufsicht) und verpachtete ihn an Bauleute, (daß sie ihn bauen sollten, als Arbeiter) und dann verreiste er. 34. Als die Zeit zur Weinlese kam, schickte er seine Knechte, (Propheten und außerordentliche Boten) zu den Bauleuten, um seine Früchte zu empfangen, (daran dem Herrn alles gelegen ist).

35. Die Bauleute (die ungeistliche Priesterschaft) ergriffen seine Knechte, schlugen den einen (wie den Jeremias), den anderen ermordeten sie (wie den Isaias), den dritten steinigten sie (wie den Zacharias).

36. Abermals schickte er andere Knechte, und zwar mehrere als zuvor, (je mehr die Bosheit überhand nimmt, desto mehr Rettungsmittel wendet Gott an, desto mehr fordert er zur Buße auf. Da aber die babylonische Gefangenschaft nahe war, kamen die meisten Propheten. Die Juden aber dachten: Wir sind das auserwählte Volk, zu wem sollten sie kommen als zu uns?) und sie machten ihnen eben so, (denn welche Propheten haben eure Väter nicht getödtet? Wirft ihnen auch Stephanus vor Apg 7,52). 37. Zuletzt sandte er seinen Sohn zu ihnen und sprach: Sie werden sich doch vor meinem Sohn scheuen. (Was hätte Gott mehr thun können, das Er nicht gethan; der seines Eingebornen nicht verschonte, sondern Ihn für uns alle dahingab?)

38. Als aber die Bauleute den Sohn sahen, dachten sie: (Dieses Licht leuchtet uns gar zu stark in die Augen; wir müssen sehen, wie wir des Glanzes los werden,) und sprachen unter einander: Das ist der Erbe; kommt, lasset uns ihn umbringen, und sein Erbe in Besitz nehmen. (Die Christen sagen: Laßt uns Ihn durch unsere Sünde tödten, Ihn noch einmal kreuzigen, und glauben, daß Er für unsere Sünden gestorben ist, so wird das Erbe unser seyn.) 39. Und sie ergriffen ihn (dort im Oelgarten) und warfen ihn zum Weingarten hinaus (führten Ihn nach Golgatha) und ermordeten ihn (am Kreuze). (So werfen auch wir Ihn hinaus, wenn wir Ihn nicht im Herzen dulden wollen, wo Er eigentlich wohnen will. Wie es nun mit Christo ging, so geht es auch mit seinen Gliedern; wenn die Welt einen Christen bekommt, der besonders von Gott gesandt ist zu ihrem Heil; so kehren sie es um, und sagen: Auf den müssen wir ein wachsames Auge haben.)

40. Wenn nun der Herr des Weinberges kommen wird, wie wird er wohl seinen Bauleuten thun? (Sie antworten so gar ungeschickt nicht, und weissagten von sich selbst:)

41. Böse wird er mit den Bösen verfahren (welches durch die Römer an den Juden in Erfüllung gieng, bey der schrecklichen Zerstörung Jerusalems und der Ausrottung des jüdischen Volkes,) und seinen Weinberg an andere Leute verpachten („Weil ihr euch selbst nicht des ewigen Lebens werth achtet, so wenden

wir uns zu den Heiden", sagt Paulus), die ihm zu ihrer Zeit ihre Früchte abgeben. (Diese Antwort wird ihnen sauer geworden seyn; allein die Unverschämtheit ließ sichs nicht merken.) 42. Da sagte Jesus zu ihnen: Habt ihr nie in der Schrift gelesen: Der Stein, den die Bauleute verworfen haben, ist zum Eckstein geworden? (Ist das nicht vom Messias geweissagt? Habt ihr das überlegt? Als sich damahls die Pharisäer und Schriftgelehrten, die die eigentlichen Bauleute am Hause Gottes waren, welches ihnen Jesus auch nicht abdisputirte, gegen Ihn erklärten, und Ihn wie einen unbrauchbaren Stein wegwarfen, da kamen die außerordentlichen Bauleute, die Evangelisten und Apostel, und baueten auf den verworfenen Stein die neue Kirche, die Gemeine Jesu, die die Pforten der Hölle nicht überwältigen können.)

43. Darum sage ich euch: Genommen wird das Reich Gottes von euch, (und euch gezeigt werden, daß Gott nicht an euch gebunden ist,) und einem Volke gegeben werden, das Früchte daraus schafft. (Das sollte unsere christliche Kirche seyn; aber leider dürfte es wohl wieder so heißen. So wird Glaube und Evangelium oft von ganzen Völkern hinweggenommen und von einem Königreich in das andere versetzt, welches die härteste Strafe Gottes ist. Wo das Evangelium flieht, da ist das Volk verworfen von Gott.)

44. Und wer auf diesen Stein fällt, (als auf den Fels des Ärgernisses, wer sich an ihm stoßt oder ärgert, Matth 11,6), der wird zerschmettert werden (wie ein Glas), und auf wen er fällt, (mit seinen Gerichten), den wird er zermalmen. (Alle Bemühungen der Feinde Christi dienen zu nichts, als seine Absichten zu befördern, und sich selbst zu Schanden zu machen. Wer sich an der Schmach seines Kreuzes ärgert, und deßwegen Ihn und sein Evangelium verwirft, fällt auf diesen Stein und zerbricht wie ein irdener Topf. Die aber bey allen Aufforderungen und Gnadenbezeugungen verstockt bleiben, auf diese wird dieser zur Rechten Gottes erhöhte Eckstein einst fallen, bey seiner Ankunft zum Gericht und sie zermalmen.)

II. Auslegung

1. „Und er fing an, zu ihnen in Parabeln zu sprechen" (Mk 12,1 a)

„Die Parabel ist Rede vergleichenden Charakters, die einen vollständigen Gedanken zum Ausdruck bringt, und nach Meinung der Evangelisten wegen ihrer geheimnisvoll-dunklen Art der Deutung bedarf." So und ähnlich haben wir es gelernt, wie ich es hier aus der 2. Aufl. von Bauers Wörterbuch zu den Schriften des Neuen Testaments und der übrigen urchristlichen Literatur (1928, Sp 976) zitiere. Wir hatten sorgsam die Bild- und die Sachhälfte zu unterscheiden und das *eine* tertium comparationis zu finden, das es nur geben sollte, die Pointe des Gleichnisses. Ich ahne nicht, ob die Berufsgenossen, wenn ihnen Gleichnistexte aufgegeben sind, seufzen oder aufatmen, weil wir uns hier in einem übersichtlichen Gelände zu bewegen scheinen. Auch wer die Routine als das nimmt, was sie auch sein kann, nämlich als Hilfe, wird doch immer unruhig angesichts der unbestreitbaren Ambivalenz des Befunds, die auch W. Bauer andeutet: durch die Parabeln soll etwas gleichzeitig veranschaulicht und verhüllt werden. Wer Mk 12,1 ff. auslegen will, muß allemal Mk 4,9 ff. bedenken. Ich weiß nicht, ob man sich so einfach aus der Affäre ziehen kann wie Ulr. Wilckens in seiner Übersetzung, wo er zu Mk 4,9 ff. erläutert, die Verhüllungsabsicht sei Eigentum des Evangelisten, während Jesu ursprüngliche Gleichnisse eine Redeweise seien, „in der sich das Gottesreich, in Bilder aus dem Alltagsleben gefaßt, seinen Hörern besonders eindrücklich erschließt... Nicht am Verstehen schieden sich die Geister, sondern an der Einstellung zum Gottesreich, das die Bilder der Gleichnisse den Hörern nahebringen sollten."

Auch Jesus selbst, nicht erst die Jünger machen die Erfahrung, daß ihre Botschaft auch in der Form der Gleichnisse nicht überall einfach ankommt, und der Unterschied von Glauben und Verstehen, den Wilckens hier einbringt, ist aus unserm neuzeitlichen Denken eingetragen.

Ed. Schweizer ist hier vorsichtiger. Für ihn „ist das Gleichnis nicht pädagogische Hilfe zur Veranschaulichung des sonst schwer Begreifbaren, sondern jene Art des Redens von Gott, die nicht einfach übernommen werden kann wie irgend eine Mitteilung, sondern nur von dem verstanden wird, der sich selbst in das Ja oder Nein zu dem Gesagten hinreinziehen läßt, die also nur Glauben oder Unglauben zur Folge haben kann" (NTD I 137).

Natürlich ist an diesen Problemen immer gearbeitet worden. Gerh. Sellins Abhandlung aus der ZThK von 1978 faßt den Forschungsstand zusammen und bringt auch die Gesichtspunkte der heutigen Linguistik ein, was übrigens auch H.-P. Müller in seinem Beitrag von 1970/1 schon getan hat. Der Geheimnis- und Verhüllungscharakter des zugrundeliegenden hebr. Wortes *masal* und der *parabole* wird stark betont; die mögliche argumentative Funktion der Gleichnisrede wird kaum erwogen. Im übrigen lassen sich, auch nach Sellin, zwischen Gleichnis und Allegorie genaue Grenzen nicht ziehen. Er schreibt der Allegorie, deren einziges synoptisches Beispiel unsere Perikope ist, esoterischen Charakter und didaktischen Zweck zu. Sie bietet nichts Neues, sondern erzählt nach, bringt in Erinnerung (311).

Sellins Referat nimmt auch die systematischen Aspekte auf, wie sie von Jüngel u.a. herausgearbeitet werden (319 ff.). Gott kann sich nur gleichnisweise zu erkennen geben und von ihm kann nur per analogiam geredet werden. Aber wozu dann noch Gleichnisse im speziellen Sinn, wenn Gott allemal nur gleichnisweise erkannt und bezeugt werden kann?

Höchste Zeit, daß wir uns dem Text von Mk 12,1 ff. zuwenden. Zwar heißt es Vers 1a, Jesus habe begonnen, in Gleichnissen zu reden; aber faktisch folgt dann nur eine einzige Parabel, die Parabel von den bösen Winzern, übrigens eine gemeinsynoptische Perikope (Mt 21,33 ff.; Lk 20,19 ff.).

II. 2. „Ein Mensch pflanzte einen Weinberg..." (Mk 12,1b = Jes 5,1)

„Die erste Schwierigkeit ist, daß das Gleichnis keine Originalkomposition ist, sondern an Jes 5,1 ff. anknüpft" (Haenchen 400). Das berühmte Lied des

Freundes von seinem Weinberg bestimmt aber nur das Bild vom Weinberg. Alsbald ändert sich die Anklageaussage: nicht der Weinberg läßt es an der Frucht fehlen, sondern die Pächter des Weinbergs versagen die pflichtgemäße Abgabe des Anteils am Ertrag. Nur sehr allgemein gilt also, was Ad. Schlatter statuiert: „Wenn der Jude auf Jesaja achtete, konnte er verstehen, warum Jesus um der göttlichen Gnade willen als ihr Zeuge dem gottlosen Begehren des Menschen mit dem unerschütterlichen Nein widersprochen hat und diesem Nein bis in den Tod getreu geblieben ist" (Kennen wir Jesus 324). Die Sprachform des Jesajazitats folgt der Septuaginta, was für die Frage nach der Authentie der Perikope wichtig ist (Lohmeyer 244). Das Problem von Jesu Umgang mit dem Alten Testament müßte hier nur erörtert werden, wenn wir die Parabel von den bösen Winzern als vorösterlich einzuordnen hätten. Es handelt sich aber wohl um eine Diskussion zwischen der Urgemeinde und der Synagoge. Das wird bestärkt durch das angefügte Zitat aus Ps 118, das im Neuen Testament auch sonst gerne aufgeboten wird (vgl. das nützliche, oft übersehene Verzeichnis der Stellen aus dem Alten Testament im Neuen bei Nestle-Aland!) Auch ist zu bedenken, daß die Anklage, die Jesus hier in den Mund gelegt wird, fast wörtlich im A.T. zu finden ist, worauf szt. Schniewind hinwies: „Und der Herr, ihrer Väter Gott, sandte zu ihnen durch seine Boten früh und immer fort. Denn er schonte seines Volkes und seiner Wohnung. Aber sie spotteten der Boten Gottes und verachteten seine Worte und äfften seine Propheten, bis der Grimm des Herrn über sein Volk wuchs, daß kein Heilen mehr da war" (2. Chron 36, 15f. Übers. nach Schniewind, etwas anders in der Züricher Bibel!).

Wenn ein Gleichnis die Wirklichkeit des Alltags aufgreifen und verwerten soll, so entspricht unsere Perikope diesem Postulat kaum. Sie „schildert nicht wie andere ein Stück bäuerlichen Lebens, das den Hörern aus eigener Erfahrung vertraut und verständlich ist. Nicht nur seine Grundlagen, sondern auch fast alle Einzelzüge sind unwahrscheinlich" (Lohmeyer 247). Lohmeyer meinte damals, die Schiefheiten in Kauf nehmen zu können, weil dem nach Jes 5,1ff. geformten Anfang eine neue Fortsetzung folgen sollte (245). Entsprechend der damaligen Forschungslage hat Lohmeyer von der These des vorösterlichen Ursprungs der Perikope vorsichtig Abstand genommen: schon die Form der Allegorie, nur hier Jesus unmittelbar in den Mund gelegt; dann die Überfüllung mit schiefen Bildern und Künstlichkeiten führen zu dem Urteil, daß „diese Form der Ausführung im Munde Jesu kaum vorstellbar ist". Immerhin entspreche der Grundgedanke Jesu Botschaft, und die Durchführung bei Markus schließe „eine theologische Betrachtung in sich, die zum ältesten Gut der Urgemeinde gehören muß" (249).

Später hat J. Jeremias versucht, ein ursprüngliches Jesus-Gleichnis zu rekonstruieren, da das Vorgehen der Winzer nach den damaligen Verhältnissen durchaus vorstellbar sei, und da die Pointe des Gleichnisses, „die Darbietung der Frohbotschaft an die Armen zu rechtfertigen" sich durchaus im Einklang mit Jesu sonstigen Taten und Worten befinde (64). Ich bin in meinem Beitrag von 1958/9 genauer darauf eingegangen. H.-P. Müller stellt in seinem Beitrag zu Recht fest, daß Jeremias' Versuch einer solchen Rekonstruktion als gescheitert zu betrachten sei (337).

Die Kernfrage unserer Perikope ergibt sich aber nicht aus dem juridischen oder kulturellen Detail, sondern aus der Pointe der Allegorie, die zugleich die Pointe der Deutung des Evangelisten ist.

II. 3. "...sie hatten gemerkt, daß er das Gleichnis (vom Sohn und Erben) auf sie gemünzt hatte" (Mk 12,12)

Wer das Markus-Evangelium nachdenklich liest, bemerkt, daß es vom Ende her gedacht und ganz auf Konfrontation bedacht ist. Schon Mk 3,6 heißt es, daß die Gegner Jesu Tod beabsichtigen. Unsere Perikope ist m. E. der Höhepunkt der Konfrontation: „Kommen wird er (der Besitzer des Weinbergs), um die Weinbauern zu vernichten und seinen Weinberg wird er an andere vergeben" (Mk 12,9 nach Ulr. Wilckens). Mit dem Zitat aus Ps 118,22f. wird die Pointe noch zugespitzt, und in der Rahmenbemerkung des Evangelisten (12,12), wird das Echo und die Wirkung der Worte Jesu notiert. Noch kommt es nicht zu Jesu Hinrichtung, aber sie ist beschlossene Sache. So strittig das Detail sein mag, so gibt Markus doch den allgemeinen Gang der Dinge vor Ostern zutreffend wieder: Jesu Auftreten, seine Botschaft, sein Tun und Lassen bewirken im Endeffekt, daß er von den Gegnern beseitigt wird.

Was trägt es unter diesen Umständen aus, ob die pointierte Konfrontation, die unsere Perikope zum Inhalt hat, vorösterlichen oder nachösterlichen Ursprungs ist? Der Streit ging und geht zunächst um die Selbstbezeichnung und das Selbstbewußtsein Jesu, der hier als der Sohn und Erbe bezeichnet wird.

W. G. Kümmel hat den Sachverhalt knapp formuliert: „So bleibt schließlich das Gleichnis von den bösen Weinbergpächtern (Mk 12,1–12 par), in dem der Weinbergbesitzer zuerst Sklaven schickt, um die Pacht zu holen, die aber alle weggejagt oder getötet werden, schließlich den einzigen Sohn, den die Pächter als Erben ebenfalls töten und aus dem Weinberg hinauswerfen. Das Gleichnis erzählt zweifellos kein im Alltag mögliches Geschehen, sondern ist eine allegorisierende Darstellung des Verhaltens des Gottesvolkes den Gesandten Gottes gegenüber bis zur Verwerfung und Tötung Jesu außerhalb Jerusalems (vgl. Hebr 13,12). Zeigt schon dieser Sachverhalt, daß das Gleichnis auf die Geschichte Jesu zurücksieht, so ist die Gestalt des den Sklaven gegenübergestellten einzigen Sohnes und Erben nur für die Hörer überhaupt verständlich, für die „der Sohn" eine ohne weiteres auf Jesus zu beziehende Bezeichnung ist, während ja für die Juden zur Zeit Jesu „der Sohn" so wenig wie „der Sohn Gottes" ein verständlicher Titel für den Heilbringer war. Das Gleichnis geht daher in seiner überlieferten Form sicherlich nicht auf Jesus zurück, und falls sich hinter dem überlieferten Gleichnis eine ursprünglichere Form verbergen sollte, die von Jesus stammen könnte, haben wir keine Handhabe, sie wiederherzustellen" (Kümmel 67f.). Wenn O. Cullmann einwendet, im Gleichnis solle doch zunächst einfach ein dem Besitzer näher als die Knechte stehender Bote bezeichnet werden, wobei die Beziehung auf Jesus allemal klar sei (211), so nimmt er dem Text viel von der Schärfe seiner Konfrontation.

Selbst wenn wir die Selbstbezeichnung als Sohn auf den vorösterlichen Jesus zurückzuführen könnten, bliebe noch die Frage nach dem Stand der Dinge zwischen Jesus und seinen Gegnern. Nach Mk 12,7 anerkennen sie in dem letzten

Boten den Sohn und Erben, ohne zu zweifeln oder zu widersprechen. Für die führenden Leute im damaligen Israel ist dies Jesus von Nazareth gegenüber gerade nicht anzunehmen. Für sie ist dessen Anspruch und Sendung ebenso illegitim wie irreal. Damit ist über die Verteilung der „Schuld" an Jesu Beseitigung zwischen Rom und Jerusalem gar nicht entschieden; es braucht auch darüber nicht entschieden zu werden.

Wohl aber ist zu bedenken, daß nach unserm Text der Tod Jesu als des Sohnes in der gleichen Reihe wie der der Boten gesehen wird (Lohmeyer 247), und daß er als nicht im Heilswillen Gottes liegend, sondern ausschließlich gegen den Willen Gottes erfolgend erscheint. „Jesus bringt sich nicht als Sühnopfer dar, sondern ist nichts als Opfer schuldvollen Verhaltens" (Scheidacker 338). Daß den Synoptikern die Deutung des Todes Jesu „für viele" nicht unbekannt ist, zeigen Mk 10,45 und 14,24 par.

II. 4. „Der Stein, den die Bauleute verworfen haben..." (Mk 12,10 = Ps 118,22)

Mit dem Bild vom Bau und von den Steinen hat sich nach Vorstellung und Sprache die Szene geändert. Schon daran ist zu erkennen, daß das Psalmzitat nachträglich eingefügt ist. Die Beweisführung der Allegorie ist Mk 12,9 abgeschlossen; nach 12,12 reagieren die Hierarchen auf die in ihr enthaltene Anklage. Das Zitat schiebt sich dazwischen. Es setzt Jesu Christi Auferstehung und Erhöhung voraus, was die Allegorie selbst noch nicht tut (vgl. dazu H.-P. Müller 338). – Das Bild von Christus als dem Eckstein wird noch Apg 4,11 und 1. Pt 2,7 verwendet, beidemale mit großer Selbstverständlichkeit. Nach Justins Dialog mit dem Juden Trypho ist *„lithos"* bereits ein fester christologischer Terminus (34,2; 36,1 nach Lohmeyer 247). An 1. Kor 3,11 ist zu erinnern.

Die beste Auslegung ist immer noch diejenige von Luther in seinem ‚Schönen Confitemini' aus der Coburgzeit 1530.

> „Also wollt sich Christus nirgend reimen mit der Pharisäer Wesen und Heiligkeit, noch mit der ganzen Welt, sie kunnten ihn nicht leiden, er verstellte ihnen all ihr Gebäu, straft und schalt ihr schönes, äußerlichs, heiliges Wesen: da wurden sie zornig, verdampten und verworfen ihn, denn sie wußten nicht wozu er gut wäre. Da nahm ihn Gott an, der rechte Baumeister, und machte draus einen Eckstein, zum Grunde, darauf die ganze Christenheit, beide aus Jüden und Heiden versammlet, stehet. Also gehets ihm noch immerdar. Denn der Stein ist verworfen, heißt verworfen, bleibt verworfen. Aber nichts desto weniger ist er und bleibt bei den Gerechten theur, edel und werth, welche nicht auf ihr eigen Menschwerk, noch auf Fürsten-Macht bauen, sondern auf diesen Stein" (WA 31 I,172 EA 41,77).

Die positive Bedeutung des Grund- oder Ecksteins wird meist zu wenig bedacht, weil der polemische Zusammenhang des Zitats die negativen Züge in den Vordergrund treten läßt. Calvin findet das Positive in dem Doppelten, daß das Heil der Kirche auf Christus beruht (vgl. Apg 4,11 u. 12!) und daß er selbst, Christus, für ihre Kontinuität aufkommt (ipse eius statum continet). Er betont mit Recht, daß man nicht etwa das Detail der Metapher vom Bau und vom

Grundstein auf das Verhältnis Gottes zu seinem Reich, Christi zur Kirche anwenden dürfe. Die Pointe des Ganzen liegt freilich in der kritischen Unterscheidung von Bauherr und Bauleuten, von Gottes Willen und unseren Wünschen, um an einen der grundlegenden Titel Barths in der Ursprungszeit der Theol. Existenz heute (Heft 7, 1934) zu erinnern. In dieser kritischen Unterscheidung, die zur heillosen Diskrepanz werden kann, stimmen die Allegorie und das Psalmzitat überein.

Ehe wir den Weg zur Predigt bedenken und betreten, ist zum Verständnis des Ganzen noch einiges zu bemerken. Der Zusammenhang nach rückwärts, zur Vollmachtsfrage, wird von manchen (z.B. Haenchen 401) als sehr wesentlich angesehen. Unsere Parabel will aber m.E. nicht so sehr die Sendung des Sohnes als solche legitimieren, sondern dessen Weg vom Mißerfolg zum Erfolg proklamieren. Sie tut das im Aufgreifen des Weinberggleichnisses und des Psalmzitats.

Dabei bleibt vieles in der Schwebe oder ungesagt. Was ist der Weinberg? Israel oder das Reich Gottes (so Mt 21,43!)? Worin besteht die Frucht? Nach dem Jesajatext in mehr sozialer Gerechtigkeit in Erfüllung des göttlichen Willens; die christliche Deutung bewegt sich zwischen „Glaube und gute Werke" und der Anerkennung Christi als des Sohnes und Erben. „Wer im Markus-Zusammenhang bleiben will, was eigentlich das Gegebene ist, der wird das Christus-Motiv als Zentralpunkt bestehen lassen" (Haenchen 402). Und was bedeutet die Abwesenheit des Besitzers? Es wäre verführerisch, dem nachzuspekulieren (vgl. Iwand 210). Das was zur Aussage kommt, ist freilich noch gewichtiger: die grundsätzliche Verweigerung der Hierarchie Gott gegenüber, andererseits die zähe Geduld und die endliche Unerbittlichkeit Gottes, wenn es um den Sohn geht. Rätselhaft und bewegend das ‚„vielleicht" werden sie den Sohn scheuen' (Lk 20,14), an dem sich Calvin gestoßen hat und das doch den Inbegriff des Umgangs Gottes mit Israel, mit seiner Gemeinde, mit uns darstellt. Vor allem aber dann das Faktum von Israels Nein zu Jesus und des Übergangs zu denen, die dann den Ertrag pflichtmäßig abliefern werden. Luthers fast zu ausführliche Predigtauslegung von 1537/40 zeigt, daß er das Gewicht dieser Frage empfunden hat. „Wie reimpts sich aber der Vers auf die Meinung und Urtheil der Juden und daß Christus saget, das Reich werde von ihnen genommen werden? Ist doch kein Schein da, daß sichs auf einander reimet (EA 44,286 WA 47,419). Damit sind wir aber schon bei der Frage nach dem Gang der Predigt angelangt.

III. Zur Predigt

Es ist gut, daß dieser Text, in der Reihe der sog. altkirchlichen Evangelien gar nicht vorgesehen, jetzt nicht mehr dem 10. n. Trin. zugeordnet ist. Daher braucht uns das Thema Kirche und Synagoge nur dann zu beschäftigen, wenn es die Lage der Gemeinde und des Predigers erfordert. Die Perikope ist, wie Ed. Schweizer in der Überschrift richtig angibt (NTD I), „das Gleichnis von der Passion Jesu"; sie gehören in eine Reihe mit den Leidensankündigungen, nur daß die Konfrontation viel stärker alles bestimmt.

Soll die Parabel in der Passionszeit und für sie ausgelegt werden, sollte sie in einen weiteren Rahmen gestellt werden: Wir haben viele verschiedene Vorstellungen von Gott; er ist Vater, Gesetzgeber, Geschichts- und Weltenlenker. Hier wird Gott anders gezeigt: als der, der Boden und Arbeit gibt und an der Ernte Anteil haben will, und dies nicht unmittelbar, gleichsam von Hand zu Hand und Mund zu Mund, sondern vermittelt, durch Boten und Knechte. Das könnte die Sache erleichtern, führt aber zum Konflikt, der sich bei der Abgabepflicht ergibt. Bei den Fragen des Eigentums (z.B. der Einkommenssteuererklärung) hört bekanntlich die Gemütlichkeit auf. Das Gleichnis scheut sich nicht, Angelegenheiten von Religion und Kirche auf dieser Ebene durchzuspielen!

Das Überraschende – nicht für Bibelleser, aber für die meisten Zuhörer von heute – die zähe Geduld Gottes, der immer neue Boten schickt und weder sie noch sich dabei schont. Denn was müssen die Winzer von einem solchen Herrn halten? Dann aber doch auch die plötzliche Ungeduld und der Zorn angesichts dessen, daß auch und gerade der Sohn und Erbe an den Winzern scheitert. Es lohnt sich, das synoptische und allgemein neutestamentliche „Muß" des Leidens und Sterbens Jesu von daher zu bedenken. Dennoch bleibt es zutiefst unbegreiflich, daß das Geschehen der Versöhnung nur um einen solchen Preis geschehen konnte: Preisgabe des Sohnes, aber auch Preisgabe Israels, mindestens bis auf weiteres. Ich bin geneigt, diesen Aspekt der Parabel in den Vordergrund zu stellen.

Luther freilich (und vor uns nach ihm andere) leiten daraus ab: „Also gehets ihm (Christus) noch immerdar" (s.o. das Zitat in Abschnitt II,4). Iwand hat das in seinem Beitrag eindrucksvoll thematisiert. Es kann dem Prediger auch heute nicht verwehrt werden, sich dem anzuschließen. H.-P. Müller hat an Dostojewskis Großinquisitor erinnert (341f.). Aus unserer Lebenszeit ließe sich mehr als eine Anthologie dieser Kirchenkritik zusammenstellen. Dabei wird die empirische Kirche doch wohl überschätzt; sie ist gar nicht so anspruchsvoll, und sie wird sich an den echten Propheten nicht vergreifen, weil es solche gar nicht mehr gibt. Luther konnte vielleicht die Sache noch in den Dimensionen unserer Parabel sehen und vertreten. Aber wir?

Vielleicht war es ganz weise, wenn Schleiermacher sich in seiner Predigt über unsere Perikope all dies vom Hals gehalten hat. Er nimmt Mk 11,27–12,12 zusammen und widmet sich fast ausschließlich der Vollmachtsfrage. Dabei interessiert ihn besonders, daß Jesus nur eine ausweichende Antwort gab. Schleiermacher betont, daß man die Wahrheit nicht immer und überall zu sagen habe, sondern mit Rücksicht auf die Aufnahmefähigkeit des Teilnehmers. Ich zitiere die Pointe der ganzen Predigt:

„Der Erlöser that Alles, was er konnte, in seiner Erklärung gegen die Abgesandten des hohen Rathes, indem er ihnen noch die Warnung hinzufügte, welche dringend genug war; und wenn sie diese beherzigt hätten: würden sie sich nicht an dem einzigen

Sohn des Vaters versündigt haben. Aber zu tief war die Meinung bei ihnen gewurzelt, daß, wenn nicht die Ruhe erhalten bleiben könnte, Alles verloren ginge, und so waren sie es denn auch, welche späterhin die Verwerfung des Erlösers und alle Schicksale des Volkes herbeiführen mußten, wie es der Erlöser ihnen vorhergesagt hatte.

Das ist also wahr. Wahrheit sind wir den Menschen schuldig; aber in Beziehung auf die Fähigkeit, sie zu fassen. Und auch das ist gewiß, daß die Liebe uns überall zeigen muß, wie wir der Wahrheit am Besten bei jedem Menschen dienen können, und daß eine vom Zustande des Andern nicht mitbestimmte Mittheilung der Wahrheit nicht aus der Liebe kommt, sondern aus dem Mangel an Weisheit, wo jeder überall seine besondere Darstellungsart will geltend machen. Aber auch hierin ist der Erlöser uns zum Vorbild gesetzt, dem wir nachfolgen sollen, und jeder wird die allgemeine Menschenpflicht, die uns allen obliegt, nur auf die rechte Weise erfüllen, wenn er ihm auch darin folgt" (a. a. O. 161 f.).

Okuli — 22. 3. 1981

Markus 12,41–44

I. Dokumentation

Mk 12,43. Amen dico vobis. Hoc Christi responsum doctrinam non parum utilem continet, quicquid offerunt homines Deo, non ab externo pretio aestimari, sed tantum ex cordis affectu, imo pluris esse eius pietatem, qui pro suo modulo quantulumcunque habet Deo impendit, quam qui centuplo plus offert ex sua abundantia. Porro duplex est huius doctrinae utilitas, nam Dominus pauperculos, qui bene agendi facultate destitui videntur, animat ut non dubitent vel tenui officio alacriter studium suum testari: quia se ipsos consecrant, non minus pretiosa erit, quae in speciem vilis et frivola est eorum oblatio, quam sie omnes Croesi thesauros afferant. Rursum monentur, quibus uberior suppetit copia, et qui pluribus donis excellunt, non sufficere, si largiendo gregarios et tenues longe superent: quia minus est coram Deo, divitem ex magno acervo mediocrem summam conferre, quam pauperem, minutum aliquid erogando, se exhaurire. Porro non vulgaris fuit huius viduae pietas, quae, ne vacua in conspectum Domini veniret, victu proprio se privare maluit. Et haec simplicitas a Domino laudatur, quod sui oblita testari voluerit se et sua omnia Dei esse. Sicuti etiam praecipuum sacrificium, quod a nobis exigitur, est nostri abnegatio. Quanquam autem sacras oblationes tunc non rite, nec in legitimos usus fuisse dispensatas credibile est: quia tamen adhuc vigebat legalis cultus, ideo eas non reiecit Christus. Et certe facere non potuit hominum corruptela, quin sancte ex Dei mandato probi eius cultores offerrent in sacrificia et alios pios sumptus:

Mk 12,43 Wahrlich, ich sage euch. Diese Antwort Christi enthält die wertvolle Lehre, daß alles, was die Menschen Gott darbringen, nicht nach seinem äußeren Wert beurteilt wird, sondern nach der inneren Gesinnung, und daß die Frömmigkeit dessen, der das wenige, was er hat, Gott darbringt, mehr ist als die Frömmigkeit eines anderen, der von seinem Überfluß mehr als hundertmal so viel opfert. Auf der einen Seite ermuntert der Herr die Armen, die scheinbar keine Möglichkeit haben, Gutes zu tun, nur getrost auch durch Kleinigkeiten ihren Eifer zu beweisen; denn wenn sie sich selbst darbringen, wird ihre äußerlich geringe, wertlose Gabe genau so viel gelten, als wenn sie alle Schätze des Krösus opferten. Und auf der anderen Seite werden die ermahnt, die mehr besitzen und mit größeren Gaben glänzen können, sich nicht damit zu begnügen, die Geringen durch die Größe ihrer Gaben zu übertreffen; denn wenn ein Reicher eine im Verhältnis zu seinem Besitz geringere Summe gibt, so gilt das vor Gott weniger, als wenn sich ein Armer eine kleine Gabe von seinem Lebensunterhalt abspart. Jene Witwe muß eine besonders fromme Frau gewesen sein, da sie lieber auf ihren Lebensunterhalt verzichtet, damit sie nur nicht mit leeren Händen vor den Herrn kommen muß. Diese Einfalt wird vom Herrn gelobt; denn ohne Rücksicht auf sich selbst wollte sie bezeugen, daß sie und alles Ihrige Gott gehören. So brachte sie das wichtigste Opfer, das von uns gefordert wird: sie verleugnete sich selbst. Es ist wahrscheinlich, daß die Opfergaben damals nicht ordnungsgemäß verwendet wurden; da jedoch der Gottesdienst nach dem Gesetz noch bestand, verwarf Christus auch die Gaben nicht. Auch brauchte aller Mißbrauch der Menschen die aufrichtigen Anbeter Gottes nicht daran zu hindern, nach Gottes Anordnung zu den Opfern und sonstigen Unkosten des Gottesdienstes beizutragen (*Calvin*, In harmoniam ... comment. ed. A. Tholuck 1838; Übers. v. Stadtland-Vogelbusch, Neukirchen 1974, 252f. – Der Liebhaber des Lateinischen mag selbst Original und Übersetzung kritisch vergleichen!)

II. Literatur

Wer sich Kenntnis der Sozialgeschichte des Urchristentums verschaffen will, läßt sich gerne erinnern an die Standardwerke von *G. Uhlhorn*, Die christliche Liebestätigkeit 2. Aufl. 1895 (Neudr. 1959); *E. Troeltsch*, Die Soziallehren der christl. Kirchen u. Gruppen 1912 (Neudr. 1961); *A. v. Harnack*, Die Mission u. Ausbreitung des Christentums in den ersten drei Jahrhunderten I, 4. Aufl. 1924.

Kommentare: *Ad. Schlatter* 1935; *E. Lohmeyer* 1937; *Er. Klostermann* HNT 2, 4. Aufl. 1950; *H. Gollwitzer*, Freude Gottes (zur Lukasparallele!) 2. Aufl. 1952; *E. Haenchen*, Der Weg Jesu 1966; *Ed. Schweizer* NTD 1, 1968; *Rud. Pesch*, Das Markus-Evangelium (Herders Theol.Komm. z. N. T. II, 2) 1977. – Die Jesus-Bücher (*Bultmann, Bornkamm, H. Braun*) ignorieren die Perikope. *Pl. Wernle* (Jesus 1917) hat sie beachtet; *Ad. Schlatter* ihr auch in „Kennen wir Jesus? (1938) eine knappe Auslegung gewidmet.

In den GPM ist die Perikope mehrfach bearbeitet worden: *Iwand* 1, 1946; *W. Staemmler* 11, 1956/7; *G. Friedrich* 13, 1958/9; *M. Fischer* 19, 1964/5; *Schönherr* 25, 1970/1; *M. Kruse* 31, 1976/6; dazu *W. Klaas* bei Eichholz Bd. 3, 2. Aufl. 1957; *E. D. Schmitz* in hören u. fragen 5, 1967. Schönherr hat jetzt schon eine lehrreiche Rekapitulation der älteren Beiträge vorgelegt. Drehen wir uns allmählich nur mehr um uns selbst?

Aus der Predigtüberlieferung nenne ich *Schleiermacher*, Pred. über das Evang. Marci etc. (Hg. Zabel) Bd. 2, 1835, 179–190; er behandelt Mk 12,35–13,13 in dieser einen Predigt, übrigens der letzten seiner Predigtreihe. – Ferner *H. Diem* in: Predigten aus Württemberg, Theol. Ex. h. 38, 1936 – sowohl für unsere damalige Lage wie für den Verfasser sehr charakteristisch. – Eine Lutherpredigt fand ich nicht; um so ergiebiger ist Calvins knappe Kommentierung, die ich deswegen ungekürzt vorausschickte.

Nicht zur Auslegung, aber zur Thematik der Perikope vom Scherflein der Witwe nenne ich zwei Titel, recht verschieden nach Verfasser, Art und Gewicht: *Siegfr. Heinke*, Tagesordnungspunkt Finanzen (TOP 3), Lutherhaus Verlag, Hannover 1979, 111 S. Verf., ein anerkannter Fachmann im weltlichen und kirchlichen Finanzwesen, hat die wichtigsten Grundsätze kirchlicher Haushalte aufgezeigt und erklärt. Der Nicht-Kenner ist überrascht, wie uneinheitlich die Regelungen in den Landeskirchen der EKD immer noch sind, zentralistisch bei den Lutheranern, mehr kongregationalistisch bei den andern. Verf. übergeht die Fragwürdigkeiten unseres Finanzwesens nicht, stellt aber auch keine Reformthesen auf.

Ganz anders der zweite Titel, auf den ich hier mit Nachdruck hinweise: *Ulrich Duchrow*, Konflikt um die Ökumene Christusbekenntnis – in welcher Gestalt der ökumenischen Bewegung? (München Chr. Kaiser Verlag 1980, 339 S.) Der Verf. hat sieben Jahre in der Studienabteilung des Lutherischen Weltbundes gearbeitet. Er schildert das dort zusammengefaßte Weltluthertum nach Geschichte und Gegenwart unter den zwei ökumenischen Perspektiven, für Gerechtigkeit und Freiheit in der Welt einzutreten, und nach der Einigung der Christenheit zu streben; diese wenigstens nicht zu verhindern. Dabei tritt die Prädominanz der reichen Kirchen des Nordens und des Westens als der Geldgeber unerwartet hell ans Licht. Der Weltbund ist zum Geldbund geworden (184). Insoweit ist Duchrows Anklageschrift ein Beitrag zur Perikope vom Scherflein der Witwe. Daß es dem Luthertum als der am besten und wirksamsten organisierten nicht-römischen „Konfessionsfamilie" besonders schwerfällt, der Einigung vor der Selbstbehauptung den Vorrang zu lassen, ist zwar verständlich, aber kaum zu entschuldigen, nach den Darlegungen Duchrows weniger als je. Ein Echo wird nicht ausbleiben.

III. Vorfragen

Nach Auskunft der Exegeten handelt es sich um eine ziemlich einfache und übersichtliche Perikope, die denn auch meist kurz abgetan wird. Lohmeyer und Pesch sind etwas ausführlicher. Aber von einem Konsensus des Verständnisses dieses Textes ist keine Rede. Recht verschiedene Fragen sind zu erörtern.

1. Die religionsgeschichtlichen Parallelen sind bekannt: griechische, jüdische, ja buddhistische Versionen werden aufgeführt, aber verschieden bewertet: für Klostermann und seine Richtung sind es echte Parallelen, ja man hat Entlehnungen durch die Evangelisten angenommen. R. Pesch hält all dies für abwegig. „Die konkrete Szenerie und Jesu unverwechselbares Wort sperren sich gegen voreilige und unnötige Ableitungen" (263). Als wenn Parallelen immer auf Ableitung zurückgehen müßten! Auch wenn die Frage der Parallelen vielleicht nicht in der Predigt vorzukommen braucht, darf sie nicht verdrängt werden. Hinter ihr verbirgt sich die am intensivsten von Iwand beachtete Frage nach dem eigentümlich Christlichen der Perikope: wie Iwand es ausdrückt, der Schritt von der bloßen Spruchweisheit zum Kerygma (11). Die Auslegung hat inzwischen bemerkt, daß das Element der Weisheitssprüche im Jesus-Zeugnis der Evangelien mehr Gewicht hat und nicht so negativ gewertet werden darf. Jesu Wort als solches bringt nichts Neues, erst recht nichts eigentümlich Christliches. Die Situation bleibt viel zu undeutlich, als daß wir etwas Genaues über die Motive der Witwe entnehmen könnten. Es ist „ein häufiges Motiv in die Form eines Gesprächs Jesu mit den Jüngern gekleidet worden. Denkbar wäre auch, daß aus einer Beispielerzählung Jesu eine eigentliche Geschichte wurde" (Schweizer 148). Von den Parallelen her ist die eigentliche Pointe kaum zu finden.

2. Hinter der Feststellung von Parallelen meldet sich die Frage der Historizität. Während – gewiß aus sehr verschiedenen Gründen – Jul. Wellhausen und Rud. Pesch die vorösterliche Entstehung und Historizität des Textes annehmen (Pesch 263; Jul. Wellhausen, Einleitung in die drei ersten Evangelien 1905, 51), ist nach Lohmeyer diese Überlieferung fern von Jerusalem geformt worden (265). Wie man sich Jesu Aufenthalt beim Gazophylakeion vorstellen soll, ist schwer zu sagen. Woher weiß er, daß die Witwe das Letzte, was sie hatte, opferte? An Joh 2,24f. ist erinnert worden. Da es der Perikope mehr auf die

Lehre als auf das Ereignis ankommt, braucht die Frage nach der „Überlieferungsqualität" (Pesch) nicht urgiert zu werden.

3. Die obligate Frage nach dem Zusammenhang spielt eine große, in diesem Fall fast fatale Rolle. Viele Ausleger wollen sich mit der Auskunft nicht begnügen, unser Text verdanke seinen Platz nur dem Stichwort Witwe. Den ausgebeuteten Witwen, die den Schriftgelehrten zum Opfer fielen (V. 40), wird die alles opfernde Witwe (V. 42) gegenübergestellt. Darin komme Jesu Kritik am herrschenden System zum Ausdruck und in dieser Kritik sei das gemeinsame Thema zu erkennen. – Andere – besonders Schleiermacher – finden im Stichwort Tempel und Gottesdienst das Gemeinsame, das sich 13,1–2 oder 3 fortsetzt. Dann würde in einem Atemzug der Tempelkult bejaht und verneint, indem ihm sein baldiges Ende vorausgesagt wird. – Andere entnehmen dem Zusammenhang, dem Aufmarsch der Gegner Jesu in Mk 12 trete mit der Witwe die Anhängerschaft Jesu gegenüber, die es doch auch gab. – Nochmals anders sieht es, mit vielen andern, Ad. Schlatter: Jesus „gibt sein Lob denen, die Gott alles geben, wie er selbst es tat, als er zum Kreuz ging" (1938, 346). Unsere Perikope stehe zwischen der Passion und dem eschatologischen Ausblick des Mk-Evangeliums (M. Kruse 356 f.).

All dem gegenüber erinnere ich an Jul. Wellhausen: „Die mündliche Tradition war von Natur incohärent, sie enthielt Varianten und verschiedenen Entwicklungsstufen angehörige Bestandteile, die der erste evangelische Schriftsteller nahm, wie er sie fand und ordnete. Schon er mag mitunter nicht gewußt haben, wo er die Reden und Worte Jesu passend unterbringen sollte" (a. a. O. 56). Wir verzichten also lieber auf eine Ausbeutung des Zusammenhangs.

4. Was die Witwe gibt, gibt sie nicht für die Armen, sondern für den Tempel. Wernle hat die Nuance bemerkt, aber nicht ausgewertet (165). Die Spannung findet sich schon im Alten Testament: Barmherzigkeit will ich und nicht Opfer, wird Hos 6,6 bei Mt 9,13 zitiert. Mk 7,11 wird die Spannung besonders deutlich. Wohl hat A. Schlatter recht, wenn er beschreibt: „Die Gemeinde rechnet es zu ihrer gottesdienstlichen Pflicht, für die natürlichen Lebensbedingungen ihrer Glieder zu sorgen. Sie schuf ein Gemeindevermögen und die es speisenden Beiträge wurden in der Versammlung der Gemeinde den Aposteln übergeben" (Gesch. der ersten Christenheit 1926, 81 f.). Bei Uhlhorn und eindrucksvoller noch bei Harnack kann man nachlesen, wie die Liebestätigkeit der frühen Christenheit sich auf- und ausbaute. Unsere Perikope wirkt sich dabei aus in der oft wiederholten Aufforderung zum schrankenlosen Geben und tritt in Verbindung mit den früh einsetzenden asketischen Strömungen (Harnack 175). Die rechte Zuordnung des Aufwands für Liturgie (im weitesten Sinn) und für Diakonie ist aber bis heute Problem geblieben. Ob sie in der Predigt behandelt werden soll, bleibt der Entscheidung des Predigers überlassen.

5. Eine Vorfrage, die auch andere Evangelientexte nahelegen, hat Schleiermacher reflektiert: „Wenn es nun viele solche gegeben hätte, wie diese Witwe, welche bereit war, Alles, was sie als das Ihrige ansehen konnte, nachdem ihr erstes Bedürfnis befriedigt war, zum Unterhalt des Gottesdienstes beizutragen:

dann hätte sich wol aus dieser Gesinnung ein solcher reiner Eifer entwickeln können, der weit entfernt, in jenen Ungestüm auszuarten, der den Tempel zerstörte, vielmehr dazu beigetragen hätte, den Untergang aufzuhalten" (a.a.O. 184f.). Nicht die eingefügte Klausel „nachdem ihr erstes Bedürfnis erfüllt war", durch die ja die Pointe des Ganzen verdorben wird, macht uns betroffen, sondern die Reflexion auf den möglicherweise anderen Ausgang der Konfrontation zwischen Jesus und dem jüdischen Volk. Paulus hat dazu bemerkt: „Gott hat sie alle beschlossen unter den Unglauben, auf daß er sich aller erbarme" (Röm 11,32). Ist wirklich die Hingabe des Ganzen die Pointe der Perikope?

IV. Die Pointe

Die Pointe des Textes soll sich weder aus dem Zusammenhang noch aus dem ergeben, was nicht gesagt ist, sondern aus dem, was dasteht. Die Mitte ist die Belehrung der Jünger, mit der feierlichen Amen-Formel eingeleitet (V. 42). Der Inhalt der Jüngerbelehrung: sie hat mehr gegeben als die andern alle. Die Witwe bleibt im Schatten; über ihre Motive erfahren wir nichts.

Das ist zugleich ein ökonomischer und ein moralischer Sachverhalt. Ihn herauszuarbeiten, war auf dem Passionsweg Jesu kein besonderer Anlaß, wohl aber in der Zeit des Gemeindeaufbaus aus dem Evangelium. Mit Recht hat man an die Kollektensache von 2. Kor 8 und 9 erinnert.

Für die frühe Gemeinde darf man voraussetzen, was die Weisheitsschriften als Grundregel niedergelegt hatten: „Wenn du viel hast, so übe damit Barmherzigkeit; wenn du wenig hast, so scheue dich nicht, dem Wenigen entsprechend Barmherzigkeit zu tun. Denn so sammelst du dir einen guten Schatz auf den Tag der Not ... Alles wovon du Überfluß hast, damit übe Barmherzigkeit" (Tob 4,7ff. nach Kautzsch I, 1900). Dabei ist unvermeidlich, daß die Opfergaben nach der Höhe eingeschätzt werden. „Ich faste zweimal in der Woche und gebe den Zehnten von allem, was ich habe" (Lk 18,9–14). Auch die Argumentation des Paulus in 2. Kor 8 und 9 läuft doch darauf hinaus, daß eine stattliche Kollekte zusammenkommt. Was soll unter diesen Umständen Jesu Bild und Wort von der Witwe, die nicht vom Übrigen, sondern vom Nötigsten, d.h. alles was sie hatte, aber eben nur 2 Scherflein, opferte? Iwand hat die Pointe dieser Perikope am deutlichsten gesehen und herausgearbeitet:

> „Es geht darum, daß die Stellung der Armen in der Gemeinde durch Jesus selbst geschützt ist, gegenüber der ihr Opfer allzu leicht in den Schatten stellenden Leistung der Hauptsteuerzahler. Wer das kirchliche Leben in Dorf und Stadt, wer das Rechnen und Gebahren der kleinen und großen Schatzmeister und die uns allen doch naheliegende Neigung kennt, die kirchlichen Opfer nach der Höhe der Summe zu werten, wird wissen, wie notwendig gerade die Mahnung Jesu an seine Gemeinde ist ..." (a.a.O. 12).

Iwand sprach von einer Umwertung der Werte. Sie hat ihre Probleme. Die Frage, was aus der sich selbst aller Lebensmittel entblößenden Witwe dann werden soll – wenn sie nicht verhungern will, muß sie den andern zur Last fallen, bleibt bestehen. Wer sie als unsachgemäß abweisen will, muß das begründen können. Iwand meinte zu wissen: „Auf dem tiefsten Grunde der Armut hat sie die kostbare Perle des Himmelreichs gefunden" (13). M. E. läßt sich das zwar nicht bestreiten, aber auch nicht aus dem Text belegen. Die Witwe verschwindet wieder, ohne daß etwas über ihre Lage gesagt würde. Die Pointe bleibt die Belehrung der Jünger, wie Iwand es herausgearbeitet hat.

Er steht damit recht allein. Immer schon, zumal seit Calvin, wird die Pointe anders gesehen. Nur die Gabe ist vor Gott wertvoll, die ex cordis affectu gegeben wird. Und indem sie von Herzen kommt, realisiert sie die wichtigste Pflicht des Christenmenschen, die Selbstverleugnung. Die neueren Ausleger sprechen von der Ganzheit der Hingabe (Schönherr u. a.). Darüber hinaus findet sich in den neueren Auslegungen eine weitere Pointe: Die Witwe handelt spontan, ohne jede Berechnung und Selbstbespiegelung. Sie ist darin z. B. dem Käufer der köstlichen Perle und dem Finder des Schatzes im Acker überlegen (Staemmler 226). Das mag sein. Aber indem wir darüber reflektieren und die Unreflektiertheit der Witwe zum Vorbild erheben, wird aus dem ganzen Unternehmen doch wieder Selbstbespielung, übrigens die Aporie vieler Evangelientexte!

Und die ökonomische Seite? Auch hier werden wir die Aporien nicht los. Gollwitzer meinte in seiner Lukasauslegung: „Menschlich gesehen, lebte der Tempel von den großen Gaben der Reichen. Göttlich gesehen, lebt er, lebt die Kirche von den unansehnlichen, von keinem andern als von Jesus selbst beobachteten Gaben des Glaubens" (253). Wie denken darüber die für unsere Kirchen- und Gemeinde-Etats Verantwortlichen? In dem o. a. Taschenbuch zum TOP Finanzen fand ich darüber nichts. Auch hier muß der Prediger entscheiden, wie er sich aus der Affäre ziehen will.

V. Die Predigt

Die folgende Skizze gibt den Gang meiner eigenen Predigt wieder. Nur auf den ersten Blick ist die Geschichte vom Scherflein der Witwe eine rührende Geschichte. In Wirklichkeit ist sie – wenn sie in der Predigt vorkommen und im Leben gelten soll – recht unbequem, und zwar aus verschiedenen Gründen. Die Mahnung Jesu, es komme nicht auf die Höhe der Gabe, sondern auf die Hingabe des ganzen Herzens und Lebens an, ist gar nicht besonders christlich. Ähnliches lehrten auch die Heiden in der Nähe und in der Ferne; nicht anders die Juden zur Zeit Jesu und später. Noch unbequemer ist es, wenn in der Predigt ernsthaft vom Geld die Rede sein soll; denn beim Geld hört die Gemütlichkeit auf. Und wenn wir dabei an unser heutiges Geldwesen in der Kirche denken, wird uns erst recht unwohl: die einen wollen eigentlich lieber gar keine Kirchensteuer zahlen und zahlen sie dann doch, obwohl sie vom Angebot der Kirche kaum Gebrauch machen; die andern treten aus der Kirche aus, weil ihnen ausgerechnet der Betrag der Kirchensteuer zu viel ist. Und das Ganze spielt sich abseits unseres Gemeindelebens ab, unpersönlich und anonym. Aber der eigentliche Einwand gegen die Geschichte besteht darin, daß nach unserm Urteil die Witwe unvernünftig handelt, wenn sie alles opfert, ihren ganzen Lebensunterhalt – sie fällt ja dann andern zur Last, wenn sie nicht geradezu verhungern soll. Wie kann Jesus so etwas als Vorbild hinstellen?

Was Jesus den Jüngern und uns sagen will, betrifft zunächst nicht so sehr das, was wir tun sollen, sondern wie wir in der christlichen Gemeinde in Geldfragen urteilen sollen. Die Gabe der Witwe soll nicht, weil sie so gering ist, verachtet werden. In Wahrheit opfert sie mehr als wir andern, weil sie nicht vom Überflüssigen nimmt. Das ist leicht gesagt und schwer getan. Denn in Wahrheit urteilen wir doch so, daß wir die großen Beiträge höher achten als die geringen. Sonst brauchten die Maßgebenden in der Kirche und Gemeinde nicht so ängstlich auf die wichtigen Kirchensteuerzahler Rücksicht zu nehmen, wie das immer wieder einmal ans Licht kommt. Wer für den Fortgang des Kirchenwesens Verantwortung trägt, wird kaum anders können, als auf die Höhe des Kirchensteueraufkommens zu achten und alles übrige darnach einzurichten. Jesus sagt: Ihr könnt nicht Gott dienen und dem Mammon. Wie soll ein so riesiger Betrieb, wie es unsere organisierten Kirchen sind, sich auch nur von ferne danach richten können, zunächst im Urteil und dann gar in eigenem Handeln? Wie sollen wir einen Weg finden zwischen dem natürlichen Bestreben unserer Selbsterhaltung als Kirche und dem Bestreben, die christliche Glaubwürdigkeit nicht zu verlieren?

Jesus stellt aber die Witwe nicht nur vor Augen, damit wir auch die geringen Gaben richtig einschätzen, sondern um uns daran zu erinnern, daß es solche Hingabe wirklich gibt. Der Diakonissenspruch: mein Lohn ist, daß ich darf, wäre als Parole der Arbeitgeber in der Kirche purer Hohn und Ausbeutung der Schwachen. Aber als Leitspruch derer, denen Jesus wirklich das Herz abgewonnen hat, so daß sie nicht mehr zuerst an sich, sondern an die andern denken, hat das Wort seine Wahrheit. Aber eben hier wird die Sache noch einmal kritisch: die Witwe stellt sich nicht selbst dar. Sie spricht kein Wort; sie verschwindet alsbald wieder von der Bühne. Sie leistet mehr als der Pharisäer, der zweimal in der Woche fastet und den Zehnten gibt von allem, was er hat. Zwischen der Witwe und dem Pharisäer spielt sich unser Leistungswesen in Kirche und Welt ab. Verheißung hat allein das Tun der Witwe. Gott gebe, daß es sich auch unter uns ereigne.

Nur in der Mission kann das Christentum als neue Botschaft verkündet und erlebt werden; sonst nur im Bereich der Biographie des Einzelnen; aber das würde die Predigt auf die Länge nicht bestimmen können. Oft wurde und wird aus der hergebrachten Herrschaft und Geltung des Christentums ein oder *der* Grund für seine Wahrheit gemacht. G. Menken hat den Begriff einer neuen Religion als widersinnig bezeichnet, und Vilmar hat die Neuerungsbestrebungen seines Jahrhunderts unter Berufung auf Apg. 17,19 ff. angeprangert. Beide haben verkannt, daß die Botschaft des Neuen Testaments in der Tat die Bedingungen einer neuen Religion oder Lehre erfüllt, wenn dem auch aus politischen Gründen nur selten deutlich Ausdruck gegeben werden konnte. Wer von uns den Bewegungen des Zeitgeistes in und außerhalb der Gemeinde sich auszusetzen wagt, wird diesem Aspekt etwas abgewinnen, und wäre es nur die Erkenntnis, daß die festgefügte rituelle Form unserer Predigtgottesdienste gewiß nicht die Garantie, geschweige denn die Verheißung für das Überleben der christlichen Wahrheit heute darstellt.

Judika

Hebräer 5, (1—6) 7—10

So näherte und vereinte er (Jesus Christus), wie wir gesagt haben, den Menschen mit Gott. Wenn nämlich der Mensch nicht den Feind des Menschen besiegt hätte, so wäre nicht gerechterweise der Feind besiegt worden. Und wiederum, hätte nicht Gott dem Menschen das Heil verliehen, so würden wir dessen nicht gewiß sein. Und wäre der Mensch nicht mit Gott verbunden worden, so hätte er keinen Anteil an der Unvergänglichkeit erlangen können. Es mußte nämlich der Mittler zwischen Gott und den Menschen kraft seines Verhältnisses zu beiden in Freundschaft und Eintracht beide zusammenführen und die Menschen Gott nahebringen und die Menschen mit Gott bekannt machen. Aus welchem Grunde könnten wir denn teilhaftig sein der Annahme an Kindesstatt, wenn wir nicht durch den Sohn diese verwandtschaftliche Beziehung zu ihm empfangen hätten: wenn nicht sein Wort, Fleisch geworden, sie uns mitgeteilt hätte? Deshalb machte er auch jede Altersstufe durch, um für alle die Gemeinschaft mit Gott wiederherzustellen (*Irenäus*, Gegen die Häresien III, 18,7 Übers. BKV 1912; S. 291 f.).

Hiervon ist nun die Anwendung auf das christliche Priesterthum ... leicht zu machen. Die Vorstellung selbst ging eigentlich die Juden an, die an eine solche Staatsverfassung gewöhnt waren, und an die auch, als nachmalige Christen, die gedachten apostolischen Briefe eigentlich gerichtet sind. Ihre Bedeutung kann ... keine andere seyn, als daß Jesus der höchste Reichsbediente Gottes auf der Welt gewesen sey — aber eines ganz andern Reiches — denn eben er habe jene sichtbare Regierungsform aufheben, eine Anbetung Gottes im Geist und in der Wahrheit einführen, Gottes Erkenntniß und freye kindliche Verehrung unter den Menschen ausbreiten, und alle leibliche Opfer und Gaben in würdigere verwandeln sollen: das habe er gethan, und mit einmal durch seinen Tod vollendet (Wilh. Abr. *Teller*, Wörterbuch des Neuen Testaments zur Erklärung der christlichen Lehre, Berlin 1785, 4. Aufl. s. v. Priester S. 379).

Der Zweck des Christenthums kann doch nur die Freude an Gott, Zufriedenheit mit seiner Regierung in Absicht der Gegenwart und Zukunft, und Heiligung des Herzens seyn. Aber jene wird gewiß, wie auch die Erfahrung lehrt, sehr sicher bewirkt durch die Lehre von einem ewigen, allmächtigen, allweisen, gerechten und wohlwollenden Geist, dem Schöpfer, Erhalter, Regierer der Welt und Vater der Menschen; und diese, kann sie kräftiger geweckt und sichrer geleitet werden, als wenn der Mensch, *ohne Rechnung auf ein fremdes Verdienst*, nur vom Fleiß in der Heiligung und zur Strenge gegen sich selbst aufgefordert, und wenn davon sein Werth oder Unwerth in den Augen Gottes abhängig gemacht wird? (*Löffler*, Über die Entbehrlichkeit des Glaubens an eine unmittelbare Offenbarung – hier zit. nach J. A. L. *Wegscheider*, Instit. christ. theologiae dogmaticae Halae 1829, 6. Aufl., S. 454.)

Mögen die, welche die blutige Versöhnungstheorie fest halten und predigen, noch so sehr zur Besserung, als dem unerläßlichen Accessorio des seligmachenden Glaubens ermahnen, der Mensch, wie er ist, wählt das Leichtere und läßt das Schwerere im Gesetz dahinten, und ist dabei als Christ nicht besser als der Hindu, der sich den schrecklichsten Expiationsceremonien seiner Religion mit fanatischem Eifer unterzieht, ohne selbst auf seinen moralischen Charakter nur den geringsten Einfluß zu gestatten (*ders.*, Allg. Lit. Ztg. 1817, Nr. 144 ebd.).

Nicht seine Lehre ist es, wenn verkehrter Menschenwahn Christum zu einem schnöden *Sündendiener* macht und Gottes Gnade unter irgend einer andern Bedingung verheißt, als unter der Bedingung eines gebesserten Sinnes und Wandels; denn jene stellt nur diese als einzig und völlig ausreichend fest (Lk 15, 11 ff.). (*Röhr*, Pred. Unser Herr als entschiedener Freund der Vernunft in religiösen Dingen, Neustadt 1828 p. 17 – zit. bei Wegscheider a.a.O. Alle Hervorhebungen nach Wegscheider.)

Wenn wir von den Leiden seines (scil. Jesu) ganzen Lebens reden, meinen wir die Entbehrungen des irdischen Genusses und der Freuden dieser Welt, so daß wir ihm also ein Verlangen nach diesen zuschreiben, dessen Nichtbefriedigung ihn geschmerzt hätte? Wenn wir von den Leiden seiner letzten Tage reden, meinen wir den plötzlichen Wechsel von der allgemeinen Verehrung zur Herabsetzung in die Reihe der Verbrecher und wollen ihm ein Trachten nach der Ehre dieser Welt zuschreiben, dessen Mißlingen ihn verwundet habe? Oder meinen wir den vorübergehenden körperlichen Schmerz und wollen ihm das als ein bitteres Leiden anrechnen, worüber sich schon jeder tapfere Mann, ohne viel davon zu leiden, sollte hinwegsetzen können? Oder meinen wir den Tod als Tod und wollen wir die natürliche Liebe zum Leben so stark bei ihm annehmen, daß dessen plötzliche Unterbrechung in der Blüthe der Jahre sein eigentliches Leiden gewesen wäre? Wir fühlen wohl, das Alles kann es nicht seyn; sondern so gewiß Christus leiden mußte, so gewiß konnte dies Alles für ihn nicht an sich ein Leiden seyn, sondern nur insofern es von der Sünde hervorgebracht wurde. Es konnte für ihn keine andere Quelle des Schmerzes geben, als die Gewalt der Sünde an dem menschlichen Geschlecht, das Uebergewicht, welches sie im Allgemeinen ausübte über jene guten Regungen, welche in den Menschen erwachten, wenn ihnen das Reich Gottes verkündigt wurde; er kannte keinen andern Schmerz, als den glücklichen Widerstand, den die Sünde seinen Bemühungen entgegenstellte, die Menschen mit göttlicher Liebe an sich zu ziehen und zu beseligen. Ja man kann sagen, ehe der Zeitpunkt kommen konnte, wo eine ewige Erlösung von der Sünde und ihrer Gewalt sich offenbaren sollte; ehe derjenige erscheinen konnte, der die Fülle der Gottheit an sich trug, mußte die Sünde so stark geworden seyn und so mächtig, daß sie nicht nur Weise und Propheten, wie sonst, sondern ihn selbst, den Heiligen und Göttlichen, die Liebe und die Weisheit selbst, aus Preis und Ehre in Schmach und Verachtung und vom Leben zum Tode bringen konnte. Und daß aus dieser Gewalt der Sünde die Erlösung von derselben unmittelbar hervorwuchs, das ist das Geheimniß der göttlichen Gnade, die Alles unter die Sünde beschlossen hatte (*Schleiermacher*, Üb. d. Geheimniß der Erlösung, Pred. üb. Lk 23, 33 f. S. W. II, 2 1834, S. 434 – hier zit. nach *A. Tholuck*, Das A. T. im N. T. Zwei Beilagen z. d. Komm. zum Brief an die Hebr. 1839, 2. Aufl., S. 106 f.).

Der dreieinige Gott hat sich in Folge dessen, daß sich der Mensch durch Satans Wirkung zur Sünde hatte bestimmen lassen, welche ihn zum Gegenstande des Zornes Gottes machte, um das mit der Schöpfung gesetzte Verhältnis zwischen ihm und der Menschheit zur vollkommenen Liebesgemeinschaft zu vollenden, in den äußersten Gegensatz von Vater und Sohn begeben, welcher ohne Selbstverneinung Gottes möglich war, nämlich in den Gegensatz des um der Sünde willen der Menschheit zürnenden Vaters, des sündlos dieser Menschheit angehörenden, unter aller Folge ihrer Sünde bis in den durch Satans Wirkung ihm widerfahrenden Tod des Verbrechers sich bewährenden Sohnes, so daß, nachdem Satan dieses Äußerste an ihm gethan hatte, was er dem Sündlosen in Folge der Sünde zu thun vermochte, ohne etwas anderes, als die schließliche Bewährung desselben zu erreichen, nunmehr das Verhältniß des Vaters zum Sohne ein Verhältniß Gottes zu der im Sohne neu beginnenden Menschheit war, welches nicht mehr durch die Sünde des von Adam stammenden Geschlechts, sondern durch die Gerechtigkeit des Sohnes bestimmt war (J. Chr. K. *v. Hofmann* Ztschr. f. Prot. u. Kirche 1856, S. 179 f. – hier zit. nach J. Heinr. Aug. *Ebrard*, Die Lehre v. d. stellvertretenden Genugthuung in d. hl. Schr. begründet; E. wissenschaftl. Untersuchung mit besd. Rücksicht auf Dr. v. Hofmanns Versöhnungslehre, Königsberg Verl. v. A. W. Unzer 1857, S. 3 f.).

I.

Seitdem wir uns in den GPM und bei Eichholz mit dieser Perikope mühen (GPM VIII 1954 ich, XII 1958 Köster-Baltzer-Merkel, XIV 1960 G. Friedrich, XX 1966 ich, hören und fragen Bd. VI, 1971 Fr. Lang), ist der Zugang nicht einfacher, der Umgang nicht leichter geworden. Zwar ist die Forschung weitergegangen, wie Fr. Lang hilfreich referiert; aber sie wird immer spezieller, und die Diskrepanz zum Bewußtsein der Gemeinde und der meisten von uns Predigern wird immer stärker. Daher schicke ich die Äußerungen der Aufklärer, Schleiermachers und des Erlanger Hofmann voraus, damit wir uns deutlich machen, wie es zu der Entfremdung zwischen der biblischen Heilslehre und dem

Neuzeitbewußtsein gekommen ist; was man dagegen ins Feld zu führen suchte, ohne daß solchen Versuchen — bis heute — ein durchschlagender Erfolg gelungen wäre. Im übrigen leistet der Beitrag Fr. Langs am meisten in dieser Richtung, und wer ihn greifbar hat, soll ihn sich zu Gemüte führen.

Immer hatte in der Auslegung des Hebr die Frage nach der Herkunft seiner Sätze und Vorstellungen etwas zugleich Faszinierendes und Frustrierendes. Wer sich an E. Käsemanns Monographie vom wandernden Gottesvolk (3. Aufl. 1955) erinnert und O. Michels ausführlichen Kommentar in der Meyerschen Reihe (seit 1936, 6. Aufl. 1966) benutzt, bemerkt nicht ohne Verdruß, wie die Exegeten in ihren religionsgeschichtlichen Kombinationen zugleich theologische Urteile fällen: der Verknüpfung mit der Gnosis haftet etwas von mangelnder Rechtgläubigkeit an; der (unbekannte) Vf. des Hebr muß möglichst alles aus dem AT, mindestens aus dem palästinischen Milieu haben, wenn er einwandfrei erläutert (und gepredigt) werden soll. Wer dem Klischee der Rechtgläubigkeit hier nicht erliegt, sieht sich aber dann vor immer fremdartigeren Vorstellungen und Zusammenhängen. Fr. Lang faßt es leider nur allzu richtig zusammen: „Für den Verfasser und die Leser des Hebr lieferte offenbar der kultische Bereich noch ein verständliches Anschauungsmaterial zur Aktualisierung der Kreuzesbotschaft als Grund der christlichen Hoffnung. Das trifft für unsere heutige Sprach- und Vorstellungswelt nicht mehr zu. Der alttestamentliche Kult ist fremd, und die Begriffe Priester und Opfer sind der Mißdeutung preisgegeben, wenn sie nicht ganz abgelehnt werden. Auch die Voraussetzung unseres Textes, daß der gottentfremdete Mensch eines Mittlers zu Gott bedarf, ist weithin schwankend geworden. Viele sehen die Mündigkeit des modernen Menschen geradezu in der Leugnung seiner Beziehung zu Gott begründet" (a.a.O. S. 195). — Wer die eingangs heraufgeholten Sätze der Aufklärer bedenkt, erkennt, daß auch sie etwas vom religionsgeschichtlichen Milieu wußten. Aber sie schlossen daraus nur, daß die Sätze über Opfer und Priester lediglich Akkomodation ans damalige Bewußtsein, und daß wir jetzt daran nicht mehr gebunden seien. Die heutigen Ausleger, nicht nur E. Käsemann, ziehen solche Folgerungen (meist) nicht[1]. Dennoch bleibt auch dem heutigen Leser der Eindruck, daß der religionsgeschichtliche Zusammenhang zwar unserm Verständnis aufhilft — oft in der Verfremdung des Textes —, dabei aber seiner Verbindlichkeit Abbruch tut. — Schleiermacher hat sich in den oben zu lesenden Predigt-Passagen um das Erbe der Aufklärungskritik nicht gekümmert. Er ist dem rechten Verständnis von Jesu Leiden und Sterben in großen Alternativ-Fragen auf die Spur gekommen, die auch unserer Passionspredigt Anregung geben

[1] Phil. Vielhauer, Rezension von Otto Michel, Der Brief an die Hebräer, 1949, in: Verk. u. Forschung 1951/2, Lieferung 3, München 1954, S. 213–219. — M. Dibelius, Der himml. Kult nach dem Hebräerbrief, in: Botschaft u. Geschichte. Ges. Aufs. Bd. II, 1956, 160–176. — E. Grässer, Der Glaube im Hebräerbrief, Marburg 1965. — Gerd Theißen, Untersuchungen zum Hebräerbrief, Gütersloh 1969. — Herbert Braun, Das himmlische Vaterland bei Philo und im Hebräerbrief, in: Verborum Veritas, Festschr. f. G. Stählin, Theol. Verl. R. Brockhaus, Wuppertal 1970, 319–327). — G. Bornkamm, Sohnschaft und Leiden, in: Gesch. u. Glaube 2. Teil = Ges. Aufs. Bd. IV, Beitr. z. Evang. Theol. Bd. 53, 1971, 214–224.

können (es spricht für den theologischen Geschmack Tholucks, daß er seine Leser auf diese Predigt Schleiermachers hinwies!). Er (Schl.) hat hier auf dogmatisch-spekulative Verknüpfungen verzichtet. Der Erlanger Hofmann hat sie versucht und geleistet — und damit bekanntlich im Luthertum seiner Zeit einen veritablen Lehrstreit hervorgerufen, der schon wegen seines Niveaus Respekt verdient[2]. Hofmanns Leitsätze erschließen sich nur dem geduldigen und langsamen Lesen; sie wollen mehrfach von Satzteil zu Satzteil aufgenommen und erwogen werden: am Ergebnis ist erstaunlich, wie kollektiv, d.h. menschheitlich und nicht individualistisch Hofmann denkt und argumentiert, darin seinem Landsmann und Altersgenossen L. Feuerbach durchaus verwandt.

II.

Auch im Blick auf die Predigt fragen wir zuerst danach, was diese Perikope ursprünglich sagen will. Dazu haben wir den Zusammenhang der V. 4,14–5,10 zu bedenken, dessen Thema „vom Hohenpriester Jesus Christus" schon 2,17 überraschend angesprochen ist. Die Kombination von Jesu Werk und Person mit dem atl. (und sonstigen) Priestertum übernimmt Hebr aus der Umwelt; in den ntl. Schriften finden wir so deutlich davon sonst nichts. Die Verknüpfung und Anwendung in den Texten des Hebr ist seltsam ambivalent: das Modell des atl., besonders des aaronitischen Priestertums wird auf Jesu Sendung und Person angewendet, insofern wird Jesus am AT gemessen. Anderseits wird stets betont, daß Jesus dem alttestamentlichen Bild und Vorbild weit überlegen ist: er ist sündlos, während der Hohepriester des alten Bundes „auch für seine eigenen Sünden Sühneopfer darzubringen" hat (5,3). In der Anspielung auf die ‚Ordnung Melchisedeks' (5,10 u. ö.) drückt sich Jesu Überlegenheit aus. Auch die Dimensionen, in denen sich das Opfer Aarons und dasjenige Christi abspielt, sind verschieden: Jesus Christus ist Hoherpriester der zukünftigen Güter, er hat das größere und vollkommenere, nicht mit Menschenhänden gemachte Zelt durchschritten; er opfert nicht das Blut von Tieren, sondern sich selbst als fehlloses Opfer. „Darum ist er der Mittler eines neuen Bundes" (Hebr. 9,11–15). Die Ordnung des Alten Bundes, alles Opfer- und Priesterwesen ist damit abgetan. „Wo Sünden vergeben sind, da ist es auch mit dem Sündenopfer vorbei" (10,18 nach der Übers. von Ulr. Wilckens).

Unsere Perikope läßt von diesem Endergebnis noch nichts verspüren. Sie interessiert sich für die Größe und Würde Christi und dient ihrem Interesse durch den Vergleich zwischen dem aaronitischen Priestertum und dem Werk Jesu Christi. Ihr liegt wohl an der Ähnlichkeit und Vergleichbarkeit beider mehr als an den dennoch nicht zu übersehenden Unterschieden. Aber sie hat

---

[2] Vgl. Phil. Bachmann, J.-Chr. Konr. v. Hofmanns Versöhnungslehre und der über sie geführte Streit. Ein Beitr. z. Gesch. der neueren Theologie (Beitr. z. Förd. chr. Theol. XIV, 1910, Heft 6, 73 Seiten). – Zur Einführung in die Christologie im 19. Jahrh. H. J. Iwand, Vom Primat der Christologie in Antwort. K. Barth zum 70. Geburtstag 1956, 172–189.

es weniger auf den jeweiligen Effekt des priesterlichen Opferns als auf die Qualifikation des opfernden Hohenpriesters selbst abgesehen. Ich finde in den Kommentaren keine religionsgeschichtlichen Belege für eine solche Betrachtung. Denn eigentlich hat das Priesterwerk seine Pointe in der Verrichtung des Opfers, nicht im Gefühlsleben des Opfernden. Anders ist es mit dem, was V. 4 f. betont: keiner nimmt sich selbst diese Funktion, sondern er muß dazu berufen sein — vgl. CA XIV: „... daß niemand in der Kirchen öffentlich lehren oder predigen oder Sakrament reichen soll ohn ordentlichen Beruf — nisi rite vocatus!" Daß Jesus diese Regel befolgt, wird mit feierlichen Schriftbeweisen begründet.

Was mag der Sitz im Leben für eine solche Argumentation sein? Auch wenn es sich bei den Empfängern des Hebr um solche handeln sollte, für die der Rückfall ins Judentum eine wirkliche Versuchung und Gefahr war, traf das Argument kaum die Realität. Denn der Opfer- und Tempelkult in Jerusalem war mit der Zerstörung dieser Stadt beendet. Immer schon wirken die Vergleiche und Argumente des Hebr recht theoretisch; dies erst recht dann, wenn wir den Ergebnissen der neueren Forschung folgen, daß es sich weniger um jüdisch-palästinische als um jüdisch-hellenistische und gnostische Vorstellungen handle. Käsemann versucht, die fremdartigen Vorstellungen von der Konzeption des wandernden Gottesvolkes aus verständlicher zu machen. „Bürgschaft für die Erlangung des himmlischen Vaterlands gewährt ihm (scil. dem Glauben) allein der Hohepriester Christus. Weil es in Hebr zuletzt um die Frage dieser Bürgschaft geht, ist der ganze Brief auf die Botschaft vom himmlischen Hohenpriester ausgerichtet und erscheint diese Botschaft in der Form eines logos teleios" (a.a.O. S. 153). Das setzt freilich voraus, daß die himmlische, zukünftige Welt der irdisch-vergänglichen überlegen ist. „Christus ist nicht in ein von Menschenhand errichtetes Heiligtum hineingegangen, ein Gegenbild zu dem echten; sondern in den Himmel selbst ist er gegangen, um nunmehr für uns vor Gottes Angesicht zu treten" (Hebr 9, 24). Unserm heutigen Denken stellt sich dabei auch die Frage, wie sich das irdisch-geschichtliche Tun Jesu zu dem verhalten mag, was ihm für die himmlische Welt zugeschrieben wird. Dazu liefert E. Käsemann als Formel des Ausgleichs: „Jesu Tod und sein himmlisches Tun sichern sich gegenseitig, nämlich der Tod das hohepriesterliche Amt vor mythischer Auflösung, das letztere aber den Tod vor der Mißdeutung durch einen historisch erstarrten Dogmatismus" (a.a.O. S. 154).

Damit sind wir bei dem so viel umstrittenen Sachverhalt der V. 5, 7 und 8 angelangt, in denen nach der herkömmlichen Ansicht auf Gethsemane (oder nach Luther u. a. auf das Geschehen vom Karfreitag) Bezug genommen wird. Mir scheint, daß hier von jeher zuviel Scharfsinn investiert worden ist — bis hin zu der Konjektur Adolf Harnacks in V. 7 c: er ist ‚*nicht*' erhört worden, die sogar in den Apparat der Nestle-Edition geraten ist. Ich möchte hier der Deutung eines so maßvollen Gelehrten wie M. Dibelius folgen, der schon in bezug auf die Gethsemane-Szene „zu zeigen versucht, daß dem ersten Teil der

Szene ein messianisches Postulat zugrunde liegt, daß der Vorgang also zur Ehre Jesu (und nicht als Erweis menschlicher Schwachheit) erzählt ist. Man schloß aus alttestamentlichen Stellen wie LXX Psalm 41,6.12; 42,5; 21,25; 68,4, daß zur Messianität eine solche Notstunde, mit Betrübnis, Schreien und Bitten um Rettung gehöre. Diese Überzeugung bildet die Wurzel der Gethsemane-Szene; aber auch für Hebr 5 und für Joh 12,27–30 ist diese Überzeugung maßgebend, und nicht, oder nicht in erster Linie, der Bericht über Gethsemane. Für die Darstellung des Hebr kommen dabei vor allem folgende Stellen in Betracht (folgt im Urtext LXX Ps 30,23 u. Ps 38,13). Alles, was in den Worten Hebr 5,7 befremdlich sein kann, findet sich in den Psalmenversen als Schilderung unschuldigen Leidens: Angst, Gebet, Schreien, Tränen, Erhörung. Die Darstellung des Hebr beruht also nicht auf einer Übernahme der Gethsemane-Szene; sie stellt nur eine Parallele zu ihr dar. Das, was die ersten Christen über die Traurigkeit ihres Herrn aus dem Alten Testament herauslasen, ist hier im Rahmen jenes großen kultischen Geschehens gezeichnet, in dem der Verf. des Hebr das Heil sich vollenden sieht" (a. Anm. 1, a. O. 171 f.).

Nur im Vorbeigehen erinnern wir uns angesichts der Aussagen von V. 7 und 8 an die christologischen Überlegungen und Streitigkeiten, die sich an sie geknüpft haben: ob dem Gottessohn so etwas wie ein Lernen, wie eine Vervollkommnung zugeschrieben werden könne und dürfe. In dem Auf und Ab unserer Antworten spiegelt sich wider, was das jeweilige Zeitalter vom Wesen des Menschen und von den Qualitäten eines Heilands und Mittlers dachte und zu wissen meinte. Wir haben keinen Anlaß, die älteren Überlegungen, auch die Spekulationen so gering zu achten, wie es etwa die Ritschl-Schule tat. Aber wir dürfen in den Hebr-Text auch nicht mehr hineinlegen als er verträgt: noch bewegen sich die Aussagen über Christus nicht in den Distinktionen und Differenzierungen der späteren Zeit. Es läuft alles hinaus auf die Aussage von V. 9: vollendet ist er für alle, die ihm gehorchen, Urheber ewigen Heils geworden. Damit schließt sich unsere Perikope dem großen Fluß des neutestamentlichen Christuszeugnisses wieder an. Genau hier aber erheben und ergeben sich für unser Bewußtsein heute die Fragen. Die systematische und die homiletische Überlegung lassen sich dabei nicht trennen.

III.

Unter den Auslegern ist Ad. Schlatter derjenige, der den Komplex des Priesterlichen am intensivsten entfaltet und nachvollzieht. „Der Priester leistet mir Hilfe in meinem Verhältnis und Verkehr mit Gott. Er verschafft mir Gottes Gnade und Hilfe und greift für mich in den göttlichen Reichtum hinein, um für mich aus Gottes Schatz diejenige Gabe zu holen, die ich wohl bedarf, jedoch nicht selbst erlangen kann" (Erl. z. St.). So selbstverständlich wird heute niemand von uns reden wollen. Was soll all dies, wenn die Pointe des Hebr eben darin besteht, daß es solche priesterliche intercessio seit Christus nicht mehr gibt? Oder sollen wir im faktischen Abhandenkommen priesterlichen Geschehens bei uns einen Verlust erblicken, aus dem sich auch die sonstigen Schwächen des neuzeitlichen Protestantismus erklären lassen? Hans Asmussen z. B. hat sich einen solchen Vers auf den Gang der Dinge gemacht. Die Religionsgeschichte hilft uns nicht zur Entscheidung; denn es gibt große Religionen mit und ohne Priestertum. Der Orbis catholicus hat sich bisher nicht entschließen können, auf das Priesteramt zu verzichten. Wir hören nur: „Das Amtspriestertum drängt sich also nicht zwischen Gott und das allen Gläubigen gemeinsame Priestertum, es bereitet diesem vielmehr den Weg zu seiner eschatologischen Vollendung" [3]. Umgekehrt argumentiert ein protestantischer Ausleger des Hebr: „Die christliche Gemeinde ist demgemäß überhaupt nur als eschatologische Gemeinde möglich. Im Augenblick, da ihre wesentlich eschatologische Haltung einer weltlich-geschichtlichen weicht, so daß die Notwendigkeit des Priestertums neuerdings gegeben erscheint, ist die Kirche bereits abgefallen, und zwar nicht etwa zum Alten Testament, denn dorthin kann sie niemals wieder zurückkehren, sondern in den Bereich des rein Profanen, wo der Priester tatsächlich nur noch ein Komödiant ist, da ihm hier jede göttliche Autorisation überhaupt fehlt." [4] Viele heute werden vermuten, hinter diesen Differenzen steckten vor allem weltliche Anliegen: mit der Idee der freien Selbstverfügung des Individuums verträgt sich Priestertum nicht; Priestertum ist immer Herrschaft von Menschen über Menschen, und in der Christenheit ist am allerwenigsten Platz für eine solche Herrschaft. „Hier hat die Christliche Bruderschaft ganz ein Ende genommen, hier sind aus den Hirten Wölfe, aus den Knechten Tyrannen und aus den Geistlichen mehr als Weltliche geworden." [5]

Nun muß dies in der Predigt über unsern Text nicht ausgefochten werden. Es gehört nur zur Hintergrund-Überlegung jeder Predigt und jedes Gottesdienstes. Wohl aber schärft es uns den Blick für die Pointe des Textes: für Christus wird in Anspruch genommen, was Menschen sinnvollerweise nicht für sich in Anspruch nehmen dürfen — auch nicht im Sinn einer Beauftragung. Er *ist* das, was wir einander nicht sind, nicht sein können oder dürfen: Hoherpriester, Stellvertreter. Oder — mit den Worten von V. 9: aitios sotērias aioniou, Urheber ewigen Heils.

Sosehr wir auf der Parole des reformatorischen Pronobis beharren, so schwer fällt es uns, über diese Formel, in der wir Jesu Christi Heilswerk und Heilsbedeutung einfangen möchten, zu einer sachlichen Explikation zu kommen. Der Dialog zwischen Dorothee Sölle und Helmut Gollwitzer über ‚Stellvertretung'

---

[3] Ernst Niermann s. v. Priester, Priestertum in Sacramentum Mundi. Theol. Lexikon f. d. Praxis, Herder 1969, Bd. III, Sp. 1279.

[4] Erwin Reisner, Der Brief an die Hebräer. Betrachtungen. München 1938, 91 f.

[5] Hic periit fraternitas Christiana, hic ex pastoribus lupi, ex servis tyranni, ex Ecclesiasticis plus quam mundani facti sunt, Luther De captivitate ecclesiae Babylonica 1520 Cl. 1, 501, 18 Mü. Ausg. Bd. 2, 1914, 192. Luther spricht vom Ordo (Priesterweihe bzw. Ordination).

gibt gewiß Anstöße, aber die Sache bedarf immer neuer Besinnung[6]. Ich finde bei Vilmar den Satz: „Er (scil. Jesus) ist nicht ein Fremder für uns, sondern unser eigenes Ich; wir finden für Alles Anklang in ihm . . . Wir empfinden uns in ihm selbst geopfert" (Coll. Bibl. zu Hebr 4, 14 ff. S. 445). Vilmar könnte dafür auf Gal. 2, 20 verweisen. Dennoch dürfte es uns kaum möglich sein, diese Sätze mehr als verbal nachzuvollziehen. ‚Urheber des Heils' muß allerdings eine so enge Identifikation nicht notwendig bedeuten. Wir nehmen dann irdische Relationen zu Hilfe, an denen wir analog vorzustellen und zu sagen versuchen, was Jesu Sein und Tun für uns bewirkt und bedeutet. Opfer und Priesterwesen bieten sich ebenso an wie die mehr abstrakten Ausdrücke vom Urheber des Heils. Aber rascher als mancher denkt, kommt man dann im Maße der Reflexion über das ‚Geheimniß der Erlösung' (Schleiermacher) zu den mehr rechnerischen Entwürfen, die als Lehre von der stellvertretenden Genugtuung Christi so sehr gescholten werden. Vielleicht können wir es für diesmal bei einer Formulierung bewenden lassen, die ich bei W. Trillhaas finde: „Der Gedanke der intercessio Christi, seines steten Eintretens vor Gott für uns, ist deshalb so schwer zu verstehen, weil er in der Tat eine Paradoxie in sich schließt. Er scheint nämlich unsere Unmittelbarkeit zu Gott aufzuheben, und es ist die naheliegende Frage gerade des modernen Menschen, wieso wir eines Mittlers bedürfen. Tatsächlich aber ist es der eigentliche Gegenstand dieser Paradoxie, daß wir nur kraft dieser Mittlerschaft Christi nicht mehr Knechte, sondern Kinder im Hause des Vaters sind, daß wir durch ihn im Reiche der Versöhnung leben dürfen" (Dogmatik Alfr. Töpelmann Berlin 1962, S. 305).

Die Predigt kann verschiedene Wege gehen. Es legt sich z. B. nahe, nicht den Gesamttext, womöglich 4, 14—5, 10 zugrunde zu legen, sondern nur seine Pointe: 5, 9 — Urheber des ewigen Heils. Dann sind wir von Anfang an beim eigentlichen Thema, dies zumal an einem Sonntag der Passionszeit. Aber wir bleiben dann leicht so sehr im Dogmatisch-Lehrhaften — das nicht an sich verwerflich ist —, daß die Kluft zum Leben der Gemeinde kaum zu überwinden ist. Denn was sich von jeher nahelegt, von der Heillosigkeit und Vergänglichkeit von Mensch und Welt zu reden, um dann ein einleuchtendes Zeugnis vom Urheber ewigen Heils ablegen zu können, ist stark verbraucht und die vermeintliche Logik dieses Demonstrationsgangs wirkt keineswegs zuverlässig.

So könnte ich mir einen sehr andern, wenn schon riskanten Weg zur Hauptaussage des Textes denken: 5, 1 heißt es vom Hohenpriester, er sei „bestellt zu den Geschäften bei Gott" (kathistatai ta pros ton theon — Übers. nach C. Weizsäcker). Es gibt Leute, die sind da für ‚die Sache mit Gott'. Bei uns sind das die Pfarrer und in gewissem Maß die Religionslehrer. Kann und darf es sie

---

[6] Vgl. Dorothee Sölle, Stellvertretung. Ein Kapitel Theologie nach dem ‚Tode Gottes'. Stuttgart, Berlin 1965, 2. Aufl., 208 Seiten. – Helmut Gollwitzer, Von der Stellvertretung Gottes. Christlicher Glaube in der Erfahrung der Verborgenheit Gottes. Zum Gespräch mit Dorothee Sölle. München 1967, 162 Seiten. – Ferner Uwe Gerber, Christologie und Gotteslehre. Überlegungen zur Theologie von Rudolf Bultmann und D. Sölle. Theol. Stud., Heft 99, 1969, 51–80.

überhaupt noch geben, wenn einerseits von Jesus das gilt, was der übrige Hebr-Text von ihm sagt, und wenn anderseits bei uns das Gefühl immer stärker wird, es handle sich bei einer solchen ‚Bestellung zu den Geschäften bei Gott' bestenfalls um einen Irrtum, wahrscheinlich um Komödie, vielleicht sogar um Anmaßung und Blasphemie. — Immerhin, auch in ihrer heutigen Funktionsweise als Kirche ist die Christenheit willens und geneigt, ‚die Geschäfte bei Gott' nicht auf eigene Faust zu betrachten und zu betreiben, sondern sie beruft sich dabei auf Christus. Was dieser mit dieser ‚Sache mit Gott' zu tun hat, sagt die Perikope auf eine zwar fremdartige, dennoch eindrucksvolle Weise. Es muß freilich der Predigt gelingen, dann wirklich vom Start wegzukommen und das Ziel zu erreichen: nicht auf die alten und neuen Priester und Vermittler kommt es an, sondern auf Ihn — den Urheber ewigen Heils.

Gründonnerstag

Jeremia 31,31–34

„Dadurch, daß er sagt ‚einen neuen', hat er den ersten zum veralteten gemacht. Was aber veraltet und greisenhaft wird, ist nahe bei der Beseitigung" (Hebr. 8,13 nach der Übers. von Ad. Schlatter).

„Nur für jene wird das Gesetz zu einem ‚alten Testament', die es fleischlich verstehen wollen: für solche veraltet und vergreist es notwendig, weil es seine Kräfte nicht frisch erhalten kann. Für uns aber, die wir es geistig und evangelisch verstehen und auslegen, ist es immerdar neu, und beide sind uns neue Testamente, nicht der Neuheit des Lebensalters, sondern der Neuheit der Einsicht nach" (Origenes, Num. Homil. 9,4, Berl. Ausg. Baehrens 7,59, zit. nach der Auswahl von H. Urs. v. Balthasar, Origenes Geist und Feuer 1938, 2. Aufl., S. 158, Nr. 232).

„Wie also kann man doch ewig nennen, was schon längst aufgehört hat und wovon feststeht, daß es schon beendet ist? Es bleibt nur diese Lösung, daß wir das Gesetz in jener Hinsicht ewig nennen, in der wir es geistig zu nennen gewohnt sind, das Gesetz, in welchem geistige Opfer dargebracht werden können, die niemals unterbrochen, niemals beendet werden können" (Origenes, Lev. Homil. 4,10, Berl. Ausg. 6, 331, U. v. Balthasar, a.a.O. S. 165, Nr. 249).

„Quare in novo testamento fit, ut dum foris ministratur verbum vitae, gratiae et salutis, intus simul doceat spiritus sanctus ... Igitur intelligendae Scripturae modus, ubi dicit leges scribi in mente et in corda. Nam per ‚mentem' et ‚cor' intellectum et affectum (ita enim nunc loquimur) accipit. Esse enim in mente est intelligi, esse in corde est diligi: Es geschieht ja im neuen Bund, daß während das Wort des Lebens, der Gnade und des Heils äußerlich angedient wird, innerlich zur gleichen Zeit der Heilige Geist lehrt ... Man muß also die Schriften so verstehen, wenn er (der Text) sagt, die Gesetze seien in Sinn und Herz geschrieben. Denn mit Sinn meint er das Verstehen, mit Herz den Affekt. Im Sinne sein heißt also verstanden werden, im Herzen sein, heißt geliebt werden" (Luther zu Hebr. 8,10 = Jer. 31,33, Hebr. Vorl. ed. Ficker II, 1929, 81 f.).

„Das Gesetz – sagt Schelling (Offenbarungsphilos. herausg. von Paulus S. 668) – scheint das bloße Ideal einer religiösen Verfassung zu sein, wie sie niemals in der Wirklichkeit existiert hat; in der Praxis waren die Juden fast durchweg Polytheisten. Die Substanz ihres Bewußtseins bildet das Heidentum, das Accidentelle bildet das Geoffenbarte. Von der Himmelskönigin bis zu den Greueln der Phönizier, ja bis zur Kybele haben die Juden alle Stufen durchgemacht" (Franz Delitzsch, Comm. z. Brief an die Hebr. 1857 S. 343 Anm. 1 zu Hebr. 8,8–12).

Der große Text hat eine große Auslegungsgeschichte, aus der ich nur ein paar Punkte oder Linien aufnehmen konnte. Aber zum Predigttext ist er erst neuerdings geworden – seit der Eisenacher Ordnung vom Ende des vorigen Jahrhunderts; damals dem ersten Advent zugeordnet, inzwischen mit dem Gründonnerstag verbunden: jene Zuordnung haben G. v. Rad und Miskotte im Auge in ihren höchst beachtlichen Auslegungsbeiträgen bei Eichholz Bd. 5 1. Aufl. 1948 und 2. Aufl. 1962. G. v. Rad ist dann dem Text nochmals ausführlich in seiner Theologie des Alten Testaments im 2. Band nachgegangen. In unsern GPM hat 1948 Ph. Vielhauer, 1963 R. Frick die Perikope im Blick auf Gründonnerstag behandelt. Aus der älteren Arbeit am Text nenne ich besonders Calvin, dessen Jeremia-Auslegung 1937 von E. Kochs in Übersetzung zugänglich gemacht wurde, inzwischen aber anscheinend leider nicht mehr greifbar ist. Miskotte hat sie in seinem Beitrag berücksichtigt. Ebenso verlangt K. Barths Auslegung Beachtung (KD IV, 1, 32—35). Zur Vorgeschichte des Textes verweise ich noch auf Rudolf Smend, Die Bundesformel (Theol Stud 68) 1963.

Gewiß ist es begreiflich, daß die Perikopenmacher von heute den Jeremia-Text mit dem Sachverhalt Abendmahl-Gründonnerstag verbunden haben. Aber nur zu leicht wirkt sich das so aus, daß der Prediger im Blick auf seine Aufgabe an diesem Tag dem Text gar nicht mehr standhält; dies um so mehr, da ja eine Abendmahlsansprache noch kürzer sein muß als eine Sonntagspredigt. Ich weiß mir hier nicht anders zu helfen, als daß ich zunächst das Spezifische von Gründonnerstag unbeachtet lasse — nicht um mit Problemen zu prunken, sondern weil es der Text ‚in sich hat'. Unsere Meditationen wollen ja die Aufgabe der Predigt weder vorweg- noch abnehmen.

Aber diese Verknüpfung des Jeremia-Textes mit den Abendmahlstexten des Neuen Testaments ist nur ein Symptom für die viel größere Schwierigkeit im Umgang mit der prophetischen Verheißung eines Neuen Bundes. Schon im Neuen Testament selbst beginnt deren Auslegungsgeschichte, aus der ich daher oben den pointiertesten Satz an den Anfang stellte. Hebr. 8, 8—12 zitiert unsern Text zur Gänze, und Vers 13 zieht die Konsequenz: „Indem Er von einem Neuen spricht, hat Er den ersten für veraltet erklärt; was aber veraltet und greisenhaft ist, ist dem Verschwinden nahe" (Übers. von Franz Sigge, Fischer-Bücherei 200). Der nie zu ignorierende Index Nestles der im Neuen Testament vorkommenden Zitate aus dem Alten Testament nennt auch die übrigen Stellen, die hier in Frage kommen. Dementsprechend wären auch die Kommentare zum Hebräerbrief für die Arbeit an unserer Perikope heranzuziehen. Noch mehr kompliziert sich unsere Arbeit, wenn wir bedenken, daß die Synagoge unsern Text ganz anders auslegt und versteht. R. Smend schließt sein Büchlein über die Bundesformel im Anschluß an G. v. Rad mit den Sätzen: „Daß ‚diese Geschichte Gottes mit Israel ihr eigentliches Ziel in der Erscheinung Jesu Christi habe', ist hier für den Christen mit Händen zu greifen. Der Mensch Jesus hat das Gesetz erfüllt, mit ihm ist der verheißene neue Bund Wirklichkeit geworden." Eben dies ist für den Juden keineswegs mit Händen zu greifen, was uns heute weniger als je gleichgültig sein kann. Um so unerläßlicher, daß wir uns zunächst einmal dem Text als solchen zuwenden.

I.

Unsere Perikope gehört in das ‚Trostbüchlein für Israel' (Kap. 30 und 31), das ursprünglich gesondert existiert hat. Es enthält Heilsworte, die an Israel gerichtet sind, d. h. an die Angehörigen des ehemaligen Nordreichs. Durch sekundäre Einfügung von Juda neben Israel oder ähnlich sind die Verheißungen auch auf das Südreich bezogen worden. Ihre Herkunft von Jeremia wird heute meist angenommen. H. Wildberger, dessen Zusammenfassung in RGG ³III, 589 ich hier folge, verlegt die Worte in die erste Epoche der Wirksamkeit des Jeremia, da damals Hoffnung bestand, daß nach dem Zusammenbruch des assyrischen Reiches das Nordreich wiederhergestellt und die Exilierten wieder zurückkehren würden. — Auch dem Nichtspezialisten fällt auf, wie verschiedenartig Thematik und Bildersprache der einzelnen Prophetenworte sind, so daß man es gewiß in den beiden Kapiteln nicht mit einer ursprünglichen Einheit, sondern mit einer Sammlung verschiedener Worte zu tun hat. Man kann also wohl doch nicht aus der zuweilen starken geschichtlichen und geographischen Konkretheit solcher Abschnitte wie 31, 38–40 folgern, auch unser Text sei ursprünglich nur partikular gemeint. Man kann und muß ihm seine Allgemeinheit und Unbestimmtheit lassen.

Wenden wir uns dem Textbestand selbst zu, so haben wir zunächst mit der philologischen Frage zu tun, wie am Ende von Vers 32 die Vokabel ‚*baalti*' zu übersetzen ist. Die Version der LXX — *kai ego emelesa auton:* und ich habe ihrer nicht geachtet — legte offenbar nahe, von der hergebrachten Übersetzung: „ich bin Herr über sie" abzuweichen. So übersetzt noch die Zürcher Bibel: ich aber habe sie verworfen. Aber sowohl das Lexikon von Köhler-Baumgartner wie die neueren Kommentar-Übersetzungen (Rudolph und A. Weiser, auch Rud. Smend, a.a.O. 30) beharren auf der Übersetzung: *baal:* Herr-sein. Wer die Zürcher Übersetzung auf die Kanzel mitnimmt, sollte ihr hier also nicht folgen.

Auch der flüchtigste Leser oder Hörer bemerkt, was das Grundwort der ganzen Perikope ist: Bund. Aber was heißt das? Wir führen in Theologie und Verkündigung dieses Wort seit langem im Munde; aber oft wissen wir nicht mehr dazu zu sagen, als daß in diesem Bunde zwischen Jahwe und Israel Gott die Vorhand habe; daß es auf alle Fälle kein ‚gleichberechtigtes' Vertragsverhältnis sei; daß dieses Verhältnis eine Lebensordnung impliziere u. a. m. Das alles ist gewiß nicht in Abrede zu stellen: nichts wird im ganzen Ablauf der Perikope so eindeutig wie die völlige, fast exklusive Aktivität Gottes. Sein Ich ist in fast allen Sätzen das Subjekt, und das heißt eben, daß Er die Sache in die Hand nimmt, in der Hand hat und in der Hand behält: wer die abstrakten Vokabeln der neuzeitlichen Philosophie liebt, kann an unserer Perikope studieren, was Theonomie im Ernstfalle heißt. Der ‚*theos zelotes*' des ersten Gebots (Ex. 20, 6 LXX) verleugnet sich nicht. Und es mag Gemeindesituationen geben, in denen der Prediger das unterstreichen muß.

In der Regel aber herrscht bei uns der ‚Deismus' vor, und wir müßten angesichts der Vokabel Bund vor allem darauf reflektieren, wie sehr sich Gott hier mit Menschen einläßt, wie nahe er ihnen rückt; er läßt sie nicht in Ruhe und überläßt sie nicht sich selbst. ‚Bund' ist sehr viel ungemütlicher als ‚Religion', wiewohl für unser heutiges Gefühl auch Religion ungemütlich und lästig werden kann. Dabei ist der gewaltige Abstand der Zeiten zu bedenken, aber nicht zu überschätzen: während der Prophet und seine Hörer (oder Leser) keinen Gedanken darauf verschwenden, die Wirklichkeit und Wahrheit dieses Bundes zuerst in Frage zu stellen und dann — kunstvoll oder naiv — zu beteuern, plagt uns heute die Wirklichkeitsfrage mehr als genug, selbst wenn wir es nach außen nicht gerne zugestehen, weil sich das für Theologen und Christen eigentlich nicht gehört. Das ‚Urteil des Glaubens' wird dann zum schöpferischen Zauberwort, mit dem wir alles ins Ungewisse rücken. Aber dem ist hier nicht nachzugehen.

Muß der Kollektivcharakter des Bundes zum Thema werden? Das Alte Testament kennt die Privatisierung des Gottesverhältnisses nicht, die unsere Lage seit langem bestimmt. Wir werden sehen, daß gerade unsere Perikope nicht auf dem Wege dorthin sich verstehen läßt, auch wenn man sie gelegentlich so verstanden hat. Wichtiger ist: Israel und seine Sprecher haben ihre Geschichtserfahrung mit diesem Wort ‚Bund' umfassend gekennzeichnet. Erwählungs- und Verpflichtungsbewußtsein leiten sich gleichermaßen daraus her. Der Bund ist das, was alle unbedingt angeht. Und eben dies ist zwischen dem Propheten und seinen Hörern nicht strittig.

Strittig und überraschend wird die Gottes- und Prophetenrede erst in dem Augenblick, wo von einem neuen, andern Bund die Rede ist. Gewiß waren Erneuerungen des Bundes von Israel her, durch einen reformwilligen und -freudigen König und dergleichen mehr, immer denkbar und wirklich. Und für liturgisch-zeremonielle Begehungen im Sinne einer jeweiligen Neubestätigung des Verhältnisses zwischen Jahwe und Israel bleibt jeder gewünschte Platz, sowohl in den Texten des Alten Testaments wie in der Phantasie der Exegeten. Aber wer zur Erklärung unserer Perikope darauf zurückgreift, bringt sich und die andern um die Pointe: hier raffen sich nicht Einzelne oder Gemeinschaften zu etwas Neuem auf; hier wird nichts ‚ernst genommen' — eine der fatalsten Phrasen, die wir im Munde führen! Hier ergreift Gott selbst eine unerhörte Initiative; Er rückt von dem Bisherigen ab: „Nicht wie der Bund gewesen ist, den ich mit ihren Vätern machte" (V. 32). Nicht Restitution oder Restauration ist hier gemeint, sondern etwas Neues.

Das hat man in der Auslegung immer als besonders schwierig empfunden. Von Origenes über Calvin bis zu Karl Barth geht die Linie, auf der man nicht genug betonen kann, daß der ursprüngliche Gottesbund in seiner Selbigkeit doch keinesfalls alteriert werden kann und darf. Das wird nicht nur erklärlich, weil man sich von dem griechischen Axiom der Unveränderlichkeit Gottes und seiner Wahrheit bestimmen läßt. Es steht ja die Treue Gottes selbst auf dem Spiel; außerdem der Wahrheitsbesitz der Christenheit, den man nicht nach Belieben ändern kann und will. Erst nach langem Kampf und bis heute widerwillig hat das christliche Denken sich dem Entwicklungsprinzip geöffnet. Aber dies Prinzip auf Gottes Wesen und Wirken anzuwenden, haben wir begreifliche Bedenken. Dies alles braucht dem Text selbst noch gar nicht vor Augen zu stehen; aber wir können bei der Auslegung daran nicht vorbeigehen. Wie auch immer, wir sollten dem standhalten, daß Gott nicht nur einen neuen Bund machen will, sondern einen, der nicht so wie der frühere Bund gewesen ist. Warum geht es nicht mehr mit dem Alten Bund?

Es lag nicht an Gott; er hat sie bei der Hand genommen und aus Ägypten geführt; er ist ihr Herr geblieben und hat sich als solcher erwiesen. Aber sie haben den Bund nicht gehalten. – Das Dogma von der Sündhaftigkeit des Menschen ist so tief in uns gewurzelt, daß wir jenen Satz wegen seiner Selbstverständlichkeit kaum mehr wirklich zu hören vermögen: sie haben den Bund nicht gehalten. Als hätten sie ihn je halten können! Als hätten sie nicht notwendig scheitern müssen! Weder hier noch sonst argumentiert Jeremia derartig. Also sollten wir diese Argumente fernhalten. Viel wichtiger wäre es, wenn wir deutlich gesagt bekämen, inwiefern Israel den Bund nicht gehalten hat. G. v. Rad betont, daß dies nicht eigens gesagt werde, und gibt die Antwort dann auf einer Linie, die naheliegt und doch bedenklich ist. Er weist auf den Gang der Geschichte Israels hin, in deren Entwicklung das ursprüngliche theokratisch-charismatische Wesen immer stärker durch Institutionen (Königtum u. a.) und durch Verweltlichung (politische Bündnisse) verdrängt wird. Eben darin liege der Bruch des Bundes. In der Tat, so argumentiert das Alte Testament, wenn auch nicht nur und nicht überall. Aber wird hier nicht einfach eine geschichtliche, insoweit unvermeidliche Entwicklung zum Sündenbock gemacht, indem das Frühere glorifiziert und das Spätere dämonisiert wird, eine Weise, die wir alle kennen und – üben? Konnte und mußte Israel nicht Gottes Volk und Befolger des Bundes sein und bleiben auch *in* dieser unvermeidlichen geschichtlichen Entwicklung der Institutionen und der Mittel der Selbsterhaltung? Ich brauche kaum zu zeigen, wie wichtig es ist, heute hier falsche Antworten zu vermeiden. Auch der Paralleltext von Jer. 32,26 ff. gibt eine andere Antwort: der Bund wird durch das religiöse, nicht durch das politisch-institutionelle Verhalten des Volkes gebrochen.

Fragen wir nach der spezifischen Eigenart des Neuen Bundes, so zeigt sich, worauf es ankommt. Was immer schon die eigentliche Wahrheit war – sie sollen mein Volk sein, so will ich ihr Gott sein –, soll jetzt auf andere Weise verwirklicht werden: Das Gesetz soll ins Herz gegeben und in den Sinn geschrieben sein. G. v. Rad u. a. erinnern warnend an die Fehlauslegungen, die hier sich in den uns bestimmenden Denktraditionen nahelegen, als habe das alte Israel nicht gewußt, daß Gott von ganzem Herzen zu lieben und zu fürchten sei; als laufe der neue Bund auf eine einfache, womöglich autonome Verinnerlichung hinaus. Dennoch muß festgehalten werden: in neuer Weise soll Israel von innen heraus ein Verhältnis zum Willen Gottes gewinnen, indem es dies geschenkt bekommt. Hier hilft der oben genannte Paralleltext Jer. 32,39 f.: „Und ich will ihnen einerlei Herz und Wesen geben, daß sie mich fürchten sollen ihr Leben lang . . . ich will ihnen meine Furcht ins Herz geben, daß sie nicht von mir weichen." M. a. W.: Der Wille, das Gesetz Gottes soll nicht nur äußerlich (auf Tafeln und Steinen, in Heiligen Büchern und Überlieferungen) fixiert sein und gelten. Er soll erfüllt werden. Ez. 36,27 und manche andere alttestamentlichen Texte reden in diesem Zusammenhang vom göttlichen Geist, der ausgegossen und ins Herz gegeben werden soll.

III.

Nach zwei Seiten hin wird Eigenart und Wirklichkeit des Neuen Bundes in unserer Perikope noch näher bestimmt.

Die Hierarchie von Lehren und Lernen, von Fragen und Antworten soll entfallen. Kein Wunder, daß an diesem Punkt die kirchlichen Ausleger etwas nervös werden. Denn dann würde ja nicht nur ein zentrales höchstes Lehramt im Volke Gottes überflüssig, sondern jede Verkündigung und Unterweisung. Calvin meint, das alles sei nur vergleichsweise gemeint und zu verstehen. „Auch die Geringsten und Letzten im Volke Gottes werden doch mit einem mäßigen Licht der Erkenntnis ausgestattet sein, so daß sie beinahe Lehrer sein könnten ... betrachten wir die Finsternis unter dem Gesetz, so sind die kleinsten unter den heutigen Schülern gerade so gut wie Lehrer und Meister" (a.a.O. 476). Solche Relativierungen liegen dem Text gewiß ganz ferne. Auch Luther hat sich wohl erst im Lauf der reformatorischen Entwicklung zu seiner Amtslehre bringen lassen; aber das wäre nachzuprüfen. Jedenfalls steht fest, daß die Hierarchie des Lehrens und Lernens im Neuen Bund keinen Platz hat.

Die andere Näherbestimmung liefert der Schluß des Textes: „Ich will ihnen ihre Missetat vergeben und ihrer Sünde nimmermehr gedenken." Nur scheinbar biegen wir hier auf gebahnte Wege, um nicht zu sagen in ausgefahrne Geleise ein. Denn den Gedanken Voltaires, es sei eben dies Gottes Metier, sollten wir nicht einmal denken, erst recht nicht aussprechen. Der Text gibt sich und uns keine Rechenschaft darüber, ob nicht schon der Alte Bund die göttliche Vergebung zur Grundlage hat. Soviel steht aber fest, daß jetzt, im Neuen Bund, nichts anderes als die göttliche Vergebung herrschen soll. Schwierig wird die Sache jedoch, wenn wir fragen: einerseits soll im Neuen Bund in Erkenntnis und Tat das Nein des Menschen, der Widerspruch des Volkes Gottes zum Willen Gottes beseitigt sein; anderseits soll auch und gerade der Neue Bund von der Regel der göttlichen Vergebung und Gnade bestimmt sein. Also ist sie auch dann noch nötig?! Das *simul peccator et iustus* (Sünder und gerecht zugleich) gilt nicht nur für die Zeit zwischen den Zeiten, sondern auch für den Neuen Bund, „nach dieser Zeit" wie in Vers 33 eigens betont wird. Wir werden also an der Frage nicht vorbeikommen, wie es mit dem ‚eschatologischen' Charakter unseres Textes steht.

Trotz alles heutigen Geredes sollten wir uns nicht schämen, wenn uns der gegenwärtige Spatz in der Hand lieber ist als die utopische Taube auf dem Dach. Die diversen Programme einer Theologie der Hoffnung lassen, ja machen uns skeptisch, selbst wenn sie den Wortschatz der Bibel ins Spiel bringen. Nicht weil dabei vielleicht dem Menschen zu viel zugeschrieben wird — das Kommen des Reiches Gottes darf nicht in des Menschen Hand und Vermögen liegen! —, sondern weil die Gegenwart immer noch die Grundkategorie unseres Lebens ist, weil der Verweis auf die Zukunft Flucht vor der Gegenwart sein oder werden kann. Aber damit entziehen wir uns der Verheißung unseres Textes nicht. ‚Nach dieser Zeit' heißt offenkundig nicht ‚in dieser Zeit'. Freilich ist Gottes Zeit nicht unsere Zeit, und wir möchten nicht in dem Sinn die biblische Verheißung eschatologisch isolieren, daß damit dem erfüllenden Eingreifen Gottes etwas in den Weg gelegt wird. Unser Pochen auf Gegenwart kann und soll nicht heißen, daß wir von Gottes Neuem Bund im Grund nichts wissen wollen, weil wir nichts davon erwarten. Es soll noch weniger heißen, daß wir uns mit unserer Gegenwart allzuleicht zufrieden geben. Theologie und Verkündigung stehen heute vor der ziemlich subtilen Aufgabe, die Gegenwart nicht zu verlieren *und nicht* zu aeternisieren. Alle Gegenwart des Volkes Gottes steht im Licht der Verheißung des Neuen Bundes. Dann werden die Schatten der Gegenwart schärfer und tiefer, und wir kommen den Dingen vielleicht wirklich auf die Spur.

IV.

Wir hören diesen Text als Christen und wir sollen darüber predigen am Gedächtnistag der Einsetzung des Abendmahls. Denn diese Einsetzung — mag es damit historisch stehen, wie es will — ist ein für allemal verknüpft mit der Rede vom Neuen Bund. Das bringt mit sich, daß viele herkömmliche, für manche auch liebe und teure Aspekte dieses Gedächtnistages unwichtig werden: das Kultisch-Liturgische, aber auch das Doktrinär-Dogmatische, erst recht das Juridische. Wir halten fest: Jesu Mahl mit seinen Jüngern, eines unter den vielen Mählern, die in den Evangelien von ihm berichtet werden — die Speisungsgeschichten stehen statistisch unter allen Jesuserzählungen weit an der Spitze —, und gleichzeitig *das* Mahl des Neuen Bundes, ist nicht mehr und nicht weniger als ein gemeinsames Essen. Was im Alten Testament ganz am Rande unvergeßlich berichtet wird — „Und da sie Gott geschaut hatten, aßen und tranken sie" (Ex. 24,11) —, ereignet sich jetzt in der Tischgemeinschaft Jesu mit den Jüngern. Nicht weil Israel oder ein Rest darin (oder auch der menschliche Geist) sich soweit entwickelt hat, sondern weil Gott in Jesu Christi Person und Werk so nahe gekommen ist, daß das möglich wird, ohne daß wir sterben und ohne daß Gott gelästert wird. Alle programmatische Rede unserer Zeit hat es kaum zuwege gebracht, dem christlichen Abendmahl als Feier und Vollzug dieses Elementare wieder zu gewinnen. Aber wir sollten dessen wenigstens gewahr werden. — Was dem Abendmahl dann, soviel ich sehe über das Alte Testament hinaus und daher fast notwendig mit den stärksten Schwierigkeiten von jeher belastet, zu eigen ist, ist der Satz und Sachverhalt von der Selbstmitteilung Jesu in Fleisch und Blut. Auch die Arnoldshainer Thesen haben das Theophagische am Abendmahl weder eliminieren können noch wollen, sie bringen es (in der vierten These) mehr als frühere Texte zum Vorschein. Von unserm Text aus brauchen wir hierzu freilich nicht unbedingt etwas zu sagen, wir sollten uns der ungemeinen Problematik aber bewußt sein. —

Die andern Elemente im Abendmahlssachverhalt bringen uns zum Text des Propheten zurück. Es handelt sich um ein Geschehen von Gott her, in dem Vergebung und Nichtgedenken unserer Sünde wesentlich im Spiele ist. Das verbindet die Predigt am Gründonnerstag mit aller andern Predigt; es wird anderseits fast unangemessen verstärkt durch die herkömmliche Verbindung mit Beichte und Absolution. Die hier bestehenden Schwierigkeiten für Prediger und Hörer sind aber wesentlich geringer als in dem vorigen Punkt; sie sollten nicht so maßlos übertrieben werden, wie es manchenorts geschieht. Sie lassen sich zwar nicht einfach beheben, aber verringern, indem wir auf Jesu viele Mahle mit den Sündern hinweisen. Wenn wir zum Tisch des Herrn gerufen werden, kann unsere Wesensgarderobe nicht unbedacht, unbemerkt und — ungeändert bleiben. Es bedarf nichts weniger als eines Neuen Bundes von Gott her, daß es zu einer solchen Gemeinschaft mit solchen Gästen kommen kann. — Daß wir, d.h. die offizielle Kirche und ihre Amtsträger, dabei in keinem Sinn Herren der Lage und des Tisches sind, weder in bezug auf die amtliche noch auf die lehrmäßige Legitimität des Vorgangs, mag noch einmal anhand der Sätze unseres Textes — sie werden alle den Herrn erkennen! — deutlich werden. Ebenso findet die unserm heutigen Gehör etwas fremde Rede vom Volk Gottes ihre notwendige und erwünschte Konkretion am Bild und Geschehen der Tisch- und Mahlgemeinschaft. Aber auch hier müssen wir damit rechnen, daß all unsere gutgemeinte und sachlich zutreffende Rede die uralten, tief verwurzelten und sich in der ‚Soziologie der Kirch- und Abendmahlsgemeinde' auswirkende Denk- und Verhaltensweisen nicht so rasch beseitigen kann. Das muß nicht zur Resignation angesichts der Predigtaufgabe verführen, es wird uns aber veranlassen, für diesmal mit besonderer Sorgfalt uns vorzubereiten. Es steht ja nicht mehr und nicht weniger auf dem Spiel als der Neue Bund Gottes mit seinem Volk.

Daß in der Kirche so viel und so selbstverständlich von Gott (und im Namen Gottes) geredet wird, läßt die Tatsache oft vergessen, daß Gott ein schweigender und verborgener Gott ist. Unsere Predigthörer wissen aber um diese Tatsache zuweilen besser als die Prediger selbst; sie isolieren sie freilich gegenüber dem Redebereich von Sonntag und Kirche. Hier tritt sie ihnen aus dem Redebereich Gottes und seines Evangeliums selbst entgegen und legitimiert uns, die Erfahrung des Schweigens Gottes nicht neben, sondern in das Licht des Evangeliums selber zu stellen und ihnen dort wirklich standzuhalten. Standhalten heißt freilich nicht, die Ungeheuerlichkeit dieses Schweigens Jesu abzuschwächen, indem wir es von vornherein in einen pädagogisch-seelsorgerlichen Plan einbauen, bei dem das happy end schon hinter der nächsten Ecke lauert. Davon ist im Text keine Rede; auch davon nicht, wie rasch oder wie langsam sich das alles abspielt.

An Stelle dessen, der schweigt, reden die Jünger, redet die Kirche, schon hier und dann oft in der Geschichte der Christenheit. Sie machen praktische Vorschläge, die man verschieden verstanden hat und verstehen kann. Einerlei, ob Fürbitte oder verärgerte Bequemlichkeit derer, die das Hilfegeschrei loswerden möchten: es nützt nichts, wenn die Jünger, wenn die Kirche etwas von sich geben, solange Gott, solange Jesus Christus selbst schweigt. Die Frau, als eine höchst weltliche Person, hat das gewiß gemerkt, besser als wir es zuweilen bemerken und beachten. Darüber, warum Jesus ihr kein Wort antwortet, erfahren wir nichts. Wir können es raten; aber es wird nicht gesagt.

Karfreitag

2. Kor. 5,14—21

I.

Auslegung und Predigt dieses paulinischen Textes am Karfreitag sehen sich vom Text und von der Lage der Gemeinde her vor ein mehrfaches, kaum zu bewältigendes Ineinander gestellt. In der Perikope handelt es sich um eine jener Stellen, in denen aus den praktisch-ethischen Auseinandersetzungen des Apostels mit seiner Gemeinde die reichhaltigsten und unerschöpflichsten dogmatischen Aussagenreihen hervorwachsen, ohne daß damit die praktische Briefsituation verlassen und der Stil einer systematischen Abhandlung angewendet würde. In der exegetischen und homiletischen Tradition dieser Texte aber ist die Briefsituation meist völlig hinter dem Wert der Texte als systematisch-theologische Fundstellen zurückgetreten. Das Ineinander des Praktischen und Grundsätzlichen dürfte aber für das paulinische Denken unauflöslich, weil sachlich bedeutsam sein.

Nicht ganz unähnlich, wenn auch natürlich nicht ganz in der gleichen Weise, sieht sich der Prediger am Karfreitag vor das Ineinander der sachlichen Botschaft und der spezifischen Lage seiner Hörer gestellt. Der unverhältnismäßig gute Kirchenbesuch an diesem Tag macht es unerläßlich, sich klar zu werden über die sehr komplexe seelische Lage der Hörerschaft, die nicht einfach identisch ist mit dem Kreis der eigentlichen Gemeinde, und ganz besonders intensiv darüber nachzudenken, daß die zentrale Botschaft des Evangeliums vom Kreuz Jesu Christi sich durchsetzen muß gegen sämtliche traditionellen Stimmungen und Verschleierungen des Geschehens von Karfreitag und Ostern. Das will nicht eine besondere psychologische Methode empfehlen; es wird sich vielmehr darum handeln, gerade im Hinblick auf die komplexe und undurchsichtige Lage der Karfreitagshörerschaft die wirklichen Intentionen des Textes möglichst eindeutig zu Gehör zu bringen.

Im Text selber ist das in der entscheidenden Hinsicht schon geschehen, indem dort das geschichtlich-übergeschichtliche Faktum der Versöhnungstat Gottes in Christus nicht einfach berichtet wird, sondern indem sich der Bericht im Ablauf des Textes in direkt gezielte Verkündigung wandelt: „Lasset euch versöhnen mit Gott!"

II.

V. 14. So wie der Apostel und der Prediger selbst durch die „Liebe Christi" gebändigt und angetrieben sind und also die Verkündigung am Karfreitag darin ihren Maß-stab hat, dürfte der Satz von der Liebe Christi auch die Klammer des ganzen Textes und seiner Auslegung sein. Historismus und Moralismus, erst recht jeder Karfreitagszauber dürfen von hier aus wegfallen. Diese Liebe Christi (als gen. subj.) ist Tat; als Liebe zu Christus (gen. obj.) ist sie nicht in erster Linie Stimmung und Gefühl, sondern Urteil; ihre Verkündigung und Bezeugung schafft nicht Stimmung, sondern Klarheit; Klarheit darüber, daß „wenn einer für alle gestorben ist, so sind sie alle gestorben". Es dürfte nicht genügen, hier die fremdartige Denkform des Apostels zu erkennen und auf den gnostischen Mythos vom Urmenschen und auf die paulinischen Andeutungen von „deuteros anthropos" hinzuweisen, wodurch uns die Sätze des Apostels nur noch ferner rücken. Vielmehr ereignet sich in dem „Einer für Alle" die Schaffung des Leibes Christi, an dem wir die Glieder sind, und von da aus wäre auch am Karfreitag etwas zu sagen von der Schaffung der Kirche Jesu Christi am Kreuz. In diese am Kreuz geschaffene Gemeinschaft werden wir hineingezogen als in die umfassende Geltung der Tat Gottes in Christus, und können uns dieser Geltung nicht entziehen, auch wenn wir uns subjektiv abkehren — auch hier gilt Matth. 5, 45 b!

V. 15. Die Tat der Liebe Christi ist sein Sterben — stellvertretend und verpflichtend — und zieht hinein ins Sterben und durch den Tod ins Leben; „die, so da leben" möchten wir nicht vom sarkischen, sondern vom Leben in Christus verstehen. Aber das durchs Kreuz geschaffene Leben, in das sich die Gemeinde hineingezogen sieht, ist nicht mehr das Leben des homo incurvatus in se, sondern das Leben für den, „der für sie gestorben und auferstanden ist", also Nachfolge Jesu im strengen Sinn. Paulus vermag also die Erlösungstat Jesu Christi auch ohne die uns aus dem kl. Katechismus geläufigen Kategorien des „erlöset, erworben und gewonnen" auszudrücken; es läßt sich für die Predigt nicht von vornherein entscheiden, ob eine Beiziehung dieser Katechismuskategorien eine Verdeutlichung oder eine Verdunklung bewirken.

V. 16. An diesem Gestorbensein, der „abnegatio sui", hat auch und gerade unser Urteilen Anteil. Urteilen und Denken ist die natürliche Wurzel unseres Handelns und bleibt es in einem bestimmten Sinn auch für den Christenmenschen. Auch unsere Urteilskraft nimmt an der fleischlichen Natur des Menschen teil und ist ihr nicht in einem schlechtidealistischen Sinne entnommen. Das Kreuz Christi bedeutet die Kritik unserer Urteilskraft schlechthin, und in solcher Krisis unserer Urteilskraft entlarvt sich nicht nur jedes natürliche Urteil über Menschen, sondern auch und gerade unser Urteil über den Christus am Kreuz. Die sich am Kreuz offenbarende Liebe Christi bedeutet nicht etwa, daß unsere natürliche Urteilskraft dem Gericht entzogen bleibt. „Amor et judicium non obstant inter se apud spirituales" (Bengel, Gnomon z. St.).

An keinem Tag ist eine solche Kritik unseres natürlichen Christusverhältnisses mehr angebracht als am Karfreitag; denn der Zustrom der Kirchenbesucher an diesem Tag zwingt uns zur Erkenntnis, daß unsere fleischliche Erkenntnis sich gerade der Gestalt des Gekreuzigten mit ganz besonderer Kunst und Intensität bemächtigt haben könnte.

„Wer nach dem Fleisch denkt, hält ihn (Christus) für ohnmächtig, weil er stirbt, für Anathema, weil ihn Gott dem Tod übergeben hat, für vergangen, weil er unsichtbar ist, für einen Betrüger, weil er die menschlichen Wünsche nicht erfüllt und nicht einmal sich selber half" (A. Schlatter, Pl. d. Bote Jesu, S. 562).

„Jede Anschauung des Lebens und Sterbens Jesu als einer menschlich heroischen Leistung liegt Paulus ... fern ... Denn wird der Gekreuzigte gepredigt (1. Kor. 1,18ff.) und vor Augen gemalt (Gal. 3,1), so bedeutet das gerade nicht, daß ein heroischer Leidensüberwinder oder ein faszinierendes caput cruentatum gepredigt wird, sondern daß aufgewiesen wird, daß das Kreuz Christi das vernichtende Urteil über alles menschliche Leisten in Werk und Weisheit, über alles kauchasthai, allen Heroismus ist, und daß gerade darin die befreiende Tat Gottes liegt" (Bultmann, Glaube u. Verstehen, Tübingen 1933, S. 206).

„Auch der Mensch Jesus als solcher ist immer auch Rätsel. Ist er nicht nur Rätsel, ist er als Rätsel Erleuchtung, Eröffnung, Mitteilung, dann vermöge seiner Einheit mit dem Sohne Gottes, und also im Akte der Offenbarung des Sohnes Gottes und des durch seinen hl. Geist gewirkten Glaubens an ihn. Zwischen dieser Torheit des nach dem Fleisch erkannten Christus und der durch ihn verwirklichten Rettung der Glaubenden und also der vollzogenen Erkenntnis Gottes in seinem Angesicht (2. Kor, 4,6) steht objektiv seine Auferstehung, subjektiv die Ausgießung des hl. Geistes, durch die die Glaubenden sind, was sie sind: eine neue Kreatur" (K. Barth, Kirchl. Dogm. II,1, S. 61).

Daß mit dem Satz des Paulus (V. 16b) nicht etwa die Heilsbedeutung des Fleisches Christi geleugnet ist, hat besonders Calvin in seiner Auslegung im Gegensatz zu Servet beschäftigt.

Die Krisis unserer natürlichen Urteilskraft betrifft auch das Verhältnis zum Mitmenschen, ohne daß Paulus hier die Linien auszöge. Hier hilft ein Blick auf die Auseinandersetzung des Apostels mit den Korinthern, in der unsere Sätze stehen. Unsere zwischenmenschlichen Urteile können nichts anderes sein als ein „sich des Äußeren Rühmen" (V. 12); diese Art droht sich auch in der Gemeinde durchzusetzen; sie wird gebrochen durch den Blick auf den, der für uns gestorben und auferstanden ist.

Wer nach dem Ursprung dieses kritischen Abbaus alles natürlichen Urteilens fragt, wird von Paulus auf das „von nun an" (apo tou nyn) verwiesen. Wäre dies nur die Bekehrung des Paulus, so könnte uns ein solcher Verweis nichts nützen. Es ist aber der Verweis auf den Einbruch des neuen Äons, auf das „Es ist vollbracht" des Gekreuzigten; es ist der Augenblick des in Christi Tod und Auferstehung nahegekommenen Gottesreiches; es ist das „Jetzt" der Zeit der Annahme, des Tages des Heils (6,2!) und also ein Geschehen, welches jenseits alles irdischen Zeitablaufs liegt, das niemals bloße Vergangenheit werden kann, sondern immer von neuem in unser irdisch-zeitliches Sein hineinbricht, es in Frage stellt und rettet (vgl. dazu R. Bultmann, Exegetische Probleme des 2. Kor.briefes, Symbolae Biblicae Upsalienses, Heft 9, Upsala 1947, S. 17).

V. 17. Paulus schreitet weiter aus der Sphäre des Urteilens in die Sphäre des menschlichen Seins als solchen. Das Sterben des Einen für Alle, in welches Alle hineingezogen sind, erweist sich als „neue Schöpfung", womit zugleich jenes elementare „hyper" erläutert und entfaltet wird. Alle Erwägungen der Ausleger über die logische oder sachliche Beziehung zwischen dem natürlichen Sein und der neuen Schöpfung, zwischen dem „Alten" und dem „Neuen" (etwa Lohmeyer in den „Grundlagen paul. Theol.", Tübingen 1929) haben ihre Grenzen in der Erkenntnis, daß die Identität zwischen der natürlichen Existenz des Christen und seiner neuen Geschöpflichkeit jedenfalls völlig unanschaulich, völlig inkommensurabel ist — unser Leben ist verborgen mit Christus in Gott (Kol. 3,1). Es ist das gleiche Ich des Christen, aber von einem Anknüpfungspunkt ist bei Paulus nicht die Rede; es ist neue Schöpfung als Auferweckung von den Toten (V. 15!), und insofern creatio ex nihilo. Jede in der traditionellen Exegese vorliegende Spekulation über das Verhältnis der ursprünglichen und der gefallenen Schöpfung zu der eschatologischen Tat Gottes in der Neuschöpfung des Christen hat schon darin notwendig ihre Grenze, daß Gottes Tun in völliger Freiheit geschieht.

„Er war und ist es der Kreatur nicht schuldig, seiner erhaltenden Gnade, gegen die sie gesündigt hatte, diese neue Form zu geben. ... Es war und ist wieder freie Setzung, daß Gott auch und gerade des sündigen Menschen sich annehmen wollte und immer wieder annimmt" (Karl Barth, a. a. O., S. 569).

„Weil Jesus durch seinen Tod und seine Auferstehung unser Herr geworden ist, geschieht dann, wenn er uns bei sich aufnimmt und in sich hineinstellt, an uns eine schöpferische Tat Gottes, nicht nur Fortsetzung des alten Standes, nicht nur Veränderung und Entwicklung, wo das Fleisch noch wichtig wäre" (Schlatter, Erl. 3. St.).

Dem Streit der Exegeten, ob das „en Christo" mystisch oder metaphysisch zu verstehen sei, setzen wir die Formulierung Calvins entgegen: „si quis in Christo, hoc est in regno Christi vel in Ecclesia." Angesichts dessen relativieren sich die möglichen Kategorien und erweisen sich gleichzeitig brauchbar und unbrauchbar. Der betonte Hinweis Lohmeyers, daß ein „estin" in V. 17a nicht ausgesprochen ist und daß sich wohl die Formel „en Christo", nicht aber „einai en Christo" im N.T. finde, ist freilich nicht zu übersehen.

Wenn es wahr wäre, wie H. Windisch meint, daß Paulus „in jubelndem Siegeston und überfliegendem Optimismus die Welterneuerung bereits vollendet sieht", müßte uns als Predigern heute die Ernüchterung längst gekommen sein. Unsere Predigt wird der ausgesprochenen oder unausgesprochenen Frage unserer Zuhörer standhalten müssen, was denn wirklich neu geworden sei durch Kreuz und Auferstehung Christi — das „panta" fehlt bei Nestle und wird auch im Probetestament nicht aufgenommen. Jedes quantitierende Denken wird hier notwendig in Verlegenheit geraten, und wenn der Apostel etwas vorweggenommen hat, so jedenfalls nicht das vor Augen liegende Ergebnis einer 2000jährigen Entwicklung, die die Welt im wesentlichen unverändert gelassen hat. Und auch die Einschränkung des paulinischen Satzes etwa auf die christliche Persönlichkeit müßte einerseits fragwürdig genug bleiben, anderseits träfe sie die Meinung des Apostels sicherlich nicht. Vielmehr sagt der paulinische Satz, daß Tod und Auferstehung Jesu Christi als eschatologisches Ereignis einen völlig neuen Zustand des Verhältnisses zwischen Gott und Mensch geschaffen hat; dieser Neuzustand als solcher bleibt zunächst unanschaulich; von seiner Auswirkung und seinem Vollzug im irdischen Geschehen ist im Zusammenhang der Verse 18—21 die Rede. Das Neue ist der Friede mit Gott als Ergebnis des Versöhnungswerkes Christi und das Amt der Verkündigung eben dieses durch Christus hergestellten Friedens. Auf die geschichtlich-praktischen Auswirkungen dieses eschatologischen Heilsereignisses geht Paulus hier nicht ein; sie sind ihm offenkundig nicht so wichtig, wie sie einer späten Christenheit zu sein scheinen.

Aber auch der Apostel weiß, daß die Spuren des Alten, das vergangen ist, nicht einfach verschwunden sind, und hat es im Zusammenhang des 5. Kapitels so ausgedrückt: wir wandeln im Glauben, nicht im Schauen. Unsere Karfreitagspredigt wird sich hier angesichts der universalen paulinischen Sätze vor jedem unglaubwürdigen Pathos und „überfliegenden Optimismus" ebenso zu hüten haben wie vor einer falschen Resignation, die nichts von der wirklichen Endgültigkeit des Sieges Christi am Kreuz weiß.

V. 18. Alles Bisherige wurde von Paulus in den Kategorien einer pneumatisch überhöhten Betrachtung der Gestalt Jesu, seines Todes vor allem, aber am Rande auch seiner Auferstehung, und einer spekulativen Äonenlehre vorgetragen; beide Kategoriengruppen können auch rein spekulativ-mythologisch und weithin auch positivistisch-historisch verstanden und gedeutet werden; sie blieben damit freilich für uns unverbindlich. Deswegen bringt V. 18 den unerläßlichen Hintergrund, ohne den alle vorhergehenden Sätze ohne heilsame Vollmacht blieben: „aber das alles von Gott". Auch dieser Satz könnte als solcher noch Mythologie bleiben und ist nicht gegen ein rein mythologisches Verständnis geschützt. Aus dem mythisch stilisierten Bericht von der Tat Gottes in Christus wird aber die gegenwärtige Anrede Gottes in jener schon erwähnten Fortführung des Apostels in seiner konkreten Verkündigung: laßt euch versöhnen mit Gott (V. 20). Gottes Tat in Christus, wie sie am Kreuz offenbar wird, bedeutet Versöhnung. Selbst wenn dem Apostel dieser Begriff nur „unterlaufen" wäre, wie Lietzmann meint, dient er ihm doch zur Kennzeichnung des Wesentlichen an diesem Tun Gottes.

Nicht die ganze biblisch-theologische und dogmengeschichtliche Problematik, in der sich die kirchliche und neuprotestantische Versöhnungslehre entwickelt hat, kann von unserer Perikope aus in Blick genommen werden. Aber auch unser Text zeigt eine Verwendung des Versöhnungsbegriffs (vgl. Joh. Behm im Th. Wb. z. NT. s. v.), die die Tat Gottes am Kreuz als Erweis von Gnade und Gericht, als Offenbarung seiner Heiligkeit und Liebe erscheinen läßt. Alle alten und neuen Einwände gegen die kirchliche Versöhnungslehre müssen den Engpaß passieren, den unser Text darstellt, ob sie etwa von Gnade und Gericht Gottes sachgemäßer und einleuchtender zu reden wissen, als es die Kirchenlehre tut.

Ist die Tat Gottes in Christus Versöhnung, so setzt sie voraus den Zustand der Feindschaft (Röm. 5,10) des natürlichen Menschen gegen Gott und die notwendige Reaktion Gottes gegen diese Feindschaft der Menschen. Windisch hat u. E. mit Recht darauf hingewiesen, daß Paulus hier zwar nicht ausdrücklich von dem zu versöhnenden Zorn Gottes spricht; daß aber die paulinischen Aussagen von der Notwendigkeit und den Maßnahmen der Versöhnung — Gott hat den, der von keiner Sünde wußte, zu Sünde gemacht — doch den zu versöhnenden und allein in Christus versöhnten Zorn Gottes zur Voraussetzung haben.

Die Versöhnung der Welt am Kreuz ist Gottes Tat. Sein ist die Initiative, sein ist die Durchführung. Christus ist im Werke der Versöhnung wohl Repräsentant der Menschheit, aber nicht ihrer Leistung, ihres Heroismus oder ihrer Unschuld, sondern ihrer Sünde. Gottes ist auch allein die Anerkennung der Gültigkeit von Christi Versöhnungswerk, und kein innerweltlich-moralischer Maß-stab ist geeignet, der freien Gnade des Versöhners den Weg der Versöhnung vorzuzeichnen.

„Da ist also nicht, wie es die Karikatur meint, — in der man diese höchste Erkenntnis und Wahrheit des christlichen Glaubens so oft dargestellt hat — ein in seiner Sinnlosigkeit empörendes oder lächerliches Rasen Gottes gegen einen unschuldigen Menschen, dessen geduldiges Leiden Gott dann nachträglich „umgestimmt", d.h. zur Schonung und Nachsicht allen andern Menschen gegenüber veranlaßt hätte, hinter dessen Leiden sich nun alle Andern ein wenig beschämt, wenn auch glücklich gerettet, aber in sich selbst unverändert verbergen dürften, wie hinter einem Ofenschirm. Nicht eine abstrakte Gerechtigkeit Gottes waltet hier, die dann nachträglich in ein ebenso abstraktes Mitleid und Übersehen sich verwandelt hätte. Sondern der wirkliche furchtbare Zorn Gottes waltet hier nach Gottes freiem Wohlgefallen im Vollzug seiner zum vornherein barmherzigen Gerechtigkeit, die keiner nachträglichen Umstimmung und Abschwächung bedarf, die vielmehr eben in ihrem strengen Vollzug die Selbstdarstellung des ewigen unveränderlichen guten Willens Gottes ist. Und nicht, daß ein Mensch hier unschuldig und geduldig leidet, ist das Bewegende dieses Geschehens. Kein Bewegen Gottes von der Kreatur her findet hier statt, auf Grund dessen Gott sich dann zu einer allgemeinen Amnestie entschließen würde" (K. Barth, Kirchl. Dogm, a.a.O. S.453).

Die Versöhnung der Welt vollzieht sich in der Nicht-Anrechnung der Sünde. Die beiden Kategorien der Neu-Schöpfung und der Nicht-Anrechnung der Sünde interpretieren sich gegenseitig. Es nützt wenig, den effektiven und imputativen Charakter des Tuns Gottes in Christus systematisierend und abstrahierend gegeneinander auszuspielen und die jeweiligen Paulusstellen widereinander aufzurechnen. Gegen allen falschen Realismus der Versöhnungs- und Erlösungslehre wird es gelten, sich der Unbeugsamkeit des 16. Jahrhunderts gegen Osiander zu erinnern; gegen alle Entleerung des effektiven Charakters von Gottes Neuschöpfung in Christus wird es gelten, die universalen Aussagen des Paulus nicht zu übersehen.

V. 19. In einzigartigem Nebeneinander bringt Paulus das Versöhnungswerk Christi und die Einsetzung bzw. Gabe des „logos" und der „diakonia" der Versöhnung. Der breite Graben zwischen dem „Damals" des gekreuzigten Christus und dem jeweiligen „Heute" der Gemeinde (vgl. 6,2!) wird durch die autorisierte Botschaft der Apostel überbrückt. Ihr Reden und Ermahnen als Boten Gottes ist Gottes eigenes Mahnen und Bitten. Alle nötige Gebrochenheit unseres kirchlich-amtlichen Selbstbewußtseins wird an der erstaunlichen Identität zwischen Gotteswort und Predigtwort, die Paulus hier in Anspruch nimmt, die freilich weder er noch wir in der Hand haben, die aber dem Reden der Kirche allein Sinn und Vollmacht gibt, nichts abbrechen dürfen. Aber wo ist die Grenze, etwa gegenüber jeder, sei es auch nur pastoralen, Idee des vicarius Christi? Die Grenze ist längst überschritten in dem unheimlichen Satz eines spanischen Mönchs: „homines sumus, sed in officio sumus dei" (zit. v. Schnedermann im Komment. z. NT., hsg. v. Strack-Zöckler z. St.). Paulus selbst gibt die Linien an, an denen jede Identifikation von Gotteswort und Predigtwort Halt zu machen hat. Was Gott der Gemeinde gesetzt und geschenkt hat, damit ihr die Botschaft von der Versöhnung zu Ohren komme, ist „logos" und „diakonia", Wort und Dienst der Versöhnung; weil und insoweit es Wort ist, ist es gebunden an die weiterzugebende Tat Gottes und also der Verfügungsgewalt des Botschafters an Christi Statt entzogen; weil und insoweit es Dienst ist, verliert es durch jede Spur von Herrschaftsanspruch der Kirche als solcher Vollmacht und Glaubwürdigkeit. Als Bittender steht Paulus vor der Gemeinde. „legatione fungimur: rogamus — Duo quasi extrema, inter se opposita, quum ‚legatione fungimur' habeat majestatem, ‚rogamus' submissionem non quotidianam" (Bengel, Gnomon z. St.). Es ist damit Spiegelbild der Art, in welcher Jesus die Menschen zur Buße ruft; denn der Ruf zur Versöhnung ist die paulinisch-apostolische Wiedergabe des synoptischen Bußrufs.

V. 21. „Ein gewaltiges Oxymoron des Apostels" (Ph. Bachmann in Zahns Kommentar z. St.). „Quis auderet, sic loqui, nisi Paulus praeierit" (Bengel a. a. O.). Der Apostel führt an den Abgrund dessen, was in Wirklichkeit, ferne jeder menschlichen Erfahrung und jedes menschlichen Vorstellungsvermögens, am Karfreitag geschehen ist. Jede psychologisch-historische und jede ästhetische Erfassung dieses Geschehens wird angesichts dieser Worte des Paulus vereitelt. Es handelt sich um die jedem menschlichen Maß-stab entzogene freie Verfügung Gottes, in der er seinen Sohn zum Stellvertreter der abgefallenen Menschheit werden und ihn der Welt Sünde nicht nur tragen, sondern ihn dazu werden läßt.

„Weil aber uber die Sünde ein ewig, unwandelbar Urtheil der Verdammniß gangen; denn Gott und will nicht der Sünde hold sein, und bleibt also sein Zorn ewig und unwiderrüflich darüber: so hat diese Erlösung nicht können geschehen ohne einen Schatz und Geltung, so für die Sünde Abtrag thäte, den Zorn auf sich nähme und bezahlete, und also die Sünde wegnähme und tilgete. Das hat keine Creatur vermocht, und ist hiezu kein Rath noch Hilfe gewest, denn dieses: daß Gottes einiger Sohn daherträte in unser Noth, und selbs Mensch würde, der solchen ernsten, ewigen Zorn auf sich selbs lüde, und dafur seinen eigen Leib und Blut zum Opfer setzete. Das hat er aus großer unermeßlicher Barmherzigkeit und Liebe gegen uns gethan, und sich dahin gegeben, das Urtheil des ewigen Zorns und Tods getragen. Solche Bezahlung und Opfer ist bei Got so theuer und köstlich, weil es ist seines einigen lieben Sohnes, der mit ihm in einiger Gottheit und Majestät ist, daß er, dadurch versühnet, zu Gnaden nimpt, und die Sünde vergibt allen, die an diesen seinen Sohn glauben etc. Also genießen wir allein der theuren Bezahlung und Verdienst Christi, aus grundloser unaussprechlicher Liebe uns erworben und geschenkt, daß wir hie gar nichts zu rühmen haben von uns selbs, sondern mit allen Freuden ewiglich ihm Dank und Lob dafur sagen sollen, der solche Kost und Schatz daran gewandt, uns verdampten verlornen Sündern zu erlösen" (Luther, E.A. 2. Aufl., 9, 369 f.).

In der zweiten Satzhälfte aber wiederholt Paulus in den Kategorien seiner Rechtfertigungslehre, was er V. 15 und V. 17 in anderen Kategorien schon gesagt hat, und was nun im Lichte dieser Satzhälfte erst völlig zu verstehen ist.

„Willtu deine Sünden in dir sehen, in deinem Herzen, so ist dein Dünken nicht aus Gott, sondern aus dem Satan selber wider die Schrift, die sie mit Gottes Willen auf Christus legt. So sprich: Ich sehe meine Sünden in Christus, also ist meine Sünde nicht mein, sondern ist fremde Sünde, ich sehe sie in Christus. . . . Merk die neue Definition der Gerechtigkeit. Gerechtigkeit ist Christus erkennen (justitia est cognitio Christi). Was ist Christus? Ist eine Person, die unser aller Sünde trägt . . . . Es ist also die formale und wesentliche (formalis et substantialis) Gerechtigkeit der Christen eben die Erkenntnis Christi, der Glaube an Christus, den ich durchs Wort fasse" (Luther, W.A. 31/2, S. 432—440, übers. v. Em. Hirsch, Hilfsb. z. Stud. d. Dogm., S. 59 f.).

Da uns auch in der Predigt – und dies gerade an Ostern – die Versuchung überkommt, nun eben doch die Wirklichkeit von ihrer Möglichkeit her aufzuweisen, bedarf es aller Energie, sich nicht auf dies Gleis locken zu lassen. Wirklich aus einer andern Welt, schlechthin vorgegeben und unableitbar, läßt sich dieses neue und abschließende Handeln Gottes in Jesu Auferweckung nur nachsprechend bezeugen. Es muß in seiner Autarkie belassen werden.

Ostern II

1. Korinther 15,12–20

Lit.-Auswahl: Außer den Kommentaren von *Calvin* (1556) W. Bousset (1917), *K. Barth* (Die Auferstehung der Toten Eine akad.Vorl. üb. 1.Kor 15 ²1926), *Ad. Schlatter* (1934), *Lietzmann-Kümmel* (⁴1949) *H. Conzelmann* (1969): *Rud. Bultmann*, Karl Barth, „Die Auferstehung der Toten (1926)" = Glb. u. Verst. 1933, 38–64; *Alb. Schweitzer*, Die Mystik des Apostels Pl. 1930; *Herb. Braun*, Exeget. Randglossen zum 1. Kor br. = Ges. Stud. z. NT 1962 besd. S. 198–201; *F. Viering* (Hg) Die Bedeutung der Auferstehungsbotschaft f. d. Glauben an Jesus Christus (mit Beitr. von W. Marxsen, U. Wilckens, G. Delling, H.G. Geyer) 1966; *Ulr. Luz*, Das Geschichtsverständnis des Pl. (BevTheol. 49) 1968; *E. Fuchs-W. Künneth*, Die Auferstehung Jesu Christi von den Toten Der Disput von Sittensen 1973; Evang. Erwachsenen-Katechismus 1975 (s. Reg.!); *W. Marxsen*, Die Sache Jesu geht weiter 1976 besd. S. 102–121; *Gisb. Greshake*, Naherwartung- Auferstehung-Unsterblichkeit (Quaest. disp. 71) ³1978; Schreiben der Hl. Kongregation f. d. Glaubenslehre Zu einigen Fragen der Eschatologie Pressedienst des Sekretariats der Deutschen Bischofskonferenz 25/79 vom 18.7.1979; dazu *Ulr. Ruh*, Perspektiven der Eschatologie (HerKorr. 33, 1979, 249–253 436–438) und *R. Bieber* u.a. (Mat. dienst 30, 1979, 62ff.). *Zur Predigt: M. Luther*, Das 15. Kap. der 1. Ep. an die Kor 1532/3 WA 36, 478ff. EA 51, 70ff. Cl. 7, 278ff. – GPM *W. Fürst* 20, 1965/6; *W. Schrage* 26, 1971/2; *H. Traub* 32, 1977/8; *H.J. Iwand* Eichholz, Herr tue meine Lippen auf 4, 1955; *A. de Quervain*, hören u. fragen 6, 1971.

I. Dokumentation

Halten wir es nun für besonders erstaunlich, wenn der Schöpfer die Auferstehung aller, die ihm in der Zuversicht rechtschaffenen Glaubens heilig gedient haben, bewirken wird, wo er uns sogar durch einen Vogel (scil. den Phönix!) seine erhabene Verheißung veranschaulicht? (1. Klem 26,1 Die apostol. Väter griech. u. dt. 1956, 59).–

(Christen...) welche behaupten, es gäbe keine Auferstehung, sondern ihre Seelen würden schon beim Tode in den Himmel aufgenommen werden (Justin, Dial. 80, BKV 1917 S. 133).

Wer diesen Artikel will läugnen, der muß viel mehr läugnen, als nämlich: zum Ersten, daß ihr recht gläubet; zum Andern, daß das Wort, so ihr gläubt, recht gewest sei; zum Dritten, daß wir Apostel recht predigen und Gottes Apostel seien; zum Vierten, daß Gott wahrhaftig sei, und Summa, daß Gott Gott sei (Luther WA 36, 526 EA 51, 151).

Die Tatsachen der Auferstehung und Himmelfahrt Christi, so wie die Vorhersagung seiner Wiederkunft zum Gericht stehen mit der eigentlichen Lehre von seiner Person in keinem unmittelbaren oder genauen Zusammenhang (vgl. Lk 24,49; Joh 15,26 mit Joh 14,16; 26) ... nämlich weder so, daß vermöge des Göttlichen in Christo diese Tatsachen notwendig geworden, noch auch so, daß aus diesen Tatsachen das Sein Gottes in ihm könnte eingesehen und nachgewiesen werden ... Ja, man darf auch noch, was die Auferstehung betrifft, nicht übersehen, daß Paulus sie nicht hätte dürfen, so wie er tut, als eine Gewährleistung für unsere eigenen Auferstehung anführen, wenn er geglaubt hätte, daß sie notwendig und ausschließlich mit dem eigentümlichen Sein Gottes in Christo zusammenhänge (Schleiermacher, Der chr. Glaube I Reutlingen 1828, 212f.).

Wie fürchterlich setzt man der Menschheit z. B. zu, wenn man ihr den Glauben an die Auferstehung Christi einreden will: Wenn Christus nicht auferstanden ist, sagt man uns mit einer drohenden Wendung, so sterbt ihr wie das Vieh – eine notwendige Wendung im Munde derjenigen, denen die wahre Menschlichkeit des Lebens unbekannt geblieben ist, die alle Interessen des Lebens verachten oder herabsetzen möchten und die nichts davon wissen, daß der Mensch auch in der Todesstunde seine Freiheit beweisen kann und beweisen muß. Glaubt der heiligen Botschaft, donnert uns der Priester zu, oder ihr seid für ewig verdammt – als ob wir uns nicht tatsächlich zur Unseligkeit verdammten, wenn wir uns von einer Drohung imponieren und zum Glauben an ein Faktum bewegen ließen, welches so schlecht verbürgt ist, daß der Glaube daran nur durch Drohungen bei schwachen Geistern erzwungen werden kann (Bruno Bauer, Das entdeckte Christentum 1842/3 hg. v. E. Barnikol Jena 1927, 113 vgl. E. Mehlhausen in: 150 Jahre Rhein. Friedr.-Wilh. Universität zu Bonn... Evang. Theologie 1968, 42ff.

Ueber dies Alles nun aber ist der Tod die große Gelegenheit, nicht mehr Ich zu seyn: wohl dem, der sie benutzt. Während des Lebens ist der Wille des Menschen ohne Freiheit: auf der Basis seines unveränderlichen Charakters geht sein Handeln, an der Kette der Motive, mit Nothwendigkeit vor sich. Nun trägt aber jeder in seiner Erinnerung gar Vieles, was er gethan, und worüber er nicht mit sich selbst zufrieden ist. Lebte er nun immer fort: so würde er, vermöge der Unveränderlichkeit des Charakters, auch immerfort auf dieselbe Weise handeln. Demnach muß er aufhören zu seyn, was er ist, um aus dem Keime seines Wesens als ein neues und anderes hervorgehen zu können. Daher löst der Tod jene

Bande : der Wille wird wieder frei; denn im Esse, nicht im Operari liegt die Freiheit ... Das Sterben ist der Augenblick jener Befreiung von der Einseitigkeit einer Individualität, welche nicht den innersten Kern unseres Wesens ausmacht, vielmehr als eine Art Verirrung desselben zu denken ist: die wahre, ursprüngliche Freiheit tritt wieder ein, in diesem Augenblick, welcher, im angegebenen Sinn, als eine restitutio in integrum betrachtet werden kann (A. Schopenhauer, Die Welt als Wille u. Vorstellung 2. Bd. [7]1888 ed. J. Frauenstädt 582f.).

Demnach ist der Bestand der christlichen Gemeinde in ihrer Art darauf begründet, daß die Erinnerung an das abgeschlossene Lebenswerk Christi in ihr gegenwärtig bleibt, und daß demgemäß der persönliche Antrieb des Stifters in allen gleichartigen Bestrebungen der Glieder seiner Gemeinde unaufhörlich fortwirkt. Diese Beziehungen sind die offenbare Seite des Geheimnisses der Aufweckung und Erhöhung zu göttlicher Macht, welche im religiösen Glaubens seiner Gemeinde anerkannt wird als die Bürgschaft dafür, daß seine Lebensabsicht in seinem Tode nicht verfehlt, sondern vollendet ist (A. Ritschl, Unterr. i. d. christl. Religion [3]1886 hg. v. G. Fabricius 1924 § 25).

Bei einem Gegenstande, der wie dieser ein der Erfahrung des Christen völlig entzogener, rein zukünftiger ist, liegt in dem engen Anschluß an die Gedanken des Herrn und seiner ntl. Zeugen die sicherste Gewähr gegen irreführende Phantasien und nutzlose Spekulationen (E. Schaeder Art. Auferst. d. Toten PRE 2, 1897, 223f.).

Zum Schluß versteigt sich Pl. in seiner Erregung sogar zu einer Behauptung, die wir nicht gutheißen und mitmachen werden. Wir sind vielmehr, so fest wir an der Hoffnung auf ewiges Leben halten, der Meinung daß, selbst wenn es keine Hoffnung auf ein jenseitiges Leben gäbe, ein Leben in Treue gegen den Geist Jesu und in Aufopferung verbracht, höher stände und auch glücklicher wäre als ein Leben in ungestörter Sinnlichkeit (W. Bousset 1917, 155).

Mag es sich mit dem historischen Jesus verhalten, wie es will, Jesus der Christus, des lebendigen Gottes Sohn, gehört weder der Historie noch der Psychologie an; denn was historisch und psychisch ist, das ist eben als solches auch verweslich. Die Auferstehung Jesu oder, was dasselbe sagt: seine Wiederkunft, sie ist kein geschichtliches Ereignis: die Historiker mögen sich beruhigen, wenn sie es nicht vorziehen, sich höchlichst dadurch beunruhigen zu lassen, daß es sich gerade hier um das Ereignis handelt, das allein uns veranlassen kann, von einem wirklichen Geschehen in der Geschichte zu reden. Der unverstandene Logos kann es vertragen, unterdessen im Schandenwinkel des Mythos zu stehen. Besser das, als daß er durch historisierende Verständigkeit seines Ewigkeitscharakters entkleidet wird. Anbruch der neuen Weltzeit, Herrschaft dessen, der da war und ist und kommt – das ist Ostern (K. Barth, Bibl. Fragen usw. 1920 = Das Wort Gottes u. d. Theologie 1929, 95).

Zu betonen ist dabei, daß für die Glaubenserkenntnis die Auferstehung Jesu nicht etwas Selbständiges oder inhaltlich Neues neben dem Werke Jesu bedeutet. Die Jünger Jesu hätten auch ohne das Erlebnis des Auferstandenen das rechte Verständnis seines Lebenswerkes und Todes gewinnen können (Lk 24,25f.; Joh 20,29; Mt 16,16) während umgekehrt der Glaube an die Auferstehung nur dem möglich, ihm aber notwendig ist, der die Offenbarung Gottes in dem geschichtlichen Jesus wahrhaft erfahren hat ... Nach alledem handelt es sich heute bei der Auferstehung Jesu nicht um eine glaubenbegründende Erkenntnis (H. Stephan, Glaubenslehre ³1941, 200f.).

In unserer Sprache arbeitet die Welt. Und durch unsere Sprache arbeiten wir an der Welt. Auch der Glaube spricht die Sprache der Welt. Aber er kann sie nicht sprechen, ohne sie zu verändern. Denn in der Sprache des Glaubens arbeitet das Ereignis der Auferstehung Jesu von den Toten. Dieses Ereignis verwehrt es der Sprache, sich auf Überlieferungen so zu fixieren, daß alles beim alten bleibt (E. Jüngel Tod 1971, 109).

... daß der Ausfall der Auferstehungsbotschaft durch nichts kompensiert werden könnte. Weder die Bergpredigt noch die Gleichnisse noch die Passion Jesu, weder die Selbstidentität noch die Mitmenschlichkeit, weder soziale Aktivität noch politisches Engagement könnten dieses Loch stopfen (W. Schrage 178).

Weder die Hl. Schriften noch die Theologen bieten uns genügend Licht, um das künftige Leben nach dem Tod richtig zu beschreiben. Die Christen müssen die beiden folgenden wesentlichen Punkte festhalten: einerseits müssen sie an die grundsätzliche Fortdauer – in der Kraft des Hl. Geistes – des gegenwärtigen Lebens in Christus im künftigen Leben glauben ...; andererseits müssen sie deutlich wissen, daß sich unsere Situation zwischen dem jetzigen Leben und dem künftigen Leben grundlegend ändert (Schrb. d. Hl. Kongregation zu einigen Punkten der Eschatologie S. 5f.).

II. Ergebnisse und Vorfragen

Die Grundlinien aus 1. Kor 15 setzen sich in der Auslegung fort: Leugnung und Verteidigung der Auferstehung. Kaum freilich hat der gleiche Autor so viel verschiedene Argumentation aufgeboten wie Paulus selbst; dazu muß man aber das ganze Kapitel beachten!

Die assertorische Linie (15,20!) führt von den Reformatoren bis zu Barth und Iwand: es geht um Gottes Gottheit. Alle andern Argumente treten zurück. Die Absage an den Auferstehungsglauben spielt sich *in* der Theologie ab: mild bei Schleiermacher, der bis zu H. Stephan nachwirkt; wild bei Br. Bauer, der damals jedoch die venia docendi als Theologe längst verloren hatte. Schopenhauer gehört durchaus hierher: mehr als die andern europäischen Philosophen ließ er die christlichen Elemente hinter sich; aber völlig gelang es selbst ihm nicht, wie der Beleg in der Dokumentation zeigt. Mit seinen Gedanken über den Tod ist er bis heute eindrucksvoll und wirksam geblieben. – Die Schulunterschiede treten zurück: Ritschl und Schaeder liegen nicht im Streit. Bei W. Bousset spricht sich die Verbürgerlichung der protestantischen Theologie ganz unverhohlen aus.

Obwohl schon fast zu lang, ist meine Dokumentation sehr unvollständig. Das Hin und Her zwischen Barth und Bultmann, zwischen E. Hirsch und Pl. Althaus, zwischen E. Fuchs und W. Künneth, schließlich die Debatte um die Thesen von W. Marxsen fehlt. Iwand hat sich lehrreich damit befaßt (Eichh. 4, 243–247). An der Debatte nach 1945 fällt auf, daß die Skeptiker und Kritiker sich nicht zu einem klaren Nein entschließen können. Sie versuchen, dem Grundwort Auferstehung doch noch einen erträglichen Sinn abzugewinnen. Fast meint man, es handle sich doch nur um eine neue Weise, alte Wahrheit zu lehren. Künneth freilich bleibt dabei, es handle sich bei den Kritikern um ein anderes Evangelium. Was steht auf dem Spiel?

Zunächst fragt sich, wie Vers 1–11 und die Fortsetzung 12–20 usw. zueinander stehen. Im Anschluß an Bultmann hat H. Braun in einer Skizze von bestechender Klarheit die These vertreten, „die Ausführungen V. 1–11, deren auf einen historischen Beweis hinauslaufende Intention von dieser gesamtpaulinischen Linie nicht bestritten werden darf", seien „dem von Pl. eigentlich Gemeinten inadäquat, fassen sie doch die Auferweckung Christi als ein auch ohne Glauben nachweisbares Geschehen" (200f.). Ohne auf die Marburger theoretischen Voraussetzungen von der Nichtgegenständlichkeit der Glaubenswirklichkeit hier einzugehen, frage ich doch, ob Paulus und seiner jüdisch-hellenistisch bestimmten Denkwelt die Kategorie des historischen Beweises zuzuschreiben ist. (Immer schon vermisse ich einen genauen Vergleich der historiographischen Möglichkeiten jener Zeit: nicht in der apologetisch-summarischen Antithese von angeblich biblisch-geschichtlichem und außerbiblisch-ungeschichtlichem Denken, sondern im exakten Nebeneinander von Livius und Lukas etc) In Vers 1–11 liegt m. E. der Ton nicht auf einer isolierten „historischen" Beweisführung, sondern auf Zeugenschaft und Überlieferung, die zwar in ihrer Übereinstimmung durchaus zum Problem werden (vgl. V. 15), aber nicht aus Motiven einer historischen Kritik.

Eine zweite Vorfrage: wie gehen die Ausleger mit der Kategorie der „Tatsache" um. Fast alle, von Barth und Bultmann bis zu H. Traub u. a. meinen und sagen, es gehe ja „um die Botschaft, nicht um die Frage der Tatsächlichkeit der Auferstehung: Botschaft ist Beweis-transzendent" (Traub 172). Nur Künneth verzichtet auf diesen Ausweg; denn es ist ein Ausweg (und wirkt oft wie eine Ausrede!). Natürlich: „Was ist das für ein historisches Faktum, dessen Wirklichkeit oder jedenfalls dessen Erkenntnis in der ausdrücklichsten Weise gebunden wird an die Erkenntnis einer allgemeinen, ja ihrem Wesen nach gerade nicht in der Geschichte oder sagen wir genauer: nur an der Grenze aller Geschichte, an der Todesgrenze auftauchenden Wahrheit?" (K. Barth 77). Wie entgehen wir dem Dilemma zwischen Positivismus und Nihilismus?

Die neuere Auslegung möchte die Argumentation des Pl. möglichst isolieren. Er darf weder Weltbild noch Weltanschauung haben oder an der Apologetik seiner Wahrheit interessiert sein; er muß sich streng im Rahmen des ihm vorgegebenen Credo halten (Conzelmann 294). Ich finde diese Isolierung weder exegetisch noch homiletisch ersprießlich. Gerade 1. Kor 15 enthält zweifellos

Elemente von Weltbild und hier wie sonst argumentiert Pl. eben nicht durchweg vom christologischen Ansatz aus. Der ganze Streit um Kerygma und Mythos wäre gegenstandslos, wenn sich Botschaft und Weltbild so säuberlich trennen ließen. Auch die römische Glaubensbehörde weiß, daß „ja irgendein sprachlicher Ausdruck zur Stütze des Glaubens der Christen einfach notwendig ist" (4). – In unserer Perikope spitzt sich das zu: was sie so problematisch macht, ist des Paulus spezifische Argumentation: wenn keine Auferstehung der Toten, dann keine Auferstehung Christi. Und aus dieser Logik die krassen Konsequenzen, die dem Text die Farbe geben. Calvin hat das Reziproke und Ausgewogene der paulinischen Sätze betont, Luther dem Apostel eine schwache Beweisführung bescheinigt (Cl 7, 289,9). Schleiermacher nützt Paulus für die Demontage von Ostern aus. Die Heutigen übersteigern sich, um Pl. von einer allgemeinen Argumentation freizusprechen. Die Pointe darf dann nur und erst in Vers 20 zu finden sein, als wenn wir nicht notwendig die christliche Wahrheit auch weltanschaulich zu vermitteln hätten?! Erst dann kommen wir von der ohnmächtigen und wirkungslosen Rezitation biblischer Formeln los. Alb. Schweitzer hat es vielleicht etwas zu pompös ausgedrückt, aber er zeigt in die auch von mir gemeinte Richtung: „In gewaltiger Paradoxie setzt Pl. an die Stelle der Wirklichkeit, wie sie sich für die sinnliche Wahrnehmung darstellt, diejenige, die für das Denken gilt, das sich über die Stunde der Weltzeit klar ist. Er weiß, daß die unvergängliche Welt im Begriffe ist, in aufeinander folgenden Stößen aus dem Ozean der Vergänglichkeit aufzusteigen" (113).

III. Zum Detail der Perikope

Was wissen wir von der Position der Korinther, die Pl. aufs Korn nimmt? Sie leugnen eine Auferstehung der Toten. Weil sie, konservativ, über die Eschatologie des Alten Testaments nicht hinausgehen wollen (A. Schweitzer)? Weil ihnen die neue Wahrheit zu Kopf stieg und sie sich, mindestens dem Geiste nach, schon in der Neuen Welt Gottes wissen (Conzelmann u. v. and.)? Umso mehr waren sie dann betroffen, wenn nun doch Glieder der neuen Gemeinde hinwegstarben, ohne die Vollendung zu erleben. Oder weil sie von Pl. selbst in der Missionspredigt nichts von einer allgemeinen Auferstehung der Toten gehört hatten (U. Wilckens in den Erläuterungen zu seiner Übersetzung des N. T.)? Oder weil sie sich die Sache ähnlich zurechtlegten, wie die Christen, von denen sich Justin abgrenzt (und die heute zahlreich vorhanden sein dürften)? Oder hat Pl. gar keine genaue Kenntnis der korinthischen Positionen, die er eher mißverstanden als verstanden hat (U. Luz, Conzelmann u. a.)?

Jedenfalls war die Auferstehungsbotschaft von Anfang an umstritten, und die ideale Einheit in Lehre und Leben, die man der Urchristenheit gerne zuschreibt, gab es nie.

Wenig hat sich die Auslegung damit befaßt, ob der Reihenfolge der Argumente 12–19 etwas zu entnehmen ist. Die Realitäten, die Pl. in Frage gestellt sieht, gehen „uns" und „euch", die Zeugen und die Glaubenden an. Anderes wieder geht unmittelbar alle an, z. B. die Verlorenheit der Entschlafenen, wenn es keine Auferstehung gibt. Ob auch Pl. selbst noch in seinen Sünden ist oder nur „ihr", bleibt offen. Allemal gilt die „Lehre" vom Kerygma und von der Pistis.

Bewegen diese Fragen eigentlich Pl. selbst oder werden sie von ihm nur theoretisch durchgespielt? Jedenfalls wird spürbar heftig argumentiert und ich kann keine den Versen 12–19 analoge Stelle bei Pl. nennen. Gerne wüßten wir, worauf der Hauptton liegt. Schlatter und K. Barth betonen, Pl. wolle und könne sich nicht mit dem Sterben der Glaubenden abfinden und wolle die Korinther eben dazu veranlassen. Die Überschrift bei Schlatter heißt: der Zerfall des Christenstandes ohne die Auferstehung. Während ich den inhaltlichen Aussagen V. 12–19 unten nachzugehen habe, sei schon hier betont: es empfiehlt sich nicht, aus dem unruhigen Gelände dieser Verse sich auf den nur scheinbar festen Boden der assertio von V. 20 zu begeben. Eben dieses unruhige Gelände V. 12–19 macht den Text so einzigartig. Es wäre schade, sich selbst darum zu betrügen.

Dennoch darf V. 20 nicht ausfallen – falls er mitverlesen wird! Denn ich könnte mir auch eine Predigt über V. 12–19 denken. Worauf in V. 20 der Akzent liegt? Luz meint, auf dem Verb: auferweckt (337); W. Fürst auf der „aparche" (186). Der Sache nach hat m. E. „aparche" den Ton: Christus *und* wir Christen. Hier hat sich denn auch die Debatte festgebissen: ist die Verbindung zwischen Ihm und uns ‚kausal', wie Schlatter unbefangen meint (404), ist sie mehr personal, wie z. Zt. die Mehrzahl es ausdrückt, oder funktional, wie W. Marxsen möchte mit seiner Formel von der Sache Jesu, die weiter gehe. Vielleicht kann man diese Kategorien auch entbehren. „Denn das ist das Heil: daß Gott für uns da ist. Im gekreuzigten Jesus ist Gott für uns da, und zwar für immer. Deshalb lebt dieser Gekreuzigte, lebt er in einer unvergleichlichen Weise: mit Gott für uns. Das ist mit ‚Auferstehung Jesu von den Toten' gemeint: daß Gott, der das ewige Leben in Person ist, sich ein für allemal mit dem Gekreuzigten identifiziert hat, um für uns da zu sein alle Tage bis an der Welt Ende. Da, obwohl man ihn nicht sieht. Aber er läßt von sich hören – in unsern menschlichen Worten nämlich, die von Jesus Christus reden" (E. Jüngel, Unterwegs zur Sache BevTheol. 61, 1972, 298).

IV. Zum Gang der Predigt

Nach der neuen Ordnung der Texte soll an Ostern I über 1. Kor 15, 1–11, an Ostern II über V. 12–20 gepredigt werden. Ich bin gespannt darauf, wie sich der Beitrag zu Ostern I neben meinem Versuch zu Ostern II ausnimmt. Wer beide Predigten zu leisten hat, wird die Thematik differenzieren, um Wiederholungen zu vermeiden. Müßig zu entscheiden, welche Perikope weniger schwierig für den Prediger ist.

Unsere Perikope ist darin anziehend, daß sie sozus. alles in Frage stellt. Es steht uns frei, in die Kette der Argumente dort einzugreifen, wo die Gemeinde und wir selbst dem Text am ehesten nahekommen. Ich würde von V.19, sicher nicht von V.20 ausgehen, weil der assertorische Ton von V.20 viele Türen ins Schloß fallen läßt, ehe vom Ganzen auch nur eine Spur angekommen ist.

Vers 19 bedenkt, wie wir als Christen dran sind, wenn wir nur in diesem irdischen Leben auf Christus hofften: wir wären die elendesten Menschen. Darf man so fragen? Ist das nicht eudämonistisch? Pl. fragt so. Denn er weiß, daß das christliche Leben (unter dem Vorzeichen von Jesu Kreuz) ein Leben des Verzichts, der Selbstverleugnung ist, unabhängig davon, ob die Gemeinde in Zeiten der Verfolgung oder der Ruhe zu leben hat. Wo davon keine Spur vorhanden ist, wird die Überlegung des Pl. gegenstandslos, und die Predigt, die sich evtl. auf V.19 beschränkt, hätte dem nachzugehen. Luther hat zu diesen Komplexen viel beigetragen.

Vers 18b führt uns auf den Friedhof: ohne Auferstehung sind die im Glauben Entschlafenen verloren. Wir wagen nur einen Blick in den Abgrund der Verlorenheit. Die früheren Zeiten hatten hier mehr zu bemerken, Schreckliches und letztlich Überflüssiges wie Dante in seiner „Hölle", aber mehr noch Wichtiges und Richtiges, wie in der ars moriendi, die uns zumeist abhanden gekommen ist. Unsere ganze „Verweltlichung" ließe sich hieran aufzeigen.

Vers 18a ist nicht ganz so fremd, auch wenn die Vokabel Sünde heute fast nur mehr auf dem Gebiet der Diät und des Straßenverkehrs verwendet wird. Aber daß wir schuldig sind und immer neu werden, läßt sich nicht ganz ignorieren. Und wer den Seelsorger nicht in Anspruch nimmt, sieht sich auf den Analytiker angewiesen. Wie freilich Schuld und Schuldtilgung mit der Auferstehung zusammenhängen soll, bleibt fremd und schwierig. Wer die oben zitierten Sätze Jüngels verarbeitet, wird sich leidlich zurecht finden.

Vers 14–17: Glaube und Botschaft sind ohne Ostern nichtig. Begreiflicherweise ist dies dem Apostel am wichtigsten, sodaß er es mehrfach einprägt. Er möchte nicht als falscher Zeuge, d.h. als Verbrecher (Ad. Schlatter 405) und Gott soll nicht als ohnmächtiger Gott entlarvt werden. Ohne daß die Predigt hier abstrakt und theoretisch wird, müßte sich einprägen, daß für Pl. Glaube nicht gegenstandlose Frömmigkeit, sondern Vertrauen auf eine Wahrheit ist. Weshalb es sich nicht empfiehlt, beim Gottesdienst nur in den herrlichen Melodien der Osterlieder zu schwelgen, sondern deren inhaltliche Aussagen zu beachten.

Mit alledem steht die Pointe noch aus: dies alles, Heil und Wohl auf Erden und im Himmel, Friede im Gewissen und Zuverlässigkeit in Glaube und Lehre soll an dem Einen Punkt, der Auferstehung der Toten und der Auferstehung Christi hängen. Wer möchte nicht Schleiermacher und den Seinen zufallen, um nicht durch diese enge Pforte genötigt zu werden? Warum gerade so und wie läßt es sich verifizieren? „Das was wir unter dem Einfluß dieses großen Ostertextes lernen sollten, ist freilich ein Zweifel, aber der Zweifel an der Unabänderlichkeit und Ewigkeit des Todes. Man muß entweder an ihm und seiner Macht zu zweifeln beginnen (womit man freilich ein aufsässiger Untertan seines Reiches und der Mächtigen dieser Welt wird), oder man wird von den

Korinthern angesteckt sein und an der Totenauferstehung zu zweifeln beginnen. Ein Drittes gibt es nicht" (Iwand 254).

Unsere Predigt soll also nicht, wie zu ihrem Schaden gerade an Ostern sonst oft, rückwärts gewandt sein: historisch-kritisch-apologetisch, sondern sich dem paulinischen Drang nach vorne, nach der Zukunft als der sieghaften Zukunft Gottes anschließen. Sie hat dann zunächst von dem Grundlegenden zu handeln, wie durch und seit Ostern Christus und wir Christen zusammengehören. Es schließt sich an die Erkenntnis dessen, was diesem Tatbestand entgegensteht und ihn gefährdet: einmal die (damals aktuelle) enthusiastische Vorwegnahme der Zukunft, sodann die Gewalt der Mächte – diese müssen dem Christus zu Füßen gelegt werden. Kein Zweifel soll herrschen, wer die Zukunft für sich hat: nicht die Mächte, sondern der Christus Gottes. Das gibt dem Glauben Trost und dem Leben Gelassenheit – selbst dem letzten Feind gegenüber. Das Ende aber ist »Gott alles in allem und allen«: »Ipse finis erit desideriorum nostrorum qui sine fine videbitur, sine fastidio amabitur, sine fatigatione laudabitur – Er selbst wird das Ende und die Erfüllung unserer Wünsche sein, der sich ohne Ende will schauen, ohne Überdruß lieben, ohne Ermüdung loben lassen« (Augustin, De civ. Dei 22,30). Oder mit Luther: »Illic habebimus a deo allein, nullus cibus so kostlich sein ut illic dei aspectus sic cibabit, das corpus wird frisch und gesund sein und wirst fein kleid, quod als gut, silber, gulden soll kot sein erga, quia so schein ut lieb son, non indiges sole, Non sole, luna etc.; alles an yhm alle et satis« (316,30).

Ostermontag

1. Korinther 15,35—44 a

„Der Same ist also ein Prinzip, das aus sich selbst ein Wesen schafft. Das geschieht von Natur ... Der Same ist der Ursprung, die Substanz aber ist das Ziel, früher als beide aber ist das Wesen, aus dem der Same stammt" (Aristoteles, De partibus animalium I, 1 p. 641 b, 29 ff.) [1].

„Laßt uns darauf achten, Geliebte, wie der Herr uns fortwährend die zukünftige Auferstehung anzeigt, zu deren Erstling er den Herrn Jesus Christus gemacht hat, als er ihn von den Toten auferweckte. Laßt uns die regelmäßig wiederkehrende Auferstehung betrachten. Tag und Nacht zeigen uns die Auferstehung: Die Nacht geht zur Ruhe, Tag bricht an, der Tag entschwindet, Nacht kommt herauf. Laßt uns die Früchte achten: Wie und auf welche Weise geht das Säen vor sich? ‚Es ging der Säemann aus' und warf auf die Erde jedes der Samenkörner. Sie fallen auf den Acker trocken und nackt, verwesen, und dann nach der Ver-

[1] Hier zitiert nach dem Neuen Kommentar von H. Conzelmann in der Meyerschen Reihe, Göttingen 1969, 333 Anm. 13.

wesung läßt sie die erhabene Fürsorge des Herrn auferstehen, und aus dem einen werden viele und sie bringen Frucht" (1.Clemens 24, 1–5)[2].

„Das ist nicht eine menschliche, irdische Sprache, sondern eine göttliche, himmlische Sprache. Denn Solchs findet man in keinen Büchern aller Gelehrten und Weisen auf Erden . . . Aber unter den Christen soll dieß eine kenntliche, gemeine und gänge Sprache sein. Denn weil sie ander Leut sind, die nicht mehr irdisch leben noch reden, sondern himmlisch, als Gottes Kinder und der Engel Gesellen, so mussen sie auch andere Sprache führen. Darumb haben sie auch einen andern Meister, den Heiligen Geist, der sie durch Gottes Wort lehret diese Sprache verstehen und reden, die man im Himmel redet" (Luther, Auslegung des 15. Kapitels der 1. Epistel St. Pauli an die Korinther, Von der Auferstehung der Toten 1534 W. A. 36, 644 E. A. 51, 229).

„Und ist das die Meinung und Beschluß davon, daß des Menschen Leib muß verändert werden, und die Gestalt nicht behalten, so er itzt hat, ohn was gehort zu seinem Wesen, also daß Nichts bleiben soll, was dieses vergänglichen Leben ist, und doch derselbige Leib und Seele sei und bleibe, so ein Iglicher gehabt hat, mit allen Gliedmaßen" (Luther ebda W. A. 650, E. A. 233).

„Wie sehr es den Glauben an Unsterblichkeit befestige, wenn wir den Tod als eine zweite Geburt betrachten. Diese Ansicht des Todes nämlich ertheilt uns einen beruhigenden Unterricht erstens, über die scheinbare Abhängigkeit unserer Seele vom Körper; zweitens, über die gänzliche und plötzliche Auflösung aller Verbindungen, in welchen unsere Seele mit dieser Welt stand; drittens, über das Unbegreifliche und Wunderbare, das der Eingang der Seele in eine neue Welt hat; und viertens, über die tiefe Finsternis, welche uns das zukünftige Leben verbirgt" (Karl Gottl. Bretschneider, Am Trinitatisfeste über 1.Kor 15, 36 auf dem Gottesacker i. J. 1811 gehalten)[3].

„Es gibt also *sogar* nach der allgemeinen Vorstellung keine abstracte Unsterblichkeit; jene Frage (V. 35 unseres Texts) zeigt, daß das Fortleben mit einem eigentlichen Leib verbunden ist; es existiert keine geistige Unsterblichkeit. Wesentlich ist *alles* in diesem s. g. ‚Glauben an Unsterblichkeit' heidnische Phantasie oder genauer: Muhamedanismus. Dieser s. g. Glaube entbehrt *jeglicher* Basis; weder Naturwissenschaft noch Philosophie wißen das Geringste von einem NB. *vollkommeneren* Fortleben, ja nicht einmal etwas von einem Fortleben überhaupt. Eine der lächerlichsten Possen, welche diese heidnische und modern-muhamedanische Unsterblichkeitslehre zu Tage gefördert hat, ist die Lehre vom *Wiedersehen*! Die allercrasseste und eine geradezu antichristliche Vorstellung aber, der sich nicht einmal Heiden und Muslim hingegeben haben, ist die, daß *jedem* Gestorbenen *um seiner menschlichen Natur willen* ein solcher vollkommenerer, glückseliger Zustand alsbald nach dem Tode zu Teil werde" (Vilmar, Collegium Biblicum z. St, Sperrungen im Orig.).

„In dem Streit um die Auferstehung stoßen zwei Welten aufeinander (die Frage der Leiblichkeit ist nur ihre beiderseitig äußerste Spitze), die Welt des Evangeliums (sagen wir einmal: wie Paulus es versteht) und die Welt einer Religiosität

---

[2] Nach der Übersetzung von Rud. Knopf, Handb. z. Neuen Testament, Erg. Bd. I, 3 1920.

[3] Aus K. G. Bretschneiders Predigten über Tod, Unsterblichkeit und Auferstehung, Leipzig 1823[2], hier zit. nach dem Abdruck in Bibliothek deutscher Canzelberedsamkeit, Gotha & New York 1829, Bd. 8, 127.

und Moral, die fast ganz so aussieht wie Christentum, die sicher ihre ausgezeichneten Eigenschaften und Vorzüge hat, in der mancher vermeintliche und auch mancher wirkliche Pauliner allerlei sehr Bedenkenswertes und Vorbildliches zu beachten hätte, die sicher eine sehr respektable, sehr daseinsberechtigte, sehr ruhige und sachliche Beurteilung erfordernde Möglichkeit zu denken, zu reden, zu leben bedeutet, jedenfalls die Welt, aus der nicht nur die Korinther, sondern wir mit ihnen, wie wir uns auch zu jener Streitfrage stellen mögen, alle zunächst immer wieder herkommen: in der Frage der Auffassung dessen, was man Jenseits zu nennen pflegt, kommt der Konflikt hier zunächst zum Austrag" (K. Barth, Die Auferstehung der Toten, Eine akademische Vorlesung über 1.Kor 15)[4].

Für die Arbeit an den Texten des 1. Korintherbriefs bieten sich neuerdings die 12. umgearbeitete und erweiterte Auflage des Kommentars von H. D. Wendland im NTD (Bd. 7, 1968) und die schon genannte Neuauslegung von H. Conzelmann (1969) an. Die älteren Auslegungen, vor allem Schlatter, Paulus der Bote Jesu (1934, 1968[4]) haben ihren Wert nicht verloren. Luthers Auslegung von 1534 (von A. Hohenberger 1936 bei Bertelsmann neu herausgegeben) ist uneinholbar, wie immer man das Verhältnis der Bearbeitung zu den ursprünglichen Nachschriften zu beurteilen hat. Diese Nachschriften sind von E. Hirsch in Bd. 7 der Clemen-Ausgabe aufgenommen worden. Auch Karl Barth bewährt sich. Vgl. außerdem G. Bornkamm in GPM 8, 1953/54, 110–113, und Ferd. Hahn, ebd. 18, 1963/64, 154–160.

I.

„Verbum amoenissimum — pro sepultura" (ein höchst lieblicher Text — für eine Beerdigung), bemerkt J. A. Bengel zu V. 42 ff. unserer Perikope[5], und erinnert uns damit an die ärgste der vielen Schwierigkeiten des Textes, offensichtlich, ohne sie zu empfinden. Wir verlesen und die Menschen hören diese Worte: „Es wird gesäet verweslich und wird auferstehen unverweslich ..." an den Gräbern und in den Leichenhallen, zu denen uns unser Beruf führt und wo andere psychische Regeln als im Alltag herrschen. Sprachlich und sachlich ist der Text in der Lutherübersetzung von unerhörter Gewalt und Tiefe. Was Luther, in den oben zitierten Sätzen seiner Auslegung, über die Sondersprache der christlichen Gemeinde sagt, dürfte hier lebendig und wirksam werden, und ich möchte dieser Art von Zeugnis und Verkündigung nicht das Mindeste absprechen oder abbrechen. Denn warum sollte sich nicht gerade so die Sache selbst in ihrer unaussprechlichen Wahrheit und Wirklichkeit melden und — durchsetzen?!

---

[4] München 1962[2], 69.

[5] D. Joh. Alberti Bengelii Novi Testamenti *in quo ex nativa verborum vi simplicitas, profunditas, concinnitas, salubritas sensuum coelestium indicatur* (in dem aus dem angestammten Sinn der Worte die Einfalt, Tiefe, Stimmigkeit und Heilsamkeit der himmlischen Gedanken angezeigt wird) *secundum editionem tertiam* (1778) *denuo recusa*, Berolini Sumptibus Gust. Schlawitz 1860, 435.

Aber wir würden unserer Aufgabe nicht gerecht, wenn wir uns nicht auch der Gefahren bewußt werden, die sich gerade hier aus der Lage und der Sprache ergeben. Wer nimmt sich einmal die Mühe, festzustellen, was von unsern Grabreden ‚ankommt' und wie es sich mit den vorhandenen besonderen Emotionen verknüpft. Es wäre noch wichtiger als die immer ein wenig platten Ergebnisse heutiger Befragungen à la Harenberg, Was glauben die Deutschen? Es ist also unter allen Umständen nötig und nützlich, daß unser Text einmal nicht *‚pro sepultura'* dient, sondern in der nüchterneren Atmosphäre des zweiten (!) Ostertags laut wird. Er erweist sich freilich auch dann nicht als einfach und ohne weiteres zugänglich. Ferd. Hahn hatte recht, wenn er daran erinnerte: V. 35—44 a ist Ausschnitt aus einem größeren Zusammenhang; es muß gefragt werden, ob er Haupt- oder Nebenaussage ist. Und wir hören die Analogien, die Paulus benützt, von jeher genau umgekehrt als sie von Paulus verstanden wurden und gemeint waren. Nicht zuletzt aus diesem Grund habe ich den Lesern diesmal eine so ausgiebige ‚Wolke von Zeugen' zugemutet. Wer sich schon jetzt angesichts der sich häufenden Schwierigkeiten für einen andern, vielleicht eher zugänglichen Text entscheidet, braucht sich nicht zu genieren. Auch ich unterliege der Regel: Ein Schuft, der mehr gibt, als er hat.

II.

Nehmen wir als Hauptaussage des Kapitels den Satz von V. 20: ‚Nun aber ist Christus auferstanden von den Toten und der Erstling geworden unter denen, die da schlafen', dann ist alles, was sonst noch gedacht, gefragt und gesagt wird, Nebenaussage. Aber das nützt nicht viel. Wir haben die Beziehung unserer Perikope zur Hauptaussage im Auge zu behalten. Wie man weiß, ist die Auslegung, zumal seit den Beiträgen Barths und Bultmanns in den zwanziger Jahren, nicht einig über die sachliche Angemessenheit gerade unserer Verse: Barth läßt sie, eben als Analogien, gelten. Bultmann nicht. Das Nähere gehört nicht hierher.

Wir fragen, in welchem Sinne Paulus den ihm vor Augen stehenden Partner als *‚aphron'*, als Tor anredet. Der alttestamentliche Hintergrund ist spürbar: nur ein Tor legt sich Leben und Welt ohne Gott zurecht. Obendrein war V. 34 von solchen die Rede, die keine Ahnung von Gott haben und die es eigentlich in der Gemeinde nicht geben dürfte. Dennoch, Paulus appelliert hier an den ‚Sinn' seines Partners. Er bringt nichts Widersinniges vor.

Natürlich hat Schlatter recht, wenn er meint, das, was bei den Einreden gegen Paulus unbeachtet und unverstanden bleibe, sei das, was die Fragenden selbst tun. Der Gedankenlose mache sich durch seine Gedankenlosigkeit die Natur stumm. Für Paulus sei dagegen die Natur die Versichtbarung des göttlichen Wirkens; denn Gott offenbare durch sie die Unerschöpflichkeit seiner Leben erzeugenden Macht[6]. Aber einmal treffen die Argumente des Paulus

[6] Kommentar 433.

aus dem Naturleben heute auf ein Bewußtsein, in dem Natur und Gott einander ferngerückt sind. Wir müßten also fürchten, nurmehr die wenigen zu erreichen, die hier noch ansprechbar sind. Wichtiger noch: das, worauf es Paulus bei der Analogie mit dem Vorgang Samenkorn und erwachsende Frucht ankommt, nehmen wir gerade nicht wahr, wenn wir mit heutigen Mitteln diesem Vorgang auf die Spur kommen. Paulus sieht die Sache eben nicht wie Aristoteles, den wir oben zitierten, sondern für ihn wie für viele in der Antike ist der Vorgang ein unmittelbares Zeichen der göttlichen Wunder- und Neuschöpfungskraft. Die Meinung ist gerade nicht die, als sei in uns ein Keim der Ewigkeit, der dann wie das Korn aus der Saat in der Auferstehung wundersam aufgeht. Für Paulus stirbt das Samenkorn wirklich, indem es in der Erde verwest. Die Pointe findet sich in V. 38: „Gott gibt ihm einen Leib, wie er will, und einem jeglichen von den Samen seinen eigenen Leib." Eben darin besteht die Analogie zur Auferstehung. Sie ist in sich sinnvoll und treffend. Nur eben, sie entspricht dem wirklichen Vorgang in der Natur, wie wir ihn begreifen, gerade nicht.

Das nächste Argument, in sich nach verschiedenen Hinsichten ausgearbeitet, scheint Paulus wichtiger zu sein. Er widmet ihm mehr Gedanken als dem ersten. In V. 38b klang es schon an: die Welt der irdischen und himmlischen Körper ist vielfältig. „Nicht ist alles Fleisch einerlei Fleisch" (V. 39) und die irdischen und die himmlischen Körper haben nicht die gleiche Doxa. Wir brauchen nicht im Detail zu eruieren, welche Vorstellungen über Mikro- und Makrokosmos hier zugrunde liegen. Paulus will sagen, daß Gott als dem Schöpfer keine Grenzen in der Gestaltung seiner Geschöpfe gesetzt sind. Wer *eine* Gestalt kennt, hat oder selbst ist, kennt damit nicht schon alle andern. „Darum haben wir Gottes Gabe nicht auf das zu beschränken, was uns jetzt schon gegeben ist."[7] Calvin hat recht: „*Summa est, quicquid diversitatis cernimus in quaqua specie, quoddam esse resurrectionis praeludium: quia Deus palam ostendit, sibi non esse difficile corpora nostra renovare praesentem statum mutando:* Es läuft darauf hinaus, was immer an Vielfalt in den einzelnen Dingen ist, sei ein gewisses Vorspiel der Auferstehung: denn Gott zeigt offenkundig, es sei ihm leicht, unsere Leiber zu erneuern, indem er den jetzigen Zustand ändert[8].

Ehe wir uns der Grundfrage zuwenden, was es mit dem „*quoddam resurrectionis praeludium*" im Ernst auf sich haben kann, ist noch zu beachten: Die eigentliche Frage, von der sich später die Auslegung (und der Glaube) stets am meisten bewegt zeigt — gerade auch bei Luther! —, wird von Paulus weder scharf gesehen noch beantwortet: die Frage nach der Identität des Samenkorns und des Halms oder ähnlichem, die Frage nach der Kontinuität des irdischen und des auferstehenden Ichs. Luther statuiert und postuliert sie

[7] Ad. Schlatter, Erläuterungen, zu Vers 39–44.

[8] Calvin zu Vers 39 (ed. Tholuck 236). Nach Calvin kommt es Paulus nicht darauf an, unterschiedliche Rangstufen und Herrlichkeitsgrade der Auferstandenen in der neuen Welt Gottes anzudeuten – eine Idee, die Luther u. a. hier bezeugt fanden.

einfach, wie seine oben zitierte Zusammenfassung zeigt. Paulus aber „hat überhaupt keinen Seelenbegriff und darüber hinaus keinen Begriff für das Überdauernde, die Kontinuität Bildende. Denn dieses kann gar nicht anthropologisch-gegenständlich bezeichnet werden", bemerkt Conzelmann[9] und man wird ihm auch dann zustimmen, wenn man meint, Paulus habe dies sehr wohl anthropologisch-gegenständlich ausdrücken können — er ist ja kein Vertreter einer Theorie der Nicht-Gegenständlichkeit! —, wenn ihm daran gelegen wäre. Daß er die Frage nach der Identität und Kontinuität in unserm Sinne nicht stellt, möchte m. E. eher darin begründet sein, was er etwa Gal 2,20 f. andeutet; er hat kein Interesse an ihr.

III.

Immerhin nennt Paulus sowohl das Irdische, Noch-nicht-Auferstandene als das Auferstandene Leib *(soma)*, auch wenn er die Diskontinuität stärker betont als ihr Gegenstück. Später lesen wir ja, daß Fleisch und Blut das Reich Gottes nicht ererben wird; „auch wird das Verwesliche nicht erben die Unverweslichkeit" (V. 50). Dem Sachverhalt Leiblichkeit müssen wir noch nachdenken. Unsere anthropologischen Traditionen geben sich hier ein Stelldichein. Das platonisch-christliche Seelentum wirkt noch nach; unermüdlich pflegen wir dagegen in Schule und Kirche zu polemisieren. „Ewiges Leben ist nicht Leiblosigkeit, nicht Lösung der Seele vom Leibe", bemerkt H. D. Wendland[10], während sein Vorgänger in der ‚Göttinger Gegenwartsbibel', W. Bousset, noch meinte: „Uns will der Nachdruck, den Paulus auf diese Seite der christlichen Hoffnung legt, beinahe fremd erscheinen. Uns scheint das Bedeutsamste und Herrlichste der christlichen Hoffnung in der Gewißheit der Fortdauer persönlichen Lebens über Tod und Grab hinaus zu bestehen. Alles andere, auch die Frage eines neuen Leibes, liegt für uns zum mindesten im Dunklen und Zweifelhaften."[11] Bousset hat sicher recht damit, daß wir hier an der Grenze des Vorstell- und Sagbaren stehen. Was anschaulich ist an Leib und Leiblichkeit, ist gewiß gerade nicht Gegenstand der Analogie oder gar Grund der Hoffnung. Luther hat dies mit aller ihm möglichen Drastik betont. Er hat sich freilich dann doch nicht gescheut, den auferstandenen Menschen sehr anschaulich, fast astronautisch zu beschreiben[12].

---

[9] Conzelmann a.a.O. 334. [10] A.a.O. 152.

[11] Die Schriften des Neuen Testaments neu übersetzt und für die Gegenwart erklärt, Bd. II, Göttingen 1917³, 164 f.

[12] A.a.O., W. A. 657, E. A. 241: „Wohlan, willt du nicht gläuben, so fahr hin und bleib eine Sau. Wir aber wissen, so schwach er (der Leib) itzt ist, ohn alle Kraft und Vermügen, wenn er im Grab liegt; so stark wird er hernach werden, wenn die Zeit kompt, daß er mit einem Finger wird diese Kirchen tragen, mit einer Zehe einen Thurn versetzen können, und mit einem großen Berg spielen, wie die Kinder mit einem Ballen, und in einem Nu bis an die Wolken springen, oder uber hundert Meil fahren. Denn alsdenn solls eitel Kraft heißen (wie itzt eitel Schwachheit und Unkraft), daß ihm kein Ding unmöglich sein wird, wenn ers nur in Sinn nimpt, daß er allein mocht die ganze Welt schlahen, und so leicht und behend werden, daß er des Augenblicks beide, hienieden auf Erden, und droben im Himmel schwebe."

Immer noch scheint mir Karl Barth der Sache am ehesten auf der Spur zu sein. „Was könnte die Osterbotschaft anderes sein als die ganz konkret gewordene Botschaft, daß Gott der Herr ist. Aber eine *notwendige* Umschreibung und Konkretion."[13] Denn wäre er nur Herr der Welt oder Herr des Lebens, oder wäre er Herr nur, sofern er Geist ist, brauchten wir uns immer noch nicht betroffen zu wissen. „Gott ist der Herr des *Leibes!* Jetzt ist die Gottesfrage akut und unausweichlich gestellt, der Leib ist der Mensch, der Leib bin ich, und dieser Mensch, dieses Ich ist Gottes. Jetzt erst habe ich keinen Schlupfwinkel mehr vor Gott, kann keinen Dualismus mehr vorschieben, und in keine vor Gott gesicherte Wirklichkeit mich zurückziehen, mit keiner irdischen Schwachheit mehr mich entschuldigen. Gerade dieses irdisch Schwache ist gemeint, wenn Gott mein Herr sein will, gerade dieser irdisch Schwache bin ich, soll an Gott gebunden, in Gott leben, vor Gott herrlich sein. Der Geist, das *pneuma,* nicht unser bißchen Geist und Geistlichkeit, sondern *Gottes* Geist triumphiert gerade nicht in einem reinen Geist-sein, sondern: *egeiretai soma pneumatikon,* auferweckt wird ein *(Gott-)* geistlicher Leib, das Ende der Wege Gottes ist die Leiblichkeit. Mit dieser Bestimmung erst hat der Gottesgedanke, um den Paulus in der Tat allein zu tun ist, jene unzweideutige Überlegenheit bekommen, jene kritische Schärfe, jene Geladenheit mit letzten Gericht und höchster Hoffnung, deren Verkennung eben die *agnosia theou,* keine Ahnung von Gott haben (V. 34) bedeuten würde."[14]

Wir haben in der Verkündigung also nicht zu optieren zwischen alten und neuen, platonischen und anti-platonischen Entwürfen zur Lehre vom Menschen. Was immer heute und morgen die Wissenschaft vom Menschen über dieses unbekannte Wesen ans Licht bringen mag, es kann nur dazu dienen, das Zeugnis vom Plan Gottes mit eben diesem seinem Geschöpf zu verdeutlichen und zu konkretisieren. Nur dürfen wir dabei das eigentliche Ziel des Textes nicht aus dem Auge verlieren: „So auch die Auferstehung der Toten" (V. 42), das *‚praeludium ressurectionis'*, wie Calvin es ausdrückt.

Dem dienen sowohl die Analogien als auch die Antithesen, und letztlich liegt in den Antithesen die eigentliche Pointe: *phtora, atimia, astheneia.* „Siehe, also will St. Paulus hiemit weggenommen haben alle heidnische Gedanken, und die ärgerliche Gestalt, so solchen Gedanken Ursach gibt, wenn man uns fur die Augen stellet das verächtliche kraftlose Wesen des Menschen, und einen Christen nicht anders ansiehet, denn nach solchem äußerlichen Ansehen, daß er dahin stirbt, wie ein Kuhe oder Sau, daß noch Niemand so weise und gelehrt gewest ist, der in demselben kunnt ein Unterscheid machen zwischen einem Menschen und iglichem Viech."[15] Um so erstaunlicher, daß es hier ein *praeludium resurrectionis* soll geben können. Wieso „könnte es sein, daß wir diesen kritischen Punkt begreifen als Wendepunkt, als Nullpunkt, der

---

[13] K. Barth, a.a.O. 115.
[14] Ebd. 116.
[15] Luther a.a.O. W. A. 661; E. A. 244.

vom Minus zum Plus führt"[16]? Vielleicht ist es doch nur ein Wunschdenken, und die biblische Botschaft unterscheidet sich vom Platonismus und Spiritualismus nur dadurch, daß sie die Leiblichkeit nicht verachtet, sondern in den Hoffnungsbereich aufnimmt?

Es zeigt sich, daß wir in der Tat unsern Text nicht isolieren dürfen. Selbst wenn seine Analogien aus dem Naturleben dessen Regeln richtig träfen, bliebe es immer reine Willkür, aus ihnen etwas über das ‚Jenseits' ablesen zu wollen. Die relative Anschaulichkeit der biblischen Zukunfts- und Jenseitsaussagen, die Bildhaftigkeit der Auferstehungswelt ist ja kein Ersatz für eine wirkliche Begründung dieser Hoffnung, zumal Paulus immer wieder dafür sorgt, daß die Bäume nicht in den Himmel wachsen: „Fleisch und Blut werden das Reich Gottes nicht ererben!" Der natürliche Leib ist nicht der geistliche Leib, sondern „wenn es einen natürlichen Leib gibt, so gibt es auch einen geistlichen Leib" (V. 44 a). Die Begründung der Auferstehungshoffnung muß und kann nicht im *praeludium resurrectionis* selbst liegen.

„Denn wer nicht gläuben will, noch läßt sich bewegen Gottes Wort, und das Exempel oder Erfahrung der angefangenen Auferstehung in Christo, dem predigt man auch wohl vergeblich durch Gleichniß und Bilder", hat Luther in seiner Auslegung unermüdlich betont[17]. Wir werden inne, daß wir nur auf dem Hintergrund von Ostern etwas sagen können über die Hoffnung unserer Auferstehung. Der zweite Ostertag setzt den ersten voraus; er setzt ihn nicht erst in Kraft.

IV.

Im Blick auf die Predigt haben wir Sache und Lage in gleichem Maße zu bedenken. Auch wenn die Kirchen an Ostern nicht eben überfüllt sind, ist das Thema unseres Textes — vom Leben nach dem Tod — doch aktuell. Auch wenn Tod und Sterben aus dem Bewußtsein möglichst verdrängt werden, und wenn wir alle darin eine ungewöhnliche Virtuosität entwickelt haben, kommen wir nie ganz davon los. Aber eben weil wir nicht so leicht davon loskommen, sind wir präokkupiert von alten und neuen Wunschgedanken. Könnten wir noch in der freundlichen Synthese der Aufklärungspredigt uns bewegen, wäre unsere Aufgabe einfacher. Statt dessen haben wir uns vielfach eine starre Antithetik zum Zeitbewußtsein angewöhnt, weil wir nur so der biblischen Sache meinen gerecht werden zu können. Unsere Perikope in ihren Sätzen V. 35—41 zeigt, daß Paulus so ausschließlich antithetisch nicht ist. Anderseits haben wir hinzunehmen, daß die Art und Durchführung seiner Analogien heute der Sache nicht mehr dienlich sind. Es kann nicht der Sinn einer Predigt sein, das Unangemessene der paulinischen Gleichnisse darzulegen; ebensowenig aber auch, die unausrottbare Assoziation von Samen als Unsterblichkeitskeim um jeden Preis ausrotten zu wollen. Auch der Gleichnisgedanke von V. 39—41

---

[16] K. Barth, a.a.O. 114.

[17] A.a.O. W. A. 639 ff.; E. A. 224 ff.

vermittelt heute kaum etwas Direktes. Ich würde es also für richtig halten, in diesem Fall aus dem ganzen Text nur die Schlußsätze V. 42 b—44 a einer Predigt am Ostermontag zugrunde zu legen. Indem wir uns die Assoziationen der vorausgehenden Sätze vom Halse halten, gewinnen wir Zeit und Kraft, uns dem Zielsatz des Paulus, eben 42 b—44 a zu widmen, und wir würden versuchen müssen, gerade ihn aus der Emotionalität der ‚Feier am Grabe' herauszuholen. Auch das ist nicht leicht: aber es müßte möglich sein.

Luther scheint uns dazu trefflich anleiten zu können: „Darumb sollen wir uns Solches wohl lernen einbilden, daß wir des Glaubens je gewiß werden, und in keinen Zweifel stellen, weil ... wir gläuben an den Heiland, daß er von Todten auferstanden sei, dazu daß er uns am jungsten Tage auch will auferwecken und wieder darstellen, so schön und herrlich, als er selbs ist: auf daß wir ... unsere Freude haben des schönen herrlichen Wesens, das wir dort empfahen sollen. Denn Solchs wird ja dazu dienen, uns zu erwärmen, daß wir des zeitlichen Wesens vergessen, und nicht also an diesem Leben hangen als wollten wir ewig hie bleiben (wie die Welt thut), sondern unsern Trotz und Hoffart etwas höher setzen ... uns gewöhnen zu trosten und frohlich zu machen uber dem hohen, unaussprechlichen Schatz, den wir kriegen sollen."[18] Also doch Weltflucht, Ausweichen von der schlechten Gegenwart in die Zukunftshoffnung?! Ich weiß nicht, ob dieser Gefahr schon dadurch abgeholfen wird, daß wir statt von einer jenseitigen Hoffnung von einer diesseitigen reden. Es könnte ja dabei nur eine Ideologie durch eine andere ersetzt worden sein.

Bleiben wir bei den Antithesen des Paulus, so wird uns das Doppelte zugemutet: Einmal, die ganze Gebrechlichkeit unseres Daseins ins Auge zu fassen, gelten zu lassen und nichts daran zu beschönigen: *phthora, atimia, astheneia!* Wie unverwertbar der Mensch im Tode ist, hat Luther drastisch beschrieben. „So schändlich Ding wird der Mensch, so bald er todt ist."[19] Es muß also gar nicht erst von Sünde und Schuld geredet werden. Wir sind freilich seit langem dieser Thematik entwöhnt, und ich meine nicht, daß wir bei der barocken Drastik der Vergänglichkeitspredigt der Vorzeit unmittelbar in die Schule gehen sollten. Es mag genügen, das Gesangbuch daraufhin anzusehen.

Es wird uns darüber hinaus zugemutet und zugesprochen, daß Gott uns als seine Geschöpfe nicht unter der Herrschaft dieses Dreigestirns lassen wird, sondern daß an dessen Stelle treten soll: *aphtharsia, doxa* und *dynamis*, mit einem Wort: das *soma psychikon* wird auferweckt zum *soma pneumatikon.*

Es muß in der Predigt gelingen, daß wir weder in der isolierten Erörterung einer abstrakten Denkbarkeit von Auferstehung verharren, wobei dann die Fragen der Identität und Kontinuität des Ich eine Rolle spielen, die sie im Text nicht haben, noch daß wir mit dem Grunddatum der Auferstehung Christi

---

[18] A.a.O. W. A. 662 f.; E. A. 245 f.

[19] Ebd. W. A. 655 f.; E. A. 239.

als des Erstlings derer, die da schlafen, so umgehen, als hätte es mit uns nicht mehr zu tun als andere Berichte der biblischen Vergangenheit. Paul Gerhardt hat es verstanden, den Zusammenhang zu bezeichnen und zu bekennen: „Ich hang und bleib auch hangen / an Christo als ein Glied; wo mein Haupt durch ist gangen, / da nimmt es mich auch mit."

Daß das Amts- und Kirchenbewußtsein lächerlich und unwirksam geworden ist, sollte niemand leugnen. Aber die Begegnung mit dem Willen Gottes ist nicht lächerlich und unwirksam. Ob sie geschieht, liegt nicht bei uns. Aber wir können uns selbst und die uns hören müssen darauf aufmerksam machen, daß es auf nichts Geringeres ankommt: Das ist der Wille Gottes! Dann steht nicht mehr eine alte oder neue Moral auf dem Spiel; dann werden viele Dispute, mit denen wir uns in Reden und Schriften die Zeit vertreiben oder das Herz schwer machen, überflüssig. Dann wird es ernst. Wohlgemerkt: Nicht wir nehmen es ernst, sondern es wird ernst. Dann entdecken wir, was in den zunächst so abgestanden wirkenden Redensarten unseres Textes eigentlich vorkommt.

Quasimodogeniti

1. Petrus 1, 3—9

Consilium Petri est in hac epistola, fideles ad sui abnegationem mundique contemptum hortari, ut liberi carnis affectibus terrenisque omnibus impedimentis soluti ad coeleste Christi regnum toto animo adspirent, ut spe erecti, suffulti patientia, fortitudine et constantia muniti, tentationes omne genus superent, atque hoc studium et meditationem tota vita prosequantur. Itaque statim a principio, qua potest, verborum amplitudine, Dei gratiam nobis in Christo patefactam praedicat: Die Absicht des Petrus in diesem Briefe ist es, die Glaubenden zur Verleugnung ihrer selbst und zur Verachtung der Welt zu ermahnen, daß sie, frei von den Trieben des Fleisches und losgelöst von allen irdischen Hemmnissen, von ganzem Herzen nach dem himmlischen Reich Christi trachten; daß sie, gebaut auf die Hoffnung, gestützt auf die Geduld, bewehrt mit Mut und Beharrlichkeit, Anfechtungen aller Art überwinden und daß sie diese Bemühung und Besinnung ihr ganzes Leben lang betreiben. Daher verkündet er uns gleich von Anfang an in einer möglichst reichen Fülle von Worten die Gnade, die uns in Christus zugänglich geworden ist (*Calvin*, Argumentum Epistolae Prioris Petri, ed. Tholuck 1865, 199).

Daß wir auf Erden leben, das geschicht nirgend umb, denn daß wir andern Leuten auch helfen sollen; sonst wäre es das Best, daß uns Gott so bald würgete und sterben ließe, wenn wir getauft wären und hätten angefangen zu gläuben. Aber darumb lässet er uns hie leben, daß wir ander Leut auch zum Glauben bringen, wie er uns than hat (*Luther*, Epistel St. Petri gepredigt und ausgelegt 1523, WA 12, 267; EA 51, 335).

Die reine Immanenz des Positivismus, ihr letztes Produkt, ist nichts anderes als ein gleichsam universales Tabu. Es darf überhaupt nichts mehr draußen sein, weil die bloße Vorstellung des Draußen die eigentliche Quelle der Angst ist (*M. Horkheimer* und *Th. W. Adorno*, Dialektik der Aufklärung, 1947, 27).

Wenn der erste Petrusbrief zur Zeit auch nicht eben im Vordergrund der Interessen steht, so fehlt es doch an Hilfsmitteln zu seiner Auslegung nicht. Calvin hat seinen wie immer sorgfältigen und reellen Kommentar Eduard VI. von England gewidmet mit einer Epistel, die zu den großen konfessionspolitischen Dokumenten des Genfer Reformators gehört[1]. Luthers Predigtauslegung, in ihrer ersten Fassung aus den Jahren 1522/23, ist schon als Begleitmusik zu den historischen Entscheidungen jener Monate von besonderem Interesse, gleichwohl meines Wissens kaum ausgeschöpft[2].

Von den neueren Auslegungen ist diejenige M. Kählers durch einen Neudruck wieder zugänglich gemacht worden[3]. Mir sind seine Beiträge freilich zu parfümiert im Stil, zu wortreich und zu diffus; immer wenn man etwas Genaueres erfahren möchte, wird man mit einem Bibelzitat abgespeist. Die vier Druckseiten, die Hermann Gunkel unserer Perikope gewidmet hat, erbringen für uns heute mehr[4]. Aus den Kommentarreihen lohnt nur Ad. Schlatter; was er bringt, ist freilich bestimmt (und beeinträchtigt) durch die Tendenz, den ersten Petrusbrief auf den Jesusjünger Kephas zurückzuführen[5]. So behalten die ‚Erläuterungen' durchaus ihren Wert, und vor allem die kleinen Skizzen zu einigen Versen der Perikope sind höchst beachtlich[6].

Die Beiträge in den GPM stammen von G. Friedrich (II, 2, 1947/48, S. 36–41), von H. J. Iwand (VII 1952/53, S. 103–106, und XIV 1959/60, S. 154–158) und von H. W. Surkau (XX 1965/66, S. 195–202). G. Dehn hat den Text in der älteren Predigthilfe von Georg Eichholz behandelt[7].

I. *„Das Ziel eures Glaubens ... der Seelen Seligkeit" (V. 9)*

Auch diese Perikope, wie so viele andere, muß man von ihrem letzten Satz aus lesen und verstehen. Das Ziel des Glaubens soll erreicht werden, und dieses Ziel ist: der Seelen Seligkeit, das Seelenheil. Leser und Hörer heute werden sich darin unterscheiden, ob ihnen gerade angesichts einer solchen Zielangabe der Text besonders nahegeht oder besonders fernrückt. Die Gruppe derer, denen dies Ziel unmittelbar einleuchtet, wird der Zahl nach sehr viel geringer sein. Im allgemeinen gilt, ernsthaft vom Seelenheil zu reden, auch unter heutigen Christenmenschen als fast so unpassend, ja als noch unpassender als unsere Sterblichkeit ernsthaft in Erinnerung zu bringen. Denn in dem Satz

---

[1] Außer bei Tholuck, [4]1865, 189–198, ist das Widmungsschreiben in Übersetzung zu finden bei Rud. Schwarz, Johannes Calvins Lebenswerk in seinen Briefen, Bd. I, 1909, 400–406.

[2] WA 12, 249 ff.; EA 51, 324 ff.

[3] M. Kähler, Wiedergeboren durch die Auferstehung Jesu Christi, Osterbetrachtungen, Leipzig [2]1908, 1–7 (zu 1. Petr. 1, 1–3); 75–106 (zu 1. Petr 1, 3; 4; 5; 5–9); 3. Aufl. 1960.

[4] In den „Schriften des Neuen Testamentes neu übersetzt und für die Gegenwart erklärt", 3. Bd., 3. Aufl., 1917, 254–259.

[5] Ad. Schlatter, Petrus und Paulus nach dem ersten Petrusbrief, Stuttgart 1937.

[6] Ad. Schlatter, Kennen wir Jesus? 1938, 441 (V. 3); 442 (V. 4); 5 und 77 (V. 5).

[7] Gg. Eichholz, Herr, tue meine Lippen auf, Bd. 4. Die neuen Episteln 1955, 266–275.

vom Seelenheil als Ziel des Glaubens (und Lebens) wird alles in der massivsten Weise auf ein Außen bezogen, das wir als geborene Positivisten längst tabuisiert haben, weil ‚nicht sein kann, was nicht sein darf'.

Immerhin hat die Perikope den Vorzug, noch aus einer Zeit zu stammen, in der aus Heilsbotschaft und Heilsanspruch des Evangeliums noch kein Herrschaftssystem über Mensch und Welt gemacht worden ist. Noch stehen auf dem Jahrmarkt der antiken Religionen und Mysterienkulte die Zeugen der christlichen Wahrheit ohne jedes Privileg neben ihren Konkurrenten, eher als ohnmächtige Neulinge. Noch profitieren sie gemeinsam von der Weltangst und Weltflucht, vom Heilsbedürfnis der Menschen in der Spätantike. Erst später wird das Heilsbedürfnis zum Herrschaftsmittel, nachdem das Christentum zur Staatsreligion geworden ist. Wiederum viel später, in der Neuzeit, fällt mit dem Herrschaftssystem des Christentums auch das Heilsbedürfnis selbst; mindestens wird es gerne und oft in Abrede gestellt, da es eben besser als alles andere die Herrschaft von Religion und Kirche zu begründen und zu erhalten vermag. Es ist schwer auszumachen, wie der Verfall des einen den Verfall des anderen bedingt und bestimmt hat.

Natürlich gab und gibt es hier auch innerchristliche, innertheologische Nuancen, die zu Streit und Spaltung führten: bis heute steht als Frage zwischen Rom und uns, in welchem Maß der Christenmensch selbst aktiv daran beteiligt ist und sein soll, daß das Heilsziel erreicht wird. Aber natürlich ermäßigt sich der Streit darüber, wenn die meisten die Frage nach dem Heilsziel selbst sich kaum mehr stellen lassen. Wichtiger ist, ob und inwieweit die Frage nach dem Heilsziel mit der Frage nach dem Jenseits zusammenfällt. Fast die ganze Christenheitsgeschichte hindurch meinte man, beides fiele in der Tat zusammen. „Denn wer das zukünftige Leben nicht hofft, der bedarf Christus ebensowenig als die Kühe und anderen Tiere des Paradieses, weil Christus Reich nicht ist noch sein kann auf Erden"[8]. Heute stellen wir die Frage nach dem Jenseits ebenso ungern wie die nach dem Heilsziel und tun alles, vorab mit Hilfe des Alten Testaments, der Frage nach dem Jenseits auszuweichen, sie schon als Frage theologisch zu ächten. Da sie sich kaum abweisen läßt, wird sie dann von anderen Programmen und Parolen, in religiöser oder in profaner Form, um so heftiger aufgenommen. In jeder Botschaft und Lehre vom Heil(sziel) wie vom Jenseits wird dem Menschen abgesprochen, daß er sich selbst genügen, daß er Sinn und Fülle in sich und in seiner Welt finden könne; soll ihm Heil zuteil werden, muß es von außen kommen. Mehr noch: es wird ihm von außen zukommen; denn es ist ihm verheißen und geschenkt. Er ist nicht sich selbst überlassen. Es fragt sich, ob uns die Entfremdung, in der wir uns vorfinden, lieber ist als das Heil, das wir uns nicht selbst verdanken. Wenn von ‚der Seelen Seligkeit' die Rede ist, muß das Wort ‚Seele' im biblischen, nicht im griechisch-dualistischen Sinn verstanden werden. Heil ist ja wesentlich Ganzheit und Fülle; Heil der Seelen ist nicht Heil eines Wesens-

[8] Luther, Die drei Symbola, 1538; WA 50, 269; EA 23, 262.

teiles, sondern des ganzen Menschen, wenn es seinen Sinn nicht verlieren soll. Es lohnt aber kaum, die verschiedenen Anthropologien gegeneinander ins Feld zu führen, wenn das Heil selbst auf dem Spiele steht.

Der pragmatische Sinn von heute drängt uns die Frage auf, ob nicht jedes solche Streben nach dem Heilsziel der Seligkeit den Menschen unbrauchbar für das Leben in der Welt macht. Apologeten und Kritiker des Christentums sind sich seit längerem darin einig, ein ernsthafter Jenseitsbezug, eine wirklich bohrende Frage nach dem Seelenheil sei für das Leben in dieser Welt von Nachteil. Die Kritiker legen ihrer Tendenz entsprechend dem Christentum seine Eschatologie als Hauptfehler zur Last, die Apologeten suchen zu erweisen, daß gerade dieser ‚Fehler' dem Glaubenden zur rechten Stellung und Leistung in der Welt verhelfe. Mit Bedacht habe ich besonders schroffe und einseitige Sätze der Reformatoren an die Spitze dieses Beitrags gestellt: es sollte jenseits von Apologie und Kritik unbestritten sein, daß das Evangelium, Jesu Botschaft vom Reich oder mit welcher Grundformel man den Sachverhalt zusammenfassend bezeichnen will — auf ‚abnegatio sui und contemptus mundi', Verleugnung seiner selbst und Verachtung der Welt hinausläuft und daß eben hierin seine ursprüngliche Anziehungs- und Durchsetzungskraft bestand. Wer es anders sieht und sagt, streut sich und denen, die er beeinflußt, Sand in die Augen, geschehe dies auch in bester Meinung.

II. „... und nun an ihn glaubet, wiewohl ihr ihn nicht sehet" (V. 8)

Was ich aus den Sätzen der Perikope als zweite Thematik heraushebe, bezeichnet Hermann Gunkel mit einigem Recht nur als einen Nebengedanken. Dennoch verdient V. 8 besonders beachtet zu werden. Denn in der heutigen Lage spielt dieser ‚Nebengedanke' doch eine große Rolle. Wohl findet sich auch heute kaum ein Entwurf christlicher Lehre, der darauf verzichtete, Jesus Christus einen zentralen Platz einzuräumen. Lieber verzichtet man auf Gott als auf Jesus von Nazareth, soviel absurde Willkürlichkeiten dies auch im Gefolge hat. Aber allen, auch den konservativen, überlieferungsnahen Entwürfen heutiger Christologie gegenüber wird doch die Gretchenfrage viel zu selten offen gestellt, die der Text zum Bewußtsein bringt: „Welchen ihr nicht gesehen und doch lieb habt und nun an ihn glaubet, wiewohl ihr ihn nicht sehet." Daß diese Kinderfrage nach Ort und Wirklichkeit Jesu Christi selten so offen und brutal gestellt wird, ist gewiß auch ein Zeichen der gewaltigen Nachwirkung der Evangelien. Sonst könnten nicht wir alle ähnlich wie Luther argumentieren: „Ich hab und weiß nichts von Jesu Christo, weil ich ihn leiblich weder gesehen noch gehört habe, denn allein seinen Namen. Doch hab ich aus der Schrift, Gott Lob, von ihm so viel gelernt, daß ich mir nun sehr wohl genügen lasse."[9] Die kesse Rede des verhörenden Gestapobeamten von dem ‚imaginären Herrn', von dem wir damals als Christenmenschen und Glieder der Bekennenden Kirche sprachen, lag und liegt zu allen Zeiten nahe

[9] Luther – ich kann den Fundort nicht angeben.

genug. Nicht ohne Grund werden an gewichtiger Stelle des Evangelienzeugnisses die selig gepriesen, die nicht sehen und doch glauben (Joh 20, 29). Wer will, kann das gesamte christologische Dogma der Christenheit als aus einer Wurzel, aus diesem elementaren Sachverhalt hervorgegangen ansehen. Aber auch die gelegentlich berichtete schnoddrige Feststellung heutiger Jugendlicher, ‚Jesus sei ihnen nicht vorgestellt', hat den gleichen harten und nachdenklichen Kern: ‚Ihr habt ihn nicht gesehen!'

Es ist sehr viel nebensächlicher, wenn die Exegeten uns an Hand V. 8 daran erinnern, es handle sich offensichtlich um die zweite oder dritte Generation — bei den Lesern des Briefes jedenfalls, bei dem Schreiber wohl auch! Eben mit diesen frühen, ‚post Christum natum' lebenden Generationen verbindet uns heutige die gleiche Lage. Sie ist weder leichter noch schwieriger geworden. Wohl aber stellt sich die Frage nach dem Wert der Vermittler und Zeugen Jesu, nachdem wir zu denen gehören, die ihn nicht selbst gesehen (oder gehört) haben. Wir haben hier das Neben- und Nacheinander der Autorität der Evangelien und der Autorität der Kirche, aber auch der Authentizität Jesu selbst und derjenigen der Augenzeugen nicht zu erörtern. Sie entsteht an eben dem banalen Satz: ihr habt ihn nicht (selbst) gesehen. Und die Tiefe der Frage ist unausmeßbar und unergründbar.

III. „... zu einem ... Erbe, das behalten wird im Himmel für Euch" (V. 4)

Hier möchte ich Ad. Schlatter zunächst das Wort geben. „Zu Hoffenden macht Petrus die, die ihn hören; aber er meint nicht, daß ihr Hoffen ihren Zustand verändere. Täte es dies, wäre es kein Hoffen mehr. Auch sie stehen unter dem Gesetz, das für alles gilt, was im Bereich der Natur lebendig ist, daß es kein bleibendes Leben hat. Denn das Leben, das wir als die Wiedergeborenen haben, ist nicht in uns selbst vorhanden, sondern unser Besitz, wie ein Erbe unser Eigentum ist, und dieses Erbe ist nicht unserm Leibe anvertraut, daß er es bewahre, bis es sichtbar werde; auch ist es nicht in ein Gnadenmittel eingesenkt, als gäbe es heilige Dinge, in die unser Leben verborgen sei, sondern dieses Erbe ist im Himmel, und dies ist deshalb so, weil die Auferstehung Jesu unsere Wiedergeburt ist und aus dem Leben Jesu uns die Hoffnung entsteht. Er aber ist der im Himmel Lebende, der in die Gemeinschaft mit Gott Aufgenommene. Da ist unser Leben, wo der Christus ist." [10]

Es wird viele geben, die den in dieser Auslegung vorgebrachten Behauptungen widersprechen möchten. Allzu starr und dinglich fast läßt Schlatter den Hoffnungsbesitz, das Erbe der Glaubenden erscheinen. Viele werden ihm entgegenhalten, daß gerade die Hoffnung unseren (und der Welt) Zustand verändere. Das mag hier offenbleiben. Ich habe Schlatters Sätze so ausführlich zitiert, weil dort deutlicher als sonst eben dies Grundsätzliche betont wird: „Dieses Erbe ist im Himmel." Von der zeitlichen Komponente in den Aussagen

[10] Ad. Schlatter, Kennen wir Jesus, 1938, 443.

unserer Perikope ist noch zu reden. Hier soll einmal die räumliche Dimension unterstrichen werden. Natürlich hängt sie mit dem antiken biblisch-außerbiblischen Weltbild zusammen. Auch wenn wir dessen Raumvorstellungen nicht unmittelbar nachvollziehen können, sollte doch nicht verlorengehen, was in ihnen ausgesagt ist. Schlatter drückt es so aus: „Das im Himmel aufbewahrte Erbe ist keinem Angriff preisgegeben, da der, der das Leben verhieß und es schaffen wird, in den Himmel eingegangen ist, steht ihm die Allmacht der Gnade zur Seite, die die der Natur gesetzten Schranken nicht binden. Darum ist er der Sieger und Heiland für unseren Tod."[11] Schlatter macht dann noch darauf aufmerksam, wie die drei negativen Aussagen über dieses himmlische Erbe gemeint sind: „Das Erbe ist unzerstörlich, und das macht es völlig von dem verschieden, was wir jetzt sind und haben ... So wenig uns diese drei Worte (scil. unvergänglich, unbefleckt und unverwelklich) eine Beschreibung unseres Erbes geben, so zeigen sie doch machtvoll die Größe der Hoffnung an, die Christus durch seine Auferstehung uns Menschen gegeben hat."[12]

Erbe-Sein und Ein-Erbe-Erwarten leuchtet ein und ist erfreulich. Aber ein Erbe im Himmel? Karl Barth, unter den heute Wirksamen wohl der in dieser Sache offenste, setzt die Akzente anders als unser Text, wenn er lehrt: „Die Schöpfung selber hat oben eine himmlische Komponente, aber sie ist nicht als Göttliches zu fürchten und zu verehren. Wir sind in einer Welt, die diese himmlische Komponente hat, vielmehr *zeichenhaft* durch diese erinnert an eine Wirklichkeit, die noch ganz anders als der Himmel über uns ist, an die überhimmlische Wirklichkeit, an den Schöpfer der Erde und des Himmels. Aber daß wir doch ja nicht das Zeichen verwechseln mit der Sache selber."[13] Wenn unser Text vom Erbe im Himmel redet, will er den Himmel gewiß nicht vergöttern und Gott darüber vergessen. H. Traub hat das, was uns hier interessiert, genauer getroffen und bezeichnet: „... bezeichnet Ouranos den Integrationspunkt für die gegenwärtig-zukünftigen Heilsgüter des neuen Äon; dazu verhilft die freilich hier stark sublimierte Vorstellung der Räumlichkeit des Himmels. Das bestätigen die für sie benutzten Begriffe: politeuma (Phil 3,20), oikodome, oikia, oiketerion (2.Kor 5,1), kleronomia (1.Petr 1,4), misthos (Mt 5,12 Parall.), apokeisthai (Kol 1,5), engraphesthai, apographestai (Lk 10,20; Hab 12,23). Diese Güter sind im Himmel und das heißt bei Gott bzw. bei Christus, aber bei dem Gott bzw. dem Christus, bei dem seine Gläubigen sein werden bzw. im Glauben sind. Der Himmel ist hier wie ein Ort, wobei aber die Frage nach der Lage dieses Ortes nicht gestellt werden kann, da sie gegen den Begriff selbst verstößt: denn Himmel involviert Verborgenheit und das bedeutet Unbegreiflichkeit."[14] H. Traub hat seinen Beitrag 1952 veröffentlicht. Inzwischen ist im öffentlichen Bewußtsein der Himmel noch mehr entgöttert und entleert als damals. Man kann das als Bestätigung der

---

[11] Ebd. [12] Ebd. 443 f.

[13] K. Barth, Dogmatik im Grundriß, Zürich [3]1947, 71 f.

[14] ThW, Bd. V, 532.

biblischen These – nach dem Ort des Himmels darf nicht gefragt werden! – aufnehmen, muß sich aber dessen bewußt sein, daß dies manchem als zu raffiniert oder als Ausrede erscheint. Das so angstvoll tabuisierte Außen scheint immer mehr zur abstrakten Chiffre zu werden. Kein Wunder, daß wir über diese vorerst unlösbaren Fragen lieber zur Tagesordnung weitergehen!

Statt dessen parlieren wir als Dauerredner über den ‚kairos eschatos', von dem unsere Perikope mit eben diesem Ausdruck V. 5b beiläufig auch redet. Spätere Generationen werden bestaunen, was unser Jahrhundert hier an Geist und Tinte investiert hat. Wir fälschen das Verhängnis der Zeitlichkeit und Vergänglichkeit von Mensch und Welt um in eine Dekoration, die Philosophen und Theologen einander mit Stolz vorzeigen, weil sie sonst nichts vorzuzeigen haben. Der vagste Unsterblichkeitsglaube und die massivste Ewigkeitsspekulation sind dem, was der Mensch braucht, immer noch eher auf der Spur als die unbelehrbaren Anbeter der Kategorien von Zeit und Geschichte.

IV. „. . . zu einer lebendigen Hoffnung neugeboren . . . durch Glauben für das Heil bewacht . . ." (V. 3 und 5)

Aus dem umfänglichen Satzgebilde, von dem man eher sagen möchte, es sei im stärksten Maße sprachlich vorgeprägt als, wie H. Gunkel meint, Ergebnis enthusiastisch-charismatischen Redeflusses, ragt die Aussage von der Wieder- oder Neugeburt, von dem aufs neue Gezeugt-Sein der Glaubenden heraus, und sie könnte (und müßte vielleicht) auch in der Predigtzubereitung am Anfang stehen. Ulr. Wilckens kommentiert: „Zugrunde liegt eine in der Umwelt des Neuen Testaments weitverbreitete Vorstellung: Wem es durch Einweihung in ein ‚Mysterium' widerfuhr, persönlich mit einer Gottheit verbunden zu werden, verstand sich als neugeboren, so, als habe die Gottheit ihn als ihren Sohn neu gezeugt. So ist im Urchristentum die Taufe erfahren worden, in der der Mensch durch Vergebung seiner Sünden von seinem bisherigen Leben befreit und durch Verbindung mit Christus einem neuen Leben des Gehorsams gegen Gott anheimgegeben wurde."[15] Der Bezug der Perikope wie des ganzen Briefs auf die Taufe ist bei den Exegeten strittig. Er kann hier ganz beiseite bleiben, da die urchristliche Taufe mit der heute üblichen wenig mehr als den Namen gemein hat. Daß hier kräftige religionsgeschichtliche Parallelen oder Analogien bestehen, weiß jeder. Ob man wie Wilckens den heidnischen Mysterien nur ein ‚als ob' zugestehen darf, während man für die biblisch-christliche Aussage natürlich die Realität in Anspruch nimmt, muß mindestens als Problem bewußt sein. Bleiben wir bei der Aussage unseres Textes und ihrem heutigen Nachvollzug! Was steht eigentlich da? „In seiner großen Barmherzigkeit hat er uns neu gezeugt zum Leben, auf das wir hoffen dürfen durch die Auferstehung Jesu Christi von den Toten" – so nach der

---

[15] Das Neue Testament übersetzt und kommentiert von Ulr. Wilckens, beraten von W. Jetter, Ernst Lange und Rud. Pesch, Gemeinschaftsausgabe des Furche-Verlags Hamburg mit dem Benziger Verlag Köln-Zürich und mit dem Zwingli-Verlag Zürich, 1970, z. St.

Übersetzung von Ulr. Wilckens. Danach haben wir die Auferstehung Jesu fast mehr mit unserer Hoffnung und dem Erhofften instrumental zusammenzubringen als mit dem Vorgang der Neugeburt. Der griechische Text legt das so deutlich nicht nahe, aber die Übersetzung würde uns nicht so eng binden. Denn was die Auferstehung Jesu mit der Neugeburt des Christen im Glauben zu tun hat, ist schwer nachzuvollziehen. Leider hat sich die Debatte über Jesu Auferstehung viel zu sehr auf die Frage nach deren Faktizität und Evidenz fixiert, weil Faktisches nur in den Grenzen unserer Wahrnehmung und Vernunft evident werden kann. Mit der Auferstehung Jesu aber ist etwas gesagt und gesetzt, was Wahrnehmung und Vernunft transzendiert. Aber selbst wenn die Auferstehung in irgendeinem Sinn evident gemacht werden könnte — oder kann, so ist damit noch nicht gesagt, wie sie unser Leben angeht, etwa gar, indem sie uns zur Neugeburt des Lebens verhilft. Das Inklusive der Aussagen von Jesu Auferstehung gibt uns die eigentlichen Rätsel auf. Was Paulus anscheinend leichthin sagen kann, unser keiner lebe oder sterbe für sich selbst (Röm 14,7), können wir zwar nachsprechen, aber kaum nachvollziehen. Nicht zuletzt Luther hat uns eingeschärft, daß wir im Sterben und dann doch auch im Leben unvertretbar sind. Gehört die Kategorie des Inklusiven in den Aussagen über Gottes Heilshandeln zu den natürlichen, daher geschichtlich wandelbaren und überholbaren Elementen der biblischen Botschaft oder gehört sie zu dem, was für Evangelium und Glaube spezifisch wesentlich ist? Hier liegt die Fraglichkeit, aber auch Fragwürdigkeit unseres Textes. Es ist leichter, unseren Text auszulegen, wenn wir zwischen den einzelnen Elementen die Distanz größer sein lassen: warum soll die Auferstehung Jesu als Anfang und Zeichen der Überwindung des Todesgesetzes nicht für jeden von uns insofern Neuheit bringen, als damit eine einzigartig neue Hoffnung bezeugt wird? „Gott hat den Herrn auferweckt und wird uns auch auferwecken durch seine Kraft" (1.Kor 6,14). Das ist eine klare und einleuchtende Schlußfolgerung für den, der sich auf die Voraussetzungen einläßt. Und sie ist durchaus genug für Leben und Sterben. Aber — unser Text sagt und meint mehr, wenn er mit Jesu Auferstehung die — doch total gemeinte — Erneuerung des Lebens seiner Leser verknüpft. Ganz vorsichtig läßt sich der Sachverhalt so ausdrücken: Im Licht der Auferstehung Jesu wird uns eine Hoffnung bezeugt und diese Hoffnung bringt ein neues Element in unser Leben. Damit man sich dieses neue Element nicht zu gering vorstellt, vergleicht der Text dieses neue mit — dem Ungedanken — einer Neugeburt (vgl. Joh 3,4!).

So hoch der Text von dem denkt und spricht, was den Glaubenden im Licht der Auferstehung Jesu zugedacht ist, so nüchtern denkt er von ihrem irdischen Zustand. Nicht nur, daß sie ‚jetzt eine kleine Zeit, wenn es sein soll, traurig sind in mancherlei Anfechtungen' (V. 6), sondern was sie sind und haben ist offensichtlich so anfällig und bedroht, daß es nur wirklich bleibt, wenn und weil sie „aus Gottes Macht durch den Glauben bewacht werden zur Seligkeit" (V. 5). Es ist das gleiche griechische Wort vom In-Gewahrsam-Nehmen, das wir nach Phil 4,7 als Kanzelgruß vom Frieden Gottes nachsprechen: phrourein, bewachen, in Haft halten, bewahren, beschützen, behüten (so nach W. Bauers Wörterbuch zum Neuen Testament 1928). Das bedeutet natürlich auch Sicherheit, aber es ist nicht eben viel Staat damit zu machen: von Mündigkeit, freier Entfaltung, Selbstverwirklichung und ähnlichen schönen Dingen ist nicht die Rede. Aber wenigstens bleibt ihnen Freude und Jubel über das, was ihnen als Erbe verheißen und gewiß ist.

Eine Nachbemerkung sei erlaubt: In diesem Beitrag habe ich nur wenig eigentlich exegetisches Material gebracht und verarbeitet. Dies deswegen, weil die (oben genannten) älteren Beiträge, vor allem der Beitrag von H. W. Surkau, dies schon geleistet haben. Ich meine annehmen zu können, daß viele Leser der GPM wenigstens die neueren Jahrgänge besitzen oder benutzen können. Es scheint mir dann nicht unbedingt erforderlich, schon dort zu Lesendes zu wiederholen. Anders liegt es bei Texten, zu denen in der Zwischenzeit neue Auslegungen erschienen sind. Um so mehr habe ich mir Mühe gegeben, einen gerade in der Predigttradition etwas verbrauchten Text wie diese Perikope durch möglichst unbefangene Fragen neu zum Reden zu bringen.

Jubilate

Lukas 10,17–20

Gott sei ewig Preis und Ehr!
Es gibt keinen Teufel mehr.
Ja, wo ist er denn geblieben?
Die Vernunft hat ihn vertrieben.

Vorbemerkungen: Die gängigen *Kommentare* sind nicht allzu ergiebig; sie gehen auf die Probleme der Perikope nur beiläufig ein. *Calvin* in seiner Knappheit (bei Tholuck keine zwei Druckseiten!) sticht sie alle aus. Und von den Beiträgen in unseren GPM und bei Eichholz sind diejenigen die besten, die sich Calvin zunutze gemacht haben. *H.J.Iwand* 1946/47; *W.Fürst* 1958/59; *W.Krusche* 1964/65; *W. Eisinger* 1970/71. – Bei Eichholz Bd.3 1964/65 *H.Obendiek;* bei Eichholz-Falkenroth Bd.5 1967 *G.Harder.* Iwands Beitrag ragt weitheraus. Fast möchte man sagen, daß auch exegetisch unsere Beiträge mehr leisten können als die Kommentare, weil sie ausführlicher und gründlicher sind. – Die Perikope ist nach einigem Schwanken – Michaelistag und Reminiscere! – dem Sonntag Jubilate zugeordnet worden. Auf die homiletische Tradition kann ich diesmal nicht eingehen.

I. Zur Auslegung

Die Szene ist auf Jesu vorösterlichem Weg nach Jerusalem zu denken. Vorösterlich schwer Vorstellbares und nachösterlich Erfahrenes liefern die Elemente. Die Sendung der 70 oder 72 Jünger – aus dem Sondergut des Lukas – unterstreicht die Universalität des Auftrags, über Israel hinaus zu den Völkern. Aber sie bleibt weithin schattenhaft. Unsere Perikope ist darin einzigartig, daß Jesus eine Art Manöverbesprechung zugeschrieben wird. Bultmann meint, in Vers 18–20 spreche der Erhöhte. Aber wer will hier die Schichten des Geschehens und des Berichtes zuverlässig unterscheiden?

Die Einheit der Perikope ist kaum ursprünglich. Am deutlichsten hebt sich Vers 20 ab, nicht nur seiner überraschenden Intention wegen, sondern auch dem Vokabular nach: vorher war von den daimonia, jetzt ist von den pneumata die Rede. Aber auch Vers 19 nimmt das Thema von Vers 17 und 18 gar nicht mehr genau auf: die Zusage Jesu bezieht sich auf jede Art von Widrigkeit, auf die seine Boten gefaßt sein müssen. Immerhin halten die Verse 17–20 insoweit dicht genug zusammen, als sie Größe und Grenze der Sendung der Jünger nach der dämonologischen und satanologischen Seite behandeln und beleuchten.

Daß es daimonia und daß es den Satan gibt, wird dabei vorausgesetzt. Auch daß beide zusammenhängen, gilt als selbstverständlich. Aber daß den Jüngern Heilungen solcher Besessener gelingen, ist das Überraschende. Es bleibt wohl unerklärbar, warum die Überraschung der Jünger eigens betont wird. Sie wußten doch von Jesu eigenen Heilungserfolgen; und sie konnten sich mindestens allgemein bevollmächtigt fühlen. Offensichtlich hatten sie nicht so hoch gegriffen. Auch daß sie nur im Namen Jesu helfen und heilen können, wird mehr uns heute als jenen damals zum Problem. Es fragt sich, wovon wir auszugehen haben: von der Tatsache, daß solche Heilungen damals nicht so selten waren wie heute – schon jetzt sei an Mt 7,22; Lk 9,49; 14,19 und Par. erinnert – oder davon, daß es sich hier um spezifische Zeichen der messianischen Herrschaft handelt, wozu auf die gleichen Belege zu verweisen wäre.

Natürlich zieht V. 18 eine besondere Aufmerksamkeit auf sich. Bultmann nennt ihn den einzigen Visionsbericht Jesu[1]. Wir nehmen zur Kenntnis, daß Jul. Wellhausen den Vers für völlig apokryph, Joh. Weiß dagegen für geradezu grundlegend für die Erkenntnis von Jesu Eigenart ansah[2]. Auch der unbefangenste Exeget hat seine „Vor-urteile", ohne die er nicht arbeiten könnte. Wir sind heute wohl geneigt, den Satz nicht für apokryph, sondern für genuin zu halten, gerade weil er sich schwer nachvollziehen läßt. Der Nachvollzug hängt davon ab, ob wir V. 18 isoliert oder im Zusammenhang des Textes ergründen wollen. Calvin hat ihn streng aus dem Zusammenhang der Perikope verstanden: Sendung und Botschaft ist der Donner, der Sturz des Satans ist der darauf notwendig folgende Blitzschlag. Nicht Calvins Meteorologie ist hier vorbildlich, sondern seine Einsicht, daß es sich nicht um Satanologie, sondern um Kerygmatik handelt: was Dimensionen eröffnet, denen wir als heutige Kerygmatiker uns nur selten stellen.

Der Übergang zu V. 19 muß in seiner Härte gesehen werden. Schon die Verwendung von Ps. 91,13 zeigt, daß wir es jetzt nicht so sehr mit Ausnahmeereignissen der urchristlichen Mission als vielmehr mit dem zu tun haben, was immer wiederkehrt: Schlangen und Skorpione und alle Gewalt des Feindes. An Mk 16,18, aber auch an Apg 12,11; 28,6 und an 2.Kor 12 ist zu erinnern. Auf eine Verteufelung der Natur läuft es dabei nicht hinaus. Die Evangelien denken von der Schöpfung nicht gnostisch.

Die Perikope ist, unbeschadet ihrer ursprünglichen Disparatheit, mehr noch als durch die Teufels- und Dämonenthematik durch ihr Ziel verbunden: V. 20 setzt sich mit dem ‚πλὴν' deutlich von dem vorher Gesagten ab und wird dadurch zum Höhepunkt des Gesamtzusammenhangs. Schwer zu sagen, ob wir dieses „vielmehr" exklusiv verstehen müssen, so daß dem, was vorher berichtet wurde, alles Gewicht genommen wäre. Auch wenn es so kaum gemeint ist, so werden doch die Heilerfolge der Jünger offensichtlich überboten durch die Erinnerung an die ganz anders begründete Heilsgewißheit.

Das Bild vom Buch des Lebens, in das man eingeschrieben ist, findet sich nicht erst hier: auf Jes 4,3; Dan 12,1; Phil 4,3; Hebr 12,23; Offb Joh 3,5; 20,12 u. 15 weist die Übersetzung von Ulr. Wilckens hin. Bürokratie mit Einwohnerlisten und Meldestellen sind keine Erfindung der Neuzeit, und Vormerkungen bei den Maßgebenden hat es auch immer gegeben. So wird das alles mit einer gewissen Selbstverständlichkeit gesagt, die unser Nachdenken desto stärker herausfordert.

---

[1] R. Bultmann, Gesch. der synopt. Tradition, 6. Aufl. 1957, S. 113, hier zitiert nach W. Eisinger a.a.O. S. 214.

[2] Handb. z. N. T. 5, 1975, S. 117.

II. Zur theologischen Verarbeitung

Die Eigenart der Perikope ist identisch mit ihrem Grundproblem: wie muß Tatbestand und Befund von V. 20 gegenüber dem von V. 17–19 verstanden werden?

Vorher aber muß zur Dämonologie und Satanologie etwas gesagt werden, weil diese wieder aktuell geworden sind – nicht kulturphilosophisch wie nach (und zuweilen schon vor) 1945, was sogar auf Iwands Beitrag von 1947 eingewirkt hat, sondern unmittelbar reißerisch und telegen durch den mißglückten Exorzismus von Klingenberg, bei dem durch den Verzicht auf ärztliche Hilfe die Patientin am Ende starb. Was im Film noch optisches Spektakel war, wurde peinliche und erbärmliche Wirklichkeit. Hoffentlich ist bis Jubilate 1977 diese Aktualität geringer geworden. Aber unsere Predigt muß versuchen, etwas Klärendes zu leisten. Alle Äußerungen, sowohl unserer früheren Meditationen wie heutiger Instanzen[3], befolgen die Regel: wasch mir den Pelz und mach mich

---

[3] Obwohl wir in den GPM nicht die Pflicht zur Dokumentation haben, füge ich hier ausnahmsweise einen offiziösen katholischen Text ein, den ich der F.A.Z. vom 20. 8. 1976 entnehme. Eine lehrreiche und sachkundige Reportage von Heinz-Joachim Fischer war am 7. 8. vorausgegangen. „Das N. T. sagt, Jesus habe Dämonen ausgetrieben. In einigen kirchlichen Lehräußerungen (z. B. des 4. Laterankonzils von 1215) ist vom Teufel die Rede. Für solche Aussagen gilt, was bei allem menschlichen Reden berücksichtigt werden muß: Es ist zu verstehen auf dem Hintergrund der jeweiligen Zeit und aus dem Zusammenhang, in dem es steht.

1. Ein Blick auf das Weltbild der Bibel zeigt, daß sich der Mensch des biblischen Kulturraumes die Welt ohne Dämonen nicht vorstellen konnte. Neben anderen Einflüssen mag dazu auch das unmittelbare Erleben beigetragen haben, daß den Menschen das Böse oft wie eine unentrinnbare Macht anfällt, daß der Mensch in sich nicht selten einen Drang zum Bösen verspürt. Dieses Weltbild wird auch von entsprechenden späteren kirchlichen Äußerungen vorausgesetzt, ohne daß es damit im einzelnen als verpflichtender Teil der kirchlichen Lehre selbst angesehen werden muß.

2. Berücksichtigt man den Zusammenhang, in dem solche Aussagen stehen, dann zeigt sich, daß es, wo vom Teufel oder von Dämonen die Rede ist, letztlich immer um die Macht Gottes geht. Bibel wie kirchliche Lehräußerungen wollen also nicht eine Lehre über den Bösen, eine ‚Satanologie' entfalten. Es geht ihnen vielmehr einzig darum, zu sagen, daß Gott und nur Gott stärker ist als alles Böse.

3. Aussagen über das Böse oder den Teufel sind demnach dort falsch und widerstreiten dem Geist des Neuen Testaments und der kirchlichen Überlieferung – wo sie differenziert etwas über das Wesen und Verhalten von Teufeln oder Dämonen zu wissen glauben – wo sie eine Drohbotschaft beabsichtigen, den Menschen also Schrecken einjagen anstatt Vertrauen zu dem Gott zu wecken, der keinen ernsthaften Konkurrenten in dieser Welt haben kann. Die Vorstellung von ‚Besessenheit' hat in der Geschichte zeitweilig, vor allem im späten Mittelalter, eine verhängnisvolle Rolle gespielt. Dies war damals – abgesehen von anderen, kulturgeschichtlichen Gründen – nur möglich, weil fundamentale Wahrheiten christlichen Glaubens vernachlässigt wurden.

1. Die Kirche lehrt, daß der Mensch durch Glaube und Taufe im Heil Gottes ist und daß auch die Nichtgetauften am Heil Gottes teilhaben. So ist der Mensch grundsätzlich der Macht des Bösen entzogen. Es widerspricht deshalb ausdrücklich dem Glauben der Kirche, von einem Menschen zu behaupten, er sei etwa schon ‚im Mutterleibe verflucht' worden oder es seien ‚die bösen Geister stärker als die guten'.

nicht naß. Auch K. Barths viel zitierte Sätze in und außerhalb des Geheges der Kirchlichen Dogmatik unterliegen ihr: der Teufel und die bösen Geister sollen nicht völlig negiert, sie sollen aber auch nicht wirklich anerkannt werden. Der Vers aus der Rationalistenzeit, den ich (nach W. Fürst S. 121) meinem Beitrag vorangestellt habe, soll nicht gelten dürfen. Aber es soll auch keine Lehre über den Bösen, keine Satanologie entfaltet werden. Das leuchtet weder logisch ein noch ist es psychologisch zu leisten. Wir müßten uns sonst auf zusammenhanglose Einfälle beschränken.

Ich finde, daß sehr oft der tiefe Unterschied von Krankheit und Schuld nicht wirklich bedacht wird. Die Phänomene, an die wir zu V. 17ff. und ähnlichen Stellen zu denken haben, sind krankhaft, nicht schuldhaft. Die Evangelien setzen Jesu Heilung von Besessenen und seine Vergebung der Sünden nicht gleich; den Miterlebenden ist diese überraschender und ärgerlicher als jene! Vielleicht dürfen wir unsere Perikope, besonders die Aussagen von V. 17 und 18, so deuten, daß durch Jesu Auftreten der teuflisch-dämonische Hintergrund solcher Krankheiten aufgelöst ist und abgelöst wird durch das, was wir seither ärztlich dabei versuchen und leisten. Es haben sich ja auch sonst die Charismen der Gemeinde zum Teil verselbständigt und säkularisiert, wenn wir die Aufzählung von 1. Kor 12,28 bedenken.

Davon soll freilich kein apologetischer Gebrauch gemacht werden. Selbst Iwand deutet hier an:

> „Nicht so freilich, als bekäme damit der ‚aufgeklärte' Mensch, der meint, er könne sein eigener Herr und Hüter sein, sein biblisches, sein evangelisches Recht. Aber, weil und soweit Jesus Christus als der Herr in diesem Kosmos gegenwärtig ist, weil und soweit hier sein Reich und sein Recht begonnen hat, . . . vollzieht sich in der Gottesherrschaft erst wahrhaft und aus reiner Gnade die Erleuchtung und Befreiung der Menschen" (a.a.O. S. 19).

---

2. Das, was man als ‚Besessenheit' bezeichnete, kann nach heutiger Sicht zwei Tatbestände umfassen: Es kann – und das war es wohl meist – eine schwere Erkrankung sein. Es kann auch – solche Erfahrungen der Mystik lassen sich kaum leugnen – ein besonders tiefes Eintauchen des Menschen in den Leidensweg Jesu sein, der nach Aussage der Bibel bis in das Erlebnis der Gottverlassenheit ging. Beispiele dafür sind aus dem Leben der Heiligen bekannt.

3. Unter ‚Exorzismus' ist deshalb nicht eine mit magischen Mitteln arbeitende Teufelsaustreibung zu verstehen. Exorzismus ist nichts anderes als das Gebet der Kirche im Namen Jesu für einen Menschen, der seiner nicht mehr mächtig ist, sich ausgeliefert fühlt, sogar selbst nicht mehr beten kann. Wer den Exorzismus anders versteht, oder ihn anders vollzieht, steht gegen das Glaubensverständnis der Kirche.

4. Dieses Gebet schließt selbstverständlich medizinische Hilfeleistungen niemals aus, verpflichtet sogar dazu. Beten heißt nämlich nach christlichem Verständnis nicht, Gott etwas abzwingen, sondern sich in den Willen Gottes stellen. Gott will aber, daß ein Mensch dem andern Menschen mit allen Mitteln hilft. Zu diesen Mitteln gehört für einen Kranken die medizinische Hilfe. Für jemanden beten, ihm aber eine Heilbehandlung vorenthalten, ist unchristlich." – Das Gutachten ist gewiß kritikbedürftig; aber gerade darin scheint es mir anregend zu sein.

Iwand setzt dies dann in positive und kritische Beziehung zu dem, was wir sonst als Entzauberung, Aufklärung und Humanisierung kennen: es fragt sich jeweils, in wessen Namen sie verkündet und realisiert wird.

Aber wir sind wohl zu stark auf die mit dem Weltbild verknüpften Fragen der Perikope fixiert. Die Pointe des Textes liegt ja gerade auf der Überbietung dieses ganzen Bereichs. „Freuet euch *nicht*, daß euch die Geister untertan sind". Schon Matth 7,22 heißt es von denen, die sich am Ende ausgeschlossen finden, daß sie ‚in seinem Namen daimonia ausgetrieben haben'. Auch sonst wird in den Evangelien immer wieder die Ambivalenz solcher Heilungen betont.

Schleiermacher hat daran erinnert, daß ja mit einer solchen Heilung auch noch keineswegs über das ewige Heil dieses Menschen entschieden ist[4]. So ist mit solchen Taten weder der Friede endgültig gestiftet noch die Freude wahrhaft begründet.

Soviel ich sehe, haben sich alle Ausleger diesem überbietenden Zug von V. 20 ohne Bedenken hingegeben. Ist er wirklich unbedenklich? Wird hier nicht die Erde zugunsten des Himmels, die Heilung des kranken Nächsten zugunsten des eigenen Heils des Jüngers drangegeben? Jedenfalls empfiehlt es sich, daß wir uns prüfen, mit welchen Gefühlen wir diesen Vorgang der Überbietung begleiten, ob mit Erleichterung, weil es jetzt endlich um das „Eigentliche" geht, oder mit Enttäuschung, weil wir auf den Himmel verwiesen werden. Ich schalte hier einen längeren Abschnitt aus Dor. Sölle, Stellvertretung (1964) ein:

> „Himmel oder Bei-Gott-Sein ist der unmittelbare mythische Ausdruck dessen, was wir säkular Glücksverlangen nennen. Denn dieses elementare Verlangen nach Glück gehört so sehr zur neuzeitlichen condition humaine, wie vielleicht für frühere Zeiten die ebenso unwiderlegbare Erwartung eines Jenseits. Wir verstehen dieses Verlangen nach Glück als einen Weltanschauungshorizont, den wir nicht nach Belieben abschütteln können, so wenig wie ein Mensch der Spätantike oder des Mittelalters seine Bezogenheit auf ein postmortales Seelenheil ablegen konnte. Nimmt man diesen innerweltlichen Erwartungshorizont ernst, ohne ihn moralistisch zu verdächtigen, so hat er keine andere Funktion und ist nicht weniger christlich, als der frühere. Beide, Jenseitsbezogenheit und Glücksverlangen, haben indirekt mit dem Heil zu tun: beide sind gleich weit von ihm entfernt; beide erwarten und denken es als ein Unmittelbares" (a.a.O. S. 196).

Zwar wird kaum jemand Frau Sölle abnehmen, das Glücksverlangen sei sozus. die neuzeitliche Ablösung des Jenseitsbezugs; denn auch der Jenseitsbezug ist ein Ausdruck des Glücksverlangens, daneben auch des Verlangens nach ausgleichender Gerechtigkeit (im Jenseits) und der Furcht vor einer jenseitigen Vergeltung. Nur wenn das Glücksverlangen rein innerweltlich-diesseitig bleibt, kann es in Gegensatz zum Jenseitsglauben geraten. Was mir an den Sätzen von Dor. Sölle einleuchtet, ist die Zuordnung von Jenseitsglaube und Glücksverlangen, die Erkenntnis, daß sie beide eine ähnliche Funktion haben und doch die Sache nur relativ treffen.

---

[4] W. Krusche (a.a.O. S. 191 Anm. 17) erinnert an eine Predigt Schleiermaches über die Perikope (Pred. Bd. 1, 1843, 531), in der unter Hinweis auf Lk 11,24ff. vor dem möglichen Rückfall gewarnt wird.

Wir stehen, m.a.W., vor der Frage nach der Beziehung von Heil und Wohl. Dabei handelt es sich in der Perspektive dieser Perikope um das eigne Heil der Jünger und um das fremde Wohl des Nächsten. Beidemale im Zusammenhang mit dem Handeln Jesu und mit der Jüngerschaft. Unser Text scheint weniger rigoros zu sein als die Worte Jesu von der Selbstverleugnung (Mt 16,24ff. und Par). Aber auch dort wird im Endeffekt auf das Heil, auf die (Wieder-) Gewinnung des Lebens reflektiert. Der radikale Anti-eudämonismus hat etwas Irreales und Inhumanes. Aber der allzu unbefangene Eudämonismus des natürlichen Menschen (und Christen) muß sich auch kritisieren lassen. Schon der Umstand, daß die Freude der Jünger vom irdischen Heilerfolg auf die himmlische Heilsgewißheit verwiesen und damit vertröstet wird, ist für das natürliche Glücksverlangen des Menschen eine Zumutung. Die feine Grenze zwischen Heilsegoismus und Heilsvergewisserung können wir mit Menschenaugen nicht bestimmen; sie ausfindig zu machen, ist wohl eher das Bedürfnis des Betrachters als des wirklich Betroffenen.

Das Problem stellt sich auch, wenn wir dem Stichwort ‚Namen' nachdenken. Die Heilungen geschehen im Namen Jesu, und die Heilsverbürgung und -vergewisserung besteht im Aufzeichnen unserer Namen im Buch des Lebens. Der Nominalismus der Neuzeit hat der Kraft des Namens Abbruch getan. Wohl geschieht auch heute noch manches in mancherlei Namen, z.B. Gerichtsurteile ‚im Namen des Volkes'. Aber für Heilungen genügt in der Regel die Nennung eines Namens nicht, und ob das ewige Heil wirklich gesichert ist, wenn nur unsere Namen am rechten Ort verzeichnet stehen, könnte zweifelhaft erscheinen.

Wie wir heute von Heilungen ‚im Namen Jesu' zu denken haben, ist hier nicht in Kürze zu behandeln. Meist klammern wir in der faktischen Sonntagspredigt über solche Texte diesen Punkt aus. Sind wir fundamentalistisch angehaucht, werden wir vielleicht auf die Glaubenspflicht pochen. Charismatiker wie Blumhardt sind heute m.W. nicht zu nennen. Ob aus den Einsichten und Leistungen der Psychosomatik auch für das Verhältnis von Christusglaube und Gesundheit etwas erwächst, muß ich offen lassen. Es wäre schon etwas, wenn wir hier zwischen Unglaube und Aberglaube durchkommen könnten.

Und ‚unsere Namen' nach V.20? Iwand ist der Sache auf seine Weise nachgegangen:

„Hier wird offenbar, daß das „samt Christo in Gott verborgene Leben" (Kol 3,3) unser Name ist, der Name, den man erst tragen kann, wenn man alle anderen abgeworfen hat (in der Taufe), wenn man weiß, daß in ihnen kein Heil ist. – Wie aber, wenn gerade dies, die Überwindung der Anonymität, dieser schrecklichen und furchtbaren Krankheit, der die Menschheit heute nach vielen und furchtbaren Leiden in seltener clairvoyance auf die Spur zu kommen scheint – wie wenn das gerade mit dem Sturz des Satans gemeint wäre. . . . Die Wiedergeburt des Menschen in seiner Personalität (man wird jetzt wissen, daß dies eine Sache der Verheißung, der Vergebung, der Begnadigung, kurzum eine eschatologische, eine auf das Unvergängliche ausgerichtete Bezeichnung ist) müßte also etwas sein, was jenseits aller Moral, alles Gesetzes (contra Idealismus), was aber auch jenseits alles „Existentialismus" liegt, wozu dies alles sich verhält, wie die Frage zur Antwort, wie der Schrei von unten (Ps 42) zur Antwort von oben (Jes 43,1)" (a.a.O. S. 22).

III. Zur Predigt

Was ich hier vorbringe, entstammt insofern der „Praxis", als ich in der Zeit, in der ich diese Meditation ausarbeite, auch über den Text predigte. Ähnlich wie W. Krusche stellte ich an den Anfang die Überlegung, daß Jesu Verheißungen denen gelten, die in seiner Sendung stehen. Krusche unterscheidet dabei zwischen einem möglicherweise positiven und einem resignierten Sendungsbewußtsein. Das ist gewiß an sich berechtigt. Aber bei uns muß eher gefragt werden, ob wir überhaupt noch von einem solchen Sendungsbewußtsein wissen; ob wir in einer solchen Sendung stehen – stehen wollen, können oder dürfen; ob wir dieses Bewußtsein nicht an die kirchlichen Berufe delegiert haben. Wir müssen erst erkennen, daß selbst in der Volkskirche der Versuch der christlichen Gemeinde nicht ganz gelingen kann – und daß er illegitim ist –, sich der Welt gegenüber möglichst unkenntlich zu machen. Es wird auch hierzulande von Kirche und Gemeinde etwas erwartet.

Ich habe dann den objektiven Tatbestand und Befund der Perikope wiedergegeben, nicht in der Annahme, wir müßten all das dort Berichtete doch irgendwie – in der Loyalität des Glaubenden – schlicht bejahen und nachvollziehen, sondern um dieser Sachverhalte in ihrer Befremdlichkeit innezuwerden[5].

Dabei kann die Frage nach Geistern und dem Teufel nur gestreift, sie kann aber auch genauer ausgebreitet werden. Wer jemals Anfälle von Epilepsie oder Schizophrenie erlebt hat, weiß, wie sehr sich dabei der Eindruck von Besessenheit nahelegt. Jedenfalls hat es keinen Sinn, das Für und Wider dieser Vorstellungen und Deutungen zu erörtern. – In der Wiedergabe von V. 19 habe ich versucht, eine Verbindung zwischen Jesu Zusagen und unserm Vorsehungsglauben herzustellen. Wenn wir singen und beten: „es kann mir nichts geschehen als was er hat versehen", so dürfen wir das mit Jesu Verheißungen begründen, sollten uns aber nicht darüber täuschen, daß er noch mehr verheißen hat. Auf den oben angedeuteten Gedankengang, daß Jesu Sieg über den Satan gleichsam in der heutigen Medizin nachwirkt, bin ich in der Predigt nicht eingegangen.

Dagegen gehört die Erkenntnis, daß wir uns beim Übergang zu V. 20 prüfen müssen, ob wir ihn begrüßen oder verwünschen, in jede Predigt; hier ist ihr innerer Drehpunkt. Dann aber habe ich mich nicht auf alle oben berührten Fragen eingelassen, sondern die einfache Frage gestellt: wo bleiben bei alledem die Jünger selbst, wo bleiben wir selbst, wenn wir uns, unter den nivellierenden Bedingungen von heute, auf Jesu Weg, auf seine Weisung und Verheißung einlassen?

---

[5] An den ebenso anregenden wie problematischen Beitrag zum Thema von C. G. Jung, Antwort auf Hiob (Walter Verlag Olten u. Freiburg i. Br. (1952) 1973 143 S.) sei wenigstens erinnert.

Die Frage ist nicht nur erlaubt, sie ist sogar befohlen. Aber indem sie auftaucht und angesprochen wird, ist sie auch schon beantwortet: eure Namen sind im Himmel angeschrieben. Das erst macht uns frei für Jesu Sendung, weil wir jetzt weder von der Sorge um unser eigenes Heil noch von dem Auf und Ab des äußeren Erfolgs unseres Auftrags abhängig und bestimmt sind.

Anders als die meisten Meditationen habe ich den Imperativ des Freuet euch! nicht an den Schluß gestellt und empfehle nicht, dies zu tun. Das klingt immer so, als wollten wir um Beifall für unsere Predigt über solche Texte (Phil 4,4!!) bitten. Nichts wirkt abschreckender als solche Appelle. Man freut sich nicht, wenn und weil man dazu aufgefordert wird, sondern man freut sich, wenn man Grund dazu hat. Ob eine Predigt über diese Perikope den Grund und die Gründe zur Freude einleuchtend macht, hängt nicht an solchen Schlußappellen, sondern an „einem jeden Wort, das durch den Mund Gottes geht" (Mt 4,4).

Wenn wir auch für die Rückwendung zur Religion im allgemeinen heute noch keine genauen Unterlagen haben, ist sie doch wirksam. Können wir für das Verhältnis der religiös Interessierten zur Sache der christlichen Botschaft die Formel ernstlich brauchen: Was ihr ahnend verehrt, bietet sich der deutlichen Erkenntnis in der christlichen Wahrheit?! Dabei würde das Moment der zeitlichen Folge – vom Heidentum, das adventlichen Charakter hat, zum Christentum – natürlich wegfallen. Man möchte eher umgekehrt sagen, daß sich aus dem ehedem herrschenden Kirchenchristentum eine allgemeine, mehr ahnende als erkennende Religiosität entwickelt hat, die in ihren älteren Formen noch in unseren Gemeinden lebendig ist, und deren neue Konturen noch nicht deutlich genug vor Augen gestellt werden können. Es handelt sich um die Phänomene, die heute von K. Rahner und anderen unter dem Begriff vom anonymen Christentum und von den anonymen Christen verhandelt werden. Wer sich in der Predigt auf diese Spur begibt, hat zu beachten: er wird diese vermeintlich oder wirklich anonymen Christen in der Regel nicht unter seiner Kanzel haben, und er muß sich überlegen, ob eine solche Gebärde der geistig-missionarischen Vereinnahmung nicht mehr Schaden als Nutzen bringt. Wohl eignet der christlichen Botschaft und der Gemeinde, die sie um sich sammelt, vom Ursprung her der missionarische Impetus; wem das zu penetrant ist, der kann nur ein entschärftes, um nicht zu sagen entmanntes Evangelium übrig behalten. Aber die Beziehungen zwischen Predigtgemeinde, Volks- oder Landeskirche und mehr oder weniger entkirchlichtem Christentum sind so vielfältig und verwickelt, daß keine einzelne Formel ausreicht, um den Dingen gerecht zu werden.

Himmelfahrt

Kolosser 3,1–4 (5–11)

Nein, die Theorie der wahren Religion ist nicht nur jedem Menschenkinde angemessen und seiner Seele eingewebt oder kann darin wieder hergestellt werden, sondern ebenso unersteiglich dem kühnsten Riesen und Himmelsstürmer, als unergründlich dem tiefsinnigsten Grübler und Bergmännchen (J. G. Hamann, Christiani Zacchaei Telonarchae Prolegomena über die neueste Auslegung der ältesten Urkunde des menschlichen Geschlechts 1774 H.'s Schriften hg. v. Fr. Roth 4. Theil Berlin 1823, 198).

Der Ausdruck aber, den Paulus in Kol 3,1 und 2 dem christlichen Idealismus gibt, ist geradezu klassisch schön (Wilh. Lueken, Die Schr. des N.T. 3.Aufl. 1917 Bd.2, 351).

Die Wahrheit redet selber und hört auch selber. Sie ist Mund *und* Ohr, Licht *und* Auge, eben weil sie ja in Christus dem Auferstandenen Gott *und* Mensch ist (K. Barth / Ed. Thurneysen, Komm Schöpfer Geist 1924 4. Aufl. 1932, 179).

Vorbemerkung: M.E. hat der Prediger mit V. 1–4 so sehr alle Hände voll zu tun, daß er kaum in Versuchung kommen wird, V. 5–11 hinzuzunehmen.

An Literatur nenne ich (außer Calvin!): die Kommentare von E. Lohmeyer (seit 1930), M. Dibelius (hg. v. Greeven 3.Aufl. 1953), W. Bieder (Prophezei 1943), Ed. Lohse (1968), H. Conzelmann (NTD 8) 1976; Einzelbeiträge von W. Bieder, Die kolossische Irrlehre u. d. Kirche von heute (Theol. Studien hg. v. K. Barth H. 33, 1952), G. Bornkamm in Bd. 1 und Bd. 4 seiner Gesammelten Aufsätze (1952 u. 1971), E. Gräßer, Kol 3,1–4 als Beispiel einer Interpretation secundum homines recipientes (ZThK 64, 1967, 139–168); Meditationen von H. Iwand (bei Eichholz Bd. 4, 1955); in den GPM W. Trillhaas 2, 1947/48, 57–59 (!); G. Bornkamm 7, 1952/3; W. Fürst 14, 1959/60; J. Haar 20, 1965/6; W. Fürst 26, 1971/2; schließlich Kurt Marti in ‚hören und fragen' 6, 1971 (hg. v. Gg. Eichholz u. A. Falkenroth). – Aus der nicht sehr dichten Predigtüberlieferung nenne ich Luther (Ostermittwoch 1534 WA 37, 367 ff. = E.A. 8, 209–222), Schleiermacher, Pred. über (das Ev. Marci und) den Brief Pauli an die Kolosser (hg. v. Fr. Zabel = Lit. Nachl. Bd. 2, 1835, 311–323) und K. Barth, Fürchtet euch nicht (1949, 119–126 geh. im Münster zu Basel am Himmelfahrtstag 1937). – K. Barth hat den Text mehrfach in der Kirchl. Dogmatik behandelt: II,1; II,2; III,3 u.ö. (Siehe Register!)

I. *Echtheit und Zusammenhang*

Ob der Kolosserbrief echt paulinisch ist oder nicht, betrifft nicht den Glauben, wohl aber das Verständnis und damit doch auch den Glauben, der Verständnis braucht und Erkenntnis sucht. Daß dieser Brief nicht paulinisch sei, läßt auch Ulr. Wilckens in der Einleitung seiner Übersetzung anklingen, freilich ohne es ganz deutlich zu entscheiden. Käsemann hat den Befund bezeichnet: „Nach Ausführlichkeit und Grundsätzlichkeit weist die Berufung auf Bekenntnis und Apostolat im Eingang das Gepräge nachapostolischer Zeit auf, aus der sich auch am einfachsten der mit der Engelverehrung verbundene Rückfall der Gemeinde in Mysterienfrömmigkeit und die Vorstellung erklärt, der Apostel trage die Leiden Christi stellvertretend für die Kirche (1,24). Den Paulinen gegenüber lassen sich abweichende Terminologie im einzelnen und stärkerer Traditionsgebundenheit entsprechendes Nachlassen der theologischen Argumentation im ganzen kaum leugnen" (RGG 3.Aufl. 3, 1959, 1728). Auch Ed. Lohse und H. Conzelmann bezeichnen und behandeln den Brief als deuteropaulinisch.

Zunächst scheint dies für Meditation und Predigt wenig relevant zu sein, zumal da das Detail der Echtheitsfrage nicht auf die Kanzel gehört. Erich Gräßer aber hat in seinem Aufsatz von 1967 seine sehr gründliche und scharfsinnige Auslegung unserer Perikope, von der die seitherigen Meditationen keine Kenntnis verraten, dazu benützt, um eine prinzipielle Frage zu erörtern: ob und wie weit wir die biblischen Texte und die christliche Wahrheit im allgemeinen secundum homines recipientes zu vermitteln hätten. Im Ergebnis läuft es bei ihm darauf hinaus – er spielt dabei auf die Debatte zwischen Herbert Braun und Helmut Gollwitzer in Mainz von 1964 an – daß gerade im Blick auf die Weiterführung der Christuswahrheit von Paulus zu den Deuteropaulinen Braun mit seiner These recht bekomme, das jeweilige Selbstverständnis bestimmt die Interpretation der Überlieferung. Nach Gräßer bleiben aber zwei Fragen. „Einmal: wer kann helfen, das heute mögliche ‚recipere secundum homines recipientes' freizulegen? Aber auch: muß sich das Kerygma in jedem Fall dem recipere der Zeit akkommodieren? Vermag es nicht seinerseits auch dieses zu alterieren?" (167f.).

Worin der Wechsel von Paulus zum Kolosserbrief besteht, muß sich noch herausstellen. Gräßer hat dazu viel beigetragen. Aber ich habe Bedenken gegen den Ansatz der Argumentation. Bei Luther heißt es – gegen die Schweizer! – man dürfe die Einsetzungsworte nicht nach dem Vermögen der aufnehmenden Menschen auslegen, sondern secundum deum dicentem (WATR 3, Nr. 3868). An der Identitätsformel: Text = verbum dei loquentis liegt für Luther alles. „Gottes Mund ist der Kirchen Mund und umgekehrt" (Wider Hans Worst 1541 Cl. 4,347). Luther selbst hat viel getan, die Geltung dieser Identität zu verunsichern. Aber in den entscheidenden Lehrfragen hat er an ihr festgehalten. An die Stelle der dei loquentis persona ist (bei Gräßer und sonst) das Kerygma getreten. Es klingt so (und soll so klingen), als stünden hier das mit sich selbst identische Ursprungskerygma und die geschichtlich sich wandelnde Rezeption einander gegenüber – und zwar schon innerhalb der neutestamentlichen Ursprungszeit. Diese Gegenüberstellung ist fiktiv. Auch das Kerygma ist geschichtlich bedingt und vermittelt. Auch Paulus bezeugt sein Evangelium secundum homines recipientes, wofür nicht nur auf 1.Kor 9 zu verweisen wäre! Es muß die Einheit und Stabilität des Kerygma *im* Wandel seiner Rezeption gesucht und gefunden werden! Sie läßt sich beispielsweise formulieren mit 2.Kor 5,18: Gott in Christus die Welt versöhnend, oder ähnlich mit 2.Cl. 1,1: Wir müssen über Jesus Christus denken wie über Gott. Die Rezeption nach dem sich wandelnden Verständnis der Beteiligten würde in der Auslegung der Grundworte: Gott, Versöhnung etc. sich ergeben.

Die Frage nach dem Zusammenhang, in dem unsere Perikope zu sehen ist, scheint weniger wichtig zu sein. Die Verse 1–4 haben ein so großes Eigengewicht, daß man nach dem Zusammenhang kaum mehr fragt. Die Predigtpraxis mit ihrer isolierten Heraushebung der jeweiligen Abschnitte trägt dazu bei. Daß in den älteren Lutherbibeln nur 2–4 – also ohne V. 1 – fettgedruckt sind, macht nachdenklich. Woher stammen diese Auszeichnungen einzelner Stellen?! – „Der paränetische Teil des Briefes wird durch eine Folgerung eingeleitet, mit der auf das Vorhergehende zurückgegriffen wird" (E. Lohse 192). Wir dürfen also den Zusammenhang nicht vernachlässigen, daher auch nicht Paränetisches und Dogmatisches (oder Kerygmatisches) allzu streng unterscheiden. Dogma und Ethos erwachsen auch bei den Deuteropaulinen auseinander und miteinander.

Erst wenn wir den Zusammenhang berücksichtigen, verliert unsere Perikope, was sie zugleich attraktiv und bedenklich macht: ihre Allgemeinheit, die es uns erlaubt, unsere eigenen Vorstellungen von „droben", von „irdisch", von „verborgen" und von „offenbar" einzutragen. Der Zusammenhang nach rückwärts ist mindestens bis 2,6 zu beachten. Zunächst scheint es sich um sehr allgemeine Ermahnungen zu handeln (2,7b); aber sie werden dann viel konkreter, wenn auch dadurch nicht immer verständlicher: Die Leser werden davor gewarnt, sich andern Überlieferungen und damit zugleich den Weltmächten zu unterwerfen, da sie, die Gläubigen, doch aus diesen ganzen irdischen Herrschaftszusammenhängen durch das Christusgeschehen befreit sind. Mit dem Geschehen der Versöhnung am Kreuz (V. 14), „hat er die Herrschaften und Mächte ihrer Herrschaft entkleidet" (15). Wenn das so ist, „warum laßt ihr euch dann Ordnungen unterwerfen, als lebtet ihr noch im Machtbereich der Welt?" (20b). Alles, was den Kolossern weltanschaulich, kultisch, lebensreformerisch empfohlen wird und was ihnen zu imponieren scheint, „ist (in Wirklichkeit) keiner Ehre wert und dient nur zur Befriedigung eines sehr irdischen Sinnes" (23 – alles nach der Übersetzung von Ulr. Wilckens).

„Sie (die Irrlehrer) heißen ‚Philosophen'; damit bekommen wir eine erste Andeutung vom Wesen dieser Häresie. ‚Philosophie' meint in dieser religionsgeschichtlichen Umgebung nicht die erkennende Welterschließung im Sinne der klassischen griechischen Tradition, durch die Vernunft, sondern den Weg der „Erleuchtung", der unmittelbaren Schau der Hintergründe des Weltganzen. So sind auch die ‚Weltelemente' nicht die ‚natürlichen' Bestandteile des Seienden im Sinne naturwissenschaftlicher Analyse und philosophischer Erkenntnis der Weltgesetze. Man erfaßt sie vielmehr im mysterienhaften Erleben. Man schaut den Kosmos als den Leib des Weltengottes; die Elemente sind seine Glieder. Ideen der astralen Weltanschauung spielen herein: Die Gestirne, als personale Mächte gesehen, repräsentieren diesen mythischen Kosmos. Natürlich wollen die Vertreter dieser Weltanschauung ... selber Christen sein, ja, die wahren Christen. Sie verlocken nicht von außen her zum Abfall vom Glauben. Sie gehören zur Kirche und wollen nun den Glauben durch ihre Gnosis deuten: Christus ist der Allgott, der recht verehrt wird, wenn man die Elementarmächte als seine Glieder verehrt, den Kosmos als der Gottheit lebendiges Kleid. Wenn diese Lehre nun als ‚Menschenüberlieferung' verworfen wird, dann liegt die Schärfe der Polemik darin, daß sich die Gnostiker als die Erleuchteten ja gerade als die Besitzer göttlicher Einsicht erklären, die sie über den gewöhnlichen Glauben hinausführe. ‚Überlieferung' ist ein jüdischer, aber auch ein gnostischer Begriff; in der Gnosis bezeichnet er die Vermittlung der geheimen Weisheit, der Deutung der weihenden und feienden Riten, des Wissens vom Schicksal der Seele und ihrem Aufstieg in den Himmel. In lapidarer Kürze wird dem allem gegenübergestellt: ‚Christus'. D. h. eine Synthese Christus–Elemente, Glaube–Elementendienst ist grundsätzlich unmöglich" (Conzelmann 189f.).

So ergiebig diese zusammenfassende Beschreibung ist, so macht sie die Predigtauslegung von 3,1ff. kaum leichter. Im Blick auf die noch zu betrachtenden Predigten von Luther, Schleiermacher und K. Barth ist schon jetzt zu bemerken, daß diese sich auf die konkrete Lage des Textes kaum oder gar nicht einließen: sie schien zu fern und zu fremd. Wir haben als Prediger im Blick auf die Lage unserer Gemeinden zu entscheiden, ob und wie tief wir uns auf Analogien zwischen damals und heute einlassen – insbesondere auf die vielen Formen der Astrologie, die ihren Einfluß weit hinein in unsere Gemeinden ausübt.

Auf alle Fälle ist zu beachten, wie nun die Sätze von 3,1–4 aussehen im Licht dessen, was Conzelmann u.a. über die Häresie sagen. Es wird ja doch nicht einfach, wie es nach Conzelmann erscheinen könnte, „Christus" den Irrlehrern entgegengeknallt. „Mit bloßem Nein überwindet man kein religiös-sittliches Lebensideal, nur durch ein besseres" (W. Lueken 351). Hier empfiehlt es sich, die ältere Predigtauslegung zu beachten.

II. *Drei Predigten aus der Vorzeit*

Luthers Predigt von 1534 soll V. 1–7 behandeln. So wird der ganze Text fast nur nach der paränetischen Seite wirksam. Als Überschrift finden wir „Von der Frucht, so dem Glauben der Auferstehung folgen soll". Als hätte Luther das Deuteropaulinische des Briefs geahnt, trennt er Lehre und Leben, Wort und Tat. „Denn was hilft es einem Todten, ob man ihm viel predigt vom Leben, so er nicht auch davon lebendig wird" (210). Was der Apostel bewirken soll, soll „nicht allein Wort, sondern Wahrheit und Leben" sein (211). Aber das angestrebte Leben ist so beschaffen, „daß man nicht zweifeln kann, er rede von der geistlichen Auferstehung" (ebenda). Erst bei der Wiederkunft soll Fleisch und Blut mit dem Geist wieder vereinigt werden (212). So heißt die Weisung, nach dem was droben ist zu trachten, „nicht die Creaturn auf Erden verachten (213), sie bezieht sich auf die Erkenntnisgesinnung des Menschen. Der Mensch ohne Gotteserkenntnis lebt notwendig in den Lastern, die V. 5ff. angeprangert werden; aber diese Laster sind nicht nur grob sinnlich, sondern beflecken auch den Geist (214). Es gilt, „daß wir allem solchem irdischen Wesen den Rücken zukehren, das Angesicht aber wenden gegen dem, das himmlisch und göttliches Wesen ist" (216).

Luther wendet den Text dann besonders auf den Geiz an, der als Abgötterei bezeichnet wird. Mt 7,12 zitierend, sagt er: „Wo es ungleich (d.h. nicht recht und billig) zugeht, das kann ja ohne Geiz nicht abgehen" (218). Wer diesem Laster anhängt, von dem gilt, „den Rauch hastu gesehen, aber des Feurs hastu nicht entfunden; die Worte hastu gehöret, aber keine Kraft derselben empfangen" (219). „Diese Predigt fasset auch niemand denn der Glaube, die Welt kennet und lobt es nicht; sie ist ihm feind. Darum heißt es auch wohl ein verborgen Leben der Welt und den Christen selbst, aber doch ein solch Leben, das da gewiß und wohl verwahret ist, und hernach auch soll fur aller Welt Augen offenbarlich leuchten" (220). „Und heißt also Christus euer Leben, das in euch selbs noch nicht offenbar, aber in ihm gewiß ist, und also versichert, daß es euch niemand nehmen kann" (221). Findet man (mit E. Gräßer 147) im Text die Dialektik von Sein und Sollen, aber auch von Sein und Werden ausgedrückt, so ist Luthers Predigt mehr dem zweiten als dem ersten Aspekt gerecht geworden. Das Spezifische der Perikope, wie es sich aus dem Zusammenhang mit 2,6ff. ergibt, kommt in Luthers Predigt nicht zum Vorschein.

Schleiermacher findet in der Perikope das Grundthema des Christentums. „Der alte und der neue Mensch, das ist der große Gegensatz, in welchem sich die ganze Verkündigung des Christenthums bewegt" (311). Der alte Mensch ist der Mensch nicht nur der Sünde, sondern auch des äußeren Gesetzes. Wenn der Text vom Leben redet, so ist daran zu erinnern, daß alles Leben immer zugleich freie Bewegung und Bedürftigkeit ist (313). Das Problem der Perikope findet Schleiermacher im Gegenüber von ‚droben' und ‚auf Erden'. Was soll der Gegensatz, da unser ganzes, auch unser christliches Leben auf Erden ist (313)? An 1.Joh 3,1ff. wird erinnert. Entsprechend dem unapokalyptisch-uneschatologischen Ansatz wird ‚was droben ist' inhaltlich nach 3,14 und 15 gefüllt: die Liebe als Band der Vollkommenheit und Friede Christi. „Das Droben ist nichts Anderes als das Zeichen der Vollkommenheit, wonach wir trachten müssen", „nicht nach der Mischung von Zufriedenheit und Mißvergnügen, von Dankbarkeit und Scham, die uns in diesem Leben nie verläßt" (316). Auch das Trachten nach dem Irdischen wird beschrieben: „Es dreht sich Alles um das ruhige Bestehen mit und unter den Menschen in Beziehung allein auf das irdische Leben; es dreht sich alles um den Frieden mit den Menschen, um das Lob der Menschen, um das Ansehen bei den Menschen" (ebenda). Schleiermacher leitet dann dazu an, die zwei Mißverständnisse zu vermeiden: die falsche Weltflucht, „da doch, wenn wir uns in diesem wirksamen Leben nicht bewegen, wir nie wissen können, welche Kräfte der neue Mensch in diesem Leben schon gewonnen hat" (318), und die verkehrte Neigung, aus dem mit Christus in Gott verborgenen Leben ein Geheimnis zu machen. Das Leben ist zwar als innere Kraft und Motivation unseres Tuns von Christus her verborgen, und insoweit der Welt unverständlich; aber unser Handeln liegt offen am Tage, und die Umwelt soll aus dem Wandel auf das Leben schließen. Es darf unser Leben nicht verborgen bleiben. „Es muß sich der innere Trieb des neuen Menschen verkündigen in ganz unzweideutigen Handlungen und die Regel (muß) offenbar werden, welcher wir folgen" (321). Darin liegt die im Text verheißene Manifestation Christi. „Der Gegensatz, daß unser Leben verborgen ist, und daß es sich offenbaren soll, der soll hier auf Erden schon verschwinden ... Das ist der Weg der Kirche Gottes auf Erden" (322). Schleiermacher hat die Dialektik von Sollen und Sein eben noch wahrgenommen; aber die Dialektik von Sein und Werden ist praktisch aufgehoben, sofern sie mehr als graduell gemeint ist. Der eschatologische Vorbehalt, uns zur Selbstverständlichkeit und zur Phrase geworden, ist dem perfektionistischen Besitzgefühl des bürgerlichen Christentums gewichen.

K. Barths Predigt von 1937 ist stark auf den Himmelfahrtstag und seine besondere Botschaft fixiert. Dennoch soll unser Leben, einschließlich des Alltag, davon betroffen sein, sofern wir in eine ganz andere, neue Perspektive und Ordnung gestellt sind: in diejenige von Christi Auferstandensein und unserem Mitauferstandensein. Damit sind unserm irdischen Leben zwei „gewaltige, unüberwindliche, zugleich selige und herrliche Grenzen gesetzt, beide in Christus real: die Grenze zwischen verborgen und offenbar, und die Grenze zwischen gestorben und lebendig". Unser Leben erkennen und führen wir dann weder als Schmuck noch als unsern eigenen Besitz noch als unser eigenes Werk. Was wir tun können im Sinne des Trachtens nach dem, was droben ist, wird alles zum Zeichen jener beiden uns gesetzten Schranken, in denen wir leben. Der Blick ist nach vorne und nach oben gerichtet. „Wir werden viel zu erfahren bekommen" (126).

Viele Leser werden mit mir bedauern, daß Schleiermachers so brauchbare Lebensanalysen mit einer allzu triumphalen Besitztheologie verbunden sind.

III. *Das Neue und Besondere der Perikope*

Je genauer wir zusehen, desto stärker tritt die Verwurzelung unserer Perikope im rückwärtigen Zusammenhang zutage. Was das Neue und Eigentliche ist, läßt sich erst aus dem Vergleich ersehen. Es besteht nicht in der Antithetik; diese herrscht von 2,6 an und bekommt einen ersten Höhepunkt in der Antithese von V. 8b: kata ta stoicheia tou kosmou – kata Christon. Auch die Gleichschaltung von „Christus und uns Christen" wird in 3,1ff. nur fortgeführt; schon 2,9 wird von beiden und für beide die „Fülle" ausgesagt und in Anspruch genommen. Ebenso beherrscht der Zusammenhalt von Paränese und kerygmatisch-soteriologischem Erinnern den gesamten Ablauf, zumal in 2,13–15. Wenn Calvin von 3,1ff. meint, dort erst werde die vera perfectio des Christenglaubens der vana perfectio der kolossischen Irrlehrer gegenübergestellt, so geschieht das auch schon in 2,6ff. Das Neue und Besondere von 3,1ff. ist die Kategorie des ‚ano', des ‚nach droben'. Setzen wir das ‚ano' vorerst mit dem Himmel in eins, so behält Barth recht mit seiner These, man dürfe „in dem Wort Kol 3,1 geradezu *die* maßgebende Definition des Himmels erblicken" (KD III,3, 1950, 511).

Aber es bedarf natürlich nicht erst der neuzeitlichen Weltbilder, um das Ambivalente dieser pointierten Aussage zu erkennen. Wenn es bei den Irrlehrern um Elementenkult und Engelverehrung ging, so bezog dies auch die himmlischen Regionen ein. Es fragt sich also, ob mit der Aussage von 3,1 die Konkurrenz der andern Religion abgeschlagen ist oder nicht. Gräßer urteilt, der Kolosserbrief komme hier den Wiedergeburtsmysterien sehr nahe (159f.). Das betrifft nicht nur das himmlische Ziel, sondern auch den Vorgang des Sterbens und Auferstehens mit dem Heiland. Auch die Mahnung, zu suchen und zu denken in der Richtung nach oben, muß nicht spezifisch christlich sein. Erst der Zusammenhang mit Christus entscheidet, was an diesem Programm christlich ist.

Im Vergleich mit 2,9: für Christus und für die Christen wird die Fülle in Anspruch genommen, stellt unsere Perikope nicht nur eine Präzisierung, sondern auch eine Reduzierung des Anspruchs dar. Die Gemeinde darf sich von der irdischen Erde distanzieren; ja, sie muß es. Sie soll ihr Leben nicht irgendwie und irgendwo darstellen, sondern es „mit Christus in Gott verborgen sein" lassen. Es wird in diesen Sätzen alles ins Jenseits verschoben, und wir heute werden Verständnis für Schleiermacher aufbringen, der da nicht einfach mitspielen wollte. Was, wenn vielleicht schon 3,1 + 2, sicher aber V. 3 + 4 nur grandiose, vielleicht sehr unfromme Ausreden sind?

Auch wenn wir die Verknüpfung der Perikope mit Christi Himmelfahrt nicht betonten, kämen wir um die Frage des Weltbilds nicht herum. K. Barth hat sie so angegangen: Es geht nicht um die Ausrichtung auf irgend etwas kosmisch Höheres als solches, sondern um die Ausrichtung auf den Höheren, der, weil und indem es Gott ist, der in ihm zu den Menschen kommt, diesen nun allerdings auch als der kosmisch Höhere gegenübersteht, so daß die Ausrichtung des Menschen auf ihn per se auch ein kosmisches sursum corda! implizieren muß" (a.a.O. 509). Unsere Vorstellung ist von dem doppelten Sachverhalt bestimmt, daß wir einerseits sämtliche Relationen ursprünglich räumlich vernehmen und bezeichnen – man kann sich dies an den Präpositionen verdeutlichen, die alle ursprünglich räumlich gemeint sind! –, daß wir andererseits heute ein kosmisches Oben uns nur als kosmische Leere vorstellen können. Zwar haben wir uns an den kopernikanischen Schock längst gewöhnt; aber gegenüber den handfesten biblischen Aussagen werden wir doch verlegen.

Wahrscheinlich stehen diese Verlegenheiten auch hinter den Thesen der Exegeten, die mit Stirnrunzeln vom zeitlosen Jenseits unseres Textes reden, während der echte Paulus zeitlich-eschatologisch denkt und schreibt. Bornkamm möchte also Texte wie Phil 3,14 und 20 oder 2.Kor 4,18 mit unserer Perikope unverworren lassen (Ges. Aufs. 4, 1971, 210f.). Andere Erklärer wollen die genuin paulinische Antithese von Glauben und Schauen mit derjenigen unseres Textes kontrastieren, die Verborgenheit und Offenbarsein gegenüberstellt. Unserm Text fehle zwar nicht die Vokabel, aber das Gewicht des futurum eschatologicum (Gräßer 163 Anm. u.a.). Beide Überlegungen, die kosmische und die zeitliche, nötigen sehr zur Abstraktion. Der Prediger muß entscheiden, ob und wieweit er sich auf diese Thematik einlassen soll.

Auf alle Fälle müssen wir uns auf die Frage einlassen, ob in 3,1f. so etwas wie Weltflucht gemeint und legitimiert, ja gefordert ist. Fast alle Ausleger verneinen dies. Nur Calvin erschrickt davor nicht: „Wir suchen was droben ist, indem wir in dieser Welt geistig nur pilgern, nicht aber an ihr haften" (zu V. 1). Auch dieses Motiv ist nicht patentiert christlich. Religion käme ohne das Fremdheitsgefühl des Menschen in seiner Welt kaum zustande. Es hängt auch von den äußeren Umständen ab, ob wir uns in unserer Welt fremd oder zuhause fühlen. Der apologetische Eifer, mit dem wir heute jede Spur von christlich begründeter Weltabkehr vermeiden und verwünschen, leuchtet nicht ein. Wenn wirklich (mit Conzelmann 196) „die eschatologische Hoffnung zur kritischen Bestimmung unseres heutigen Daseins in der Welt" werden soll, darf das Moment der Abkehr von der Welt nicht fehlen. Auch fehlt den Mahnungen durchaus nicht der Gerichtsgedanke, wie Gräßer meint (165 vgl. dazu 3,6). Die Paränese wäre salzlos, wenn der Heilsbesitz der Leser ungefährdet wäre!

„Dann werdet auch ihr mit ihm zusammen in der Herrlichkeit erscheinen" (3,4 nach Wilckens). Darauf läuft alles zu. Um so merkwürdiger ist es, wie schweigsam hier die Kommentatoren und Meditanten werden. Begreiflicherweise, denn die Vorstellungen von der Teilhabe der Gläubigen an der göttlichen Herrlichkeit vermischen immer Denkbares und Undenkbares. Immerhin wissen Bibel und Gesangbuch diese Herrlichkeit anschaulich zu machen. In dieses Hin und Her braucht sich unsere Predigt nicht zu begeben. Wohl aber fragt sich, ob hier nicht nur das menschlich-fromme Wunschdenken am Werk ist. Eine Reflexion darauf vermisse ich auch in Gollwitzers Ausführungen im „Krummen Holz ..." (283ff.). Anders als früher, scheuen wir uns heute nicht, auf die neutestamentliche Hoffnung die Kategorie der Utopie anzuwenden (z.B. K. Marti in seiner Auslegung von 1971). Als bloße Utopie hat die christliche Hoffnung vor den andern Utopien nichts voraus. Es kommt nun doch alles darauf an, daß wir die christologische Verknüpfung und Begründung der Textaussagen aufnehmen und durchhalten. Mit Recht hat sie Trillhaas in seiner Auslegung von 1948 als den eigentlichen Knoten bezeichnet, den wir – gerade in dieser Predigt – zu lösen haben.

Der Christusbezug drückt sich wesentlich in dem „syn Christo" aus: 2,12 mitbegraben; 2,13 mit ihm lebendig gemacht; 2,20 mitgestorben; 3,1 (und schon 2,12) mitauferstanden; 3,3 mit ihm verborgen; 3,4 mit ihm offenbar werdend. Die Formel begegnet auch bei Paulus (Röm 6,8 u.ö.). Wie man sie genau zu verstehen hat, ist umstritten. Nach dem Bauerschen Wörterbuch dient „syn" zur Bezeichnung von Gemeinschaft und Begleitung, für gemeinsames Tun und Erleiden, zur Bezeichnung eines Beistands (die andern Nuancen interessieren uns nicht). Für „syn Christo" bemüht W. Bauer die Kategorie der mystischen Vereinigung, womit nicht viel und nichts Deutliches gesagt ist, auch wenn man mit M. Dibelius u.a., zwischen prophetischer und mystischer Frömmigkeit unterscheidend, dem Apostel prophetische Mystik zuschreibt (M. Dibelius, Botschaft und Geschichte 2.Bd. 1956, 134ff.). R. Bultmann streift unsern Text, ohne sich für das „syn" zu interessieren (Theol. d. N.T. 519; vgl. aber auch §33, Tod und Auferstehung Christi als Heilsgeschehen). Iwand möchte das „syn" als „durch", „mit Hilfe von" verstehen. „Es bedeutet die Identifikation dessen, was mit Jesus Christus geschehen ist, und dem was uns gilt" (311). Aber eben diese Identifikation ist nicht nur zu behaupten, sondern einleuchtend, oder wenigstens vorstellbar zu machen. Am ehesten gelingt dies m.E. Käsemann, wenn er (in Auslegung von Röm 6,1ff.) betont, Paulus benutze die Formel „mit Christus", um die Anschauung von Christus als Schicksalsträger zu präzisieren. Die von ihm heraufgeführte neue Welt ergreift in der Taufe derart Besitz auch vom Leben des einzelnen Christen, daß der irdische Weg des erhöhten Herrn darin nachzuvollziehen ist und Christus so zum Schicksal unserer Existenz wird. Die Taufe ist Projektion der Äonenwende in unser persönliches Dasein hinein ..." (An die Römer HNT 8a, 3.Aufl. 1974, 154f.). Auf die Taufe wird ja auch 2,12 angespielt. – Nach der subjektiven Seite findet sich in unserm Zusammenhang eine Erläuterung, die wohl wegen ihrer Formelhaftigkeit zu wenig beachtet wird: „Ihr seid zugleich mit ihm auferstanden, indem ihr an die Macht Gottes glaubt, der ihn von den Toten auferweckt hat" (2,12), jedenfalls eher rational als mystisch!

IV. *Zur Predigt*

Der Text ist, streng genommen, kein Himmelfahrtstext; er ist erst neuerdings dazu bestimmt worden. Wer ihn daraufhin auslegt, läuft Gefahr, die eigentlichen Intentionen zu verdrängen. In den früheren Beiträgen der GPM ist die Thematik von Himmelfahrt mehrfach ausführlich behandelt worden, so daß ich hier darauf verweisen darf.

Eine zwingend einheitliche Thematik ergibt sich m. E. nicht. Die Predigt kann ihren Antrieb aus dem Zusammenhang der Perikope nach rückwärts gewinnen, über den oben ausführlich referiert wurde. Was die Häresie der Kolosser ausmacht, liegt in anderer Form auch heute vor: eine Mischung aus christlicher Überlieferung und alt- oder neuheidnischen Religionstrümmern: Aberglaube in vielen Formen, Sternenglaube, Schicksalsglaube. Vielleicht muß sich die Predigt auch mit den neuen Religionen befassen, vor denen – mit Recht oder mit Unrecht? – vor allem die Jugendlichen gewarnt werden. Diese werden allerdings kaum im Gottesdienst anwesend sein, und wer zu diesen Dingen etwas sagen will, muß sich gut informieren. (An die Hilfen der „Evang. Zentrale für Weltanschauungsfragen" in Stuttgart sei auch hier erinnert!) Die Schwierigkeit der Predigt besteht dann darin, nicht nur zu groben Konfrontationen zu kommen, sondern auch – wie es Kol 2 u. 3 selbst geschieht – die Ähnlichkeiten spüren zu lassen. Synkretismen sind in den wirklichen Religionen, das Christentum eingeschlossen, nichts Seltenes, sondern etwas sehr Häufiges. In der lehrmäßigen und homiletischen Behandlung der Synkretismen haben wir wohl noch viel zu lernen.

Wer diesen Weg meidet, weil es die Lage der Gemeinde weder erfordert noch erlaubt, oder weil er sich der Sache nicht gewachsen fühlt, wird die Predigt aus dem Duktus von 3,1ff. gewinnen müssen. Dann ist das „syn Christo" Ausgang und Ziel: Christus als Schicksalsträger. Nur von daher gewinnen die Mahnungen des Textes, die dem Hörer vielleicht schon bekannt, jedenfalls beim Hören im Ohr geblieben sind, ihre eigentümliche Gewalt; sonst verkommen sie zu dem christlichen Idealismus, von dem W. Lueken in guter Meinung schrieb! Christus als Schicksalsträger: unwillkürlich suchen wir nach Analogien; sie beherrschen unser Leben. Sie finden sich überall dort, wo wir erkennen müssen, daß wir uns weder uns selbst verdanken noch uns selbst bestimmen können, sondern uns vorgegebenen Entscheidungen fügen müssen. Daher der keineswegs nur spaßhafte Rat, man müsse in der Wahl seiner Eltern vorsichtig sein; mehr noch in der Wahl seines Standes, seiner Hautfarbe, seiner Klasse etc. All dies bestimmt uns, negativ und/oder positiv, und Christus scheint nur einer unter vielen Schicksalsfaktoren und -trägern zu sein. Dann wäre auch der „Christenstand" eben nur ein Stand unter vielen. Dem Text kommt es darauf an, Christus als Schicksalsträger von den andern Mächten energisch abzuheben: er ist droben und er ist damit verborgen. Im Trachten nach droben, wo Christus ist, meldet sich freilich noch einmal die Ähnlichkeit und Verwechselbarkeit mit allem sonstigen religiösen Droben. Der Text regelt dies mit dem ständig wiederholten Hinweis darauf, daß die andern Mächte abgetan sind (2,15; 20) und daß Christus zur Rechten Gottes sitzt (3,1). Aber für die Christen bedeutet das keinen Triumphzug, sondern: dem Irdischen abgestorben, mit Christus verborgen. Die reformatorische Dialektik von Anfechtung und Zuversicht kommt zu ihrem

Recht, damit freilich auch die Gefahr der Klischees. Gleichzeitig wäre hier von der Freiheit den Weltdingen gegenüber zu reden, wenn auch der Text selbst das nicht eigens ausspricht. V. 4 sollte nicht wegen seiner besonderen Schwierigkeiten ausgeklammert werden. Bibel und Gesangbuch liefern hier viele Anregungen; aber auch das Sprichwort: wer zuletzt lacht, lacht am besten! Luther singt und sagt es nicht anders: Zuletzt müßt ihr doch haben recht (EKG 17,6).

Eben darin besteht der Sinn von Pfingstfest und -predigt, daß wir das Unerhörte der Christuspredigt gezeigt bekommen. Sie kann historisiert werden. Sie kann antiquiert erscheinen. Sie kann vielleicht heute noch und wieder fremd und glossolalisch wirken. Daß sie nicht so wirkt, ist Verheißung und Wirkung des göttlichen Geistes, auf den wir nicht anders angewiesen sind als jene ersten Christuszeugen damals, von denen so schwer auszumachen ist, ob sie es leichter oder schwerer hatten als wir heute.

Pfingstmontag

Johannes 15,9—17

Caeterum, quia non sufficeret nuda historia, imo ad salutem nihil prodesset, non simpliciter narrant Evangelistae, natum esse Christum et mortuum et mortis victorem, sed in quem finem natus fuerit, quorsum mortuus fuerit ac resurrexerit, et quis inde ad nos redeat fructus, simul exponunt. Hoc tamen inter eos quoque est discrimen, quod alii tres in narranda Christi vita et morte sunt fusiores, hic autem noster in doctrinam, qua et Christi officium et mortis resurrectionisque virtus explicatur, magis insistit. Non tacent illi quidem, venisse Christum ut salutem mundo afferret, ut mortis suae sacrificio expiaret peccata, ut denique omnes Mediatoris partes perageret (quemadmodum et Joannes in historica narratione aliquatenus versatur), sed doctrina quae vim et fructum adventus Christi nobis demonstrat, longe clarius in hoc apparet quam in reliquis. Et quum omnibus communiter propositum sit, Christum ostendere, priores illi corpus, si ita loqui fas est, in medium proferunt, Joannes vero animam. Quamobrem dicere soleo, hoc Evangelium clavem esse, quae aliis intelligendis ianuam aperiat:

Weil ferner die bloße Historie zu wenig wäre, ja zum Heil nichts nützte, erzählen die Evangelisten nicht einfach von Christi Geburt, seinem Tod und seinem Sieg über den Tod, sondern legen zugleich dar, wozu er geboren, gestorben und auferstanden ist und was an Frucht uns daraus erwächst. Dabei ergibt sich aber bei ihnen der Unterschied, daß die andern drei Christi Leben und Sterben ausführlicher erzählen, dieser unser (Evangelist) aber die Lehre stärker betont, in der Christi Sendung und die Wirkung seines Todes und seiner Auferstehung dargetan wird. Zwar verschweigen auch jene (die Synoptiker) nicht, daß Christus der Welt zum Heil gekommen ist, daß er durch das Opfer seines Todes der Welt Sünde versühnte, daß er das ganze Werk des Mittlers leistete (wie denn auch Johannes sich mit der Geschichtserzählung einigermaßen beschäftigt). Aber die Lehre, die uns Kraft und Nutzen des Kommens Christi verdeutlicht, erscheint bei ihm weitaus heller als in den andern. Und wenn sie alle zusammen die Absicht haben, Christus zu zeigen, so stellen jene ersten, wenn ich so sagen darf, den Körper Christi dar, Johannes aber die Seele. Daher sage ich gerne, dies Evangelium sei der Schlüssel, der die Tür zum Verständnis der andern Evangelien öffnet (Calvin, In Evang. Joh. Commentarii, 1553, Argumentum, ed. Tholuck 1833, S. VII f.).

I.

Viele Schwierigkeiten, die wir heute im Umgang mit dem Neuen Testament empfinden, lassen sich darauf zurückführen, daß wir nicht mehr wie Calvin (und die ganze ältere Christenheit) das vierte Evangelium als den rechten Schlüssel brauchen wollen oder können, der uns die Tür zum Verständnis auch der andern Evangelien öffnet. Wir haben die Souveränität nicht mehr, mit welcher er den Befund der bloßen Geschichte, der *nuda historia,* in seiner Nutzlosigkeit erkennt und auf sich beruhen und sich die ‚Lehre', die *doctrina,* die Theorie, den Sinn des Ganzen vom vierten Evangelium geben läßt. Das vierte Evangelium hat seine Schlüsselstellung noch bis in die Zeit Schleiermachers behalten; dessen Johannesauslegung hat für den Kenner ihren besonderen Glanz, ihre Tiefe und ihre Aktualität bis heute. Man kann sich nur wundern, daß sich bisher niemand der Schätze von Schleiermachers Johannesinterpretation angenommen hat[1].

Dann versuchte Bultmanns Kommentar, dessen erste Lieferung 1937 erschien, dem Verständnis des vierten Evangeliums über die bloße religionsgeschichtliche Betrachtung hinaus näherzukommen. Aber eine Schlüsselstellung hat es doch wohl auch dadurch nicht wiederbekommen. Mein eigener Beitrag zur Auslegung der Perikope (GPM 11, 1956/57, S. 163—167) und derjenige von M. Fischer (GPM 13, 1958/59, S. 152—157) setzen diese Lage voraus und suchen sich darin zurecht- und damit abzufinden; M. Fischer, indem er insbesondere K. Barths großen Paragraphen über den Heiligen Geist und die christliche Liebe in Erinnerung bringt (KD IV, 2 1955 § 68, S. 825—953). Er bemerkt freilich mit Bedacht: „Die Entscheidungen aber fallen im Text selbst." [2]

---

[1] Vgl. außer den 1825/6 gesprochenen, 1847 gedruckten Homilien zum Joh.Ev. die beiden Predigten über Joh 15, 14 in S. W. II Bd. 3, 1835, 107—120 und über Joh 15, 16 in S. W. II Bd. 4, 1835, 586—601.

[2] A.a.O. 153. — Ferner in Eichholz Bd. 3 1. Aufl. 1947 von H. Schlier, 2. Aufl. 1957 von Friedr. Lang; in Bd. 5 der neuen von Eichholz und A. Falkenroth hrsg. Reihe ‚hören und fragen' 1967 ist der Text von mir behandelt.

Inzwischen hat sich die Lage verändert, nachdem Ernst Käsemann in seiner polemisch-synthetischen Kampfschrift unbekümmert um alle Konventionen das vierte Evangelium neu gelesen und neu gedeutet hat[3]. Es gelingt ihm, was auch wir andern bei der Lektüre dieser seltsamsten Schrift des Neuen Testaments wohl immer wieder empfunden haben, deutlich und scharf zu artikulieren, indem er zwar ausgeht von der Frage nach dem mutmaßlichen geschichtlichen Ort ihrer Entstehung, aber sich die Antwort darauf geben läßt unter genauester und unbefangenster Beachtung des faktischen Befunds: „Spiegelt sich im Evangelium historisch jene Entwicklung, welche von den Schwärmern in Korinth und von 2. Tim 2,18 zum christlichen Gnostizismus führt, so ist seine Aufnahme in den Kanon der Großkirche errore hominum et providentia Dei erfolgt. Gegen alle ihre Intentionen hat die Kirche hier, verführt durch das Bild des über die Erde schreitenden Gottes Jesus, die sonst totgeschwiegene Stimme derer den Aposteln zugeschrieben, die schon ein Menschenalter nach unserm Evangelium als häretisch verurteilt wurden. Man firmierte als himmlisch, was man irdisch nicht mehr lokalisieren konnte. Man konnte irdisch nicht mehr lokalisieren, was abseits der zur frühkatholischen Kirche führenden Heerstraßen entstanden war und diesem Lauf der Dinge sogar widersprach"[4]. Inhaltlich bestimmt Käsemann das Christuszeugnis des vierten Evangeliums als Herrlichkeitschristologie, deren „Gefahr man unmöglich übersehen kann: Sie ist der Doketismus, der noch naiv sich geltend macht und als Gefahr noch nicht erkannt ist"[5]. Joh 1,14a ist ganz und gar im Licht von Joh 1,14b zu sehen und zu verstehen. Alles übrige möge der geneigte Leser in dem Büchlein von Käsemann selbst nachlesen! — Niemand von uns soll sich dabei in die Inkompetenz des Nicht-Fachexegeten flüchten. Wohl aber haben wir alle auch die Gegenstimmen zu hören, von denen ich hier nur G. Bornkamm nennen kann[6]. Er meint, Käsemann habe im Detail doch zu viel gegen sich. Ich meinerseits meine, Käsemann habe vieles von dem unbefangen gesehen und bezeichnet, was solche Leser, die die Evangelien im Lichte der alten dogmatischen Tradition aufnehmen, immer schon empfunden haben: in erster Linie die Herrlichkeitschristologie, dann aber auch das Doketische, das vielleicht unvermeidlich ist. Und es wäre eigentlich der Mühe wert, das Urteil der Bekenntnisbewegung über Käsemanns Johannesinterpretation zu erfahren. Ob das vierte Evangelium durch den neuen Entwurf Käsemanns seine Schlüsselposition wieder bekommt, läßt sich freilich heute noch nicht sagen.

II.

Auch wenn wir uns für diesmal im Blick auf die Predigt am 2. Pfingsttag nur mit der Perikope zu befassen gedenken, bleiben doch die Sätze und Urteile über das vierte Evangelium im ganzen wirksam für jeden einzelnen

---

[3] Ernst Käsemann, Jesu letzter Wille nach Johannes 17, Tübingen 1967, 2. Aufl., 137.
[4] Ebenda 133 f. [5] Ebenda 51.
[6] G. Bornkamm, Zur Interpretation des Joh.evang., EvTh 28, 1968, S. 8–25.

Schritt der Auslegung in Frage und Antwort. Folgen wir Käsemanns Anregungen, dann gehen wir nicht mehr so scheu an den hintergründigen Sätzen des Textes vorüber, die durch ein ‚*kathos*' die innergöttlichen Dinge mit dem Verhältnis zwischen Jesus und den Jüngern, auch der Jünger untereinander in Analogie setzen. „Weder unsere Erfahrungen noch unsere Entscheidung konstituieren, wer Jesus ist. Das ist vielmehr als fides quae creditur uns immer schon vorgegeben und deshalb auch in einer die persönliche Entscheidungssituation übergreifenden Weise formulierbar. Johannes bietet kein Modell eines dogmenlosen Christentums. Seine Eigenart besteht vielmehr darin, daß er nur ein einziges, nämlich das christologische Dogma von der Einheit Jesu mit dem Vater hat."[7]

Was diese Analogie zuläßt und ausmacht, ist die ‚Liebe' — das Grundwort der Abschiedsreden und insbesondere unserer Perikope. Mag das Wort noch so verschlissen sein, wir haben den Versuch immer neu zu machen, es uns und denen die uns hören zu verdeutlichen. Glücklicherweise sind die Zeiten vorbei, in denen unser Vokabular über ‚Liebe' sich erschöpfte in möglichst exklusiver Gegenüberstellung von Eros und Agape. Karl Barths großer § 68 ist auch ein Dokument dieses Umschwungs. Wir sind eher geneigt, Schleiermachers Parole zu beherzigen, daß „Freundschaft doch überall und immer wesentlich nur dasselbige ist". Aber selbst er stößt sofort auf „den Grund der Verschiedenheit dieser Freundschaft von allen andern" und findet ihn „in dem Inhalt dessen, was der Erlöser gebietet"[8]. Karl Barth ist ganz in der Nähe der johanneischen Aussagewelt geblieben, wenn er als „die drei entscheidenden Näherbestimmungen der göttlichen Liebe als des Grundes der menschlichen, der unsrigen" herausstellt die erwählende, die reinigende und die schöpferische Liebe[9] und sie darin als tätige Hingabe bezeichnet[10]. Dies alles kommt heutigen Selbstverständlichkeiten und Tendenzen entgegen. Eine besondere Schwierigkeit unseres Textes und aller ähnlichen liegt aber nach wie vor darin, daß hier Liebe geboten wird. Alle kunstvolle oder naive Dialektik von Angebot und Gebot, von Spontaneität und Reaktivität kann nicht vergessen, daß Liebe eigentlich nicht geboten werden kann, wohl aber im Alten und Neuen Testament als Liebe zu Gott und als Liebe zum Nächsten geboten wird. Sofern hierin auch der Zwiespalt von *Eros* und *Caritas* wiederkehrt, soll er nicht geleugnet werden. Kann Liebe geboten werden? Schleiermacher hat sich nicht gescheut, eben dies zu betonen: „Immer bleibt diese Liebe sein Gebot, und wir können sie nicht anders üben denn als sein Gebot; sie bleibt immer nur so lange dieselbe, als wir auf ihn hinsehen, als wir sie aus seiner Fülle empfangen; nur wenn er es ist, der überall zwischen uns tritt und die, welche die Gegenstände seiner Liebe sind. Dies m. g. Fr. ist sein einziges Gebot, aber welches hätte er denn wohl noch diesem hinzufügen können? In dieser Liebe ist ja zugleich die Liebe des Sohnes zu seinem Vater mit enthalten,

[7] Käsemann, a.a.O. 50.
[8] Schleiermacher S. W. II, 3, 108.
[9] KD IV, 2, 869 ff.
[10] Vgl. den Leitsatz von § 68.

weil durch diese auch jede andere Liebe auf das eine große Werk Gottes, in welchem sich seine Liebe zu uns offenbart, gerichtet ist." [11]

In der Parole, Liebe könne nicht geboten werden, steckt viel zu viel Romantik und Bequemlichkeit, als daß sie sich durchsetzen dürfte gegen die majestätische Deutlichkeit des biblischen Doppelgebots der Liebe.

Man kann dies auch schöner und schonender sagen, als ich es eben formulierte. Immer noch gehört E. Hirschs Johannesauslegung zu denen, die wir uns nicht entgehen lassen sollten, auch wenn uns seine Sprache zuweilen nicht ganz einleuchtet: „Wo die Gottheit die Freiheit des Menschseins zerstört, indem sie den Atem nimmt, statt ihn zu geben, und wo die Gottheit aufhört, eine herrische Wirklichkeit zu sein und zur Idee wird, die wir als Tiefe und Reichtum des Lebens vereinnahmen, da ist beide Male dies Christliche verfehlt und verdorben. Die religiöse Geschichte der Menschheit mit ihren Pendelschlägen zwischen Dämonisierung der Gottheit und Einebnung des Göttlichen zeigt, daß das christliche Gottesverhältnis nicht zu verwirklichen ist, solange wir in sich selbst überlassener nackter Menschlichkeit dem Ewigen, Verborgenen gegenüberstehen. Gott kann uns, solange er uns allein als der Ewige gegenübersteht, in Wahrheit nicht mehr als die heilige Grenze unseres Lebens sein, um die wir mit Scheu wissen, und bei dem Versuche, mit ihm umzugehen, wird er zum Dämon oder zur Idee, d.h. er hört auf, Gott zu sein. Darum ist das Geheimnis des christlichen Gottesverhältnisses unzertrennlich davon, daß Gott uns in Jesus begegnet, daß wir als die, die glaubend auf Jesus schauen und denen Jesus Liebe das Licht ist, Gott zum Vater empfangen, Gott als Vater kennen." [12]

Liebe als Gebot? Mit *einem* Wort: spontan kann nur die Selbstliebe in allen ihren Spielarten und Projektionen sein. Soll es sich wirklich um Liebe zum Andern — zu Gott und zum Nächsten — handeln, verwirklicht sie sich in Gebot und Gehorsam.

III.

Nun besteht das vierte Evangelium nicht nur im Einschärfen des Liebesgebotes. Es heißt: Bleibet in meiner Liebe. Es heißt aber auch: Bleibet in meiner Lehre. Wie beides zusammenhängt, blieb in den älteren Auslegungen oft undeutlich. Käsemann hat es wie m. W. keiner vor ihm herausgearbeitet.

„In 15,9ff. wird Liebe thematisch als Halten der Gebote definiert, und zwar ebenso im Blick auf Jesus wie auf die Jünger. Nach 15,15 äußert sich Jesu Liebe zu seinen Jüngern darin, daß er ihnen des Vaters Wort mitteilt, und offensichtlich besteht darin auch des Vaters Liebe zur Gemeinde. Von da aus wird man folgern dürfen, daß Gottes vorzeitliche Liebe zu Jesus, die diesen nach 17,24 zum Sohn und Offenbarer gemacht hat, nichts anderes bedeutet: Zu Jesus hat Gott stets gesprochen. Darum ist er schlechthin und einzigartig Gottes Wort für die Welt. Verhält sich das so, scheint sich notwendig

[11] Schleiermacher, a.a.O. 113.

[12] Em. Hirsch, Das vierte Evangelium, Tübingen 1936, 366.

der Schluß zu ergeben: Wenn Jesus die Seinigen in die Welt sendet, um dort das Wort zu sagen, und in dieser Verkündigung sich göttliche Liebe bekundet, dann stehen die Sendung der Jünger in die Welt wie diejenige Christi selber im Zeichen dieser göttlichen Liebe. Es überrascht, daß diese naheliegende und logische Konsequenz nirgendwo ausgesprochen wird. Wir stehen hier an einem der Kreuzwege johanneischer Interpretation. Das Verständnis des ganzen Evangeliums hängt davon ab, wie wir dieses seltsame Faktum deuten und in welcher Richtung wir uns dann weiterbewegen. Ich wiederhole deshalb nochmals mein Resultat: Liebe ist von Johannes untrennbar an das Ereignis des Wortes gebunden, nämlich das Sagen des Wortes einerseits und sein Empfangen und Bewahren andererseits. Das gilt in gleicher Weise für das Verhältnis des Vaters zum Sohne wie beider zur Gemeinde. Daran darf auch nicht irremachen, wenn nach 10,17f des Vaters Liebe zum Sohn darin gründet, daß der Sohn in freiwilliger Hingabe sein Leben gibt. 15,13 greift solchen Gedanken nochmals sprichwörtlich auf und unterstreicht ihn damit. Zweifellos kann Johannes sich Liebe nicht ohne Hingabe vorstellen, und auch 13,1 stellt klar heraus, daß solche Hingabe Jesu das Sterben impliziert. Man wird hinzufügen dürfen und müssen, daß unser Evangelium in der Aufnahme dieses Gedankens urchristlicher Tradition folgt, in welcher Liebe durchweg meint, für andere dazusein. Jedoch ist das eben nicht die charakteristisch johanneische Weise, von Liebe zu sprechen. Sobald der Evangelist über ihr Wesen reflektiert, präzisiert er die Hingabe dadurch, daß sie mit dem Wort sich verbindet. So wird sie selbst in 15,13 noch mit Jesu Gebot verknüpft, und Jesus folgt nach 10,18 in ihr des Vaters Gebot, in welchem ihm nach 5,20 sein Tun angezeigt wird."[13]

Manchem Leser mag sich hier der Verdacht nahelegen, Käsemann habe mit dieser Kombination die johanneischen Aussagen nur aufs ausgefahrne Gleis der reformatorischen Worttheologie geschoben, und ihnen und uns damit einen Bärendienst erwiesen. Wer genauer zusieht, wird doch einräumen, daß in der Tat gerade nach dem vierten Evangelium das Bleiben in der Liebe mit dem Bleiben im Wort unauflöslich zusammengehört. Liebe ist Gemeinschaft und Gemeinschaft realisiert sich durchs Wort — so zwischen Menschen wie in der Welt Gottes. Wenn für uns heute das Wort als Vehikel von Gemeinschaft die Kraft oft vermissen läßt, so ist es nicht anders mit der Wirklichkeit und Wirksamkeit von Liebe: auch sie scheint unter den Zwangsläufigkeiten von heute immer seltener und unmöglicher zu werden. Um so mehr ist noch zu bedenken, wie die Aussage unserer Perikope in der Gegenwart weiterzugeben sein mag.

IV.

Pfingsten II erlaubt und gebietet, den Blick auf das Ursprungsgeschehen der Christenheit zu lenken. Die sog. Abschiedsreden fassen dieses Geschehen eigen- und einzigartig nachösterlich und vorösterlich zugleich zusammen und

[13] Käsemann, a.a.O. 108–110.

geben so „Jesu letzten Willen“ wieder. Die alles umgreifende Kategorie ist die der Jüngerschaft. Vers 8, also unmittelbar vor unserer Perikope, lesen wir: „Darin wird mein Vater verklärt, daß ihr viel Frucht bringt und werdet meine Jünger.“ Das ist der Keim, aus dem sich die Sätze entfalten, die zur diesmaligen Perikope abgeteilt sind. ‚Jüngerschaft‘ als Vokabel verschwindet in der Konkordanz nach den Evangelien und der Apostelgeschichte. Die Episteln haben das Wort nicht mehr, vielleicht weil es zu fest im rabbinischen Judentum sitzt; vielleicht weil man mit *Ekklesia* und ähnlichen Vokabeln Standort und Selbstbewußtsein angemessener zu bezeichnen und auszudrücken meinte. Uns heute lockt der Ursprungsausdruck „Jünger“ und „Jüngerschaft“ eher an, weil ihm die Last der Kirchengeschichte nicht so stark anzumerken ist, weil die unmittelbare Beziehung auf Jesus unverkennbar bleibt, weil also Anspruch und Verbindlichkeit am rechten Ort zum Vorschein und zur Sprache kommt. Wer homiletisch-technisch Überschrift und Themaangabe nicht scheut — und jedem ist dabei freie Hand zu lassen! —, könnte ausgehen von der Vokabel und dem Sachverhalt „Jüngerschaft und Jünger“: hierauf zielen Jesu Worte und Taten; hier ist das, was die Christenheit zur Christenheit macht. Hieran mißt sich auch, was an unserer Christlichkeit oder Kirchlichkeit, an unserm Glauben und an unserer Frömmigkeit haltbar und verheißungsvoll ist. Es könnte sein, daß dem Prediger schon darüber so viel sich aufdrängt, daß er zu den weiteren Textaussagen gar nicht mehr kommt — was ich für statthaft halte.

Jüngerschaft ist auf Bleiben angelegt — auf Bleiben im Worte Jesu, auf Bleiben in der Liebe, auf Bleiben im Hause (Joh 8,35). Daß Jüngerschaft bleibend bleibt, ist nicht selbstverständlich. Sonst müßte nicht immer davon die Rede sein. Sie ist also bedroht; sie ist flüchtig; sie kann verlorengehen. Kaum je wird genau gesagt, warum das so ist. Es wird mehr vorausgesetzt als dargelegt. Auch die in unserm Text und sonst bei Johannes so betonten metaphysischen Hintergründe der Liebe und der Sendung Jesu garantieren nicht, daß Jüngerschaft bleibt. Die Verlorenheit der Welt ist zu tief und der Kampf zwischen Gott und dem Satan zu heftig, als daß hier ein gefahrloser Raum bliebe. Jüngerschaft ist anstrengend.

Jüngerschaft ist dennoch Freude, soll vollkommene Freude werden. Der johanneische Dualismus will nicht so verstanden und befolgt werden, daß diese Freude, erst recht als vollkommene Freude zur bloßen Phrase werden muß. Kaum an einem Punkt wird unsere christliche Rede so krampfhaft wie hier: Freude läßt sich noch weniger kommandieren als Liebe. Aber sie bleibt Gradmesser der Jüngerschaft. Vom Temperament allerdings kann sie auch nicht abhängen.

Jüngerschaft ist zwar bestimmt durch Liebe, und Liebe ist Hingabe bis zum Verzicht aufs eigene Leben (V. 13), aber darin ist sie nicht knechtischer Zwang, sondern Freundschaft. (Vers 14 und 15 ist allerdings mit den vorhergehenden Sätzen nur durch das Stichwort Freunde und seine Assoziationen verbunden; aber der Sachverhalt selbst ist dem vierten Evangelium auch sonst wichtig!)

Unser Text betont Freundschaft im Unterschied zum Verhältnis Herr und Sklave nach seiten der Vertrautheit und Eingeweihtheit. Der Knecht weiß nicht was sein Herr tut; der Freund weiß es. Jesus hat mit dem, was er als der Exeget im Schoß des Vaters weiß (vgl. 1,18b), nicht hinter dem Berg gehalten, sondern alles weitergegeben, was ihm der Vater sagte (V. 15). Schleiermacher hat das Bild von der Freundschaft in der Jüngerschaft entfaltet als „ein Verhältnis des innigen Mitgefühls", „des innigen Vertrauens" und als „ein treues und zuverlässiges Zusammenwirken" [14]. Das mag angehen, nur darf der Text nicht verdrängt werden: er legt den Akzent auf die Erkenntnisgemeinschaft, die zwischen Freunden herrscht: (V. 15b). Schon dies sollte uns verbieten, die Liebe gegen den Glauben und seine Erkenntnis auszuspielen. Es sollte uns auch verbieten, mit der billigen Dürftigkeit unserer Kenntnis und Erkenntnis Gottes zu kokettieren. Calvin bremst hier sehr und warnt vor müßigen Spekulationen. Immerhin erinnert er daran, Paulus habe nicht ohne Grund das Evangelium als die Weisheit der Vollkommenen und für Vollkommene bezeichnet [15].

Jüngerschaft ist nicht Partnerschaft, wenigstens nicht im heutigen vulgären Sinn. „Nicht ihr habt mich erwählt, sondern ich habe euch erwählt" (V. 17). Es ist die einhellige Aussage aller Jünger und Zeugen Jesu Christi, daß dies auch für ihren Fall zutrifft. Und wer hier schlechte Autorität und ähnliche Pudenda von heute im Spiele sieht, mag sich abwenden. Eines schickt sich ohnehin nicht für alle. „Der Menschengeist ist heute mit endlosen Verstandestheorien überladen. Im heutigen Zeitalter des absoluten Materalismus sind Politik, Wirtschaft, Soziologie zum Opportunismus entartet. Es ist höchste Zeit, daß die ewige Schönheit des absoluten Despotismus der höchsten Gottheit vor den Augen des Menschen enthüllt werde, nachdem er Imperialismus, Kommunismus, Demokratie in die Ringkampfarena gefordert und sie in zwei Hälften zerrissen hat ... Wenn die Liebessonne des Gottesdienstes für den ewigjungen und ewigneuen Herrn aller empfindenden und nicht empfindenden Kreatur am geistigen Firmament aufgehen wird, dann wird der Nebel der Sinnlichkeit von selbst aus den Herzen der Menschen verschwinden." [16] Dies ist nicht der Satz eines Christen, sondern eines Hindu von heute. Aber man sollte, was er sagen will, doch nicht allzu rasch und unüberlegt abweisen.

Calvin hat in seiner Auslegung betont, es sei in V. 17 nicht von der Erwählung der Gläubigen im allgemeinen die Rede, sondern von der Erwählung und Berufung zum Amt. Ähnlich wendet er auch die Ermahnung zur Liebe untereinander, mit der die Perikope schließt, auf das Verhältnis der Prediger untereinander an, und betont, wie wichtig dies für die Erbauung der Gemeinde sei. Das trifft gewiß zu, aber der Text will sich ursprünglich wohl

---

[14] Schleiermacher, a.a.O. 114 ff.

[15] Zu Vers 15 unter Hinweis auf Kol 1,28. Der ganze Zusammenhang bei Calvin ist der Mühe wert.

[16] B. H. Bon in Gerhard Szczesny (Hrsg.), Die Antwort der Religionen 1965, 2. Aufl., 246.

keine solchen Grenzen setzen. Dies deswegen, weil dort jeder Jünger Zeuge und Bote der vernommenen Wahrheit ist und sich nicht durch Amtsträger entlasten läßt. Es gehört zur Eigenart des vierten Evangeliums, daß es noch keine Amts- und Funktionärskirche kennt oder anerkennt, daß dort die Sätze und Regeln Jesu noch allen, die hören und glauben, also allen echten Jüngern im gleichen Maße gelten.

Auf dem Weg von der Auslegung der Perikope zur Predigt heute oder morgen übersehen wir nicht, daß Jüngerschaft kein Selbstzweck ist. „Ich habe euch . . . gesetzt, daß ihr hingehet und Frucht bringet und eure Frucht bleibe", heißt es in V. 16. — Des Sterilen, des Unfruchtbaren in unsern Bemühungen vom Schreibtisch bis zur Kanzel und sonst sind wir uns mindestens gelegentlich bewußt. Hier sind auch dem höchst stimulierten Team, von dem manche heute sich viel wenn nicht alles versprechen, unübersteigbare Grenzen gesetzt. Das setzt dem — angeblichen oder wirklichen — magischen Aberglauben der älteren Homiletik Grenzen, von denen sie immer gewußt hat. Die Grenzen gelten auch dem Übermut der neuen Homiletik, die mehr als wir Älteren „in den Griff zu bekommen" meint. Alle Beteiligten werden es darauf ankommen lassen müssen. Wir sind glücklicherweise alle unter der Verheißung des Textes: „auf daß, so ihr den Vater bittet, in meinem Namen, er's euch gebe" (V. 16 b). Ohne diese Verheißung und ihre Erfüllung bleibt alles steril.

Trinitatis

Lukas 10,21—24

Der weise Mann ist wenigen bekannt, wenn du willst, allen unbekannt, aber er wird von Gott gekannt (*Porphyrius*, An Marcella c. 13 zit. nach Die Schr. d. N. T. 1917 3. Aufl. I, 311 zu Mt 11,25 ff.).

Dieß Evangelion ist eins aus den rechten wahrhaftigen Evangelien. Denn die andern Evangelien, darinne allein die Wunderwerke Christi beschrieben sind, sind nicht so tröstlich, als die, in wilchen begriffen sind die Predigten Christi, da er uns so freundlich lehret und zu sich locket. Ich bin nicht so gewiß der Gnade, die ich sehe in den Mirakeln, andern erzeiget als wenn ich helle klare Worte fur mir habe. Es ist mir auch tröstlicher, zu hören solch freundliche Vermahnungen und Lockungen, denn von den Mirakeln predigen; wiewohl sie meinen Glauben auch stärken, und Exempel sind, daß wie er diesen geholfen habe, also werd' er auch mir helfen (*Luther*, Pred. üb. Mt 11,25 ff. Kirchenpostille, Festpred. E. A. 15, 289 f.).

Mit diesen Worten will der Heiland nicht seine Gottheit beweisen, sondern vielmehr, daß Er als Mensch in eine göttliche Autorität gesetzt sey; daß alles an Ihn gewiesen sey, und sich alles vor Ihm beugen müsse (J. *Goßner*, Geist des Lebens und der Lehre Jesu Christi im Neuen Testamente Nürnberg 1818 zu Mt 11,27).

Wenn darüber ein heimlicher Kummer entsteht, daß wir von Ihm abwesend sind, und daß Er selbst nicht mehr in dieser Welt zu sehen ist, so kann man sich in etwas darin beruhigen, daß noch Menschen da sind, die ihm so ähnlich sind. Wenn Er einmal wiederkommen wird, so wird Er die Leute freundlich anblicken, die seine Person anderen recht vor Augen gestellt haben, bei denen einem jeden der Heiland hat einfallen können (*Goßner* ebenda).

Verdient die hohe christliche Erkenntniß von Gott als dem Dreieinigen nicht eine gantz andere Ehrfurcht, als sie nur so einem äußerlich historischen Gange zuzuschreiben? In Ihrer gantzen Schrift habe ich kein Spur eines eigenen Sinns für diese Lehre fühlen und finden können. Ich bin ein Lutheraner und durch Philosophie ebenso gantz im Luthertum befestigt; ich lasse mich nicht über solche Grundlehre mit äußerlich historischer Erklärungsweise abspeisen; Es ist ein höherer Geist darin, als nur solcher menschlicher Traddition (sic!); Mir ist es ein Greuel, dergleichen auf eine Weise erklärt zu sehen, wie etwa die Abstammung und Verbreitung des Seidenbaues, der Kirschen, der Pocken u. s. f. (*Hegel* an Tholuck am 3. 7. 1826, in kritischer Würdigung von dessen Werk „Die speculative Trinitätslehre des späteren Orients" 1826 — hier zitiert nach W. Lütgert, Die Religion des deutschen Idealismus und ihr Ende 1925 III, 464).

Das Christenthum hat einen Theil der Menschheit verbrüdert; die verschiedene Ansicht vom Christenthum hat dieses Brudervolk wieder zerspalten: Der Spaltungen tiefster Grund ist die verschiedene Anschauung von Christus. Wer ihn selbst erkannt hätte in voller Klarheit, der hätte auch das Christenthum vollkommen erkannt. Das ist die Bedeutung der Wissenschaft, die uns hier versammelt, den Grundstein zu erkennen, auf den die Kirche gebaut ist; und der Grundstein ist freilich versenkt in die Tiefe (K. *Hase*, Geschichte Jesu nach akadem. Vorlesungen 1876 S. 1).

Die alte Kirche hat ihre Trinitätslehre vornehmlich auf das vierte Evangelium gegründet. Die Reformation hat aus den Schriften des Apostels Paulus geschöpft. Der große Entscheidungskampf unserer Zeit bewegt sich auf dem Boden der Synoptiker. War in jener ersten Zeit, da die Kirchenlehre sich bildete, die Parole des Kampfes der dreieinige Gott, galt es in jener zweiten Epoche die Rechtfertigung durch den Glauben allein, so kann man wohl sagen: daß alle Fragen der Gegenwart in dem Einen großen Worte zusammentreffen, welches den Gegenstand der Reden Jesu in den drei ersten Evangelien bildet, das Reich Gottes. Nun geben sich allerdings manche, die mit dieser Auffassung einverstanden sind, der Meinung hin, daß man sich besser mit den mannigfaltigen Angelegenheiten des Reiches Gottes beschäftigen solle, die Fragen vom Wesen oder vom Selbstbewußtsein Jesu dagegen in den Hintergrund schieben könne. So steht es aber nicht. Die Fragen vom Reich Gottes haben ihren Mittelpunkt an der Frage nach dem Wesen dessen, in dem das Reich Gottes gekommen ist (Rud. Friedr. *Grau*, Das Selbstbewußtsein Jesu Nördlingen 1887 S. V.).

Hinter jedem Wort, hinter jeder Geschichte, die uns von Jesus überliefert sind, steht ein Selbstbewußtsein, so groß und so einzigartig, daß, wenn wir es verstanden haben, die Frage nach dem Titel nicht mehr die wichtigste ist (Jul. *Schniewind*, Das Selbstzeugnis Jesu nach den drei ersten Evangelien, Berlin, Furche Verlag 1922 S.10).

Das Wort läßt uns wie kein Anderes in das Innerste Jesu sehen (O. *Holtzmann*, Das Neue Testament 1925 S.276).

Der Hilfsmittel sind fast zu viele, wenn wir auch an den Paralleltext Mt 11, 25 ff. denken. Zwar haben wir immer noch keinen großen Kommentar zum Lukasevangelium; aber die innerhalb der Synoptiker einzigartige Perikope — sie „macht den Eindruck wie ein Aerolith aus dem johanneischen Himmel gefallen, allenfalls auch aus dem Gesichtskreis des Paulus"[1] — hat natürlich immer das Augenmerk auf sich gezogen. Für die handwerkliche Exegese verweise ich auf die Angaben von E. Schweizer in ThWB VIII, 374 f. (Artikel Hyios); wer Boussets Kyrios Christos noch zur Hand hat, wird die religionsgeschichtlichen Gesichtspunkte nicht ungern beachten. In ganz andere Richtung weist Karl Barths Meditation über Mt 11, 25 ff. in K. D. IV, 1 S. 194 f.

Auch unter dem praktisch-homiletischen Gesichtspunkt ist der Text in seinen beiden Fassungen oft behandelt worden: von H. Obendiek in der Predigthilfe von Gg. Eichholz Bd. 3, 1. und 2. Aufl., von W. Kreck in GPM 6, 1951, 2, S. 44 ff.; von H. Gollwitzer ebenda 11, 1956/7, S. 167 ff.; von H. Traub 13, 1958/9, S. 159 ff.; von A. Schönherr 17, 1962/3, S. 72 ff.; von P. Brunner in der neuen, von Gg. Eichholz und Arnold Falkenroth herausgegebenen Predigthilfe hören und fragen Bd. 5, 1967, S. 342—350; von mir in Ev. Theol. 15, 1955, S. 343—349.

Wie tief die uns geläufige Synoptiker-Exegese durch Erhardt Güttgemanns „Offene Fragen zur Formgeschichte des Evangeliums"[2] betroffen ist, wage ich

---

[1] K. Hase, Geschichte Jesu S. 423.

[2] Beitr. z. Evang. Theol. 54, 1970, 280 Seiten. Vgl. dazu Eberhard Jüngel in Ev. Theol. 20, 1970, 447 f.

als Nicht-Neutestamentler nicht zu beurteilen. Einen Beitrag zur Auslegung der beiden Texte liefert das Buch nicht.

I.

Ein Aerolith, ein Meteor ist fremdartig und unzugänglich in seiner Umgebung. Text und Tag — Trinitatis! — bringen es mit sich, daß die Meditationen dazu, auch mein Beitrag von 1955, meist nach innen gewendet sind. „Diese Tür zu Jesu Hoheit kann sich nur von innen öffnen.“ [3] Nehmen wir die Thematik des Tages auf, so bemerken wir, wie fremd wir damit uns selbst und denen bleiben, die uns hören müssen. Wir können Hegel nur beneiden und vielleicht bewundern, wenn er dem frommen Berufstheologen Tholuck so munter und gravitätisch bezeugt, daß man doch von dem Geheimnis der göttlichen Dreieinigkeit etwas substantieller lehren müsse. Dabei kann es auf etwas mehr oder weniger Luthertum nicht ankommen; denn diese Lehre ist eine gemeinchristliche Lehre, und sie war das Kriterium, an dem sich in den klassischen Zeiten christlicher Erkenntnis das Christentum von den andern, auch den biblisch verwurzelten Religionen wie Judentum und Islam, schied [4].

Niemand kann verwehrt werden, Text und Tag nach wie vor in solcher Verschlossenheit zu bedenken und zu begehen. Die Metapher von der Tür, die sich nur von innen öffnet, hat uns Ältere wohl alle fasziniert und den Duktus unserer Auslegung und Verkündigung bestimmt. Was daraus als Gesamthaltung entspringt, hat auch pragmatische Vorzüge: Theologie und Kirche behalten ihre Funktion und damit ihre Existenzberechtigung, ohne daß ihnen zu viel zugeschrieben wird. Und mehr noch: das für uns als Theologen und Prediger beunruhigendste Phänomen läßt sich erklären: So wie Jesu eigenes ursprüngliches Auftreten keineswegs auf einhellige Zustimmung stößt, so erleben es auch seine Jünger: sie finden nicht überall Glaube; sondern die Menschen entziehen sich ihrem Zeugnis: was uns höchste Wahrheit ist, was uns unbedingt angeht und alle andern eigentlich auch unbedingt angehen müßte, läßt sie kalt und gleichgültig, ja fordert sie zur Gegnerschaft heraus. Mit *einem* Wort, daß Jesu und seiner Jünger Auftreten und Botschaft bis heute ohne universales Echo bleibt, braucht niemanden zu überraschen, zu befremden oder gar anzufechten: es ist so vorgesehen, geplant, kann gar nicht anders sein: „Ja, Vater, also war es wohlgefällig vor dir“ (V. 21 c). Die vornehmsten Artikel und Usancen christlicher Lehre im Stil der Vorzeit (voran die Erwählungslehre) wie im Stil von heute (der Dezisionismus fast aller Theologien seit 1918) haben ihren Ursprung und Antrieb, ihre pragmatische Wahrheit im Phänomen des Unglaubens, des Nein zum Evangelium, im Mißerfolg der christlichen Verkündigung. Ich stelle dies an den Anfang, weil auf diese Weise die (scheinbare) Introvertiertheit von Text und Tag gelockert, vielleicht gelöst wird. Text und

[3] K. Barth K. D. I/V, 1, 195.

[4] Vgl. Melanchthon Stud. Ausg. II, 2. 782, 20: Ethnici tenent definitionem Dei sine agnitione personarum.

Tag erinnern uns daran, daß Glaube nicht jedermanns Ding ist (2.Thess 3,2). Dabei müssen wir der Gefahr nicht erliegen, Glaube und Unglaube wie feste Erbhöfe zu betrachten und zu verteilen — uns den Glauben, andern den Unglauben zuzuschreiben oder, ein bißchen kokett, auch umgekehrt. Wir brauchen auch den Glauben in seinen Spielarten und Möglichkeiten nicht kritisch zu analysieren und zu sortieren. Jeder weiß etwas vom Nein und vom Ja zum Evangelium aus dem eigenen Herzen. Wir selbst und die andern werden uns an diesem Punkt zum Rätsel und zum Geheimnis, wenn wir nachzudenken beginnen über die Motive nicht nur des Glaubens, sondern auch des Unglaubens.

II.

Mit Bedacht habe ich des frühen Schniewind Äußerung über das Selbstbewußtsein Jesu in die Eingangs-Dokumentation der Auslegungsgeschichte aufgenommen. Nirgend wird es dringlicher als bei den Aussagen unseres Textes, ob wir es mit einem ursprünglichen Zeugnis dieses Selbstbewußtseins zu tun haben. R.Bultmann bleibt eigentümlich in der Schwebe, wenn er zu Lk 10,21f. bemerkt: „Aus dem Rahmen der Jesusworte fällt es heraus; doch liegt andererseits m. E. kein zwingender Grund vor, es Jesus abzusprechen."[5] Aber es bleibt unbefriedigend, wenn wir das Urteil vergleichgültigen und versichern, es trage nichts aus, ob solche Sätze auf Jesus selbst oder auf die Gemeinde (oder den Verfasser der Redenquelle) zurückgehen[6]. Denn immer steht auf dem Spiel, worauf sich M.Bubers Nein zu Jesus von Nazareth als dem Christus begründet, ob es Sache des Gottgesandten sein kann, sich zu offenbaren oder ob er völlig im Verborgenen, im unzugänglichen Geheimnis bleiben muß und nur so die Legitimität seiner Sendung wahrt[7]. Anderseits hat der Gang der Forschung erwiesen, daß wir zwar die Konturen, aber nicht das Detail in der Botschaft und im Auftreten des irdischen Jesus von Nazareth erheben können. Was deutlich ist, ist der eminente, ja exceptionelle Anspruch, mit dem Jesus auftritt. Er verkündet mit Vollmacht, nicht wie die Schriftgelehrten (Mt 7,29). „Die Vollmacht ist der Ansatzpunkt christologischer Verherrlichung", bemerkt Tödt mit Recht[8]. — Es ist dann weniger wichtig, wie wir den Sachverhalt ausdrücken, ob wir vom Selbstbewußtsein Jesu sprechen oder dies vermeiden, weil wir hier u. U. uns gesetzte Grenzen überschreiten[9].

---

[5] Geschichte der synopt. Tradition 1931, 172.

[6] Vgl. H.E.Tödt, Der Menschensohn in der synoptischen Überlieferung, Gütersloh 1959, 331 Seiten. Dort S.241: „Es wechseln Worte des Auferstandenen mit Worten des Irdischen. Im Grunde sind die Übergänge so fließend, daß man urteilen muß: die Gemeinde, die in der Logienquelle die Sprüche Jesu sammelte, empfand so die Identität des irdischen Jesus mit dem Auferstandenen, daß sie sich nicht zu einer Unterscheidung vor- und nachösterlicher Worte gedrängt sah. In Mt 11,27 ist es deutlich der Auferstandene, der redet."

[7] In der Einleitung seiner Ausgabe der Chassidischen Bücher.

[8] Tödt a.a.O. 234.

[9] Vgl. dazu Gollwitzers Beitrag im Jg. 11, 1956/7.

Wenden wir uns den drei Absätzen unserer Perikope zu, so stellt sich die Frage, ob wir es mit einer ursprünglichen Einheit zu tun haben. Dies wird von den Exegeten heute in der Regel verneint. Legen wir den lukanischen Zusammenhang zugrunde, so ist Jesu Exhomologese an den Vater und Herrn veranlaßt durch den Bericht der zurückkehrenden Siebzig; aber wir können den Zusammenhang natürlich nicht verifizieren. Jedenfalls wirkt sich Jesu und der Jünger Sendung und Botschaft nicht nach den üblichen Regeln des geistig-religiösen Kommerzes und der Kommunikation aus: die Weisen und Klugen sagen Nein; die Unmündigen sagen Ja — objektiviert: den Einen bleibt Jesu Botschaft verborgen, den andern erschließt sie sich. Das Erstaunliche, ja Unheimliche dabei ist, daß dieser Befund ohne Hemmung auf Gott selbst, auf seine ‚eudokia' zurückgeführt wird. Das anscheinend biblisch-christliche Wort ‚eudokia' wird mit „souveräner Ratschluß" übersetzt[10]. Immer hat man die sachliche Nähe dieser Aussage zu dem bemerkt, was Paulus 1.Kor 1,18—2,16 ausführt und was in seiner rasanten Dialektik die christliche Theologie in ihren guten Zeiten besonders fasziniert hat. Wir wären töricht, darauf zu verzichten. Aber wir müssen immerhin sehen, was wir da nachsprechen: im Ja und Nein zum Zeugnis Jesu und seiner Jünger wirkt sich der Wille Gottes aus — ewiges Heil und ewiges Verderben entscheiden sich daran: dies wird zwar nicht direkt in den Worten Jesu gesagt; aber es ist gemeint.

Was auch immer auf dem Spiele steht, wir fragen, ob es Kriterien für diese Scheidung und Entscheidung gibt oder ob sie allein in die Willkür Gottes gestellt ist. Es heißt: die Weisen und Klugen auf der einen, die Unmündigen auf der andern Seite. Dies versteht sich zunächst auf dem jüdischen Hintergrund: die Schriftgelehrten und Pharisäer sagen Nein, „das Volk, das nichts vom Gesetz weiß: verflucht ist es!" (Joh 7,49) sagt Ja. Paulus hat die Griechen einbezogen, sofern sie Weisheit suchen (1.Kor 1,22) und je tiefer die Christenheit in der Welt von Bildung und Kultur einwurzelte, desto genauer und sorgenvoller werden die Abgrenzungen. Daran halten auch Luther und Calvin fest[11]. Umgekehrt haben die Gegner des Christentums aus den Sätzen des Paulus und der Evangelien erschlossen, daß es sich im Urchristentum um Ressentiment und Revolte der geistig oder sozial zu kurz Gekommenen handle. Wir haben uns in die gängigen Unterscheidungen so eingelebt, daß wir wenig Nachdenken mehr darauf verwenden. Dennoch bleibt ein Unbehagen angesichts der Beflissenheit, mit der wir Christenglauben und Kultur miteinander zu ver-

---

[10] So G. Schrenk in ThWb II, 1935, 745, 12.

[11] Ich zitiere nur Calvin: Iam soluta est quaestio, quod hic non damnatur prudentia quatenus Dei donum est, sed tantum pronuntiat Christus, ad fidem obtinendam nullius esse momenti, sicuti rursus inscitiam non commendat, quasi homines conciliet Deo, sed eius misericordiae obstare negat, Quominus rudes et crassos homines coelesti sapientia illustret: Die Frage ist also geklärt: es wird hier nicht die Klugheit verdammt, sofern sie Gabe Gottes ist, sondern Christus verkündet nur, sie sei für das Erreichen des Glaubens ohne Bedeutung, wie er auch umgekehrt nicht etwa die Unwissenheit empfiehlt, als versöhne sie mit Gott; vielmehr sagt er, sie hindere das Erbarmen Gottes nicht, so daß er auch rohe und stumpfe Menschen mit seiner Weisheit erleuchtet (*Calvin*, ebenda, zu Mt 11,25).

söhnen trachten. Vielleicht kann eine Auslegung der Worte Jesu nicht mehr leisten als daß sie einen Stachel in unserm Bewußtsein läßt: irgendwo muß es im Umgang mit dem Evangelium sich ereignen, daß wir der angestammten Weisheit und Klugheit absagen; daß wir Gott Gott sein lassen auch und gerade dort, wo wir mit unserer Vernunft und Urteilskraft aufs tiefste beteiligt sind. Das Geschrei Wilhelm Herrmanns und seiner nicht aussterbenden Nachredner über das angebliche oder wirkliche Greuel eines sacrificium intellectus ist gewiß nicht der Gipfel theologisch-christlicher Urteilskraft. Aber — so wie dieser Sachverhalt hier von Jesus gleichsam nachträglich festgestellt und gerechtfertigt wird, so ist es auch für unsern Nachvollzug besser, daraus kein Programm zu machen — weder der Diastase noch einer dialektischen Synthese. Vielmehr lassen wir an uns geschehen, was Paulus empfiehlt: „Niemand betrüge sich selbst. Welcher sich unter euch dünkt weise zu sein in dieser Welt, der werde ein Narr, auf daß er möge weise sein" (1.Kor 3,18)[12].

III.

In welchem sachlichen Verhältnis steht Lk 10,22 zu den bisher behandelten Sätzen von 10,21? Die Unberechenbarkeit der Wirkungen der Evangeliumspredigt geht nicht auf irdisch-menschliche Umstände zurück; sie hat ihren eigentlichen Grund in den innergöttlichen Bestimmungen und Verhältnissen. Ob jüdisch-palästinensisch oder hellenistisch-gnostisch: diese Worte Jesu berühren Wirklichkeiten, zu denen wir keinen Zutritt haben; eben dies besagen sie ja selbst. Was ist dem Sohn übergeben, wenn ihm ‚alles' übergeben ist? Ich würde hier nicht Mt 28,18 ff. bemühen. Es ist ihm die Mittlerschaft zwischen Gott und Menschenwelt übergeben. Dabei möchte ich keine spekulativen Erwägungen anstellen, ob nur die Erkenntnis des Sohnes oder des Vaters unter die strenge und heilsame Bedingung gestellt ist: „und wenn es der Sohn will offenbaren." (Auch die Reflexionen der Vorzeit, wie sie sich aus den Lesarten ergeben, brauchen hier nicht erörtert zu werden!) Beides wird gesagt und ist zu betonen: Das göttliche Leben an sich ist verborgen und es soll offenbar werden. Aber beides ist auch seit langem fast zur Leerformel geworden oder droht es zu werden. Die feineren Distinktionen der Dogmengeschichte sind uns ohnehin oft unerschwinglich[13]. Auf dem Weg ihrer Aneignung wird ein Nach-

---

[12] Die Biblische Real- und Verbal-Handconcordanz oder Exegetisch-Homiletisches Lexikon von Gottfr. Büchner und Heinr. Leonh. Heubner (Braunschweig 1890 20. Aufl.) erläutert den Satz des Paulus so: „Er erkenne seinen Dünkel für Thorheit, verlerne seine zum Heil nichts helfende Weltweisheit und trage die Schmach, als Thor zu erscheinen" (a.a.O. S.759).

[13] Die Prägnanz von Karl Hase ist auch in diesen subtilen Dingen beneidenswert. Nachdem er, wie oben zitiert, unsern Text als Aerolith aus dem johanneischen Himmel gefallen bezeichnet hat, fährt er fort: „Denn wiefern der Logos gedacht wird als der allgemeine Vermittler aller göttlichen Offenbarung, kann solch ein ausschließliches und in seine Willkür gestelltes Recht von dem Mensch gewordenen Logos ausgesagt werden: aber der synoptische Christus hat die Schranken der Menschheit sonst nicht in der Art überschritten, daß solches Wort von ihm ausgehn könnte, gegen das selbst in damaliger Begränzung jüdischer Literatur

vollzug des Textes mindestens in der Predigt und ihrer Vorbereitung kaum zustande kommen. Eher verspricht es ein positives Ergebnis, wenn wir einen Salto mortale riskieren. Im Grund besagen die Worte Jesu nichts anderes, als was das neuzeitliche Ergebnis der menschlichen Geistesgeschichte auch besagt: unserer Vernunft und Erfahrung ist ein unmittelbarer, evidenter Zugang zur Wirklichkeit und Wahrheit Gottes versagt. Von dieser Verborgenheit Gottes hat man immer etwas gewußt; daraus den Satz vom Tode Gottes zu machen, war der Neuzeit vorbehalten. Es trägt wenig aus, welchem Jargon wir uns anschließen. Die Extreme berühren sich, was heute endlich zum Bewußtsein kommt. Das sieht aus wie ein plumper, obendrein wenig origineller Theologentrick. Es muß aber jedem überlassen bleiben, sich seinen Vers darauf zu machen, daß Jesus und die Neuzeit sich über die Unzugänglichkeit Gottes einig sind, wenn auch über deren Vermittlung und Offenbarung im Kommen des Sohnes keine Einigkeit besteht. Allerdings meldet sich hier eine andere Frage, die nicht immer klar genug vor Augen steht.

Unser Text (und Parallelen wie Röm 16, 25, aber auch Hebr 1, 1) statuieren mit dem Kommen Jesu eine neue Zeit der Gotteserkenntnis. Wir tun im kurzatmigen Eifer um angebliche Gleichzeitigkeit oft so, als seien wir so dran wie die ersten Christen, als sei Jesu Auftreten und das Zeugnis seiner Jünger und Apostel also wirkungslos geblieben. Selbst das schärfste negative Urteil über die Geschichte der Christenheit kann dies nicht bestätigen. Wenn unsere Auslegung und Predigt solcher Perikopen das urchristliche Neuheitserlebnis immer wieder durchspielt, so hat das etwas Irreales und Gespenstisches. Natürlich ist übernommene christliche Gotteserkenntnis nicht identisch mit dem seligmachenden Glauben; aber sie ist doch nicht nichts. Das verbietet uns, die Sätze Jesu in ihrer Radikalität einfach nachzureden, ohne darnach zu fragen, wie sie unserm heutigen Bewußtsein durch die Christenheitsgeschichte vermittelt werden. Nur scheinbar stößt sich dieser Gedankengang mit dem vorigen, demzufolge sich die theologia negativa Jesu mit dem neuzeitlichen Atheismus be-

---

so manche Denkmale andächtiger Gotteserkenntniß sich erheben. Wohl aber hat er den Keim des Göttlichen, der in der menschlichen Natur liegt, unverstört aufwachsen lassen und hat durch seine Liebesfülle theilgenommen an göttlicher Vollkommenheit. So ist er eins geworden mit seinem Vater, und doch verschieden, und doch abhängig. Die Idee der Religion hat doch sich in ihm erfüllt: die Einheit dieses Menschen mit Gott durch rein menschliche Entwicklung, die Einheit der Liebe und sein Evangelium hat die Menschheit erinnert an ihre Bestimmung zu gleicher Gotteskindschaft. Daher hat er die Bewährung seines letzten Wortes, daß es von Gott sei, oder die wahre Religion, der eigenen Erfahrung eines jedes anheimgegebenen, überzeugt, daß wer die Wahrheit liebe und aus Gott sei, zu ihm hingezogen werde ... Ist das Christenthum die Religion selbst, so ist jeder vorhandene religiöse Zug ein Weg zu Christus. Er hat die volksthümliche Vorstellung des Messias zu der in ihm dargestellten Einheit des Menschen mit Gott durch ein göttliches Leben erhoben: das Christenthum ist die von ihm ausgehende Religion der Liebeseinheit Gottes und der Menschheit geworden, oder in Bezug auf die Sünde ihre Aufhebung und so die Religion der Versöhnung" (A.a.O. S. 422 f.). – Spätestens seit 1918 haben wir gemerkt, daß die hier vertretene Christologie exegetisch unsicher und dogmatisch recht unkorrekt ist. Eine andere Frage ist, wie sie in heute nachvollziehbarer Sprache lauten könnte.

rührt, wenn nicht deckt. Das Ergebnis der nachchristlichen Entwicklung besteht eben darin, daß die griechisch-theistische Übermalung abblättert; die ursprünglichen Härten kommen zum Vorschein. Wenn es auch keine einfache Wiederholung oder Gleichzeitigkeit von damals und heute gibt, so handelt es sich doch um die gleiche Grundfrage, darum, wie Menschen zur Erkenntnis Gottes kommen.

Alle solche Erwägungen sind etwas blaß, abstrakt und allgemein. Im Streit um die Wirklichkeit und Wahrheit Gottes steht ja nicht nur Begriff oder Idee Gottes überhaupt auf dem Spiel, sondern der so oder so beschaffene Gott. Der Gott Jesu Christi wird als Vater und Herr des Himmels und der Erde angesprochen. Jeder weiß, wie sehr gerade diese beiden Aussagen heute umstritten sind. Wir tun gut daran, uns die Konkretion der Aussagen aus diesen beiden Gottesbezeichnungen geben zu lassen. Das ist wichtiger als der abstrakte und etwas öde Streit um die (Nicht-)Gegenständlichkeit Gottes und deren Sicherung vor Mißverständnissen. Jesu Aussage ist freilich auch viel stärker angefochten; denn der Lauf der Welt und die Erfahrung unser selbst offenbaren nichts von einer Allmacht oder väterlichen Güte Gottes.

Es bleibt noch die lukanische Fassung des Schlusses von Jesu Offenbarungswort, der Makarismus der Jünger, den Mt 13, 16 f. in einem andern Zusammenhang überliefert[14]. Wieder wie in V. 21 wird auf irdisch-zufällige Gruppen und Zustände der Akzent der Ewigkeit gesetzt. Ein Makarismus ist mehr als ein bürgerlich-freundlicher Glückwunsch. In ihm spiegelt sich das eminente Selbstbewußtsein der Jünger und ihres Meisters. Für die damaligen Altgläubigen muß es unausstehlich gewesen sein, derart ins Vorgelände, in den Bereich der bloßen Erwartung verwiesen zu werden. Schon daraus läßt sich etwas von der Bitterkeit des jüdisch-christlichen Dialogs verstehen, selbst wenn er sonst weniger schrecklich verlaufen wäre. Wir reden als Christen leicht etwas von oben herunter von der Zeit des Alten Testaments als der Zeit der Erwartung und Verheißung. Calvin hat viel vorsichtiger geurteilt[15]. Eher mag man fragen, ob nicht inzwischen auch die Christen aus so glückseligen Sehern der Erfüllung

---

[14] Zu V. 23 f. vgl. Werner Grimm, Selige Augenzeugen. Lk 10, 23 f. Alttestamentlicher Hintergrund und ursprünglicher Sinn ThZ 16, 1970, 172–183.

[15] Vgl. Calvin zu Lc. 10, 24 (In Harmoniam ... Comment. ed. Tholuck II S. 9): Mit Recht wird die Lage der gegenwärtigen Gemeinde besser genannt als die der heiligen Väter, die unter dem Gesetz gelebt haben: Ihnen wurde nur verschattet und verhüllt gezeigt, was jetzt im leuchtenden Antlitz Christi offen zutage liegt. Denn nachdem der Vorhang im Tempel zerrissen ist, gehen wir im Glauben ins himmlische Heiligtum ein, und freundlich offen steht der Zugang zum Vater. Denn wenn auch die Väter, mit ihrem Geschick zufrieden, den Frieden in ihrer Seele pflegten, hat das doch nicht gehindert, daß sie in ihrer Sehnsucht darüber hinaus gerieten ... (C. zitiert Joh 8, 56 und Lk 2, 29 und fährt fort:) Es konnte aber nicht anders geschehen als daß sie, mit dem menschlichen Geschlecht unter dem Fluch stehend vor Sehnsucht nach der verheißenen Befreiung ganz und gar brannten. Wir sollen also klar sehen, daß sie gleichzeitig nach Christus hungerten und sich sehnten, und doch war ihr Glaube ruhig, daß sie nicht wider Gott haderten, sondern ihre Seelen geduldig hielten bis zur Reifezeit der Offenbarung.

wieder rückständige Altgläubige geworden sind — weshalb sie sich vielleicht auch heutzutage mit der Synagoge leichter verständigen können.

Was erhebt eigentlich das Sehen und Hören der Jünger über die Vorzeit? Es sollte die Evidenz des angesprochenen Glanzes nicht einfach ins Gegenteil verkehrt werden — in die Unansehnlichkeit im Auftreten Jesu von Nazareth. „Er preist ihre Augen selig, weil sie die Glorie sehen, wie sie dem eingebornen Sohn Gottes gebührt, damit sie ihn als Erlöser erkennen, weil ihnen (hier) das lebendige Abbild Gottes entgegenglänzt, in dem sie Heil und Seligkeit von Dauer erfassen; außerdem weil sich an ihnen erfüllt, was durch die Propheten gesagt war, daß sie einfach und völlig von Gott belehrt nichts mehr voneinander zu lernen brauchten." [16] Wir können (und müssen wohl) die Dinge auch heute so benennen, wie Calvin sie für seine Zeit zu benennen vermochte. Aber sie klingen leicht so plerophorisch, daß sie unser Bewußtsein nicht mehr wirklich treffen. Es wird höchste Zeit, die aufgegebene Predigt über diese Perikope zu bedenken.

IV.

Der Tag, als Zusammenfassung des Gedächtnisses der großen Taten Gottes, legt es einem nüchternen Zeit- und Kirchengenossen nahe, einmal Aufwand und Effekt in rebus christianis zu bedenken. Das Ergebnis grenzt, wenn man so will, ans Absurde, wenn man die Effizienz heutiger Christenheit betrachtet. Es legt sich daher nahe, Evangelium und Kirche als verbraucht und verschlissen zu bezeichnen. In fast zweitausend Jahren muß sich die mächtigste Substanz aufbrauchen. Die kleine übergebliebene Herde fühlt sich in jedem Sinne des Worts am Ende. Die Worte Jesu, die uns für diesen Tag gegeben sind, zeigen mindestens so viel, daß die Sache schon im Ursprung nicht nach normalen Regeln lief.

Weil wir aber nun einmal zum Bereich der Jünger Jesu gehören und weil wir uns Leben und Zukunft nicht ohne sein Evangelium vorstellen können und mögen, lassen wir uns von dem, was er den Jüngern kundmacht, anleiten, unsern heutigen Standort als Christenheit in der Welt besser und wahrer zu erkennen. Jesus versteht es als das Wunder aller Wunder, daß seine Botschaft und er selbst Glauben finden. Was Menschen an religiöser Tradition und an kulturellem Selbstbewußtsein dazu mitbringen, ist eher Hindernis als Förderung; es ist jedenfalls nicht Vorbedingung. An der tiefen Zerspaltung der Menschheit in Bildungsgrade und -gruppen beteiligt sich die Jüngerschaft Jesu nicht. Unsere faktischen Zustände entsprechen dem zwar nicht; aber es ist genug Erinnerung verblieben daran, daß Jesus selbst nicht mit den Maßen der Weltweisheit und Bildung mißt und sich messen läßt.

Jesus bindet alle Erkenntnis Gottes und seiner selbst an sich. Das klingt sehr herrisch und ist es auch. Dafür hat er auch büßen müssen, weil die Frommen und Gelehrten damals sich seiner mit Hilfe des Pontius Pilatus entledigten.

---

[16] Calvin a.a.O.

Aus der ausschließlichen Art Jesu ist dann auf lange ein Monopolanspruch der Christenheit geworden. So hat es Christus wohl nicht gemeint. Er will sagen: wo sein Bild des Vaters und Herrn Himmels und der Erden einleuchtet, da kann sich kein anderer Gott oder Heiland oder Mittler daneben halten. „Du hast Worte des ewigen Lebens" — haben die Jünger erkannt und bekannt und kommen daher zu dem Ergebnis: In keinem andern Heil, kein anderer Name unter dem Himmel den Menschen gegeben, in dem sie Rettung finden. Über den Weg derer, die niemals von Jesus hören und begreifen, brauchen wir uns den Kopf nicht zu zerbrechen. Wir haben von Jesus gehört. Wir sind also dafür verantwortlich.

Jesus hat seine Jünger in einer Weise selig gepriesen, daß man nur staunen kann. So großartig stand es schließlich doch nicht mit ihnen. Und selbst wenn wir ihnen zugestehen wollten, daß sie viel vor den Juden und Heiden von damals voraushatten, weil ihnen das Evangelium von Jesus Christus neu war, muß es uns doch genieren, sollten wir unsern Stand in der heutigen Zeit mit so grandiosen Prädikaten bezeichnen: alle Sehnsucht und aller Glaube der Vorzeit ist nichts gegen das, was Euch offenbar und geschenkt ist! Wir dagegen haben Mühe, den Wert des kargen Restes uns selbst und andern einleuchtend zu machen, den wir noch ehrlich und redlich zu vertreten vermögen. Dagegen kommt die Großsprecherei der offiziellen Kirche, die es gelegentlich noch gibt, nicht wirklich auf. Das Gewand der ursprünglichen, von Jesus berufenen und beseligten Jüngerschaft ist uns hoffnungslos zu groß, zu weit, zu mächtig. Was tun?

Aus all dem Hin und Her unserer Gedanken lösen wir uns im Rückgang auf das, was Jesus nun tatsächlich den Jüngern offenbar macht: nämlich die neue Gewißheit, mit der Gott als Vater und Herr des Himmels und der Erde angerufen werden will. Dies ist so unerhört, daß es dem menschlichen Geist unzugänglich ist und — bliebe, wenn der Sohne (durch den Geist) nicht selbst es offenbar und zugänglich machte. Wer meint, dies sei nun wirklich das Abgestandenste, das sich denken läßt, soll selbst erproben, ob er damit als mit einer Selbstverständlichkeit zu leben geneigt und in der Lage ist. Gewiß, die Formeln sind abgestanden. Aber ihre Wahrheit und deren Bewährung im wirklichen Leben will immer neu eingelöst werden. Darin übt sich die Christenheit sonntags und alltags. Darin hat sie ihr Selbstbewußtsein und darin hat sie Grund, den Dreieinigen anzubeten — im Geist und in der Wahrheit.

Wollen wir etwas darüber hinaus vorbringen, so müßte es uns gelingen, der Konfrontation des Christuszeugnisses mit der Welt unseres Alltags auf die Spur zu kommen. Aber wir müßten dann bedenken, daß wir als Theologen und Prediger dieser Konfrontation meist entzogen sind: wir bewegen uns auf den festen Gleisen von Amt und Beruf, wo die ›christlichen‹ Selbstverständlichkeiten des Milieus eine echte Konfrontation meist verhindern. Wir müßten – nicht nur verbal, was durchaus erschwinglich ist, sondern realiter – etwas erfahren haben, wissen und sagen können vom Leben des heutigen Christenmenschen in der Arbeitswelt und Leistungsgesellschaft, von den Möglichkeiten und Hindernissen des christlichen Zeugnisses eben dort. Hier läßt uns die ethische Diskussion unserer Tage und die Belletristik oft im Stich. Wir wären ganz auf uns selbst angewiesen . . .

Meiden wir also die großen Worte und setzen wir ein bei dem, womit die Jünger in die Welt gesendet wurden und werden: mit der Botschaft von dem nahe gekommenen Himmelreich. Fragen wir mit und vor der Gemeinde nach den Spuren dieses Reiches bei uns, und nach der Konfrontation dieses Reiches mit den Gesetzen dieser Welt; nach den Kompromissen, in denen wir alle hier leben; nach dem tiefen inneren Unfrieden, in die uns diese Kompromisse zwingen, je friedlicher nach außen die Lage ist oder zu sein scheint. Vielleicht tun sich dann, und sei es von ferne, die Perspektiven auf, in die Jesus seine Jünger mit den Worten unseres Textes stellt. Vielleicht regt sich dann so etwas wie Unruhe in der Gemeinde, Unruhe nicht darüber, wie böse und wölfisch die Welt ist, sondern Unruhe darüber, daß der Christenheit gesagt ist, sie sei Licht der Welt und Salz des Landes und daß angesichts eines solchen Anspruchs nicht die Puppen zu tanzen beginnen.

1. Sonntag nach Trinitatis

Lukas 16,19—31

Da fragte ich (den Engel) in betreff all der Hohlräume und sagte: „Weshalb ist einer vom andern getrennt?“ Er antwortete mir und sagte: „Diese drei (Räume) sind gemacht, um die Geister der Toten zu trennen . . .“ (Das Buch *Henoch* 22,9 f. zit. n. E. Kautzsch, Apokr. u. Pseudepigr. des A. T. II, 1900, 252 f.). — Solche Seelen (der Verächter) gehen nicht in die Ruhekammern ein, sondern müssen sogleich qualvoll umherschweifen, unter ständigem Seufzen und Trauern, in siebenfältiger Pein. Die erste Pein ist, daß sie des Höchsten Gesetz verachtet . . .;

die dritte, daß sie den Lohn sehen, der denen aufbewahrt ist, die des Höchsten Zeugnisse geglaubt haben ... (4. Esra 7,75 ff. ebd. 374 f.).

... da uns die Körperlichkeit der Seele schon aus dem Evangelium entgegenleuchtet. Die Seele eines gewissen Mannes in der Unterwelt empfindet Schmerz, wird im Feuer gestraft, leidet Qual an ihrer Zunge und fleht, durch den Finger einer glücklicheren Seele die Erquickung des Taues zu erhalten. Hältst du das Ende des frohen Armen und des trauernden Reichen (pauperis laetantis et divitis maerentis) für ein bloßes Bild? Und was soll denn da der Name Lazarus, wenn der Vorfall kein wirklicher ist. Aber auch wenn er für ein bloßes Bild zu halten ist, wird er doch ein Beleg für die Wahrheit sein (sed etsi imago credenda est, testimonium erit veritatis) (*Tertullian* De anima 7. Übers. v. Heinr. Kellner nach BKV 1872 S. 30).

Das ist nicht ein Evangelium, das vom Glauben predigt, sondern ein Drohevangelium (*Luther*, Pred. hrsg. v. Buchwald Bd. II, 1926, 373). – Nun sicht Gott nit an das äußerliche Werk, und richt auch nit darnach, sondern er ist ein Erforscher und Anseher des Willens und Herzens (*ders.* Sermon von dem verdammten reichen Mann und dem seeligen armen Lazarus 27. 6. 1522 E. A. 16, 350).

Non quod Deo omnis vestium elegantia et ornatus per se displiceat, vel omnis victus mundities sit damnabilis, sed quia raro contingit, in his rebus servari temperantiam: nicht als ob Gott jede Schönheit und Eleganz der Kleidung mißfiele und jeder Luxus der Mahlzeiten an sich verdammlich wäre; vielmehr wird in diesen Dingen eben selten Maß gehalten (*Calvin* z. St.). – ... sciamus divitias nemini praecludere ianuam regni coelorum, sed communiter omnibus patere, qui vel sobrie divitiis usi fuerint, vel patienter caruerint: (damit) wir erkennen, Reichtum verschließe niemandem die Himmelstür, sondern diese stehe gleichmäßig allen offen, die den Reichtum nüchtern nutzen oder geduldig entbehren (*ders.*, z. Vers 25). – Etsi Christus historiam narrat, res tamen spirituales describit sub figuris, quas sciebat accommodas esse ad sensum nostrum: Wenn auch Christus eine Geschichte berichtet, beschreibt er doch geistliche Dinge unter Bildern, die wie er wußte unsern Sinnen angepaßt sind (*ders.*, zu Vers 23).

Diese Lehrgeschichte ist ... wie alle Vorträge Christi von dieser Art mitten aus dem Leben genommen und stekkt mit wenigen treffenden Zügen unserm Nachdenken ein weites Feld aus. In den Schikksalen zweier Menschen legt sie uns alles vor Augen was in dem Lauf der Welt sich auf die göttliche Gerechtigkeit bezieht: wir sehen erstlich die größte Ungleichheit in Absicht auf äußeres Glükk und Wohlstand, welche so oft den Menschen auf dem Schauplatz dieser Welt jene Eigenschaft des Höchsten verhüllt; wir sehen zweitens das verschiedene Schikksal der Menschen in dem künftigen Zustande, welches ein so wichtiger Gegenstand des Nachdenkens über dieselbe ist; wir werden drittens auf Ansprüche aufmerksam gemacht, welche die Menschen in Absicht auf die Vertheilung der nöthigen Hilfsmittel und Anleitungen zur Besserung an die Gerechtigkeit Gottes zu machen pflegen. Laßt uns sehen, wie überall auch dem Scheine der größten Ungleichheit die untadelhafteste Parteilosigkeit und Gleichförmigkeit zum Grunde liegt und wie also die göttliche Gerechtigkeit sich in allem was uns wichtig sein kann einem jeden aufrichtigen Herzen deutlich offenbart (*Schleiermacher*, Predigten Erste Sammlung, S. W. II. Abth. 1. Bd. 1834, 97–112; Zitat 101).

Arm und Reich wohnt hart nebeneinander. Warum? Der Reiche soll seine Lindigkeit kund werden lassen dem Armen: Gott ordnet diese Unterschiede, damit die Liebe ein reiches Arbeitsfeld finde und der Glaube sich im Werk beweisen könne (*A. Nebe,* Die evang. Perikopen des Kirchenjahres wissenschaftlich und erbaulich ausgelegt 3. Bd. Wiesbaden 1870, 8).

Das auf die Erzählung rückschauende Auge umspannt einen weiten Zeitraum. Ihre Hauptblüte erlebte die Geschichte um die Wende der Zeiten, in der Epoche der Religionsmischungen. Als die reifste Frucht darf das Gleichnis Jesu vom reichen Mann und armen Lazarus gelten. Die Bestandteile von vier Religionen lassen sich darin unterscheiden. Um nur die Hauptsachen herauszugreifen: aus der ägyptischen Religion stammt die Idee der Auferstehung unmittelbar nach dem Tode und vom Leben der Seligen als dem Essen und Trinken mit der Gottheit; aus der griechisch-orphischen die Vorstellung von der Kluft, die Himmel und Hölle scheidet; aus der jüdischen Religion das Liegen im Schoße des Erzvaters Abraham, und dazu kommt als das spezifisch Christliche die Ablehnung aller Spekulationen vom Jenseits. So spürt man in der Erzählung trotz ihres synkretistischen Grundcharakters dennoch den persönlichen Hauch Jesu (*Hugo Greßmann,* Vom reichen Mann und armen Lazarus eine literargeschichtliche Studie Abh. d. kgl.-preuß. Akad. d. Wissensch. Jg. 1918 philos.-histor. Kl. Nr. 7 Berlin 1918, 62).

I.

Die Warnung Vilmars, es müsse von dieser Parabel in der Gemeinde ein recht vorsichtiger Gebrauch gemacht werden[1], ist, wie der Blick auf die fast endlose Straße der Predigtauslegung dieser Perikope zeigt, selten befolgt worden. Bis heute widerstreiten sich die Auffassungen dieses weit über den Rahmen der Christenheit hinaus bekannten und wirksamen Textes: ob er Gleichnis sei oder Erzählung von Tatsachen, ob Freudenbotschaft oder Drohevangelium[2], ob Belehrung über das Jenseits oder Absage an eine solche Belehrung[3], ob Fremdkörper im Evangelium oder, wenn nicht Inbegriff der Lehre und Weisung Jesu, so doch ganz und gar von ihr aus zu verstehen[4].

[1] Vilmar, Collegium Biblicum z. St.

[2] Im wohl gewollten Gegensatz zu dem von mir oben zitierten Satz Luthers beginnt Gollwitzer seiner Predigt mit der Behauptung: „Das ist eine schöne, wunderbare Geschichte!" (Zuspruch und Anspruch 1954, 166; die Predigt wurde 1951 in Bonn gehalten) und beruft sich dafür auf Vers 29: Sie haben Moses und die Propheten.

[3] Während K. G. Bretschneider in einer Predigt von 1812 dem Text entnimmt, „warum es Gott nicht verstattet, daß die Seelen der Verstorbenen den Lebenden, um die Unsterblichkeit der Seele über allen Zweifel zu erheben, wieder erscheinen dürfen" (Pred. üb. Tod, Unsterblichkeit und Auferstehung Lpzg 1823 2. Aufl. = Bibliothek dt. Canzelberedsamkeit, Gotha und Neu-York 1828, Bd. 7, 93—107), und also im Grund die Jenseitsbelehrung doch, wenn auch in Auswahl akzeptiert, lehnt Schleiermacher sie praktisch ab (S. W. II. Abth. Pred. Bd. 4, 1835, 321—337): Über das Verlangen nach Kenntniß von jener Welt und nach Gemeinschaft mit derselben": Die Jenseitsaufschlüsse des Textes sind nur beiläufig, wir haben uns ohne sie zu behelfen.

[4] Während Barths berühmte Predigt in Bonn vom Juni 1931 (Die große Barmherzigkeit, München 1937, 144—153), die uns, den Hörern von damals, unvergeßlich blieb, vieles einfach ausklammerte und sich darauf beschränkte, uns einzuprägen, daß jeder seinen armen

Wenn der Text als Belehrung über das Jenseits verstanden wurde, diente er nicht selten dem Sadismus und der Selbstgerechtigkeit derer, die sich zu den Erwählten und Seligen rechnen. Von Gregor d. Gr. bis zu Johann Gerhard bewegt sich die Predigtauslegung in einer zuweilen minutiösen Beschreibung der Höllenqualen des reichen Mannes, und es wird eigens begründet, warum die Erwählten mit den Verdammten keinerlei Mitleid zu empfinden hätten[5]. Bis zum heutigen Tag wissen die Ausleger und Prediger vieles, was im Text nun einmal unausgesprochen bleibt, weil sie anders mit dessen Fremdartigkeit nicht zurecht kommen können. A. Nebe, der sorgsame und gründliche Berichterstatter über die ältere Auslegung, dekretiert: „Wir haben uns den armen Lazarus nicht bloß zu denken als einen Armen, sondern als einen armen *Frommen*, wie ja auch der reiche Mann nicht bloß als ein Reicher erscheint, sondern als ein liebeloser und gottvergessener Mann." [6] In diesem Punkt ist die Exegese Luthers und Calvins mit derjenigen der (konservativen) neueren Ausleger einig. Erstaunlich aber ist, wie unbefangen Luther und Calvin die Textaussagen vom Jenseits entmythologisieren und verinnerlichen. Luther spricht

---

Lazarus vor der Tür liegen hat, gehen Ausleger wie Eichholz (Herr tue unsere Lippen auf 1. und 2. Aufl. und [als Predigt] in seiner neuen Monographie, Gleichnisse der Evangelien Neukirchen-Vluyn 1972, 221–228) und Ernst Fuchs (GPM 9, 1954/5, 160 ff.) in der etwas gewaltsamen Christianisierung des Textes viel weiter, während G. Bornkamm (GPM 4, 1949/50, 181 ff.) und Joh. Haar (ebenda 15, 1960/1 184 ff.) dem Text seine Fremdartigkeit lassen, jedenfalls nicht mehr aus ihm holen, als er besagt.

[5] Von Gregor d. Gr. zitiert A. Nebe (a.a.O. 25): „iustorum animae, quamvis in suae naturae bonitate misericordiam habeant, iam nunc autoris sui iustitiae coniunctae, tanta rectitudine constringuntur, ut nulla ad reprobos compassione moveantur, ipsi quippe iudici concordant, cui inhaerent et iis, quos eripere non possunt, nec ex misericordia condescendunt, quia tantum illos tunc a se videbunt extraneos, quantum ab eo, quem diligunt, autore suo concipiunt esse repulsos: wohl haben die Seelen der Gerechten in ihrer natürlichen Güte Mitleid, sind aber jetzt auf die richterliche Gerechtigkeit ihres Schöpfers so eng und streng eingestellt und verpflichtet, daß sie von keinerlei Mitleid mit den Verworfenen bewegt werden; ja sie sind einig mit dem Richter und stimmen ihm auch in bezug auf jene zu, die sie (der Verdammnis) nicht entreißen können, und sie neigen sich auch nicht aus Erbarmen herab; denn sie werden jene als von ihnen getrennt nur insoweit wahrnehmen als sie dabei erkennen, sie seien von dem Schöpfer, den sie (die Seligen) lieben, verworfen." In Dantes Inferno hat das dann seine widerwärtige künstlerische Verklärung gefunden. Aber noch Joh. Gerhard weiß in seiner Predigtpostille in neun Punkten die Qualen der Verdammten genüßlich abzuschildern, mit der trockenen Nutzanwendung: „Das heißt ja nun die Hölle recht beschrieben und gemalet, welches uns denn einmal zur Warnung dienen soll" (Joh. Gerhard, Postille d. i. Auslegung d. sonntägl. u. vornehmsten Fest-Evangelien ... vornehmlich dahin gerichtet, daß wir Gottes Liebe und Christi Wohltaten erkennen, auch am innerlichen Menschen seliglich zunehmen mögen nach der Orig. Ausg. von 1613 und 1616 neugedr. Berlin 1871 Bd. 2, 21). – W. Löhe ist in seiner Evangelienpostille (6. Aufl. 1893, 11–17) sehr viel zurückhaltender. Aber er wendet sich ausdrücklich gegen die These des Erlanger Hofmann, das Jenseitsgespräch sei eine reine Dichtung. „Man erstaunt, wie ganz dem zeitlichen Leben ähnlich der untrügliche Mund Jesu Christi selbst das Leben der abgeschiedenen Seelen beschreibt" (a.a.O. 12 f.).

[6] A.a.O. 6. – Ähnlich mit vielen andern R. Guardini, Der Herr Würzburg 1937 335. – Guardini legt den Akzent auf die Schlußsätze, ähnlich wie Gollwitzer und stellt die Perikope in die Perspektive: Offenbarung und Verhüllung.

angesichts des damals herrschenden Geisterglaubens nicht nur die Warnung aus, wir sollten uns am Wort genügen lassen und nicht mehr wissen und wollen, wenn uns gleich jemand darüber etwas lehren wollte; „denn *der* Geist ist nicht aus Gott“ [7], sondern er besteht auch darauf, „es ist nichts Leibliches, es gehet also in dem Gewissen zu ... es ist nichts zu ihm geredet, es ist alles in dem Gewissen zugegangen“ [8]. Daß auch die neuzeitliche Auslegung von ihren Axiomen nicht loskommt, zeigt das Summarium Greßmanns besonders schön: als sei es das Interesse des dritten Evangeliums, die Absage der Ritschlschule an alle Metaphysik vorwegzunehmen, und als wäre eben dies ein spezifischer Hauch des Geistes Jesu.

Erstaunlich gering hingegen ist in der Auslegungsgeschichte der Perikope der Anteil einer sozialen Betrachtung. Selbst bei größerer Vollständigkeit im Durchblättern älterer und neuerer Predigten wäre kaum ein anderes Ergebnis zustande gekommen. Der Hinweis auf das, was die Christen dem armen Lazarus gegenüber nicht unterlassen sollten, fehlt — vor allem bei Luther — nicht; aber das geschieht mehr beiläufig. Eine Auslegung wie die von H. Gollwitzer finde ich in früheren Zeugnissen nirgends: „Der Skopus dieses Gleichnisses ist nicht, wie es manchmal verdächtigt wird, jenseitiger Opium-Trost für den armen Lazarus. Es ist einseitig an den reichen Mann adressiert, es will nicht die Armen mit jenseitigem Ausgleich trösten, sondern die Reichen vor der Verwerfung warnen, und zu diesseitigem Hören und Tun antreiben“ [9]. Wir werden zusehen müssen, ob damit dem Text entsprochen ist. Natürlich gibt die Auslegungstradition keinen letzten Maßstab dafür, wie wir ihn heute auszulegen haben. Aber es ist fast anzunehmen, daß auch die heutige Auslegung — optima fide — den Text nur mit sanfter Gewalt vereinnahmen kann.

Sehe ich recht, so hat sich in der Geschichte der neueren Auslegung der Perikope die Wende bei Schleiermacher zugetragen. In der schon eingangs genannten Predigt der Ersten Sammlung möchte er für seine Hörer jeden Anstoß einer scheinbaren Ungerechtigkeit Gottes wegräumen. Zu diesem Zweck werden die Annehmlichkeiten des Reichen und die Unannehmlichkeiten des Armen einander möglichst angenähert; in Wirklichkeit hänge Glück und Unglück nicht davon ab, sondern von der eigenen Weisheit oder Torheit des betreffenden Menschen. Erst recht möchte Schleiermacher die Idee eines Ausgleichs im Jenseits — anders als Kant — gerade im Interesse der Gerechtigkeit Gottes nicht annehmen; es hieße, sehr unwürdig von der Gerechtigkeit Gottes denken. Und dann wird die Pointe des Lukas-Textes ins genaue Gegenteil verkehrt [10]. Im Blick auf die faktischen Lebensumstände seiner Hörer betont

---

[7] E. A. 16, 353.

[8] E. A. 17, 54.

[9] Helmut Gollwitzer, Die reichen Christen und der arme Lazarus, Chr. Kaiser München 1968, 15. Opium-Trost ist der Hinweis auf den Ausgleich im Jenseits nur für den, der das Jenseits für unwirklich hält. Dann wäre die Hoffnung darauf wirklich nur ein Opiat.

[10] A.a.O. 105. Dort heißt es weiter: „Wenn es mir gelungen ist, euch anschaulich zu machen ..., daß die Möglichkeit glükklich zu sein und der Grad in dem wir es werden können für uns alle gleich groß ist und daß jeder der den anderen hierin beträchtlich voraneilt

Schleiermacher schließlich, daß sie fast alle (ökonomisch) „in dem Stande der Mittelmäßigkeit leben"; sie haben Reichere über sich und Ärmere unter sich und werden das richtige Verhalten daraus ableiten. Aber die Chancen sind ziemlich gleich und eben darin ist Gott gerecht[11].

II.

Aufgeklärt und gewarnt wenden wir uns dem Text der Perikope selbst zu. Von einem zum Verständnis etwas beitragenden Zusammenhang, in dem dies Sondergut des dritten Evangeliums sich findet, kann man kaum reden. Eventuell ließe sich zwischen 16,1–9 und 16,19ff. das Wort Mammon als verbindendes Stichwort nennen. Nicht einmal eine einführende Formel, die unsere Perikope als Wort Jesu bezeichnete, findet sich. Wohl dürfte es aber als Wort Jesu ins Evangelium aufgenommen und als solches von den Lesern verstanden worden sein.

Die Perikope ist kein Gleichnis, wenn man bei der herkömmlichen Bestimmung von Gleichnis bleibt: an einem Vorgang aus dem täglichen Leben soll etwas von den (geistlichen) Geheimnissen des Gottesreiches gezeigt werden. Es fehlt unserm Text das Indirekte des Gleichnisses. Das Stichwort Reich Gottes kommt ja auch gar nicht vor. Die neuesten Beiträge zur Evangelien- und Gleichnisforschung beschäftigen sich daher mit unserer Perikope höchstens am Rande[12]. Am ehesten läßt sich der Text mit einfachen Beispielerzählungen wie

---

oder beträchtlich hinter ihnen zurückbleibt, dieses der Anwendung seiner Kräfte zuzuschreiben hat: so werdet ihr nicht auf den Gedanken gerathen können, daß Gott dem einen seine Geschikklichkeit die Verhältnisse des Lebens zu benuzen mit einem unabwendbaren Elende vergelten und dem andern die Nachlässigkeit in seinen eigenen Angelegenheiten durch überschwengliche Glükkseligkeit lohnen werde. Je größer die Vorstellungen sind, die wir uns von der künftigen Glükkseligkeit machen, eine desto größere Ungerechtigkeit würde in einer solchen Einrichtung liegen, und man kann doch wahrlich auch in dieser Hinsicht sagen, daß die Leiden dieser Zeit jener Herrlichkeit nicht werth sind. Auch ist dergleichen weder in der Schrift gelehrt, noch kann es mit der Vernunft und dem Wohle der menschlichen Gesellschaft bestehen; ein solcher Glaube müßte nothwendig die Ordnung der Welt umkehren, indem er einen jeden antreiben würde, in diesem Leben sich selbst zu vernachlässigen, das Elend geflissentlich aufzusuchen, Vergnügen und Freude aber wo sie ihm begegneten als das größte Übel zu vermeiden."

[11] A.a.O. 111f.

[12] So sucht man bei Erh. Güttgemanns, Offene Fragen zur Formgeschichte des Evangeliums (Beitr. z. ev. Theol. 54, 1970) und dem Ergänzungsband ‚studia linguistica neotestamentica' (ebenda Bd. 60, 1971) vergebens nach einem Beitrag zur Auslegung von Lk 16,19ff. Dan Otto Via, Die Gleichnisse Jesu (ebd. Bd. 57, 1970) behandelt die Perikope nicht eigens, aber sein Schlußabschnitt über ‚Gleichnisse, Evangelien und der historische Jesus' verdient Beachtung. Ich zitiere die in ihrem Stil freilich keineswegs vorbildliche Pointe: „Angesichts dessen, daß die Auferstehung der uns ergreifende Glaube Jesu ist, sind die Gleichnisse ein Schlüssel zu dem, was es heißt, die Auferstehungsexistenz zu leben. Die Auferstehungsexistenz zu leben heißt, durch die fortdauernde Kraft des Glaubens Jesu befähigt zu werden, die Art der Existenz zu leben, zu der uns die Gleichnisse entweder durch das Portrait dieser Existenz oder durch das Portrait ihres Gegenteils rufen. Das Eingeständnis, daß ein Ereignis der Vergangenheit sich selbst in unserer Geschichte verwirklicht, ist die Erkennt-

der von Maria und Martha (Lk 10,38—42) oder dem Scherflein der Witwe (Mk 12,41—44) vergleichen, auch wenn für Lk 16,19 ff. die religionsgeschichtlichen Parallelen deutlicher aufzuzeigen sind und wenn sich die Beispielserzählung auf die Zustände im Jenseits erstreckt, ja eben darin ihren eigentlichen Skopus haben dürfte. Eine ‚Geschichte aus dem Leben', wie Schleiermacher meinte, ist die Perikope nicht. Die Überlegungen, wie sie schon Tertullian anstellte, ob man nicht aus der Nennung des Namens auf robuste Geschichtlichkeit des Textes schließen dürfe, die dazu geführt haben, daß man in Jerusalem die Häuser der beiden zeigte[13], führen in die Irre.

Kaum zu beantworten ist die Frage, inwieweit von einer Einheit der Perikope die Rede sein kann. Man spricht von urgemeindlichen Zusätzen zur ursprünglich von Jesus erzählten Fabel[14] oder von Zweigipflichkeit[15], wonach wir es mit der doppelten Thematik des Ausgleichs im Jenseits und der Frage von Revenants (die aus dem Totenreich zurückkehren) zu tun haben: die Frage wird erwogen, weil die Geltung von Mose und Propheten auf dem Spiele steht. Eine Beziehung auf die Auferstehung Jesu, wie sie immer wieder vorgebracht wird, ist m. E. fernzuhalten[16]. Zunächst soll jedes Thema für sich bedacht werden.

Man hat den Text zu den ‚ebionitischen Stücken' des Lukasevangeliums gezählt[17]. Lukas vergeistigt die Seligpreisung der Armen und die Verfluchung der Reichen nicht, wie aus dem Vergleich der Bergpredigt (Mt 5—7) und der sog. Feldrede (Lk 6) hervorgeht. Er belegt irdische Armut und irdischen Reichtum unbefangen und unmittelbar mit einem Ewigkeitsakzent, wenn freilich im Sinn der totalen Umkehrung. „Lukas sieht Geschick und Verhältnisse eben nicht, wie wir es zu tun pflegen, zunächst einmal unter dem Aspekt eines ‚An sich', um sie so zu neutralisieren und nachträglich nur noch darnach zu fragen, was der Mensch darin tut oder nicht tut. Er schreibt vielmehr den ‚Verhältnissen' eine den Menschen bestimmende und also über sein ewiges Seelenheil entscheidende Kraft zu. Das begründet die in diesem Evangelium nicht wegzuleugnende ‚ebionitische' Tendenz"[18]. Die von Jesus von Nazareth entfachte Bewegung war eine Armutsbewegung, deren Spuren im Neuen Testament erhalten sind. Es ist rührend und erschreckend zugleich, wie nun schon im Neuen Testament und durch alle Höhen und Tiefen der Christenheitsgeschichte alle Mühe darauf gewendet wird, die Härte einer solchen Entscheidung für die

---

nis, daß die Geschichte sich selbst transzendieren kann, oder das Bekenntnis, daß der transzendente Gott die Geschichte zu einer erlösenden Absicht benutzt, aber ohne die Geschichte zu vergewaltigen" (201).

[13] So A. Nebe a.a.O. 5 nach Robinson, Palästina I, 387.

[14] So u. a. J. Weiß-W. Bousset in der ‚Göttinger Gegenwartsbibel Schr. d. N. T. Bd. I, 1917 3. Aufl. z. St.

[15] Vgl. dazu die Beiträge von E. Fuchs und G. Bornkamm in den GPM.

[16] So A. Schlatter, K. H. Rengstorf im NTD u. a. — Ernst Fuchs meint, „unser historischer Blick würde sich trüben, wenn wir etwa der Meinung wären, Jesu Wort sei für uns unabhängig von Jesu Tod und Auferstehung verständlich geblieben" (a.a.O. 162).

[17] H. J. Holtzmann im Hand-Comm. z. NT I, 1889 z. St.

[18] G. Bornkamm, a.a.O. 184.

Armen und gegen die Reichen — obendrein mit dem Ewigkeitsakzent: Seligkeit oder Verdammnis! — irgendwie abzuschwächen: vom Haben als hätte man nicht (1.Kor 7,29 ff.) über die Versuche des Clemens Alexandrinus in seiner Spezialschrift Welcher Reiche selig wird? — Keine Bange — er wird selig! — bis zu den reformatorischen und neuzeitlichen Sätzen: Calvin und Luther sind sich hier mit Schleiermacher und Genossen einig, wenn auch Schleiermacher die Anliegen der bürgerlichen Kultur unverfrorener geltend macht[19]. Auch G. Bornkamm läßt es bei den zitierten Sätzen nicht bewenden. „Freilich darf von einem bloßen Mechanismus des Ausgleichs, der nach der Schuld des Menschen nicht mehr fragt, im Blick auf unsere Perikope nicht geredet werden. Indem Jesus die Situation des Armen und des Reichen auf Erden in das Licht der Offenbarung Gottes in Gesetz und Propheten stellt, sagt er eindeutig, warum das Leben im Besitz schuldig macht. Darum, weil es uns das Ende verbirgt (vgl. 16,9) und damit die jenseitige Wirklichkeit, die dem Leben in der irdischen Wirklichkeit erst Wahrheit verleiht ..."[20] Wer den Text unbefangen liest, wird nicht meinen, daß er dieses alles ‚eindeutig sagt'; man muß es erschließen, weil es eben gerade nicht eindeutig gesagt wird. Das für das Verständnis so wesentliche Gespräch zwischen dem Reichen in der Qual und dem Abraham in der Seligkeit — Lazarus selbst spricht in der ganzen Perikope keine Silbe! —, deutet auch nicht den leisesten Vorwurf gegen den Reichen an. Es heißt nur: Du hast dein Gutes empfangen im Leben ... (V. 25). Was wir von jeher hier an Gründen für die Umkehrung in Tod und Jenseits anführen, müssen wir ergänzen — vielleicht mit einem relativen Recht. Vielleicht hängt es mit den Abwandlungen des Motivs vom Ausgleich der irdischen Verhältnisse in Tod und Jenseits zusammen, daß unsere Fassung der Legende so spröde, karg und lückenhaft ist. Ihre Anschaulichkeit ist um so größer, und hat sich dem allgemeinen Bewußtsein tief eingeprägt.

Dies rührt wohl auch davon her, daß kaum ein neutestamentlicher Text in bezug auf das Jenseits so viel zu sagen weiß. Jenseitsrealität und Jenseitsglaube werden im Neuen Testament sonst mehr vorausgesetzt als zum Thema gemacht. Aber man darf daraus keine modernistischen Folgerungen ziehen. Ich kann G. Bornkamm nicht folgen, wenn er meint, man müsse den Skopus unseres Textes gerade darin sehen, „uns jedes Spekulieren über das Jenseits zu verwehren und uns in das hic et nunc zu weisen, wo wir von ‚Mose und den Propheten' gerufen sind"[21]. Was V. 27—31 verhandelt wird, setzt den ersten Teil des Textes nicht außer Geltung, sonst verlöre das Ganze die Durchschlagskraft. Es regt auch nicht zur Spekulation an, sondern zur Frage, warum es dem Reichen so und nicht anders ergeht. Auch ohne Detailangaben über das Jenseits sind sich die biblischen Texte darin einig, wie wenig verheißungsvoll Besitz und Reichtum ist. Das beginnt mit dem Lobgesang der Maria: die Hungrigen füllet er mit Gütern und lässet die Reichen leer (Lk 1,53), und endet

---

[19] S. o. Anm. 10.

[20] G. Bornkamm a.a.O. 184.

[21] Ebenda.

mit der Vision des neuen Jerusalem, in dem alle Tränen von den Augen der Geplagten abgewischt werden (Offb 21, 4). Das Neue Testament hat damit genau die Erkenntnis vorweggenommen, um die heute so viel Streit ist: ob und wieweit die Besitzverhältnisse den Menschen zu dem machen, was er ist; ob und wieweit den Verhältnissen gegenüber nicht nur rhetorisch, sondern wirklich von Freiheit die Rede sein kann.

Nun ist die Bestimmung des Menschen durch die Besitzverhältnisse so mächtig, daß nur Gott, nur das Jenseits dagegen aufkommen kann. Da wir nicht Gott und dem Mammon dienen können (Mt 6, 24), bleibt dem Jünger Jesu, der auf das Reich hofft, nur die Armut übrig. Auch ohne die besondere Bildhaftigkeit unserer Perikope stellt das Evangelium den Armen in besonderer Dringlichkeit das Heil in Aussicht. Der Vergleich mit dem Nadelöhr (Mk 10, 25) sagt nicht weniger als die Geschichte vom reichen Mann und armen Lazarus.

Es liegt nahe, diese Haltung der Evangelien aus dem Ressentiment der sozial Zu-kurz-Gekommenen zu erklären. Man macht es sich aber damit zu leicht. Man mag sich fragen, ob die Idee der ausgleichenden Gerechtigkeit den Jenseitsglauben hervorgebracht hat oder umgekehrt. Auch wo der Jenseitsglaube erlahmt, bleibt die Idee der ausgleichenden Gerechtigkeit ein mächtiger Antrieb des sozialen Lebens. Die Evangelien wagen es, beide Motive mit dem Kommen und mit der Botschaft Jesu in Verbindung zu setzen. In unserer Perikope ist diese Verbindung wenig sichtbar, fast mehr zu erraten als zu erkennen. Gewöhnlich meint man, die Thematik von V. 27 ff. stelle diese Verbindung mit Jesu eigener Sache und Person am ehesten her.

Dies gewiß nicht so, daß dort verschlüsselt von Jesu Auferstehung die Rede sein sollte: als werde gerechtfertigt, daß Jesus nach Tod und Auferstehung sich nur den Jüngern und nicht dem Volke gezeigt hat. Was soll eine solche Geheimnistuerei? Schließlich will die Auferstehung Jesu nicht ins Gegenteil, nämlich die reine Verhüllung und Verborgenheit verkehrt werden. Und wer im Leben der urgemeindlichen Jesus-Überlieferung konnte auf den Gedanken kommen, Jesu Auferstehung in eine Linie zu stellen mit dem, was in unserm Text der reiche Mann gerne hätte. Dann immer noch eher die Hypothese, wie sie z. B. auch von J. Weiß und W. Bousset vorgebracht wird, der Lazarus von Lk 16 und der von Joh 11 seien die gleiche Person: wie das große Geschehen von Joh 11 nur den verstockten Unglauben der Gegner provoziert (vgl. Joh 11, 46 ff.) so könnte auch sonst die Wiederkehr eines Verstorbenen nichts Heilsames ausrichten[22]. Über Vermutungen ist hier nicht hinauszukommen. Eher schon gehört der Zusammenhang von Lk 16,27 ff. in den Bereich der Zeichenforderung und deren wiederholter Ablehnung durch Jesus[23]. In der Umwelt des entstehenden Christentums waren die Grenzen zwischen Goetentum, Theosophie und Gnosis einerseits und echter Religion und Glauben im biblischen Sinn anderseits ziemlich fließend. Das Neue Testament thematisiert diese

---

[22] A. Anm. 14 a. O. 475.

[23] Vgl. meinen Beitrag über Mt 12, 38–42 in GPM 25, 1970/71, 433–443.

Dinge meines Wissens nicht. Doch liefert unser Text einen ernsthaften Beitrag in dieser Richtung, den wir nach der homiletischen Seite noch zu bedenken haben.

Was ist der Zusammenhang zwischen den zwei Themen des Textes? Er bringt die ewige Bestimmung von und für Arm und Reich in Erinnerung und beruft sich dafür im Blick auf die Leser des Evangeliums auf Mose und die Propheten, auf die Bibel. Insofern ist am ersten Sonntag nach Trinitatis auch nichts anderes zu sagen als anhand sonstiger Texte. Dennoch sollten wir die erheblichen Besonderheiten des Textes nicht nivellieren. Aber damit sind wir schon beim Bedenken der Predigtaufgabe als solcher.

III.

Vieles ist hier dem Prediger zu überlassen. Ich könnte mir denken, daß es Gemeinden gibt, in denen ernsthaft von den Weltbildfragen geredet werden muß, die sich dem Leser von Lk 16,19 ff. recht dringlich stellen. Aber im allgemeinen braucht man sich ihnen heute wohl nicht zu widmen. Sie schrumpfen zusammen oder reduzieren sich auf die vom Weltbild unabhängige Frage nach unserer, der Menschen und Christen von heute, Verantwortung vor einer außerweltlichen, überweltlichen Instanz. Daß wir eine solche Verantwortung haben, lebt auch im heutigen christlichen Bewußtsein fort. Nur die Konturen und Begründungen dafür sind eigentümlich vage geworden. Für den Christen gilt, daß er Verantwortung hat nicht nur vor sich und für sich — im Gewissen oder was sonst; auch und erst recht nicht nur vor Gesellschaft und Staat oder einem sonstigen Kollektiv — vor ihnen braucht er sich nur insoweit zu verantworten, als diese ihn mit Sanktionen bedrohen; das ist aber keine Angelegenheit der Moralität, sondern der Legalität, mit Kant zu sprechen. Ein Grundpfeiler des biblisch-christlichen Glaubens ist die Erkenntnis einer Verantwortung vor Gott.

Sie wird in unserm Text aufs heftigste eingeschärft mit Hilfe des Vergeltungsgedankens, sei es im Sinne des jenseitigen Trostes oder der jenseitigen Strafe, sei es mit dem Akzent auf dem Ausgleich, den die göttliche Gerechtigkeit zustande bringt. Während unser Gegenwartschristentum am Gedanken der Verantwortung vor Gott ‚irgendwie' festhält, macht der Vergeltungsgedanke erhebliche Schwierigkeiten, wenigstens wenn er sich auf das eigene ewige Schicksal bezieht. Den andern gönnen wir unter Umständen ihre Vergeltung ganz gerne, auch als Christen!

Noch fremder muß der Gedanke einer ewigen, unwiderruflichen Bestimmung sein, wie sie im Text zwar nicht eigens ausgesprochen, aber doch vorausgesetzt wird. Die älteren Predigten machen davon einen kräftigen Gebrauch[24].

[24] Z. B. Claus Harms, Sommerpostille 1. Tl. Kiel 1820³ = Bibl. dt. Canzelberedsamkeit Gotha & Neu-York 1827 Bd. I, 221–234: Der breite Weg oder Des Lasters Weg ist anfangs zwar/ ein breiter Weg durch Auen;/ allein sein Fortgang wird Gefahr/ sein Ende Nacht und Grauen . . . (durch viele Verse!). – Aber selbst Cl. Harms fragt und meint: „Werden die

Auch hier kann es sein, daß die Lage einer Gemeinde den Prediger nötigt und berechtigt, diesen klassischen Fragen der Erwählungslehre nachzugehen[25]. Es erfordert aber einigen Mut. Im allgemeinen nötigt aber der Text nicht dazu.

Viele Leser werden dieser etwas mühseligen Betrachtungen ohnehin längst überdrüssig sein. Ihnen ergibt sich aus dem Text, was mit vielen andern H. Gollwitzer in der schon genannten Schrift ‚Die reichen Christen und der arme Lazarus' zum Aktionsprogramm gemacht und gesagt hat. Daß dies kaum direkt mit dem Text in Zusammenhang zu bringen ist, wurde schon gesagt. Wer Horizont und Thematik so ausweiten will — was ich für legitim halte — müßte dann immerhin insoweit in der Nähe des Textes bleiben, als er dessen Grundkategorien auf die heutige Lage anzuwenden wagt: daß auch die bessere Verteilung der Erdengüter und was damit zusammenhängt, in Verantwortung vor Gott, und nicht nur vor innerweltlichen Instanzen ins Auge zu fassen und zu realisieren ist; ja, daß auf diesen unseren Taten und Unterlassungen unter Umständen der Akzent unserer ewigen Bestimmung liegen kann. Auf der andern Seite sollte der Prediger heute nicht vergessen: Prediger und Gemeinde leben meist nicht in dem weltweiten Horizont und seinen Verstrickungen, wenigstens nicht im Bewußtsein und im Urteilsvermögen. Oft genug ist der Horizont nicht viel weiter als bei denen, die die Geschichte vom Reichen Mann und armen Lazarus zum ersten Mal hörten, aufzeichneten und weitergaben. Aber dies eine ist sicher richtig: daß es den armen Lazarus in vielen Gestalten gibt und daß es keine Haustür gibt, vor der er nicht läge.

Verdammten je selig? Vielleicht, wenn sie es können vor dem nagenden Gedanken: Du hast versäumt, was du ewig nicht einholst" (234).

[25] Hier bewährt sich m. E. auch heute noch am besten K. Barth, Gottes Gnadenwahl (Theol. Ex. h. 47) München 1936, aus dem ich zitiere: „Wo bleibt die Drohung ...? Nun, in der Verheißung aufgehoben und in sie verhüllt, bleibt sie gewiß an ihrem Ort, behält sie, nein, bekommt sie erst ihren Ernst als Ruf in die Demut, zur Buße, zum Glauben. Sie bekommt ihn als Drohung, die an Ihm (sc. an Jesus Christus) vollzogen ist" (28).

2. Sonntag nach Trinitatis

Matthäus 10,7–15

„Mit der neuen Richtung habe ich mich indessen nicht befreunden können, welche die bisher geltenden Quellen der ersten Geschichte des Christenthums verdächtigt, die aus denselben geschöpfte Geschichte aufgiebt, und für die Entstehung und erste Entwickelung des Christenthums ganz neue historische Constructionen versucht... Möge die älteste Kirchengeschichte nur nicht in den Zustand gerathen, in welchem sich gegenwärtig die Einleitung in die heil. Schriften befindet, d.h. möge sie von der historischen Conjecturalkritik nicht so mit Meinungen und Vermuthungen überschüttet werden, daß es kaum noch möglich bleibt, sich in dem Gewirre zurechtzufinden, und das objectiv Gegebene von den subjectiven Zuthaten zu sondern.

Es ist gewiß durch den neuern Gang dieser Literatur eine Bearbeitung der Theorie der historischen Kritik sehr wünschenswerth geworden. Allerdings wird durch diese Theorie allein ebensowenig ein Kritiker gebildet werden, wie durch die Hermeneutik allein der Exeget, und es wird durch sie gewiß nicht aller historischen Zweifelsucht und allen unhaltbaren Conjecturen gewehrt werden: aber das unklare kritische Gefühl, durch welches jetzt so manche Operationen allein geleitet werden, würde doch genöthigt, sich möglichst in Gedanken aufzulösen, um sich über die Gründe, die Bedingungen und die Gränzen kritischer Zweifel und Vermuthungen deutliche Rechenschaft zu geben: und das allgemeinere Urtheil über neu sich darbietende kritische Resultate würde dadurch geleitet und gekräftigt werden" (*J.C.L.Gieseler*, Lehrb. d. Kirchengeschichte I, 1, 1844, 4. Aufl., S. IVf.).

I.

Die sog. Aussendungsrede Jesu, aus der unsere Perikope entnommen ist, spielt in der Predigttradition, soweit diese sich an die alten Perikopen hält, keine Rolle. Erst neuerdings wurden wenigstens Teile von Mt.10 in die Textreihen aufgenommen. Auch wenn man Ad.Schlatters polemisches Urteil für übertrieben hält, die griechisch Denkenden seien durch den Inhalt der Aussendungsrede nie befriedigt worden, weil dort die Jünger für ihren Dienst nicht eine Lehre bekamen, die sie der Gemeinde sagen sollten[1], gewinnt man doch den Eindruck, daß der eminenten geschichtlichen Wirkung von Mt.10 in der eigentlichen Predigttradition der Christenheit nichts entspricht. Die Kraft und die Problematik der Sendung spiegelt sich schon in den Sätzen der Didache wider. Nicht weniger als drei von den sechzehn Kapiteln dieser Schrift befassen sich damit. „Betreffs der Apostel und Propheten aber handelt nach der Satzung des Evangeliums so: Jeder Apostel, der zu euch kommt, soll aufgenommen werden als der Herr. Er soll aber nur einen Tag, nötigenfalls noch einen Tag bleiben; bleibt er drei, ist er ein falscher Prophet. Zieht der Apostel weiter, soll er nichts mitnehmen außer Brot (das reicht), bis er übernachtet; bittet er um Geld, ist er ein falscher Prophet..."[2] Unter solchen Umständen schien es besser zu sein, Geist und Sendung an die Amtskirche zu binden. Aber die

---

[1] Ad.Schlatter, Die Geschichte des Christus, 1923², 336.

[2] Didache XI, 36 (nach der Übers. von O.Clemen); vgl. cap.XI–XIII

Urgewalt von Mt. 10 verschaffte sich immer wieder Raum und Gehör. Als Franziskus seinen Landsmann Bernhard von Assissi bekehren will, lassen sie sich vom Meßpriester die Bibel aufschlagen. Beim ersten Mal stoßen sie auf Mt. 19, 21. „Beim zweiten Aufschlagen trafen sie auf das Wort, das Christus den Aposteln sagte, als er sie zur Predigt hinaussandte: ‚Nehmt nichts auf den Weg mit, weder Stab noch Tasche noch Schuhe noch Geld' (Mt. 10, 9); damit wollte er sie belehren, daß sie alle Hoffnung wegen des Lebensunterhalts auf Gott setzen und all ihr Sinnen und Trachten auf die Predigt des heiligen Evangeliums hinlenken sollten."[3] Luther und Calvin sind an Mt. 10 nicht vorübergegangen; aber Jesu Aussendungsrede ist für sie doch nicht von grundlegender Bedeutung[4]. Auch im Kirchenkampf stoßen wir auf die Spuren unseres Textes. „Damals haben einige Studenten aus der Predigt (über Mt. 10) die Konsequenz gezogen, daß sie wenige Tage darauf in die ‚Städte und Märkte' ihrer Heimat zogen, um dort die Gemeinden zu warnen und in ihnen zu bekennen."[5] Welche Rolle der Text bei den neuesten evangelischen ‚Ordens'-Gründungen spielt, braucht hier nicht belegt zu werden. In Iwands Meditation über unsere Perikope von 1958/59 kann man nachlesen, wie sich die neutestamentliche Wissenschaft seit Joh. Weiß und Alb. Schweitzer mit dem Problem der eschatologischen Aussagen dieses Kapitels gemüht hat.

II.

Dabei können die historischen Fragen nicht ganz ignoriert werden. Bultmann zählt den gemeinsynoptischen Komplex unter die Gemeinderegeln. Sie sei in Q vollständiger erhalten gewesen, Markus scheine ein Excerpt zu geben. „Als hellenistischer Evangelist empfand er wohl, daß diese Instruktion für die Mission in der Oikumene nicht mehr paßte, und machte eine Anweisung für die Mission der Zwölf während der Zeit des Wirkens Jesu daraus, worin Mt. und Lk. ihm gefolgt sind. Ursprünglich aber redet hier der Auferstandene bzw.

---

[3] Aus den Fioretti des hl. Franziskus (nach O. Clemen, Kirchengesch. Quellenh. 6, 1925, 11; vgl. auch Analekten z. Gesch. d. Franciscus von Assissi, hrsg. v. H. Böhmer u. Fr. Wiegand (Samml. ausgew. kirchen- u. dogm.geschichtl. Quellenschr. N. F. H. 4), 1930, Stellenregister!

[4] Luther äußert sich ausführlich in den Annotationes in aliquot capita Matthaei 1538 (WA 38, 494–516), aus denen Mülhaupt reichste Auszüge mitteilt. Charakteristisch die, ebenfalls von Mülhaupt mitgeteilte Auslegung in Tischr. 1, 334 Nr. 687: „Zu Zeiten der Apostel und in unsern Tagen ist das Evangelium kräftiger gepredigt und weiter verbreitet worden als zu Christi Zeiten" (unter Hinweis auf Joh. 14, 12!). – Für die Besonderheit der Lage in Mt. betont Luther: „Die ganze Kirche sollte sich verändern, die Synagoge sollte zur Heidenkirche werden. Darum war eine feierliche Berufung derer, die diese Veränderung vollbringen sollten, aufs höchste nötig. Denn das Gesetz und die Herrschaft des Gesetzes aufheben, das war eine Veränderung, schier der Sintflut zu vergleichen, durch die die alte Welt zu einer neuen wurde. So macht das Evangelium in Wahrheit eine neue Welt aus dem Gesetz" (Luthers Evangelienauslegung, Bd. I, z. St.). – Auch Calvin betont sehr stark das nur Vorbereitende der Aktion von Mt. 10.

[5] Vgl. E. Schlink, Pflicht und Versuchung christlichen Bekennens (ThExh Heft 20), 1935. – Auch Bonhoeffers Auslegung von Mt. 10 in seiner „Nachfolge" stammt von damals.

Erhöhte (vgl. Mt. 28,19 f.; Lk. 24,47 ff.), d. h. es liegt eine Gemeindebildung vor."[6] Der Sachverhalt von Mt. 10 würde dadurch aber nicht einfacher oder verständlicher. Daß es sich nicht um eine einmalig-einheitliche Rede, sondern um eine Zusammenstellung sehr verschiedener Sendeworte handelt, liegt auf der Hand. Ebenso, daß eine Missionstätigkeit der Jünger im irdischen Leben Jesu schwer vorzustellen und unterzubringen ist. Gewiß, Markus und Lukas berichten von einem gewissen Erfolg der Aktion (Mk. 6,30; Lk. 9,10 u. 10,17 ff.), während Matthäus sogar dies unterläßt. Aber auch so gewinnt der Vorgang selbst kaum deutliche Konturen. Von wirklichen Konflikten der Jünger mit der Synagoge, wie sie in Mt. 10 allenthalben vorausgesetzt werden, finden wir während des irdischen Lebens Jesu keine Spur. Und von einer Rückwirkung der Missionstätigkeit der Jünger auf diese selbst auch nichts Greifbares. Natürlich kann man, wie etwa Ad. Schlatter, darauf verweisen, daß das Interesse der Evangelien so auf Jesus selbst konzentriert ist, daß für die Schicksale der Jünger kein Raum bleibt. Aber derartige Argumente sind mehr apologetisch als historisch. Auf der andern Seite ist an der Sammlung der Jünger vor Ostern ernsthaft nicht zu zweifeln. Wir stehen vor der Grundfrage, ob diese Sammlung so etwas wie Zeugnis und Sendung in sich schließt, oder ob sie nur der Belehrung zum Heil, der Bereitung auf das Himmelreich dient. Dann stünde sie aber mit der Grundtendenz des Evangeliums in Widerspruch. Das Evangelium ist Gottes Weg zum Menschen. Als ‚Evangelium von dem Reich' (Mt. 9,35) will es ausgebreitet werden. Es ist gleichzeitig das Evangelium Christi und von Christus. „Man kann Christus nicht aus Begriffen und freischwebenden Erlebnissen erkennen, sondern nur aus der Botschaft, denn er ist keine Idee, sondern Geschichte. Durch den Apostel kommt Christus . . ."[7] Der Anstoß zur Sendung der Jünger liegt in der Sendung Jesu Christi selbst. Wie auch immer das Verhältnis des irdischen zum nachösterlichen Jesus Christus zu denken ist, alles Nachösterliche hat seine Wurzel im Vorösterlichen. Es ist ein und derselbe Christus, der vor und nach Ostern sich als Kyrios der Jünger erweist und sie sendet. Die Evangelisten lassen darin zwischen Vorher und Nachher keinen wesentlichen Unterschied erkennen. — Daß aus den verschiedenen Sendungstexten der Evangelien die geschichtliche Entwicklung der urchristlichen Mission — von der Auseinandersetzung mit der Synagoge bis hin zur Ausbreitung des Evangeliums unter den Heiden (vgl. Mt. 28,18—20, aber auch Joh. 10 u. a.) — abzulesen ist, versteht sich von selbst und bietet der Predigtauslegung keine Schwierigkeiten.

III.

Die Schwierigkeiten liegen vielmehr im Detail des Kapitals, für unsere Meditation im Detail der Verse 7—15.

Die Grundvoraussetzung ist das Ansagen des Himmelreichs. Der uns nur allzu vertraute Jargon einer sog. kerygmatischen Theologie hat uns mit der

[6] Rud. Bultmann, Gesch. d. synopt. Tradition, 1931², 155 f.

[7] R. Guardini, Der Herr, 1937, 156.

Sache selbst kaum vertrauter gemacht. Und das Hin und Her der eschatologischen Debatte hat unserer Predigt kaum aufgeholfen. Ob die neuesten Versuche[8] ihr besser aufhelfen, muß abgewartet werden. — An Jesu Person und Werk ist den Jüngern deutlich geworden, daß sie etwas von dem wirklichen Gott erwarten dürfen und sollen. Gott will weder sein Volk noch die Welt sich selbst überlassen. „Wie ein Wahn sollte uns jener böse Dualismus erscheinen, nach dem Gott das Regiment über diese Welt, über sein Werk und seinen Bund einem anderen abgetreten hätte, damit dieser, der Gegengott, sie mit seinen Machtzeichen und seinen Machtfunktionen beherrsche. Mit der Gegenwart Jesu auf Erden, mit der Gegenwart des Reiches ‚mitten unter uns' ist der Satan — dessen Herrschaft ja nur eine solche der Irrealität, der Finsternis, der Nacht und des Grauens war und ist, eine eingebildete, nie eine zu Recht bestehende — abgetan ..."[9] Aber all das wird uns natürlich nur dann einleuchten, wenn wir mit dem Weltzustand als solchem unzufrieden sind. „Da wo du nicht bist, ist das Glück", heißt es irgendwo, wenn auch nicht in der Bibel.

Selbst wenn uns die Ansage des Himmelreiches nichts sagen sollte, so bleibt es denkwürdig, mit welcher Ausrüstung die Jünger nun auf den Weg geschickt, auf die Welt losgelassen werden. Denn es bleibt nicht bei der Proklamation. Wunder und Zeichen sollen sie begleiten. Das angekündigte Himmelreich verträgt sich mit all den irdischen Zuständen nicht, von denen in Vers 8 die Rede ist: mit der Krankheit, mit dem Tod, mit dem Aussatz und mit der Herrschaft der Dämonen. Für uns hat sich längst die Frage nach dem Ob und Wie solcher Wunder dazwischengeschoben. Schon die Abschreiber unserer Handschriften hatten, wie der Apparat im Nestle zeigt, gewisse Hemmungen, das zweite Glied der Reihe — „wecket die Toten auf" — hinzunehmen und stehenzulassen. Und es trägt nicht viel aus, die geschichtlichen Spuren der Wundertätigkeit der ersten Apostel und der frühen Kirche zu suchen und nachzuweisen — sie reichen viel weiter in die Jahrhunderte als mancher denkt. Denn Lessing hat ja recht, wenn er den Bericht von früheren Wundern für weniger überzeugend hält als die eigene, gegenwärtige Erfahrung von Wundern. — Weil uns das in kaum zu überwindende Verlegenheit bringt, begnügen wir uns mit den Spiritualisierungen, wie sie schon die reformatorische Auslegung vorschlägt. „Auch dies — die Kraft und Macht, Wunder zu tun — war nötig um der Neuheit und Veränderung aller Dinge willen. Er gibt ihnen aber nicht Waffen, sondern Wundermacht, um anzuzeigen, daß sein Reich geistlich und nicht leiblich sei. Darum gibt er geistliche Waffen gegen die geistlichen Übel, nämlich gegen den Teufel, die Sünden, Tod, Krankheiten und gegen alles, was des Teufels ist."[10] Wir heute allerdings wären vielleicht schon

---

[8] Ich verweise vor allem auf J. Moltmann, Theologie der Hoffnung, Chr. Kaiser, München 1965.

[9] Iwand, GPM 13, 1958/59, 170 f.

[10] Luther in: Luthers Evangelienauslegung, ed. Mülhaupt, Bd. 2, 343.

glücklich, wenn sich an unsere Predigt von dem Reich Effekte geistlicher Art knüpften.

Ob wir mit dem nächsten Satz auf einen festeren Boden treten? „Umsonst habt ihr's empfangen, umsonst gebet es auch" (V. 8 b). Das dringt noch tiefer und ist neuralgischer als unsere Gegenwartsdebatte über die Eigentumsfrage. Dabei kann man es nur allzugut verstehen, daß eine so grandios ausgestattete Mission der Jünger, wie die in Vers 8 beschriebene, leicht und rasch zum Erwerb verhelfen mochte. Denn jeder läßt sich seine äußere und innere Gesundheit etwas kosten, selbst heute in unserm institutionalisierten Gesundheitswesen. So hat auch die Didache zu warnen vor solchen, die aus ihrem Christentum ein Geschäft machen, und gelangt dabei zu der neuen Wortprägung vom ‚christemporos'[11]. Auf der andern Seite sorgt der Text selbst dafür, daß das Kind nicht mit dem Bade ausgeschüttet wird. „Denn der Arbeiter ist seiner Speise — Lk. 10,7 seines Lohnes — wert." Das ist dann auch bei Paulus zur apostolischen Regel geworden, an die nur er selbst sich nicht hält (1. Kor. 9,4—15). Das Richtige liegt also auf der Linie zwischen der ‚Christemporie', die aus der Sendung Jesu ein Geschäft macht, und der nüchternen Rechnung der biblischen Sätze vom dreschenden Ochsen, dem man das Maul nicht verbindet. Peinlich nur, wie beredt an diesem Punkt die Kommentare werden. Großartig dagegen der Humor, mit dem Luther das Für und Wider im Verhältnis von Geld und Predigtamt behandelt. „So erlaubt denn Christi Autorität, vom Evangelium zu leben, auch mit Weib, Kind und Gesind, wenn nur Geiz, Stolz und Schlemmerei verbannt sind; denn diese lassen das Wort nicht lehren."[12] Aber wer will hier die haarfeine Grenzlinie zwischen einem rechten, unbefangenen Bewußtsein und einer fatalen Ideologie einhalten? Es ist und bleibt eine Versuchung, wenn die Aufgabe des christlichen Zeugnisses zum Lebensberuf wird.

Dennoch ist die Geldfrage noch nicht die schwierigste, die unsere Perikope aufgibt. Die Jünger sollen sich (V. 11 ff.) bei ihrer Evangelisation nach solchen erkundigen, die es ‚wert' (axios) sind. Wonach bemißt sich das und wie sollen sie es in Erfahrung bringen? Sollen sie, wie Calvin es ausdrückt, in Erfahrung zu bringen versuchen, ob es einige fromme und untadelige Menschen gibt, in denen eine gewisse Gottesfurcht und Religion in Kraft ist, und von deren Belehrbarkeit Gutes zu hoffen war, um sich vorzugsweise mit ihnen Mühe zu geben? Denn weil sie sich nirgends länger aufhalten durften, sollten sie dort beginnen, wo eine gewisse bessere Vorbereitung vorhanden war[13]. Fast unvermeidlich wird dabei das Geheimnis der Sendung und ihrer rechten Auf-

---

[11] Einer, der mit Christus Schacher treibt. – Did. 12, 5.

[12] Luther in: Luthers Evangelienauslegung, ed. Mülhaupt, Bd. 2, 345.

[13] „Quibus verbis sciscitari eos jubet, si qui sint pii homines ac integri, in quibus vigeat aliquis Dei timor et religio, et de quorum docilitate bene sperari queat, ut illis praecipue suam operam offerant. Nam quia non licebat, in singulis locis diutius haerere, initium inde facere decebat, ubi esset melior aliqua praeparatio. (In harmoniam evang. Comment. ed. Tholuck, 239.)

nahme psychologisiert. Denn die Lage und das Vorgehen der Jünger wird im Text so beschrieben, daß es sich doch immer erst herausstellen muß, wie ihre Sendung aufgenommen wird. Daran scheitert doch letztlich alles Wissen um eine religiöse Disposition. Der beamtete Prediger mag sich freilich sagen, daß er es viel leichter hat als jene Zeugen Jesu Christi. Denn er amtet im Dienst der Institution; für sein Zeugnis sind die Gleise schon von jeher gelegt. Ja, er wird geneigt sein, die Frage nach der rechten Disposition, wenn überhaupt, auf der Ebene des hermeneutischen Problems zu stellen, während sie im Text auf der Ebene der Prädestination gestellt ist.

Denn nichts Geringeres steht bei Annahme und Ablehnung des Jüngerzeugnisses auf dem Spiel als die ewige Bestimmung der Menschen. Mit dem äußeren, vom Judentum übernommenen Friedensgruß wird denen, an die sich die Jünger wenden, der ewige Friede des Himmelreichs angeboten[14]. Daher enden hier die Regeln orientalischer Gastlichkeit und Höflichkeit. Wer zu diesem Zeugnis Nein sagt, scheidet sich vom ewigen Heil. Nichts mehr verbindet ihn mit den Zeugen dieses Heils. Wie Lot sich von Sodom scheidet, so scheiden sie sich von denen, die das Zeugnis nicht annehmen. „Dem Lande der Sodomer und Gomorrer wird es erträglicher gehen am Jüngsten Gericht denn solcher Stadt" (V. 15).

IV.

Wer will und kann heute so scharf schießen? In den von mir benutzten Auslegungen hat eigentlich nur L. Fendt sich dem Problem wirklich gestellt.

„Diese Anweisungen zeigen also, daß man sich den wirklichen Jesus herrischer dachte, als wir es gewohnt sind. Und herrisch dachte man sich ihn in dem Sinne: Nun ist die große Zeit, nun entscheidet euch für oder gegen mich, aber rasch, ohne viel Umschweife, Ablehnung bleibt Ablehnung, Ja bleibt Ja, Fristen werden nicht gegeben, ihr hört die Verkündigung, ihr seht die Heilungen, es ist Zeit, kommt! Und ebenso herrisch wollte er seine Apostel: Sagt es ihnen, heilet, gehet von Dorf zu Dorf, abgelehnt kommet nicht wieder! Das bedeutet natürlich nicht, daß die *heutige* Kirche und ihre Amtsträger nun in dieser apostolischen Schroffheit vorgehen müßten; denn die heutigen Amtsträger sind keine Apostel, und die heutige Kirche kann ihre Amtsträger nicht mit der ‚Wunderkraft' ausstatten, und die Zeit Jesu auf Erden ist heute nicht mehr. Vielmehr hat die heutige Kirche recht, wenn sie ihre Amtsträger statt zur apostolischen Schroffheit zur Seelsorge anleitet. Denn jetzt heißt es nicht mehr: Rasch, ohne viel Umschweife, Ablehnung ist Ablehnung, Frist wird nicht gegeben. Vielmehr heißt es jetzt: Langsam, mühevoll anknüpfend, sorgend, nie abbrechend, immer hoffend und betend, alles Gott überlassend Seelsorge treiben. Man kann nicht die Forderungen Jesu für die ‚Zeit der Nähe' einfach jetzt auf die ‚Zeit der Ferne' anwenden. Es hat sich vieles geändert, und es soll geändert bleiben, bis wieder die ‚Zeit der Nähe' sein wird. Aber an jenen Weisungen Jesu soll man studieren, wie einst die ‚Zeit der Nähe' aussehen wird. Wer, schlechthin biblisch, die Anweisungen Jesu *jetzt* handhaben wollte, der müßte auch Jesus selbst wieder auf die Erde bringen können, denn beides gehört zusammen, der wirkliche Jesus

[14] Calvin stellt das in Abrede!

und der Apostel nach seiner Anweisung. Das Kommen Jesu liegt aber nicht in unsern Händen, also tue man auch nicht, als sei wieder ‚Zeit der Nähe'."[15]

Die Fach-Eschatologen werden sagen, daß Fendt hier einen gordischen Knoten mit dem Schwert zerhauen habe. Aber er hat jedenfalls darin recht, daß er den Abstand zwischen der ursprünglichen Lage des Textes und jeder späteren oder heutigen Predigt redlich einhält. Denn nichts ist schlimmer für die Predigt als das fatale ‚Als ob', von dem gerade die Eschatologie so gerne Gebrauch macht. Und Fendt hat auch darin recht, daß er uns die simplen Identifizierungen des Predigers heute mit dem Apostel damals verwehrt.

Anderseits lebt das Recht unserer Predigt auch über diesen Text davon, daß hier nicht nur Abstand und geschichtlicher Wandel zu konstatieren ist, sondern daß es Entsprechungen zwischen damals und heute gibt. Sonst könnte der Text nicht Quelle und Norm für Glaube und Leben der Gemeinde werden. Solche Entsprechungen ergeben sich zunächst aus der Gleichheit der menschlichen Natur und ihrer Umwelt: auch der Prediger heute muß leben und muß sich Gehör verschaffen für seine Sache. Die Schwierigkeit liegt darin, ob es auf der ‚göttlichen' Seite Entsprechungen gibt — in der Ansage des Himmelreichs, in der Gegenwart des verkündigenden und verkündigten Christus, in der Schwere der Entscheidung, die wir gegenüber der heutigen Predigt treffen.

Auch wenn wir meist in der Ansage des Himmelreichs die kosmisch-apokalyptischen Formen abstreifen, so bleibt doch die Ansage des Himmelreichs als Ansage des Gotteswillens. Luthers Auslegung der ersten Vaterunser-Bitten verknüpfen beides meisterhaft und auch für heute gültig und zutreffend. Gewiß klingen die Aussagen des Katechismus nicht so drängerisch wie diejenigen unseres Textes. Aber das Wort und der Wille Gottes ergehen doch nur scheinbar so unbefristet; das Jetzt und Hier der Anrede verliert sich selbst in der in sich ruhenden Endlichkeit unserer bürgerlichen Kirche nicht ganz. Nichts braucht künstlich aufgeputscht zu werden, und doch bleibt der Ansage des Gottesreichs der Ernst.

Aus dem „fernen Jesus" der Bibel will der „nahe Christus" der Gemeinde werden, wenn uns sein Wort einleuchtet. „Christus, der Meister, lehret im Herzen, doch durch das äußerliche Wort seiner Prediger, die es in die Ohren treiben, aber Christus treibts in das Herz."[16] Die Verheißung des göttlichen Geistes und unsere Bitte um deren immer neue Erfüllung bezieht sich auf die Selbstvergegenwärtigung Jesu Christi.

Bleibt noch übrig die Frage, ob der Auslegung des Textes, seinem Angebot des Friedens und dem Annehmen oder Ablehnen dieses Angebots der entsetzliche Ernst der Worte innewohnt, mit denen die Perikope schließt. Unsere Predigt lebt ja in der Regel von der Wiederholung und in der Wiederholung. Das ist für alle Beteiligten keineswegs nur Plage — das ist es auch, weil darin die Langeweile lauert! —, sondern auch eine gewisse Erleichterung und ein

---

[15] L. Fendt, Der Christus der Gemeinde, eine Einführung in d. Evang. n. Lk. 1937, 111.
[16] Luther, Von beider Gestalt des Sacraments, 1522, Cl. 2, 321, 8.

Trost. Jene erste Sendung der Jünger aber geschieht mit allen Zeichen einer atemlosen Einmaligkeit. „Ihr werdet mit den Städten Israels nicht zu Ende kommen, bis des Menschen Sohn kommt" (V. 23). Denken wir uns von der heutigen Predigt alles weg, was an die eschatologisch-apokalyptischen Vorzeichen und Bedingungen von Mt. 10 erinnert! Dann würde sie zu dem unverbindlichen Gerede, in welches sie oft genug ausartet. In der Ansage des Gottesreichs als des Geschehens des göttlichen Willens — auch in der schlichtesten Predigt — wird nicht nur geredet, sondern es geschieht etwas: Angebot und Gebot zugleich. Auch durch die tausendfältige Wiederholung kann dieser Vorgang sein Wesen nicht verlieren. Dann gilt aber das den Evangelisten so wichtige Wort: Wem viel gegeben ist, von dem wird man viel fordern. Und dann gilt nach der negativen Seite: Corruptio optimi pessima. Wer das Angebot des Evangeliums und seines Friedens verdirbt, indem er es ablehnt, beraubt sich selbst und zieht sich das Verhängnis zu. — Für den Prediger aber, der sich an den Satz über Sodom und Gomorra erinnert sieht, bedeutet dies, daß er über das — ohnehin abwesende — Sodom und Gomorra nicht zu richten hat.

Die merkwürdigen Sätze über den Frieden, der im Falle der Ablehnung wieder zu den Jüngern zurückkehrt, sind ein Ausdruck für den Geschehnischarakter jeder Predigt. Es wird eben nicht nur geredet. Sie sind aber vielleicht auch ein Ausdruck für das unauflösliche Ineinander von Sache und Person in allem christlichen Zeugnis. Wer sich damals von Jesus zu dieser Evangelisation senden ließ, muß etwas von der Macht und dem Frieden in Jesu Botschaft und Person erfahren haben. Wer davon heute gar nichts erfahren hat, wird auch im späten Zeitalter einer institutionalisierten Kirche und einer oft genug auf ausgefahrenen Gleisen sich bewegenden Verkündigung ohne Verheißung und darum auch ohne Ernst sich abmühen müssen. „Denn es mag niemand Gott noch Gottes Wort recht verstehen, er habs denn ohne Mittel von dem heiligen Geist. Niemand kanns aber von dem heiligen Geist haben, er erfahre es, versuche es und empfinde es denn, und in derselben Erfahrung lehret der heilige Geist als in seiner eigenen Schule, außerhalb deren wird nichts gelehret denn nur Scheinwort und Geschwätz." [17]

[17] Luther, Das Magnificat, 1520 u. 1521, Cl. 2, 135 f.

4. Sonntag nach Trinitatis

Römer 8,18—23

Estque totius istius quaestionis insolubilis, ista brevis solutio in uno verbulo, Scilicet, Esse vitam post hanc vitam, in qua, quicquid hic non est punitum et remuneratum, illic punietur et remunerabitur, cum haec vita sit nihil nisi praecursus aut initium potius futurae vitae: Und es gibt für diese ganze unlösbare Frage (der Theodizee, d.h. der Frage nach der Gerechtigkeit Gottes) dieses kurze Lösung in einem Wörtlein, nämlich: Es ist ein Leben nach diesem Leben, in welchem alles, was hier nicht bestraft und belohnt wird, dort bestraft und belohnt wird, da dieses Leben nichts als der Vorläufer oder vielmehr der Anfang des zukünftigen Lebens ist (*Luther*, Vom unfreien Willen Cl. 3,290,31 Mü.-Ausg., Erg. Bd. I 1954, S. 246).

Denn wer das künftige Leben nicht hofft, der bedarf Christus ebenso wenig als die Kühe und andere Tiere des Paradieses, weil Christus Reich nicht ist noch sein kann auf Erden, wie er selbst vor Pilatus bekennt: Mein Reich ist nicht von der Welt (*Luther*, Die drei Symbola 1539 W.A. 50,269).
Wie es vor alten Zeiten, da die Menschen an der Erde lagen, eine Wohltat war, ihnen auf den Himmel zu deuten, und sie auf's geistige aufmerksam zu machen, so ist's jetzt eine größere, sie nach der Erde zurückzuführen und die Elastizität ihrer angefesselten Ballone ein wenig zu vermindern (*Goethe* an Knebel am 17. 11. 1784). Der Zweck des Lebens ist das Leben selbst (*Goethe* an Heinr. Meyer am 8. Februar 1796).

Die dritte Auflösung dieses Knotens (der Theodizee) soll diese sein: daß uns Gott um einer zukünftigen Glückseligkeit willen, also doch aus Güte, in die Welt gesetzt habe, daß aber vor jener zu hoffenden überschwenglich großen Seligkeit durchaus ein mühe- und trübsalvoller Zustand des gegenwärtigen Lebens vorhergehen müsse, wo wir eben durch den Kampf mit Widerwärtigkeiten jener künftigen Herrlichkeit würdig werden sollten. — Allein daß diese Prüfungszeit (der die meisten unterliegen, und in welcher auch der Beste seines Lebens nicht froh wird) vor der höchsten Weisheit durchaus die Bedingung der dereinst von uns zu genießenden Freuden sein müsse, und daß es nicht tunlich gewesen wäre, das Geschöpf mit jeder Epoche zufrieden werden zu lassen, kann zwar vorgegeben, aber schlechterdings nicht eingesehen werden, und man kann also freilich diesen Knoten durch Berufung auf die höchste Weisheit, die es so gewollt hat, abhauen, aber nicht auflösen: welches doch die Theodizee verrichten zu können sich anheischig macht (*Kant*, Über das Mißlingen aller philosophischen Versuche in der Theodizee, 1971, hier zit. nach Pl. Menzer, Kants Populäre Schriften, Berlin 1911, S. 265 f.).

Könnten und sollten die Christen die Umstände und Begebenheiten ihres Lebens selbst leiten, so würden sie das oft zu ihrem Schaden anstatt zu ihrem Nutzen tun, weil sie oft das Angenehme für das Nützlichere halten, oder doch vergessen würden, daß durchgehends das Unangenehme nützlicher ist, als das Angenehme, ja, daß die allervorteilhaftesten Umstände zur Herrlichmachung eines Christen die allerunangenehmsten sind, und weil sie zu weich gegen sich selbst sein würden, sich selbst in solche Umstände zu begeben. Die Herrlichmachung kann nämlich nicht geschehen, ohne mancherlei Leiden. Diese Leiden veranstaltet der Herr nach seiner Weisheit und Liebe, daß sie nicht zu früh kommen, daß sie niemals zu schwer werden, und nie länger dauern, als es nötig ist. Die heilige Schrift fügt immer zusammen: Glauben und Seligkeit, Leiden und Herrlichkeit. Zur Seligkeit gibt es keinen andern Weg als den Glauben, zur Herrlichkeit keinen andern Weg als das Leiden (*G. Menken,* Versuch einer Anleitung zum eig. Unterricht in den Wahrheiten der hl. Schrift 2. Aufl., Bremen 1825, S. 273 f.).

Oder straft nicht jeder Augenblick eures praktischen Lebens eure Theorie Lügen? Haltet ihr es für Unrecht, die Gerichte in Anspruch zu nehmen, wenn ihr übervorteilt werdet? Aber der Apostel schreibt, daß es Unrecht sei. Haltet ihr euren rechten Backen dar, wenn man euch auf den linken schlägt, oder macht ihr nicht einen Prozeß wegen Realinjurien anhängig? Aber das Evangelium verbietet es. Verlangt ihr vernünftiges Recht auf dieser Welt, murrt ihr nicht über die kleinste Erhöhung einer Abgabe, geratet ihr nicht außer euch über die geringste Verletzung der persönlichen Freiheit? Aber es ist euch gesagt, daß dieser Zeit Leiden der künftigen Herrlichkeit nicht wert sei, daß die Passivität des Ertragens und die Seligkeit in der Hoffnung die Kardinaltugenden sind (*K. Marx,* Rhein. Zeitung von 1842, hier zit. nach Marx-Engels, Über die Religion, Dietz Verlag Berlin, 1958; S. 27 f.).

Das religiöse Elend ist in einem der Ausdruck des wirklichen Elendes und in einem die Protestation gegen das wirkliche Elend. Die Religion ist der Seufzer der bedrängten Kreatur, das Gemüt einer herzlosen Welt, wie sie der Geist geistloser Zustände ist. Sie ist das Opium des Volkes. Die Aufhebung der Religion als des illusorischen Glücks des Volkes ist die Forderung seines wirklichen Glücks. Die Forderung, die Illusionen über seinen Zustand aufzugeben, ist die Forderung, einen Zustand aufzugeben, der der Illusion bedarf. Die Kritik der Religion ist also im Keim die Kritik des Jammertales, dessen Heiligenschein die Religion ist. Es ist also die Aufgabe der Geschichte, nachdem das Jenseits der Wahrheit verschwunden ist, die Wahrheit des Diesseits zu etablieren (*K. Marx,* Zur Kritik der Hegelschen Rechtsphilosophie, a.a.O. S. 30 f.).

Die Frage, woher denn nur Sünde, Fleisch, Tod in die Welt gekommen sind, wenn sie zu der ‚Schöpfung' V. 19—22 schlechterdings nicht gerechnet werden können und doch auch an den von ihnen vergifteten Teil der Menschen als Fremdes herangetreten sind, hat sich hier dem Paulus aufgedrängt. Und sein Ideal einer von dem *Sklaventum* der *Vergänglichkeit,* d.h. von dem *Gesetz der Entwicklung,* befreiten Schöpfung spottet jedes Versuchs, von unserer Vernunft ergriffen zu werden. Aber man darf an den Dichter nicht mit den Maßstäben des Gesetzgebers und des Philosophen herantreten. Die Mischung von Phantasie und Gemüt, aus der heraus das Bild 8, 19—22 geboren ist, gehört zu dem Kostbarsten, was die alte Welt an Dichtung uns hinterlassen hat ... In diesem Abschnitt des Römerbriefs, in dem das Wort ‚Glaube' niemals vorkommt, wird das Wesen dessen, was für Paulus Glauben ist, wundervoller als je entfaltet (*Ad. Jülicher* z. St. in Schr. d. NT., 3. Aufl. 1917; Bd. 2, S. 286; Hervorhebungen von mir).

I.

Die Perikope besteht aus einer biblischen Sentenz (V. 18), zu der es viele Parallelen gibt — vgl. die Konkordanzen unter den Stichworten Leid, Leiden, Trübsal, Kreuz! — und aus einem Zusammenhang, der als einzigartig zu bezeichnen ist (V. 19—22). Je nach dem, was die Ausleger voranstellten, haben sie das Besondere oder das Konventionelle des Textes betont. „Das sind ja ebenteuerliche Red, die Creatur so zur Person zu machen", bemerkt Luther[1], „Wir haben uns Rechenschaft zu geben über den Sinn dieser wahrhaft ungeheuerlichen Betrachtungsweise der menschlichen Dinge", heißt es bei K. Barth[2], während Melanchthon meint, es bedürfe der V. 18 keiner langen Erläuterung. „Denn wer wird nicht verstehen, daß diese Stelle von Gewicht ist, wenn es sich um den Trost über den Ausgang der Anfechtungen und ihren Lohn handle[3].

Dementsprechend heftet sich an die biblische Sentenz V. 18 der leidenschaftliche Widerspruch des neuzeitlichen Bewußtseins gegen die Jenseitsbezogenheit des herrschenden Christentums, das sich im Widerspruch zu seinen Ursprungsnormen dann doch in der Welt nur zu gut etabliert hat und zurechtfindet. Und an die Sätze vom Warten der Kreatur — vom ‚ängstlichen' Harren steht im Urtext nichts; Luther hat αποκαραδοκια so übersetzt — haben sich von jeher die Reflexionen der Ausleger angeschlossen. Der junge Luther benutzt den Text zur Polemik gegen die Metaphysik der Scholastiker und stellt die Kategorien des Apostels in schroffen Gegensatz zu denen des Aristoteles[4]. Wirksam geworden ist er damit damals nicht, da die Vorlesung von 1515/16

---

[1] Predigt vom 6. Juli 1544, hier zit. nach E. A. 20 II, 149.

[2] K. Barth, Der Römerbrief, 4. Aufl. 1928, S. 286.

[3] Melanchthon, Römerbriefkommentar von 1532, Stud. Ausg. Bd. V, 1965, S. 237. Hic nihil est opus longa interpretatione. Quis enim non intelliget valere in consolando hunc locum de exitu afflictionum et praemiis? — Die Beschreibung der ‚afflictiones' geben ein anschauliches Bild der damaligen Lage der Reformationsbewegung: „So sehen wir zur Zeit nicht den Ausgang der gegenwärtigen Unruhen der Kirche: Gute Lehrer werden getötet; Fürsten und Könige sinnen auf Zerstörung der Kirche; es mehren sich die fanatischen (scil. schwärmerischen) Lehrer; Die Zügellosigkeit des Volkes sieht (mit Erwartung) auf den Zerfall der Kirche; denn das bewirkt, daß es sich vollends von allen religiösen Fesseln losmachen kann; dazu veröden die Studien; begabte Geister schrecken wegen der großen Gefahren vor dem Lehren der Religion zurück; viele finden Freude an einer neuen Art von Lehre, an der sie vollends zu Atheisten werden; es wüten gegen die Kirche als äußere Feinde auch die Türken ..." (a.a.O. S. 237 f.).

[4] Luther, Vorlesung über den Römerbrief, übers. v. Ed. Ellwein, Mü. Ausg. Erg. Bd. 2, 1937, S. 317 ff. Ich zitiere nur den Anfangs- und den Schlußsatz: „Anders philosophiert und denkt der Apostel über die Dinge als die Philosophen und Metaphysiker. Denn die Philosophen versenken sich so ausschließlich in den gegenwärtigen Zustand der Dinge, daß sie nur über ihr Wesen und ihre Eigenschaften spekulieren. Der Apostel aber wendet unsern Blick ... zurück und richtet ihn auf die Dinge in ihrer zukünftigen Gestalt ... Wir ziehen daher den Schluß: Wer lieber nach dem Wesen und Wirken der Dinge forscht als auf ihr Seufzen und ihr Harren acht gibt, der ist ohne Zweifel töricht und blind, da er nicht weiß, daß auch die Kreatur Kreatur ist. Das geht deutlich genug aus dieser Schriftstelle hervor" (a.a.O. S. 320).

erst in unserm Jahrhundert wieder ans Licht kam. Aber diese Polemik hat Luther nicht gehindert, am Jenseitsglauben festzuhalten. Je mehr dieser Jenseitsglaube abbröckelt oder zerbricht, desto mehr muß die Sentenz von V. 18 als Ausflucht und schaler Trost erscheinen. Und der Ausleger von 1917 kann sich nur noch in ästhetischer Bewunderung des dichtenden Apostels ergehen — man kann den Ingrimm verstehen, mit dem die alten Marburger Studenten um 1917 in Safenwil und Leutwil bzw. St. Gallen sich zu Jülicher in Gegensatz stellten.

Die Bemühungen um den berühmten und schwierigen Text haben natürlich nicht aufgehört[5]. Soweit von einem Ergebnis die Rede sein kann, läßt es sich in den zusammenfassenden Sätzen finden, mit denen Ernst Käsemann unsere Perikope interpretiert hat: „Mit neutestamentlich kaum übertroffener Nachdrücklichkeit wird hier die Solidarität der christlichen Gemeinde mit der unerlösten Welt herausgestellt. Diese Solidarität, und das heißt spannungsvolle Gemeinschaft, beruht darin, daß Gemeinde und Welt gemeinsam der Manifestation der Gotteskinder entgegenharren. Die Gemeinde tut es in klarem Wissen um das Ziel, die Welt dagegen aus jener tiefsten Unruhe, die aus der unentwegten Erfahrung gesetzter Grenzen, unvermeidbarer Schuld, nicht erlangten Friedens stammt. Die darin zutage tretende Sinnlosigkeit des Lebens ist ohne Hoffnung unerträglich. Zugleich wird jedoch Hoffnung wieder durch die wahrgenommene Sinnlosigkeit verhindert. So ist die Welt ständig im Exodus, ohne den Ausweg zum Heil zu finden. Umgekehrt mag christlich, wie Paulus es hier tut, ihre Unruhe als Schatten der auch ihr gewährten Hoffnung gedeutet werden, wenngleich sie nicht die Realität dieser Hoffnung ist. Der Gemeinde, die aus der Verheißung als der Kehrseite des Evangeliums lebt und deshalb Trägerin gewisser Hoffnung ist, erscheint die Unruhe der Welt als Weg in der Welt noch verborgener Hoffnung sinnvoll"[6].

---

[5] Zu den älteren Kommentaren kommt nun derjenige von Ernst Käsemann hinzu: Handb. z. Neuen Testament 8a. An die Römer, Tübingen 1973, 407 Seiten — neben dem nun auch erfolgten glücklichen Abschluß des Theologischen Wörterbuchs zum Neuen Testament das wichtigste Ereignis in dieser Disziplin, und für die Benutzer unserer GPM schon deswegen eine Freude, weil Käsemann ja auch zu unsern Autoren gehört. Die neue Auslegung wird sich in den kommenden Jahrgängen auswirken. — Von den andern Beiträgen nenne ich: Ernst Fuchs, Die Freiheit des Glaubens, Römer 5–8 (BevTh 14) 1949, S. 101 ff.; Uwe Gerber, Römer VIII, 18 ff. als exegetisches Problem der Dogmatik (Novum Testamentum 8, 1966, S. 58–81); Ulr. Luz, Das Geschichtsverständnis des Paulus (BevTh 49), 1968, S. 369 ff.; Ernst Käsemann, Der gottesdienstliche Schrei nach der Freiheit (Paulinische Perspektiven) Tübingen 1969, S. 211–236; Horst Balz, Heilsvertrauen und Welterfahrung Strukturen der paulinischen Eschatologie nach Römer 8, 18–39 (BevTh 59), München 1971, 145 Seiten. —

In den GPM wurde der Text behandelt von E. Dinkler (5, 1950/1); G. Bornkamm (16, 1961/2) und Fried. Winter (22, 1967/8). Bei Eichholz in der 1. Aufl. (1942) von diesem selbst; in der 2. Aufl. (1959) von W. Kreck. — Für meinen eigenen Versuch wichtig und hilfreich war mir der Beitrag über Gal 4, 1–7 von Dieter Georgi in GPM 28, 1973/4, S. 54–62.

[6] Paulin. Perspektiven, S. 218.

Es legt sich verführerisch nahe, die Käsemannsche Interpretation ihrerseits zu problematisieren und zu erläutern. Denn dessen ist sie in hohem Maß wert und bedürftig. Aber ich gebe der Versuchung nicht nach. Es ist richtiger, wenn wir uns dem Text selbst zuwenden.

II.

Die obligate Frage nach dem Zusammenhang unserer Perikope ist nicht leicht zu beantworten. Das γαρ (denn) in V. 18 weist zurück, zunächst auf die Klammer von συμπασχειν (mitleiden) und συνδοξαξεσθαι (mit verherrlicht werden) in V. 17b, aber dann doch auf alles in Röm 8 bis dahin Gesagte. Liest man dies unbefangen, findet man keinen ganz strengen Zusammenhang. Nur die Hauptthemen heben sich heraus: es handelt sich um Freiheit (8, 2), um das Wirken des Pneuma (5 ff.), um die Gegenmächte von σαρξ (Fleisch) und Sterblichkeit (V. 11 die θνητα σωματα sterblichen Leiber). Die Dualismen von Geist und Fleisch überwiegen zunächst die von Gegenwart und Zukunft; diese bekommen erst in unserm Abschnitt mehr Gewicht (αχρι του νυν bis jetzt V. 22). Aber es wird kaum gelingen, die präsentischen und die futurischen Nuancen des Kapitels säuberlich zu sondern: an das Einwohnen des Geistes „in euch" knüpft sich unmittelbar das Futur von den zum Leben zu bringenden sterblichen Leibern (V. 11). Wenn wir dieses Futur futurum resurrectionis (der Auferstehung) nennen, bezeichnet das nur den Respekt und die Verlegenheit vor einer so schwer nachzuvollziehenden Aussage des Paulus. Übergreifend wirkt dann m. E. das Stichwort von der Sohnschaft (oder Kindschaft, weil ja nicht nur die männlichen Wesen gemeint sind!); es taucht V. 14 auf und dürfte für den ganzen Rest von Röm 8 bestimmend bleiben, wenn es auch nach V. 29 nicht mehr erklingt. Sohnschaft – in der Bibel meist weniger naturhaft als juridisch akzentuiert! – heißt auch Erbberechtigung. Aber vor deren Genuß ist die Barriere des Leidens mit Christus gestellt. In diesem Zusammenhang begegnet das Stichwort, das zum eigentlichen Thema unseres Abschnitts wird: die Verherrlichung[7]. (Die herkömmliche Begrenzung unserer Perikope kann bleiben, da die Nachbarstichworte, Sohnschaft und Erbe nach rückwärts, Hoffnung nach vorn, nicht verlorengehen, sondern ihren Stellenwert behalten und finden.)

Dem Text entlang gehend, fragen wir zu V. 18, ob sich die ‚Leiden der Jetzt-Zeit' genauer bestimmen lassen. Wohl ging voraus, daß es sich bei der Erbberechtigung um etwas ‚mit Christus' handelt; sowohl das Mitleiden wie das Mitverherrlichtwerden bezieht sich auf ihn (V. 17). Es ist ein messianisches Schema. Dennoch werden wir den Auslegern zustimmen, die die Leiden allgemein, nicht nur als Leiden um Christi willen verstehen. Auch sollte man den νυν καιρος nicht harmlos als banale Gegenwart nehmen, sondern im kategorialen Sinn: es ist Gegenwartswelt der Zukunftswelt gegenüber. 2. Kor 4, 17 wird eine noch intensivere Beziehung zwischen Negativität der Gegenwart

---

[7] So in der auch sonst beachtlichen Meditation von Fr. Winter GPM 1967/8.

und Positivität der Zukunft statuiert; es besteht zwischen ihnen ein Wirkungszusammenhang. So weit geht Paulus hier nicht. Er beschränkt sich auf das Abwägen; auf der Wagschale erweist sich das Gewicht der Zukunftsherrlichkeit als Übergewicht. Die leidvolle Gegenwart wird nicht verharmlost; sie verschwindet ja nicht; aber sie verliert an Gewicht. Gewiß liegt der Satz in der Gesamtlinie wenn nicht der Bibel, so des Neuen Testaments. Aber er müßte sich natürlich jedem Einspruch stellen; dies um so mehr, da er von Paulus kaum begründet wird.

Eigentlich läßt er sich nur begründen, wenn wir eine genaue Vorstellung von der Zukunftsherrlichkeit der Christen gewinnen können. In seiner heute selten zitierten Monographie zur Vokabel ‚doxa' hat H. Kittel unter Einbeziehung alles religionsgeschichtlichen Materials von einer Sublimierung der Machtidee in der Rechtfertigungs-doxa gesprochen: „Gerade die spezifisch paulinische Gestaltung unseres Begriffs im Zusammenhang der Rechtfertigungslehre bewahrt die Machtidee in einem neuen verinnerlichten Sinne auf." Doxa „ist die Überwinderkraft, die mit den παθηματα (Leiden) fertig wird"[8]. „Die doxa ist die Vollendung der Gerechtmachung."[9]

Nach zwei Seiten finde ich weitere Belehrung und Bestätigung in der Monographie H. Kittels. Er unterstreicht, daß wir in den Sätzen des Paulus das Futurische und das Präsentische nicht wirklich sondern können. Zwar handelt es sich um eine doxa, die erst offenbart werden soll. Aber V. 30 wird dann von der Verherrlichung der Gläubigen doch in einem Aorist-Satz gesprochen. — Wichtiger noch die andere Erkenntnis, daß sich die zukünftige doxa nicht anschaulich machen läßt. „Wird nicht die neue doxa bei Paulus zu einer ihrem Wesen nach formalen Bezeichnung der Überschwenglichkeit des Rechtfertigungszustands in jeder Beziehung, der gar kein besonderer Inhalt zukommt, sondern die den Sinn hat, das Überschreiten aller irdischen Zustände (die allein beschreibbar und definierbar sind) anzuzeigen?"[10] Kittel nimmt den Begriff der doxa schließlich als Zeichen des zentralen Anliegens der paulinischen Botschaft, des religiösen Anliegens schlechthin, betont aber, dieser „Höhepunkt wird erkauft mit einem bis dahin auch noch nicht erreichten Grade der Unanschaulichkeit. So konkret der Zustand qualifiziert ist, den Paulus im Zusammenhang seiner Rechtfertigungslehre mit doxa kennzeichnet, so sehr dient doch gerade dieser Begriff zum Hinweis auf die Unfaßlichkeit dieses Zustandes. Doxa ist bei Paulus schon so lautere Überschwenglichkeit, greift so kühn in das Unaussprechliche, daß es bei ihm nicht nur Zentralbegriff ist, sondern zugleich Grenzbegriff."[11] Was wir sonst allenthalben in Barths Römerbriefauslegung fanden, wird hier in einer sorgfältigen, auch religionsgeschichtlich fundierten Forschung bestätigt. Womit freilich über die Nachvollziehbarkeit heute noch nichts ausgemacht ist.

---

[8] H. Kittel, Die Herrlichkeit Gottes, Studien zu Geschichte und Wesen eines neutestamentlichen Begriffs, Beih. z. Ztschr. f. Ntl. Wissensch. 16, A. Töpelmann, Gießen 1934, 275 Seiten. Zitat S. 218.

[9] A. a. O. S. 195. [10] S. 207. [11] S. 238.

Bedenken wir den Wurzelboden von doxa im Alten Testament, läßt es sich auch so ausdrücken: doxa und seine hebräischen Äquivalente wollen Gottes eigenes Wesen und Wirklichkeit bezeichnen. In diese hinein sollen die Glaubenden als Kinder Gottes gezogen werden. Herrlichkeit und Verherrlichung besagen also nichts anderes als was mit Kindschaft oder Sohnschaft selbst gemeint ist. Damit geschieht den doxa-Aussagen kein Eintrag; Kindschaft oder Sohnschaft stehen unter dem Vorzeichen der göttlichen doxa.

III.

Mit dem Abschnitt V. 19–23 betreten wir ein anderes Gelände. Was Paulus hier sagt, läßt sich durch neutestamentliche Parallelen gar nicht, durch rabbinische nur einigermaßen belegen. Dort wird in Auslegung von Gen 3, 17 vom Verfall der Schöpfung infolge von Adams Fall geredet; aber vom Warten und Seufzen der Schöpfung scheint auch dort nicht die Rede zu sein. Es sollte Einverständnis darüber bestehen, daß unser Christenglaube nicht daran hängt, ob und wieviel wir einer so dunklen und einmaligen Aussage des Paulus abgewinnen können. D. h., daß wir nicht mit O. Michel darauf pochen, es handle sich hier um ‚Offenbarung' im biblischen Sinne, nicht um ein weltanschauliches oder metaphysisches Bild der Antike[12].

Erleuchtend scheint mir, was Lietzmann u.a. mitteilen, daß Marcion diese Sätze aus seinem Römerbrief getilgt hat. In dem (begreiflichen) Interesse, das Neue des Christusgeschehens nicht wieder im Alten versacken zu lassen, möchte er jede positive Beziehung des neuen Evangeliums und des neuen Glaubens auf die vorhandene Schöpfung aus dem Kanon verbannen. „Was nicht Hoffnung ist, das ist Klotz, Block, Fessel, schwer und eckig wie das Wort ‚Wirklichkeit'."[13] Inzwischen haben sich die Dinge geändert: die Menschheit, auch die Christenheit leiden kaum mehr unter zu viel Jenseitsbezug; man kennt bestenfalls nur mehr die Schöpfung und denunziert alles, was darüber hinauszuweisen scheint. So mag die Parole vom Prinzip Hoffnung sich nahelegen. Aber sie ändert wenig am herrschenden Bewußtsein, das mehr als von unsern philosophisch-theologischen Traktaten von den irdischen Faktoren des Lebens bestimmt wird.

Marcion hätte aber die Sätze des Paulus gar nicht zu streichen brauchen. Dieser nimmt ja die Schöpfung hinein in den Duktus seines eigenen Hoffens. Er will mit diesen Sätzen begründen, daß die zukünftige Herrlichkeit mehr Gewicht hat als die Leiden des Augenblicks. Dies zu sehen, scheint mir wichtiger als die Debatte, was eigentlich hier mit κτισις (Schöpfung) gemeint und nicht gemeint ist. Unter den Auslegern hat Schlatter die Sätze am engsten auf die Menschenwelt beschränken wollen; alles andere war ihm zu spekulativ[14].

---

[12] O. Michel, z. St. S. 175.

[13] K. Barth, Der Römerbrief, 1928, S. 298.

[14] Schlatter, Erläuterungen, (1902), S. 186: „Wollten wir aber darob das Hoffen, Harren und Seufzen der Menschheit überhören, so würde aus jenem Mitgefühl mit der Natur eitel

Wo die Ausleger auch die nichtmenschliche Schöpfung einbezogen sein lassen, weisen sie zum Beleg auf mehr oder weniger Vorstellbares hin. Luther fand in dem ‚unfreiwillig' (V. 20) die Geduld des Schöpfers, der es regnen läßt über Gerechte und Ungerechte; aber auch den Hinweis auf den eigentlichen Zweck der Schöpfung, nicht dem sündigen Tun des Menschen Raum, sondern Gott die Ehre zu geben[15]. Um so mehr sind die Menschen unentschuldbar, wenn sie dem Schöpfer schuldig bleiben, was ihm doch die Schöpfung erweist[16]. Spener und Oetinger lesen schon die Solidarität von uns Menschen mit der Schöpfung aus dem Text[17], die dann von den heutigen Auslegern mit Vorliebe betont wird[18]. So naiv Melanchthon sich zur biblischen Sentenz V. 18 geäußert hat, so reflektiert ist seine Bemerkung zu 19 ff., daß ein und derselbe Schöpfungsbefund von der menschlichen Vernunft der antiken Philosophen und von dem Apostel Jesu Christi genau gegensätzlich gedeutet werde: jene finden die Gottheit nicht in der Natur, dieser findet ihn[19].

Was Paulus mit Nichtigkeit und Sklaverei des Verderbens (V. 20 und 21) meint, scheint fast selbstverständlich: eben die Vergänglichkeit alles Irdischen. Wie die ganze Antike, so empfindet auch Paulus diesen Zustand der Dinge negativ. Er bedenkt nicht, wie das Gegenteil davon sich ausnähme. Wichtiger für uns: daß er neben den Kategorien von Schuld und Sünde für das Negative auch die ‚harmloseren' unseres Textes kennt.

Merkwürdigerweise hat sich zwar das Seufzen und Harren der Kreatur bis heute dem Bewußtsein eingeprägt; aber die positive Hoffnung — „die Schöpfung soll befreit werden ... zur herrlichen Freiheit der Kinder Gottes" (V. 21)

Phantasterei ... Aber weder Bäumen noch Tieren wird die Freiheit und Herrlichkeit zufallen, welche die Kinder Gottes haben. Das erhält nur ein zur Person geschaffener Mensch." Übrigens hatte schon Augustin ähnlich argumentiert.

[15] E. A. 20 II, 151: Aber nu es Gottes Will ist ... diene doch den bösen Leuten, auch den Mördern, Türken, Papst, den schändlichsten Buben, die zu ihrer Sünd nicht konnten kommen, wo die Sonne nicht schien. – S. 153: Denn die Sonne ist nit darumb geschaffen, daß du bei ihrem Schein wollst huren, morden, stehlen etc., sondern du sollst dabei arbeiten, Gott loben, der ein solch Licht anzündet, daß du dabei könntest arbeiten, gehen, stehen sehen.

[16] Calvin zu V. 20.

[17] Phil. Jak. Spener, Auslegung des Briefes Pauli an die Römer, hrsg. v. Heinr. Schott, Halle 1852, S. 173 f.: Weil alle Kreaturen leiden müssen, und zwar um unserer Sünden willen, warum sollten wir uns über das Leiden beschweren wollen, die wir ja mit den Sünden dazu Ursache gegeben haben? Es trifft uns ja nichts anderes, als was die ganze Natur trifft, die doch nicht in Gottes Zorn liegt, als welchen sie nicht verschuldet hat. – Fr. Christ. Oetinger, Grundbegriffe des Neuen Testaments in einem neuen Jahrgang von Pred. üb. die Episteln, Reutlingen 1852, S. 267 (als Summarium der Predigtauslegung): Als Leidende wollen wir nichts Besonderes haben, sondern im Glauben harren mit der ganzen Creatur, besonders wir, als die Erstlinge des Geistes habend.

[18] Ernst Fuchs, Freiheit des Glaubens, 1949, S. 110.

[19] Melanchthon a.a.O. zu V. 21 f.: Vide autem, quomodo diversa argumenta ex eadem re sumunt humana ratio et spiritus sanctus. Epicurei sic argumentantur: Quia impii bene habent et mundo etiam magis utuntur quam pii, ergo Deus non curat humana. Paulus diversum ratiocinatur: Non est possibile totam rerum naturam ad abusum conditam esse. Impii nunc abutuntur mundo. Igitur impii aliquando dabunt poenas liberato mundo.

— ist nicht so sprichwörtlich geworden. Dies hängt nun freilich mit den grundlegenden Schwierigkeiten der Aussagen jeder Zukunftshoffnung zusammen, denen wir noch nachzugehen haben. Die Aussage des Paulus gewinnt — in den Grenzen der Perikope — ihr Ziel in dem ‚nicht nur, sondern auch' (V. 23), das nun freilich schon grammatisch aus dem Gleis geraten, mehr noch sachlich schwer zu verstehen ist.

Was bis dahin wenn nicht gegen-, so jedenfalls deutlich unterschieden nebeneinander stand: die Gotteskinder und die übrige Schöpfung, fällt jetzt in dem einen Punkt zusammen: sie seufzen und warten alle. Der Vorrang der Glaubenden ist nicht so bedeutend, wie es schien. Damit wird nicht verneint, was sie an göttlichem Geist besitzen: die απαρχη, das Angeld; aber auch und gerade dieser Besitz ist mehr auf Hoffnung als in präsenter Realität. So seltsam es klingt, die Gotteskinder erwarten selbst erst ihre Gotteskindschaft, sofern diese in der Erlösung des Leibes besteht, d. h. wohl nicht Erlösung von der Leiblichkeit, sondern Erlösung des Leibes ins Pneumatische[20].

IV.

Alle Mühen und Ergebnisse der Auslegung entscheiden noch nicht, ob und wie wir heute die biblischen Aussagen als unsere Aussagen nachvollziehen können. Hier drängen und schärfen sich die Fragen.

Ich nehme voraus, was wohl am fremdartigsten bleiben wird: die Solidarität zwischen der seufzenden Kreatur und den Gotteskindern, sofern damit die unbeseelte Schöpfung und menschliche Wesen gemeint sind. In den Auslegungen spiegelt sich die Skala der ‚Spiritualität' und ‚Animalität' des jeweiligen Lebensgefühls wieder. Und da im Christentum der Hang zur Spiritualität vorherrscht und dann doch oft als bedenklich empfunden wird, hat man die Sätze vom Seufzen der Kreatur und von der Solidarität als Gegengewicht gern besonders betont. Dabei spielt die Phantasie eine große Rolle. Daß Paulus kein Interesse an einer eigenständigen Kosmologie hat, liegt auf der Hand. Der ganze Zusammenhang ist bestimmt vom Heilsinteresse; die Welterfahrung ist sekundär. Wer sich hier ins Zeug legen will, mag sich an die Parole Barths im Römerbrief von 1919 halten: „Lösung des Welträtsels und Eschatologie sind nicht voneinander zu trennen."[21]

Viel wichtiger sind m. E. die Fragepunkte, die die christliche Rede von der Zukunft, von der damit verknüpften Hoffnung und vom Ziel der Freiheit betreffen. Alle drei liegen in *einer* Perspektive, wollen aber deutlich unterschieden werden.

„Da die Vollendung des Heils ein Gegenstand des auf das Künftige gerichteten Glaubens nur dadurch zu werden vermag, daß es bereits ein Gegenstand

[20] H. R. Balz, a.a.O. S. 58: Ob nun der Leib der Christen erlöst wird (Gen. subj.) oder die Christen von ihrer Existenz in der Leiblichkeit dieser Welt befreit werden (Gen. obj.), sie werden jedenfalls am Ende mit den Bedingungen ihrer jetzigen Existenz nichts mehr zu tun haben.

[21] K. Barth, a.a.O. S 246.

gegenwärtiger Erfahrung geworden ist, so kann auch, was von einer in der Zukunft liegenden Endvollendung erwartet wird, nur nach Maßgabe dessen vorgestellt werden, was als gegenwärtiger Gehalt im frommen Selbstbewußtsein gesetzt ist, woraus sich von selbst je nach der jedesmaligen Stufe des frommen Selbstbewußtseins eine Mannigfaltigkeit eschatologischer Vorstellungen ergibt."[22] Der nüchterne Satz aus dem vorigen Jahrhundert konnte uns vor vielen überflüssigen Sorgen und Triumphen bewahren, die in der Hochkonjunktur des eschatologischen Redens seit 1918 hochkamen. Auch angesichts unserer Perikope ist es wohl müßig, die Grenze zwischen dem νυν καιρος (Jetztzeit) und der δοξα μελλουσα αποκαλυφθηναι (Herrlichkeit die offenbart werden soll) (V. 18) im Sinne der überlieferten Jenseits-Diesseitsvorstellungen zu fixieren. Der Jenseits-Bezug selbst ist, wie Luther mit Recht einschärft, dem Glauben wesentlich; aber die Ausgestaltung im einzelnen bleibt frei. Es war wohl auch nicht *so* wesentlich, wie die Gegner und die Verteidiger dachten, die Erde und den Himmel einander möglichst schroff entgegenzusetzen: Brüder bleibt der Erde treu, und: Den Himmel überlassen wir den Engeln und den Spatzen. Nicht einmal die viel erörterte Unterscheidung müßte die Rolle spielen, die sie immer noch spielt: wie sich bei der Realisierung des Reiches Gottes die Initiative Gottes und die Mitwirkung der Christenmenschen zueinander verhalten. Wie wir, auch nach der Meinung Luthers, Gottes Mitarbeiter in der Welt sind, so auch im Blick auf das Reich Gottes: Denn wohl kommt Gottes Reich ohne unser Gebet von ihm selbst, und wir haben zu bitten, daß es auch zu uns komme. Aber da die Realisierung des Reiches darin besteht, daß Gottes Name geheiligt werde und sein Wille geschehe, sind wir nicht nur passiv daran beteiligt, wie verschieden auch diese menschlich-christliche Mitwirkung gedacht sein mag. — Wer heute in den Fragen des Lebens in der Welt und ihres Bezugs auf das Reich Gottes die Passivität der christlichen Erwartung zu sehr betont, tut dies, ob eingestanden oder nicht, in der Regel im Interesse an der Erhaltung des status quo.

Die Problematik der Zukunftsparolen liegt dort, wo im Namen solcher Parolen die Gegenwart verkürzt wird. Es gilt auch und gerade für unsern Umgang mit der christlichen Wahrheit, was ein Philosoph heute so ausdrückt: „Sich der Vergangenheit entledigen heißt: ins Nichts stürzen und auch die Zukunft zerstören, die nur in ihrer Beziehung zur Vergangenheit definiert werden kann. In allem übrigen ist die Zukunft das, was nicht existent ist. Die Zukunft als ein Existierendes zu nehmen — damit erliegen wir der Bedrohung der Utopie, für welche die Zukunft schon da ist."[23] Es ist heute Mode geworden, die neutestamentlichen Verheißungen fast selbstverständlich in die Utopien der Menschengeschichte einzuordnen, um sie so dem Gegenwartsbewußtsein anzupassen. Eines Tages werden wir uns fragen, wieweit wir darüber die Gegenwart versäumt und in bezug auf die Zukunft doch nichts geerntet haben.

[22] R. A. Lipsius, Lehrbuch der Dogmatik, 1879, § 926, S. 829.
[23] Leszek Kolakowski in einem Interview, Die Zeit, Nr. 42, vom 12. 10. 1973, S. 18.

Es bessert nichts, wenn wir dafür auch noch die Hoffnung als Prinzip aufbieten. Gewiß ist sie ein Grundwort in Röm 8 und sonst bei Paulus. Aber nicht alles, was bei Paulus wichtig ist, können wir uns als Schmuck anhängen, nur weil es gut und teuer ist. Das Getöse damit war und ist wohl zu groß. Am Grund des menschlichen Existentials, das man Hoffnung nennt, liegt die menschliche Vitalität. Wir Menschen sind erstaunliche Stehaufmännchen. Wie die Ameisen fangen wir an, unsern Bau wieder einzurichten, wenn er zerstört worden ist. Diese dem Menschen in verschiedenem Maß mitgegebene Vitalität ist auch die Basis unserer christlich-theologischen Urteile; mindestens die Art, wie wir die Faktoren ordnen, hängt auch von ihr ab. Aber diese Art von Leben ist nicht identisch mit dem, was bei Paulus und sonst mit der Hoffnung gemeint ist.

Und wer soll von Fall zu Fall entscheiden, wo unsere Hoffnung mehr als Postulat und Wunschdenken, wo sie wirklich in der Verheißung von oben und von außen begründet ist? Jedenfalls kann die Hoffnung nicht die Rolle eines Gottesbeweises spielen. Sie kann nicht zur Religions- oder Glaubensbegründung werden. Sie fängt genau dort an, wo die vitale Hoffnung aufhört. So meint es auch Paulus: παϱ' ελπιδα επ' ελπιδι— wider (alle) Hoffnung auf Hoffnung hin (Röm 4, 18). — Nicht als ob für unsere christlichen Hoffnungssätze ein Patent zu fordern wäre, das unsere Botschaft dann absichert: aber so wenig Gottes Geist und Menschengeist verwechselt werden dürfen, so wenig die Verheißung für den Glauben und das Prinzip Hoffnung als Element menschlichen Existierens. Dorthin zielt wohl auch der andere Leitsatz, den Barth seiner ersten Auslegung unserer Perikope zugrunde legte: „Gottvertrauen und Eschatologie sind nicht voneinander zu trennen.“ [24]

Es steht noch aus das Wort von der Freiheit der Herrlichkeit der Gotteskinder, auf welche hin die ganze Schöpfung befreit werden wird (V. 21) — doch wohl der Höhepunkt des Textes, gleichzeitig aber auch das, was am schwersten zu fassen ist, weil hier weder zu anschaulich, noch zu unanschaulich gesprochen werden darf — jedenfalls nicht so, daß wir in unserer Predigt mit der andern Hand nehmen, was wir mit der einen gegeben haben. Nun ist Freiheit ein Reizwort, so verlockend und so verschwommen wie heutzutage das Wort Friede, je nachdem, Ausdruck der Sehnsucht oder Werkzeug der Verführung. Bleiben wir nahe beim Text, so ergibt sich Sinn und Inhalt dieses Ziels der Freiheit und Herrlichkeit der Gotteskinder aus dem Gegensatz zum Dienst der Leere und Vergänglichkeit (ματαιοτης und φϑοϱα V. 20 und 21). Das klingt auch heute einleuchtend, wenn wir auch die Antwort schuldig bleiben müssen, falls man uns fragt, wie eine Welt ohne Vergänglichkeit zu denken sei. Jülicher hat hier ganz beiläufig die paulinische Rede vom Sklaventum der Vergänglichkeit umgewandelt in das ‚Gesetz der Entwicklung‘[25]. Darüber wäre nachzudenken. Aber wir Jüngeren sind weniger als Jülicher

[24] A. a. O. S. 241.

[25] Jülicher an der eingangs angegebenen Stelle.

geneigt, uns mit dem Zauberwort vom Gesetz der Entwicklung abzufinden. Soweit wir uns nicht mit Goethes — nicht zu verachtender — Parole zufriedengeben mögen, der Zweck des Lebens sei das Leben selbst, stehen wir auch heute vor dem Befund: Leere und Verfall, nicht als harmonische Auflösung oder Rückkehr zur Mutter Natur, sondern als Joch einer Sklaverei, die dem nicht entspricht, sondern widerspricht, was Gott mit seiner guten Schöpfung im Sinne hat.

Fragen wir nach der Vergewisserung solcher Hoffnungssätze, so werden wir auf das Angeld des Geistes verwiesen. Aber wer in der Christenheit beruft sich nicht auf den Geist Gottes? Pneumatologie und Charismatik werden vielleicht bald die Konjunktur der Eschatologie und des Prinzips Hoffnung ablösen. Auch dann gilt es, nüchtern zu bleiben: über die Verheißungen gewinnen wir Gewißheit und Zuversicht nicht aus dem, was wir als Gottesgeist ansprechen mögen (und dürfen!), weil hier Verwechslungen nie ausgeschlossen sind, sondern aus dem Wort der göttlichen Verheißungen, die uns dann allerdings eben dieser Geist gewiß macht. Wir bewegen uns damit an der Grenze, aber auch beim Kern dessen, was den Glauben ausmacht.

V.

„Ein vorläufiges Summarium ist jetzt angebracht. Die in ihrer Schwere nicht verkannten Leiden der messianischen Zeit wiegen dem Apostel gering, weil er in der Naherwartung der endzeitlichen Freiheit steht und deren Herrlichkeit in der Gotteskindschaft vorwegnimmt.“[26] Die Frage ist, ob wir es wagen, hierüber zu predigen. Müßte ich selbst predigen, würde ich mich auf V. 18 beschränken. Er hat sich dem christlichen Bewußtsein ziemlich tief eingeprägt; er bietet dem Weltbild nach weniger Schwierigkeiten als die V. 19ff.; er ist oft mißverstanden und mißbraucht worden; er wurde und wird deshalb auch kräftig kritisiert. So meine ich, die Predigt darf sich auf die Auslegung dieses einen Satzes beschränken. Sie sollte m. E. ausgehen von Mißverstand und Mißbrauch des Paulus-Satzes durch eine Jenseitshoffnung, die sich der Gegenwart verweigert; je nach dem Grad der Kirchlichkeit der Hörer müßte dann die Kritik an dieser Jenseitsfrömmigkeit zum deutlichen Bewußtsein gebracht werden; auch auf die Zwiespältigkeit unseres eigenen christlich bestimmten Lebens muß hingewiesen werden. Dann aber kommt es darauf an, so von der Herrlichkeit, die sich an den Kindern Gottes offenbaren soll, zu reden, daß der Satz des Paulus nicht fromme Phrase oder frommer Wunsch bleibt, sondern Ausdruck dessen, was die Christenheit glaubt und hofft.

---

[26] E. Käsemann, Handbuch S. 224.

In der frühen Christenheit finden wir Wirkung und Macht des eigentlich Christlichen – als Forderung und als Hoffnung – mit unvergleichlicher Intensität nach innen, auf das Leben der Gemeinde selbst konzentriert; nach außen ist der Einfluß des Christentums gering. Heute ist es umgekehrt: die äußere Position der Kirchen, ihr Einfluß und ihre Wirksamkeit sind, verglichen mit den Anfängen, immer noch erstaunlich groß. Die Intensität, sich nach innen christlich zu profilieren, ist recht gering. Unausbleiblich stellt sich die Frage: welcher Stand der Dinge ist dem Ansatz und der Absicht der Sendung und Botschaft Jesu eher angemessen?

6. Sonntag nach Trinitatis

Markus 10, 13–16

Von dem zwölften, dem weißen Berg endlich kommen solche Gläubige: wie die unschuldigen Kinder sind sie, denen nichts Böses in den Sinn kommt, und die nie gelernt haben, was Sünde ist, die vielmehr immer unschuldig blieben. Sie werden nun ganz gewiß Wohnung im Reich Gottes erhalten, weil sie in keinem Fall die Gebote Gottes befleckt haben, sondern alle Tage ihres Lebens in der gleichen unschuldigen Gesinnung verharrten. Und er schloß: „Ihr alle, die ihr so bleibt und sein werdet wie die Kinder ohne alle Bosheit, ihr seid herrlicher als alle die vorher genannten; denn alle Kinder sind herrlich vor Gott und stehen bei ihm oben an. Selig also ihr, die ihr die Bosheit abgewiesen und euch der Unschuld ergeben habt, vor allen andern werdet ihr Leben haben bei Gott" (*Hirt des Hermas* Simil 9, 22 Übers. v. M. Dibelius Handb. z. N. T. Erg. Bd. 4, 1923).

Glückseliges Sakrament unseres Wassers, wodurch wir nach Abwaschung des Fehltritts unserer vorigen Blindheit für das ewige Leben in Freiheit gesetzt werden (*Tertullian,* Über die Taufe 1, Übers. BKV I, 1912 S. 275). – Die herablassende Gnade Gottes schickt ihre Vorzeichen und Vorbereitungen voraus; jede Bitte aber kann täuschen und getäuscht werden. Und so ist denn je nach dem Zustande einer Person, nach ihrer Disposition und auch nach ihrem Alter ein Hinausschieben der Taufe ersprießlicher, vornehmlich aber hinsichtlich der Kinder … Der Herr hat freilich gesagt: „Wehret ihnen nicht, zu mir zu kommen." Sie sollen demnach auch kommen, wenn sie gelernt haben, wenn sie darüber belehrt sind, wohin sie gehen sollen; sie mögen Christen werden, sobald sie imstande sind, Christus zu erkennen (*ders.,* ebenda 18 S. 296).

Es ficht solche Dichter das am meisten an, daß in den Alten Vernunft ist, die sich stellet, als gläube sie dem Wort, das sie höret; das heißen sie denn gläuben; wiederumb sehen sie, daß in den Kindern noch nicht Vernunft ist, denn es stellet sich, als gläuben sie nicht. Aber darauf sehen sie nicht, daß Glaub an Gottes Wort gar viel ein ander und tiefer Ding ist, denn das, was die Vernunft mit Gottes Wort tut. Denn jenes ist allein Gottes Werk über alle Vernunft, welchem das Kind so nahe ist, als der Alte, ja viel näher, und der Alte so ferne, ja viel ferner (*Luther*, Pred. üb. Mt 8,1ff. Kirchenpostille [1529] E.A. 11,71f. W.A. 17, II, 86).

Wir netzen kleine Kinder und wir netzen im Alter Fortgeschrittene. Wir wehren diejenigen nicht von der Kirche ab, die ihre Kinder nicht zum Benetzen bringen und sie statt dessen bloß unter Händeauflegen und kirchlichem Gebet unserem Mittler und Heiland Christus anbefehlen. Christus hat kein Alter für die Taufe vorgeschrieben, aber auch keines ausgeschlossen (Kirchenordnung der Reichsstadt Nördlingen 1525 in E. Sehling, (Hrsg.), Die evang. Kirchenordnungen des 16. Jahrh. Bd. 12 S. 296, hier zit. nach D. Schellong a. Anm. 1 a.O. S. 36).

Diese Geschichte ist sehr nützlich; denn sie lehrt, Christus nimmt nicht nur die an, die von sich aus durch den Antrieb einer heiligen Sehnsucht und des Glaubens zu ihm kommen, sondern auch solche, die dem Alter nach noch gar kein Gefühl dafür haben können, wie sehr sie seiner Gnade bedürfen. Denn in jenen Kindern ist noch kein Verstand vorhanden, so daß sie nach seinem Segen verlangen könnten. Dennoch nimmt er sie, als sie ihm gebracht werden, menschlich und freundlich auf und weiht sie in dem feierlichen Ritus des Segens dem Vater. Wir haben ferner die Absicht derer zu beachten, die die Kinder bringen (offerunt). Wäre ihnen nicht die Überzeugung fest zu eigen gewesen, er verfüge über die Kraft des Geistes, die er ins Volk Gottes ergieße, wäre es absurd gewesen, die Kinder zu bringen. Denn ohne Zweifel erbitten sie für jene Anteil an der Gnade ... Sie schreiben ihm (Jesus) Vollmacht und Ehre des höchsten Propheten zu (*Calvin*, Evang.harmonie zu Mk 10,13).

Diese werden die Ernte sein, auf die ihr eure Arbeit in dem großen Acker Gottes werdet zu richten haben (*Schleiermacher*, Homil. über d. Evang. Marci 1835 S. 67f.).

Daher bewahrheitet sich das ... Wort, der Philosoph könne die christlichen Gebräuche von Herzen mitmachen, an der Taufe keineswegs, vielmehr tritt hier einer der Collisionsfälle ein ..., aus welchem sich der Einzelne nur insofern noch leichter als aus anderen ziehen kann, da er hier nicht sowohl selbst etwas mitzumachen, als vielmehr zu gestatten hat, daß mit einem Anderen, seinem Kinde, etwas vorgenommen werde, was zu verhindern er, mit Rücksicht auf die bürgerlichen und socialen Inconvenienzen, welche seinem Kinde daraus erwachsen dürften, sich nicht berechtigt lauben mag. Übrigens ist durch die liberalen Maßregeln einiger Regierungen in Betreff der Baptisten jetzt wenigstens soviel gewonnen, daß nichtgetaufte Kinder doch nicht mehr als etwas Unerhörtes betrachtet werden, und so vielleicht nach und nach die Staaten auch an ungetaufte wie unbeschnittene Bürger, Beamte, Landstände und – Regenten sich gewöhnen (D. Fr. *Strauß*, Die christl. Glaubenslehre II, 1841, S. 557 f.).

Alle diese Worte richten sich gegen diejenigen, die nicht begreifen können, was Gottes Gnade und Vergebung ist, die nicht verstehen, daß der Mensch Gottes Güte nur als Geschenk empfangen kann und daß deshalb eigentlich erst der Sünder weiß, was Gnade ist! Und das ist es endlich auch, weshalb Kinder zum Vorbild dienen können. Sie wissen noch nicht, was Leistung und Anspruch ist und können sich schenken lassen. (Folgt Mk 10, 13–16.) (Rud. *Bultmann*, Jesus o. J. [1926] S. 189).

Der Text ist ein sehr intimes, aber nur um so gewaltigeres Zeugnis für die universale Tragweite des Werkes und Wortes Jesu. Ein Tauftext ist er aber gerade nicht (K. *Barth*, K. D. IV, 4, 1967 S. 200).

I. Die Hilfsmittel

Die Perikope von Jesus dem Kinderfreund oder wie man sie sonst überschrieben hat, gehört nicht zu den altkirchlichen Predigttexten. Erst die Eisenacher Ordnung von 1896 hat sie, für den 21. nach Trinitatis, aufgenommen; jetzt soll sie am 6. n. Trin drankommen, wohl als Seitentext zu dem Tauftext von Röm 6, 3 ff. Wenn also auch nicht als Predigttext, so hat sich unsere Perikope desto mehr als liturgischer Text dem Gemeindebewußtsein eingeprägt. Vilmar bestätigt dies nur, wenn er bemerkt: „Das ‚Kinderevangelium', und zwar nach Mc., wird nach dem Taufact verlesen. Es bildet die Grundlage für den Taufunterricht der Kinder" (Coll. Bibl. z. St.). Vilmar gibt nicht an, seit wann Mk 10, 13–16 bei der Kindertaufe verlesen wurde. Luther hat, der überlieferten Ordnung folgend, den Text als Lesung in seine Verdeutschung des Taufbüchleins (seit 1523) aufgenommen und dabei blieb es. Heute hören wir von vielen Exegeten, unser Text habe mit der Kindertaufe wahrscheinlich, ja sicher nichts zu tun[1]. Dennoch können wir in der Sonntagspredigt die litur-

[1] Wie auch aus meiner Dokumentation hervorgeht, ist die Deutung von Mk 10, 13–16 immer kontrovers gewesen. Der alte Streit wird neu entfacht durch K. Barths Kampfschrift von 1943: Die kirchliche Lehre von der Taufe (Theol. Stud. H. 14) und durch weitere Äußerungen Barths mit eher noch schärferer Tendenz bis hin zu dem Teilband IV, 4 (1967) der Kirchlichen Dogmatik, die nun sein ‚letztes Wort' geblieben ist. M. Barth hat durch die Monographie von 1951 Die Taufe – ein Sakrament? der Sache ein breites ntl. Fundament zu geben versucht. – O. Cullmann hat alsbald in Aufnahme religionsgeschichtlicher Arbeiten von J. Leipoldt und A. Oepke aus den zwanziger Jahren gemeint, nicht nur die Möglichkeit der Kindertaufe im NT nachweisen, sondern gerade unsere Perikope als Beleg für die Kindertaufe retten zu können: in dem Verbum kolyein: hindern (V. 14) habe man es mit einem technischen Ausdruck der ntl. Taufpraxis zu tun (Die Tauflehre des NT, Zürich 1948, bes. S. 65 ff.). Eine solche Beziehung unseres Textes zur Kindertaufe halten auch J. Jeremias (in GPM 1, 1946/7 H. 1 S. 34 u. sonst.) und A. Oepke (ThWbz. NT 5, 1952, S. 649) für möglich. Zwar sei der Text an sich vorsakramental, aber er setze sich wohl mit Bedenken gegen die Kindertaufe auseinander, Ulr. Wilckens meint in seiner Übersetzung des NT, eine solche Verknüpfung sei zwar nicht ausgeschlossen, aber keineswegs zwingend. – Ausdrücklich verneint wird ein solcher Zusammenhang von K. Aland, Die Säuglingstaufe im NT und in

gische Sitte nicht ignorieren, ungeachtet dessen, daß solche Lesungen nicht immer ‚ankommen'.

In dem knappen Jahrhundert seit der Eisenacher Ordnung scheint homiletisch für den Text wenig geleistet worden zu sein. In den GPM wurde er in 1, 1946/7 H. 1 von J. Jeremias, in 17, 1962/3 von Herb. Braun behandelt; bei Eichholz in beiden Auflagen von Band 3 gleichlautend durch W. Niesel (1947 und 1957). G. Dehn hat 1940 in der Furchereihe und in dem Meditationsband „Mein Herz hält dir vor dein Wort' den Text ausgelegt. Am meisten hat G. Klein zur homiletischen Aufarbeitung geleistet[2]. Was er in einer Bibelarbeit vorbringen kann, kann natürlich nicht alles auf die Kanzel gebracht werden. Auch auf den Streit der Forschung wird die Predigt nur in Auswahl eingehen können. Aus der älteren, schmalen Predigttradition ist Schleiermacher besonders ergiebig und beachtlich. Er legt den Text ganz innerweltlich aus, etwa im Sinne der Parole: Wer die Jugend hat, der hat die Zukunft. K. Barths Auslegung in K. D. IV, 4, 1967 S. 200 kann man als Gegenstück zu Schleiermachers Homilie betrachten und benutzen.

II. Das Ganze des Textes

Auch der ungeschulte Leser bemerkt, daß die Perikope nicht einheitlich ist. An eine Anekdote schließt sich ein Wort Jesu. Danach wird sein Umgang mit den Kindern beschrieben. Jesu Wort in V. 15 begegnet auch Mt 18,3; es ist also selbständig überliefert worden. In beiden Worten Jesu wird nicht im selben Sinn von Kind gesprochen: zunächst buchstäblich, dann übertragen. G. Klein hat als Fachmann den Befund folgendermaßen zusammengefaßt: „Es ist ein weiter Weg von dem alten Jesuswort, das dazu aufrief, sich der Kinder anzunehmen, über die ideale Szene – Vers 13 und 14 – in der die Gemeinde ihrem Glauben Ausdruck gibt, daß Jesus selbst so zu den Kindern

---

der alten Kirche (ThExh NF H. 86 1. Aufl. 1960 2. Aufl. 1963; dazu die Gegenschrift von J. Jeremias in Heft 101, 1962). Ähnlich zurückhaltend über den Zusammenhang auch E. Haenchen, Der Weg Jesu. Eine Erkl. des Mk. Evang., 1966 S. 347; Ed. Schweizer im NTD I, 1968 z. St., G. Klein (s. Anm. 2) u. v. a. – Zum ganzen Komplex verweise ich ferner auf Dieter Schellong, Warum Christen ihre Kinder nicht mehr taufen lassen? Frankfurt 1969 (mit Lit. Verzeichnis!); Edm. Schlink, Die Lehre v. d. Taufe, Kassel 1969; W. Marxsen, Darf man kleine Kinder taufen? Eine falsche Fragestellung, Güterloh 1969; K. Aland, Taufe und Kindertaufe, Gütersloh 1971. E. Dinkler, Die Taufaussagen des NT, Neu untersucht im Hinblick auf K. Barths Tauflehre (in: Fr. Viering [Hrsg.], Zu Karl Barths Tauflehre, Gütersloh 2. Aufl. 1972 S. 60–153); zu Mk 10,13 ff. S. 66 – Hans Hubert, Der Streit um die Kindertaufe. Eine Darstellung der von K. Barth 1943 ausgelösten Diskussion um die Kindertaufe, Verlag Peter Lang, Frankfurt a. M. 1974, 215 S.; zu Mk 10,13 ff. S. 41 ff. Diese, als kathol.-theol. Dissertation entstandene Schrift bringt ein ausführliches Literaturverzeichnis, ohne den oben erwähnten Sammelband von D. Schellong zu nennen!

[2] G. Klein, Jesus und die Kinder, in: Ärgernisse. Konfrontationen mit dem Neuen Testament, München 1970 S. 58–81. Ähnlich differenziert aus der älteren Auslegung J. Chr. K. v. Hofmann, Der Schriftbeweis II, 2, 2. Aufl. Nördlingen 1860, 194–198.

steht, wie er es von den Seinen verlangt; über die spätere Verknüpfung dieser idealen Szene mit dem Vers 15, in welchem die Tragweite des Kindseins für den Glauben der Erwachsenen bedacht wird; über den Zuwachs des Schlußverses 16, der das Wort Jesu durch die zeichenkräftige Tat einschärft, bis hin zur Einstellung der Gesamtperikope in den Zusammenhang der einzelnen Evangelien mit ihren an dieser Stelle so verschiedenen Aussageabsichten. Dieser komplizierte Überlieferungsweg der Perikope ist ein Weg fortwährender Verstehensanläufe der urchristlichen Gemeinde. Das von Jesus angeschlagene Thema ‚Der Glaubende und die Kinder' hat diese Gemeinde nicht mehr losgelassen, und sie hat unter den sich wandelnden Bedingungen ihrer Existenz und unter den sich wandelnden Verstehensbedingungen ihren Glauben auch vor diesem ihr von Jesus aufgegebenen Thema zu bewähren gesucht" (S. 70).

Auch wer nicht alles Detail einleuchtend findet – z. B. die These, am Grunde des Ganzen liege Jesu Wort vom Aufnehmen der Kinder in seinem Namen (Mk9,37 Par), während ein solches Wort, wie auch immer zu deuten, besser in die spätere Situation der Gemeinde zu passen scheint –, wird Kleins Analyse und ihr Ergebnis lehrreich, wenn nicht musterhaft finden. Freilich wird der fachlich weniger geschulte Leser (und Prediger) auch empfinden, wie sehr er hier vom Urteil des Fachmanns abhängig ist! Befolgt man schließlich die Anregung, den Zusammenhang der Perikope im Gefüge von Mk10 zu beachten, so wird man ernüchtert: denn dort finden wir eine Art Katechismus oder Haustafel: Ehe (V. 1–12), Kinder (13–16), Besitz (17–31) in ihrer Bedeutung für Reich Gottes und Jüngerschaft; diese Bedeutung liegt auf so verschiedenen Ebenen, und jedes Einzelstück dieser Reihe enthält so vieles, was sich der Hauptperspektive kaum einordnet, daß man den Gesamtzusammenhang lieber nicht weiter berücksichtigt.

Von der ganzen Szene gilt, was J. Weiß und Ad. Jülicher von Jesu Wort in V. 14 meinen, es sei leichter nachzuempfinden als zu bewußtem Verständnis zu bringen[3]. Von vielen Exegeten wird nach dem Vorgang R. Bultmanns[4] die Darstellung als ideale Szene, also als nachträglich geformt, erklärt. Auch dann möchte man gerne wissen, ob und wieweit sie den damaligen Gewohnheiten entspricht, und man läßt sich gerne von E. Lohmeyer belehren, es handle sich dabei um eine schöne Sitte, nach welcher man Kinder zu einem berühmten Rabbi trägt und ihn um seinen Segen für die Kinder und ihr weiteres Leben bittet[5]. Es ist dann freilich noch weniger zu verstehen, warum sich die Jünger dazwischen stellen. Aber es gehört vielleicht zu den Requisiten der Jesusüberlieferung, daß die Jünger so oft als verständnislos und hinderlich dargestellt werden. Das eigentliche Interesse der Darstellung liegt nun einmal auf dem Tun und Reden Jesu[6].

---

[3] Die Schriften des NT I, 1917 S. 167.
[4] Gesch. d. synopt. Tradition 1931² S. 58–60.
[5] Ernst Lohmeyer in der Meyerschen Reihe 1937 S. 203.
[6] Ernst Haenchen u. a.

Immer bleibt strittig, ob Wort und Szene dem vorösterlichen Jesus zuzuschreiben sei oder nicht: H. Braun meint, die Szene sei typisch und sei daher möglicherweise aber nicht sicher ein Bericht aus Jesu irdischem Leben[7]. Ed. Schweizer hält V. 15 für ein echtes Jesuswort, gerade weil in der frühen Gemeinde das Kind keine besondere Rolle spielte[8]. G. Klein entnimmt dem Vollmachtsruf Jesu, mit dem er die Kinder zu sich kommen läßt und der seine einzige Parallele in Mt 11, 28 hat, es müsse sich um den Ruf des erhöhten Herrn handeln[9]. Nun scheint mir aber zum Kern – auch zum historischen Kern – der Evangelien zu gehören, daß Jesus eine besondere Vollmacht zugeschrieben wird, die er auch in Anspruch nimmt und ausübt, an deren Für und Wider sich sein ganzer Weg bestimmt. Es bedarf also keiner ‚idealen Szene', um das Geschehen auch im irdischen Leben Jesu vorstellbar zu machen. Wenn das Markusevangelium dabei Worte verwendet, die ihm eigentümlich und die sonst kaum oder gar nicht zu belegen sind, so reicht das m. E. noch nicht für die Annahme einer nur idealen Szene aus[10]. Ich betone dies, weil wir die elementare Frage, wie es eigentlich gewesen ist, nicht unterdrücken können.

III. Das Detail

Je deutlicher wir die Schichtungen der Perikope erkennen (oder, wegen der bleibenden Unsicherheiten, zu erkennen meinen), desto fraglicher wird es, worauf sich Auslegung und Predigt nun zu konzentrieren haben: sollen wir den Einzelelementen nachgehen oder müssen sie hinter dem Ziel des Ganzen zurücktreten; aber was ist dieses Ziel? Wir meinen wohl, es komme auf die Worte Jesu vor allem an; aber eben diese Worte sind darin unterschieden, daß sie vom Kind buchstäblich oder übertragen reden. Beides will beachtet sein.

Je konkreter wir die Szene V. 13 und 14 nehmen möchten, desto rätselhafter wird sie. Was wollen die, die ihre Kinder zu Jesus bringen? Schleiermacher meinte, die Kinder sollten wenigstens einen Eindruck oder eine Erinnerung von Jesus bekommen. Denn sie sind „jetzt noch in ihrer irdischen Entwicklung soweit zurück, daß man ihnen nur die Erinnerung mitgeben kann, nur durch die Erzählung, die man ihnen später davon macht, ihnen das gegenwärtig machen, daß sie in seiner Nähe gewesen sind ... An denen wird in Erfüllung gehen, was vorher geschrieben steht, diese werden die Ernte sein, auf die ihr eure Arbeit in dem großen Acker Gottes werdet zu richten haben ... Und so ist es immer gewesen in der christlichen Kirche und soll es bleiben."[11] – Ich zitiere das so

---

[7] H. Braun, GPM 17, 1962/3 S. 259 und Jesus (Stuttgart-Berlin 1969) siehe Stellenreg.!

[8] Ed. Schweizer, NTD 1, 1968 S. 117 f.

[9] G. Klein a.a.O. S. 69.

[10] S. 67: „Die Wahrscheinlichkeit ist groß, daß Mk diesen erzählenden Abschluß geschaffen hat, um das Wort Jesu durch die zeichenkräftige Tat einzuschärfen."

[11] Schleiermacher a.a.O. S. 67 f.

ausführlich, weil heute kein Ausleger mehr die Szene so anschaulich vor Augen stellt – G. Klein deutet solche Aspekte nur ironisch an! – und weil bei Schleiermacher deutlich wird, warum unsere Perikope sich dem christlichen Bewußtsein so tief eingeprägt hat: „So ist es immer gewesen und so soll es bleiben." Die Kunde von Jesus, dem Heiland, ohne die es auch keinen Glauben an ihn geben kann, soll auf dem Wege der Erinnerung und Unterweisung von Generation zu Generation weitergehen. Unser Text ist zum Grundgesetz aller Mission und Ausbreitung des Christentums geworden.

Wenn wir V. 13f. nicht so verstehen wollen und können, wie dann? Fast alle neueren Ausleger sagen, Jesus und die Kinder gehören zusammen, ungeachtet der mehr oder weniger fragwürdigen Vorstellungen, mit denen sie zu ihm gebracht werden (so vor allem G. Klein). Und zwar zur Bezeugung des universalen Heils – und Heilandswillens Jesu (so K. Barth u. v. a.). Niemand wird dagegen etwas einwenden wollen. Die Frage bleibt, was eigentlich die Kinder von der Begegnung mit Jesus haben sollen; es handelt sich ja um unmündige Kinder, wenn auch nicht notwendig um Säuglinge (trotz Lk 18,15: βρεφη!). Auch wenn es eine ideale Szene sein soll, meint sie, daß eine solche Begegnung heilsam und wirksam ist. Worin besteht diese heilsame Wirkung, was heißt und ist Segnen und Segen? „Der Segen richtet sich auf das Leben. Leblose Dinge haben ihr starres Maß; sie bleiben, was sie sind. Lebendiges hat eine Quelle in sich. In ihm liegt das Geheimnis des Anfangs. Es wächst und ist fruchtbar. Auf dieses Geheimnis bezieht sich der Segen. Ob es nun Segen des Leibes ist oder des Gemütes, des Werkes oder der Tat. Er löst die innere Tiefe, entriegelt die Quelle, macht aufsteigen, wachsen, mehrwerden." [12] Wohl werden wir die Analogie zum Biologischen zu überprüfen haben; aber Guardini macht den Sachverhalt wenigstens im Ansatz faßbar. Leider geht auch er nicht darauf ein, wie sich solcher Segen durch Berührung auf andere überträgt.

Über die abweisende Art der Jünger ist viel gerätselt worden. Die Sache ist vielleicht nicht so wichtig. Inzwischen hat sich die Lage ja verändert: heute ist nach dem Urteil der Mehrheit Religion und Christentum nur mehr eine Sache für die Kinder; man tut sie mit dem übrigen aus Kindheit und Jugend ab, wenn man herangewachsen ist. Von diesem Wandel wird noch zu reden sein.

Was aber soll Jesu Wort: „Solcher ist die Basileia?" Warum gerade die Kinder? Einige Antworten finden sich in meiner Dokumentation. Auch hier ist Schleiermacher besonders bemerkenswert. Er betont den Gegenwartssinn der Kinder und führt dazu aus: „Und wie nur das ein ewiges Leben ist, in welchem und für welches jeder Unterschied zwischen Vergangenheit und Zukunft schwindet: so sollen auch wir das Reich Gottes aufnehmen, ohne alle Sorge für die Zukunft, wir sollen jede Erinnerung verscheuchen durch die Sicherheit und Klarheit, mit der wir uns unseres Besitzes in der Gegenwart bewußt sind, sollen uns nicht quälen mit dem Gedanken, als ob wir aus der Gnade wieder

---

[12] R. Guardini, Der Herr, 1937 S. 386f.

herausfallen würden; sondern so gewiß wir es haben, so gewiß sollen wir es auch haben als ein ewiges, und kein Gedanke soll uns im Besitz desselben stören."[13] So überschwänglich äußern sich die andern Ausleger nicht. Ziemlich gleichmäßig deuten die meisten das für das Reich Gottes Wesentliche am Kind als dessen Kleinsein, die Anspruchslosigkeit, den Mangel an Berechnung und Pochen auf die Verdienstlichkeit, auf die Fähigkeit und Lust sich etwas schenken zu lassen. Selten geht ein Ausleger auf die Frage des Bewußtseinszustandes der beteiligten Kinder ein. Vilmar meint: „Die Kinder hier wußten gar nicht, wer Christus war; die Eltern aber wußten es; die Richtung der letztern muß so sein, daß die göttliche Kraft Christi auf die Kinder übergehen kann. Das ist möglich, auch ohne wirkliche Entwicklung des Selbstbewußtseins. Diese Kinder hier, welche den Herrn noch nicht kannten, noch kein entwickeltes ‚Selbtbewußtsein' hatten, empfingen seinen Segen dennoch." Vilmar fügt die Anmerkung bei: „Bewußtlos ist ein Mensch nie zu nennen, ein bewußtloses Kind wäre ein Thier, und als solches wird kein Mensch geboren."[14] Dies alles macht nach Vilmar die Kindertaufe plausibel, während der gleiche Befund nach K. Barth dazu nötigt, den Text gerade nicht auf die Taufe zu beziehen.

Was in V. 14 schon angelegt ist, vollendet sich in V. 15: aus der zufälligen Begegnung der Kinder mit Jesus und deren Rechtfertigung durch Jesu Wort wird ein allgemeiner Satz über die Annahme des Gottesreichs (V. 15). Dieser Satz gilt nicht mehr nur von Kindern, sondern von allen. Daß er auch in anderem Zusammenhang begegnet (Mt 18,3), sei nochmals betont. Natürlich erheben sich jetzt erst recht die Fragen, was es mit dem kindlichen Aufnehmen des Reiches Gottes auf sich habe. Je deutlicher wir den exklusiven Charakter des Satzes erkennen – *nur* solche werden hineinkommen!! – desto dringlicher wird die Frage, worin die kindliche Aufnahme besteht. Man kann dabei von der Sachhälfte und von der Bildhälfte ausgehen, d. h. nach der Eigenart des Reiches Gottes und nach der des Kindes fragen. Über die ‚Kindlichkeit' wurde schon gehandelt. Es gilt aber jetzt, daß noch stärker von dem ‚natürlichen' Kind abzusehen ist. Denn indem wir mit der älteren Auslegung an die Sätze von Joh 3,3 ff. und Verwandtes zum Stichwort Wiedergeburt erinnern, dürfen wir nicht vergessen, daß es heißt ‚wie' ein Kind, nicht ‚als ein Kind'. Niemand kann sich zum Kind machen, und die Ausleger haben mit Recht bemerkt, daß krampfhafte Kindlichkeit kaum gemeint ist[15].

Gehen wir von der Sachhälfte aus, stoßen wir auf die Basileia. Man muß sie aufnehmen, um in sie zu gelangen. Weiß-Jülicher haben sich der Differenzierung enthalten und statt dessen gemeint, unser Text zeige schon einen sehr abgeschliffenen Gebrauch der Vokabel vom Reich Gottes, der keine deutlichen

---

[13] Schleiermacher S. 72 f.

[14] Collegium Biblicum. Das NT I, 1879 S. 265.

[15] Rengstorf im NTD zur Lukasparallele: „Sie (die Gottesherrschaft) öffnet sich nur, wenn man auf sie zugeht in der unbewußten, aber gerade darin ihr allein gemäßen Kleinheit, die das Wesen des Kindes ausmacht." – Ähnlich Weiß-Jülicher S. 168: „Gewollte Kindlichkeit würde stets unkindlich wirken."

Nuancen mehr kennt. Der neueren, eschatologisch anspruchsvollen Auslegung hat das nicht genügt.

G. Klein faßt seine Deutung zusammen: „Das Bedingungsverhältnis zwischen jetzigem Empfangen und einstigem Erreichen besagt also: Wer jetzt die Botschaft hinnimmt, dem ist die Zukunft gewiß." Und er verbindet damit den Hinweis, in der Perikope werde die Reichsgotteserwartung entapokalyptisiert, entchronologisiert, aus der Bindung an den jüngsten Tag gelöst[16]; es ist dabei darauf zu achten, daß sie nicht überhaupt entrealisiert werde. Aber das trifft jede Predigtauslegung solcher Texte heute.

Einige Ausleger gehen noch einen Schritt weiter, wenn auch unter verschiedenen Voraussetzungen. Weiß-Jülicher führen in die Tiefe des Textes, indem sie die geforderte Kindlichkeit auf die religiöse Anlage des Christenmenschen deuten. „Dies Wort Jesu ist nicht als eine Forderung gemeint, sondern nur als Ausdruck einer Überzeugung. Diese Anschauung enthält den Ansatz zu einer Lehre von der göttlichen Gnadenwahl. Es ist nun einmal so, daß die Menschen in verschiedenem Grad für die Religion angelegt sind, und, je kindlicher und unbewußter, je weniger von Selbstbespiegelung angekränkelt Jemand ist, um so empfänglicher wird er für die Botschaft sein, daß Gott ihm sein Heil schenken will."[17] G. Dehn hat den Hinweis ohne seine anthropologischen Voraussetzungen übernommen: „Das Kindsein ist eine Gegebenheit, es wurzelt letztlich in der Erwählung."[18] Erst mit diesen Erwägungen sind wir dem Text ganz auf die Spur gekommen, er bezeugt das Geheimnis unserer Gotteskindschaft. Von da aus liegt nun allerdings die Frage nach der Kindertaufe nahe genug.

IV. Und die Kindertaufe?

Auch wer J. Jeremias' Empfehlung nicht folgt, im Gottesdienst nach der Predigt über diesen Text eine Taufe zu halten[19], darf die herkömmliche Verbindung des Bildes von Jesus und den Kindern mit Praxis und Theorie der Kindertaufe nicht übersehen. Nun ist kaum eine Frage heute so komplex, verworren und paradox. Im christlichen Bewußtsein spielt das eigene Getauftsein nur selten eine wirkliche Rolle. Daß so viele Zeitgenossen an der Taufe ihrer Kinder festhalten, ist noch ambivalenter als was die Leute in Mk 10, 13 erwarten und tun. D. Fr. Strauß hat es schon deutlich genug ausgesprochen! Kaum irgendwo gibt es so viele exegetische und systematische Machtsprüche als in Sachen von Taufe und Kindertaufe. Das rührt gewiß auch davon her, daß hier von Anfang an die Praxis der Theorie vorausgegangen ist. Das Neue Testament bringt keine einheitliche Tauflehre[20]. Eindeutig kann man ihm

[16] G. Klein S. 80 und 79.
[17] Die Schriften des NT I, 1917³ S. 168.
[18] In ‚Mein Herz hält dir vor ...' 1940 S. 330.
[19] GPM 1, 1946/47 S. 35.
[20] W. Marxsen a. Anm. 1 a. O. S. 23 ff.

nur entnehmen, daß die damaligen Christen auf ihr Getauftsein sinnvoll angesprochen werden konnten. Dies ist heute kaum mehr so. Deswegen hat jeder Schriftbeweis zum Taufproblem heute etwas Bemühendes. Dabei spielt der Sakramentsverlust der Christenheit in der Neuzeit, besonders im Protestantismus, eine Rolle, die nicht immer reflektiert wird. Wir zitieren die Zeugnisse von Luthers Taufbewußtsein, als seien es Dokumente unseres Bewußtseins. So haben alle Beiträge, ob von K. Barth oder von Edm. Schlink, etwas Irreales. Das Paradoxe der Lage besteht darin, daß die heutigen Kritiker der Kindertaufpraxis die Taufe selbst nicht herabsetzen wollen oder verachten; sie versuchen, ihr den ursprünglichen Sinn wieder zu verschaffen.

Ich veranschauliche die Lage an einigen Argumenten der schon genannten Schrift Alands[21]. Aland erwähnt die anthropologischen und soziologischen Einwände gegen die Kindertaufe, die diese als emanzipationsfeindlich usw. kritisieren. Er hat keine Bedenken, den Usus der Kindertaufe, in dem über die religiöse Zukunft der Kinder verfügt wird, in eine Linie zu stellen mit vielem, worin wir anderweitig über die Zukunft unserer Kinder bestimmen[22]. Wenn Tertullian der Taufe eine Freisetzung zuschreibt, so meint er eben dies: sie steht mit den Bedingungen des natürlichen Lebens nicht auf einer Ebene. Aland hat recht, wenn er unsere Praxis so naturalistisch beschreibt; aber gerade darin ist sie christlich nicht legitim.

Mehr theologisch ist Alands Einwand gegen Barths Tauflehre, die er indirekt des Pelagianismus bezichtigt. K.D. IV, 4 kann ich hier nicht referieren. Schellongs knapper und einleuchtender Bericht über Barths Tauflehre zeigt, daß von Pelagianismus nicht die Rede sein kann. Gerade Barth versteht die Taufe so, daß Christus seine Heilsfunktion ganz und gar erhalten bleibt, was freilich in anderer Akzentuierung auch Luther anstrebte[23]. Hierher gehört auch, was Aland zum Verhältnis von Glaube und Taufe bemerkt. Die Bedeutung des Glaubens wird relativiert[24]. Wir haben aber ein anderes Verständnis vom Glauben als personalem und individuellem Geschehen als das Neue Testament und die Reformation. Gewiß sollen wir weder unsere Kinder noch uns selbst auf deren oder unsern Glauben hin taufen lassen. Aber – einfach gesagt – es geht auch nicht ohne das glaubende Dabeisein der zu Taufenden. Die Sätze Luthers, die ich eingangs zitierte, sind in ihrem steilen Irrationalismus zwar eindrucksvoll genug; aber sie könnten uns nur überzeugen – soweit wir nicht schon überzeugt sind! –, wenn wir unser heutiges Verständnis von Glauben im personalen und individuellen Sinn preisgäben. Niemand will dabei der Universalität der vorlaufenden Gnade Gottes etwas abbrechen. Unser Text bezeugt diese vorlaufende Gnade viel einleuchtender, wenn und weil er nicht von der Kindertaufe spricht.

---

[21] Taufe und Kindertaufe 1971.

[22] S. 46 ff. und S. 70.

[23] A. Anm. 1. a.O. S. 108 ff.: Der Ort der Tauflehre in der Theologie K. Barths bes. S. 121 ff.

[24] Aland S. 73.

Pragmatisch spielt die Kindertaufe eine wichtige Rolle als Eintrittsdatum in eine der vorhandenen Kirchen. Hierin hat die Volkskirche ein Fundament. K. Barth berichtet von ähnlichen Überlegungen Luthers ohne genauen Beleg[25]. Heute erhebt sich die stärkste Kritik gegen dieses ‚Einkassieren' der Säuglinge für die Kirche. Wir werden kaum weiterhin naiv auf diese Sitte pochen können. Sie ist ambivalent und eine unnötige Provokation der Zeitgenossen. Denn später, nach der Konfirmation, wird aus der Kirchenzugehörigkeit der Getauften nur mehr im Bereich des Kirchensteuerwesens eine ernstlich spürbare Konsequenz gezogen!

Aland ist zuzustimmen, wenn er die Isolierung der Kindertauffrage kritisiert. In der Tat drückt sie die Krise des Glaubens als solche aus, aber anders als Aland annimmt: die Kindertaufe entlastet das Leben der Christen an der falschen Stelle, und sie mutet den Zeitgenossen eine an Magie grenzende Auffassung vom Glauben als von dem Geschehen zwischen Gott und Mensch zu[26]. Es würde allerdings an die Wurzeln der Kirche als Institution gehen, sollte hier etwas geändert werden.

V. Zur Predigt

Als Predigttext ist die Perikope nicht abgedroschen. So lockt vieles an der Aufgabe, die sie stellt. Sie wird fast zum Abenteuer. Ihr Weg wird auch davon bestimmt sein, ob in der Gemeinde die Taufpraxis schweigend hingenommen wird oder ob die damit gegebenen Fragen erörtert werden. Je nachdem wird knapp oder ausführlich zu zeigen sein, daß die Szene von Mk 10. 13 ff. ursprüng-

---

[25] K. Barth, Die kirchl. Lehre v. d. Taufe. Theol. Stud. 14, 1947³ S. 39. – Vielleicht hat Barth die in der Tat erstaunlichen Perspektiven im Sinn, die Luther in den Einleitungsabschnitten der „Vermahnung zum Sacrament des Leibes und Blutes unsers Herrn" von 1530 W. A. 30 II, 595 f. E. A. 23, 163 ff. zeichnet. Luther führt dort die Sitte der Kindertaufe auf Gottes besonderen Ratschluß zurück. Denn ohne diese Sitte ließe sich nicht der zehnte Teil taufen. Wir wären dann längst Türken geworden. Denn ohne Kindertaufe kein Predigtbesuch usw. Der ungetaufte Haufe nähme überhand und selbst wer sich zur Predigt hielte, schöbe die Taufe lieber hinaus. So ist die Ablehnung der Kindertaufe durch die Wiedertäufer nach Luther ein Schachzug des Teufels, der zur völligen Entchristlichung führen soll. Schließlich gäbe es nur mehr den großen Haufen der Ungetauften in der Welt: „Türken, Perser, Tartaren, Juden und Heiden, daß sie zuletzt würden verruchen und sagen: was Taufe! was Christen! wo der Haufe bleibt, da bleibe ich auch. Meinst du, daß Gott um drei oder vier Christen willen alle Welt verdammen werde? Was sollt ich bei den verachteten, wenigen Bettlern und elenden Leuten leben?" – Luther sieht und stellt also in Rechnung, wie tief die Geltung der christlichen Überlieferung, zumal ihres eschatologischen Horizonts (Seligkeit und Verdammnis!) abhängig ist von ihrem Status als Mehrheit. Niemand will zur verachteten Minderheit gehören. Im Streit um die Taufe und Kindertaufe ist mir die Stelle nicht begegnet. Ich verdanke sie dem „Geist aus Luthers Schriften oder Concordanz der Ansichten und Urtheile des großen Reformators über die wichtigsten Gegenstände des Glaubens, der Wissenschaft und des Lebens" hrsg. v. Ernst Zimmermann u. a. Bd. IV, Darmstadt 1831 S. 370.

[26] Aland S. 80 f.

lich nicht mit der Kindertaufe zusammenhängt; wie dieser Zusammenhang später zustande kam, kann offenbleiben.

Herb. Braun hat einen konkreten, allerdings anspruchsvollen Vorschlag gebracht: er stellt der von Jesus proklamierten kindlichen Haltung echter Jüngerschaft die Frömmigkeit des Stoikers und des Mystikers gegenüber[27]. Wenn die Voraussetzungen gegeben sind, lohnt sich gewiß ein solcher Versuch. Er macht von der im Text bezeugten Beziehung zwischen Jesus und den Kindern nur einen metaphorisch-abstrakten Gebrauch.

Bedenken wir diese Beziehung konkret und genau, legt sich ein anderer Weg der Predigt nahe. Während der Text Jesus und die Kinder nur über gewisse Schranken hinweg zusammenbringt, ist bei uns Christus und das Christentum weithin eine Sache für Kinder geworden. So wie Religion und Theologie im Dreistufenschema des Positivismus ein Anfangsstadium darstellen, das die Menschheit in ihrer unaufhaltsamen Entwicklung längst hinter sich gelassen hat; wie dann auch der Marxismus argumentiert; wie schließlich mit Modifikationen die Religionskritik Freuds die Dinge sieht: Religion und Christentum sind eine Sache der Kindheit und Jugend. Als Kinder wurden wir zur Taufe gebracht, haben Religionsunterricht gehabt und sind konfirmiert worden. Aber mit dem Beginn des wirklichen Lebens lassen wir Religion und Christentum als Kindersachen hinter uns. Die Ausnahmen von dieser Regel stellen die Predigthörer dar. Wer sich nun aber damit zu mühen hat, die christliche Überlieferung Kindern und Jugendlichen nahezubringen, erfährt etwas sehr anderes: diese Überlieferung, sei es nach ihrem biblischen Ursprung, sei es nach ihren kirchlichen Entwicklungsstadien, ist Kindern und Jugendlichen deswegen kaum zugänglich, weil ihnen die Lebenserfahrung fehlt, aus der heraus die Zeugen der Bibel und der Christenheit sprechen. Daher das Inkongruente alles Religionsunterrichts. Es wäre den Pfarrern und Lehrern nicht zu verübeln, wenn sie sich die Jünger in Mk 10, 13b zum Vorbild nähmen. Wir trauen uns bloß nicht, weil wir Jesu Wort: wehret ihnen nicht! verinnerlicht haben.

Wenn im Text Jesus, das Reich Gottes und die Kinder zusammengebracht werden, so ist das an unsern Theorien und Erfahrungen nicht zu verifizieren oder zu falsifizieren. Wenn er, Jesus, am Bild des Kindes die Umkehr, das Neue und Verheißungsvolle des Reiches Gottes veranschaulicht, dann hat Kindschaft im Sinne Jesu andere Voraussetzungen als sie Biologie und Sozialkunde samt Pädagogik haben: es handelt sich nicht um natürliche Zusammenhänge, sondern um ein Werk des göttlichen Geistes. Damit wir uns aber nicht zuviel auf unser glaubendes Dasein zugute tun, braucht Jesus das Bild von den Kindern. Und damit wir nicht auf die Idee kommen, uns vor Gott als Erwachsene zu gerieren und die natürlich-irdischen Kinder etwa gar wegzuscheuchen, hat Jesus das Wort hinterlassen: Wehret ihnen nicht! Das ist dann sogar für die Tretmühle

---

[27] H. Braun, GPM 17, 1962/63 S. 259.

des Religions- und Konfirmationsunterrichts Gebot und Verheißung, also sehr wohl Gegenstand einer Gemeindepredigt[28].

---

[28] In anderer Richtung wird das von mir hier nur angeritzte wichtige Thema behandelt von Tr. Rendtorff, Kirche als Schule des Christentums (Der evang. Erzieher 26, 1974, S. 295–305). Der Beitrag ist grundlegend.

Auf Anhieb spricht uns gewiß nicht jeder Satz der Bibel wirklich an. Aber wer sich auf den Umgang mit ihr einläßt, vielleicht anhand des Losungsbuches der Herrnhuter Brüdergemeine oder sonst einer Ordnung der Bibellese, wird die Erfahrung machen, daß im kleinen und großen von dorther ein Licht auf unsern Weg fällt.

7. Sonntag nach Trinitatis

1.Korinther 6,9–14 (15–17) 18–20

Literatur: *Calvin*, In N. T. Comment. vol. VI ed Tholuck, 4. Ausg. 1864 S. 92–98; *W. Bousset*, Schr. d. N. T., neu übers. u. f. d. Gegenwart erkl. Bd. II, Göttingen 3. Aufl. 1917 S. 97–102; *K. Barth*, Die Auferstehung der Toten, Eine akad. Vorl. über 1. Kor. 15, 1924 S. 11–15; *Ad. Schlatter*, Paulus, Der Bote Jesu, eine Deutung seiner Briefe an die Kor., 1934 S. 195–208; *Lietzmann-Kümmel*, Handb. z. N. T. Bd. 9, 1949 S. 26–28; *H. Conzelmann*, Krit. exeg. Komm. z. N. T. V, 1969 S. 128–137. – GPM 2 III, 1947/48 S. 40–42 *E. Käsemann*; 7, 1952/53 S. 167–171 *K. G. Steck*; 12, 1957/58 S. 190–197 *Iwand*; 18, 1963/64 S. 258–264 F. M. *Dobias*; 24, 1969/70 S. 316–321 *Chr. Demke*. Ich erinnere an *H. v. Soden*, Sakrament und Ethik bei Paulus (Rud. Otto Festgruß 1931 Heft 1) besd. S. 36–39. – Ferner an *K. Barth* K. D. III, 4, 1951 Register; ders. K. D. IV, 1967 S. 103. – Es heben sich als jeweils umfassend und wegweisend heraus: Calvin, Ad. Schlatter, H. J. Iwand.

I. Die Perikope in ihrem Zusammenhang

Die Perikope, erst neuerdings in unsere Textreihen geraten, ist kaum eindeutig und einleuchtend abzugrenzen. Mit dem Vorschlag, V. 15–17 auszuklammern, ist wenig gedient; denn auch dann ist die Vielfalt der Aussagen noch recht groß und V. 18ff. wird noch unverständlicher. Auf die heute umgehenden Teilungshypothesen kann ich mich nicht einlassen[1]. Zunächst ist nach dem Gesamtzusammenhang und seiner Thematik zu fragen. In cap. 5 und 6 werden besonders gravierende Vorkommnisse und Zustände in Korinth besprochen. Sie betreffen das Leben der Gemeinde an den empfindlichsten Stellen: Jus und Sex, Recht und Geschlecht. Was Pl. dazu schreibt, bezieht sich auf Parolen der Korinther, die aber nicht überall deutlich zu erkennen sind. Pl. befolgt in dem Schreiben keine strenge Ordnung, weshalb man auf die Teilungshypothesen kam. Es fällt auf, wie häufig an das erinnert wird, was die Gemeinde weiß oder wissen sollte: Vers 9; 15; 16; 19. Es überzeugt mich aber nicht, wenn Conzelmann im Detail dann zwischen Paulinischem und Gemeindlichem unterscheiden will.

[1] Vgl. die sehr zurückhaltenden Bemerkungen bei G. Bornkamm, Die Vorgeschichte des sog. 2.Kor.briefes in: Gesch. u. Glaube II Ges. Aufs. Bd. 4 (Beitr. z. ev. Theol. Bd. 53) München 1971 S. 189.

Gibt es, über das Gesagte hinaus, in cap. 5 und 6 etwas Gemeinsames? Es findet sich in 6,20: verherrlicht Gott! Damit ist der Gemeinde ein Standard gegeben, hinter dem sie nicht zurückbleiben darf. Wie es zu solchen Ausfällen kommen kann, wird nicht expliziert. Sie ereignen sich bei Einzelnen und durch sie, Pl. legt sie aber der Gemeinde als solcher zur Last. Daß „die berufenen Heiligen in Korinth" (I 1,2) einen solchen besonderen Standard haben, ist zwischen Paulus und seinen Lesern und/oder Gegnern nicht strittig. Unklar und strittig ist – bis heute! –, worin der Standard besteht, wie mit ihm umzugehen ist, wie sich – mit Schiller zu sprechen – Ideal und Leben zueinander verhalten. Auch die Exegeten differieren hier. Chr. Demke meint, bei den Korinthern ein triumphalistisches Lebensgefühl zu erkennen, dem Pl. nüchterne Besonnenheit entgegenstellt (S. 317). Iwand findet, die korinthischen „Schwärmer" seien doch keine guten „Pneumatiker" gewesen (S. 194), man sei sich also im Verständnis des göttlichen Geistes nicht einig gewesen. Immer wieder hat man den Egoismus und Individualismus derer, die meinen, es sei ihnen alles erlaubt, der christlichen Rücksicht auf das, was nützt und erbaut, gegenübergestellt. K. Barth nicht anders als Iwand unterstreichen die Perspektive der Auferstehung als das Entscheidende. Ad. Schlatters Zusammenfassung will ich hier wiedergeben:

„Die Beweisführung gegen die Unkeuschheit zeigt besonders anschaulich, wie Pl. seinen Gemeinden zum guten Wollen half. Mußten sie schwanken, weil es keine göttlichen Gebote mehr gab, die ihnen sagten, was sie zu tun haben? Waren sie ratlos, weil er sie über das Gesetz emporgestellt hatte? Wenn Pl. dies hätte zugeben müssen, wäre er, ohne zu zaudern, wieder Jude geworden. Was aber die Gemeinden von Jesus empfingen, war nicht eine inhaltsleere Freiheit, sondern ein bestimmter Wille, eben der des Christus, der des Geistes, der Gottes. Eine Ethik, die bloß Normen aufzählte, konnte er der Gemeinde nicht mehr geben. Dies wäre ein Rückfall in das gewesen, was er als wertlos erkannt hatte. Dafür konnte er ihnen beschreiben, wie die handeln, die Christus zu seinem Eigentum gemacht hat, und das stand nach seinem Urteil unvergleichlich über dem, was irgend eine Gesetzgebung dem Menschen zu geben vermag" (S. 208).

Wir erinnern uns, daß diese Sätze Schlatters fast gleichzeitig mit dem in unsern Gesichtskreis traten, was K. Barth damals über Evangelium und Gesetz neu zu lehren unternahm. (Wer macht uns Schlatters Beitrag zum Thema Gesetz – Evangelium – Gebot zugänglich?!)[2].

Auch wenn cap. 5 und 6 die gemeinsame Thematik des ethischen Standards haben, sind die Abschnitte in sich verschieden genug. V. 9–11 steht als Übergang zwischen der Behandlung der Rechtsfragen 6,1ff. und der Sexfragen 6,12ff. Es wirft mit der betonten Gegenüberstellung des Einst und des Jetzt ein Licht sowohl auf das vorher wie auf das nachher Gesagte. Falls wir V. 9–11 aus homiletischen Gründen weglassen, um die Überfülle der Ausssagen zu verringern, bleibt die dort vorgebrachte Erkenntnis für jede Auslegung von 6,12ff. maßgebend.

---

[2] In der ausführlichen Bibliographie der ‚Wege der Forschung' Bd. CXLII Gesetz und Evangelium hg. v. Ernst Kinder u. Kl. Haendler Darmstadt 1968 S. 357–423 finde ich von Adolf Schlatter nur die Monographie, Der Glaube im N. T. 1885 4. Aufl. 1927.

V. 12–20 ist zwar dem Thema nach einheitlich – „Freiheit und Sexus" hat Conzelmann den Abschnitt überschrieben! –; aber im Einzelnen lassen sich die Gesichtspunkte schwer zur Einheit bringen. Wir sehen Unterabschnitte: christliche Freiheit, nicht Uniformität (V. 12f.); das Licht der Auferstehungsgewißheit (V. 14); Analogie und Unterschied der Gemeinschaft mit Christus und mit der Dirne (V. 15–17); das Nein zur Hurerei um der besonderen Bestimmung und der Kostbarkeit des Leibes willen (V. 18–20). Im folgenden sollen die einzelnen Abschnitte der Perikope bedacht werden.

II. Vers 9–11: Einst und Jetzt

Pl. spricht hier nicht in Zungen; aber was er sagt, klingt sehr fremdartig, und es mag einem unbefangenen, aber kirchen- und bibelfremden Zuhörer so gehen, wie es Pl. anderwärts (I 14,23) selbst beschrieben hat. Eine sektierisch-moralische Einschränkung der Heilsaussichten auf die Braven; ein zünftiger Lasterkatalog, dessen Detail sich selbst heute kaum zur öffentlichen Erörterung eignet; eine fast denunziatorische Erinnerung an die fragwürdige Vergangenheit ‚etlicher', die auch zur Gemeinde (und zu den Lesern) gehören; eine hyperbolische Beschreibung des jetzigen Standes eben dieser Leute: rein, heilig, gerecht – und dies in einem fremden Namen und einem – jedenfalls nicht menschlichen – Geist. Da müßte selbst dem routiniertesten Prediger-Conferencier von heute das Gerede vom Indikativ und Imperativ vergehen. K. Barth hat es 1924 noch milde ausgedrückt: „Das Christentum bringt nicht Ruhe, sondern Unruhe in das natürliche Leben" (a.a.O., S. 15).

Als Ziel gilt, das Reich Gottes zu ererben. Damit wird die Dimension angezeigt, die im nächsten Abschnitt, besonders V. 14, mit der Auferstehung gemeint ist. Wer unter die V. 10 aufgezählten Typen fällt – und wer fällt unter keine der zweimal fünf Betätigungen? –, hat keine Aussicht auf das hier verheißene und anstehende Erbe. Pl. denkt nicht daran, dies auch nur mit *einem* Wort zu begründen. Ob er – mit Calvin und vielen andern seither – unsere moralische Misere nur ausmalt, um uns zu demütigen und die Gnadenerkenntnis groß zu machen, weiß ich nicht. Ich würde eher meinen, er will den Abstand zwischen einst und jetzt und die Unmöglichkeit eines Rückfalls in die früheren Usancen in Erinnerung bringen. Aber da wir heutzutage mißtrauisch werden, wenn jemand, und sei es ein Apostel, mit so festen moralischen Begriffen und Maßstäben hantiert, sollten wir schon in der Predigt die bei Pl. fehlende Begründung nachbringen: warum ist unser menschliches Tun und Treiben im Sinne jenes Katalogs unvereinbar mit dem Reich Gottes? Warum hat Jesus nicht nur das Reich, sondern auch die Umkehr verkündet? Und Pl., wenn auch nicht immer in der gleichen Sprache, offensichtlich auch!

Pl. selbst hat 1.Kor 1 und 2 auf den souveränen Weg Gottes verwiesen, der der Weisheit der Welt die göttliche Torheit entgegenstellt. Oft hat man Röm 1 und 2 als das andere Programm christlich-biblischer Erkenntnisbegründung verstanden: aus dem Zustand von Welt und Mensch (Röm 1,18ff.) ist beides zu erkennen: die iustitia originalis vom Schöpfer her und der Verlust dieser iustitia in der faktischen Menschheit. Es konnte so nicht weitergehen! Da sich inzwischen das christliche Erbe und die allgemeine geistige Entwicklung so unauflöslich verschmolzen haben, läßt sich m. E. auf unsere Frage eine Antwort mit zwingender Evidenz nicht geben.

Auch sonst bleiben noch Fragen genug, z. B., wie wir das Verhältnis von ‚einst' und ‚jetzt' aufzufassen haben. Iwand hat mit Recht betont, wer das ‚aber' von V. 11b in seiner transsubjektiven Gültigkeit nicht stehen lassen wolle, dem sei nicht zu helfen; nur der Auferstandene gewährleiste das extra nos des Heilsgeschehens, der historische Jesus gewährleiste es nicht (S. 192f.). Dem ist hier nicht nachzugehen. Auch die Zuordnung der drei Ausdrücke für Gottes Heilshandeln in der Reinigung (der Taufe), in der Heiligung und Rechtfertigung (V. 11) hat die Ausleger – Calvin nicht anders als Schlatter – beschäftigt. Wir heute sind in den Distinktionen der Heilsordnung viel anspruchsloser, ohne daß wir uns dessen rühmen dürfen! Wir möchten wissen, welchen Grad der Unwiderruflichkeit jenes Geschehen für die davon Betroffenen und daran Beteiligten haben soll. Es wird ja nicht einfacher, wenn man eine so gewichtige Formulierung wie die des späten K. Barth von 1967 genau besieht:

„In allen diesen Zusammenhängen ist sein „Name" und also er selbst der *Ort*, wo das Heil für den Menschen Ereignis ist und zugleich der Ursprung, die Autorität und Kraft, in der die Christen, indem sie es dort ergreifen, ihrerseits handeln, reden, wirken dürfen und sollen. Sein „Name" ist sein Machtbereich, er ist die Quelle der Freiheit, die sie haben; er ist aber auch das Gesetz, unter das sie in ihrem ganzen Sein, Tun und Entscheiden gestellt sind. Er ist das letzte objektive und subjektive Moment alles dessen, was in der Gemeinde geschieht, gesagt und getan wird" (a.a.O., S. 103).

Für Pl. ist dies alles nicht ein famoses quid pro quo, geschweige denn nur eine geistige Entscheidung. Sonst hätte er sich über die Vorkommnisse und Zustände nicht so aufzuregen brauchen. Er hätte sich nicht auf das Detail einlassen müssen, dem er sich nun zuwendet. Unter den Auslegern hat Iwand am ehesten vermocht, das Erstaunliche des ganzen Vorgangs zu bezeichnen: „Wie Gottes Gerechtigkeit sich genau der Stelle zuwendet, die mit ihr gänzlich unvereinbar erscheint, nämlich der *Sünde*, so wendet sich sein lebenschaffender Geist analog dem Punkte zu, der mit diesem ebenso unvereinbar ist: dem *Leibe*! Dem Todesleibe? Nein, dem Auferstehungsleibe!" (S. 191) – (aber in der Verherrlichung des Todesleibes, der teuer erkauft ist.)

III. Vers 12–20: Nur mein Bauch gehört mir

Vielleicht sollte ich mich für die Überschrift entschuldigen. Aber Pl. schreibt ja auch reichlich ungeniert.

Fast alle Ausleger zögern, sich auf das Terrain zu begeben, auf dem wir Pl. hier finden. Nur Alb. Schweitzer läßt ihn reden und urteilen, ohne zu mildern oder umzudeuten:

„Daß es sich in der Mystik Pauli um eine ganz naturhafte Gemeinschaft zwischen Christus und den Erwählten handelt, beruht darauf, daß das „Sein in Christo" dem naturhaften „Sein im Fleische“ entspricht und es ablöst. Wie naturhaft die Gemeinschaft mit Christo vorgestellt ist, erhellt daraus, daß sie als gleichartig mit der leiblichen Gemeinschaft zwischen Mann und Frau gedacht ist. Pl. scheut sich nicht, dasselbe Wort – das aus Gen 2,24 stammende ‚anhängen‘ (kollasthai) – für die leibliche Gemeinschaft mit dem Weibe und für die mit Christo zu gebrauchen. Er stellt sich die beiden Verbundenheiten als so gleichartig vor, daß sich die eine in die andere fortsetzt oder sie verdrängt. Handelt es sich um eine sittliche leibliche Gemeinschaft zwischen Mann und Weib, so setzt sich die Verbundenheit mit Christo in sie fort (Schweitzer verweist hierfür auf I 7, 12–14!); handelt es sich um eine unsittliche, so wird die Verbundenheit mit Christo durch sie aufgehoben. Es ist ja undenkbar, daß man mit zwei so gegensätzlichen Wesen (Christus und die Dirne) zugleich leibliche Gemeinschaft haben könne“ (Alb. Schweitzer, Die Mystik des Apostels Pl. 1930 S. 128f.).

Mit dieser Naturhaftigkeit, richtiger, diesem Realismus des Pl. hängt es zusammen, daß er die Parole der Korinther von der (christlichen?) Freiheit an der derben Frage klären muß, ob das Huren auf einer Stufe mit dem Fressen stehe (so K. Heim in der von Fr. Melzer 1949 herausgegebenen Auslegung von 1.Kor S. 73). Davon kann nach V. 13 keine Rede sein. Das eine ist ganz und gar vergänglich; das andere steht im Licht der Auferstehung auch und gerade des Leibes: Kyrios und Soma gehören zusammen, weil dieser auferweckt worden ist und jenes auferweckt werden wird. Immer wieder fällt es auf, wie Pl. die tiefsten Sätze mit den elementarsten Sachverhalten zusammenbringt. Wer wäre hier auf die Aussage von V. 14 gefaßt gewesen, die wir Älteren noch vom Spruchbuch und Katechismus her kennen? Calvin hat, wie auch sonst in der Auslegung unserer Perikope, merken lassen, daß für ihn und seine Zeit dem Glaubenssatz von Ostern keine Selbstverständlichkeit mehr zukam: „Weil aber die Auferstehung dem menschlichen Sinn fast unglaublich ist, verweist uns die Hl. Schrift, wenn sie sie erwähnt, auf die Macht Gottes, damit dadurch der Glaube an sie gefestigt werde“ (zu V. 14).

Niemand wird bei der These des Pl. vom Unterschied zwischen Stillung des Hungers – dem Bauch – und der Liebe allzulange verweilen wollen. Schlatter erkennt hier das Nachwirken der Worte Jesu aus dem Gespräch mit den Sadduzäern: Matth 22,29–32. Wer unbedingt will, kann bei Pl. etwas von Abwertung des ‚Ernährungssektors‘ finden. Aber ihm (und uns) ist wichtiger, was er von der leiblichen Gemeinschaft sagt.

IV. Der Kyrios und das Soma

Ein glückloses Thema in der Christenheit; nicht erst in unserem Jahrhundert! Zwar wird das Wort Fleisch (Joh 1,14), und wer einen wirklich religiösen und theologischen Grund für den „Sieg des Christentums“ in der Antike ermitteln will, wird auf die Auferstehungs- und Ewigkeitsbotschaft stoßen. Aber die Unvereinbarkeit unserer Leiblichkeit und des göttlichen Lebens macht sich geltend: sowohl in der Christologie wie in der Anthropologie überwiegt das platonisch-spirituelle Element dann doch. Im Gegenschlag dazu gewinnt die materialistische Losung – Brüder bleibt der Erde treu! – den Wert einer Waffe. Die Emanzipation des Fleisches muß dem herrschenden Christentum abgerungen werden. Alle Beteuerungen, auch wir Christen wüßten etwas vom „Sinn des Leibes" (W. Stählin), bleiben unglaubwürdig. Ungeachtet solcher Texte wie dieser Perikope gilt Pl. als der Hort der Asketik, der Leibfeindlichkeit. Einer Emanzipation des Fleisches hat er allerdings nicht das Wort geredet.

Fast wird im Text das Soma zur Person, zum Ich: Während V. 13 und V. 15ff. vom Leib und den Leibern die Rede ist, heißt es Vers 14 einfach: er wird *uns*. . auferwecken! In cp. 15 wird Pl. sich dann bemühen, die Unvereinbarkeit des Todesleibes mit der Auferstehungshoffnung zu überwinden. Einstweilen erläutert er seine These an irdischen Sachverhalten: unsere Leiber sind Glieder – Werkzeuge, Organe, Teile (?) – Christi. So umfassend und rückhaltlos ist der Zugriff und Anspruch des Kyrios. Die Gemeinschaft mit ihm ist nicht nur seelisch, sondern betrifft den Leib (Calvin zu 15); corpus non minus quam animam subjectum esse Deo, der Leib sei nicht weniger als die Seele dem Herrn unterworfen, bemerkt er zu V.20. Das ließe sich immer noch aufs Moralisch-Politische beschränken, auf Befehlen und Gehorchen. Der Vergleich mit der geschlechtlichen Gemeinschaft zeigt, daß der Kyrios und das Soma noch enger gefügt sind. Alb. Schweitzer wird recht haben mit seinen Sätzen, auch wenn es uns kaum gelingen will, die Gedanken des Pl. nachzuvollziehen.

Gewiß, Pl. unterscheidet dann doch zwischen dem Haften an der Hure zu einem Soma im Sinne der Sarx von Gen 2,24 und dem Haften an dem Kyrios zu einem Pneuma. Aber die Pointe dürfte nicht in der Nuance des Unterschieds, sondern in der Analogie liegen. Beide Arten von Gemeinschaft schließen sich aus. Die Ausleger betonen gern, daß damit keine asketische, antisexuelle Parole ausgegeben sei.

Schlatter behauptet, die ganze Argumentation des Pl. beziehe sich nur auf die These der Korinther, den Ehelosen sei der Gang zur Dirne freizustellen. Aber damit ist den Argumenten des Pl. das Erstaunliche nicht genommen. Es wird durch V. 18 nicht verringert, sondern gemehrt. Denn auch anderes Tun kann Sünde gegen den eigenen Leib sein.

Mit V. 19 betreten wir ein weniger rauhes Gelände: der Leib als Tempel des göttlichen Geistes – nicht ganz so massiv und physisch –, eine inzwischen fast triviale Vorstellung. Nur darf man nicht zu genau hinsehen. Dann wird es auch schwierig, weil konkret. Wie immer ist es leichter, Zuflucht zu den negativen Sätzen zu nehmen: „Ihr seid nicht euer selbst" (V. 19b).

„Pl. stellt dem Lebensdrang des Menschen gegenüber die unerschütterliche Wahrheit, daß er nicht tun kann, was er will, die unabweisliche Frage, ob und wie in seinem Tun der Herr geehrt oder verunehrt werde. Eine Hand hat nach dem Menschen gegriffen, die ihn nicht wieder loslassen wird" (K. Barth 1924 S. 15).

Pheugete ten proneian (Fliehet die Hurerei) – Pheugete apo tes eidololatreias (Fliehet vor dem Götzendienst I 10,14). Die Parallele ist stets erkannt und bedacht worden. Beide Mahnsätze bedingen einander. Religion im biblischen Sinn und Sexualität samt der Erotik sind Konkurrenten. Man muß die biblische Geschichte Alten und Neuen Testaments auch in dieser Perspektive sehen. Wenn dieses Konkurrenzverhältnis sich schwächt oder verschwindet, wirken die

Mahnungen des Apostels nur mehr moralisch, und kein Eifer unserer progressiven Sexualschriftsteller christlicher Provenienz wird den Eindruck beseitigen, daß das Christentum lebensfeindlich, daß wir eben doch unheilbare Mucker seien. Auch eine lebensnahe Ehelehre wird dem kaum abhelfen. Am ehesten noch mag der Hinweis auf V. 12b verfangen: „Aber ich werde mich doch nicht selbst von etwas beherrschen lassen". Nur daß hierin die Pointe der Perikope nicht liegt. Pl. spricht hier mehr nebenhinaus. Wie soll einer über diese Perikope predigen?

V. Zur Predigt

Natürlich steht es uns frei, statt über die ganze Perikope nur über einen Abschnitt zu predigen. Für eine Predigt über die ganze Perikope bieten sich verschiedene Wege: wir können die mehr allgemeinen Sätze herausheben, während wir die Konkretionen, weil zeitbedingt, im Hintergrund lassen; umgekehrt kann uns gerade die Fremdartigkeit mancher Konkretionen reizen, ihnen auf den Grund zu gehen; aber ich würde es nicht riskieren.

Heben wir die mehr allgemeinen Leitlinien heraus, so ergibt sich: Dem Text entlang wird zunächst an den Standard des Gemeindewesens zu erinnern sein, nach der positiven und nach der exklusiven Seite; es gibt in der Tat ausgeschlossene Möglichkeiten; wie sie heute, im Unterschied zu damals, konkret zu bezeichnen sind, hängt von der Lage der Gemeinde ab. Nur auf dem Hintergrund dieser normativen Voraussetzungen kann von der Freiheit des Christen geredet wurden. Offensichtlich ist sie in Korinth mißverstanden und mißbraucht worden; das hat sich durch die Zeiten hin bis in die Gegenwart wiederholt, obwohl die heutige Christenheit mehr durch angepaßten Knechtsgeist als durch Libertinismus sich auszeichnet. (Denn die angebliche oder wirkliche Laxheit heutiger Moral wird intra muros kaum bejaht.) Immer aber empfiehlt und lohnt es sich, nach den Kriterien zu fragen, mit denen Pl. dem korinthischen Mißverständnis und Mißbrauch der Freiheit wehrt. Es sind die beiden Sätze: ihr seid nicht euer selbst, und es kommt darauf an, was nützt, was erbaut. Nur wenn man es mit einer selbstbewußten Gemeinde zu tun hat, mag man dabei verweilen, daß das mehr pragmatische Kriterium vom sympheron keine originalchristliche Erfindung ist und daß es nicht eindeutig ist: Recht ist, was dem Volke nützt! Daher muß die andere Norm: „Ihr seid nicht euer selbst" vorangehen. Wieweit wir dabei auf die konkreten Gebiete eingehen, auf die Pl. Bezug nimmt, hängt von der Lage ab, in der ich den Text auszulegen habe: nicht nur vom Sittenzustand der Umgebung, sondern fast mehr noch vom Seelenzustand zwischen Gemeinde und Prediger. Chr. Demke empfiehlt, mehr ein Gespräch anzustreben als eine herkömmliche Predigt zu halten: viel Glück. Aber wo gibt es das, noch dazu über diese Materien, ohne Krampf?

Sehr leicht wird bei einem solchen Plan aus der Predigt eine Abhandlung. Daher füge ich noch einen weiteren Vorschlag an. Aus allem, was ich für diesen Beitrag heranholte, hat mich eine Bemerkung Iwands am stärksten beeindruckt.

Er betont V. 18a und meint dann im Blick auf dieses Fliehen: „Die Fliehburg soll die Gemeinde des Herrn sein" (S. 194). Keine Parole scheint wirklichkeitsferner als diese zu sein. Aber wer wollte Iwand hier ernsthaft widersprechen? Alles kommt uns hier in den Sinn, was sich zwischen die Urgemeinde und die heutige Gemeinde gelegt hat: vom aufsteigenden Ast, auf dem sich jene befanden, sind wir längst auf den absteigenden Ast geraten. Aber was soll eine Predigt, die nur klagt und anklagt? Vielleicht geht schon von der Überlegung, die Iwand anstellte, mehr Anziehungskraft, mehr strafender Ernst und mehr erleuchtende Hilfe aus, als von allem, was wir diesem ebenso strengen wie tröstlichen, ebenso fernen wie nahen Text sonst zu entnehmen vermögen.

8. Sonntag nach Trinitatis

Jak. 2, 14–26

„Quod autem parcior in praedicanda gratia Christi videtur, quam apostolo conveniat: certe non est ab omnibus exigendum, ut idem argumentum tractent. Multum a stilo Davidis distant Salomonis scripta". (Calvin, Argumentum Epistolae Jacobi).

„Man kann diesem Jacobus nachrechnen, wie oft er den Namen Christi in den Mund nimmt, aber man wird nicht finden, daß eine Gemeinde, die nach seiner Predigt thäte, schlecht und recht, diesen Namen verunehrte."

„Die Aristokratie der Systeme und der Wissenschaft vom Glauben ist dem häuslich und philosophisch beschränkten Verfasser so sehr zuwider wie die Aristokratie des Geldes und der Kleidung" (Ed. Reuß, Die Geschichte der heiligen Schriften Neuen Testaments, Braunschweig 1860, 3. Aufl., S. 129f.).

„Darumb siehe dich fur fur deinen eigen falschen Gedanken und unnützen Schwätzern, die vom Glauben und guten Werken klug sein wöllen zu urtheilen, und sind die größten Narren. Bitte Gott, daß er den Glauben in dir wirke; sonst bleibest du wohl ewiglich ohn Glauben, du dichtest und thust, was du willt oder kannst" (Luther, Vorrede z. Römerbrief 1522, EA. 63, 125).

Jede ernsthafte Beschäftigung mit dem Text ist auch heute noch angewiesen auf M. Dibelius' umfassenden und großartigen Kommentar in der Meyerschen Reihe (Göttingen 1921). Ad. Schlatters verschiedene Verlautbarungen in den Erläuterungen, in der Monographie ‚Der Glaube im Neuen Testament' (1885, 1., 1927, 4. Aufl.) und in dem ausführlichen Kommentar von 1932 sind wie so oft bei allem Wert höchst eigenwillig und mit kräftigen Vorurteilen behaftet. Fr. Hauck (bei Zahn 1926 und im NTD. 1947) ist in gemäßigt-kritischer Haltung weitgehend von Dibelius und von A. Meyer, Rätsel des Jakobusbriefes' 1930 abhängig. Zur speziellen Frage von Jakobus und Paulus sei auf das freilich nur wegen seines reichhaltigen Materials wertvolle Buch von M. Lackmann, Sola fide, Gütersloh 1949 (vgl. dazu E. Käsemann in Verk. u. Forschg., München 1950, S. 209–212) verwiesen, vor allem aber auf Gg. Eichholz, Jakobus und Paulus (Theol. Ex. h., N. F., H. 39, 1953). Zur praktisch-homiletischen Auslegung hilft der Predigtband von Ed. Thurneysen (Der Brief des Jakobus 1941) und die eben erschienene Arbeit von Heinrich Rendtorff, Hörer und Täter, Eine Einführung in den Jakobusbrief, Hamburg. Furche-Verlag 1953. Nb.! Die Meditation von H. Braun in G.P.M. II zum 8. p. Tr.

I.

Zur Exegese: Grundvoraussetzung ist, daß wir zunächst ohne jeden Seitenblick auf Paulus, Luther oder sonstwen nur den vorliegenden Text ins Auge fassen und nach seinem Anliegen fragen. Nemo enim unquam intelliget, quid dicatur, nec prudenter de verbis iudicabit, nisi qui perspectum habebit scriptoris consilium (Calvin z. V. 20). Was ist die Absicht der Perikope? Sie ist eindeutig ausgesagt: Glaube ohne Werke ist nutzlos (V. 14), ist tot (V. 17 und 26); Glaube und Werke gehören zusammen, sowohl in ihrem Zustandekommen (V. 22) wie inbezug auf das ins Auge gefaßte Ziel: die Gerechtigkeit vor Gott (V. 24).

Untersuchen wir diese Aussagen, in denen sich das Anliegen des Textes ausspricht, näher, so ist zunächst zu beachten: Die Kategorie des Nutzens bzw. des Nutzlosen ist primär gar nicht eine ‚praktische Kategorie', wie es das wenig glückliche Gleichnis von V. 15f. nahelegt. Es handelt sich um die rettende Kraft des Glaubens, um seinen Nutzen vor Gott, beim jüngsten Gericht, aber auch schon für die Gegenwart der Gemeinde. Sonst würden die Kategorien der ‚soteria' und der ‚dikaiosyne‘ und die entsprechenden Verben nicht so zentral verwendet. In diesem Sinn ist unser Text ein höchst soteriologischer Text und für ein Handbuch des sog. praktischen Christentums nicht ohne weiteres zu verwenden. Nur wem an diesem Heil vor Gott und von Gott etwas liegt, wird Jak. hier so hören können, wie er gehört werden will. V. 14–16 veranschaulichen also nur: So nutzlos das bloß in Worten sich äußernde Wohlwollen für die äußere Not des Nächsten ist, so nutzlos ist ein werkloser Glaube für das ewige Heil des Menschen.

Der Glaube ohne Werke, der Glaube ‚kath'heauten‘ wird ferner als ‚tot‘, als ‚unfruchtbar‘ (a-ergos V. 20) bezeichnet. Er ist so tot wie ein Leib ohne den beseelenden Geist (V. 26). Auch hier ist das Gleichnis wenig glücklich, so daß Luther mit seinem Kopfschütteln durchaus recht hat: „Wie eine arme similitudo ist das! Confert fidem corpori, cum potius fides animae fuisset comparanda“ (WA TR 5, S. 157, Nr. 5443). In den gleichen Zusammenhang gehören die Sätze aus V. 22, daß der Glaube einer Vollendung, einer Vervollkommnung durch die Werke bedarf. Soll der Vergleich von V. 26 überhaupt einen Sinn haben, so dürfen wir nicht davor zurückschrecken, die Werke als das beseelende, belebende, eben als das pneumatische Prinzip für den Glauben anzusehen.

Damit stehen wir aber vor der ersten Grundfrage der Exegese dieses Textes: Was heißt hier Glaube? Es ist der Glaube als monotheistische Überzeugung, wie V. 19 deutlichst zeigt, aber wohl auch als Bekenntnis- und Kirchenzugehörigkeit, ja als Religionsbezeichnung überhaupt. M. Dibelius hat die spätjüdischen Hintergründe und Verbindungslinien dieser Verwendung des Glaubensbegriffs aufgezeigt. Diesem Glauben eignet also sowohl etwas Theoretisch-Intellektuelles wie auch etwas Soziologisch-Statistisches, und man sollte über dem Ersten das Andere nicht übersehen. Es ist aber damit nicht gesagt, daß Jak. nur einen vermeintlichen Glauben im Auge habe. So ist es, besonders auf Grund von V. 14a, oft aufgefaßt worden. Aber die neuere Exegese dürfte darin (etwa Calvin gegenüber) recht haben, daß es nicht um die Antithese echten oder unechten, sondern vollkommenen oder unvollkommenen Glaubens geht.

Dabei ist nun gerade wesentlich, zu sehen, wie Jak. diesem theoretisch-konventionellen Glauben zuleibe geht. Nicht so, daß er, wie Paulus, den Glauben auf seine Wurzel, nämlich auf die Christusbezogenheit zurückführt. Sie bleibt gerade hier völlig unausgesprochen – also anders als etwa 2, 1! Aber gerade weil der Glaube hier so unspezifisch aufgefaßt wird, erscheint es nicht nur nötig, sondern – was wichtiger ist! – möglich, daß Glaube nach V. 22 vervollkommnet werde. Mit dem, was bei Paulus Glaube heißt, hat der Glaube in unserer Perikope kaum etwas gemein, wenn es auch nicht völlig an Berührungen fehlt (wozu auf Dibelius' zweiten Exkurs z. St. verwiesen sei).

Von da aus ergibt sich als zweite Grundfrage die nach der Eigenart der ‚Werke‘ in unserem Text. Es sind nicht die Werke des Gesetzes im paulinischen Sinn. Materiell: nicht Werke auf Grund des Ritualgesetzes. Formell: der spezifisch jüdische Anspruch der Werkgerechtigkeit wird in den ‚Werken‘ des Jakobustextes wohl doch nicht erhoben.

Weil es nicht um Werke des Ritualgesetzes (einschl. Beschneidung oder Sabbat!) geht, dürfte der Verf. des Jak. mit dem Herrenbruder Jakobus (Apg. 15!) keinesfalls identisch sein. Vielmehr sind hier Werke des als Moralgesetz verstandenen Dekalogs gemeint, in einer Betrachtungsweise, wie sie in der Paränese auch bei

Paulus geschieht (vgl. Röm. 12, 9ff., 13, 8ff.). Im Zusammenhang mit dem Gedanken von Jak. 1, 2ff. und mit der übernommenen spätjüdischen Abrahamsbetrachtung wäre für den Begriff der Werke die Kategorie der Bewährung in der Anfechtung wesentlich; diese Bewährung ist es, die Abrahams im Isaaksopfer gipfelnde Versuchungen und Werke zu dem macht, was sie sind: Vervollkommnung des Glaubens (V. 21 – 23).

Sind die Aussagen unseres Textes von den Werken nicht aber doch getragen vom Verdienst- und Leistungsgedanken? Ist nicht doch in den Kategorien des Selbstruhms gedacht? Es heißt ja schließlich ausdrücklich: „Ihr seht, daß der Mensch aus den Werken gerecht wird und nicht allein aus dem Glauben" (V. 24)!

Hier zeigt sich, wie schwierig es für uns ist, die Stimme des Jak.briefes unmittelbar zu hören, weil wir unvermeidlich die Stimme des Paulus im Ohr haben. Es liegt gewiß nicht in der Tendenz unseres Textes, den geforderten Werken einen Leistungs- und Verdienstanspruch zuzuschreiben, wie das später im frühkirchlichen und scholastischen Denken, nicht ohne Berufung auf den Jak.text, geschieht. Es könnte sein, daß wir so ungeschützt die Formeln des Jak.textes nicht nachsprechen dürfen.

Der Text selbst aber reflektiert über eine andere Seite des Verhältnisses von Glaube und Werken, die in der Auslegung Calvins so deutlich wie in keiner neueren berücksichtigt ist: „Zeige mir deinen Glauben", wird der Inhaber des abstrakten Glaubens in dem kaum eindeutig zu interpretierenden Vers 18 gefragt und aufgefordert. Dies möchte ich als die dritte Grundfrage der Perikope bezeichnen. Deswegen wird ja wohl der Glaube als vervollkommnungsfähig und -bedürftig bezeichnet (V. 22), weil er sich als solcher, kath 'heautem (V. 17), nicht erweisen kann und also des Werkes bedarf, um zu seiner aufweisbaren Verwirklichung zu kommen. Ich möchte meinen, daß hier das eigentliche und drängendste Problem des Textes liegt. Es ist auch das Problem von Matth. 25, 31 ff. und anderer synoptischer Stellen, wie man stets mit Recht betont hat; aber hier eben doch in anderer Blickrichtung, in einer m. E. höchst problematischen Blickrichtung. Es geht dabei ja um die Einfalt des christlichen Gehorsams, darum, daß die Warnung vor der pharisäischen Selbstbetrachtung beachtet wird (Mt. 6, 1 ff.!); es geht darum, daß die Gerechten Mt. 25, 31 ff. gerade nicht wissen, daß sie im Nächsten ihrem Herrn gedient haben. Es wird nichts abzubrechen sein von der Mahnung und Forderung des Jak.textes, daß Glaube und Werke zusammengehören, daß Glaube ohne Werke, besser gesagt, Glaube, der nicht Gehorsam ist, tot und nutzlos ist. Aber die, wenn freilich vielleicht naive Reflexion auf den Erweis des Glaubens im Werk hat oft genug in der Christenheit, die sich diesem Text verschrieb, zur Heuchelei geführt. Denn man wird den Erweis des Glaubens nach Jak. zwar nicht ganz ohne Zusammenhang mit den paulinischen Sätzen von 1. Kor. 2, 4 bedenken; aber die Akzente liegen dort eben doch recht anders; die Aussagen sind besser gesichert. Der Erweis des Glaubens aus den Werken bezieht sich in unserm Text nun freilich wesentlich auf das Gerichtsurteil Gottes, nicht eigentlich auf den Standort in der Welt; aber dann erst recht muß an die deutlicheren Aussagen von Mt. 7, 21 – 23 erinnert werden.

Zusammenfassend ist zur Exegese zu sagen: Die Aussagen unseres Textes haben ihre Wahrheit, ihre unmittelbare Kraft, aber auch ihre Grenze darin, daß sie paränetische, ermahnende Sätze sind. Als solche treffen sie die Wirklichkeit unseres Lebens mit aller Schärfe; aber sobald sich die dogmatische oder moralische Reflexion ihrer bemächtigt, werden sie in ihrer weitgehenden Ungeschütztheit erkennbar, die zu dogmatischen und moralischen Mißverständnissen geführt hat und auch heute nur allzuleicht führt. Stünden wir vor der Paränese der Paulusbriefe ohne deren dogmatische Reflexionen und Sicherungen, wären wir nicht viel anders dran, obwohl Dogma und Ethik bei Paulus sehr viel enger verknüpft sind als in dem Dokument, aus dem dieser Text genommen ist.

II.

Zur heutigen Erörterung der Probleme der reformatorischen Exegese im Sinn des sola fide gegenüber dem immer mehr Boden gewinnenden Synergismus von Gnade und Werk kann im Rahmen dieser Meditation nur dies bemerkt werden: Es dient der Klärung nicht, wenn M. Lackmann in seinem oben genannten Buch mit Jakobus gegen Luther zu Felde zieht, solange er meint, Paulus und Jakobus, Luther und Bellarmin (oder wen sonst aus dem römischen Bereich) in der von ihm beliebten Weise zu bloßen Spannungspolen nivellieren zu können, um sich selbst und seine Position als den erwünschten Ausgleich darüber zu setzen, wie er dies auf S. 46 seines Buches in geradezu peinlicher Weise tut:

„Beide Anschauungen (des Pl. und des Jak.) sind zwei Seiten ein und derselben Sache, aber der seelsorgerliche und theologische Auftrag beider Apostel war grundverschieden. Die Rechtfertigung kann man mehr vom Standpunkt des begnadigten Sünders aus entfalten – dann wird man gerne die ‚synthetische Rechtfertigung' vertreten – und man kann sie mehr vom Standpunkt des begnadigten Sünders aus entfalten – dann wird man auf die ‚analytische Rechtfertigung' schwören. Jede Schau hat ihr Recht, aber erst beide vereint bringen das Wunder der Rechtfertigung zur Anschauung. Es ist die Not der Auslegung und der Dogmatik, daß ihr diese Anschauung der Rechtfertigung erst in Anfängen geschenkt ist."

Das ist bestenfalls Kochbuch- oder Apothekertheologie. Und wer so redet, hat weder von Paulus noch von Luther auch nur einen Hauch verspürt. So wird es dann auch zu keiner besonders einleuchtenden ‚Schau' dessen kommen, worum es sowohl dem Paulus wie dem Jakobus geht.

III.

Zur Predigt: 1. Es ist in gewisser Hinsicht nur allzuleicht, über diesen Text zu predigen. Denn gerade der von ihm in etwa vorausgesetzte und bekämpfte Zustand ist der Zustand unserer Christlichkeit: ein Christentum bloß intellektuell-konventioneller Gläubigkeit oder Kirchlichkeit, eine Christlichkeit, die den Weg zu Werk und Tat kaum findet, ja sich in ihrer Sterilität noch rechtfertigen möchte. Es ist kein Geheimnis, daß auch die theologische Erkenntnisbemühung gegen diese Gefahr eines ‚abstrakten' Glaubens nicht notwendig sichert (vgl. K. Barth, K. D. IV, 1 S. 855 f.). Man sollte freilich hier keine offenen Türen einrennen und keine billigen Lorbeeren sammeln wollen. Auch der Aufruf zur Vervollkommnung des Glaubens im Werk wird uns keine besonderen Schwierigkeiten machen; er ist nur allzu geläufig, aber auch nur allzu fruchtlos. Es ist jedoch die Aufgabe der Predigt, der Diagnose des Textes in bezug auf den werklosen Glauben gehorsam nachzugehen und sie in Konfrontation mit unserer Lage nachzuvollziehen.

2. Die Predigt wird aber in dem Augenblick ungemein schwierig, sobald wir uns mit einem naiven und direkten Nachsprechen der Paränese des Textes nicht begnügen können oder wollen. Denn die Begründungen, die sich im Text finden lassen und die im V. 22 zusammenlaufen, sind nun freilich kaum nachzuvollziehen.

Einmal deswegen nicht, weil sie ihren Gebrauch und Mißbrauch in jeder Art von katholischer oder katholisierender Auffassung der Rechtfertigungserkenntnis gefunden haben und dadurch einer naiven Übernahme entzogen sind. Ferner dürfte es schwierig sein, etwa vom Ansatzpunkt des V. 18 aus – zeige mir deinen Glauben! – der Gefahr eines falschen Schielens nach Werk des Menschen und Urteil Gottes wirklich zu entgehen.

3. Da man Paulus und Jakobus, Luther und das römische Denken eben nicht einfach addierend ausgleichen kann, wird man also den sonst nicht ratsamen Weg hier ernsthaft erwägen müssen und dürfen, einen anderen Text beizuziehen und gemeinsam mit dem Jak.text der Predigt zugrunde zu legen. Ich würde dabei eher an einen synoptischen als an einen paulinischen Text denken, etwa an den bereits genannten Text Mt. 7, 21 – 27. Für nicht angängig würde ich es halten, dem Jak.text ganz auszuweichen.

9. Sonntag nach Trinitatis

Matthäus 7,24—29

„Wer behauptet, Christus Jesus sei von Gott den Menschen gegeben als Erlöser, daß sie ihm vertrauten, aber nicht auch als Gesetzgeber, daß sie ihm gehorchten, der sei ausgeschlossen" (Concil. Trid. Sess. VI. Can. 21, 1547).

„Dann weil die bloße Predigt des Gesetzes, ohne Christo, entweder vermessene Leut machet, die sich darfür halten, daß sie das Gesetz mit äußerlichen Werken erfüllen könnten, oder ganz und gar in Verzweiflung geraten, so nimbt Christus das Gesetz in seine Hände und legt dasselbe geistlich aus" (Form. Concordiae, Sol. Decl. 5, 10).

„Verum Christus tam iniquo et simul obscuro iudicio doctrinam suam subiicere noluit, ut aestimetur ex hominum vita: Christus wollte aber seine Lehre einem so unangemessenen und zugleich dunklen Urteilsstab nicht unterwerfen, daß sie nach dem Leben von Menschen eingeschätzt werden sollte" (Calvin zu Mt. 7, 16).

„Bloße Einbildung, bloßes Wissen, und äußerliches Lernen, eigene Kraft, und Vorsatz, da man meynt, man wolle sich selbst schon bessern, ohne Geist und Gnade, ist ein Sandgrund. Man denkt, weil die Leute vom Hören und Lernen Gelehrte und Künstler werden, so könne auch einer auf diese Weise ein guter Christ seyn. Aber hier ists wie mit einem Kranken, vom Hören und Lernen wird er nicht gesund. Die ganze Welt ist voll solcher thörichter Bauleute, die auf den Sandhaufen der menschlichen Meynungen, Vernunftschlüsse, eigene Wahl, Menschensatzungen, Ansehen der Menschen, Ceremonien, todten Mundglauben, äußerliche Konfessionen ihre Seligkeit bauen. Aber wie bald so ein Haus, das auf so schwachen Füßen steht, durch die Gerichte der göttlichen Heimsuchung zusammenstürzt, kann man täglich sehen, indem eine geringe Versuchung, eine kleine Lust, ein wenig Menschenfurcht, ihr ganzes Gebäude über den Haufen wirft (Johannes Goßner, Geist des Lebens und der Lehre Christi, Nürnberg 1818, 109).

„Seine [sc. Jesu Christi] Heiligkeitslehre ist zugleich Seligkeitslehre; und obgleich er seine Bergpredigt schließt mit der eindringlichen Aufforderung, seine Worte nicht bloß zu hören, sondern nach ihnen zu thun, sein Haus nicht auf Sand zu bauen, sondern auf den Felsen: so findet doch dieses Thun der Worte Christi sein rechtes Verständnis, die rechte Beleuchtung erst in der Heils- und Seligkeitslehre, welche freilich in der Bergpredigt nur durchschimmert, welche er aber anderswo und in anderem Zusammenhange vollständig ausspricht" (H. L. Martensen, Die christliche Ethik, 1. Bd., 4. Aufl. 1886, 490).

Die Perikope gehört nicht zu den altkirchlichen Predigttexten. In der Eisenacher Reihe war sie für den 5. Sonntag nach Epiphanias vorgesehen, fiel also bei frühen Osterterminen oft genug mit ihrem Sonntag aus. So vermag ich aus der älteren Predigttradition gar kein Beispiel zu nennen; aus der neueren nur den Beitrag (von Julius Schieder?) in der von Georg Merz und Wilhelm Grießbach 1940 herausgegebenen Sammlung „Trost und Freude". In den stark auf die Predigt bezogenen Gesamtauslegungen der Bergpredigt, bei Luther und Menken nicht anders als in Bonhoeffers Nachfolge (1937), kommt die Perikope, der „Schluß" der Bergpredigt, auffallend knapp weg; man hat den Eindruck, die Helden seien müde geworden.

Auch der Prediger heute sollte eine Vorstellung vom Auf und Ab der Bergpredigtauffassungen haben. Die ethisierende Auffassung der Theologie vor und bis 1918 hatte sich erschöpft.

Die Auslegung von Joh. Weiß und Wilhelm Bousset in der damaligen Göttinger „Gegenwartsbibel" gibt einen Eindruck davon. Unter dem Ansturm des frühen Karl Barth und der dialektischen Theologie schien die Bergpredigt zurückzutreten. Wir kannten freilich eine ungedruckte Auslegung wenigstens der Anfangsabschnitte der Bergpredigt von Karl Barth aus der Zeit vor 1930. Eduard Thurneysen hat mit seiner Zusammenfassung von 1936 (ThEx, Heft 46 – zur Zeit neu im Druck!) im Sinne einer streng christologischen Auslegung den Zugang wieder freigelegt, und Bonhoeffers eben genanntes Buch hatte wohl eine noch stärkere Wirkung, zumal da er die synoptischen Texte mit Paulus verknüpft und konfrontiert. Die rein historisch-exegetische Weiterarbeit an Mt. 5–7 ist weniger wirksam geworden. Martin Dibelius' wichtiger, wenn auch zum Teil sehr allgemein gehaltener Beitrag ist aus seiner ursprünglich englischen Fassung erst spät zugänglich geworden[1]. Ad. Schlatters großer Matthäuskommentar steht für sich. E. Lohmeyer hat nur knappe Bemerkungen hinterlassen[2]. Aus dem Sammelwerk von G. Bornkamm, Gerh. Barth und H. J. Held, Überlieferung und Auslegung im Matthäusevangelium (1960), ergibt sich für unsere Perikope nur wenig. Irre ich mich nicht, so steht uns eine wirklich angemessene Arbeit an der Bergpredigt, zumal für unsere Predigt, noch bevor. Es kann ja kaum sein Bewenden haben bei der schon im 19. Jahrhundert notierten Alternative eines älteren Lesers: „Entweder ist das nicht das Evangelium oder wir sind keine Christen."[3] Ob sich der mächtige Beitrag K. Barths[4] dann in der nötigen Breite und Tiefe durchsetzen kann, wird sich erst herausstellen müssen.

In unseren GPM wurde der Text im 1. Jahrgang von W. Trillhaas, im 6. von Gerh. Friedrich, bei Eichholz in beiden Auflagen (Bd. 3) von W. Klaas behandelt. Zum ganzen Abschnitt Mt. 7, 15 ff. erinnere ich besonders an die Predigt von H. J. Iwand aus dem Jahr 1946 – jetzt in Band 3 der Nachgelassenen Werke, 1962.

I.

Der Text stellt uns in einer doppelten Weise vor das Zeugnis von der Vollmacht Jesu: einmal, indem er über diese Vollmacht eigens spricht und ihre Wirkung auf die Menge der Zuhörenden beschreibt (Vers 28 f.); zum andern, indem sich in den abschließenden Worten Jesu selbst diese Vollmacht mit scharfer Eigentümlichkeit ausspricht: wer sie hört, muß wissen, was es damit auf sich hat. Auch unsere Auslegung, nicht erst, wie Fendt (bei Lietzmann) meint, die Predigt, geht am besten von den Rahmenversen 28 f. aus.

Es ist Lehre, die von Jesus ausgeht. Warum sie als solche (nach Lohmeyer) nur einen Anfang bezeichnen und ausmachen sollte, ist nicht recht einzusehen. Das rechte Verhältnis zu ihr hat ja ewiges Gewicht. Niemand heute wird den Lehrer Jesus von Nazareth als bloß rationalistisches Restprodukt im Auflösungsvorgang der klassischen kirchlichen Christologie empfinden. Seine Lehre ist so beschaffen, daß ihre Hörer sich darüber entsetzen. Natürlich eine auch sonst den Evangelienberichten geläufige Formel. Aber das mindert ihre Bedeutung nicht. Es wird freilich nicht genau beschrieben, worin die „tiefe Betroffenheit" (Lohmeyer) der Hörenden besteht. Und Fr. Zündels Beschreibung befriedigt nicht ganz: „Wir kennen alle diese Kraft, die den Worten Jesu – so schlicht und ruhig sie dahingleiten – innewohnt ... Sofort liegenlassen

---

[1] M. Dibelius, Botschaft und Geschichte, 1953, 1. Band, 79–174.
[2] Lohmeyer-Schmauch, Das Matthäusevangelium, 1958.
[3] Vilmar, Coll. Bibl., zur Stelle. [4] KD II, 2 S. 766–782.

kann sie niemand, man glaubt sie, man liebt sie, man ist das, was er damit will, für den Augenblick wie geworden, man fühlt sich veredelt, verklärt" (Jesus, 1923, 172). Dem Text liegt mehr daran, die besondere Vollmacht der Lehrrede Jesu zu betonen und durch die Wahl der Worte wie durch das Gegenbild der Schriftgelehrten zu begründen.

Lohmeyer wird recht haben, wenn er das etelesen in Vers 28 nicht als bloßes Aufhören der Rede versteht. Die Worte Jesu sind nicht nur abgeschlossen, sondern Aufgabe und Werk dieser Rede ist nun „herrlich vollbracht" (152). Jesu Rede erfüllt und vollendet allemal. Darin hat sie ihre besondere Vollmacht, und gerade darin kommen ihm die Schriftgelehrten nicht gleich. „Der Schriftgelehrte ist genötigt, seine Meinung aus den Schriften zu belegen. Er hat selbst keine Autorität. Jesus lehrt so, wie es im Evangelium gesagt wird, ‚als einer, der Vollmacht hat und nicht wie ihre Schriftgelehrten'. Manchmal benutzt er Argumente aus den Schriften, aber er hat es nicht nötig, das Alte Testament wieder und wieder zu zitieren, weil er den Willen Gottes aus der Kraft seines Bewußtseins von Gott verkündet. Das ist der Grund, warum die Schriftgelehrten seine Lehren nicht ertragen können. Es bedeutet eine große Ketzerei für die Juden, über Gott und göttliche Offenbarung zu lehren ohne jeden exegetischen Beweis."[5] „Seine [des Schriftgelehrten] Legitimation war sein Studium."[6] Als Prediger gehören wir also auf die Seite der Schriftgelehrten, nicht auf die Seite Jesu.

Es hat etwas Verlockendes, aber auch etwas Prekäres, über die Vollmacht Jesu zu reden. Läßt man sie außer acht, so wird sein Wort sehr oft zur bloßen Weisheitsrede, wie gerade das Doppelgleichnis unserer Perikope zeigt. Aber indem man über sie redet, entgleitet sie leicht. Die Vollmacht Jesu läßt sich nicht vom Faktum und vom Inhalt seiner Lehrrede trennen. Wer sich dem nicht aussetzen mag, wird sich auch von keiner noch so geistreichen Darlegung über die formellen Voraussetzungen von Jesu Vollmacht wirklich treffen lassen. Das ganze christologische Dogma der Kirche ist eine Darlegung dieser Voraussetzungen und als solche nötig und nützlich. Aber die wirkliche Vollmacht von Jesu Rede muß sich doch wohl jeweils selbst begründen und kann im Dogma nicht einfach schon vorweggenommen werden. Die Erinnerung an das Dogma, z.B. in der Aussage des Katechismus, soll also der Erfahrung der Vollmacht von Jesu Rede dienen und nicht diese ersetzen.

Fragen wir – mit der nötigen Vorsicht – nach dem substantiellen Kern von Jesu Vollmacht, so gilt es, die Antwort ohne dogmatischen Fanatismus zu geben. Es wäre also töricht, sich etwa an M. Dibelius' oben zitiertem Ausdruck zu stoßen, Jesus habe den Willen Gottes aus der Kraft seines Bewußtseins von Gott verkündet. Sein und Bewußtsein sind beide Träger der Sendung Jesu Christi und Träger der Selbstmitteilung Gottes in Jesu Lehrrede. Was seine Autorität von der der Schriftgelehrten unterscheidet, ist nicht nur das Verhältnis zur Heiligen Schrift, sondern das Verhältnis zur Wirklichkeit Gottes selbst. In Jesu Person und Rede ist Gott gegenwärtig. Daß es auch bei Jesus nur Worte sind, daß alle Lehrrede darin eine eigentümliche Schwäche und Ohnmacht an sich hat, daß sie eben nur Lehrrede ist, scheint

---

[5] M. Dibelius, a.a.O. 105.

[6] Ad. Schlatter, Komm., 264f.

den Evangelisten hier und sonst nicht weiter bekümmert zu haben. Er legt vielmehr das spezifische Gewicht der Vollmachtsrede Jesu in ganz anderer Art und anderer Richtung dar. Wir haben uns endlich mit dem Doppelgleichnis zu befassen, das den Hauptinhalt der Perikope bildet.

II.

Das Doppelgleichnis vom klugen und törichten Baumeister seines eigenen Hauses ist ein eschatologisch-apokalyptisches Gerichtsgleichnis. Es appelliert gewiß auch an den gesunden Menschenverstand, was J. Weiß und W. Bousset besonders bemerkenswert finden und betonen; aber indem es das tut, verliert es seinen apokalyptisch-eschatologischen Charakter nicht. So einfach und einleuchtend es klingt, so schwierig und rätselhaft ist es beim näheren Zusehen.

Es sind ja zunächst innerweltliche Vorgänge, die zum Vergleich herangezogen werden. Und man ist geneigt, auch den Vergleich selbst innerweltlich in Erfüllung gehen zu sehen. Niemand baut für die Ewigkeit, und selbst unsere Zeit und Generation, die das meinte unternehmen zu können, mußte daran scheitern. Dennoch dürfte es sich in dem doppelten homoiothesetai in Vers 24 und 26 um ein eschatologisches Futur handeln. Auch die Variante „Ich vergleiche", die wir noch von der Lutherbibel her im Ohr haben, und die schon deswegen bei Nestle im Apparat verzeichnet sein müßte, ist ja futurisch gehalten[7]. Es handelt sich also in den Regengüssen, Strömen und Winden nicht um innerweltliche und vorübergehende Katastrophen, sondern um Bilder des letzten Gerichts, um die Gerichts- und Sintflut zumal, die auch sonst zum Bild des Gerichts wird. Von diesem Gericht, vom Standhalten darin und vom Nichtstandhalten wird aber jetzt schon gesprochen. In einer gewissen Weise wird das Gericht damit schon in die Gegenwart der Hörenden hereingezogen. Man kann sich schon darauf einrichten; ja, man soll sich darauf einrichten.

Das Bild vom Haus verlockt sehr zur modernisierenden Ausdeutung. Leider interessiert sich der Oikos-Oikia-Artikel im Kittel gar nicht für die eventuelle profane Bildlichkeit von Haus, sondern nur für die kultisch-ekklesiastische. Es bleibt bei Hinweisen auf die Verknüpfung von Haus mit Familie, Geschlecht, Sippe einerseits, mit Vermögen und Besitz andererseits, also mit dem sogenannten Ökonomischen. So hat denn auch Ad. Schlatter seine Deutung darauf gegründet, wenn er von Scheinbesitz und wirklichem Besitz redet, von jenem Eigentum, das sich auch in der Erprobung bewährt (Komm., 263 f.). Da wir es aber in dem Doppelgleichnis nicht mit einer Allegorie zu tun haben, ist es besser, das Bild vom Haus nicht genauer auszudeuten. Ähnliche Vorsicht ist ratsam gegenüber den Bildern vom Sand und vom Fels, vom gewachsenen Stein als dem jeweiligen Fundament des Baues, der aufgerichtet wird. Aber es wird schwerhalten, solche Vorsicht zu üben, wenn man etwa von der schönen und lebensnahen Ausdeutung Johannes Goßners sich unmittelbar angesprochen fühlt, die ich eingangs der Meditation anführte.

---

7 Vgl. Th. Zahn, z. St.

Lassen wir es also vielleicht dabei, daß das Doppelgleichnis uns ein kluges und ein törichtes Handeln vor Augen stellt, bei dem es auf Festigkeit dessen, was man baut, plant oder will, ankommt. Es wird dem Bau an Bedrohung nicht fehlen, und es ist nicht selbstverständlich, daß der Bau diese Bedrohung heil übersteht.

III.

Alles kommt ja nun darauf an, daß wir die Sachhälfte des Gleichnisses einigermaßen zu fassen bekommen. Calvin hat sie vorbildlich bezeichnet: Die Zusammenfassung der Rede Jesu kehrt also zu der Erkenntnis zurück, läuft darauf hinaus, daß echte Frömmigkeit von ihrer bloßen Heuchelgestalt sich nicht wohl unterscheiden läßt, ehe es zur Prüfung und Bewährung gekommen ist: porro summa huc redit, veram pietatem ab eius simulatione non bene distingui, donec ed examen ventum est. Beide Arten von Hörern der Rede Jesu bauen ja. Beim bloßen Hören läßt es keiner bewenden. Wie der Abschnitt Vers 21 – 23 deutlich genug sagt, dreht es sich also nicht um den Unterschied zwischen Theorie und Praxis, zwischen Kontemplation und Aktion, wie es immer wieder mißverstanden wird. Denn eben das, was jene vor dem Forum Jesu geltend machen: in Deinem Namen haben wir geweissagt, in Deinem Namen Dämonen ausgetrieben, in Deinem Namen viele Wundertaten getan, ist ja den echten Jüngern verheißen und aufgetragen. Was sollte daran verkehrt sein, und worin sollte das Tun der Worte Jesu bestehen, wenn nicht eben darin, in seiner Nachfolge und in seinem Namen gleichsam sein Werk auf Erden fortzusetzen? Sollte der „Wille meines Vaters in den Himmeln" (Vers 21) etwas ganz anderes sein als eine so grandiose Fortsetzung der Werke und Taten dessen, den er gesandt hat? Und was wäre dieser Wille? Was wäre das Tun?

Daß es ein Handeln der Hörer und Jünger sein muß, auf dem Fundament der Voraussetzung: ich habe euch erkannt; ich kenne die Meinen und bin bekannt den Meinen, ergibt sich aus Vers 23. Die Jesusbeziehung entscheidet letztlich allein über Annahme und Abweisung der Hörer, über Dauer und Sturz des Hauses. Aber eben diese Jesusbeziehung wird durch den alttestamentlichen Psalmtext als Gesetzwidrigkeit und Gesetzmäßigkeit erläutert. Das dürfen wir nicht ignorieren. Das Evangelium im Ganzen sieht und bezeugt aber den Willen des Vaters darin, daß wir auf den Sohn hören sollen. Ihn hören heißt, sich auf seinen Weg rufen lassen, auf seine Verheißung und auf seine Weisung und Forderung einlassen. Es gibt keine christliche Ethik ohne diese Jesusbeziehung; aber es gibt auch keine Jesusbeziehung ohne entsprechende Lebenstat. Denn indem wir leben, handeln wir. Glaube und Leben sind ungeschieden und untrennbar. Auch die grandioseste Verinnerlichung des Glaubens in der Weise der Jesusbeziehung ist Tat und Entscheidung im Leben, und sei es nur die Unterlassung von diesem oder jenem Guten oder Bösen.

Um der im Doppelgleichnis Jesu empfohlenen Klugheit willen empfinden wir aber die Frage als höchst dringlich, ob das rechte Tun, das Verheißung hat, sich nicht noch genauer und faßlicher bezeichnen läßt. Daß es mit der Kasuistik nichts ist, wissen wir lange genug. Aber mit allgemeinen Prinzipien, von denen die protestantische Ethik nicht anders als die katholische Moraltheologie so lange etwas erhoffte, ist es auch nichts. Es scheint mir auch, wenngleich begreiflich, so doch ein bißchen unbedacht nun die Flucht nach vorne anzutreten, indem wir ein Handeln und Tun um jeden Preis ins Auge fassen, wozu Bonhoeffers Auslegung neigt und verleitet. Calvin hat immerhin *einen* wesentlichen Hinweis gegeben, wenn er in der Deutung der negativen Bauweise von denen spricht, die innerlich nicht graben und gründen bis hin zur Verleugnung ihrer selbst: quicunque intus non fodiunt usque ad sui abnegationem (z. St.). Wer sich letztlich selbst sucht, vielleicht nur, weil er sich nicht gefunden weiß, dürfte in allem Tun und Unterlassen der Weisungen und Worte Christi jedenfalls nicht zu den klugen Baumeistern gehören. Aber wer sucht etwa nicht sich selbst? Dies um so mehr, da das Doppelgleichnis ja gerade an unsere Klugheit appelliert! Widerstreitet nicht dieser Appell an unsere Klugheit dem eigentlichen Ruf Jesu, wie er etwa Mt. 16, 21 ff. zu hören ist?

IV.

Hier ist etwas auszuholen. Unter den von mir zu Rate gezogenen Auslegungen ist diejenige von M. Dibelius am nüchternsten. Er stellt sich wirklich den Fragen, die durch den geschichtlichen Abstand zwischen dem Ursprung des Evangeliums und der Gegenwart der Christenheit dringlich werden. Er sieht, daß der eschatologisch-apokalyptische Antrieb, also das, was dem Text die Dringlichkeit und das spezifische Gewicht gibt, für die heutige Christenheit praktisch (und theoretisch!) entfallen ist. Ferner seien wir, ganz anders als die Urgemeinde, in eine Verantwortung für unsere Umwelt hineingezogen. Unter solchen Umständen könne es eine buchstäbliche Erfüllung der Weisungen Jesu nach der Bergpredigt nicht geben. Immerhin aber habe die Bergpredigt auch heute die Kraft, uns im Innersten zu verwandeln, und daraus ergebe sich dann doch ein spezifisch christliches Handeln, ein Handeln, das sich nach außen und innen von jeder Lebensart und -verwirklichung unterscheidet, die sich dem Licht des Evangeliums vollends entzogen hat. In der Sache aber läuft es bei M. Dibelius dann darauf hinaus, das christliche Gesetz verlange nicht von uns, daß wir etwas tun, sondern daß wir etwas seien. Dibelius meint damit unsere Existenz als von Gott in eigener Verantwortung Lebende (vgl. 169). Das steht doch nicht nur dem Buchstaben nach im Widerspruch zu unserem Text, sondern vielleicht auch in der Sache. Um so wichtiger dann die Frage, ob wir noch genauer sagen können, worin das rechte Tun besteht.

Zunächst sieht es so aus, als empfehle uns das Doppelgleichnis einfach eine ordentliche Dosis von Klugheit, die sich zu sichern weiß, die dafür sorgt, daß es in der Zukunft keine Katastrophen gibt. Es scheint uns also Selbsterhaltung und Selbstsicherung zu empfehlen. Alle alten und neuen Einwendungen gegen den sublimen Heilsegoismus der Jüngerschaft Jesu schienen sich hier zu bewahrheiten. Aber ist das Evangelium nicht das Angebot des Heils? Zwar hat M. Dibelius eingeprägt: „Er [Jesus] spricht also nicht als ein Prophet menschlichen Glücks, sondern als ein Prophet des göttlichen Willens" (112). Aber der göttliche Wille ist unser Heil, und dieses Heil nicht verlorengehen zu lassen, warnt uns das Doppelgleichnis. Also bleibt es beim Appell an unsere Klugheit, und unser Bedürfnis einer letzten Sicherung in Zeit und Ewigkeit wird gestillt?!

Ich meine ernstlich, daß jede heutige Predigt sich diesen elementaren Fragen nicht entziehen darf. Dann dürfen wir es aber nicht dabei bewenden lassen, in der Predigt über unsere Perikope nur (in der Weise Bonhoeffers u. a. älterer und neuerer Ausleger) zur Tat des Gehorsams aufzurufen. Sondern wir müßten den Mut und die Weisheit aufbringen, uns selbst und anderen die rechte Klugheit, die rechte, verheißungsvolle Lebens- und Zukunftssicherung in der Nachfolge und Jüngerschaft dessen, der da vom Berg her redet, auf- und einleuchten zu lassen. Es wird an den Anfechtungen nicht fehlen. Jede wirtschaftliche Lebensversicherung, die wir eingegangen sind oder eingehen, muß sich darauf hin ansehen lassen, ob sie zur rechten Klugheit oder zur falschen Torheit im Leben gehört. Und erst recht sind die allgemeinen Umstände, in denen wir leben und predigen, nicht so beschaffen, daß wir uns ihnen und den verheißungsvollen Weisungen Jesu zugleich fügen und anvertrauen können.

Es wird manchen von uns heute so gehen, daß sie des geläufigen Theologen- und Predigtjargons gerade in einer so grundlegenden Sache überdrüssig sind und sich nach anderen Worten und Ausdrücken umtun. Ihnen zuliebe füge ich hier noch an, was ich in der Ethik Wilhelm Herrmanns finde, und was m. E. eine schöne und wahre Auslegung unseres Textes ist, auch wenn die damalige Sprache uns in mehr als einer Hinsicht nicht immer ganz angemessen vorkommen mag:

„Sobald wir Gottes als der persönlichen Macht des Guten so gewiß werden, wie die Kraft der Person Jesu es in uns wirkt, und wir erfahren, daß er uns vergibt, vollzieht sich in uns die Umwandlung, in der die Frage, wie wir uns selbst verleugnen können, gelöst wird. In dem Moment können wir uns selbst verleugnen, wo wir so reich sind, daß wir nur durch Geben unsern inneren Besitz betätigen oder uns selbst behaupten können. Die Sorge für uns selbst kann dann von uns abfallen, die reine Freude daran, daß wir für andere da sind, kann dann in uns emporwachsen, wenn die persönliche Liebe als die Macht über alles, auch über unsere Sünde, durch Christus zu uns spricht. Die sittliche Güte aber, die täglich von uns gefordert wird, und ohne die wir kein gutes Gewissen haben können, ist nichts anderes als solche innere Freiheit und diese Freude am Dienen. In seinem religiösen Erlebnis erreicht also der Christ die Lösung des sittlichen Problems, das auf der Menschheit liegt. Sind wir noch von Gott geschieden, so wird uns die Erkenntnis des sittlichen Lebens zur Qual. Sind wir aber Gott begegnet, und mit ihm ausgesöhnt, durch das Wunder seiner ernsten Liebe, so vernehmen wir zwar erst recht die sittliche Forderung, die uns als sein Gebot deutlich wird. Auch unsere Unruhe wird dadurch gesteigert. Aber sie kann uns nun zum Zeichen des Lebens werden, das Gott in uns geschaffen hat. Das Gesetz hört nicht auf, uns dieselbe Aufgabe vorzuhalten. Aber die Unendlichkeit dieser Aufgabe braucht uns nicht mehr zu schrecken. Denn sie kann uns eine Verheißung der unvergänglichen Zukunft werden, zu der Gott uns berufen hat. In dem allen wächst der Mut zu dem wahrhaftigen Wollen, das das Gesetz von uns haben will. Wenn wir in der Nähe Gottes bleiben, so werden wir so stark und frei, daß wir für uns selbst nichts anderes wollen, als für andere da sein und dienen. Diesen Vorgang hat Luther kurz und scharf mit den Worten bezeichnet: Die Seligkeit ist nötig zu guten Werken. Sie ist einfach deshalb dazu nötig, weil der Mensch der sittlichen Erkenntnis, daß das Leben für die Gemeinschaft selbständiger Wesen das Gute ist, solange nicht folgen kann, solange er unter dem Zwange lebt, für sich selbst leben zu müssen. Das ist er aber so lange, als er nicht irgendwie über das irdische Bedürfnis durch den Eindruck hinweggehoben ist, daß er das besitze, das ihm für alle Ewigkeit genügt" (W. Herrmann, Ethik, 5. Aufl. 1913, 139 f.).

Nichts verübeln wir Späteren der protestantischen Orthodoxie stärker als den Ausbau ihrer Inspirationslehre bis hin zur Verbal- und Vokalinspiration. Gewiß, sie war bedenklich, weil man damit zu demonstrieren und zu garantieren versucht, was als solches sich unserer Demonstration und Garantie entzieht: die wirkliche Lebendigkeit und Kraft des göttlichen Geistes, darüber hinaus die formelle Autorität der Bibel in der Kirche und gegenüber der Kirche. Bis auf seine fundamentalistischen Ruinen ist dieser Bau eingestürzt; aber selbst die Ruinen sind noch eindrucksvoll und vor allem: was ist an die Stelle dieses Baues getreten? Geschichte als historisch-kritische Reduktion, Heilsgeschichte als Vorläufer und Nachläufer des neueren Glaubenssatzes von der Geschichte als Medium des göttlichen Geistes, und schließlich die mehr oder weniger spekulative Dialektik von heute, die zwischen Inspiration und Inspiriertheit unterscheidet und meint, mit dem Zauberwort Unverfügbarkeit der Sache den richtigen Ausdruck gegeben zu haben. In der Gemeinde aber leben nebeneinander die unverminderte Skepsis des Aufgeklärten und das ebenso unzerstörbare Grundgefühl, es in der Bibel mit einem besonderen, eindeutigen und nicht zweideutigen Sachverhalt zu tun zu haben.

10. Sonntag nach Trinitatis

Lk. 19,41–48

„Ist aber apatheia dahin zu verstehen, daß eine Leidenschaft an den Geist überhaupt nicht herankommen kann, so ist sie ja der reinste Stumpfsinn, schlimmer als alle Gebrechen miteinander" (Augustin, Gottesstaat XIV, 9, in einer langen, die Predigttradition bis ins 19. Jahrh. bestimmenden Ausführung über das Weinen Jesu).

„An den Juden haben wir einen göttlichen Zorn-Spiegel. Wahrlich, wo wir uns nicht bessern, wird noch ein erschrecklicher Gericht über uns ergehen, als über Jerusalem ergangen ist. Denn wir haben mehr Zeit zur Buße denn sie; mehr Zeugen göttlichen Lichts und Gnadenboten, die uns mit Gott versöhnen wollen; mehr Zeichen göttlichen Zorns. Ach, so lasset uns doch die Gnadenzeit erkennen, weil sie noch da ist (Heinr. Müller, Evang. Schlußkette und Kraft-Kern od. gründl. Auslegung d. gewöhnl. Sonntags-Evangelien, hrsg. v. G. A. Bandermann, Halle 1853, 526).

„Vergebens haben auch die Schöpfer der christlichen Gemeinde die ungeheure Schaar der Sünder zusammengebracht, um mit ihrer Hilfe das Privilegium des Judenthums zu stürzen und die Härte des göttlichen Gesetzes zu brechen – es war vergeblich, daß die kühnen Neuerer das Vorrecht des Judenthums profanierten und den Völkern preisgaben – vergeblich der Urtheilsspruch der Verwerfung und Vernichtung, den sie über das privilegierte Volk Jehovas aussprachen – das Judenthum besteht doch noch, nachdem es dem Christenthum auf allen seinen Eroberungszügen gefolgt ist, um es an seine Schwäche zu mahnen und an die Maaßlosigkeit seiner Drohungen zu erinnern. Die Tochter, die das Kind des Himmels seyn wollte, hat die Flüche und Schmähungen ihrer leiblichen Mutter nicht ersticken können" (Bruno Bauer, Kritik der Evangelien u. Geschichte ihres Ursprungs, 1. Bd., Berlin 1850, IV).

„Bei dieser Begegnung setzen beide Teile ihr Leben ein; sie bringt Jesus und Jerusalem das Sterben. Er stirbt, wie das Weizenkorn stirbt, das durch sein Sterben die Fruchtbarkeit erhält. Jerusalem stirbt, weil sich der Mensch nicht gegen Gott behaupten kann. Wie konnte er es unterlassen, sich zu freuen, und wie es unterlassen, zu klagen? Zum Werk der göttlichen Gnade gehört das Hosianna, das ihr dankt, und mit den Weinenden zu weinen und um die Sterbenden zu trauern ist Liebespflicht" (Ad. Schlatter, Kennen wir Jesus? 2. Aufl. 1938, 322).

„Daran aber ist nichts Unwahrscheinliches, daß der wunderbare Anblick der von allen Juden verehrten und rings von gewaltigen Bergen umgebenen Stadt ihn (Jesus) zu Tränen rührte" (Josef Klausner, Jesus von Nazareth, 3. Aufl. 1952, 429).

Die Perikope hat begreiflicherweise eine dichte Predigttradition, aus der nach Luther (EA 18, 23 ff., 20, 409 ff.) besonders Schleiermacher (IV, 416 ff.) hervorzuheben ist. Es wäre wichtig, an der Geschichte der Predigtauslegung das Verhältnis zum jüdischen Volk abzulesen und manche Wurzeln des christlich-kirchlichen Antisemitismus aufzuspüren. In unseren GMP wurde der Text von R. Frick (Jg. IV) und W. Staemmler (IX), bei Eichholz (Bd. I) von H. Diem behandelt. H. Conzelmann, Mitte der Zeit ([3]1960) bringt wesentliche Hilfen zum Verständnis. Die Nebentexte Lk. 13, 34 f. und Mt. 23, 37–39 – dies das sog. zweite Evangelium zum gleichen Sonntag – sollten auch beachtet werden.

I.

Gerade wenn wir von der älteren Predigttradition der Perikope herkommen, fällt es uns aufs Herz, wie schwierig für uns heute der Zugang zu ihr ist. Die historisch-kritische Fragestellung, wie auch immer gehandhabt und welches auch immer ihre Ergebnisse, stellt sich zwischen damals und heute und nimmt der Perikope viel, wenn nicht alles von ihrer ursprünglichen und bis vor kurzem selbstverständlichen Aktualität. Denn an keinem andern Sonntag haben wir es – auch und gerade in der Reihe der altkirchlichen Evangelien! – mit einem so mächtigen und eindrucksvollen Geschehen zu tun, mit einem Geschehen, bei dem sich die biblische und die profane Geschichte so unmittelbar berühren. Zeichen dafür war, daß in älteren Bibeln die Abschnitte des Josephus über die Zerstörung Jerusalems im Anhang abgedruckt und in den Gottesdiensten verlesen wurden. Noch Löhe verweist in seiner Auslegung darauf. Nie war Weissagung und Erfüllung so nahe beieinander, nie so offenkundig und einleuchtend. Der Beweis der göttlichen Geschichtslenkung aus dem Geschehen am jüdischen Volk läßt alles hinter sich, was irgend sonst in ähnlichem Sinne beigebracht werden mochte. Etwas von diesem Empfinden dürfte auch heute noch in kirchlich-konservativen Gemeinden nachleben und also vorauszusetzen sein. Umgekehrt steht Bruno Bauer mit seinem eingangs zitierten kühlen und sachlichen Votum recht allein; für uns um so mehr ein Grund, über dieses Votum sorgfältig nachzudenken!

Beim Vergleich mit den synoptischen Parallelen zeigt sich sofort, daß wir es mit drei Teilen zu tun haben. Teil I (V. 41 – 44) ist Sondergut des dritten Evangeliums, wenn auch nicht ohne Parallelen in den sog. synoptischen Apokalypsen; Teil II (V. 45 und 46) ist eine stark verkürzte Relation der Tempelreinigung, in der vor allem der Bericht über Heilungen Jesu im Tempel ganz fehlt; Teil III (V. 47 und 48) ist ein Sammelbericht über Jesu anschließendes tägliches Lehren im Tempel und die negative Reaktion der Oberen, die positive des einfachen Volkes (wozu Lk. 21, 37 f. als Schlußklammer zu vergleichen ist!). Bei den drei Abschnitten stellt sich die historisch-kritische Frage mit gleicher Dringlichkeit, wieweit wir es mit tatsächlichem, vorösterlichem Geschehen zu tun haben, wieweit die Verarbeitung durch mündliche und schriftliche Tradenten die Spuren ihrer eigenen, d. h. der nachösterlichen, frühchristlichen Zeit trägt.

Halten wir uns von den Schlagworten des bloßen Historismus u n d der bloßen Kerygmatik frei, so können wir eigentlich niemals absehen von zwei elementaren Tatbeständen: auch heute nimmt der Predigthörer an, es sei all das vorösterlich, was vor Karfreitag und Ostern berichtet ist; und eben dies ist auch die Meinung der biblischen Berichterstatter. Dabei sind beide freilich unbelastet von der kritisch-historischen Fragestellung der neueren Forschung, die sich nicht damit begnügt, vorösterlich sein zu lassen, was als vorösterliches Geschehen berichtet wird, sondern die zwischen dem als vorösterlich mehr oder weniger Verifizierbaren und dem vorösterlich Undenkbaren unterscheidet, ohne daß es hierbei zu einem völligen Konsensus der Forschung gekommen wäre und kommen könnte. Das wird in unserer Perikope ebenso anschaulich wie dringlich, wenn wir aus V. 41 – 44 zunächst die Weissagung über Jerusalem ins Auge fassen. Vielen ist es selbstverständlich, daß es sich dabei um ein vaticinium ex eventu handle (H. J. Holtzmann, R. Bultmann u. a.). Viel vorsichtiger sind J. Weiß-W. Bousset, wenn sie schreiben: „Es gehörte keine übernatürliche Prophetenbegabung, sondern nur eine klare und ernste Beurteilung der Sachlage dazu, um zu erkennen, daß Jerusalem für ihn (für Jesus) nicht zu gewinnen war. Damit aber ist das Schicksal der Stadt besiegelt. Es ist zu spät. Die Weissagung im einzelnen ist nach den späteren Zeugnissen formuliert" (Schr. d. NT I, 1917, S. 487). Aber auch sie entsprechen damit keineswegs dem, was der ursprüngliche Berichterstatter meint; denn er meint in Wirklichkeit gerade, eine Tat der „übernatürlichen Prophetenbegabung" Jesu zu berichten und nichts anderes. Schlatter, Bornhäuser und Rengstorf rationalisieren ähnlich, wenn sie auf die konkrete, geschichtliche Bedrohung Jerusalems durch die Zeloten hinweisen. Schlatter meint, der Satz, diese Weissagungen könnten erst nach der Eroberung Jerusalems durch Titus geschrieben sein, schreibe Lukas oder der Quelle die eigene Konstruktion von Worten Jesu zu, eine Annahme, die sich sonst am Verhältnis der Texte zueinander nirgends belegen lasse (Das Evang. des Lukas, 1960, [2]S. 411). Aber kaum einer von uns wird die vorliegende Problematik so souverän wegdekretieren wollen. In der klaren Erkenntnis, daß die Berichterstattung der Evangelien immer auch eine Funktion des Christusglaubens (und damit des Christusdogmas) ist, werden wir also feststellen: alle Texte sind sich darin einig, daß der vorösterliche Jesus auch göttlicher Prophet ist und daß er in irgendeiner Weise Jerusalem Strafe und Untergang ankündigt. Halten wir es für angebracht, ja für unerläßlich, hinter den Txt zurückzugehen und aus irgendwelchen Gründen das Gegenteil anzunehmen, so darf dabei nicht verschwiegen bleiben, daß wir uns von den Texten losmachen und den Bereich der historischen Konstruktion betreten.

Auch V. 45 f., der so erstaunlich knappe Bericht über die Tempelreinigung, will im Zusammenhang des lukanischen Aufrisses verstanden werden. Conzelmann hat wohl mit Recht herausgearbeitet, worin das besondere Interesse des dritten Evangeliums an diesen Ereignissen besteht: „Im Tempel also erfolgt jetzt die endgültige Darstellung des Wesens Jesu angesichts des bevorstehenden Leidens. Das Thema von Verheißung und Erfüllung kommt so zur Geltung, und das Leiden ist im voraus interpretiert. Im Blick auf die Kirche ist der Anspruch der Juden widerlegt. Ihre Berufung auf den Tempel, auf die Tradition besteht zu Unrecht. Weil sie seit der Vertreibung und Ermordung Jesu den Tempel unrechtmäßig besetzt halten, wird er ihnen mit Recht zerstört" (a.a.O. S. 71). Sehr viel tiefer war schon E. Lohmeyer in die Fragen des Textes eingedrungen. In seinen Uppsalavorlesungen aus dem Winter 1939/40 über „Kultus und Evangelium" (Göttingen 1942) hat er besonders eindringlich davon gehandelt. Selbst Lukas bewahrt ja die beiden Prophetenzitate aus Jes. 56, 7 und Jer. 7, 11 auf und leitet den Leser damit an, die in vieler Hinsicht rätselhafte Tat Jesu als Tat der prophetischen Erfüllung zu begreifen. Es geht dann nicht nur um Tempelreinigung im herkömmlichen Sinn, zumal ja nicht das eigentliche Heiligtum, sondern der Vorhof der Heiden gemeint und betroffen war. Das Gewicht fällt dann auf die universale Ausweitung: Bethaus allen Völkern, die Lukas allerdings nicht bringt. „Versteht man die Erzählung als das eschatologische Zeichen von der Gegenwart der Vollendung, so ordnet sie sich in den gleichen Zusammenhang ein, dem etwa Jesu Heilungen oder auch die Berufung der Jünger zu eschatologischen Richtern dienen: Jetzt ist die Zeit der eschatologischen Rüste! Daraus begreift sich auch, warum der Konflikt mit dem kirchlichen Recht und Brauch der Tempelbehörden völlig unbeachtet bleibt. Denn unendlich wichtiger ist, daß durch Jesu Tat das Hemmnis aufgehoben ist, das der vollendeten Wirklichkeit des Tempels als des Bethauses für alle Völker entgegensteht" (Lohmeyer, a.a.O. S. 49).

Etwas davon ereignet sich nach unserm Text schon jetzt, indem Jesus täglich im Tempel lehrt (V. 47 und 48) und dabei williges Gehör und Anhang bei allem Volk findet, während die Oberen vergeblich versuchen, ihn zu beseitigen. Ganz unwillkürlich fragt man sich, in welchem Verhältnis dieser Befund und Tatbestand zu dem steht, was zu Beginn unserer Perikope über die Vergeblichkeit von Jesu Ruf an Jerusalem und von seinem Wirken unter diesem Volk gesagt war. Wir haben also Anlaß, den ganzen Zusammenhang noch einmal genauer zu durchdenken.

II.

„Was da verkündet wird, ist keine politische Katastrophe. Natürlich ist sie auch das und wird so von der Geschichtsschreibung berichtet; wie aber Jesus von dem Ereignis redet, ist es das Strafgericht über die Stadt, die den Messias nicht angenommen hat." So leitet R. Guardini seine Auslegung unseres Textes ein (Der Herr, 1937, S. 444 ff.) und ich habe unter den von mir zu Rate gezogenen Auslegern keinen gefunden, der mehr und besser zur Sache unserer Perikope spräche als er. Jesu Verhältnis zu Israels und Jerusalems Gegenwart und Zukunft ist nur mit der Kategorie des Prophetischen zu erfassen. „Die Geschichte ist ein unabsehbares Geflecht von Ursachen, die selbst Wirkungen sind und von Wirkungen, die wieder zu Ursachen werden. Sie als Gericht, also von Gott her zu deuten, geht über Menscheneinsicht. Wohlergehen und Glanz einer Zeit kann in Wahrheit Heimsuchung sein; ein Unglück aber Zeichen des göttlichen Zutrauens. Soll das Geschehen der Geschichte von Gott her gedeutet werden, dann muß Er einen Propheten erwecken und selbst sprechen ... Von

Strafgericht im eigentlichen Sinn kann man in der Geschichte nur bei einem Volke sprechen, dem jüdischen; denn bei ihm allein sollte die irdische Geschichte unmittelbar aus seinem Glauben – oder Nichtglauben – hervorgehen" (R. Guardini, S. 446) ... „Welche Situation! Da steht der arme Rabbi aus Nazareth, dem sie nach einigen Tagen den Prozeß machen werden, und sagt: Die Stadt wird untergehen! Die Welt wird untergehen! Deshalb wird die Stadt vernichtet werden, weil sie ihn nicht angenommen hat" (a.a.O. S. 452). „... Jesus weiß, daß er der Messias ist und das Heil bringt. Er weiß, daß in ihm die Möglichkeiten aller Erfüllungen sind, nicht nur der religiösen, sondern auch der geschichtlichen; daß alle Verheißungen der vergangenen Zeit sich durch ihn verwirklichen können – das Volk aber verschließt sich. Diesen Willen kann er nicht zwingen, will es nicht, weil die Entscheidung vor dem Heil aus Freiheit kommen muß. So muß er sterben, und dann kommt das Gericht über das Volk. Von da ab beginnt der zweite Teil der Geschichte Israels: die Zerstreuung, samt all dem Verhängnisvollen, was sie für das Volk selbst und für die andern Völker gebracht hat" (a.a.O. S. 448). Wenn das so ist, muß unsere Meditation und Predigt nun alle Kraft aufbieten, daß es nicht mißverstanden wird. Denn es legt sich dem christlichen Hörer nur allzunahe, nun in Israel und Jerusalem das spezifisch unschuldige oder das spezifisch schuldige Opfer des Geschehens um Jesus von Nazareth zu sehen. Denn wenn „es vor seinen Augen verborgen" war, wenn des Menschen Sohn leiden mußte, um zu seiner Herrlichkeit einzugehen (Lk. 24, 26), dann haben wir es bestenfalls mit einer tiefen Tragik zu tun, angesichts deren man in der Tat nur weinen kann, wie in jedem Drama. Hier liegt das eigentliche Geheimnis des Textes, nicht etwa in der letztlich banalen Frage nach dem historischen Zeitpunkt unserer Perikope. Die Christenheit hat es fast immer vorgezogen, gerade aus ihr etwas von der spezifischen Schuld der Juden abzuleiten, und auch Guardini ist in seiner oben zitierten Formel mißverständlich. Gewiß: was geschah, geschah „darum, daß du nicht erkannt hast die Zeit, darinnen du heimgesucht bist" (V. 44). Um diesen Satz gruppiert sich das ganze Neue Testament, und dieser Satz bestimmt das Gesamtverhältnis Israels zu Jesus von Nazareth bis in die Gegenwart. Der oben zitierte Heinrich Müller (1631–1675) hat Recht: „An den Juden haben wir einen göttlichen Zorn-Spiegel." Aber das Geschehen zwischen Jerusalem und Jesus soll wirklich wie ein Spiegel benutzt, d. h. nicht in sich und als solches betrachtet werden, sondern der Selbsterkenntnis der Christenheit und nur ihr dienen. Denn das Israel in der Zerstreuung ist inzwischen zum offenkundigsten Kreuzträger geworden und hat eben das auferlegt bekommen, was Jesus von seinen Jüngern verlangt und erwartet. Die Christenheit aber hat oft genug das Passionsgeschehen dazu benutzt, um das Israel in der Zerstreuung zu schmähen und zu plagen. Die Rollen sind vertauscht worden, wofür wir uns kaum auf das Neue Testament berufen können. Demgegenüber wird K. Barths Erkenntnis besonders wichtig und hilfreich, wenn er Erwählung und Verwerfung Israels aus ihrer Isolierung löst und zum Spiegelbild dessen macht, was dem ewigen Wesen nach Jesus als der Erwählte und Verworfene selbst ist, leidet und tut. M. a. W.: nur Jesus selbst kann zu Jerusalem so sprechen, wie es hier (V. 41 ff.) bezeugt wird; die Christenheit und also auch wir als Prediger werden gut daran tun, nicht in die Rolle des prophetischen Jesus zu schlüpfen.

Noch wird der Tempel gereinigt. „Übrigens gehört das zu der Religiosität des Heilands, daß Er die Krämer aus dem Vorhof des Tempels herausgepeitscht hat. Denn wenn er einen separatistischen Sinn gehabt hätte, so würde Er gedacht haben: ,Wie lange wird es währen, so fällt das ganze Haus zusammen? Laß sie immer fortmachen und es selber vollends zugrunde richten. Was soll ich noch viel an dem Babel stützen, und den Leuten ihren Kirchengötzen, daran sie ohnehin genug hängen, noch mehr authorisieren helfen.' Sein Verfahren ist also ein Beweis seines kirchlichen Sinnes, den er gegen die Gegner eifrig behauptet hat." Bei aller Treuherzigkeit der Diktion hat der treffliche Goßner doch eine Erkenntnis gehabt, die sehr viel später erst Lohmeyer wieder betont hat. – Dabei wird auch die Antithese zu beachten sein: Haus des Gebets und Ort, darinnen man seine Beute birgt, auch wenn diese Beute mit den Mitteln des Tempelkults eingeheimst wird.

Und noch lehrt Jesus täglich im Tempel. Das ist nicht nur Zeichen dafür, daß nun das neue Israel sich um die Lehre Jesu versammelt und dabei auch Glieder des alten Gottesvolkes zu den Seinen zählen kann, während die Oberen sich dem nach wie vor verschließen. Sondern es schließt doch auch in sich, daß das ganze Israel noch in der Reichweite des Rufes und der Lehre Jesu steht. Zwar steht darüber der Schatten der vorausgegangenen Weissagung und des „Zuspät". Aber Jesu Werk geht weiter und sein Wort bleibt auch jetzt nicht vergeblich.

III.

Es ist sehr schwer, die eigentümliche, ja einzigartige Dynamik dieser Perikope in der Predigt nicht zu zerstören. Luther ist ihr in seiner Predigt von 1531 (WA 34 II, 80 ff.; EA 18, 23 ff.) wirklich auf die Spur gekommen, mehr als jede spätere Predigt, die mir bekannt ist. Aber wer wollte ihn nachahmen? „Ich besorg hart des deutschen Lands. Dann jetzund hat es den Tag der gnädigen und barmherzigen Heimsuchung. So es ihn veracht und nit aufnimbt, sunder verspott und verlacht; o wahrlich, verleurt Deutschland diesen klaren Schein und hellen Glast dieß Tags, so helf ihm nur Gott, so ists aus und aus mit ihm. Es ist ihm besorglich; damm es bedenkt jetzt, zu der Zeit der Gnaden, sein Bestes auch nit ... Lastu aber diese Sunnen untergehen, so ists umb dich geschehen. Es ist jetzund diese Sorg auch für Augen. Jedermann baut, und dasselbig Gebäu ist ein große Prophezei solches Jammers. Er hat uns ein Tag geschenkt, er hat diese Sunnen des heiligen Evangelii gegeben, sucht uns auch väterlich heim; er richt aber wenig aus ..." (EA 18, 26). Das wird dann aufs konkreteste auf Wittenberg und auf die Gesamtlage (gegenüber Papst und Türken) angewandt.

Ich zitiere noch den Schluß der Predigt: „Dieß Jagen und Schlahen im Tempel war nur ein Vorspiel; das recht kam hernach, über vierzig Jahr. Sie sahen Christum nit für ihrem Geiz.

Das ist die ganz Hauptschuld, sie mochten des heiligen Evangeliums nit leiden. Als sollt er sagen: Ihr verfolgt das heilig Evangelium, euer Heil und Seligkeit. Ihr gebt dem Evangelio Schuld aller Plag, die in der Welt sein, es mach euch unglückhaft. Ihr lügts aber offenlich, denn es kumpt nur aller Trost, Hilf und Gutes daraus. Wohlan, es soll euch auch die Ursach sein und bleiben, nach eurem Wahn, und das Evangelium soll euch zuscheitern und zuspreisseln, daß kein Trumm bei dem andern bleibt bis in Abgrund der Höll. Ich wills euch wahr machen.

Der Herr predigt bei drei Tagen stets im Tempel, daß er vor nie so heftig gewesen war; dann die Not und Stund drang ihm auf den Hals. Der lieb Christus hätts je gern gut gesehen.

Ich warn euch, legt euch nit gen Hierusalem ins Spital, ihr werdt sunst drinnen verderben. Da bleibts dießmal. Wir wöllen Gott fleißig bitten etc." (31).

Vieles spricht dafür, daß wir nur über V. 41 – 44 oder nur über V. 45 – 48 predigen; auf keinen Fall sollten wir die äußere Reihenfolge der Perikope dem Predigtaufbau zugrunde legen. Vielmehr sollten wir den Fragenkreis je gesondert aufnehmen, sofern er vom Verhältnis Jesu zu Jerusalem und Israel handelt und sofern die Christenheit darin den Spiegel ihrer eigenen Verheißung und Gefahr zu sehen und zu nutzen hat. Innerhalb dieser Haupteinteilung mag dann die Reihenfolge der Perikope zu ihrem Recht kommen.

Es wäre aber auch denkbar, daß wir so genau auf den Text selbst – wegen seiner Einzigartigkeit und wegen der Gefahren einer verkehrten Anwendung auf das Verhältnis von Kirche und Synagoge – gar nicht eingehen, sondern (im Anschluß an R. Guardini) die Voraussetzungen des biblischen Denkens klären. Ich gebe ihm noch einmal das Wort, und es sollte keiner Rechtfertigung dafür bedürfen: „Das Gericht dürfen wir nicht als etwas ansehen, das weit weg liegt, sondern als die Möglichkeit, die neben uns hergeht. Nicht als das mythische Ereignis am fernen Ende, sondern als die Drohung, die sich vom Zorne Gottes her auf uns richtet. Wir stehen nicht in einem gesicherten biologischen, geschichtlichen, geistigen Ganzen, das unangreifbar seinen Weg nähme und über welchem, unschädlich abgedichtet, das religiöse Geheimnis Gottes hinge, sondern stehen unter der Möglichkeit des Gerichtes, so wie Jerusalem darunter gestanden hat und wie die Welt als Ganzes darunter steht. Erst wenn der Schutz, den die unmittelbare Wirklichkeit meinem stumpfen Sinn zu geben scheint, aufgelockert und mir Gottes Drohung zu einer Wirklichkeit geworden ist, bin ich im vollen, biblischen Sinne glaubend. Das Denken der Neuzeit hat das alles verdrängt. Ihr Mensch steht nicht mehr unter der Furcht Gottes. Er nimmt diese moralisch oder im Sinne einer unbestimmten Scheu, nicht aber als das, was sie ist: Das Drohen des heiligen Zornes, der mächtiger ist als die Stadt Jerusalem und mächtiger als die Welt. So wird der Christ sich auch hier ‚üben' müssen: zum Bewußtsein davon erziehen, wie die Dinge vom Glauben her stehen" (a.a.O. 453 f.). – Als kritische Leser werden wir Guardini hier nicht in allem zu folgen vermögen. Er isoliert wohl Zorn und Drohung zu sehr vom Evangelium selbst, während es der Text in der Wurzel geeint läßt. Aber es wäre verkehrt, daß wir auf das Detail des Textes eingehen, ohne vorher den gewaltigen Abstand seines Denkens von dem heute herrschenden Denken gewahr zu werden und nach Möglichkeit klarzumachen.

Aber unsere Gerechtigkeit haben wir in diesem Hangen am Buchstaben und Treiben des Buchstabens – in dem Luther bekanntlich ein Meister war! – gerade nicht, sondern unsere Gerechtigkeit ist besser als die der Pharisäer und Schriftgelehrten, d. h. besser begründet und gewisser verankert als im äußeren Besitz der Bibel und im mechanisch-kasuistischen Umgang mit ihr, der Mücken seiht und Kamele verschluckt. Die bessere Gerechtigkeit der Gemeinde besteht eben darin, daß sie aus dem Buchstabenzeugnis der biblischen Schriften die Stimme des guten Hirten hört und darin die Herde Christi bleibt und immer neu wird.

11. Sonntag nach Trinitatis

Römer 9,30b–33 (–10,3)

„Apostolus supra necessitatem et virtutem gratiae demonstravit; hic incipit agere de origine gratiae, utrum ex sola Dei electione detur, aut detur ex meritis praecedentium operum, occasione accepta ex eo quod Judaei, qui videbantur divinis obsequiis mancipati, exciderant a gratia; Gentiles autem ad eam erant admissi, qui prius fuerant a Deo alieni: Der Apostel hat bisher die Notwendigkeit (Röm 1,16–4,25) und die Kraft (5,1–8,39) der Gnade dargetan; hier beginnt er nun vom Ursprung der Gnade zu handeln, ob sie nur durch Auserwählung Gottes verliehen wird oder auf Grund von Verdiensten vorhergehender Werke. Die Gelegenheit für diese Frage bietet sich ihm dadurch, daß die Juden, die an göttlichen Gunstbezeugungen reich gesegnet zu sein scheinen, trotzdem der Gnade verlustig gingen, während die Heiden zu ihr zugelassen wurden, obwohl sie doch vorher Gott entfremdet waren" (Thomas v. Aquin, In Epistolam ad Romanos zu Röm 9,1 Op. Omn. Vol. 20, Paris 1876 p. 507; Übers. v. H. Fahsel, Freiburg 1927, S. 295).

„Hoc capite incipit occurrere offensionibus, quae hominum animos divertere a Christo poterant: quod Iudaei, quibus ipse ex Legis pacto destinatus erat, non modo eum respuebant, vel habebant contemptui, sed magna ex parte abominabantur. Hinc enim alterutrum ex duobus videbatur consequi: aut divinae promissioni suam non constare veritatem: aut Jesum, quem Paulus praedicabat, non esse Christum Domini, qui Iudaeis peculiariter promissus fuerat: In diesem Kapitel beginnt er (Paulus) den Anstößen entgegenzutreten, die die Gemüter der Menschen von Christus abzubringen vermochten: daß die Juden, denen Er selbst nach der Abmachung des Gesetzes bestimmt war, ihn nicht nur verschmähten, ja verachteten, sondern zum großen Teil verabscheuten. Daraus schienen sich notwendig zwei Konsequenzen zu ergeben: entweder verlor die göttliche Verheißung ihren Bestand, oder Jesus, den Paulus verkündigte, war nicht der den Juden insbesondere verheißene Christus (Gottes) des Herrn" (Calvin, Comment, ed. Tholuck 1864, S. 146, zu Röm 9).

„Darum ficht mich solch der Juden Gespötte nichts an, und um ihres Urteils willen wollt' ich nicht einen Buchstaben kennen lernen in der hebräischen Sprache. Ursache ist die: wir Christen haben den Sinn und Verstand der Biblia, weil wir das Neue Testament, das ist Jesum Christum haben, welcher im Alten Testament verheißen und hernach gekommen, mit sich das Licht und Verstand der Schrift gebracht hat, wie er spricht (folgt Hinweis auf Joh 5, 46; Lk 21, 22; 24, 27). Denn da steckt's, da liegt's, da bleibt's. Wer diesen Mann, der da heißt Christus, Gottes Sohn, den wir Christen predigen, nicht recht und rein hat, noch haben will, der lasse die Bibel zufrieden, das rate ich. Er stößt sich gewißlich und wird, je mehr er studiert, je blinder und toller, er sei Jude, Tatter, Türke, Christ oder wie er sich rühmen will" (M. Luther, Von den letzten Worten Davids 1543, Münch. Ausg. Erg.Bd. 3, 1938, S. 308 f.).

„Der Mittelpunkt und Kern des Ganzen, an welchen sich alles Andere erst anschloß, wäre demnach in dem Theile des Briefs enthalten, welchen die genannten drei Kapitel (9—11) bilden, hier müßten wir unsern Standpunkt nehmen, um uns in die ursprüngliche Conception des Apostels hineinzuversetzen, von welcher aus sich der ganze Organismus seines Briefs, wie er sich vor allem in den ersten acht Kapiteln darlegt, entwickelt" (Ferd. Chr. Baur, Paulus, der Apostel Jesu Christi, 2. Aufl., I. Theil, Leipzig 1866, S. 351).

„Was wäre demnach zu vermissen, um den Zusammenhang der nicht bloß äußerlich, sondern innerlich verbundenen Hauptheile des Briefs vollkommen befriedigend zu finden? Die durch beide hindurchgehende Grundidee ist die absolute Nichtigkeit aller vom jüdischen Particularismus geltend gemachten Ansprüche. Die Absicht des Apostels ist, den jüdischen Particularismus so principiell und radikal zu widerlegen, daß er völlig entwurzelt vor dem Bewußtsein der Zeit liegt, und diese Idee sehen wir im Römerbrief um so klarer und vollständiger ausgeführt, je enger der Zusammenhang ist, in welchem die beiden Hauptheile in einander eingreifen" (ders., ebenda S. 380).

„In der Inkarnation Jesu Christi gründet die nicht auflösbare Funktion Israels für die Christen, und in der Zugehörigkeit Jesu Christi zum alttestamentlichen Bundesvolk und der Gründung des neutestamentlichen Gottesvolkes in Christus treffen sich nicht nur Israel und Kirche, sondern grundsätzlich Gott und Mensch und Mensch und Mensch, d. h. ‚alter' und ‚neuer' Mensch, so daß in Christus auch das Volk Israel einen anthropologisch bedeutsamen, ja: ontologischen Rang erhält, einen für das Sein aller Menschen coram Deo grundlegenden Sinn" (Fr. W. Marquardt, Wendungen im Verständnis Israels, in: Parrhesia Karl Barth zum achtzigsten Geburtstag, Zürich 1966, S. 631).

„Bei ihrer Besinnung auf das Geheimnis der Kirche gedenkt die Heilige Synode des Bandes, wodurch das Volk des Neuen Bundes mit dem Stamme Abrahams geistlich verbunden ist. . . Da also das Christen und Juden gemeinsame geistliche Erbe so reich ist, will die Heilige Synode die gegenseitige Kenntnis und Achtung fördern, die vor allem die Frucht biblischer und theologischer Studien sowie des brüderlichen Gesprächs ist" (Vatikanum II, Erkl. über d. Verhältn. d. Kirche zu den nichtchristl. Religionen vom 28. 10. 1965, Abschn. 4).

Die Perikope, für die herkömmliche Thematik des 10. Sonntags nach Trin. eigentlich viel mehr geeignet als für diejenige des Sonntags danach, und gewiß nicht ohne Erinnerung an eben diesen 10. p. Trin. zu verstehen, gehört in den Zusammenhang der drei großen Kapitel Röm 9—11. Immer hat die Auslegung sowohl die besondere Situation des Apostels und seiner Leser wie den unerschöpflichen Lehrgehalt und seine Problematik bemerkt und bedacht, wie die oben zitierten Summarien des Thomas von Aquin und Calvins zeigen. Luther hat der Frage ‚Kirche und Israel' mehr Mühe — und mehr erschrekkende Leidenschaft! — zugewandt als sonst jemand; aber was sich in der Römerbriefvorlesung von 1516 findet, ist nur als Beitrag zu seinem Prädestinationsdenken wichtig. Erst Ferd. Chr. Baur hat in Anwendung seiner Methode der Tendenzkritik die zentrale Bedeutung von Röm 9—11 ganz erkannt und — etwas einseitig und abstrakt — betont. Aus guten Gründen und schlechten Anlässen hat unser Jahrhundert diese Kapitel und ihre Sachfragen ernster nehmen müssen als die Vorzeit. Über den wichtigen Beitrag K. Barths zum Thema berichtet F. W. Marquardt in seiner Abhandlung aus der Festschrift ‚Parrhesia' von 1966. Die neuere Exegese ist in größter Vollständigkeit aufgearbeitet in den zwei Monographien: Christian Müller, Gottes Gerechtigkeit und Gottes Volk, eine Untersuchung zu Röm 9—11 (FRLANT 86, Göttingen 1964, 120 S.), und Ulrich Luz, Das Geschichtsverständnis des Paulus (BevTheol 49, München 1968, 426 S.). Daneben nenne ich nur noch G. Kleins Beiträge über den Abfassungszweck des Römerbriefs und über Gottes Gerechtigkeit als Thema der neuesten Paulusforschung (in: Rekonstruktion und Interpretation BevTheol 50, München 1969, 129—144 und 225—236). — Die Perikope wurde in den GPM von J. Hromadka (14, 1959/60) und H. Braun (20, 1965/66), in dem kürzlich erschienenen Band 6 von ‚Hören und Fragen' (hrsg. v. Gg. Eichholz und A. Falkenroth) von G. Harder behandelt.

Abweichend vom Vorschlag der Perikopenordner möchte ich nahelegen, Röm 10, 1—3 miteinzubeziehen. Viele Ausleger sehen zwischen Röm 9 Ende und Röm 10 Anfang mehr Kontinuität als Unterbrechung. O. Michel sieht beides! Obwohl wir bei Paulustexten meist gut tun, den Umfang nicht auszudehnen, weil ohnehin zuviel drin steht, ermöglicht eine Erweiterung unserer Perikope bis 10, 3, daß wir mehr Material zur Erläuterung des Sachverhalts Gerechtigkeit bekommen. Das ist nützlich und notwendig. Röm 10, 4 allerdings wage ich nicht hinzuzunehmen.

I.

Das Ineinander von Leben und Lehre, von faktischer Situation und theologischer Reflexion in unserm Text ist ebenso leicht zu bemerken wie schwierig nachzuvollziehen. So begreift sich H. Brauns Vorschlag sehr gut, wir sollten, was zwischen Paulus und Israel, weil zwischen Gott in Christus und seinem Volk, vor sich ging und geht, nicht in die Predigt selbst einbeziehen. Wir sind nun einmal keine Juden, sondern ‚Sünder aus den Heiden' (Gal 2, 15).

Es bleibt dann nur übrig, aus dem ursprünglichen Geschehen eine Regel, ein Vorbild oder Prinzip abzuleiten und auf die Gegenwart der (heidenchristlichen) Gemeinden zu übertragen. Unvermeidlich wird daraus eine etwas flache und moralistische Angelegenheit, wie dies auch das Evangelium des Sonntags nahelegt (Lk 18, 9—14 Gleichnis vom Pharisäer und vom Zöllner — es hat wohl den Anlaß gegeben, unsere Perikope diesem Sonntag zuzuweisen!). Kein Zweifel, es gibt einen christlichen Pharisäismus, mit dem es unsere Predigt zu tun haben wird. Aber die eigentliche Tiefe und Kraft des Textes bliebe dahinten, wenn wir uns dem Israel-Thema nicht stellen wollten.

Wir müssen ihm uns stellen aus vielen Gründen, bei denen nicht nur unser Urteil über unsere politische Geschichte, sondern auch über das Zustandekommen christlicher Sätze im Spiele ist. Ich meine dies: Zugrunde liegt das Nein der Mehrheit Israels zu Jesus von Nazareth und seinem messianischen Anspruch. So unsicher der Hergang hinter den Evangelien im ganzen und im einzelnen sein mag, dieses Nein ist Tatsache. Tatsachen kann man verschieden deuten; auch Israels Nein zu Jesus kann man verschieden deuten und hat es getan. Wie Paulus es deutet, hat er in den erhaltenen echten Briefen auf mancherlei Weise dargetan: in unserm Text in besonderer Zuspitzung. Gleichzeitig hat er an seiner Deutung des Geschehens zwischen Israel und Jesus von Nazareth die Kategorien gewonnen, in denen er den christlichen Glauben und seine Wahrheit überhaupt ausdrückt und bezeugt. Es legt sich zwar heute nahe, die Sache selbst und die Art, sie auszudrücken, zu unterscheiden oder gar zu trennen. Aber das hat Grenzen. Es führt oft genug zum Verlust der Sache. Der hauptsächliche Ausdruck, mit dem Paulus seine Sicht des Geschehens zwischen Israel und Gott vorbringt, ist die Vokabel „Gerechtigkeit" (dikaiosyne). Kaum eine biblische Grundvokabel kann so verschieden verstanden werden und ist so viel mißverstanden und mißbraucht worden. Der Streit der heutigen Forschung, über den G. Klein berichtet, zeigt es. Beschränken wir uns auf den vorliegenden Text, scheint die z. Zt. betonte Gleichung Gerechtigkeit = Macht Gottes sich nicht nahezulegen. Was sagt Paulus hier wirklich: Gerechtigkeit ist etwas, wonach man trachten und was man erreichen kann (V. 30), dies sowohl, wenn es Gerechtigkeit des Glaubens als wenn es Gerechtigkeit ‚als aus Werken' sein soll (V. 31). Gerechtigkeit ist zu erkennen (aber offensichtlich nicht so einfach) als Gerechtigkeit Gottes (10, 3) und ist in Gegensatz zur eigenen Gerechtigkeit gestellt (ebenda). Entscheidend ist gegenüber der Gerechtigkeit Gottes, daß man sich ihr unterordnet, ihr gehorcht (10, 3). Aus dem ‚Erreichen' in 9, 30 darf man nicht zuviel machen; denn ihm geht im Fall der Heiden ja gerade kein Trachten voraus. Umgekehrt führt das Trachten der Juden, weil es erkenntnislos ist (10, 2 und 3), am Ziel vorbei.

Wenn Paulus, nicht als erster und mit vielen Nachfolgern, was zwischen Israel und Gott vorgeht mit dieser Grundvokabel bezeichnet, so u. a. deswegen, weil damit der Ernst der Sache ausgedrückt werden kann: die Sphäre von Gericht, Recht und Gerechtigkeit ist immer ausgesprochen unbehaglich;

dabei ist es nicht einmal so wichtig, ob Recht einwandfrei, also ‚gerecht', gehandhabt wird oder nicht. Es steht immer viel auf dem Spiel: Ehre und Ansehen, Hab und Gut, Freiheit, manchmal Leben und Tod. In unserm Predigtumgang mit der Grundvokabel Gerechtigkeit muß etwas von diesem exzeptionellen Ernst der Atmosphäre lebendig werden. Aber der Text (in der von mir empfohlenen Ausdehnung bis 10,3) liefert noch eine andere Vokabel und stellt damit das Ganze in eine neue Perspektive: Das Gebet des Paulus gilt dem Heil, der soteria seines Volkes (10,1). Im Bemühen um Gerechtigkeit (vor Gott) und im Mißlingen dieses Bemühens steht das Heil auf dem Spiel. Dadurch sind alle Näherbestimmungen von dikaiosyne bestimmt und relativiert. Wenn uns das Heil gleichgültig ist, ist uns auch die Gerechtigkeit gleichgültig.

Oder doch nicht? Man kann sich aus Selbstgerechtigkeit um Gerechtigkeit bemühen und wird dann zum Pharisäer, und man kann sich aus Selbstlosigkeit um Gerechtigkeit — für die andern, für alle — bemühen. Aber damit braucht die Dimension von Heil noch nicht in Sicht zu kommen. Genug, für Paulus gehört Heil und Gerechtigkeit unauflöslich zusammen. Die später und heute aufgebrachte Frage, ob dies Heil diesseitig oder jenseitig sei, steht für Paulus und seine Leser nicht im Vordergrund. Da es sich nicht um eigene, sondern um Gottes Gerechtigkeit und das damit geschenkte Heil handelt, ist dies Heil gewiß ‚jenseitig', weil eben nicht vom Menschen her zu beschaffen. Aber über die zeitlichen und räumlichen Dimensionen ist nichts ausgemacht. Sofern Gerechtigkeit und Heil nach dem Römerbrief nicht direkt und greifbar vollkommen zur Hand sind, sondern etwas davon noch aussteht, mag sich der Glaube an Gerechtigkeit und Heil als Vorwegnahme der Zukunft verstehen. Aber dies ist nicht die Pointe des Textes.

II.

Worin besteht die Pointe? Daß Gerechtigkeit und Heil unauflöslich zusammengehören, ist zwischen Paulus und Israel, aber auch bei den Lesern nicht strittig. Strittig ist, wie sich das Streben nach eigener Gerechtigkeit und Gottes Gerechtigkeit zueinander verhalten. Man möchte sagen, im Alten Testament sei darüber noch keine endgültige Entscheidung getroffen. Erst mit dem Auftreten Jesu entsteht wirklicher, aber dann auch unversöhnlicher Streit darüber. Der Name Jesu wird zwar im Text nicht genannt; aber er ist der Stein des Anstoßes und Fels des Ärgernisses (9,32). Eben mit Hilfe der geheiligten Überlieferung Israels möchte und muß Paulus begreiflich machen, daß es zwischen Israel und Jesus von Nazareth, und damit zwischen Gott und seinem Volk so kam wie es kam.

Ich exzerpiere Harders Notizen zu 9,32 f. (a.a.O. S. 395): „Es handelt sich dabei um den Text von Ps 117 (118), 22; dieser ist Mk 12, 10 p; 1.Petr 2, 7 zitiert. Es handelt sich ferner um Jes 28, 16, das 1.Petr 2, 6; Röm 9, 33 zitiert wird, schließlich um Jes 8, 14, das Röm 32, 33; 1.Petr 2, 8 aufgenommen wird. Der Text des Römer- und des 1. Petrusbriefes stimmen in ihren Abweichungen von LXX überein. Es handelt sich also um eine eigene Form des Zitates, wahrscheinlich aus dem Bestande christlicher Schriftanwendung, hier speziell aus der Israel-Polemik."

Anstatt sich über die atomisierende und mechanische Schriftverwendung des Paulus und der übrigen Schriften des Neuen Testaments aufzuregen, worin sie Kinder ihrer Zeit sind, müßten wir uns aufregen über die Usurpation des Alten Testaments für das Christusverständnis und -zeugnis, der wohl grandioseste und folgenreichste Usurpationsvorgang, den die Geschichte kennt. Noch einmal: des älteren Luther rasende Leidenschaft gegen die Juden hängt wohl damit zusammen, daß er — der beste Alttestamentler seiner Zeit — sich dieses Vorgangs bewußt war, ohne ihn sich und andern eingestehen zu können! Der Gemeinde könnte an Hand solcher Auslegungskünste klarwerden, wie strittig von Anfang der christliche Umgang mit dem Schriftbuchstaben gewesen ist.

Aber der Anstoß in der Sache ist um nichts geringer: was soll der ganze Weg Gottes mit Israel, wenn dann in der Sendung und im Anspruch Jesu von Nazareth nur Anstoß und Ärgernis geschieht? Das hat die Auslegung natürlich immer beschäftigt. In der Deutung Ferd. Christ. Baurs wird es mit der Entwicklung vom Partikularismus Israels zum Universalismus Jesu und des Paulus erklärt: er hat damit einen Umweg gefunden, um der eigentlichen Schärfe ausweichen zu können. Alle ähnlichen Erklärungen vorher und nachher müssen darauf achten, nicht durch ihre Plausibilität den wirklichen Anstoß zu verdecken. Jedenfalls ist des Paulus Deutung tiefer, origineller. Er billigt Israel Eifer um Gott zu, aber diesem Eifer fehlt die Erkenntnis. Die Erkenntnis hätte darin bestanden, auf den Weg der eigenen Werke und der daraus resultierenden Gerechtigkeit zu verzichten; sich auf den ‚bloßen' Glauben einzulassen. Im ersten ‚Römerbrief' (1919) hat K. Barth den Sachverhalt so beschrieben: „Darum wird Israel zu Schanden, weil es nicht Gott sucht im Heiligtum, sondern ‚mit Hilfe Gottes' das, was es selbst macht, seine eigenen Gedanken und Taten, weil es Gott als Gott nicht an sich herankommen läßt, sondern in die Gemeinschaft mit ihm zum vornherein seinen eigenen Willen, seine eigene Güte und Erkenntnis mitbringt, weil es nicht mit leeren, sondern mit gefüllten Händen, nicht hungernd und dürstend, sondern gar satt und nichts bedürfend zu ihm geht, weil es nicht nehmen will, was Gott ihm gibt, es sei Liebes oder Leides, weil es das Göttliche fixieren will in eigene Worte und Unternehmungen, statt vor allem andern seiner zu warten als wache Knechte, die den Tag und die Stunde nicht wissen. Sie wissen alle so schrecklich gut, was sie wollen! Daran scheitern sie. Denn Gott will uns sagen, was wir wollen sollen. Nun muß ihnen das neue Wort Gottes — der Christus — werden, was er ihnen geworden ist: der Wille Gottes, der sie zunächst verwirft, die verfehlte Frage, an der sie ihren Ausschluß vom Dienste Gottes erleben müssen, die böse Stunde, aus der sie als ‚Gefäße des Zorns', als neue Ismael, Esau und Pharao hervorgehen. Denn indem sie an den Christus geraten sind, sind sie mitten hineingeraten in die geheimnisvolle Ordnung der

Gotteswerkstätte, des Ursprungs der Menschheit in Gott, mitten hinein in die entscheidende schöpferische Stunde, die ‚jetzt' (3,21) über den Gang der Geschichte entscheidet. Der Christus mußte ihnen nicht zum Anstoß und Ärgernis werden. Sie hätten sich auch auf ihm neu erbauen können zu einer ‚Behausung Gottes im Geist' (Eph 2,22). Da sie aber sosehr mit sich selbst beschäftigt waren, mußte es doch sein. Und nun bauen sie wohl auch, aber nicht auf den Felsen, sondern daneben auf den Sand, und ihr Haus soll ihnen Wüste gelassen werden" (S. 293 der Ausgabe von 1919!).

III.

Die naheliegende Frage stellt Barth in diesem Zusammenhang nicht; auch sonst finde ich nicht, daß sie von der christlichen Auslegung von Röm 9—11 ernsthaft beachtet wird: ob Paulus denn geschichtlich gerecht urteilt, ob wirklich der ganze Weg Israels bis zur Zeit Jesu Trachten nach der eigenen Gerechtigkeit war — von den auch für Paulus wichtigen Ausnahmen abgesehen. Barth fügt vielmehr den von mir zitierten Sätzen, die in ihrer Unmittelbarkeit in der zweiten Bearbeitung (1922) nicht mehr wiederkehren, noch hinzu: „Das ist die Not der Kirche." Damit zieht er sich aus der Affäre, weil die Frage nach dem geschichtlichen Recht des Paulusurteils jetzt uninteressant wird. In solcher Eindeutigkeit wie bei K. Barth ist m. W. in der sonstigen Auslegung von Röm 9—11 nirgends die Kirche an die Stelle Israels gesetzt worden. Auch heute noch verfehlt dieser Kunstgriff den Eindruck auf den Leser nicht. Jedenfalls ist er wirksamer als Brauns und anderer milde Anwendung auf den allfälligen Pharisäismus in der heutigen christlichen Gemeinde. Aber ist die durchgehende Gleichung: Synagoge = Kirche zu verantworten? Paulus selbst hat die biblischen Geschichten vom Volk Israel auch gelegentlich einfach als Beispiel genommen (vgl. Röm 15,4; 1.Kor 10,6: zum Vorbild geschrieben, zur Warnung geschehen). Insofern hat die Gleichung Israel = Kirche ein elementares Recht, wie natürlich auch H. Brauns Auslegung in einem elementaren Sinn ihr Recht hat. Nur möchte man durch solche Analogien der Tiefe und Gewalt des ursprünglichen Geschehens nicht zu nahe treten: „die geheimnisvolle Ordnung der Gotteswerkstätte", wie K. Barth es ausdrückte. In diesem Sinn ist das Geschehen unwiederholbar: Israel behält seinen Vorsprung und seinen Vorrang, woran ja auch Paulus selbst liegt (11,17 ff.). Etwas von dieser Einmaligkeit und Unwiederholbarkeit des Geschehens zwischen Israel und Jesus von Nazareth hat sich dem christlichen Bewußtsein eingeprägt; es sollte durch unsere Predigtauslegung nicht verlorengehen.

So mag an den Anfang der Predigt eine auch sonst zu bedenkende Erinnerung treten: ob wir selbst in einem biblischen Text, den wir lesen, über den gepredigt wird, vorkommen, entscheidet nicht über dessen Recht und Bedeutung. Wer sich überhaupt auf fremde Texte einläßt, muß damit rechnen, daß er nicht sofort und nicht immer auf seine Rechnung kommt. Wer bei sich selbst bleiben will, braucht nicht auf das Zeugnis anderer zu hören. Der Umgang mit der Bibel in Haus, Schule und Kirche verlangt auch Entsagung. Es muß nicht immer sofort von uns und unserer Lage die Rede sein.

Vielmehr ist hier von einem einmaligen Geschehen zwischen Gott und einem — seinem! — Volk die Rede. Dabei geht es sehr anders zu, als es in der Geschichte der Völker und ihrer Religionen (und Götter) sonst zugeht: die Nähe und die Deutlichkeit des Gottes Israels ist einzigartig; einzigartig aber auch seine Verborgenheit und das Risiko des Bundes mit ihm; als er in der Sendung Jesu in sein Eigentum kommt, nehmen die Seinen ihn nicht auf — im Grund weder von einem denkbaren Plan Gottes her noch von einem vernünftigen Heils- und Glaubensinteresse Israels her zu begreifen. Auch die Argumente, die Paulus Röm 9—11 zusammenträgt, erhellen das Geheimnis nicht noch durchdringen sie den Abgrund, der sich hier zwischen Gottes Art und der Art der Menschen auftut. Vieles am Tun Jesu ist unmittelbar einleuchtend, aber daß es zwischen ihm und seinem Volk zum Bruch kommt, ist angesichts aller Voraussetzungen nicht verrechenbar.

Die christliche Gemeinde hat vor Israel voraus, daß in ihr Natur und Gnade nicht so unlöslich verbunden sind. Die Geschichte der Christenheit ist nicht Heilsgeschichte, wie es die Geschichte Israels war (und ist). Um so mehr ist Anlaß, die Verantwortung angesichts des immer noch lautwerdenden Evangeliums zu bedenken: wenn es schon mit Israel so ging, wieviel mehr mit der späteren Christenheit, die nicht so tief in den konkreten Verheißungen Gottes begründet ist. Bengel zitiert im Gnomon einen Satz von Flacius. Er mag anregen, was etwa am Ende einer Predigt über die Perikope stehen könnte: „Judaei habuere et habent zelum sine scientia: nos contra, proh dolor, scientiam sine zelo: Die Juden hatten und haben Eifer ohne Erkenntnis; wir dagegen haben leider Erkenntnis, aber es fehlt der Eifer."

Indem ich den Entwurf überblicke, bemerke ich, daß er zwar die eine Hauptlinie des Textes herausarbeitet, aber die andere Linie vernachlässigt. Schließlich sind ja Heiden zur Gerechtigkeit aus Glauben gelangt und sollen dazu gelangen. Es heißt eigens: „Wer an ihn glaubt, der soll nicht zu Schanden werden" (9,33). Tragik und Geheimnis Israels soll die positive Pointe nicht nur des Textes, sondern der Mission des Paulus nicht verdunkeln oder vergessen lassen. Dies nicht um einer wünschenswerten Zufriedenheit des christlichen Hörers willen; es gibt sogar den behaglichen Selbstgenuß des Zöllners (nach Lk 18,9 ff.). Es käme darauf an, das Überraschende in der Wendung des Evangeliums und seiner Zeugen zu den Heiden aufzuspüren. Vieles von diesem Überraschenden ist freilich durch den langen Gang der Jahrhunderte verbraucht. Aber der Geist der Gesetzlichkeit und der Selbstgerechtigkeit ist — in weltlicher und in kirchlich-christlicher Form — unter uns nicht weniger lebendig als damals. Auch heute kann und soll die überlieferte Botschaft von der Gerechtigkeit aus Glauben als einer geschenkten Gerechtigkeit, wenn sie nur deutlich in Beziehung gesetzt wird zu den tatsächlichen inneren Bedingungen unseres Arbeitslebens, ihre Wirkung tun. Denn alles, was Paulus über das

Geheimnis und die Tragik des Geschehens zwischen Israel und Jesu von Nazareth sagt, gewinnt seine Wahrheit erst dort, wo seine Botschaft von der Gerechtigkeit aus Glauben einleuchtet. Sonst bliebe jenes Geschehen aus der geheimnisvollen Werkstatt Gottes (K. Barth) die reine Willkür oder bloße Historie.

Die Spontaneität des geistgewirkten Glaubens ist nicht gleich dem Wachstum der Pflanzen; sonst wären die Paränesen überflüssig. Auch die Christen leben nicht im Paradies oder im Himmel, sondern auf der Erde. Das »simul peccator et justus« (Sünder und gerecht zugleich) ist keine Theorie, sondern Ergebnis der Erfahrung. Damit scheint die Predigt wenn nicht des Gesetzes, so doch des Gebots unausweichlich. Der Schematismus einer Ethik des Seins und des Sollens reicht offenkundig nicht aus, um nachzuvollziehen, was Paulus mit seinen Paränesen wirklich sagen will. Vielleicht kommt Calvin der Sache näher, wenn er eine psychologische Analogie riskiert: »Es wird immer viele geben, die sich stolz damit brüsten, im Geiste zu leben. Aber Paulus ruft sie von den Worten zum Sachbeweis zurück. Denn wie die Seele nicht müßig im Leibe lebt, sondern den Gliedern und Einzelteilen Bewegung und Kraft vermittelt, so kann auch der Geist Gottes nicht in uns sein, ohne daß er sich in deren Wirkungen bezeigt. ›Leben‹ heißt also hier innere Kraft; ›Wandel‹ heißt äußeres Handeln. Denn dies will Paulus sagen, die Werke seien die Zeugnisse des Lebens im Geist.«

14. Sonntag nach Trinitatis

Gal. 5, 16 – 24

Alle Predigtarbeit an Gal.-Texten sieht sich heute mit besonderer Schärfe vor die Frage nach dem Recht der reformatorischen Paulus-Exegese gestellt, nachdem H. Schlier in seinem großen, 1949 abgeschlossenen Gal.-Komm. (zit. Schlier K.) zu so ganz anderen Ergebnissen gekommen ist. Gerade zu unserer Perikope finden sich besonders wichtige Ausführungen Schliers, die auch in seiner Meditation im Eichholzschen Epistelband von 1942 (zit. Schlier Med.) schon anklingen. Um so weniger darf das Hören auf die Stimme Luthers verabsäumt werden, der unsern Text nicht nur in den beiden bekannten Auslegungen von 1519 (E. A. Gal. III, 415 ff.) und 1535 (ib. S. 8 ff.) ausführlich behandelt, sondern auch Predigten darüber hinterlassen hat (E. A. 20 I 133—145 von 1538; 20 II, 181—187 v. 1544; ibid. S. 432—436 v. 1545). Auf die Meditation von G. Bornkamm über Gal. 5, 13 – 15 in diesen Jahrgängen (1948/49 zum 17. p. Trin.) sei auch hingewiesen.

In Verdeutlichung dessen, was V. 13 f. mit der Berufung der Gemeinde zur Freiheit als gegenseitigem Dienen in der Liebe gemeint ist, wendet sich unser Abschnitt mit abgestufter Schärfe gegen den antinomistischen Mißbrauch der christlichen Freiheit, aber auch gegen den nomistischen Mißverstand des Gesetzes, die Thematik des ganzen Briefes also mit umgekehrtem Akzent aufnehmend und abschließend. Das geschieht im echt paulinischen, unlösbaren Ineinander von Imperativ (V. 16) und Indikativ (V. 24), um die Grenzpunkte gleich zu bezeichnen. Dabei ginge es durchaus nicht an, etwa zu meinen, bestimmte Wirklichkeiten könnten nur im Indikativ, die andern nur im Imperativ vorkommen; das Problem besteht gerade darin, daß z.B. vom Pneuma ebenso indikativisch wie imperativisch gesprochen wird.

Vers 16 steht in Parallele zu V. 13f.; der Wandel im Geist besteht also im gegenseitigen Liebesdienst (V. 13b). Der Geist als der Geist Jesu Christi ist für diesen Wandel spezifische Wurzel, Bestimmung und Bezeichnung seiner Art (Schlier K. S. 180). Wesentlich ist nun das Verhältnis von V. 16b zu 16a. Es handelt sich um einen Satz der Folge und der Verheißung; die doppelte Verneinung unterstreicht die Gewißheit des Ergebnisses, daß das Begehren des Fleisches, d.h. des Menschen, wie er von Natur, von Adam her beschaffen ist, nicht zu seinem Ziel kommen soll. Das Begehren als Grundzug des Fleisches „wirft sich in selbstsüchtiger Weise auf die Welt, um sie sich zum Aufbau der eigenen Lebensgestalt dienstbar zu machen" (Schlier Med. S. 289). Fraglich bleibt, ob man mit Luther und Calvin besonders betonen darf, daß durch den Wandel im Geist wohl die Erfüllung des natürlichen Begehrens, nicht aber sein Auftauchen überhaupt verhindert wird. Aber schon diese Frage steht im größeren Zusammenhang des reformatorischen Verständnisses unseres Textes überhaupt.

Vers 17 gibt diesem Verständnis zunächst Recht, indem nun die (freilich auch von Schlier beachtete) Illusion abgetan wird, als sei das Dasein des Christen ein abgeschlossenes und ruhendes. „Mit der Tatsache des Geistes, der uns ergriffen hat und bedrängt, ist der Kampf gegen den Verfall in Sünde und Tod auf der ganzen Linie des Daseins entbrannt" (Schlier Med. S. 290). Das Ziel von V. 17, der ja V. 16 begründen will, dürfte sein, durch den Hinweis auf das Widereinander von Geist und Fleisch der Furcht des Christen den Garaus zu machen, der sich sagen möchte: wer sich in Gefahr begibt, kommt darin um. Dieser Kampf geschieht von vornherein im Zeichen des Sieges. Mit Recht hat die reformatorische Auslegung den Trostcharakter dieses Verses stärkstens unterstrichen. Aber worum geht der Kampf und wie sind wir daran beteiligt? Darauf antwortet der umstrittene und schwierige hina-Satz (V. 17c), den man m.E. doch als Finalsatz verstehen darf. Es geht um das Tun der Christen und insoferne sind wir beteiligt; denn nach unsern Werken werden wir gerichtet (Schlier K. S. 181). Vielleicht ist es dem Prediger dieses Textes erlaubt, die dornigen Fragen des Synergismus, denen sich Schlier nicht entzieht, im einzelnen nicht aufzugreifen. „Der Christ ist also zugleich Schauplatz und Gegenstand, Kampfplatz und Kampfpreis der Auseinandersetzung zwischen Fleisch und Pneuma" (Schlier K. S. 181). Aber dieser Kampf ist nicht der Konflikt der zwei Seelen in der Brust, nicht das Auf und Ab zwischen natürlichem Hochmut und ebenso natürlicher Verzweiflung des Menschen, bei dem der Mensch letztlich bei sich selbst bleibt; der Geist ist und bleibt Jesu Christi Geist.

V. 18 ist gleichsam nebenhinaus gesprochen und verhindert das gesetzliche Mißverständnis des Sachverhalts; ich darf für diese Seite des Textes auf die Medit. zum 8. p. Trin. verweisen.

V. 19ff. zeigt, wie völlig es den beiden Mächten, Geist und Fleisch, auf das Tun ankommt. Was soll hier gezeigt werden? Pl. steht hier bekanntlich in einer teils atl.-jüdischen, teils hellenistisch-christlichen, katechetischen Tradition, wie vor allem V. 21b zeigt. Aber es scheint doch zweifelhaft, ob hier durch den Verweis auf die häßliche Unverkennbarkeit der Werke des Fleisches die Entscheidung für den Geist leicht und lockend gemacht werden soll, ob nicht Luther mit Recht wegen dieser Sätze den Text als eine „unlustige Epistel und scharfe Predigt" bezeichnet hat (EA 20 II S. 181). Erst und nur dort, wo der Geist mit dem Fleisch streitet, kommen alle diese Dinge ans

Tageslicht und sind nicht mehr zu verheimlichen, wie Asmussen in seiner K. Barth gewidmeten Auslegung des Galaterbriefs von 1935/36 S. 192 richtig betonte. V. 21b aber verschärft den Ernst der Lage; denn es geht ja nicht um ein richtiges Tun als solches, sondern um die Erbschaft des Reiches Gottes; hier wäre auf Matth. 7, 21–23 zu verweisen (vgl. die Medit. dazu im vorigen Jahrgang). Über die Einzelheiten des Katalogs müssen die Kommentare befragt werden; die Applikation aber sollte der Situation der Gemeinde angepaßt sein. Löhe warnt freilich m. E. mit Recht vor einer bedenklichen Ausbreitung der Laster in der Predigt.

V. 22 und 23 muß gerade in seinen Unterschieden zum Ausdruck und Aufbau von V. 19ff. beachtet werden. Denn die Frucht des Geistes liegt nicht am Tage wie die Werke des Fleisches. In der Auslegung drohen hier Abwege. Wohl darf man aus dem Bild von der Frucht auf die Lebendigkeit, Genießbarkeit, vor allem auf den Geschenkcharakter all dessen schließen, was der Geist in uns wirkt; aber von diesen Gaben des Geistes etwa wie Schlatter als von „unserer höheren Natur" zu sprechen, erscheint irreführend. Das Geheimnis des Widerfahrnisses im Glauben (Asmussen) kennzeichnet gerade das Geschehen der Liebe und ihrer hier in drei Triaden entfalteten Begleiterinnen. Und Luthers Bemerkung ist keinesfalls zu überhören, daß keine Tugend mehr der „simulatio", der Heuchelei unterliegt wie gerade die Liebe (unter Verweis auf Röm. 12, 9 EA Gal. III, 433).

V. 23b wird nicht nur den gesetzlichen Mißverstand und Mißbrauch der Gaben des Geistes und ihrer Beurteilung verhindern, sondern auch den rechten Verstand und Gebrauch des Gesetzes gerade hier in Erinnerung bringen: als das von Christus erfüllte Gesetz, als das Gesetz von 5, 14 und 6, 2 wird es hier nicht mehr zum Ankläger gegen die mit den Gaben des Geistes Beschenkten.

V. 24 wird von vielen heutigen Auslegern als Kernstück des ganzen Abschnitts verstanden: Die Entscheidung ist schon gefallen, wir haben keine Wahl; vielmehr haben wir unsern Platz gefunden durch Christi Kreuz (Schlatter, Oepke im Theol. Handkomm. 1937, Schlier). Immerhin läßt Oepke die noch heute in der Luther-Übersetzung vorliegende Präsens-Übersetzung im Sinne eines gnomischen Aorist „ein wesentliches Sachmoment, freilich nicht den ganzen Sachverhalt" treffen. Die Frage ist, woran Pl. bei der Aorist-Aussage vom Kreuzigen des Fleisches denkt, ob nur an das einmalige, für die Hörer und Leser zurückliegende Geschehen ihrer Taufe (Röm. 6, 6), die zugleich Indienstnahme für Christus und radikaler Bruch mit der Sünde ist, oder an ein Geschehen, das immer wieder erneut sich ereignen muß, sofern der Christ simul peccator et iustus, zugleich Sünder und als solcher gerechtfertigt ist.

Damit ist die in der Vorbemerkung angedeutete umfassende Frage nach dem reformatorischen Paulus-Verständnis und seinem exegetischen Recht gestellt. Auch wenn wir hier nicht der subtilen Gedankenführung Schliers im einzelnen nachgehen können, darf der Frage doch nicht ganz ausgewichen werden. Sie ist in einfacherer Form bereits in A. Oepkes Auslegung gestellt, wenn er zu V. 17 meint, der dort dargestellte Konflikt zwischen Geist und Fleisch sei eigentlich für Paulus abgetan und nicht etwa als der Normalzustand betrachtet, vielmehr als ein Zustand, der überwunden werden muß und kann. Wer Luthers Denken auch nur ein wenig kennt, weiß, daß er hier Einspruch erheben würde. Wer Paulus und die andern Heiligen nicht mehr Sünder sein läßt, der macht Christus zu einem müßigen Christus (EA Gal. III, 17). Ist der Christenstand nach dem Zeugnis des Pl. ausreichend gekennzeichnet, wenn (nach Schlier) der Christ nur als Gerechter bezeichnet wird, der freilich „ständig in Versuchung steht, ein peccator zu werden und deshalb unter Hinweis auf seine geschehene Befreiung von der Sünde und seine gegenwärtige Freiheit in Christus gemahnt wird, der Sünde nicht wieder zuzufallen" (Schlier K. S. 196)?

Eine Antwort auf diese Frage müßte nicht nur in Freiheit von aller philosophischen Bindung gefunden werden, sondern auch in Abgrenzung gegen eine abstrakt-historische Exegese des Paulus, vielmehr im leitenden Bewußtsein dessen, daß das Zeugnis des Paulus Text der Verkündigung heute ist. Dieses Bewußtsein hat die Auslegung der Reformation maßgebend bestimmt. In der hier wohl zu entschuldigenden Kürze darf also Schlier darnach gefragt werden, ob sein letztes Ergebnis zu dieser Perikope unsere Verkündigung sein kann, wenn er schreibt: „Der Imperativ also fordert den Christen auf, das was indikativisch über ihn ausgesagt ist zu erfüllen; d. h. aber das, was er durch die Taufe verborgen, aber real ist, auch offenbar und wirksam in seiner Lebensführung zu erweisen, sein sakramentales Sein ethisch-praktisch zu dokumentieren und zu festigen" (Komm. S. 196). Da Schlier die Kindertaufe ungebrochen zu bejahen scheint, kann er dann auch in seiner Meditation von 1942 den Weg für die Predigt darin enden lassen, daß „der dritte Teil der Perikope ihr Anlaß sein könne zu einem der seltenen Gedächtnisse der Konfirmation als kirchlich notwendiger Handlungen" (S. 293).

Wenn man nicht, wie Schlier es freilich tut, die Christus-zugehörigkeit (V. 24 a) „im Sinn einer ontisch-sakramentalen Zugehörigkeit zu Christus" versteht (K. S. 192), womit m. E. allerdings das Paulusverständnis Luthers verlassen ist, so möchte man doch das größere Recht in Luthers Satz von 1519 finden, mit dem er V. 24 zu verstehen trachtet: „pertinent ad Christum, non ad Mosen, non ad legem; si autem sunt Christi, sine dubio carnem crucifixam habent" (EA Gal. III, 441). Luther weiß und betont, daß wir das Fleisch noch als gekreuzigtes haben und es keineswegs völlig losgeworden sind; wären wir es losgeworden, könnten wir das Gebot vollkommen erfüllen, Gott völlig lieben. „Wer aber Gott vollkommen liebt, könnte nicht auf die Länge leben, sondern würde alsbald von einer solchen Liebe absorbiert werden" (EA Gal. III, 8). Hier liegt gewiß der Akzent anders als bei Pl. und im urchristlichen Zeugnis der unmittelbaren Enderwartung. Aber wie sollten wir den Paulus von damals heute anders bezeugen können als mit dieser Akzentverschiebung? „Bin ich denn ja ein Sünder, so bin ich doch ja kein Sünder. Ein Sünder bin ich in mir selbst außer Christo; kein Sünder bin ich in Christo, außer mir selbst; denn er hat meine Sünde vertilgt durch sein heiliges Blut, da zweifle ich nicht daran, darauf habe ich Taufe und Absolution und Sakrament als gewisse Siegel und Briefe" (Cl. 4,248,6 WA 38,205). Sollte wirklich Gal. 2,20 etwas anderes gemeint sein?

Daß Jesu Botschaft vom nahen Gottesreich auf einen grundlegenden Wandel, einen Umsturz sondergleichen hinauslief, liegt auf der Hand. Aber worauf bezieht er sich? Worin soll die Nachfolge konkret werden, in der sich dieser Wandel abspielt? Luther hat dekretiert: »Also mussen nit die Dinge sondern wir verwandelt werden yn gemut und synn.« Er hat damit nur ausgesprochen, was die Mehrheit der Christenmenschen stets meinte. Es fragte sich, ob die Meinung Jesu damit getroffen ist. Jedenfalls sollte uns deutlich sein, daß die Vorordnung des Innen vor dem Außen, des Herzens vor der Hand, faktisch meist darauf hinausläuft, daß alles beim alten bleibt. Das muß in der Predigt deutlich werden.

15. Sonntag nach Trinitatis

Galater 5,25–6,10

Dices forte, mi lector, me semper in Romanam curiam grassari, quod hucusque nimis insolitum fuit. Respondeo: Testis mihi dominus est, non studio aut libidine mea me hoc facere, qui nihil optem ardentius, quam in angulo latere. Sed quando omnino sacras literas publice tractare debeo, domino Jesu Christo volo pure servire, quantum possum. Nam si literae divinae sic tractantur, ut tantum de praeteritis intelligantur, ac non nostris moribus quoque accommodentur, quid proderunt? Frigidae, mortuae et ne divinae quidem tunc sunt: Du sagst vielleicht, lieber Leser, ich wüte immer in einer bisher nur zu ungewohnten Weise gegen die Römische Kurie. Ich antworte: Der Herr ist mein Zeuge, daß ich das nicht mit absichtlicher Lust treibe; denn ich wünschte nichts heftiger als im Winkel verborgen zu leben. Aber wenn ich nun einmal überhaupt die Heiligen Schriften öffentlich behandeln soll, will ich dem Herrn Jesus Christus dienen, so rein ich kann. Denn wenn die göttlichen Schriften so behandelt werden, daß man sie nur von Vergangenem versteht und daß sie unsern Zuständen nicht auch angepaßt werden, was sollen sie dann nützen? Kalt und tot sind sie dann und nicht einmal göttlich[1].

Paulus ist nicht nur der Apostel der Galater gewesen, sondern er hat von Gott einen Beruf empfangen, der jede Zeit und auch uns umfaßt. Er hat freilich sein Wort völlig den Leuten dienstbar gemacht, die er eben damals zu unterweisen hatte. Aber auch in dieser Herablassung zum besonderen Bedürfnis jener Gemeinde behält das göttliche Wort jene Helligkeit und Fülle ewiger Wahrheit, die sofort auch für uns gültig ist. Es scheint mir unmöglich auszudenken, was alles in unserer Kirche, in unserm Volk, in unzähligen Lebensläufen anders würde, wenn wir uns entschließen könnten, den Apostel zu lesen und aufmerksam zu überdenken, was er sagt[2].

---

[1] Luther, in Epist. Pauli ad Gal. Commentarius 1519 zu Gal. 5,26 E. A. Gal. III, 449 f.

[2] Ad. Schlatter, Der Galaterbrief ausgelegt für Bibelleser, 1895², 8.

Zur Arbeit an den Texten des Galaterbriefes sind außer den berühmten Auslegungen Luthers (1519 und 1531) und Calvins (1548) unentbehrlich der Kommentar Heinr. Schliers (in der Meyerschen Reihe) und G. Dehns (in der Furche-Reihe). K. L. Schmidt, Ein Gang durch den Galaterbrief (Theol. Stud. H. 11/12) 1947 lohnt auch heute noch. W. Schmithals hat in anregender und umstrittener Weise „Paulus und die Gnostiker" (1965) ins Auge gefaßt. Wichtiger noch und gerade für die paränetischen Kapitel unseres Briefes grundlegend ist die Monographie von Wolfgang Schrage, Die konkreten Einzelgebote in der paulinischen Paränese (Gütersloh 1961). Die Lektüre des Buches wirkt ernüchternd, wenn man die Fülle der neutestamentlichen Hypothesen und die Willkür und Ratlosigkeit der meisten heutigen Entwürfe zur Ethik bedenkt. Unsere Perikope wurde bei Eichholz von H. Schlier (1. Aufl.) und von O. Bückmann (2. Aufl.), in den GPM ebenfalls von H. Schlier (VI, 1951), von H. J. Iwand (X, 1956/57) und von Ulr. Wilckens (XVI, 1961/62) behandelt.

I.

„Zweimal in der neueren Geschichte der Kirche hat der Galaterbrief in dem Mittelpunkt theologischer Arbeit gestanden, beidemal einer wissenschaftlichen Arbeit von einer Tragweite, die weit über die Wissenschaft hinausgreift. Es war zuerst in den Tagen der Reformation; zum andern Mal ist es unter unsern Augen geschehen, nämlich als die Tübinger kritische Schule eine Umwälzung in der Betrachtung und Schätzung des Urchristentums unternahm."[3] So hat M. Kähler in seinem Mini-Kommentar von 1884 bemerkt und hat diese Beobachtung in einen großen Zusammenhang gestellt, dem auch wir noch nicht entronnen sind. Er möchte den Inhalt des Briefes in die „Beleuchtung durch die Geschichte" stellen. Dabei denkt er natürlich „zunächst an die geschichtlichen Verhältnisse, unter denen sie (die biblischen Schriften) entstanden sind. Ohne die Bekanntschaft mit jenen Umständen gibt es kein vollständiges geschichtliches Verständnis derselben. Nur liegen leider die Dinge vielfach so, daß jene Verhältnisse uns bloß in sehr ohngefähren Umrissen bekannt sind. Die genaueren Linien an dem Bilde der Lage, welche die Voraussetzung einer Schrift bildet, muß dann der Forscher den Andeutungen nachzeichnen, welche sie selbst darbietet; und wie oft hat die Hand dabei keinen andern Führer als die Vermutung" (S. 1). M. Kähler hat sich die erwünschte „Beleuchtung durch die Geschichte" noch in einer ganz andern Richtung geben lassen. „Wem es nun darauf ankommt, denjenigen Gehalt einer biblischen Schrift vollständig und mit eindringendem Verständnisse zu erheben, der ihren unvergänglichen, fortzeugenden und maßgebenden Wert bedingt, der wird durch die Geschichte der Wirkung derselben in der weiteren Geschichte der Christenheit ebenso gut und oft besser belehrt werden als durch die unsicheren Rückblicke in ihre

[3] Martin Kähler, Der Brief des Paulus an die Galater in genauer Wiedergabe seines Gedankengangs durch sich selbst ausgelegt, Verlag von Julius Fricke, Halle 1884, 52 S. S. 2.

Entstehungszeit, welche der Nebel einer durch keine andern Zeugen beleuchteten Vergangenheit einhüllt" (S. 2). — Irre ich nicht, so hat Kähler damit in dem bis heute währenden Streit um die Bibel etwas ausgesprochen und ins Bewußtsein erhoben, was unsere kritische Beachtung verdient (und was sich bei jeder Meditation und Predigt von neuem abspielt!). Wer den „unvergänglichen, fortzeugenden und maßgebenden Wert", und das heißt doch, wer die Wahrheit eines biblischen Textes erkennen will, der sollte nicht nur nach dessen ursprünglicher geschichtlicher Bedingtheit forschen und fragen, wobei er oft genug im Nebel endet, sondern nach der Wirkungsgeschichte eben dieses Textes oder dieser Schrift. Wer so, wie es in meinen Beiträgen fast immer geschieht, darauf bedacht ist, auf die Stimmen der älteren Textauslegung zu achten und sie dem heutigen Prediger zu Gehör zu bringen, wird sich von Kähler bestätigt finden und sich freuen, wenn derartige Testimoniensammlungen so hoch gewertet werden. Dennoch hat mich, was ich im Blick auf unsern Galater-Text hier bei Kähler fand und was ich dem Leser nicht meine vorenthalten zu dürfen, gleichzeitig erschreckt und bedenklich gemacht: Denn im Grunde ist damit dem reformatorischen Schriftprinzip mindestens in seiner exklusiven Geltung der Abschied gegeben, und wer die römisch-katholische Lehre von Lehramt, Schrift und Tradition in ihren wirklichen Anliegen kennt, wird bemerken, daß sie nichts anderes meint als Kähler. Die Kirche ist ja der Ort der Nachwirkung und Auswirkung der biblischen Schriften, und wer will sie hindern, ihre geschichtliche Funktion auch organisatorisch zur Norm zu erheben. — Ich könnte auch einfach an den oben zitierten Satz Luthers zu Gal. 5,26 erinnern: Wenn selbst er sagt, die Schrift sei kalt, tot und nicht einmal göttlich, wenn sie nicht „nostris moribus quoque" accommodiert wird, so sieht sein Schriftprinzip ja im Licht dieser Bemerkung anders aus, als viele meinten und meinen.

II.

Kehren wir von den Theorien, die ja immer auch etwas Gewaltsames haben, weil sie Herrschaftsmittel sind, zu den Fakten und Texten zurück. Keine Konfession hat gewagt, die biblischen Schriften vollends im Nebel der Vergangenheit verschwinden zu lassen. Sie bilden den Text unserer Predigt, und die Testimonien der Auslegungsgeschichte bilden eine Hilfe. Schließlich hat auch M. Kähler in seinem Mini-Kommentar den „Brief des Paulus an die Galater in genauer Wiedergabe seines Gedankengangs durch sich selbst ausgelegt" und so veröffentlicht. Seine Paraphrase unserer Perikope ist auch heute noch der Mühe und Beachtung wert:

„So hält denn Paulus sich und den Lesern die Pflicht vor, Geist, wie er die bestimmende Bedingung ihres Lebens ist, auch die ihres Lebenswandels sein zu lassen. Die folgenden einzelnen Aufforderungen sind Ausführungen der oben gestellten einen Forderung, mit Rücksicht auf die gekennzeichnete Gefahr der fleischlichen Lieblosigkeit. Christen dürfen sich nicht als eingebildete Leute erweisen, indem sie einander zum Wetteifer herausfordern, einander still beneiden. Mit besonderer Anrede warnt Paulus vor liebloser Selbstgerechtigkeit; selbst wenn ein Mensch mitten in einem Fehltritte betroffen ist, sollen sie als *die vom Geiste Bestimmten*[4] einen solchen in einer Sanftmut, die der Geist eingibt, zurechtbringen, wobei ein jeder sein Augenmerk auf sich selbst richten mag, damit nicht auch er in Versuchung gerate. Man soll wechselseitig die betreffenden Lasten, welche die Versuchlichkeit jedem Menschen auflegt, tragen, und auf diesem Wege wird die Erfüllung des Gesetzes, welches der Messias gegeben hat, sich vollziehen; wenn nämlich jemand sich einbildet, etwas Besonderes zu sein, während er doch nichts Wertvolles ist, so ist er sein eigener Betrüger; vielmehr ist's am Platze, daß ein jeder, was er selbst wirklich vollbracht hat, prüfe; dann wird sich für ihn selbst herausstellen, was denn sein Grund zum Rühmen sei, sofern er allein in Frage steht, und nicht in Vergleichung mit dem abschätzig angesehenen andern; denn wo sich's um sittliche Selbstschätzung handelt (und nicht um Liebesdienst), da läßt sich nichts auf den andern abladen, sondern jeder wird seine eigne Last tragen müssen, und daran genug haben. Teilen dagegen soll, wer im Worte unterrichtet wird, mit dem Unterrichtenden rücksichtlich aller Güter. Ein Irrtum, vor dem die Leser zu warnen sind, wäre es, zu wähnen, Gott sei dazu angethan, sich und seine Ordnung gering achten zu lassen; denn es bleibt bei der Ordnung, daß die Erndte eines Menschen seiner Aussaat durchaus entspricht; da — bei der dem Christen gestellten Alternative, sofern ja Aussaat und Acker aufeinander berechnet sein müssen — wer selbstsüchtig sein *Fleisch* zu einem Ackerfelde wählt, von dem Fleische Verderben erndten wird, wer aber den *Geist* zum Saatfeld wählt, von ihm ewiges Leben erndten wird. Das Löbliche auszuführen, dürfen die Christen denn mit Paulus nicht laß werden, denn an dem der Erndte zukommenden Zeitpunkt werden sie das Erndten beginnen und betreiben, ohne daß dabei Ermattung eintreten könnte. Folglich ergiebt sich die Aufforderung, solange gelegene Zeit für sie da ist, im Verhältnis zu allen das Gute zu wirken, vornehmlich aber im Verhältnis zu den Genossen des Glaubens."

Jeder von uns sollte sich beiläufig fragen, ob wir in der Lage sind, in dieser oder einer ähnlichen Art die von uns auszulegenden Texte zu paraphrasieren — ehe wir zu andern Auslegungen greifen. Wir müssen das Ergebnis ja nicht sofort publizieren; aber wir bekämen für unsre „Bibelarbeit" im weitesten Sinn des Wortes etwas mehr eigenen Boden unter die Füße.

III.

Auch Kählers respektable Paraphrase ersetzt die eigene Mühe des heutigen Predigers nicht. Vielleicht wußte Kähler manches besser als wir und brauchte es daher nicht zu erläutern oder meinte es wenigstens besser zu wissen. Wir jedenfalls müßten vor allem wissen, was „Geist" hier und sonst bei Paulus heißt. Denn ohne Zweifel trägt die Kategorie und Vokabel „Pneuma" das

---

[4] Sperrung im Original.

Ganze und das Detail des Textes: Aus dem „leben im Geist" soll sich das „dem Geiste folgen" ergeben. Die von Paulus als Pneumatiker Angesprochenen sollen im Umgang mit Schwachheitssündern den „Geist der Milde" aufbringen (6,1), und das Gesamtleben der Gemeinde und des einzelnen steht unter dem folgenreichen Gegensatz von „Geist und Fleisch" (6,7 und 8). Niemals sollten wir in der Predigt das Wort vom Geist unerläutert lassen; denn es ist ungewöhnlich vieldeutig. Das Element der Dynamis ist beteiligt, aber auch Erleuchtung und Erkenntnis; der Geist ist und gibt „Licht und Kraft für den Tag" — nach dem Titel eines älteren Gebetbuches. Ich möchte vom Geist als vom Bewußtsein der Gotteskindschaft sprechen, im Anschluß an Gal. 4, 5, Röm. 8, 15 und verwandte Texte. Das Unberechenbar-Ekstatische des Pneuma im Neuen Testament soll damit nicht in Abrede gestellt werden; aber wir müssen nach dem suchen, was wir irgendwie nachvollziehen können. Daher möchte ich auch sakramentale Vorstellungen und Ausdrucksweisen lieber fernhalten.

Die Angel, in der sich hier wie sonst die Paränese bewegt, ist das ebenso rätselhafte wie selbstverständliche Verhältnis von „Leben" und „Wandeln", von Sein und Tun. Die Prediger, die sich ein ganzes Jahr hindurch mit den Episteln zu plagen haben, stehen fast jeden Sonntag neu vor der gleichen Frage, wie diesem Grundverhältnis für den heutigen Hörer einleuchtend sprachlicher Ausdruck zu geben sei. Zwar fasziniert uns immer wieder, wie Luther von der fast enthusiastischen Spontaneität und Naturhaftigkeit des tätigen Glaubens reden kann. Aber Iwand hat sich in seinem Beitrag von 1956/57 mit Recht kritisch dagegen gewandt, und Wilckens versucht dem auch zu entgehen. Die Spontaneität des geistgewirkten Glaubens ist nicht gleich dem Wachstum der Pflanzen; sonst wären die Paränesen überflüssig. Auch die Christen leben nicht im Paradies oder im Himmel, sondern auf der Erde. Das „simul peccator et justus" (Sünder und gerecht zugleich) ist keine Theorie, sondern Ergebnis der Erfahrung. Damit scheint die Predigt wenn nicht des Gesetzes, so doch des Gebots unausweichlich, wie denn auch unser Text vom „Gesetz Christi" spricht (6,2). Der Schematismus einer Ethik des Seins und des Sollens reicht offenkundig nicht aus, um nachzuvollziehen, was Paulus mit seinen Paränesen wirklich sagen will. Vielleicht kommt Calvin der Sache näher, wenn er eine psychologische Analogie riskiert: „Es wird immer viele geben, die sich stolz damit brüsten, im Geiste zu leben. Aber Paulus ruft sie von den Worten zum Sachbeweis zurück. Denn wie die Seele nicht müßig im Leibe lebt, sondern den Gliedern und Einzelteilen Bewegung und Kraft vermittelt, so kann auch der Geist Gottes nicht in uns sein, ohne daß er sich in äußeren Wirkungen bezeigt. ‚Leben' heißt also hier innere Kraft; ‚Wandel' heißt äußeres Handeln. Denn dies will Paulus sagen, die Werke seien die Zeugnisse des Lebens im Geist."[5] Allerdings darf sich unsere Predigt auch

[5] Calvin zu Gal. 5,25: Nam semper multi erunt qui impudenter iactent se vivere Spiritu: sed Paulus eos revocat a verbis ad rei probationem. Quemadmodum enim anima non vivit

nicht in diesem Punkt verbeißen, sondern muß versuchen, dem ganzen Text Gehör zu verschaffen.

IV.

Der ganze übrige Text der Perikope zerfällt in die beiden Abschnitte 5,26—6,5 und 6,6—10. Beide Male handelt es sich um den inneren Bereich des christlichen Gemeindelebens; beide Male wird scharfgeschossen; Paulus bietet letzte und höchste Kategorien und Argumente auf. Denn er hat es nicht mit domestiziert-bürgerlichen Leuten zu tun, sondern mit solchen, deren angeborene Vitalität durch das Neuheitserlebnis der Christusbotschaft und des Geistesbesitzes noch gesteigert erscheint.

Der erste Abschnitt steht unter dem Leitwort der „kenodoxia" und des „kauchema" (5,26 und 6,4). Auch wenn es sich bei den Galatern nicht um geborene Griechen handelt, so sind sie doch vom Geist der Antike bestimmt, der in der Geltung des Menschen sein höchstes und letztes Anliegen hat, dem die Demut fremd ist (vgl. meinen Beitrag zum 3. S. n. Trin.). Aber das ist kein Privileg des antiken Menschen: Wir alle leben, auch und gerade als Christen, davon, daß wir an unserer Geltung in unserer Umwelt keine Einbuße erleiden und dulden mögen. Soweit wir unsere Grabreden nicht unter dem Ausschluß der Öffentlichkeit halten, bekommen wir das gerade dort zu spüren[6]. Wenn nun die Glieder der neu entstandenen Christengemeinde zusammenleben, ohne daß sich schon zähmende Konventionen herausgebildet haben, kommt es ganz von selbst dazu, daß sie sich gegenseitig herausfordern und beneiden. Die natürlichen Unterschiede sind ja nicht beseitigt; die Affekte sind durch das urchristliche Freiheitserlebnis entbunden. Last und Lust des Miteinanderlebens werden unmittelbar empfunden und rufen die Reaktion des natürlichen Menschen im Christen hervor. Paulus appelliert nicht nur an den Geistbesitz (oder wenigstens -anspruch) und an die Geistesleitung der einzelnen, sondern auch an das Gesetz Christi. Ob dies eigentlich oder uneigentlich gemeint sei, braucht uns nicht übermäßig zu beschäftigen. Gestalt, Werk und Wort Jesu Christi sind jedenfalls von kauchema und kenodoxia denkbar weit entfernt. Und der vitalste Pneumatiker kann sich nicht ungestraft von dem entfernen, was in und durch Jesus Christus gilt und vorgezeichnet ist. So wie Jesus die Jünger trägt und ihnen aufhilft, sollen es auch die Christen tun. Aber Paulus wird noch schärfer — oder auch: Er begibt sich auf den Boden einer höchst menschlichen Argumentation: Blicke auf dich selbst (6,1), beweise an deinem Teil, was du kannst („dein Werk" 6,4); du hast mit dir selbst genug zu tun (6,5);

---

otiosa in corpore, sed motum et vigorem membris et partibus singulis distribuit: ita nec Spiritus Dei in nobis esse potest, quin exserat se per externos effectus. Ergo per vitam, interior vis: per incessum, externae actiones hic intelliguntur. Nam hoc vult Paulus, opera esse testimonia spiritualis vitae.

[6] Vgl. den neuen Schweizer Pfarrersroman R. H. Oehninger, Die Bestattung des Oskar Lieberherr 1966.

verfalle nicht der Selbsttäuschung und dem Selbstbetrug (6,3). Dabei wird die Ironie des Apostels deutlich genug. Der Prediger wird sich überlegen, wieweit er ihm hierin folgen darf. Wenn er es tut, so nicht, ohne sich selbst amtlich und persönlich in gleicher Weise in Frage gestellt zu wissen. Das verbietet hier wie sonst Pathos und Plerophorie.

Wir müssen aber bedenken, daß zwar einerseits heute aller Anlaß besteht, dem Prestigedenken und Geltungsbedürfnis der Zeitgenossen — der Prominenz wie des Durchschnitts — zu Leibe zu rücken. Aber dabei reden wir mehr zum Fenster hinaus, als gut ist. Denn andererseits sind unsere Predigthörer in aller Regel viel zu sehr voneinander isoliert, als daß sie als Kirchgänger einander unmittelbar „reizten und beneideten", wie es 5,26 vorgesehen ist. Nur in überschaubaren Gemeinden gibt es das noch; dann allerdings oft höchst massiv. Hier kann unsere Meditation nicht alles vorwegnehmen. Je genauer der Prediger die Gemeinde kennt und ihr Leben mitlebt, desto sorgfältiger muß er überlegen, was hier zu sagen ist, wie weit er gehen kann und muß.

Eine „Sprachregelung" wäre hier noch anzubringen: Ganz von selbst werden dem Prediger die Worte und Mahnungen des Paulus sich kristallisieren zu der Vokabel: Liebe. Von ihr geht Paulus ja selbst 5,13 f. aus. In unserer Perikope kommt die Vokabel aber dann nicht mehr vor. Wir sollten dafür dankbar sein. Denn sie ist ein Allerweltswort geworden, und selbst Paul Tillich hat m. E. nicht vermocht, ihre Konturen wiederzugewinnen. Enthalten wir uns also dieser Vokabel, wenn der Text sie uns nicht aufzwingt!

V.

Wenn Paulus dann in 6,6—10 auf den Geldpunkt zu sprechen kommt, so ist das doch nur für den Stuben-Exegeten überraschend. In der Wirklichkeit des Lebens haben Ehrpunkt und Geldpunkt viel miteinander zu tun. Die frühen Christen waren freilich wohl meist nicht wohlhabend genug, daß sie ihr Prestigebedürfnis am Geldpunkt hätten ausleben können. Es gibt ja auch vornehmere Arten, dies zu tun, und ein Pneuma-Protz darf sich dem Geldprotzen mit Recht überlegen fühlen. Aber ohne Geld kann weder der Apostel und christliche Lehrer noch die Gemeinde leben.

Über die nicht ganz zu erhellenden Auslegungsmöglichkeiten von 6,6 mag man sich in den Kommentaren orientieren. Es scheint mir unzweifelhaft, daß Paulus hier wirklich den Unterricht der Lehrer anspricht. „In der ersten Gemeinde war der Lehrstand nicht durch ein gesetzliches Statut besoldet. Er lebte von der freien Opferwilligkeit der Gemeinden. Darum mahnt Paulus, daß hier nichts versäumt werden darf. Jede Störung in den Gemeinden schädigte sofort auch die Opferwilligkeit. Die Lehrenden bekamen die Schwierigkeiten der Lage zu spüren auch in der Art, wie die Gemeinden für sie sorgten. Paulus erinnert ernst an die Dankespflicht, welche uns denen gegenüber obliegt, die uns das Wort darreichen. Und er hat sie absichtlich weit bemessen: Er lasse ihn mitgenießen an allem Guten. Hier soll kein Geizen statthaben, weder auf der Seite der Lehrenden, aber auch nicht bei den Unterwiesenen."[7] Wir wüßten freilich gern, wie es mit der Honorierung der Lehrenden in den jüdischen Gemeinden und den hellenistischen Zirkeln gehalten wurde, um vergleichen und urteilen zu können.

Was uns zu schaffen macht, ist jedoch der Hinweis des Paulus auf Gottes Vergeltung im Gericht. Schon hier wie erst recht dann in 2.Kor. 8 und 9 scheut Paulus kein Argument, um die Gemeinde gebefreudig zu machen. Er bringt das „göttliche Naturgesetz" von Saat und Ernte ins Spiel und bedroht den zögernden Geber mit der unerträglichen Gefahr, Gottes zu spotten. Lebenszeit und Gelegenheit, auf den Geist zu säen, sind nicht unbegrenzt, und es gilt die Gelegenheit beim Schopf zu greifen. Es sollte uns nicht so leicht vom Munde gehen, wie es oft geschieht, das geldliche Opfer der Gemeinde in die Perspektiven unseres Textes einzufügen. Und wer die neuralgischen Punkte hier kennt und bedenkt, ist vielleicht mit Grund sehr dankbar, daß der heutige Prediger in der Regel nicht mehr direkt vom Opfer seiner Gemeinde leben muß. Auch und gerade Luther empfand dies sehr lebhaft[8]. Er hat freilich die eschatologisch-apokalyptische Linie wesentlich negativ ausgezogen: „Ich, wenn mir Gott das Regiment in die Hand gäb, wollt ich auf Ein Tag alle Pfarrherr und Schulmeister wegnehmen, denn do hätt ich gewisse Hoffnung, daß der jungste Tag nit weit sei; alsdann wurden Edelleut regieren in die Höllen hinein . . . Kannst du nu darzu helfen, daß kein Pfarrherr oder Schulen sein, so hilf den großen Hansen dazu, so wirds nicht weit sein, daß du in die Höll, wir dem Herrn entgegen kommen in der Luft."[9] So geht es wohl doch nicht. Calvin trifft, wie so oft, den Kern der Sache einleuchtender: Wenn die Welt in Sachen des Unterhalts der Prediger Ausflüchte macht, so „bedenkt sie am allerwenigsten, daß sie es hier mit Gott zu tun hat. Denn es handelt sich hier nicht nur um den Unterhalt von Menschen, sondern darum, wie hoch wir Christus und sein Evangelium einschätzen."[10] Dies gilt natürlich heute ebenso. Wir müssen es aber in eine lebendige und selbstkritische Beziehung zu dem bringen, was heute über die Produktivität, über die Arbeit und über den Lohn unserer „weltlichen" Zeit- und Kirchengenossen gilt. Eine Verständigung darüber sollte nicht unmöglich sein.

---

[7] Ad. Schlatter a.a.O. 202.

[8] Vgl. die Predigt vom 21.9.1544 E.A. 20 II, 187 ff. – Wer erforscht und vermittelt uns den Umgang der Reformatoren nicht nur mit den Fragen des Kirchengutes, sondern des Unterhalts der Kirchgemeinden überhaupt nach den heutigen Gesichtspunkten?

[9] Luther a.a.O. 190 u. 192.

[10] Calvin zu 6,7. Ich zitiere etwas ausführlicher: Hoc addidit ad refutandas excusationes, quibus tergiversari solent permulti: alius obtendit, alendam sibi esse familiam; alius sibi negat superesse, unde largiatur, vel eroget. Ita fit, ut pauci fungantur officio, qui plerumque non sufficiunt tam multis cessantibus. Haec effugia vana esse denuntiat Paulus, quia negotium sit cum Deo, quod mundus minime cogitat. Neque enim hic agitur tantum de hominis victu, sed quanti aestimetur a nobis Christus eiusque Evangelium.

VI.

Für unsere Predigt handelt es sich vor allem darum, welchen Aufbau wir wählen sollen. Unsere Perikope bietet den klassischen Weg von den christlich-theologischen Grundsachverhalten (5,25) zu den praktisch-ethischen Fragen des Gemeindelebens — im Ehrpunkt und im Geldpunkt. Dabei droht die Routine sehr stark. Daher sei vorgeschlagen, daß wir den Text von seinem Schlußabschnitt her aufrollen. Der Geldpunkt gehört ja nicht nur in die Abkündigungen, sondern in die Predigt und Textauslegung selbst hinein. Homiletisch und psychologisch muß der herkömmlichen Innerlichkeit und Geistlichkeit der sonntäglich-gottesdienstlichen Atmosphäre immer neu widerstanden werden. Und erst wenn der Geldpunkt in der pragmatischen und in der paulinischen Perspektive wirklich deutlich wird, gewinnen die geistlichen Gesichtspunkte und Vokabeln des Textes das Gewicht und das — Interesse, das sie brauchen. Die Verbindung zwischen dem Geld- und dem Ehrpunkt mag ein Blick auf das Evangelium des gleichen Sonntags erleichtern, das von der Sorge und von Gott handelt[11]. Und vielleicht bekommen dann die klassischen Axiome, von denen Paulus ausgeht, etwas an Neuheit und Dringlichkeit, deren sie bei dem herkömmlichen Gang einer solchen Epistelpredigt oft entbehren[12].

---

[11] So Karl Barth in einer unvergessenen Auslegung, die in den Bonner Jahren in einer Tageszeitung veröffentlicht wurde (Münch. Neueste Nachr. 25. Dez. 1932).

[12] Die Korrektur erlaubt mir, auf den inzwischen erschienenen, sehr aufregenden Artikel hinzuweisen: K. Niederwimmer, Das Problem der Ethik bei Paulus (ThZ 24, 1968, 81–92). Ich zitiere zustimmend den letzten Satz: „In gewisser Hinsicht kann man an bestimmten gnostischen Maximen deutlicher ablesen, was die eigentlich treibenden Motive bei der Entstehung des Christentums gewesen sind, als an der widerspruchsvollen Form der paulinischen Theologie“ (S. 92).

Weil Sünde heute kein christlich lebendiges Grundwort mehr zu sein scheint, setze ich dafür das Wort Sucht ein. An den Phänomenen der Sucht, an den vielen Mißerfolgen und den doch auch nicht fehlenden Erfolgen ihrer Heilung können wir eine Ahnung bekommen, was für Paulus und seine Leser ursprünglich auf dem Spiele steht. Ein solcher Vergleich mag überraschen; er könnte uns aber dazu verhelfen, aus dem Trott unserer Auslegungen herauszukommen und uns den Realitäten, die Paulus meint, wenigstens von ferne zu nähern.

Erntedankfest

Apostelgeschichte 14, 8–18

Er sah aber Paulus kommen, einen Mann, klein von Gestalt, mit kahlem Kopf und krummen Beinen, in edler Haltung, mit zusammengewachsenen Augenbrauen und ein klein wenig hervorstechender Nase (Acta Theclae 3 zit. nach E. Haenchen 367 Anm. 6).

Fieri poterit, ut Evangelium multi recipiant, neque tamen a morbis, quibus laborant, curentur: es wird geschehen können, daß viele das Evangelium annehmen und doch nicht von den Krankheiten, an denen sie leiden, geheilt werden. – Et haec etiam fidei species peculiaris est quae dat locum miraculis, qua plurimi ex filiis Dei carent, qui tamen adoptionis Spiritu praediti sunt: auch ist dies eine besondere Art von Glaube, der Wundern Raum gibt; ihn haben sehr viele Gotteskinder nicht, die dennoch mit dem Geist der Kindschaft begabt sind (Calvin zu V. 9).

Respondeo genus hoc testimonii cuius fit mentio, tale fuisse, quod homines excusatione privaret, non autem sufficeret in salutem, Fides non ex nudo et coeli et terrae intuitu concipitur, sed ex verbi auditu: ich antworte, die hier erwähnte Art des Zeugnisses war so, daß sie den Menschen die Entschuldigung nahm, aber zur Seligkeit nicht genügte. Der Glaube kommt nicht aus dem bloßen Anblick Himmels und der Erde zustande, sondern aus dem Hören aufs Wort (Calvin z. V. 17). – Si quis obiiciat, contingere plerumque, ut homines famelici potius gemant, quam saturi laetentur: respondeo, id fieri praeter naturae ordinem, quando scil. Deus propter hominum peccata manum suam restringit. Sponte enim ad nos assidue flueret Dei liberalitas, qualem hic Barnabas et Paulus praedicant, nisi eam arcerent vitiorum nostrorum obstacula: Wendet jemand ein, es geschehe häufig, daß die Menschen eher vor Hunger seufzen als satt sich des Lebens freuen, antworte ich: das geschieht gegen die Naturordnung, wenn nämlich Gott wegen der Sünden der Menschen seine Hand zurückzieht. Gerne und beharrlich würde Gottes Güte fließen, wie Barnabas und Paulus sie hier verkünden, wenn nicht die Hemmnisse unserer Laster sie hinderten (Calvin zu V. 17 Ende).

Die Meditation entsteht unterwegs. Daher benutze ich außer den gängigen Kommentaren von E. Haenchen (Meyersche Reihe), Conzelmann (Lietzmannsches Handbuch) und G. Stählin (NTD) nur die Auslegung Calvins, die sich auch diesmal vor allen andern, alten und neuen Auslegungen bewährt. Aus meiner Auslegung der Perikope (in hören und fragen Bd. 6, 1971) übernehme ich einiges ohne nähere Kennzeichnung.

Die praktische Schwierigkeit, wie dieser schöne Text zum Erntedanktag passen soll, lasse ich zunächst unbeachtet. Die Meditation hat sich dem Abschnitt im Ganzen zu stellen. Natürlich hat jeder Prediger das Recht, von vornherein nur den Text der Rede des Paulus V. 15–17 dem Predigtunternehmen zugrunde zu legen. Sie war ja wohl der Anlaß, die Perikope diesem Tage zuzuordnen.

I. Zum Textbefund

Der Text in seiner erfreulichen Anschaulichkeit scheint auf Anhieb keine besonderen Schwierigkeiten zu bieten. Es handelt sich um Erlebnisse von Paulus und Barnabas auf der sog. ersten Missionsreise im südlichen Kleinasien. Die Predigt des Evangeliums knüpft an die Synagogen an und hat Erfolg. Aber der jüdische Widerstand erhebt sich und vertreibt die beiden Missionare von einer Stadt zur andern. Es bewahrheitet sich: „Euch mußte zuerst das Wort Gottes gesagt werden; nun ihr es aber von euch stoßt und achtet euch selbst nicht wert des ewigen Lebens, so wenden wir uns zu den Heiden" (13, 46). Lystra ist die erste Stadt, in der die beiden Evangelisten sich nicht zuerst an die Juden wenden können. Wir erfahren nur ganz allgemein von der Tätigkeit des Paulus und Barnabas.

14, 8 setzt dann der Bericht über die Heilung des Lahmen ein. Die Parallele zu Apg 3, 1 ff. drängt sich auf. Das Aussichtslose der Krankheit wird stark betont. Die Form des Berichts erinnert an die Synoptiker. Auch hier kommt es auf den Glauben des Kranken an und darauf, daß Paulus ihm diesen Glauben ansieht. Psychologisch läßt sich hier nichts Genaues sagen. Die Sprachenfrage ist die geringste Schwierigkeit; denn diese Völker sprechen und verstehen neben ihrer eigenen Sprache auch die Weltsprache Griechisch. Das Besondere der Perikope liegt vielmehr in der typisch heidnischen Reaktion der Zuschauer in Lystra. (Ob man sie auch als Zuhörer ansehen darf, ist die Frage!) „Die Götter sind den Menschen gleich geworden und zu uns hernieder gekommen" (V. 11). Auch ohne die naheliegende Erinnerung an Philemon und Baucis, die an dieser Landschaft haftet, sind wir hier am innersten Kern des vorchristlichen Heidentums, einerlei wie weit dessen intellektuelle und kulturelle Auflösung in den einzelnen Landschaften des römischen Reiches gediehen sein mochte. Was die Heiden dort rufen, und was die Engel den Hirten auf dem Feld bei Bethlehem zurufen, gehört aufs engste zusammen. – Calvin hat die ganze grimmige Schärfe seines Geistes darauf verwendet, nun die Schlechtigkeit des Zeuspriesters, der das Heilungswunder der Fremdlinge auf die Mühlen des eigenen Tempels leiten möchte, zu entlarven. Der Text begnügt sich damit, zu berichten, wie die beiden Apostel – auch Barnabas wird hier Apostel genannt – die ihnen zugedachten göttlichen Ehren abwehren und das Volk beruhigen.

Die Predigt, die doch wohl dem Paulus – und nicht den beiden – in den Mund gelegt wird, steht im losen Bezug zu dem, was vorausging. Nicht den alten oder neuen Göttern, sondern dem lebendigen Gott sollen sich die Zuhörer zuwenden. Er ist der Schöpfer, Erhalter und Lenker von Welt und Geschichte. Er hat sich nicht unbezeugt gelassen, sondern die Völker auch dann mit seinen Schöpfungsgaben erfreut, als sie sich noch selbst überlassen waren. Ein eigentliches Ziel dieser Verkündigung wird nicht angegeben und nicht erreicht, es sei denn dies, daß der enthusiastische Ausbruch der Leute, wenn auch mit Mühe, gestillt wird. In einer andern Lesart heißt es, sie gingen alle in ihr Eigenes, d.h. nach Hause. Mit V. 19 wird eine andere Szene eröffnet. E. Haenchen meint, V. 8–18 sei von dem Verf. der Apg absichtlich so ausführlich und triumphal geformt, um die Leidensszene von V. 19f., die ja auch vom wunderbaren Überleben der Zeugen weiß, in den Hintergrund zu drücken (376). Es wird Zeit, daß wir uns der in dem nur scheinbar glatten Gewand der Erzählung verborgenen Kanten und Brüche annehmen.

II. Zu den Sachfragen

Das Heilungswunder steht voran. Nicht erst wir heutigen Leser empfinden dabei ein Unbehagen. Auch Calvin tut, was er kann, um die Relevanz dieser Heilungsszene für den heutigen Christenglauben zu bagatellisieren. Was ist das Anliegen des Lukas, wenn er die Szene so ausführlich und anschaulich darstellt? Haenchen hat es m.E. zutreffend formuliert. Lukas will den Lesern zeigen, „daß die christlichen Gottesboten den Vergleich mit den *theioi anthropoi* (= Gottmenschen) des Heidentums nicht zu scheuen brauchten" (375). Oder ist eine solche Sicht der Dinge dem Evangelium und seiner Ausbreitung auf Erden nicht angemessen? Je mehr wir als Prediger und als Gemeinde uns der darin liegenden Verpflichtung unterworfen empfinden, desto weniger haben wir Anlaß, feierlich zu werden. Es *gibt* die Konkurrenz unter den Religionen und Weltanschauungen und sie erstreckt sich auf den ganzen Bereich der Wirklichkeit – das Leibliche eingeschlossen.

Lukas selbst weiß und betont, wie ambivalent, ja fatal die Konkurrenz auf dem Gebiet der Wunderheilungen sich auswirken kann. Er schildert, in welch falsches Licht die beiden ‚Apostel' durch ihre Wunderheilung geraten. Nun „kann und muß er ihre Demut schildern, mit der sie von sich selbst weg auf Gott weisen, der Himmel und Erde geschaffen hat" (Haenchen a.a.O.). Die Abweisung göttlicher Ehren ist biblisch nicht selten (WeishSal7,3; 4Makk12, 13; Jak5,17), gelegentlich auch in der profanen Literatur belegt (Conzelmann zu V. 14f.).

Schon hier fragt sich der Leser, was die Hörer dieser beiden Apostel eigentlich gehört und verstanden oder mißverstanden haben, wenn sie auf das Heiligungswunder so heidnisch reagieren, und wenn Paulus ihnen auf diesen Zwischenfall hin erst einmal die Anfangsgründe des neuen Glaubens nahebringen muß. M.a.W. die Mitteilung V. 7 – „und sie evangelisierten dort" (in Lystra) – darf nicht zu genau analysiert werden. Das Interesse des Berichts liegt nicht bei diesen allgemeinen Voraussetzungen, sondern bei der Darstellung der Konkurrenzsituation.

Ohne viel darüber zu reden, hat Calvin diese Konkurrenzsituation genau erfaßt, und seine Auslegung entstammt und entspricht dieser Situation durchweg. Das hängt natürlich auch damit zusammen, daß sich für die reformatorische Zeit die urchristliche Konkurrenzlage wiederholte. Calvin kann den römischen Katholizismus am Heidentum entlarven. Aber er leistet damit auch etwas zur Religionskritik im positiven Sinn. Die Religion bekommt einen Maßstab: nihil enim veri aut solidi habet religio, nisi in qua solus Deus eminet: nichts Wahres und Festes hat die Religion, es sei denn, daß Gott in ihr voransteht (zu V. 15). Dieses religionskritische Moment findet Calvin auch in der Missionspredigt des Paulus.

Calvin würde die heutige Alternative, diese Rede sei kerygmatisch, daher nicht argumentativ (so gleichmäßig Stählin und Conzelmann), nicht gelten lassen. Er findet zwar nur eine volkstümliche, keine philosophische Argumentation (zu V. 17), aber er sieht doch, wie Barnabas und Paulus die heidnischen Religionsbegründungen zerpflücken, die sich auf die longa temporum antiquitas und auf den consensus omnium fere gentium berufen – ehrwürdige Argumente, die auch die christliche Apologetik bis in die Neuzeit verwendet hat! Gegen beide Argumente wird von Calvin die ‚aeterna veritas Dei' aufgeboten, die an kein gestern und heute gebunden ist (zu V. 16). Calvin stützt sich natürlich auf das Stichwort: ματαιον, nichtig. Es betrifft alles, quicquid sibi ex proprio sensu commenti erant homines: was sich die Menschen aus dem eigenen Sinn ausgedacht haben (zu V. 15).

Die Auslegungen gehen in dem Augenblick auseinander, wo unsere Predigt mit Röm 1, 18 ff. verglichen wird. Inhaltlich: wo zu entscheiden ist, ob die Eigenwege der Heiden und das auch ihnen erteilte Gotteszeugnis als Entschuldigung gelten sollen oder nicht. Nach Calvin wird unter Hinweis auf Röm 1, 18 ff. der ‚praetextus ignorantiae' beseitigt (zu V. 17); nach Haenchen u.a. ist Röm 1, 18 ff. fernzuhalten. Für Calvin besteht kein Anlaß, zwischen dem Paulus der Apg und des Römerbriefs den Graben möglichst tief aufzureißen. Andererseits ist ihm die Heilsdimension im Streit der Religionen wichtiger als den heutigen Exegeten. Er muß sich daher ernsthaft mit der Frage befassen, die in den neueren Kommentaren ganz zurücktritt: warum Gott das Heil in Christus geschichtlich so spät habe offenbar werden lassen. Calvin weiß darauf letztlich nur die Antwort, wir dürften mit Gottes Planen und Handeln nicht rechten (nostrum est reverenter arcana eius consilia mirari: unsere Sache ist es, die heimlichen Pläne Gottes ehrfürchtig zu bestaunen – zu V. 14). Jedenfalls seien die eigenen Wege, denen die Völker überlassen sind, Wege in der Finsternis und im Tode (in tenebris ac morte vagati sunt – zu V. 16). Falls wir in der Predigt diese Aspekte ansprechen, können wir uns mit Calvins Argumenten nicht begnügen; wir sollten aber den Ernst seiner Betrachtungsweise anerkennen.

Die Schöpfungstheologie V. 15b–17 muß uns auf alle Fälle beschäftigen. Sie ist unter Theologen in Verruf gekommen, so daß sie heute von manchen neu entdeckt und vorgezeigt wird. In unseren Gemeinden wird sie in Resten noch vorhanden und wirksam sein. Daß schon Calvin darüber reflektierte, daß es neben Sattheit oft auch Hunger, und daher mehr Seufzen als Freude gibt, wird den heutigen Leser freuen. Ob wir auch so einfach wie Calvin sagen können: wo statt satter Freude der Hunger herrscht, sei dies die Strafe Gottes für unsere

Laster? Letztlich wird Calvin auch damit Recht haben; nur werden wir es ihm nicht so einfach nachsprechen. Denn die Versündigung der Menschen liegt hier mehr in den Systemen als in den Gesinnungen. Damit wird ein sehr weites Feld betreten.

Vorher ist die Schöpfungstheologie selbst noch einmal zu bedenken. Künsteleien möchte man vermeiden, z. B. die gewaltsame Vorordnung des zweiten vor den ersten Artikel. Paulus evangelisiert zwar (nach 15b) auch in dieser Rede; aber den Christusnamen nennt er nicht. Calvin meint, seinen heidnischen Zuhörern habe er nicht gleich mit dem Christusnamen kommen können (zu V. 14f.). Im Unterschied zur ersten Hälfte der Neuzeit ist für uns der Aussagenbereich des ersten Artikels nicht mehr der leichteste Teil des Glaubensbekenntnisses. Wir sehen wieder mit Luther, daß es der höchste Artikel des Glaubens ist. „Aber wenig sind ihr, die so weit kommen, daß sie völliglich glauben, daß er der Gott sei, der alle Dinge schafft und macht. Denn ein solch Mensch muß allen Dingen gestorben sein, dem Guten und Bösen, dem Tod und Leben, der Hölle und dem Himmel, und von Herzen bekennen, daß er aus eignen Kräften nichts vermag" (Pred. ü. d. l. Buch Mose E. A. 33, 23 W. A. 12, 438 – Gogarten hat gerne auf diese Lutherstelle verwiesen!). Wenn das so ist, lohnt es sich nicht, bei den Resten einer Schöpfungsfrömmigkeit in unsern Gemeinden anzuknüpfen. Wir haben den Gang unserer Predigtauslegung in eigener Verantwortung zu bestimmen.

III. Zum Gang der Predigt

Zunächst scheint es für die Predigt keinen wirklich einleuchtenden, einheitlichen Weg zu geben. Die missionarische Thematik und der festliche Anlaß des Erntedanktages kehren einander den Rücken zu. Folgen wir aber der von E. Haenchen herausgearbeiteten Perspektive, so zeigt sich ein Weg – nicht gerade glatt und eben, aber den Text treffend und ihm folgend: von der Konkurrenz der Religionen, und des Lebens überhaupt, zur gemeinsamen Erkenntnis des wahren Gottes und zum Dank für seine Gaben. Dies Ziel wird im Text nicht ausdrücklich erreicht; aber sobald aus den Zuschauern und Zuhörern Gemeinde unter dem Evangelium wird, verwirklicht sich etwas von dem Ziel.

Konkurrenz ist uns im Leben nur allzu geläufig; in der Religion wirkt das Wort fremd. Umgekehrt ist der Dank im realen Leben selten, in der Religion und besonders am Erntedanktag gehört er zu den Grundmotiven. Das Eigentümliche des Textes ist die Verbindung von beidem.

Gerade in der Predigt muß zunächst das Fremdartige der Situation deutlichst zutage treten. Wie sollen Paulus und Barnabas ihre Botschaft an den Mann bringen? Es war ja keine Anknüpfung bei der Synagoge möglich; aber es herrschte auch kein religiöses Vakuum, das sie nur hätten auszufüllen brauchen. Der Lahme kommt ihnen sehr gelegen. Welch beneidenswertes Glück, daß Paulus seinen Glauben erkennen und daß er ihm zurufen kann, wie Gott dem

Propheten Ezechiel (2, 1) zugerufen hat. Und erst recht welch beneidenswertes Glück, daß Paulus nicht nur die laute Stimme des Geistträgers, sondern auch die Vollmacht hat, den Kranken zu heilen. Der Lahme springt auf und kann laufen. Paulus hat noch mehr Glück; keiner fragt nach seiner ärztlichen Zulassung; keiner bezweifelt und prüft den Vorgang; keiner scheint dazusein, der es besser könnte. Die Konkurrenz, der Priester des Zeus, ist voll Anerkennung und Eifer. Die Zuschauer erkennen und bezeugen einhellig: Die Götter sind Menschen geworden und zu uns herabgestiegen. Das Wort ward Fleisch und wohnte unter uns! Warum soll der Zeuspriester nicht tun, was seines Amtes ist, und den Götterboten ein Opfer organisieren? Warum sollen sich die alte und die neue Religion nicht vertragen? Wir glauben doch alle an Einen Gott?! Und warum sollen die Apostel es nicht auch einmal gut haben?!

Warum wollen und dürfen die Apostel diesen Triumph nicht einheimsen?! Wir sind auch nur Menschen, und wenn ihr opfern wollt, so seid ihr bei uns an die Falschen geraten! Die Nähe zwischen der heidnischen Gotteserkenntnis (V. 11b) und dem großen Zeugnis des Johannesprologs wäre verführerisch. So leicht kann aus dem Streit und der Konkurrenz der Religionen kein Friede werden. Wie hat Calvin bemerkt?: die Religion ist dann wahr und fest, wenn Gott in ihr den Vorrang hat.

Wenn auch die Religionen miteinander in Konkurrenz stehen, so steht der Gott, den Paulus zu verkünden hat, nicht in einem solchen Verhältnis zu den Göttern der Heiden. Sie sind nichtig. Er ist der wenn auch verborgene, so doch wahre Lenker der Völker und ihrer Geschichte nach Leben und Religion. Ihre Wege, ob dunkel und tödlich oder doch ein bißchen hell, sind Wege, die Er sie gehen ließ und läßt. Und was an Gütern und Gaben im Leben aller Völker, unabhängig von der Religion, zu finden und zu genießen ist, soll erkannt werden als Mitteilung und Geschenk seiner Güte.

Das ganze Auftreten und die Botschaft des Paulus und Barnabas soll ein ‚Evangelisieren' sein (V. 15b). Das ist das Gemeinsame des Erntedanktages mit jedem Sonn- und Feiertag, den die Gemeinde begeht. Das Konkurrenzgefühl zwischen den Religionen und Konfessionen ist uns fremd geworden, sicher nicht nur zum Glück, sondern auch zum Schaden der Beteiligten. Aber unabhängig davon zeigt uns das Geschehen dieses Kapitels aus der Apg, wie der Weg von der Konkurrenz zur Dankbarkeit führen kann. Eben dies ist die gute Botschaft, die dem Besonderen und dem Allgemeinen dieses Sonntags und aller Sonntage den Sinn und das Recht gibt.

Nichts scheint so leicht, so verheißungsvoll und so ergiebig als das Hereinnehmen von Missionsberichten in unsere Predigt . . . Die Gemeinde hört es gerne, oft lieber als unsere lehrhaften oder sonstwie langweiligen Darbietungen. Dem kann in seiner Problematik hier nicht nachgegangen werden: Anschaulichkeit des Missionsberichts kann ja auch von der Wahrheit und Wirklichkeit unseres konkreten Gemeindelebens ablenken. Bleiben wir aber auf unserm Boden und bei unsern nächsten Angelegenheiten . . . Die Zeichen und Wunder Gottes wollen ja auch im Gefolge des Evangeliums bei uns geschehen. Sie geschehen überall dort, wo wirklich die Grenzen zwischen Juden und Heiden, zwischen denen drinnen und denen draußen fallen, wo weder Konfession noch Partei, weder Klasse noch Rasse, weder Westgläubigkeit noch Ostgläubigkeit dem Evangelium den Zutritt verriegeln dürfen und können.

18. Sonntag nach Trinitatis

Apostelgeschichte 16, 9—15

„. . . qui nisi exstaret, tantarum rerum vel sepulta esset, vel multis tenebris involuta, vel dubitatione implicita cognitio. Videmus enim Satanam quicquid artificii habuit huc contulisse, ut nihil de rebus gestis Apostolorum exstaret nisi mendaciis aspersum, quo suspectum redderet quicquid de illis diceretur, ac demum totam saeculi illius memoriam ex piorum animis deleret. Nam vel deliros homines, vel astutos subsannatores excitavit, qui suppositiciis nominibus putidas fabulas spargerent, quarum insulsitas fidem etiam veris historiis abrogavit . . .

Hac mentiendi licentia abusus est Satan, ut post Christi in coelos ascensum nihil certi teneremus. Ita nisi hoc Lucae monumentum exstaret, videri posset Christus in coelum sublatus nullum in terris suae mortis aut resurrectionis fructum reliquisse: nam omnia cum eius corpore evanuissent. Nesciremus, sic receptum fuisse in coelestem gloriam, ut in toto mundo principatum obtineat. Nesciremus, Evangelii doctrinam Apostolorum ministerio fuisse promulgatam, ut ab ipsis ad nos tametsi per varias manus perveniret. Nesciremus Spiritu sancto afflatos, ne quid nisi divinum traderent, quo fides nostra firma Dei veritate niteretur. Nesciremus denique, impletum fuisse illud Jesaiae vaticinium, quo praedixerat, Legem e Zion prodituram, et verbum Domini e Jerusalem. Harum rerum dubitationem quum hic liber ab ipso Spiritu sine controversia profectus nobis eximat, ingentis thesauri loco nobis habendum et antea merito praefatus sum, et nunc iterum confirmo":

Wenn es (dieses Buch) nicht noch vorhanden wäre, wäre die Kenntnis so großer Dinge begraben oder in vieles Dunkel gehüllt oder in Zweifel verwickelt. Denn offensichtlich hat der Satan seine ganze Kunst darauf verwandt, daß von den Taten der Apostel nur mit Lügen Vermischtes noch sich finde, um so alles, was von ihnen überliefert ist, verdächtig zu machen oder sogar alle Erinnerung an jenes Jahrhundert aus den Herzen der Frommen zu tilgen. Denn er hat wahnsinnige Menschen oder listige Fälscher angestiftet, die mit unterschobenen Namen widerliche Fabeln verbreiteten, deren Abgeschmacktheit das Vertrauen auch in die wahren Berichte zunichte machte ... (Folgt Hinweis auf apokryphe Apostelgeschichten etc.) ... Solche zügellose Lüge hat der Satan ausgenützt, damit wir nach Christi Aufstieg in den Himmel nichts Sicheres festhalten könnten. So könnte es, wenn dieses Denkmal des Lukas nicht vorhanden wäre, scheinen, als habe Christus nach seiner Erhöhung in den Himmel auf Erden keine Frucht seines Todes oder seiner Auferstehung hinterlassen; denn alles wäre mit seinem Leibe verschwunden gewesen. Wir wüßten nicht, daß er *so* in die himmlische Glorie aufgenommen wurde, daß er die Herrschaft über die ganze Welt innehat. Wir wüßten nicht, daß die Lehre des Evangeliums durch den Dienst der Apostel ausgebreitet wurde, so daß sie von ihnen zu uns wie durch mehrere Hände gelangte. Wir wüßten nicht, daß sie (die Apostel) vom Geist erfüllt waren, damit sie nur Göttliches überlieferten, damit so unser Glaube auf der festen Wahrheit Gottes ruhe. Wir wüßten schließlich nicht, daß jene Weissagung des Jesaja sich erfüllt hat, in der er vorausgesagt hatte, das Gesetz werde vom Zion ausgehen und das Wort des Herrn von Jerusalem. Da dieses unstreitig vom Geist selbst gekommene Buch uns den Zweifel an diesen Dingen nimmt, sollen wir es als einen ungeheuren Schatz betrachten und behandeln, wie ich nach Gebühr in der Vorrede gesagt habe und was ich jetzt nochmals bekräftige" (Calvin, Komm. Argumentum in Acta Apost. ed. Tholuck, p. XV–XVI).

Oft schon habe ich die Geduld der Leser mit ziemlich vielen und zuweilen langen Zitaten in Anspruch genommen. Niemals jedoch so ausführlich, und niemals — mit so gutem Gewissen. Denn eine nützlichere und sachlichere Einführung in die Probleme der Apostelgeschichte und ihrer Überlieferung als Calvins Sätze kenne ich nicht. Es ist, als hätte er die ganze spätere und heutige Debatte vorausgesehen. Leider weiß ich nicht genug über den Stand der Auslegung der Apostelgeschichte in Calvins Zeit. Er muß ja konkrete Auslegungsfragen im Auge gehabt haben.

An wissenschaftlichen Hilfsmitteln fehlt es längst nicht mehr, seitdem auch bei uns mit Ernst Haenchens hervorragendem Kommentar (in der Meyerschen Reihe seit 1956 in nicht weniger als fünf, immer neu gebesserten Auflagen, zuletzt 1965) die Forschung dieser eine Weile etwas vernachlässigten Schrift sich wieder intensiver zuwandte. Zu Haenchen gesellte sich mit einem weiteren Kommentar Gustav Stählin (im NTD 1962) und Hans Conzelmann (im Lietzmannschen Handbuch z. NT 1963). Einen Forschungbericht hat Erich Gräßer in Theol. Rundschau 26, 1960, 93–167, geliefert. Zu bestimmten, auch unsern Text betreffenden Fragen hat Ernst Haenchen noch einmal sich geäußert in der Abhandlung „Das ‚Wir' in der Apostelgeschichte und das Itinerar" (ZThK 58, 1961, 329 ff. = E. Haenchen, Gott und Mensch, Ges. Aufs., 1965, 227–264).

Nicht so reichhaltig ist, worauf ich für die homiletische Arbeit an der Apostelgeschichte und an unserm Text hinweisen kann. G. Dehn hat den Text in der von G. Eichholz herausgegebenen Predigthilfe Bd. IV (1955) behandelt, H. Traub in unsern GPM 14, 1959/60; auf Traubs Abhandlung „Botschaft und Geschichte" (Theol. Stud. Heft 41, 1954) mache ich eigens aufmerksam. — Da die Perikope in der sogenannten Eisenacher Reihe für den 12. nach Trin. vorgeschlagen ist, finden sich auch Predigten neueren Datums in den einschlägigen Werken. Aus dem älteren Umgang mit unserer Perikope nenne ich nur, aber mit Nachdruck, G. Menken, Blicke in das Leben des Apostels Paulus und der ersten Christengemeinen, Nach etlichen Capiteln der Apostelgeschichte (Bremen 1828), 126 ff.

I. *Zum Geschichtlichen*

Ob es aufmerksame und nachdenkliche Zuhörer gibt, die beim Vorlesen des Textes merken, daß in Vers 10 plötzlich im ‚Wir'-Stil berichtet wird, weiß ich nicht. Bei der Vorbereitung werden wir's wohl bemerken, auch ohne Hilfe der Kommentare — hoffentlich! Aus der intensiven Arbeit der Forschung an dieser Frage ergibt sich, daß wir nicht einfach meinen dürfen, wir seien an diesen ‚Wir'-Stellen mittelbar oder unmittelbar auf einen Augenzeugen und Mitreisenden gestoßen. Die Verwendung des ‚Wir' kann auch ein bloßes Stilmittel sein. H. Conzelmann zitiert in seinen Beilagen einen schönen Beleg aus Lukian von Samosata für eine solche Verwendung. Es ist mehr das sonstige Detail des Berichts, was uns eine gute Überlieferung annehmen läßt. Dies vor allem dann, wenn wir nicht lesen ‚erste Stadt der Provinz Makedonien' (V. 12), sondern eine Stadt der ersten Provinz Makedoniens (das in vier Provinzen geteilt war!). Auch was außerdem von Philippi und von den jüdischen Gebräuchen berichtet wird, entspricht dem, was wir sonst wissen.

Nun verbindet sich mit dem Übergang des Paulus nach Makedonien von jeher unser christlich-kontinentales Bewußtsein. Der Paulus im Gesicht erscheinende Mann ruft nicht nur nach Makedonien, sondern nach Europa. Und Lydia wird zur ersten Christin des Abendlandes. Meist machen wir zuviel Aufhebens von diesem Übergang. Aber, wie E. Haenchen in dem o. a. Aufsatz (S. 246 Anm. 1) belegt, die damalige Antike hatte durchaus ein Bewußtsein vom Unterschied der Kontinente Asien, Europa und Libyen (= Afrika). Mehr als beiläufig würde ich allerdings diese Dinge nicht zur Sprache bringen; was wir da sagen, bleibt Geschichtsbetrachtung.

Ernsthafter sind die Fragen, die sich darüber hinaus mit der Geschichtsbetrachtung der Apostelgeschichte verbinden. Diese Geschichtsbetrachtung ist supranatural. Schon 16, 6 ff. wird betont davon geredet, daß Paulus vom heiligen Geist gehindert wird, in der einen oder andern Gegend des heutigen Kleinasien zu missionieren. Nach Makedonien ruft ihn ein Gesicht. Die Reisegenossen „suchten sofort eine Fahrgelegenheit nach Mazedonien, in der Gewißheit, daß Gott (selbst) uns (dadurch) aufgerufen habe, ihnen das Evangelium zu bringen" (V. 10 nach der Übers. v. G. Stählin). Geistvoll wie immer, erinnert Calvin daran, wie schon in der gleichen Gegend der Cäsarmörder Brutus von einem nächtlichen Gesicht heimgesucht worden sei. „Jedoch, wie die Sache selbst bei weitem verschieden (dissimilis) war, so hat Gott weiterhin anders mit seinem Knecht gehandelt, um ihm jeden Zweifel zu nehmen und ihn nicht erschrocken stehenzulassen." Calvin weiß, daß es hier dämonische Täuschungen geben kann. Eine bloße Erscheinung läßt den Geist des Menschen in der Schwebe, wahrhaft göttliche Gesichte versiegelt der Geist mit einem sicheren Kennzeichen (nota), damit die, welche der Herr sich gewiß zugetan haben will, nicht schwanken und zaudern müssen. An dem supranaturalen Charakter der Geschichtsbetrachtung der Apostelgeschichte werden wir nichts abzubrechen haben. Diese Perspektive ist letztlich wichtiger als die Probleme, die sich aus dem Quellenwert dieser merkwürdigen Schrift ergeben. Aber damit sind wir schon bei den eigentlichen Sachfragen unserer Perikope.

II. *Zum Theologischen*

1. „Das Evangelium ist nicht zu unterscheiden und zu trennen von dem Leben und der Geschichte der es bezeugenden Apostel und Gemeinde" (H. Traub, Botschaft und Geschichte, 16). Das ist der unerhörte Reiz gerade auch der Apostelgeschichte, aber auch ihre Schwierigkeit. Denn das Geschichtliche, einerlei, wie zuverlässig es in der keineswegs naiven Berichterstattung ihres Verfassers faßbar wird, ist eben doch auch nur Geschichte, und d.h. vergangenes Geschehen. Ob wir dann die supranaturalen oder die ‚naturalen' Momente etwa unseres Textes herausarbeiten, wir bleiben zunächst und bis auf weiteres bei Vergangenem. Was kommt aus ihm ‚auf uns zu'? Daß es sich hier um das Anfangsstadium des christlichen Abendlandes handelt, an dem — wie es etwa G. Dehn eindrucksvoll unternimmt — der spätere, oft so problematische Weg der Christenheit sich allemal messen lassen muß, ist immerhin der Rede wert. Aber ist es damit Gegenstand der Predigt? Umgekehrt, wenn wir vom Handeln Gottes in der Ausbreitung des Evangeliums nichts wissen wollen, wollen wir vielleicht auch vom Evangelium selbst nichts wissen. Die Gemeinde soll bedenken, daß damals wie heute etwas Irdisches geschieht, wenn das Evangelium gepredigt wird und wenn Menschen zum Glauben kommen, aber indem es geschieht, ist Gott selbst mit seinem Geist und Gaben am Werk. Anfechtung und Trost, die darin liegen, müssen gleichermaßen ans Licht kommen.

2. „Komm herüber und hilf uns!" (V. 10). Wie der Fortgang der knappen Schilderung selbst zeigt, war keine Rede davon, daß Paulus und die Seinen in Philippi auf besondere Bereitschaft oder Hilfsbedürftigkeit gestoßen sind. Jede spätere und heutige Missionsgeschichte zeigt dasselbe. Die Verquickung der Ausbreitung des Evangeliums mit religionsgeschichtlichen, kommerziellen, kulturellen und zivilisatorischen Faktoren macht das Problem nur schwieriger. Wohl kann sich das Christentum in seiner geschichtlichen Leistung als ‚Entwicklungshelfer' neben den andern geschichtlichen Kräften sehen lassen. Aber das ist mit dem Ruf des Mazedoniers nicht gemeint. Es handelt sich um andere Dimensionen. Calvin spricht davon, daß „arme Seelen vom Verderben gerettet werden und daß ihnen, die anders verloren sind, Hilfe gebracht werde" (zu V. 9). Aber — wer von uns wagt die Dinge heute in solcher Radikalität zu sehen und zu sagen? Von der Kanzel vielleicht; aber doch nur in deren sonntäglicher Abschirmung, und in der heimlichen Hoffnung, nicht wirklich beim Wort genommen zu werden. Mission im biblischen Sinn des Wortes aber ist nur unter diesen ernsthaften und radikalen Voraussetzungen möglich und richtig.

3. Das bloß Geschichtliche und das Sachliche unserer Perikope verknüpfen sich dann auch in der bekannten Anknüpfung des Paulus an die Synagoge. Ich meine nicht, daß man, wie es viele Ausleger tun, aus den knappen Angaben des Textes über den Beginn in Philippi etwas Normatives entnehmen kann über die Methoden der Evangelisation. So wenn Schlatter etwa meint: „Mit dem Beginn der Arbeit warteten sie den Sabbat ab, ein lehrreicher Beleg für die Ruhe des Apostels, die zusammen mit seinem feierlichen Selbstbewußtsein und seiner hingebenden Tatkraft seine Wirksamkeit bestimmt. Er mied alle eigenmächtigen Künsteleien, als müßte er sich unverzüglich an die Philipper mit der Predigt heranmachen. Er wollte bei seiner Arbeit ein gutes Gewissen behalten, und konnte dies nur dadurch erreichen, daß er in kluger Würdigung der Verhältnisse das tat, wozu ihm diese Anleitung gaben" (ErlzNT z. St.). Für eine wirklich exakte Beschreibung der Evangelisationsmethoden des Paulus reicht unser Text schon gar nicht, vielleicht nicht einmal der Gesamtbefund seiner Briefe aus.

Was uns, Prediger und Gemeinde, dabei bewegt, ist eine viel einfachere Frage: Bei uns bewegt sich die Verkündigung und Ausbreitung des Evangeliums in längst gelegten Gleisen, sofern überhaupt Bewegung vorhanden ist. Unsere Pastorenmentalität ist in der Regel nur dafür präpariert und vielleicht auch nur geeignet. Ungebahnte Wege würden wir kaum ins Auge fassen, geschweige denn zu gehen wagen. Den klassischen Missionar aber stellt man sich anders vor. Er ist der Mann der ungebahnten Wege. Paulus nun verschmäht die gebahnten Wege des religiös organisierten Judentums nicht. Nicht als ob wir in der herkömmlichen Festgelegtheit unserer Methoden damit gerechtfertigt wären, und unter allen Umständen in den alten Gleisen „gleichgültig, aber schreiend" (Lessing) weiterschlendern dürften. Es wäre aber unzutreffend, wollten wir uns Paulus nur als missionarischen Bahnbrecher vorstellen.

Auf die dahinterliegenden, recht verwickelten Fragen des religionsgeschichtlichen und theologischen Verhältnisses des frühen, paulinischen und sonstigen Christentums zum damaligen Judentum einzugehen, verbietet sich wohl im Rahmen der Sonntagspredigt. Aber diese Fragen müssen uns mindestens lebendig und bewußt bleiben.

4. „Und eine Frau . . . hörte zu; dieser öffnete Gott das Herz, daß sie acht hatte auf das, was Paulus sagte" (V. 14). Daß es gerade eine Frau — und diese wohlhabende Frau! — war, mit der die Geschichte der Gemeinde in Philippi beginnt, braucht unsere Reflexion vielleicht nicht allzusehr anzuregen. Aber der übrige Sachverhalt hat in seiner klassischen Knappheit, immer die Gedanken beschäftigt. „Wie sollte denn das Höchste und Seligste, in dem Leben eines Menschen, wenn er zur Wahrheit, zur Erkenntniß und Gemeinschaft Gottes gelangt, ohne Gott, ohne Gottes waltende, leitende und helfende Weisheit und Liebe seyn, und der Mensch, der ihm für das tägliche Brod dankt, ihm *da* zu keinem Danke verpflichtet sein? O, wohl mag er sagen, wenn er Wahrheit und Leben findet, daß *Gott* sie ihm habe finden lassen, und ihm

Auge und Herz dafür geöffnet; und anders zu reden, sollte man denken, gezieme sich nicht" (G. Menken, a.a.O. 138).

Aber Menken nahm gerade unsern Text zum Anlaß, mit eindrucksvoller Leidenschaft gegen jede, vor allem aber gegen eine konfessionell bestimmte Prädestinationslehre zu kämpfen, die sich von jeher auf ihn berufen hat. Wenigstens den Liedvers will ich hier hereinnehmen, in den er seine glanzvolle Polemik ausmünden läßt: „Dein Lieben weiß von keinem Wählen / Unlauterer Partheilichkeit, / Womit sich Erdensöhne quälen; / Dein Lieben ist Gerechtigkeit. / Du weißt aus allem Sektenwesen / Was Wahrheit sucht heraus zu lesen, / Und zählst es Deiner Heerde zu. / Wer nur geneigt ist, Dich zu hören, / Den bist Du willig zu bekehren; / Wer Dich nur sucht, den findest Du" (a.a.O. 143 — wer kann mir den Verfasser des Verses angeben?). — Sollen wir das Feuer dieser Frage, das auch heute unter der Asche der Alltagsgleichgültigkeit glüht, anfachen oder noch mehr Asche darauf häufen?

Das (angebliche und wirkliche) Glauben- und Nicht-glauben-Können bewegt auch die Gemüter unserer Zeitgenossen, und vielleicht auch das unsrige. Worauf kommt es an und worauf läuft es hinaus? An dem Modell des Geschehens ist nichts zu ändern: sie hört, was Paulus sagt; ihr Herz wird aufgetan, daß sie acht hat; sie kommt zum Glauben, der in jener Ursprungszeit durch die Taufe besiegelt wird. Niemand wird im Nachdenken des Glaubenswiderfahrnisses die menschlichen Vermittlungen leugnen wollen. Wenn das Pochen der Reformation auf das verbum externum wie das Pochen Roms auf die priesterliche Gnadenvermittlung auch weniger legitime Motive bei sich hat, so wird es doch bei den äußeren Vermittlungen der christlichen Wahrheit bleiben. Es wird auch dabei bleiben, daß niemand sich seinen Glauben selbst zuschreiben oder gar zugute halten wird. Die Schwierigkeit beginnt in dem Augenblick, wo die Reflexion sich auf die ‚andern' richtet, die auch hören, aber denen das Herz nicht aufgeht und die nicht auf das achten, was Paulus sagt. Wohl dem, dem eine solche Reflexion, der Blick nach außen erspart bleibt. Aber wer kann so unbefangen bleiben? Und wem der Dienst am Evangelium aufgetragen ist, dem bleibt die Reflexion auf die ‚andern' nicht erspart. Wir müssen hier unser Unvermögen und unser Nichtwissen eingestehen. Es wird an uns liegen, oder auch an den Lebensumständen und an manchem andern. Wir sind in jedem Sinne an einer letzten Grenze des christlichen Geschehens und Nicht-Geschehens angelangt. Denn auch jede positive Reflexion und Spekulation über die Universalität des göttlichen Gnadenwillens überschreitet die Grenze, die uns hier gesetzt ist. „Wir sind eingeladen, zu glauben an die Verwerfung, die auf Jesus Christus geworfen ist. Wenn wir sagen, daß die Verwerfung verkündigt und geglaubt werden muß, dann meinen wir diese, nicht eine absolute Verwerfung. Diese Verwerfung allerdings *muß* verkündigt werden. Die christliche Predigt darf nicht ausarten in ein allgemeines Reden von der Liebe und Güte Gottes. Der konkrete Ernst der Wahrheit muß geltend gemacht werden. Der abstrakte Ernst ist immer der Ernst der Gottlosigkeit und ist verfluchter als aller Leichtsinn. Dieser gottlose Ernst ist das Wesen aller

Werkgerechtigkeit und aller Sektiererei" (K. Barth, Gottes Gnadenwahl, in: ThEx 47, 1936, 52).

5. Über den Fortgang des Geschehens können wir uns leichter verständigen. Die Ausleger sind sich darüber einig, daß aus Anlaß von Vers 15 von der Taufe nicht thematisch zu handeln ist. „Diese Taufe schließt nicht mit irgendwelcher Sicherheit die Kindertaufe in sich", lesen wir bei Vilmar (Coll. Bibl. z. St.). Wohl aber hat die Frage der Unterbringung des Paulus und seiner Mitarbeiter einen starken Akzent im Text. Man weiß, wie empfindlich Paulus im Punkt seiner wirtschaftlichen Unabhängigkeit war. Die Didache zeigt uns umgekehrt, wie auch Lukians ironische Berichte über allerlei Wanderprediger, was es alles an Ausnutzung auf diesem Gebiete gab. In diesem Falle jedoch geht Paulus von seiner sonstigen Regel ab und läßt sich für länger in das Haus der Lydia aufnehmen. Auch hier wird Geistliches und Weltliches merkwürdig ineinander verquickt. „Paulus hat ihr dadurch, daß er ihr die Taufe gab, zugestanden, daß der Herr sie für zuverlässig und vertrauenswert halte, sie deshalb in seine Gnade aufnehme und ihr seine geistlichen Gaben gewähre ... Nun, schloß sie, dürft ihr kein Mißtrauen gegen mich hegen, als gäbe ich euch nicht mit reiner Liebe alles, was mein Haus euch bieten kann ... Gilt sie dem Herrn als zuverlässig, soll ihr auch Paulus trauen, dadurch daß er ihre Dienste ohne Besorgnis empfängt. Paulus erfüllte ihre Bitte und zog mit seinen Begleitern bei ihr ein. Die Folge war, daß er auch später die Gaben der Philipper nicht zurückgewiesen, sondern sowohl in Thessalonich als in Rom ihre Geldsendungen angenommen hat (Phil. 4,15)" (Ad. Schlatter, Erl. z. NT z. St.).

Wer in der Predigt zu diesen Dingen mehr als Allgemeines sagen will — denn es dreht sich dabei nicht um Fragen des gesellschaftlichen, sondern des wirtschaftlichen Lebens —, muß es sich wohl überlegen. Unser System der landeskirchlich zentralisierten Pastorenbesoldung ist ja nicht sehr alt. Früher war der wirtschaftliche Zusammenhang zwischen Pfarrer und Gemeinde viel enger, aber deswegen nicht unbedingt ersprießlicher. Es käme darauf an, daß die Sachlichkeit einer christlichen Gemeinde in Glaube und Liebe an den wirtschaftlichen Dingen nicht endet, sondern sich gerade an ihnen lebendig und kräftig erweist. Aber — das ist ein weites Feld.

III. *Zur Predigt*

Die Predigt, selbst wenn sie sich auf die von mir behandelten Sachfragen beschränkt, wird leicht etwas disparat. Ich würde es für erlaubt, sogar für empfehlenswert halten, wenn nur einer der Punkte, dann aber ausführlich zur Sprache gebracht würde. Wer das nicht will, mag den Weg von außen nach innen oder von innen nach außen gehen: von der geheimnisvollen Gabe des rechten Hörens bis hin zur Gastfreundschaft; oder von der ebenso geheimnisvollen Führung, der sich der Apostel unterworfen sieht bis zu den Äußerlichkeiten seines Besuchs an der Gebetsstätte der Juden und Proselyten in Philippi. Die historisch-kritischen Fragen des Textes brauchen in der Predigt nicht erörtert zu werden. Sie sind nur Sache der Forschung. Wer sich dazu aufschwingen will, mag aber auch erwägen, ob er die großen Dinge, von denen Calvin im Blick auf die ganze Apostelgeschichte etwas sagt, vorbringen will. Dann würde sich seine Predigt jedenfalls nicht mehr in ausgefahrenen Bahnen bewegen.

Vielleicht haben wir gelernt, mit der Waffe des Gotteswortes habe Luther zu seiner Zeit Welt und Kirche aus den Angeln gehoben und eine neue Zeit heraufgeführt. Aber was nützt uns das heute, wo viele die Bibel höchstens im Schrank stehen haben und wo die Gelehrten sich über ihren Sinn und ihre Geltung streiten?! Auf Anhieb spricht uns gewiß nicht jeder Satz der Bibel wirklich an. Aber wer sich auf den Umgang mit ihr einläßt, vielleicht anhand des Losungsbuches der Herrnhuter Brüdergemeine oder sonst einer Ordnung der Bibellese, wird die Erfahrung machen, daß im kleinen und großen von dorther ein Licht auf unsern Weg fällt.

Reformationsfest

Matthäus 5,1–10 (11–12)

Si quis dixerit, Christum Jesum a Deo hominibus datum fuisse ut redemptorem, cui fidant, non etiam ut legislatorem, cui obediant: a. s.: Wer behauptet, Christus Jesus sei von Gott den Menschen gegeben als Erlöser, daß sie ihm vertrauen, aber nicht auch als Gesetzgeber, daß sie ihm gehorchten, der sei ausgeschlossen *(Concil. Trident. 6. Sitzung* [1547] Lehrsätze üb. d. Rechtfertigung Nr. 21 Übers. nach Neuner-Roos, Glaubensverkündigung der Kirche 1958 5. Aufl. Randnr. 758).

Deßwegen hat Laurentius Valla, als er diese Kapitel durchlesen hatte, voll Verwunderung ausgerufen: Entweder ist dieß nicht wahr, oder wir sind keine Christen; weil alle Christen das Gegenteil thun, als wenn sie alles nicht für wahr und für Christi Lehre hielten. Hier lernt man sich selbst kennen; ob man im Reiche Christi, und wie weit man gekommen sey (Joh. *Goßner*, Geist des Lebens und der Lehre Jesu Christi im Neuen Testament, Nürnberg 1818 S. 42 – anonym gedruckt!).

Ich betrachte das jetzt nur als Geschichte. Und als solche hält es Jedermann für wahr. Aber auch das muß man nicht unbemerkt lassen, daß Jesus dieses alles in Beziehung auf sein kommendes Reich gesagt hat. Schon bei der Begebenheit mit Satan ist es angemerkt, wie geistig der Zweck war, der an Jesus entwickelt wurde. Nun ist es der sonderbarste Anfang aller Reiche, die je auf Erden gestiftet wurden: bessert euch! Es sind die sonderbarsten Beziehungen, in welchen Jesus sein Reich vorstellt: Arme und Lernbegierige, Trauernde, Sanftmüthige, nach Gerechtigkeit sehnlich Verlangende, Barmherzige, Reine, Friedfertige, um der Wahrheit willen Verfolgte, um Seinetwillen Geschmähte; diesen soll sein Reich, ihnen sollen die höchsten Vortheile desselben zu Theil werden! Gerade die Leute, die zu Revolutionen am allerwenigsten geschickt sind; gerade unter solchen Bedingungen, die mit aller Neuerung und selbstgenommener Macht im Widerspruche stehen. Wie war es möglich, sich auf dieser Bahn Macht und Hoheit zu erdenken? wie möglich, diesen Gang zum Mittel weltlicher Größe zu ersinnen? (Thomas *Wizenmann*, Die Geschichte Jesu nach Matth. als Selbstbeweis ihrer Zuverlässigkeit betrachtet [z. l. Mal 1789 hrsg. v. J. Fr. Kleuker, zum 2. Mal] hrsg. v. C. A. Auberlen, Basel 1864, S. 71).

In diesem Werke, das die Menschheit von dem, was er die Sorgen dieser Welt nannte, befreien sollte, ging Jesus zu weit und griff die wesentlichen Bedingungen der Gesellschaft an. Aber er wurde der Begründer jener erhabenen Geistesrichtung, die Jahrhunderte hindurch in diesem Thränenthal die Herzen mit Freude erfüllt hat. Er hatte vollkommen Recht, wenn er die Unachtsamkeit der Menschen um die Güter der Seele, die Mängel ihrer sittlichen Weltanschauung häufig den Zerstreuungen des Tages, den Sorgen, die sie mit der fortschreitenden Civilisation immer mehr erdulden müssen, zuschreibt. Demnach ist das Evangelium das beste Heilmittel gegen den ermüdenden Druck des alltäglichen Lebens, ein beständiger Herzenstrost, eine mächtige Ableitung von den elenden Sorgen der Erde, eine sanfte Warnung, wie sie einst Martha's Ohr vernahm: ‚Martha, Martha, du beunruhigst dich um viele Dinge, aber Eines thut Noth.' Durch Jesu Gnade hat selbst das kläglichste Dasein, das in die traurigsten Geschäfte aufzugehen genöthigt ist, die Anwartschaft auf einen Platz im Himmel. In dem Geschäftswesen unserer Civilisation ist die Erinnerung des seligen Lebens in Galiläa wie ein Duft aus der anderen Welt, wie ein Thau vom Hermon, der nicht zuläßt, daß Trockenheit und Gemeinheit sich die Herrschaft über das Feld Gottes ganz anmaßen" (Ernest *Renan*, Das Leben Jesu f. d. Volk neu bearb. Berlin 1864 2. Aufl. S. 93 f.).

Was in der Geschichte der christlichen Gesellschaft und in der Kultur des Christentums zur Ausgestaltung und Entwicklung gekommen ist, ist denn das die *Bergpredigt?* Nicht ein ihr geradezu entgegengesetzter Geist, ein Geist des Forschens, der Kunst, der Lebensfreude? Findet sich denn dieser weltliche Geist in der Bergpredigt? Ist sie nicht vielmehr das hohe Lied der Entsagung und Verachtung alles dessen, worauf die christliche Kultur stolz ist und woran sich ihre Kraft erprobt hat? Oder ist etwa die *Kirche* mit ihrer *Hierarchie* und ihrem *Kultus* als das zu erkennen, worin sich die Bergpredigt ausgewirkt hat? (Herm. *Schell*, Christus, Weltgesch. in Karakterbildern hrsg. v. Franz Kampers, Sebast. Merkle u. Martin Spahn, Mainz 1903 S. 46).

Es ist eine nichtsnutzige Zurechtmachung durchaus klarer, eindeutiger Worte, um sie den Weltkindern mundgerecht zu machen, wenn man die Vereinbarkeit der Bergpredigt mit dem Krieg behauptet (O. *Baumgarten*, Bergpredigt u. Kultur der Gegenwart Rel.geschichtl. Volksb. VI, 10/12 Tübingen 1921 S. 5). – Es ist aber fraglos, daß die stille Innerlichkeit und Gehaltenheit, die zum Verzicht auf alles Peripherische und Oberflächliche, zum Sichgenügenlassen an allem, was Gott fügt, bereite, von Werten der Überwelt zehrende Geistes- und Gemütshaltung, wie sie Jesus repräsentiert und anpreist, gerade unserer deutschen Zukunft und ihrer erzwungenen Einschränkung der äußeren Kultur den wesentlichsten Rückhalt zu bieten vermag (ders., ebenda S. 28).

Die Reichsrede beginnt mit dem großen Heilruf. Der Christus entbietet in seiner Herrschaft das Heil. Wenn der Führer einer großen Bewegung vor die Massen seiner Gefolgsmannen tritt, dann — wir erleben es heute wieder — hebt auch er den Arm zum Heilgruß; und das erste Wort, mit dem er seine Rede beginnt, ist das große Wort: Heil! . . . Wir müssen heute aufräumen mit jener moralisierenden und rationalisierenden Art, die Bergrede ‚an sich' unabhängig von dem, der sie sprach, zu betrachten. Erst in der Königsherrschaft Jesu empfängt sie ihre Verwirklichung. Vom Führertum der Gegenwart her mögen wir das ganz neu verstehen lernen (Joh. *Wilkens,* Der König Israels. E. Einf. in d. Evang. n. Matth. Berlin, Furche Verl. I. Halbb. 1934 S. 84 f.).

Hier unterscheidet sich Jesu Seligpreisung gänzlich von ihrer Karikatur in der Gestalt politisch-sozialer Programmatik. Auch der Antichrist preist die Armen selig, aber er tut es nicht um des Kreuzes willen, in dem alle Armut beschlossen und selig ist, sondern gerade um der Abwehr des Kreuzes willen durch politisch-soziale Ideologie. Er mag diese Ideologie christlich nennnen und wird doch gerade darin zum Feind Christi (Dietr. *Bonhoeffer,* Nachfolge 1937 S. 57 f.).

I. Der Text und der Tag

Daß wir am Reformationsfest über die Perikope vom Allerheiligentag predigen sollen, ist so zufällig oder planvoll wie das Datum des Thesenanschlags — falls geschichtlich?! — am Vorabend dieses katholischen Festes. Man kann, wie G. Bornkamm (GPM IV, 1949/50 S. 279), darin etwas von der gewollten Kontinuität der Konfessionen erblicken. Wir predigen an diesem Tag auch über andere Texte. Wenn wir aber über Mt 5, 1 ff. ausgerechnet am Reformationstag predigen, müssen wir das fast Absurde der Zuordnung bemerken. Wie auch immer im Detail zu verstehen, will der Evangelist Matthäus hier den neuen Gesetzgeber und das neue Gesetz darstellen. Die Altgläubigen haben nicht ohne Grund im Konzil der Gegenreformation nebeneinander gestellt: Christus nur als Erlöser, dem wir vertrauen sollen, und Christus als Gesetzgeber, dem wir zu gehorchen haben, und sich gegen ein Entweder-Oder mit dem Anathema verwahrt.

Für die heutige protestantische Auslegung scheint kein Problem mehr vorzuliegen. „Sie (die Seligpreisungen) sind nach der Ansicht des Matthäus Beschreibungen der Tugenden, die der Christ üben soll. Sie richten sich nicht an eine allgemeine Zuhörerschaft, sondern an eine besondere Gruppe, und sie bieten eine Lehre über die wahren Erben des himmlischen Königreichs" (M. Dibelius, Die Bergpredigt, 1937/40, in: Botschaft u. Geschichte, Ges. Aufs., Tübingen 1953, S. 93).

In seinem gründlichen Bericht über „Die Makarismen der Bergpredigt" (New Testament Studies, Vol. XVII, 1970/71, Cambridge Univ. Press, 1971, 255—275) formuliert Georg Strecker: „Sie beschreiben in der Weise von indirekten Forderungen das Verhalten, dessen Realisierung die Vorbedingung für den Eingang in die künftige basileia ist" (S. 271). Strecker stellt eigens die uns geläufige paulinische Auffassung von Gerechtigkeit unserem Text gegenüber und kommt zu dem Ergebnis: „Der matthäische dikaiosyne-Begriff ist nach allem nicht mit dem des Paulus in Übereinstimmung zu bringen" (S. 272).

Spätestens am Reformationstag muß uns das bewegen, weil wir gewöhnt und verpflichtet sind, wenigstens an diesem Tag uns der spezifischen Fragen zu erinnern und, wenn es gut geht, zu vergewissern, die am Grund des alten Zwiespalts der Christenheit liegen.

Luther hat die Frage deutlich empfunden und scharf bezeichnet, während sie in den späteren Auslegungen so kaum mehr begegnet. In der Predigt von 1522 (WA 10 III, 400 ff., hier zit. nach EA 15, 517 ff.) wiederholt er die bekannte Beschreibung des Evangeliums als „gut Geschrei, eine gute Predigt von Christo ... viel ein ander Predigt, denn des Gesetzes Predigt" (S. 522). Aus dem Befund von Mt 5, 1 ff. ergeben sich ihm die zwei Fragen, „warumb das Evangelion hie solchs nicht auch thu, dieweil es sich ansehen läßt, als gebe es Gebot ..." (ebd.) und was es mit der Lohnverheißung auf sich hat, „dieweil wir doch nicht sollen lohnsuchtig sein, sondern lauter umbsonst fromm sein, nicht unsern Nutz, sondern allein Gott drinnen suchen" (S. 523). In der Antwort verweist Luther auf die Wohltaten Christi nach Mt 11, 5: „Also hält er uns hie auch für (= vor) die Wohltat, daß er uns das Gesetz ausgelegt hat, und den rechten Verstand hab darin gegeben, wilches fast die größte Wohlthat ist, die er uns hat erzeiget ..., daß er hie der blinden Seele die Augen aufthut, und lehret sie das Gebot Gottes erkennen, daß sie desto baß selig werde" (ebd.). Auf das Lohnproblem geht er mit dem Hinweis ein, „daß nicht die Verheißung hinzu gethan sind als Verheißung des Lohns, den wir verdienen sollen, sondern als feine, liebliche Reizungen und Lockungen, damit uns Gott lustig macht, fromm zu sein, und das von ihm selbst folgen muß, und wirs nicht dürfen suchen; sondern daß es sei ein gewisse Folge des guten Lebens, wie die Hölle eine Folge ist des bösen Lebens, die muß den Bösen nachfolgen, ungesucht und unbegehrt, gleichwie der Geschmack dem Wein folgen muß" (S. 524). Auch wer H. Küngs Versuch, die Rechtfertigungslehre K. Barths und der Väter des Tridentinums unter einen Hut zu bringen, nicht für einleuchtend oder gar gelungen hält, könnte doch auf den Gedanken kommen, daß es sich in dem zitierten Kanon 21 des Konzils um ein Mißverständnis oder um einen nur terminologischen Streit dreht. Soll man den Christus, der nach Luther (und nach der Konkordienformel Epit. V, 7, Gött. Ausg. S. 791) das Gesetz in seine Hände nimmt und es geistlich auslegt, einen Gesetzgeber nennen oder nicht? Und gehört der Gehorsam in die Bestimmung des Glaubens oder kann (und muß) er fehlen, weil die Gefahr der Werkerei zu groß ist? Dabei haben wir die formelle Frage nach der Einheit der Heils- und Glaubenszeugnisse der neutestamentlichen Schriften noch gar nicht gestellt. Luther hat sie selbst nicht vereinerleit, sondern „Johannis Evangelion als das einige zarte rechte Hauptevangelion" den anderen dreien weit vorgezogen und höhergehoben, weil „die andern drei Evangelisten viel seiner Werk, wenig seiner Wort beschreiben" (M. Luther, Vorreden z. Hl. Schrift, hrsg. v. Heinsius, 1934, S. 75). Dem entspricht die Wertung in der Sache: „Gleichwie seine Werk und Geschichte wissen, ist noch nicht das rechte Evangelion wissen, denn damit weißt du noch nicht, daß er die Sünde, Tod und Teufel überwunden hat, also ist auch das noch nicht das Evangelion wissen, wenn du solche Lehre und Gebot weißest, sondern wenn die Stimme kommt, die da sagt, Christus sei dein eigen mit Leben, Werken, Sterben, Auferstehen und alles, was er ist, hat, tut und vermag" (ebd. S. 73).

II. Was meint eigentlich der Text?

Ehe wir uns zu tief in die Schwierigkeiten des 16. Jahrhunderts verlieren, wenden wir uns den neueren Auslegungen zu. Anders und stärker als ehedem fragt man nach der möglichen Entstehung solcher ‚Reden Jesu' und läßt den Sachverhalt ‚Reich der Himmel' zum Zuge kommen. Die ‚Feldrede' bei Lukas (6,20—49) wird überwiegend als ein älteres Stadium der Überlieferung erkannt. Dort sind Jesu Worte noch direkter und antithetischer; bei Matthäus sind sie spiritualisiert und ethisiert, den Bedürfnissen der früchristlichen Gemeinde angepaßt — was am deutlichsten in den unmittelbaren Anreden Vers 11 f.: selig seid ihr! — zutage tritt. — Die naheliegende Frage, welchem der noch greifbaren Stadien der Überlieferung dann mehr Gewicht zukommt, ob dem Ursprung oder dem Ergebnis einer Entwicklung, stellt sich, so viel ich sehe, die heutige Exegese kaum mehr. Die Überlieferung beginnt eben schon vor der biblischen Fixierung und wieweit sie in den kanonisch gewordenen Schriften dokumentiert wird, hängt vom Zufall ab. Einen authentischen Ursprung kann man nicht genau dingfest machen. Jedes Stadium steht für sich, und das Kriterium, nach dem wir die Texte beurteilen, ergibt sich aus der Wirkungsgeschichte. Die Bergpredigt nach Matthäus ist hinsichtlich ihrer geschichtlichen Auswirkung der ‚Feldrede' bei Lukas unendlich überlegen. Es wäre fast geschmäcklerisch, nun sich auf die Feldrede zu kaprizieren.

Alle Detailelemente der Perikope — der so bedeutsame Rahmen: der Berg, der Kreis der Jünger und die Menge; die monotone und gerade darin eindrucksvolle Serie der Heilrufe, die Sättigung der Sätze mit alttestamentlichen Reminiszenzen usw. — stehen im Licht oder im Schatten der basileia, des Reiches der Himmel und bekommen von dort ihr spezifisches Gewicht. Auf der Suche nach einer leidlich angemessenen Wiedergabe dessen, was mit basileia gemeint ist, stoße ich auf einen Versuch, der nicht unsern Text, sondern das Ganze der neuen Welt in der Bibel zum Thema hat. Absichtlich nenne ich den Autor nicht, sondern notiere nur, daß dort nicht vom Reich, sondern von dem andern Grundwort der Bibel, der Sündenvergebung, die Rede ist — wie Luther wußte: regnum Dei est remissio peccatorum! —: „Der höchste Ausdruck des totaliter aliter, das sich in der Bibel zu Worte meldet, ist die Predigt von der Vergebung der Sünden ... Dieses Wort ist ein unerhört neuer Faktor in der praktischen Lebensrechnung. Mitten im Feld der sittlich-politischen Wirklichkeit die Neukonstituierung des sittlichen Subjekts durch seine Einbeziehung in die Ordnung des Himmelreichs, durch sein Zu-Gott-gerechnet-Werden, die Erkenntnis des Anfangs des Guten mitten im Bösen, die Begründung einer königlichen Freiheit des Menschen durch die königliche Freiheit Gottes, die

Möglichkeit, das Nächste und Fernste von Gott aus zu begreifen, das Größte und Kleinste zu Gottes Ehre zu tun, die Guten nicht allzusehr zu preisen und die Bösen nicht allzusehr zu verdammen, sondern beide als Brüder vereinigt im versöhnenden Lichte Gottes zu sehen, der Mensch in seiner ganzen Gebundenheit, Beschränktheit und Vorläufigkeit gleichzeitig ‚in der allerexklusivsten Weise' auf Gott gestellt, durch Gott beunruhigt und von Gott getragen, die Einfalt und Universalität der Gnade — wer kommt denn etwa da mit? Ist denn etwa das psychologisch abzuleiten, nachzuweisen und anschaulich zu machen? Steht nicht auch das außerhalb aller Geschichte, ein schlechthinniges Novum und Urdatum, wo immer seine Spuren erkennbar sind? Gerade da ist's, das unbegründbare und unerreichbare Novum als Eingang, prosagogé, als Verheißung, als aufs vollkommen Andere gerichtete Bewegung unseres Daseins verstanden ..." Man sieht, der heutige Jargon vom Eschaton, vom Prinzip Hoffnung, von der Utopie, vom Noch-Nicht und Schon-Jetzt bleibt hier weg. Vielleicht vermittelt das Zitat doch das Wesentliche und so schwer ins Wort zu Fassende.

Ob sich dann die mit dem Text herkömmlich verbundenen Fragen eher lösen lassen? Wie sich in den Makarismen das Heil und das Wohl der Angesprochenen zueinander verhalten? Ob die Armut im Geist den göttlichen oder den menschlichen Geist mein, ob also der Ausdruck psychisch oder metaphysisch gelten soll? Wie sich die basileia aufs Diesseits und/oder aufs Jenseits bezieht? Wie das Nebeneinander all dessen, was da verheißen wird: basileia, Trost, Erbe des Landes, Gottesschau und Gottessohnschaft usw. zu verstehen und zu verkraften ist? Und dann gewiß auch die oben angedeutete Frage, was in dieser Sache ‚Tugenden' der Jünger als ‚Einlaßbedingungen' zum Reich Gottes ausrichten können. Schließlich, ob diese Heilrufe allem Volk oder nur den Jüngern gelten.

K. Barth hat diese und weitere mögliche Fragen im Verständnis unserer Perikope zu lösen versucht, indem er auf den unauflöslichen Zusammenhang zwischen dem, der da redet, und dem, was er redet, verweist. Das war gewiß nicht neu. Barth hat aber Person und Sache Jesu hier so eng verknüpft, wie keiner sonst. „Die Bergpredigt ist vor allem und entscheidend Anzeige, Proklamation, Beschreibung und Programm. Auch ihre Imperative haben vor allem und entscheidend den Charakter einer Ortsangabe, einer Grundlegung. Und das ist der Ort, der da gezeigt, und der Grund, der da gelegt wird: das Reich, Jesus, der neue Mensch. Und das ist nicht dreierlei, sondern dreimal dasselbe. Das Reich ist der neue Mensch in Jesus. Jesus ist selber das Reich des neuen Menschen. Der neue Mensch ist Jesus als Bringer und Herold des Reiches. Indem die Bergpredigt von diesem dreimal Einen redet, redet sie von der Vollendung des Gnadenbundes und damit vom Telos des Gesetzes, der Zehn Gebote" (K.D. II, 2, 768). Im Kommen Jesu und in der Verkündigung davon ist die neue Welt, das Reich und die Herrschaft Gottes real und präsent. Was im irdischen Ablauf der Welt- und Kirchengeschichte dagegen spricht, ist nur Schein, sind nur die letzten Züge eines Schachspiels, in dem der Gegner schon verloren hat. Geheimnis und Tat des Glaubens, ohnehin auf Erwählung gestellt, bestehen dann darin, eben diesen mit Jesus gegebenen Sachverhalt zu erkennen und anzuerkennen. Wem imponiert nicht die Geschlossenheit und Konsequenz dieser Deutung? Dennoch versteht man, daß dann auch andere Entwürfe aufgetaucht und wirksam geworden sind. Aber sie beheben nicht alle Fragen, und es bleibt offen, ob sie dem Spezifischen der Bergpredigt, diese als Inbegriff des Evangeliums genommen, gerecht werden.

Was wir bisher bereden, hat kaum Zusammenhang mit dem, was ich in der Dokumentation eingangs des Beitrags aus der Auslegung unseres Textes seit dem 18. Jahrhundert belegte. Dort sind es die Fragen, wie unsere Kultur und unser politisches System mit dem Programm der Makarismen sich zu vertragen vermag. Es ist eindrucksvoll genug, wie die Erklärer von der Bergpredigt nicht loskommen und sie doch nur domestiziert verwenden können. Es wäre einer gesonderten Darstellung wert, wie der unter den damaligen Universitätstheologen wohl Ungenierteste, O. Baumgarten, sich vor und nach 1918 mit der Bergpredigt abmüht, während Gg. Wünsch schon die bürgerlich-protestantische Synthese abträgt (Die Bergpredigt bei Luther 1920; Der Zusammenbruch des Luthertums als Sozialgestaltung 1921!). K. Barths Aufbrüche in jenen Jahren haben die anderen Vorgänge in den Schatten gestellt.

III. Die Aufgabe der Predigt

Jetzt muß sich nicht nur der Mund gespitzt, jetzt muß gepfiffen werden. Jeder Prediger kann sich natürlich auch einen andern Text wählen, z. B. einen von den großen reformatorischen Texten aus dem Galater- oder Römerbrief. Wer es mit Mt 5, 1 ff. wagen will, hat sich über den Umfang der Perikope klar zu werden. Die ältere Abgrenzung, die V. 11 und 12 einbezieht, scheint mir nicht angebracht zu sein. Das „Ihr seid" verleitet leicht zu krampfhaften Existentialisierungen, zur Anpassung an die Entscheidungsvokabeln. Schon Vers 1—10 stellen fast zu viel Aufgaben. Natürlich kann man einzelne Verse wählen und einer Predigt zugrunde legen, für den Reformationstag etwa Vers 6. Wer es dann mit dem Verhältnis der matthäischen und der paulinischen Gerechtigkeit aufnehmen will, sollte an E. Fuchs nicht vorbeigehen (Jesu Selbstzeugnis nach Mt 5 — ZThK 51, 1954, S. 14—34 = Zur Frage nach dem historischen Jesus 1960, S. 100 ff.; weitere Literatur bei M. Mezger, GPM 15, 1960/61, S. 146 ff.), dessen Ausgleich zwischen Matthäus und Paulus mir aber zu kunstvoll vorkommt.

Aus der Dokumentation am Anfang meines Beitrags sollte auch der heutige Prediger entnehmen, daß er von den einfachen Vereinerleiungen der Rede Jesu und unserer Rede von Gerechtigkeit absieht. Die bürgerlichen Liberalen vor 1914 haben darin Recht gehabt, daß sie den Abstand Jesu von ihren Zuständen und Maßstäben so stark empfanden.

Trotz allen Schwierigkeiten muß die Aufgabe, in einer Predigt die ganze monumentale Reihe der Makarismen zu bedenken, den Prediger zu einer besonderen Anstrengung verlocken. Natürlich traf K. Hase ins Schwarze, wenn er meinte: „Große Bäume allzunah gesetzt zerschlagen einander die Äste. Nie hat Jesus eine solche Rede gehalten" (Geschichte Jesu 1876, 399). Aber diese Erkenntnis hat sich heute ohnehin durchgesetzt. Wer über die Makarismen predigt, predigt über eine nachträgliche Sammlung der Worte Jesu, die für die frühe Gemeinde gesammelt und formuliert worden sind.

Welche Gefahren müssen wir dabei meiden? Nach meiner Meinung sollte die Predigt über einen solchen Text jede Nachahmung von dessen äußerer Form vermeiden, also alles Proklamierende, Programmatische, Aufrufende — nicht nur weil es dem heutigen Zeitbewußtsein vielleicht widerspricht; auch nicht nur, weil wir dazu sprachliche Mittel haben müßten, die nicht verschlissen und verbraucht sind; sondern vor allem, weil wir nicht selber auf diesem Berge stehen. „Wer euch hört, hört mich" — darf uns nicht dazu verführen, die Gebärde dieser Makarismen nachzuahmen; damit würden wir uns vollends übernehmen. Wer hier Gleichzeitigkeit affektiert, betrügt sich und alle Beteiligten. Vielmehr wird unsere Predigt betonen, wie objektiviert und distanziert hier geredet wird. Es geht hier nicht ‚per Du' und braucht deswegen noch lange nicht perdu zu sein. Es wird, fast mehr mit alttestamentlichen als mit eigenen Worten von Menschen geredet, die nach antik-jüdischen wie antik-griechischen und mehr noch nach modern-bürgerlichen und modern-sozialistischen Kriterien wenig oder nichts von der wünschenswerten und jedem zu gönnenden „Qualität des Lebens" haben. Wer will und kann, mag die Typen nach Matthäus mit den Typen von heute von Ausdruck zu Ausdruck vergleichen. Religiöses und Ökonomisches, Soziales und ‚Cordiales' lassen sich dabei nicht trennen. Auch Matthäus ist es nicht gelungen, alles zu spiritualisieren und zu ethisieren, soviel er hierin auch geleistet hat. Wer sich zu diesen ‚Defekten', vom Leben Betroffenen und Beschädigten, Erniedrigten und Beleidigten zählt und — dennoch unter einer bürgerlich-protestantischen Kanzel sitzt, wird auch ohne unsere, der Prediger, homiletisches Raffinement aufhorchen. Aber — ob und wie er auf seine Rechnung kommt, steht auf einem ganz anderen Blatt. Natürlich kommt uns hinterher geschmacklos, wenn nicht ungeheuerlich vor, was Joh. Wilckens 1934 in seiner Matthäus-Auslegung in der renommierten Furchereihe vorbringt — im Haus daneben G. Dehn über das Markus-Evangelium — und drei Häuser weiter O. Dibelius über die Apostelgeschichte!! Aber er gab sich eben Mühe, das Geschehen von Mt 5, 1 ff. dem damaligen Zeitgenossen zu veranschaulichen (vgl. im übrigen 1. Kor 10, 12!). Die Erfüllungen, die in Aussicht gestellt werden, sind so vielfältig wie die Bedürfnisse, von denen jeweils im ersten Halbsatz die Rede ist. Alle religiösen Sehnsüchte und alle metaphysischen Zielsetzungen finden sich zusammen, um das offensichtlich Unaussprechliche zu umkreisen, von ferne und neu zu bezeichnen: irdischer und himmlischer Besitz, Eigenschau und Gottesschau, Fülle und Sohnschaft. Und wer die Verse 11 f. noch hinzunimmt, sieht sich ermächtigt, die Fülle der Verheißungen auf die Kategorie des himmlisch-großen Lohnes zu bringen: „Diese Frage des tiefsten Bedürfnisses, die unsere herzlosen Philosophen verachtend behöhnen, und sie als Signal der Gemeinheit eines Menschen betrachten, war ihm (Jesus) heilig, und er wollte gerne darauf antworten, weil er zuverlässig darauf antworten konnte ... Hier ist der Punkt, wo sich Aberglaube und Unglaube vereinigen, wo die sonst heterogensten Systeme, das der selbsterwählten Geistlichkeit und das der entschiedensten Gottlosigkeit, ein gleiches Resultat geben: Wegsehen von allen Verheißungen und Belohnungen Gottes, als des heiligen (nach dem ersten System) und des moralischen Menschen (nach dem andern) unwürdig; hier ist es, wo sich Kant und Fenelon einverstanden freundschaftlich die Hände reichen (G. Menken, Betr. üb. d. Evang. Matth. 1. Bd., Bremen u. Leipzig 1822, 2. Aufl. S. 227).

Wie sollen wir es nun mit dem Politisch-Sozialen halten? Soll es ausgeschlossen sein, wie im Votum Bonhoeffers, das ich oben als letztes unter vielen brachte? Der Prediger frage sich, was sein eigentliches Ziel ist: die basileia Jesu oder ein anderes „Reich"? Und die Gemeinde muß sich die gleiche Frage stellen, ohne ihren überlieferten bürgerlichen Status allzu naiv mit der basileia Jesu in eins zu sehen. Die Konflikte, die heute hier auftauchen, sind dann segensreich, wenn sie allen Beteiligten zur Klarheit verhelfen, wem gedient werden soll: jedenfalls nur einem Herrn!

Wo kommen wir vor in dieser Perikope? Bei den Jüngern oder bei der Menge? Bei den wie auch immer Bedürftigen oder bei den Satten? Bei den Verfolgern oder den Verfolgten? Oder bei denen, die nun eben nicht vorkommen?! Der Prediger muß mit allen Möglichkeiten rechnen und kann keine von ihnen aus eigener Vollmacht verwirklichen! Es wird also auf alle Fälle gut sein, daß er selbst wenigstens sich unter den ‚ptochoi en pneumati' findet und in keinem Augenblick seines Predigtversuchs aus dieser Rolle herausfällt.

21. Sonntag nach Trinitatis

Matthäus 10,34–39

Laß uns in die Hand des Herrn fallen, denn seine Barmherzigkeit ist groß; ich will nicht in der Menschen Hand fallen (2.Sam. 24,14).

Si unus amicus deserendus, potius amicus, frater homo, quam pater deus: pereat charitas, ut stet fides: wenn man *einen* Freund preisgeben muß, dann lieber den Freund, Bruder Mensch als den Vater Gott: nieder mit der Liebe, auf daß der Glaube bestehe (Luther, Gal. Vorl. 1531 W.A. 40 I, 200f.).

Multi mundi causa perdunt animam: Viele verlieren das Leben um der Welt willen (*J. A. Bengel,* Gnomon zu Vers 39).

So lange das Wort Gottes mit dieser Schneide das menschliche Herz trifft, so lange diejenigen, welche noch nicht verlangen nach der Erkenntnis der Sünde, auf die allein etwas Besseres folgen kann, noch nicht einzeln und zerstreut stehen in der Welt, sondern sich erreichen können und verabreden, und einen Bund des Verderbens in der Verkehrtheit ihres Herzens schließen gegen die Jünger und Diener des Herrn: so lange auch noch werden gegen einander aufstehen Vater und Sohn, Mutter und Tochter und Bruder und Schwester (*Fr. Schleiermacher,* S. W. II, 10. Lit. Nachl. Pred. 6, Berlin 1856, 310).

Kein Nachsetzen der Liebe zu Christo hinter die Familienliebe, sondern entschieden umgekehrt! Die Familienliebe bleibt damit an sich in ihrem Rechte, aber ersterer untergeordnet, weil durch erstere wahrhaft sittlich bestimmt (*Bernh. Weiß,* Krit. exeg. Handb. üb. das Evang. des Matth., 1883, 251).

Man hat vielfältig versucht, den strengen Ernst dieses und anderer Aussprüche des Herrn sowie seiner Apostel abzuschwächen und zu verflachen, und wo dies nicht gelungen ist (wie denn die Schule der Wiederhersteller der Fleischesrechte ehrlich genug war, einzugestehen, daß sich diese Aussprüche nicht abschwächen lassen), da hat man denn mit solchen Worten das ganze Christenthum über Bord geworfen als eine illusorische Religion des Jenseits, die keinen wahren Vater, kein wahres Weib, kein wahres Kind, sondern einen närrischen (d. h. eingebildeten) Vater, ein närrisches Weib, ein närrisches Kind aufstelle. Der Unwiedergeborene hat eben ein für allemal kein Verständnis für die Selbst- und Weltverleugnung um Christi willen, keine Ahnung davon, daß der Christ sein ganzes Ich an Gottes Regierung in dieser Zeit hingeben und *alle* Ansprüche auf den Genuß dieser Welt aufgeben könne (*A.F.C. Vilmar,* Collegium Biblicum 1879 zu Vers 37; Sperrung im Original).

Was soll ihm (sc. dem Menschen) die Vorspiegelung eines Großgrundbesitzes auf dem Mond, von dessen Ertrag doch nie jemand etwas gesehen hat? Als ehrlicher Kleinbauer auf dieser Erde wird er seine Scholle zu bearbeiten wissen, so daß sie ihn nährt. Dadurch, daß er seine Erwartungen vom Jenseits abzieht und alle freigewordenen Kräfte auf das irdische Leben konzentriert, wird er wahrscheinlich erreichen können, daß das Leben für alle erträglich wird und die Kultur keinen mehr erdrückt (*S. Freud,* die Zukunft einer Illusion, Fischer Bücherei 851 S. 129).

Für die exegetischen und homiletischen Hilfsmittel zur Arbeit an der Aussendungsrede Jesu darf ich an meinen Beitrag vom 1. Sonntag nach Trinitatis in diesem Jahrgang erinnern. Ad. Schlatter hat Vers 34 und 38 unserer Perikope auch in seinem Spätwerk ‚Kennen wir Jesus?' behandelt. Aus der älteren Arbeit ist, außer der Predigt Schleiermachers, aus der ich oben zitiere und die viel strenger gehalten ist, als man es bei ihm gewöhnt ist, eigentlich nur Luther zu nennen, dieser aber mit größtem Nachdruck. Denn seine Auslegung, wie sie von E. Mülhaupt in ‚Luthers Evangelienauslegung' zusammengestellt wird — wesentlich aus den *Annotationes in aliquot capita Matthei* 1538 (W. A. 38, 494 ff.) —, wird an Intensität und Konkretion von keinem Späteren oder Heutigen erreicht, erst recht nicht übertroffen. So habe ich überlegt, ob ich nicht einfach Luthers Hauptgedanken hier wiedergeben sollte. Aber — die Umsetzung eines solchen Evangelientextes *und* der Luther-Auslegung in unsere dürftige Gegenwart übersteigt mein Vermögen. Ich begnüge mich mit einigen Hinweisen (s. u.). Auf die Meditation von M. Barth über die Verse 32—39 in den GPM 6, 1951/52 S. 177 ff. weise ich besonders hin.

I.

Beim Blick in den textkritischen Apparat, den wir uns auch bei der Predigtvorbereitung nicht ganz ersparen sollten, findet sich eine Variante, die nachdenklich macht und Hilfe bietet: Clemens von Alexandrien liest statt „der ist mein nicht wert" (V. 38 b): der ist nicht mein Bruder. Wer dem biblischen Sinn von ‚*axios*' nachgehen möchte, findet im ‚Kittel' und sonst wenig wirkliche Hilfe. Gerade wenn etwa W. Bauer unsern Satz übersetzt: der verdient nicht, mir anzugehören, wird die ganze Problematik offenkundig. Als könnte der Jünger jemals die Zugehörigkeit zu diesem Herrn sich verdienen. Behelfen wir uns also mit jener Variante: der schließt sich aus der Bruderschaft Christi aus. — Wir bleiben noch beim Fragen nach dem Wortverstand, wenn wir nach dem Sinn von ‚*machaira*' (= Schwert) suchen. Daß es bildlich gemeint ist, leuchtet philologisch und theologisch zunächst ein. Die Lukas-Fassung hat statt dessen das abstraktere ‚*diamerismos*' (= Spaltung, Scheidung). Schleiermacher hat es sofort eingeschränkt, indem er es — sehr eindrucksvoll übrigens — auf die scheidende Kraft des Wortes Gottes bezieht und sich dafür auf Hebr. 4, 12 beruft. Elementarer ist die Debatte der Ausleger darüber, ob es sich hier um aktiven oder passiven Schwertgebrauch handelt. Fast alle Ausleger, keineswegs nur Luther, finden nur einen passiven Schwertgebrauch gemeint; einige, darunter Joh. Goßner, scheuen vor der Annahme eines aktiven Schwertgebrauchs nicht zurück, meinen diesen aber dann natürlich rein spirituell[1]. — Daß wir auch auf die synoptischen Parallelen zu achten haben, versteht sich von selbst. Daß Lukas dabei die schärferen Nuancen überliefert, ignorieren wir nicht. Aber auch unsere Fassung ist radikal genug, so daß es auf Nuancen kaum mehr ankommt. — Daß die Perikope auch kräftige alttestamentliche Anklänge hat, zeigt Nestle deutlich genug. Aber man hat mit Recht betont, daß die Perspektive in Micha 7,6 doch anders ist als in der Rezeption jener Sätze in unserer Perikope. — Daß wir uns mit zeitgeschichtlichen Erläuterungen kaum aufzuhalten brauchen und daß uns solche Erläuterungen in der Sache wenig weiterhelfen, muß heute vielleicht doch eigens ausgesprochen werden. — Auch mit der historisierenden Unterscheidnug, es handle sich hier eher um ein Wort, das Jesus von der frühen Gemeinde in den Mund gelegt ist, als um eine *ipsissima vox* des vorösterlichen Jesus, können wir uns nicht wirklich aus der Affäre ziehen. Denn darüber ist keine letzte Sicherheit zu erreichen, und die Ungeheuerlichkeit eines solchen Anspruchs muß ja, auch wenn sie ‚nur' Zeugnis der Gemeinde sein sollte, in irgendeiner Weise in Jesus selbst begründet sein. Der Historiker könnte ja auch mit guten Gründen zu dem Ergebnis kommen, daß die frühen Christen die Schärfe von Jesu Anspruch eher abgeschwächt als gesteigert haben.

II.

Der Text gibt seinen Kern deutlich genug zu erkennen: alles, was hier in Aussicht gestellt und infolgedessen gefordert wird, steht unter dem einen und einzigen Vorzeichen: *‚heneken emou'* — um meinetwillen. Nicht Weltliebe und Selbsterhaltung als solche steht gegen Weltpreisgabe und Selbstverleugnung, sondern wie der Jünger zu sich selbst, zu den Seinen und zur Welt steht, das soll sich schlechthin nach seiner Stellung zu Jesus richten. „Grad als ob es etwas Großes wäre, dieses allerelendesten, gekreuzigten und in aller Welt verlästerten Mannes nicht wert zu sein. Wer wollte denn nicht am allerliebsten weit weg sein von solch elendem Menschen? Ganz gewiß wird's niemand für etwas Großes halten, dieses Mannes wert zu sein. Christus hätte das Wort umkehren und sprechen sollen: selig darf ich mich preisen, wenn ich eines Menschen wert bin; denn wer sollte Verlangen haben nach mir armen, gekreuzigten, aufrührerischen und verdammten Menschen, wer sollte meiner bedürfen oder vielmehr: wessen sollte ich nicht bedürfen, ich allerelendester Mensch; ich will lieber sehen, welchen Leuten ich wert bin, und schweigen von denen, die meiner wert sein sollen"[2]. Keine von mir befragte und benutzte Auslegung hat die ungeheuerliche Paradoxie des Wahrheits- und Gefolg-

[1] Joh. Goßner, Geist des Lebens und der Lehre Jesu Christi, Nürnberg 1818, 145: Nein, meine Lehre ist ein Schwert, womit ihr abgehauen werden müßt von aller Anhänglichkeit an Fleisch und Blut, an die Welt und ihre Gemeinschaft und an alles, was dem alten Menschen schmeichelt. Für eure Seele sollt ihr wohl Friede haben in mir, aber für das Fleisch und in der Welt nicht; da müßt ihr euch hindurchdrängen.

[2] E. Mülhaupt, a.a.O. 367.

schaftsanspruchs Jesu von Nazareth so schroff empfunden und ausgesprochen wie Luther im Zusammenhang seiner ‚*Annotationes*'. Er verzichtet dabei auf jede Vermittlung zwischen unsern Wertmaßstäben und dem Anspruch Jesu. So etwas wie das Kulturproblem stellt sich ihm nicht, während sich etwa S. Freud in dem oben zitierten Zusammenhang ganz davon leiten läßt. Er, Luther, erkennt in diesem Anspruch Jesu die göttliche Majestät Jesu. „So zeigt sich hier unter demütigen Worten den Gläubigen seine unendliche Majestät, die Gottlosen aber gehen mit tauben Ohren daran vorbei." [3]

Merkwürdig genug: darüber sind wir als Theologen und Prediger heute, soviel ich sehe, bei aller sonstigen tiefen Uneinigkeit weithin einig. Das braucht man nicht zu unterschätzen. Weniger einig sind wir wohl darüber, wie dieser paradoxe Wahrheits- und Gefolgschaftsanspruch Jesu in der Gegenwart recht und wirksam auszudrücken, zu bezeugen und — zu begründen ist. Die ältere Christenheit hat diesen Anspruch mit der göttlichen Sendung und der göttlichen Natur Jesu Christi begründet. Dem dient das christologische Dogma mit seinen elementaren und mit seinen subtilen Sätzen. Aus vielen Gründen wagen das viele heute nicht mehr so recht. Sie müssen in Kauf nehmen, daß ihre Konzentration des christlichen Zeugnisses und jeder Predigt auf Jesu Namen und Person dem Hörer und Zeitgenossen noch unendlich viel willkürlicher und uneinsehbarer vorkommen muß als der dogmatische Begründungszusammenhang, den wir aus der christlichen Lehrüberlieferung kennen. Um dem zu entgehen, berufen wir uns dann auf das Gebot der Liebe und Mitmenschlichkeit, das ja auch der Jesus der Evangelien aufgenommen und in einiger Radikalisierung weitergegeben hat. Aber — an unserm Text findet diese Vermittlung doch wohl ihre Grenze. (Es ist vielleicht doch sehr bezeichnend, daß über unsere Perikope so wenig gepredigt worden ist!)

In Wirklichkeit können wir so wie unser Text von Jesu Anspruch nur reden, wenn wir es darin mit Gott zu tun haben oder zu tun bekommen. „Wer darf denn ... so sprechen, ... als der Menschenfeind oder aber der Menschenheiland ... als der Teufel oder Christus?" [4] — gewiß, aber Jesus Christus nicht als solcher, gleichsam isoliert, sondern als der, in dem Gott die Welt versöhnt hat und versöhnen will (2. Kor. 5, 18). So wird ein bedachtsamer Prediger gerade bei unserem Text den dogmatischen Hintergrund christlicher Lehre nicht ignorieren.

III.

Der im Elementaren einfache und deutliche, wenngleich paradoxe Gehalt unseres Textes läßt sich gruppieren um den Satz vom Kreuz. (Und schon deswegen müßte es, je nach Lage des Falles, erlaubt sein, nur über Vers 38 zu predigen, wie es auch Schleiermacher getan hat!) Aber — gerade die biblische, christlich-kirchliche und heutige Rede vom Kreuz ist ungemein verschlissen, fast immer formelhaft und daher oft mißverständlich und wenig wirksam. Mit

[3] Ebenda 366.

[4] Dietr. Bonhoeffer, Nachfolge, 1937, 147.

der bloßen Rühmung einer *theologia crucis* ist es nicht getan. Mit den konkreten Beschreibungen der römischen Rechtssitten und -unsitten aus jener Zeit freilich auch nicht. Kreuz bedeutet zunächst Todesurteil und Exekution, nicht sogleich, im Blick auf den Ausgang Jesu nach den Evangelien, schon Siegeszeichen und Heilssymbol. Jüngerschaft hinter Jesus her sichert also den Lebensweg nicht, sondern gefährdet ihn aufs ärgste. Warum das so ist, wird eigentlich im ganzen Kapitel Mt. 10 nirgends begründet. Es war Jesu eigene Erfahrung, und die ersten Zeugen Jesu haben die gleiche Erfahrung machen müssen. Nichts ist erstaunlicher, als daß es jemals anders gehen könnte, wenn wirkliche Nachfolge und Jüngerschaft im Spiele ist. Aber darauf reflektiert unser Text erst recht nicht, und wenn wir als Prediger heute darauf reflektieren wollen, vielleicht müssen, so darf das nicht zum Hauptthema werden.

Vom Kreuz sprechen wir inzwischen in sehr allgemeinen Zusammenhängen. Alle Ausleger sind sich darin einig, daß nicht jede Mißlichkeit, die uns widerfahren mag, unter dies Vorzeichen des Kreuzes zu stellen ist. Es muß schon etwas mit dem spezifischen Weg der Jüngerschaft und Nachfolge zu tun haben. Schleiermacher fordert uns auf, „uns tief prüfend zu fragen: ist es auch das Kreuz des Herrn, was du glaubst und hoffst zu tragen? hast du nichts getan, als sein Wort verkündigt? hast du nichts gewollt, als den Menschen zurufen und locken in das Reich Gottes, welches ihnen so nahegetreten ist? hast du nichts Menschliches gesucht, sondern nur Göttliches? hast du nicht dich selbst gemeint, sondern nur den Herrn? hast du nichts hinzugetan von deinem Eigenen ... kein anderes Gesetz ihnen vorgehalten als das neue Gebot der Liebe, woran alle erkennen sollen, daß wir seine Jünger sind?"[5] Das mag noch leidlich faßbar und überschaubar sein für den Prediger selbst. Aber unser Text wie das ganze Kapitel ist ja gewiß nicht nur „eine Lektion Christi für die Pfarrer", wie Luther seine ganze Auslegung überschreibt[6]. Das ist er auch, aber nicht nur.

Die Aussage Jesu gewinnt nun ihre Zuspitzung und Anwendung auf einem Gebiet, das wir im allgemeinen als nicht eben konfliktreich anzusehen pflegen. Den Jüngern wird Unfriede, Spaltung und Feindschaft in der Nachfolge Jesu in Aussicht gestellt im Bereich der nächsten und natürlichsten Beziehungen und Verhältnisse des Lebens: in der Familie; Eltern und Kinder, Verwandtschaft und Hausgenossenschaft werden zum Ort der Konflikte um der Jüngerschaft willen. Dabei ist kaum an Kinder und Jugendliche im heutigen Sinn gedacht, sondern an den Konflikt unter Erwachsenen verschiedener Generation — wie ja auch das vierte Gebot (lutherischer Zählung) nicht das Verhältnis zwischen den Heranwachsenden und ihren Eltern im Auge hat, sondern das zwischen den bereits Erwachsenen und deren Eltern! Es ist hier also nicht wie in anderen Texten an mögliche Konflikte auf dem allgemeinen Gebiet des Politischen und Gesellschaftlichen gedacht.

---

[5] Schleiermacher, a.a.O. 311.
[6] Mülhaupt, a.a.O. 343.

Es mag den heutigen Leser oder Hörer überraschen und befremden, daß Jesu Anweisung nirgends sonst so schroff und unerbittlich klingt wie hier. Es begreift sich wenigstens zu einem Teil aus der Eigenart der jüdischen Religion, für die — bis heute — der Familienverband eine besondere Bedeutung und Verbindlichkeit gerade auch in der Glaubensüberlieferung hat. Die Erzählung des Buches Ruth ist ein positives Beispiel dafür. Blicken wir auf den Zustand der Christenheit, wie er geworden ist und sich heute darbietet, so sehen wir ein Doppeltes: Glaube und Christentum, deren eigentlicher Kern doch Nachfolge und Jüngerschaft ist, werden weitgehend ‚vererbt', obwohl jeder weiß, daß das eigentlich nicht möglich ist. Und wo eine solche natürliche Erbfolge nicht stattfindet, wo die Söhne andere Wege gehen als die Väter, nehmen wir es hin, weil wir es weder ändern können noch gewaltsam ändern wollen. Und je weniger Autorität im Familienverband liegt, desto weniger kann es dabei zu solchen Konflikten kommen, wie sie in unserm Text genannt werden. Gewiß, wer aus der Seelsorge die wirklichen Verhältnisse kennt, weiß wohl doch etwas von solchen Konflikten auch heute zu berichten. Aber sie spielen sich mehr im Verborgenen, eben in der Familie, als öffentlich ab. Das hängt auch damit zusammen, daß heute das Leben der Familie und das öffentliche Leben sehr viel weiter voneinander gesondert sind als ehedem. In vielen Bereichen kommt die jedem bekannte und doch höchst merkwürdige Konfliktlosigkeit oder Konfliktarmut zwischen Christentum und Volksleben hinzu. Die Älteren erinnern sich, daß das zwischen 1933 und 1945 anders war.

IV.

Das nimmt aber dem Text seine schreckliche Schärfe nicht. Denn die jeweiligen Gegenwartsverhältnisse können ja ein Kriterium für die Wahrheit der Worte Jesu und ihren Anspruch nicht bieten. Wohl aber müssen wir jetzt doch danach fragen, warum für die Sendung und Nachfolge der Jünger Jesu überhaupt so tiefe Konflikte zu erwarten sind und warum Jesus dafür so unerbittliche Anweisungen gibt. Luther konnte darauf ziemlich einfach antworten: „Es ist nicht unsere noch des Wortes Schuld, sondern der Welt, des Fleisches und des Teufels Schuld, die das Wort des Friedens, des Lebens und der Seligkeit nicht hören, sondern mit dem Schwert ausrotten wollen."[7] Ja, er findet das ganz in Ordnung: „Gott sei Dank, daß es so ist! So hab ich's gewollt und weh mir, wenn es nicht so geschieht; denn wenn man's in Frieden annähme, wär's nicht das wahre Evangelium; denn Christus spricht, er sende das Schwert in die Welt, indem er das Evangelium schickt."[8] Das hat Luther ja auch gegen die Friedensliebe und das Friedensprogramm des Erasmus geltend gemacht[9]. Und weil er sich hier besonders eindrucksvoll äußert, sprechen wir

[7] Ebenda 364.

[8] Ebenda.

[9] Vgl. Luther, De servo arbitrio (Cl. 3, 115, 30–117, 27 = Münch. Ausg. Erg.Bd. I, 1954, 33 ff.).

es ihm gerne und ohne Bedenken nach. Dennoch sollten wir den Gründen sorgfältig nachforschen.

Wir sehen uns zurückverwiesen auf die Erkenntnis des Paulus: „Der natürliche Mensch nimmt nichts an vom Geist Gottes; es ist ihm eine Torheit, und er kann es nicht begreifen" (1.Kor. 2,14). So und nicht anders steht es zwischen uns Menschen und der Wahrheit, die Christus ist und bringt. Das ist also kein Privileg, keine Leistung oder Folge der neuzeitlichen Emanzipation, Säkularisierung oder Entchristlichung, von der wir heute so viel Aufhebens machen. Wir haben es nur vergessen, weil sich im Lauf der Geschichte so viel Kompromisse herausgebildet haben. Diese Kompromisse stehen hier nicht zur Debatte. Aber sie dürfen uns den Blick für den Grundsachverhalt nicht verstellen. M.a.W.: das Kreuz steht mit Grund als das Zeichen Christi und seines Evangeliums mitten in der Welt. Es ist wohl das Zeichen des Friedens und der Versöhnung von Gott her, aber von der Welt als der Welt her gibt es eben damit keinen Frieden und keine Versöhnung, wenn die Welt bleiben will, was sie ist; wenn wir bleiben wollen, wie wir sind. Etwas davon hat Vilmar gesehen und gemeint mit dem, was ich oben aus seiner Auslegung in Erinnerung brachte.

Dennoch sendet Jesus seine Jünger in diese Welt und in die dort unvermeidlichen Konflikte nicht als solche, die nun auf ihren Heroismus angewiesen wären. Wir haben noch den letzten Satz unserer Perikope zu bedenken: „Wer sein Leben findet, der wird's verlieren; und wer sein Leben verliert um meinetwillen, der wird's finden." Daß ‚*psyche*' hier richtiger mit Leben als mit Seele übersetzt wird, ist uns geläufig. Aber im übrigen macht uns dieser letzte — und in vieler Hinsicht entscheidende — Satz die größten Schwierigkeiten. Mit Grund bemerkt Luther dazu: „Da gehört freilich ein Glaube dazu, das ist gewißlich wahr. Das Fleisch will's nicht und versteht's nicht."[10] Auch für ihn und seine Zeit war also die biblische, insbesondere neutestamentliche Botschaft vom ewigen Leben so selbstverständlich nicht, wie es sich heute mancher vorstellt. — Daß es kein schielender Glaube ist, sei wenigstens beiläufig betont. Aber es fällt uns ja schwer, der Richtung, in die Jesu Wort hier weist, überhaupt zu folgen. Darum gebe ich hier H.J. Iwand das Wort und bringe aus der Predigt, die er am 17. April 1960, zwei Wochen vor seinem Tod, über Joh. 14,19 gehalten hat, einige Sätze: „Mit unsern fleischlichen Augen sehen wir den Tod in seiner Gültigkeit für alle. Da ist die Geschichte nichts anderes als ein großes Totenfeld, zumal die letzten 50 Jahre in Europa. Und wer weiß, was noch alles vor uns steht! Aber die Augen des Glaubens sehen etwas anderes: Die Verheißung, mit dem Finger Gottes mir ins Herz geschrieben: Ihr sollt auch leben. Diese Schule des Glaubens fängt bei mir selber an, bei meinem Tod und bei dem Tode, wo er mich trifft und mich zum Feind und Gegner Gottes machen möchte und vielleicht schon gemacht hat. Hier ist mit dem, was wir fühlen und greifen, nichts getan. Hier muß mit den Augen des

---

[10] Mülhaupt, a.a.O. 369.

Glaubens gesehen und mit der Vernunft des Glaubens geurteilt werden. Ihr *werdet* leben. Was als Wahrheit in Jesus vor uns steht, in dem Hirten seiner Schafe, den Gott schon herausgeführt hat aus dem Totenreich, dasselbe ist bei uns allen noch im Gange, es ist bei uns noch im Geschehen. Teilweise liegt unser Leben noch in der Todesnacht, aber es hat eine Mitte bekommen, wo es hell ist. Es ist hineingekommen in die Kraft der Verheißung Gottes, die Leben, ewiges Leben verheißt. Und wenn wir irre werden wollen an ihr, weil der Tod so stark ist in uns und das Leben so schwach, weil der Tod der Sünde Sold ist und wir abendländischen Nihilisten in dieser Sache einiges geleistet haben und noch leisten, dann steht diese Verheißung vor uns als Gegenwart, als erfüllt in Jesus, dem lebendigen Herrn." [11]

V.

So sind wir schon in die Predigt selbst geraten. Für sie sei hier nur noch dies betont und zu bedenken gegeben: Wegen der Schärfe und Unerbittlichkeit unseres Textes wird aus dem, was wir dazu sagen, sehr leicht bloßes Gesetz. Die Worte Jesu sind aber Evangelium. So legt es sich nahe, den ganzen Text von der Verheißung des letzten Satzes (V. 39) her aufzunehmen und weiterzugeben. Das ist gewiß legitim; aber es sollte nicht zum Schema werden, was dann genauso verschleißt, wie die klassische umgekehrte Reihenfolge verschlissen ist. So gehen wir vielleicht doch besser von dem Grundsachverhalt aus, von der Jüngerschaft und Nachfolge, und tasten uns heran an die Konflikte, die sie bringt, und an die Verheißung, die sie hat.

---

[11] H. J. Iwand, Nachgel. Werke Bd. 3, 309.

23. Sonntag nach Trinitatis

Römer 13,1—7

„Wir nämlich wenden uns für das Wohl des Kaisers an den ewigen Gott, den wahren Gott, den lebendigen Gott, den auch die Kaiser selbst sich vor allen andern Göttern gnädig wünschen. Sie wissen, wer ihnen ihr Reich gegeben hat, sie wissen — als Menschen —, wer auch ihr Leben; sie spüren, daß der allein Gott ist, in dessen alleiniger Gewalt sie sind, von dem aus sie die zweiten, nach dem sie die ersten sind, vor allen und über allen Göttern. Etwa nicht? Da doch über allen Menschen, die ja leben und damit den Toten überlegen sind. Sie denken daran, bis wohin ihre Macht und ihre Herrschaft reicht, und so werden sie Gottes inne; sie erkennen, daß sie mächtig sind durch den, wider den sie nicht mächtig sein könnten. Den Himmel soll doch einmal ein Kaiser bekämpfen, den Himmel als Gefangenen bei seinem Triumph einherführen, dem Himmel seine Posten schicken, dem Himmel Tribute auferlegen! Er kann es nicht. Deshalb ist er groß, weil er geringer ist als der Himmel; denn dem gehört auch er, dem der Himmel gehört und jedes Geschöpf. Durch den ist er Kaiser, durch den er Mensch ist noch eher als Kaiser; dorther stammt seine Macht, woher auch sein Leben.

Dorthin blicken wir Christen empor und — die Hände ausgebreitet, weil sie frei sind von Schuld; das Haupt entblößt, weil wir nicht zu erröten brauchen; ohne Vorsprecher schließlich, weil wir aus dem Herzen heraus beten — erflehen ständig für alle Kaiser ein langes Leben ihnen selbst, ein ungefährdetes Reich, ein sicheres Haus, tapfere Heere, einen getreuen Senat, ein zuverlässiges Volk, eine ruhige Welt. und was immer sonst ein Mensch und ein Kaiser wünschen mag. Dies kann ich von keinem andern erbitten als von dem, von dem ich es, wie ich weiß, erhalten werde, denn er ist es, der allein es gewähren kann, und ich bin es, der es zu erlangen ein Recht hat, sein Diener, der allein ihn verehrt, der um seiner Lehre willen in den Tod geht, der ihm ein fettes und größeres Opfer darbringt, das Gott selbst geboten hat: ein Gebet, das aus keuschem Leib, aus unschuldiger Seele, aus frommem Herzen kommt — nicht Weihrauchkörner für ein paar Pfennige, wie sie einem arabischen Baum entquellen, oder zwei Tropfen Wein oder das Blut eines klapprigen, lebensmüden Rindes, und nach allen Schändlichkeiten auch noch eines schmutzigen Gewissens —, so daß ich mich wundere, wenn bei euch die Opfertiere von den unanständigsten Priestern untersucht werden, warum das Innere dieser Tiere geprüft wird und nicht lieber das der Opfernden selbst" (Tertullian, Apologeticum 30,16, übers. und hrsg. v. Carl Becker, Kösel, München 1952, 165 f.).

Für diese Meditation habe ich nur heranziehen können und wollen Ernst Käsemann, Grundsätzliches zur Interpretation von Römer 13[1]. Wenn es wahr ist, daß die Konstantinische Ära zu Ende geht, haben wir Anlaß, die christlichen Zeugnisse vor dieser Ära neu zu bedenken.

I.

Schon die Frage nach dem Zusammenhang der Perikope, vom Exegeten und Prediger mit selbstverständlicher Loyalität gestellt, hat ihre Tücken und ent-

[1] In: Beitr. zur Evang. Theol. hersg. v. Ernst Wolf, Band 32: Unter der Herrschaft Christi, München 1961, 37–55.

scheidet über vieles. Jeder sieht, daß Paulus in einem großen Zusammenhang paränetischer Weisungen auch auf die ‚politischen Gewalten' zu sprechen kommt. Wie so häufig, ergibt sich dann aus der Notwendigkeit, die ethische Weisung zu begründen, unerwartet viel hinsichtlich des Gesamtverständnisses, das Paulus von dem jeweiligen Sachverhalt hat. Man kann sagen, das Dogma erwächst fast immer aus dem Ethos. Die Ansicht von der Wirklichkeit ergibt sich aus der Weisung, wie man sich in der Gemeinde zu ihr zu verhalten habe. Das hat zur Folge, daß die Weisung mehr Gewicht hat als die ihrer Begründung dienenden Feststellungen. So mindestens, wenn man sich in die Absichten des Schreibenden versetzt. Auf der andern Seite lehrt die Logik, daß Begründungen wichtiger sind als Folgerungen. Dann hätten diejenigen recht, die nun eben doch aus unserm Text nicht bloß eine Weisung über das christliche Verhalten gegenüber den ‚politischen Gewalten' finden, sondern auch Feststellungen über deren objektive Autorität. Wie man weiß, hat man denn auch aus unserm Text von jeher allerhand objektive Lehre vom Staat entwickelt. Auch wenn man meint, daß wir die christliche Wahrheit nicht in bloße Jeweiligkeiten auflösen sollten, muß bei der Auslegung der Paulinischen Paränesen die Regel gelten: die Weisung hat das eigentliche Gewicht; die Begründungen können beiläufig sein.

Wollte man einmal zusammenstellen, wie Paulus in der Verknüpfung von Weisung und Begründung vorgeht, und wollte man die eben aufgestellte Regel dabei forcieren, so würden viele klassische Lehrtexte der Paulinen an Gewicht verlieren. Immerhin bleibt es dabei: die sachlichen Begründungen sind Funktion der ethischen Weisung und nicht umgekehrt. Daher sind die sachlichen Begründungen bei Paulus sehr verschiedenartig. Keineswegs immer argumentiert er mit den christlichen Urdaten, um seine Weisungen zu begründen — wie man z.B. an den diversen Argumenten der ‚Bettelkapitel' von 2. Kor. 8 und 9 sehen kann. Es muß und kann also damit gerechnet werden, daß sich auch in den Begründungen unseres Textes verschiedenartige Argumente zusammenfinden: solche, die in die Tiefe des vorgegebenen Evangeliums reichen und solche, die das nicht tun; solche, die Paulus als originellen Zeugen Jesu Christi ausweisen, und solche, die er aus vorhandenen Überlieferungen allgemein religiöser oder auch technisch-katechetischer Art entnimmt. Die neuere Arbeit an unserer Perikope hat erbracht, daß schon das von Paulus verwendete Vokabular uns mehr in die Umwelt als in die Eigenwelt der neuen christlichen Gemeinde führt. Und gerade die heute spezifisch christlich-religiös anmutenden Worte wie *‚diakonos'* und *‚leitourgos'*, aber auch *‚syneidesis'* (Gewissen) machen dabei keine Ausnahme. Hier wie sonst müssen wir uns vor einer *interpretatio christiana* der Koine-Sprache des Neuen Testaments hüten. Es ergibt sich: „Röm. 13,1—7 ist tatsächlich ein in sich geschlossenes Stück, das als solches weder mit dem Gebot der Feindesliebe in 12,20 f. noch mit der summierenden Liebesforderung in 13,8—10 noch mit dem eschatologischen Schluß der allgemeinen Mahnung in 13,11 ff. direkt verbunden werden darf, geschweige denn von da aus Ort und Leitmotiv empfängt."[2] Nehmen wir an, Paulus habe hier eine ungewöhnlich gründliche Diktierpause eintreten lassen.

Für den (systematischen) Theologen in uns ist das widerwärtig, und die Frage ist erlaubt, wieviel Zusammenhangslosigkeit eigentlich Paulus zuzutrauen ist. Mehr noch ist die Frage statthaft, ob nicht die Verfechter der Paulinischen Zusammenhanglosigkeit zuweilen ihrer eigenen Abneigung gegen allgemeine Wahrheiten zu sehr verfallen sind. Daß das für Käsemann hier nicht zutrifft, sei eigens erwähnt. „Wohl steht jedoch unser Text und mit ihm die Gesamtparänese dieser Kapitel unter dem Vorzeichen der einleitenden Verse 12,1 f., nämlich des Rufes zum pneumatischen Gottesdienst im Alltag der Welt, und unter dem in 12,3—6 ausgegebenen Stichwort des charismatischen Handelns."[3] Es ist also immerhin eine christliche Paränese, mit der wir es zu tun haben, wenn auch eine mit merkwürdigen Begründungen.

II.

Stellen wir also Inhalt und Ziel der Paulinischen Mahnung vorerst noch einmal zurück und wenden uns den Begründungen für die Forderung der Unterordnung zu. Sie sind nicht speziell christlich, eher allgemein biblisch-jüdischer Herkunft. „Durch mich regieren die Könige und setzen die Ratsherren das Recht", lehrt die Weisheit Salomos (Prov. 8,15). Könnte man das erste Satzglied der Begründung (V. 1) noch im Sinne einer bloßen göttlichen Zulassung verstehen und hinnehmen, so wehrt dem der Folgesatz: Vorhandene politische Gewalten sind von Gott geordnet. Schwer zu sagen, welche innere Überwindung es einem Juden oder Christen damals gekostet haben muß, einen solchen Satz zu formulieren. Er begegnet in der kahlen Selbstverständlichkeit eines Katechismussatzes. Über das geschichtliche Zustandekommen der konkreten politischen Gewalten wird gar nicht reflektiert. Legitimisten und erfolgreiche Revolutionäre können sich mit gleichem Recht auf die Paulinische These berufen, wenn sie wollen.

Es wird vielmehr rein pragmatisch argumentiert. Furcht und Hoffnung bestimmen das Leben der Menschen im politischen Bereich. Das ist zunächst auch für die Christen nicht anders. Ohne weiteres rechnet Paulus mit der Furcht vor Strafe und mit der Hoffnung auf Anerkennung und appelliert mit allem Nachdruck daran. Er stellt es als selbstverständlich hin, daß es in diesem Bereich ein klares und eindeutiges Urteil über Gut und Böse gibt. Er reflektiert kaum darüber, woher dieses Urteil seine Maßstäbe nimmt: ob aus dem natürlichen moralischen Bewußtsein von Gut und Böse oder aus der einfachen Setzung der Lebensregeln und -vorschriften durch die jeweilige politische Gewalt oder gar aus dem offenbarten Gebot Gottes. Auch hier darf man sich die Paulinische Argumentation nicht pragmatisch genug vorstellen: Wer sich der politischen Gewalt widersetzt, widersetzt sich der Anordnung Gottes (V. 2). Von der so wohltätigen Kritik und Emanzipation der Aufklärung ist Paulus

[2] E. Käsemann a.a.O. 39.

[3] A.a.O.

weit entfernt. Statt dessen wird zweimal mit besonderem Nachdruck betont, es handle sich in der Funktion der politischen Gewalten um einen Dienst Gottes zum Wohle der Menschen (V. 4 und 6). Auch wenn die Ausdrücke *diakonos* und *leitourgos*, wie schon bemerkt, nicht spezifisch religiös gemeint sind, so sagen sie doch in aller Profanität das Unerhörte aus: politische Funktion steht im Dienste Gottes.

Weil das alles in seiner anscheinend keine Grenzen der gehorsamen Unterordnung kennenden Unbedingtheit schwer zu verkraften ist, sucht der Leser unwillkürlich nach näheren Bestimmungen. Sollen sie nicht von außen herangetragen werden, so sind sie vielleicht doch dem Text immanent. Gut und Böse können ja nicht willkürlich gesetzt werden. Hier müßten eigentlich die Kriterien durchschimmern, damit wir nicht der Willkür bloßer politischer Setzungen ausgeliefert sind. Es wäre schon etwas, wenn über Obrigkeit und Untertanen das gemeinsame Gesetz von Gut und Böse aufgerichtet wäre. Der Tenor der Paulinischen Sätze geht aber kaum in dieser Richtung. Eher kann man etwas aus den detaillierten Angaben über die Funktion der politischen Gewalten im Detail gewinnen: Ehre wird gefordert und erwartet, mehr noch Furcht vor dem Schwert und vor allem Geld in Gestalt von Steuern und Zöllen. Dabei muß man beachten, daß den Lesern dieser Sätze der spätere Kultur- oder gar Sozialstaat, der ohne die Steuern der Bürger seine umfassenden Aufgaben nicht leisten könnte, nicht vor Augen steht. Unter Androhung von Gewalt für Recht und Frieden im äußeren Sinne des Wortes zu sorgen — darin erschöpft sich Funktion und Dienst der politischen Gewalten im Horizont dieser Sätze. Es wird allemal von den geschichtlichen Erfahrungen und Gewöhnungen der Leser abhängen, ob man darin Wohltat oder Mangel spürt, und mit welcher Stimmung des Gemüts man die Sätze des Paulus zur Kenntnis nimmt.

Steht noch aus, was gewöhnlich als erhabenstes Argument gilt und wirkt: Nicht allein um des Zornes, sondern um des Gewissens willen ist die Unterordnung geboten (V. 5). Auch hier wird nicht darüber reflektiert, wie es für uns selbstverständlich geworden ist, daß das Gewissen auch seinerseits gesellschaftlich geformt und bestimmt sein könnte. E. Käsemann schreibt: „Die Schwierigkeit liegt darin, den Begriff *syneidesis* angemessen zu interpretieren. Er meint bei Paulus nichts anderes als die Haltung des Menschen, die sich selbst als von einer absoluten Instanz gefordert erkennt und insofern die Möglichkeit der Selbstkritik besitzt. Es geht also wie bei *nous* um das kritische Bewußtsein, allerdings so, daß dieses kritische Vermögen sich auf den Menschen und sein eigenes Tun reflektierend zurückbezieht ... Paulus sagt nicht mehr als: im Wissen um die an euch gestellte verbindliche Forderung Gottes ... Vers 5 bringt also keine doppelte Motivation — Gehorsam sowohl aus Furcht wie um des Gewissens willen! — sondern eine Alternative: Mögen andere die Gewalt fürchten müssen, der Christ gehorcht ihr als derjenige, der sich mit ihrem Anspruch der göttlichen Forderung konfrontiert weiß und mit seinem Gehorsam Gottesdienst leistet. Dann kann es sich jedoch hier sowenig wie anderswo bei christlichem Gehorsam um ein sklavisches Untertanenverhältnis handeln. Christlicher Gehorsam ist niemals blind, und der von der *syneidesis* geleitete sehende Gehorsam muß sogar kritisch sein. Gott geht für ihn nicht derart in die Immanenz ein, daß er sich mit dieser identifizierte, er bleibt vielmehr Herr der Welt und ruft als solcher den Christen in die Freiheit der Kindschaft. Ein Gehorsam, der nicht die Freiheit der Kindschaft atmet, verdient den Namen ‚christlich' nicht. Das Vorläufige wird hier eben nicht zum Endgültigen, das Irdische nicht glorifiziert, der menschliche Anspruch nicht mit dem göttlichen Willen gleichgesetzt, selbst wenn göttlicher Wille dem menschlichen Anspruch begegnen läßt. Was das für den einzelnen Fall jeweils besagt, kann nicht im vorhinein definiert werden." [4]

III.

Treten wir etwas weiter zurück, um das Bild der Paulinischen Aussagen aus kritischer Distanz zu betrachten, so sind es nicht so sehr die einzelnen Argumente, die uns fragwürdig vorkommen müssen. Gewiß, „stets vertritt Paulus hier die konservativen Anschauungen einer patriarchalisch zu nennenden Daseinsbetrachtung, die, historisch der Diasporasynagoge entlehnt, soziale Ordnungen theologisch begründet" [5]. Er tut das, wie Käsemann mit Recht in Erinnerung bringt, keineswegs nur hier, sondern auch in der Erörterung der Sklaven- und der Frauenfrage. Wenn wir schon nicht das Weltbild der biblischen und außerbiblischen Antike nachzuvollziehen haben, so noch viel weniger ihre sozialen Dogmen. Das sollte keiner Debatte bedürfen.

Vielmehr haben wir in dem Grundsatz des Paulus das eigentliche Skandalon zu erkennen: Es gilt, sich unterzuordnen, weil die politischen Gewalten auf den (nicht nur zulassenden) Willen, auf die Anordnung Gottes zurückgehen. Damit scheint nicht nur der geschichtlichen Erkenntnis Gewalt angetan zu sein. Schlimmer noch, es wird jeder ideologischen Überhöhung der vorhandenen Machtverhältnisse Tür und Tor geöffnet. Es gibt überhaupt keine politische Ethik des Christlichen, weder bei Tertullian oder Augustin, noch bei Luther oder Calvin, von Thomas und den andern Scholastikern zu schweigen, aber auch nicht bei den Autoren der Moderne, die sich von einer ideologischen Verwendung der Paulinischen Grundthese völlig hätte freihalten können. Am ehesten gelingt das noch der Auslegung unserer Perikope in dem Römerbrief K. Barths von 1922. Über die späteren Explikationen, zumal seit 1938, kann man schon verschiedener Meinung sein. Und von der unmittelbaren Gegenwart spricht man besser überhaupt nicht. Um so dringlicher wäre es, die Grundthese des Paulus nicht verkehrt, sondern richtig zu verstehen.

Käsemanns Versuch dazu will beachtet sein: „Die überkommenen Argumente sind, zugespitzt gesagt, für Paulus Nothilfen, um den Christen in den Stand vor den wahren Gott, nämlich den Herrn der Erde, und darum in die Möglichkeit des echten Dienstes im Alltag zu rufen. Wer aus der Trennung

---

[4] A.a.O. 51 f.

[5] Käsemann 48.

von der Welt und ihren Gewalten leben möchte, nimmt der Welt faktisch den Charakter der Schöpfung Gottes und kann dann auch nicht mehr ernsthaft dienen. Denn christlicher Dienst muß auf der Erde und in ihrem Alltag stattfinden oder er wird zur Einbildung. Man hat sich das Feld des Dienstes nicht willkürlich auszusuchen. Eben der Alltag ist uns vorgegeben, und zwar jener Alltag, zu dem auch die übergeordneten politischen Gewalten gehören ... Diesen Alltag vorgegeben sein zu lassen ... das eben ist charismatisches Tun, die Möglichkeit christlicher Freiheit. Letztlich begründen für den Apostel nun doch nicht die Vorgegebenheiten als solche das ‚man muß untertan sein', sondern die Notwendigkeit, christliche Existenz zu bewähren, und der Stand vor dem Herrn, der die Welt unter seinen Anspruch stellt, indem er sie unablässig in seinen Dienern vor das eschatologische Merkmal seiner Herrschaft, nämlich die *tapeinophrosyne* (Demut), stellt."[6] Alles schön und gut; dann hat aber Paulus die Botschaft von der *Basileia* (Königsherrschaft) wenn nicht preisgegeben, so doch in einer Tiefe umgeformt, daß sie nur schwer wiederzuerkennen ist. Denn nach dem Evangelium leben wir als Christen wohl doch „aus der Trennung von der Welt und ihren Gewalten", um mich der eben zitierten Formel Käsemanns zu bedienen. Jedenfalls war das Luthers Meinung. Und ich muß sagen, daß mir der Paulus von Phil. 3, 20 f. über den im Sinne Käsemanns interpretierten Paulus unseres Textes aufs erfreulichste hinauszugehen scheint. Aber ich gebe natürlich gerne zu, daß man mit dem um eine Nuance zu sehr domestizierten Paulus auch nicht ganz schlecht beraten ist.

Nur muß das unerhörte Risiko der Paulinischen Verknüpfung von Gottes Anordnung und irdischer Gewalt so schroff wie möglich gekennzeichnet werden. Das Risiko des sogenannten Schwärmertums, ins Weglose und Bodenlose zu geraten, ist kaum größer als das Risiko dessen, der es wie Paulus über sich bringt, das Vorhandensein politischer Gewalt so unmittelbar mit der Anordnung Gottes in Zusammenhang zu bringen. Das Risiko besteht gar nicht nur darin, daß die christliche Predigt sich mehr für den status quo als für die Verheißung des Reiches Gottes einsetzt. Es besteht auch darin, daß auf zwei Ebenen gelebt und in zwei Bezugssystemen gedacht und geurteilt wird. Es scheint dem niemand entgehen zu können. Auch E. Käsemann statuiert zunächst einmal, „daß es eine christliche Revolution als solche nicht geben kann. Mit dem Namen Christi lassen sich irdische Revolutionen nicht rechtfertigen"[7]. Eben dies war auch die These Luthers, nachdem er seine grandiose Revolution gegen die römische Hierarchie leidlich etabliert sah. Aber Käsemann will dann dem Christen im Rahmen heutiger verantwortlicher Beteiligung an der politischen Gewalt, mit der Paulus geschichtlich so nicht rechnen konnte oder gerechnet hat, „nicht das Recht verwehren, sich an der Revolution zu beteiligen" (54). Dies ist auf alle Fälle ein erheblicher Sprung im Gedankengang. Hat die geschichtliche Wandlung etwas „über das hinaus, was geschrieben steht" (1. Kor. 4, 6) bewirkt, so wirkt das zurück auf unsern gesamten Umgang mit der biblischen Norm.

[6] A.a.O. 51.

[7] A.a.O. 53 f.

IV.

Unsere Predigtvorbereitung wird sich sehr genau darüber Rechenschaft geben müssen, wie in der Gemeinde politisch gedacht und gelebt wird. Es gibt einen christlich-bürgerlichen Egoismus sowohl der Bejahung als der Verneinung der jeweiligen Herrschaftsformen. Weder die Parole von der christlichen Mitverantwortung für das politische Leben noch diejenige einer politischen Askese ist in sich gerechtfertigt. Die Predigt soll weder den vorhandenen schnöden Undank für die Wohltat eines Herrschaftssystems fördern noch das wie immer begründete Unbehagen verstärken. Aus dem Text scheint das Untertan-sein-Müssen als solches undiskutabel hervorzugehen. Käsemann hat es mit exegetischem Recht unterstrichen. Aber ich würde noch mehr als er den Eindruck scheuen, als sei die Einübung im politischen Gehorsam gleichsam eine Schule christlichen oder besser des Christus-Gehorsams. Der Christusgehorsam ist vorbehaltlos; der Untertanengehorsam ist es nicht — ganz unabhängig von den äußeren Wandlungen der politischen Herrschaftssysteme. Er war es auch nicht im Zeitalter des Paulus.

Es wird darauf hinauslaufen, daß wir von einem solchen Text angeleitet werden, uns kritisch nach dem innersten Grund unserer politischen Existenz zu fragen. Suchen wir darin das eigene Wohl oder das Wohl des Nächsten? Nur wenn die christliche Gemeinde auch im politischen Felde nicht das Ihrige sucht, sondern das, das des andern ist, hat sie Vollmacht und Verheißung, vom politischen Gehorsam weder zuviel noch zuwenig zu sagen, die christliche Freiheit nicht zum Deckel der Bosheit, d.h. der subtilsten Selbstsucht zu machen.

Wenn die Sache selbst nicht für sich spricht, so halten alle Appelle an die Autorität der Zeugen nicht stand. Daß die Geschichte der Christenheit keine ausreichende Begründung für die Wahrheit des Evangeliums liefert, mußte uns eigentlich nicht erst J. Kahls elendes Christentum zum Bewußtsein bringen. Ähnliches gilt von dem Autoritätsanspruch von Kirche und Verkündigung als solchem: wir glauben, wenn wir glauben, nicht um der Kirche oder der Verkündigung willen, sondern um der Sache willen, die dort überliefert ist. Der Streit, mindestens die immer neue Mühe um die Sache des Evangeliums hat eine Verheißung, der Streit um und das Pochen auf begleitende oder gar legitimierende Autoritäten, seien es Kirche oder Wissenschaft oder was sonst, ist ohne Verheißung. Der römische Katholizismus schickt sich in der Gegenwart an, dies langsam zu lernen. Wir könnten es längst – von der Reformation her – wissen. Aber es scheint, als hätten wir es bisher nicht deutlich genug gesehen und nicht wirklich einleuchtend zu machen verstanden. An der Sache und nicht an ihren Stützen entscheidet es sich auch, ob das, was sich heute als emanzipatorische kritische Theologie präsentiert, aufzunehmen ober abzulehnen ist. Das setzt freilich voraus, daß wir von eben dieser Sache etwas wissen.

Drittletzter Sonntag im Kirchenjahr

Matthäus 12, 38—42

Diesmal schicke ich nur einige Sätze aus einer Predigt Luthers über die Perikope aus dem Jahre 1523 voraus (zitiert nach EA 17, 1 ff.; vgl. auch WA 12, 427 ff.):

Luther bedenkt zunächst den widersprüchlichen biblischen Befund, wonach Gott Zeichen und Zeichenforderung sowohl an-, ja gebietet als anderwärts verbietet. „Wie ist er denn so ein wunderlicher Gott? Will man, so will er nicht, und will man nicht, so will er. Nun, das ist leicht aufzulösen aus dem ersten Gebot" (3) ... „Siehe da, er versagt ihn' ein Zeichen und gibt ihn' doch ein Zeichen: das versagt und verdampt er, das sie erwählen, und gibt ihn', das ihn' nützlich ist, und welche er erwählet" (4) ...

„Also ist nun das die Meinung, und Summa Summarum dieses Evangelii: daß ein jeglicher abtret von seinem Fursatz, Willen und Erwählen und von allen seinen Werken und sich ergebe in die Werk, die Gott in ihm wirken will; und sonderlich soll er abstehn von den Werken, die er thun will fur Gott, durch welche er meint selig zu werden. Dann die Werk, die zum Leibe gehörn, heißen nicht solche Werk, dadurch jemand wöll selig werden, denn sie geschehen nicht darumb, daß sie mit Gott sollen zu schaffen haben, sonder mit den Leuten und mit unserm eigen Leib; aber durch welche wir wöllen mit Gott handlen, der' soll keins unser sein; ists unser, so ists verloren und schon verdampt" (5) ... „Nun, das Zeichen, das Christus aus lauter Gnad furschlägt und sagt: Es wird euch kein Zeichen geben werden, dann das Zeichen Jonä; da ist allein das Zeichen und sunst kein anders, und in dem Zeichen sind begriffen alle Werk und Zeichen, die wir haben und sollen haben zwischen uns und Gott bis am jüngsten Tag; und da rüstet euch nach, dann er wird kein Werk und Zeichen aufrichten, dann sich schickt auf das Zeichen und sei das Zeichen" (6) ... „Christus ist das Panier, das Gott aufgerichtet hat in der ganzen Welt, das da schwebt vor aller Menschen Augen und Ohren, und das sie alle sehen; und das thut er durchs Wort, das ist die Stang, do das Panier anhangt und damit man furträgt, daß es alle Leut sehen mögen, ohn daß man viel verblendt hat, daß sie es nicht haben kommen sehen. Aber offenlich ist es ausgeschrieen, daß es jedermann sehe in der ganzen Welt, daß niemand müg sagen, daß ers nicht gesehen hab; hat ers aber nicht gesehen, wird es deß Schuld sein, daß er verblendt gewesen ist durch falsche Lehr, daß ers nicht hat können sehen fur ihm stehen. Das seind nun die Wort, die man predigen soll, und damit man das Panier aufricht, die hie Christus sagt, oder die sunst im Evangelio stehen. Die sie nun hören, die treten herzu unter das Panier" (7) ...

„Wie kommen wir nun darzu, daß wir unter sein Panier treten, und daß wir des Zeichens brauchen, auf daß es uns zu Nutz komm? Ihr habt gehört, daß das Panier aufwerfen nichts anders ist, dann das Evangelium predigen; das Treten aber unter das Panier, das ist, unter den Herrn Christus treten, geschicht nicht mit Werken noch mit leiblichen Füßen. Dann ich muß dohin treten, do dieß Zeichen steht. Wo stehet es denn? Ich hab gesagt, daß es sei die Predig des Evangelii und Wort Gottes, das wird aufgericht und stehet mitten in dem Herzen." (Folgt Hinweis auf Röm 10, 8 f.) „Das Wort hat sunst kein Raum, dann im Herzen, man kanns auch an keinem andern Ort fassen. Bistu nun erleucht, so fasset es das Herz, und also trittst du herzu unter das Panier. Die treten nun herzu, die es glauben und gewiß darfür halten, es sei das Zeichen, do die Schrift von sagt, und die do glauben, daß sie da Herrn werden der Sund, des Tods und der Höll" (9 f.).

Die Überlieferung von der Zeichenforderung und von Jesu Antwort ist gemeinsynoptisch: außer unserer Perikope und der Parallele Lk 11, 29–32 ist Mt 16, 1 ff. und vor allem Mk 8, 11 f. zu vergleichen. Daher dienen uns für die Arbeit an der Perikope auch alle Synoptikerkommentare. Außerdem verweise ich auf die Artikel im ThWb zu Jona von J. Jeremias (1936) und zu *semeion* von Rengstorf (1961). Am ausführlichsten sind die überlieferungsgeschichtlichen und sachlichen Fragen erörtert von Anton Vögtle[1], knapp von R. Hum-

[1] Anton Vögtle, Der Spruch vom Jonaszeichen, in: Synoptische Studien. Alfred Wikenhauser dargebracht. Karl Zink Verlag, München 1953, 230–277.

mel[2], sehr pointiert von Ernst Haenchen[3]. A. Schlatter hat die beiden Sätze von Vers 41 und 42 — mehr als Jona, mehr als Salomon! — sehr förderlich ausgelegt[4]. — In den GPM stammen die Auslegungen von H. Braun (11, 1956/7), von G. Bornkamm (13, 1958/9) und von Joh. Haar (19, 1964/5). In der neuen, von Gg. Eichholz und Arn. Falkenroth herausgegebenen Predigthilfe „hören und fragen" Bd. 5, 1967, hat A. Falkenroth den Text behandelt[5].

I. Das Zeichen des Jona

Zwar redet die Perikope keineswegs nur von der Zeichenforderung der Pharisäer und von Jesu Antwort darauf; sie redet auch von der Beschämung von Jesu Zeitgenossen durch heidnische Gestalten der Vorzeit, und vor allem bezeugt sie: Hier ist mehr als Jona, mehr als Salomo. Dennoch hat die Zeichenforderung besondere Aufmerksamkeit auf sich gezogen. Man kann es an den jeweils eingefügten Überschriften der Perikope in den Übersetzungen des Neuen Testaments nachprüfen. Dieses oft alles andere verdrängende Interesse an der Zeichenfrage ist begreiflich und begründet.

Die Texte vom Zeichen des Jona sind fremdartig und dunkel. Fast scheint es, als hätten wirklich schon die frühen Tradenten nicht mehr gewußt, was dies Zeichen bedeuten soll[6]. Und wenn sie einen lebendigen Beweis der Größe und des Wahrheitsanspruchs Jesu damit verbunden haben, so ist uns ein solcher Beweisgang kaum mehr zugänglich oder nachvollziehbar. Es entspricht dem, daß die Exegeten sich keineswegs einig sind: die einen vernachlässigen den Befund bei Markus — das totale Nein zu jeder Zeichenforderung[7]; die andern halten eben die Überlieferung bei Markus für ursprünglich[8]. Dies hängt kaum an rein exegetischen Erwägungen; vielmehr wird hier sachlich-systematisch entschieden. Da ich die Fülle der Vorschläge der Exegeten nicht ausbreiten will und kann, begnüge ich mich, die pointierteste Auslegung aufzugreifen, nämlich die von Ernst Haenchen.

Haenchen geht von dem Befund bei Mk 8, 11 f. aus. „Dieses Wort ist sehr wichtig. Denn es steht in einem inneren Widerspruch zu manchen Wundergeschichten und zeigt: Jene großen Wunder, die nach Mk die Gottessohn-

---

[2] Reinhard Hummel, Die Auseinandersetzung zwischen Kirche und Judentum im Matthäusevangelium (= Beitr. z. Evang. Theologie, Bd. 33). München 1963, 122 ff.

[3] Ernst Haenchen, Der Weg Jesu. Eine Erklärung des Markus-Evangeliums und der kanonischen Parallelen. Berlin 1966, 285 ff.

[4] Ad. Schlatter, Kennen wir Jesus? ²1938, 146–148.

[5] Ich benutze die Gelegenheit, um einen Irrtum in den Literaturangaben meines Beitrags zum 3. Advent dieses Jahrgangs zu berichtigen: Die Auslegung der Perikope in diesem neuen Band der Predigthilfe stammt nicht vom Herausgeber A. Falkenroth, sondern von Karl Adolf Bauer.

[6] So Joh. Weiß/Wilh. Bousset, Die Schrift d. Neuen Testaments I, ³1917, 318.

[7] Darauf läuft es hinaus, wenn A. Vögtle, wie immer so auch hier mit großer Vorsicht und Zurückhaltung, urteilt: „Wir setzen deshalb ein *ei me to semeion Iona* hypothetisch als einen ursprünglichen Bestandteil der Jesusantwort voraus" (a.a.O. 240).

[8] So vor allem E. Haenchen.

schaft beweisen wollen, sind erst in einer späteren Zeit in der Überlieferung aufgekommen. (Haenchen weist dabei auf 1.Kor 2,8 hin). Hier liefert nun Markus selbst (ohne es zu merken) den exakten Nachweis" [9]. Anders in bezug auf die Texte, die die Zeichenforderung nicht völlig ablehnen. Sie werden von Q überliefert. Im Hin und Her zwischen der Matth.- und der Lk.-Fassung entscheidet sich Haenchen für jene. Er erläutert: „Man hat zu diesem Wort bemerkt: Jesus gebe hier ein Zeichen, was für seine Hörer zu spät kommt und deshalb einer Verweigerung des Zeichens gleichkommt. Aber für die christlichen Hörer kam diese Legitimation eben nicht zu spät" [10]. Darauf ist noch zurückzukommen. Die Pointe bei Haenchen geht in eine ganz andere Richtung. Er meint: „Der Unterschied von Mk 8 und Q an dieser Stelle lehrt uns jedoch eins: Die Christen haben es nicht ausgehalten, daß Jesus seinem Geschlecht radikal ein Zeichen verweigert hat. Sie haben vielmehr auf die eine oder andere Weise versucht, doch ein Zeichen anzugeben — in Jesu Bußpredigt, oder in seiner Auferstehung nach drei Tagen —, das dieses Geschlecht bekommt, wenn es auch kein Zeichen vom Himmel ist. Insofern hat innerhalb der Traditionsgeschichte dieses Stückes der pharisäische Anspruch sich mit seiner Forderung doch durchgesetzt — wenn auch hier noch relativ harmlos" [11].

Durch das Urteil des Exegeten schimmert hier das Urteil des Systematikers. Aber eben das Urteil des Systematikers wäre noch zu klären. Es ist allerdings fast ein Axiom heutigen Theologisierens, daß der christliche Glaube (als Erkenntnis und als Gehorsam) gleichsam ‚sein Sach auf Nichts stellt'. Er darf keinen Gegenstand haben, und sei dieser der persönliche Gott. Er darf keinen rationalen Grund haben, und sei es das Zeugnis des heiligen Geistes. Er soll zwar gewiß sein, aber jede Sicherheit wäre vom Übel. Und so wird er natürlich auch kein Zeichen fordern und sich mit dem bloßen Wort, wenn auch ungern, zufrieden geben. Auf diesen Gleisen haben wir alle uns bis zum Überdruß bewegt, und vieles von der Unwirksamkeit und Unerheblichkeit unserer Predigt geht darauf zurück. All diesen Lieblingsideen dienten und dienen die Evangelientexte von der Zeichenforderung als willkommener Schriftbeweis.

Die Exegeten haben meist gesehen und zugegeben, daß die Frage nach einem legitimierenden Zeichen Sinn und Recht hat. Je deutlicher der unerhörte und ungemessene Anspruch Jesu vernommen wird, desto dringlicher legt sich die Frage nach einer solchen Legitimation nahe. Was für die Gemeinde des Alten und des Neuen Bundes gilt: glaubet nicht einem jeglichen Geist, sondern prüfet die Geister, ob sie von Gott sind; denn es sind viele falsche Propheten ausgegangen in die Welt (1.Joh 4,1 in Verbindung mit Jer 14,14 und anderen alttestamentlichen Stellen), muß sich den Zeitgenossen Jesu auch nahelegen. Auch für sie gilt das Erste Gebot, auf das sich in sachlich umgekehrtem Interesse auch Luther beruft (siehe oben!). Rengstorf skizziert die rabbinisch-jüdische Anschauung folgendermaßen: „Das Rabbinat hat eine ausgesprochene

---

[9] E. Haenchen, a.a.O. 285.

[10] A.a.O. 286.

[11] Ebd. 187.

Scheu vor ‚Zeichen' *(ot semeion)* gehabt, wohl weil es einerseits seine Autorität ausschließlich in der Schrift und in der ihrem korrekten Verständnis dienenden Tradition begründet hat und weil es andererseits im Wunder, wenn es im jüdischen Bereich als menschliche Tat geschah, ein typisches Symptom der Häresie gesehen hat. ‚Das Zeichen gilt nur dann sofort als unerläßlich, wenn ein besonderer göttlicher Auftrag an den Menschen ergeht und eine Weissagung bestätigt werden soll'[12], d.h. das ‚Zeichen' gehört zum Propheten bzw. zu dem, der es zu sein beansprucht. Jeder Fromme kann um ein Wunder bitten; aber wenn es dann geschieht, dann ist nicht er sein Autor, sondern Gott"[13]. Auf diese besondere Legitimation eines besonderen Anspruchs bezieht sich die Zeichenforderung hier und an den verwandten Stellen. Es handelt sich gerade nicht um eine allgemeine Wundersucht der Pharisäer, wie es die Überschrift mancher Übersetzungen nahelegt.

Wir sollten uns nicht mit einem Spiel der Vokabeln und Begriffe aus der Affäre ziehen. Vögtle betont mit Recht, daß in der Auslegung der Perikopen, jedenfalls in der Frage und in der Antwort, über die Zeichenforderung das Wort *semeion* nicht mit beliebig wechselnder Bedeutung versehen und verwendet werden sollte[14]. Die Pharisäer fordern von Jesus nicht eine Beglaubigung durch Wunder; solche lagen ja vor und haben gerade nicht zur Entscheidung seinem Anspruch gegenüber verholfen. Sie wollen, so bei Mk 8, 11, ‚ein Zeichen vom Himmel'. „Alle Apokalypsen reden davon, zahlreiche Messiasprätendenten haben es damals verheißen. In der Forderung liegt also die Frage nach dieser eschatologischen Würde Jesu, dem Anbruch und Aufbruch der ‚messianischen' Zeit durch ihn."[15] Dieser Forderung kommt Jesus nicht nach; er entzieht sich ihr — bei Markus völlig und ohne Nuance; bei Matthäus und Lukas mit der Antwort: kein Zeichen es sei denn das Zeichen des Jona. Mit Recht bemerkt J. Jeremias: „Sachlich besteht kein Unterschied zwischen der schlechthinnigen Ablehnung der Zeichenforderung (Mk 8, 11) und der Ankündigung des Jonaszeichens; denn beide Aussagen stellen fest, daß Gott kein Zeichen gibt, das losgelöst wäre von der Person Jesu und vom Ärgernis"[16]. Er führt damit keine andern Kriterien ein als Luther sie geltend machte: es muß die Weisung Gottes beim Zeichen sein, und es darf kein menschliches Wunschdenken den Maßstab dafür abgeben, was Gottes Zeichen, Wille und Wahrheit sein darf. „Darumb hat Gott beschlossen, daß er keins will annehmen, was wir erwählen, sondern unsern Willen brechen, daß wir neue Menschen werden, und nicht unserm, sondern seinem Erwählen folgen."[17]

---

[12] Rengstorf zitiert hier Ad. Schlatter, Das Wunder in der Synagoge. B. F., chr. Th. 16, 5 (1912), 69.

[13] Rengstorf, ThWB II, 233 ff.

[14] Vögtle, a.a.O. 243 f.

[15] E. Lohmeyer (im MeyerKomm) zu Mk 8, 11.

[16] ThWB III, 413.

[17] EA 17, 4.

Die Pharisäer wollen keine neuen Menschen werden. Ihre Frage „bestreitet nicht die Freiheit Jesu, auch wenn sie ihn auffordert, sich hinsichtlich ihrer zu verantworten. Aus der Schau des Kerygmas tastet sie vielmehr Gottes Freiheit an, sofern sie ihm die eigenen Grundsätze über das aufnötigen möchte, was sein darf und was nicht. Das ist es denn auch letztlich, was aus denen, die die ‚Zeichen'forderung erheben, eine *genea ponera* (Lk 11, 29) bzw. eine *genea ponera kai moichalis* (Mt 11, 39) macht — eine Gemeinschaft, die sich dadurch von Gott löst, daß sie sich in ihrem Urteil und in ihrem Handeln von Gott emanzipiert"[18].

Was soll das Zeichen des Jona anzeigen? Während es die Versionen von Lk 11, 30 und Mt 16, 4 offenlassen, ob Jonas prophetisches Auftreten überhaupt oder ob ein spezifisches Detail daran zum Zeichen werden soll, deutet unser Text die Analogie, indem sie sie einschränkt auf den Aufenthalt des Jona im Bauch des Walfischs als Symbol für Jesu Aufenthalt ‚im Herzen der Erde'. Vögtle macht einleuchtend, daß Matthäus hier offensichtlich am Schriftbeweis interessiert ist, weshalb auch eigens betont wird: Jona des Propheten. Aber er spricht diese Fassung der Aussage dem vorösterlichen Jesus ab. Wir brauchen diese Frage hier nicht weiter zu verfolgen. Denn die Entsprechung Jona — Jesus wird unserm Denken fremd bleiben, so wichtig sie der Alten Kirche war, in deren typologischem Bilderschatz diese Entsprechung eine große Rolle spielte.

Für uns lautet die Frage vielmehr, ob und in welcher Weise Jesu Tod selbst zum Zeichen werden kann. Denn uns kommt es nicht auf die willkürliche Zuordnung Jesu und des Jona an, sondern auf die Erkennbarkeit Jesu selbst. Ist sein Tod „das Zeichen vom Himmel"? Und ist das — mit Haenchen zu sprechen — eine ‚harmlose' Einlösung der Zeichenforderung oder verfälschen wir damit Jesu Wahrheit? Indem wir die Kriterien in der oben zitierten Formulierung von J. Jeremias aufnehmen, sagen wir: es darf nicht das Zeichen, Jesu Tod und Niedergang ins Totenreich, von ihm selbst isoliert werden; er ist weder als Mythos noch als Märtyrertod von Interesse oder gar heilsam. Er ist dies als „Weg des Sohnes in die Fremde" (K. Barth). Und es wird dabei bleiben, daß die Sachverhalte zugleich Zeichen für den Glauben und Ärgernis für den Nicht-Glauben sind — ein Zeichen, dem widersprochen wird (Lk 2, 34).

Ich habe bisher die Frage nach dem ursprünglichen Ort und der Zeit dieses Streitgesprächs ignoriert. Man kann sie, wie Vögtle deutlich sagt, bestenfalls nur hypothetisch beantworten. Daß Jesu Zeitgenossen ihn nach einem Zeichen als Legitimation seiner Sendung fragen, ist durchaus wahrscheinlich. Nichts mußte näherliegen. Ob er in der vorösterlichen Situation mit einem reinen Nein antwortete, wie Mk überliefert, oder mit einer verhüllten Andeutung seines Geschickes, wird der einzelne Bibelleser und Ausleger verschieden beantworten. — Wo jede Spur einer Leidensweissagung als ein vaticinium ex eventu nicht nur, sondern als pudendum betrachtet wird, erscheint es aus-

[18] Rengstorf a. Anm. 13 a.a.O.

geschlossen. Mir scheint, daß die etwas künstliche Analogie zwischen Jesus und Jona auf eine Zeit nach Ostern und Pfingsten hinweist. Aber — niemand kann hier über Vermutungen hinauskommen. Im übrigen würde ich, wenn nicht die Gesprächslage in einer Gemeinde dazu nötigt, in diesem Fall diese Frage nicht auf die Kanzel bringen, da sie wenig zum Verständnis des Textes beiträgt.

II. „Hier ist mehr als . . ."

Johann Haar wird recht haben, wenn er in seinem Beitrag von 1964/5 daran erinnert, wie wenig an Kenntnis der biblischen Geschichten des Alten Testaments wir heute voraussetzen können — vielleicht auch bei uns selbst! Es wäre also das Jonabüchlein und 1.Kön 10 nachzulesen und auch in der Predigt kurz zu resümieren. Beides sind Texte stark legendären Charakters, und man darf aus dem neutestamentlichen Bezug auf solche Texte keinen historischen Beweis machen. Aber die eigentliche Schwierigkeit liegt weder in der vorauszusetzenden Bibelkenntnis oder Nicht-kenntnis noch in der Beschaffenheit gerade dieser Stellen. Die Schwierigkeit liegt in der Pointe: Zustände und Entscheidungen früherer Generationen sollen uns, die jeweils Gegenwärtigen, anklagen. Das ist mehr als was wir heutzutage schon schwer finden: etwas aus der Geschichte zu lernen. Für ein solches Denken fällt die Geschichte nicht auseinander, und sie wird nicht zur reinen Vergangenheit. Freilich ruht der Blick auch nicht auf diesen oder jenen historischen Nachwirkungen. Die Perspektive, in der Vergangenheiten und Gegenwart zusammenlaufen, ist die *krisis*, das (jüngste) Gericht. Dort werden die einzelnen Zeiten Gelegenheit haben, sich zu vergleichen, gegeneinander oder füreinander auszusagen.

Ich wüßte kaum, wo wir uns genauer informieren können, wieweit diese geistigen Voraussetzungen aller nachbiblischen Geschichtsanschauung heute noch im Bewußtsein der Zeitgenossen wirksam und lebendig sind — sei es auch in mehr oder weniger verweltlichter Form. Vielleicht genügt es, aus Anlaß einer einfachen Sonntagspredigt auf diesen gewaltigen und alles umfassenden Horizont der Rede Jesu aufmerksam zu machen. Eine ernsthafte Beschäftigung mit der Geschichte (der Religionen und der Völker) würde hier manchen Antrieb finden können. Aber für viele wird die Vorstellung eines solchen Forums, vor dem sich die Religionen und die Völker zu verantworten haben, so befremdlich sein, daß sie kaum etwas damit anfangen können. Aber — wie auch immer, kein Prediger kann diesen eschatologisch-apokalyptischen Horizont als selbstverständlich voraussetzen. (Es ist die Schwäche der von mir genannten Schlatterschen Auslegungen, daß er dazu nichts bemerkt[19].)

Luther hat — in den berühmten Sätzen über das Wort Gottes als fahrender Platzregen (Cl 2, 446) und sonst — die Pointe darin gesehen, daß jede Zeit ihre besondere Verantwortung der Gabe des Evangeliums gegenüber hat. Das Evangelium kann, durch äußere und innere Entwicklungen, abhanden kommen,

[19] Noch weniger können überzeugen oder auch nur helfen die zusammenfassenden Ausführungen von Fr. Büchsel im Artikel *krino, krisis* usw. im ThWB III (1937), 940 ff. Auf unseren Text geht der Verf. überhaupt nicht ein.

und die Gegenwart bleibt leer zurück. Daher die besondere Verantwortung. Etwas davon steckt auch in unserm Text. — Es kommt hinzu die Erkenntnis: je höher die Gabe, desto schlimmer, wenn wir sie verschmähen. Die Gestalten am Rande des alttestamentlichen Heilswegs — in Ninive und in Reicharabien — beschämen diejenigen, welche Jesu Sendung und Botschaft in ihrer Gegenwart erleben und — an sich vorübergehen lassen. Damit sind unserer Gegenwart die gängigen Möglichkeiten genommen, sich vorteilhaft von der Vorzeit zu unterscheiden. Es ist noch lange nicht heraus, wie wir dastehen werden, wenn es zum Vergleich kommt. Und hier nicht im Vagen zu bleiben, müssen wir angeben, welche Kriterien gelten sollen. Wenn es heißt: hier ist mehr als Jona, hier ist mehr als Salomon, müßte also gesagt werden können, inwiefern dies gelten soll, worin das Mehr besteht.

A. Schlatter hat den Versuch einer Antwort hinterlassen. „Jona sprach mit Ninive vom göttlichen Zorn, den es fürchten müsse, damit es nicht untergehe. Jesus spricht dagegen nicht nur von der menschlichen Gottlosigkeit und dem göttlichen Gericht; sein Wort ist die heilsame Botschaft und darum ein Bußwort, weil es uns zum Glauben beruft, und darum ein Gerichtswort, weil es Gottes Gnadentat ansagt ... Er nimmt uns, was wir haben, nur darum, weil er uns gibt, was er hat, und richtet darum, weil er uns heilt. Das konnte Jona, vor dem der König Ninives erschrak, noch nicht."[20] Und der Weisheit Salomos stellt Schlatter gegenüber: „Aus der Botschaft Jesu vom Reiche Gottes (erwächst) eine Lehre, die die Gerechtigkeit beschreibt, die das Verhalten des Jüngers kennzeichnet, der im Glauben mit Jesus eins geworden ist. Aber dies ist nicht mehr bloß die Weisheit Salomos, die uns davor behütet, daß wir an unserm Leib und unserer Habe Schaden leiden und unsern guten Ruf und die Freundschaft der andern verlieren. Jesu Lehre hat ein ungleich größeres Ziel; denn in Gottes Reich wird Gottes Wille getan ... Der Gewinn, nach dem hier die Weisheit trachtet, ist das ewige Leben, und der Verlust, den sie verhüten will, ist jener Tod, der vom Reiche Gottes trennt."[21] Nicht alles dürfte standhalten. Einerseits will der Text ja in seiner nur andeutenden, geheimnisvollen Aussage nicht einfach rational expliziert werden. Es heißt nicht: Ich bin größer als Jona, sondern: hier ist Größeres als Jona oder Salomo. Rengstorf hat auf das Neutrische des Ausdrucks hingewiesen[22]. Anderseits steht in der Sache der Schritt vom Alten zum Neuen Testament zur Debatte, und hier droht oft genug, daß wir das Neue Testament zu spirituell und zu jenseitig auffassen. Umgekehrt darf man von der Weisheit Israels nicht zu irdisch-gering denken, wie die neueren Bemühungen um die Weisheitsschriften lehren[23].

---

[20] A. Anm. 4 a.a.O. 146 f. unter der Überschrift: Die neue und größere Buße. Schlatter schließt sich also denen an, die das Zeichen des Jona auf dessen Bußpredigt deuten.

[21] Ebd. 147 f. unter der Überschrift: Die neue und größere Weisheit.

[22] A. Anm. 13 a.a.O. 232, 34.

[23] Vgl. die neue Monographie von Gerh. v. Rad, Die Weisheit in Israel, Neukirchen b. Moers 1970, 427 S., und seinen Beitrag „Christliche Weisheit?" im Almanach des Chr. Kaiser Verlags, 1970, 60–65.

III. Zur Predigt

Wenn wir nicht uns entschließen, die Perikope in ihre zwei Bestandteile (38—40 und 41 f.) zu zerlegen und nur über den einen oder den andern Teil zu predigen, stellt sich zuerst die Frage nach ihrer inneren Einheit. Wir möchten uns ja nicht mit der Auskunft begnügen, es seien hier Redestücke der Jesusüberlieferung am Stichwort Jona aneinandergereiht worden. Es ergibt sich dann als unausgesprochenes, aber wirksames gemeinsames Thema die Frage, warum das jüdische Volk sich der Sendung und Botschaft Jesu verschlossen hat oder — weniger aufs Geschichtliche sehend — das Faktum und Geheimnis des Unglaubens, damals des jüdischen und später des christlichen Unglaubens. Der Unglaube als Faktum und Versuchung ist ein wesentlicher Antrieb aller theologischen Reflexion.

Nun haben wir von K. Barth seinerzeit gelernt, der Unglaube dürfe auf keinen Fall zu ernstgenommen werden. Dennoch muß es uns, muß es die Gemeinde im höchsten Maß beschäftigen, daß und warum die Juden damals und viele seither und heute — wir selbst immer wieder eingeschlossen — nicht glauben, sondern im Unglauben verharren. Nicht allgemein soll dabei nach Glaube und Unglaube gefragt werden, sondern in der speziellen Prägung unseres Textes: anhand der Zeichenforderung. Die Zeichenforderung, objektiv begreiflich und nicht unberechtigt, kommt hier aus dem Unglauben. Schleiermacher hat sich dazu beachtlich geäußert; er hat dabei die Version Mk 8, 11 im Auge:

> „Das wäre kein rechter lebendiger Glaube gewesen, der daraus entstanden wäre, wenn er ihren Wunsch erfüllt und solches Zeichen gethan hätte. Denn der lebendige Glaube an den Erlöser, damals wie jetzt und immer — und das gehört eben so sehr mit zu dem Wort der Schrift, daß Jesus Christus gestern und heut in Ewigkeit derselbe sei (Hebr XIII, 8), — der kann nur hervorgehen aus dem tief gefühlten und geistig inne gewordenen Bedürfniß des Innern, aus dem lebendigen Verlangen nach einer geistigen Kraft und Hülfe, von dem Bewußtsein ausgehend, daß wir selbst nicht im Stande sind, aus unserer eigenen Kraft, vermöge des natürlichen Menschen das Ziel unserer Bestimmung zu erreichen. Ein Glaube, der aus dieser Gesinnung nicht hervorgegangen wäre, der wäre auch kein rechter gewesen, und wenn der Erlöser ihre Bitte erfüllt hätte, und hätte ein Zeichen von Himmel durch seinen Vater ihnen verschafft, und ihr eigensinniges und erstarrtes Herz wäre auch mit diesem zufrieden gewesen und sie hätten sich gestehen müssen, ja, wir müssen es glauben, daß er der Verheißene ist, da Gott selbst sich so zu ihm bekennt, wenn das gewesen wäre, aber sie hätten das Bedürfniß nicht in sich gehabt, ihre Richtung wäre überhaupt nicht auf ein erneutes, Gott zugewandtes Leben, sondern immer wieder auf die äußeren Ansprüche ihres früheren Lebens gerichtet gewesen und auf die Erhöhung der Nachkommenschaft Abrahams vor der Welt: wozu wäre ihnen der Glaube nützlich gewesen? Er hätte sie nicht brauchen können zur Förderung seines Reiches, er hätte sich ihnen nicht mit der Liebe zuwenden können, wie er sie gegen seine Jünger übte, sondern seine Liebe wäre die Liebe des Erbarmens

gewesen, aber ohne daß er ihnen hätte helfen können, weil es ihnen an der inneren Bedingung dazu fehlte."[24]

Auch wenn sich keineswegs alles, was Schleiermacher hier sagt, auf der theologischen Goldwaage von heute bewährt, so ist er doch tief in das Innere des Textes eingedrungen und leitet uns auf einen mindestens möglichen Weg des heutigen Nachvollzugs. Individuell-geistlich, wissenschaftstheoretisch-theologisch oder auch pragmatisch-politisch wiederholt sich dies zu allen Zeiten: Wir, die Welt will ein Zeichen sehen; wir möchten uns nicht auf etwas einlassen, was sich der Verifizierung entzieht; wenn schon nicht ökonomisch, so doch politisch soll der Name und die Sache Jesu und seiner Jünger in unser Kalkül passen. Nicht daß wir so fragen und urteilen, ist bedenklich; es ist unvermeidlich, sonst müßten wir die Welt räumen (1.Kor 5, 10). Es handelt sich darum, ob wir auf dieser Denkweise beharren, wenn wir spüren, daß uns hier eine Wahrheit und Wirklichkeit begegnet, mit der wir nicht so umgehen können.

Die Predigt könnte sich auf diesen Grundgedanken beschränken. Wir können aber auch noch einen Schritt weitergehen. Je größer Jesu Anspruch ist, desto näher liegt es, daß wir als Christenheit uns mit ihm ein wenig zu rasch identifizieren. Dieser Glorifizierung unser selbst, die je verschieden allen Konfessionen (und Religionen) gemeinsam ist, wird gestört durch die Erinnerung des Textes an die biblischen Randgestalten. Sie werden das Volk Gottes beschämen am Tag des Gerichts. Calvin hat seiner Auslegung eine massive Pointe gegeben, wenn er daran erinnert: „Wenn die Gottlosigkeit jenes (des jüdischen) Volkes sich darin als heillos erwiesen hat, daß es den auf Erden sprechenden Christus verachtete, so übertreffen wir die Ungläubigen aller Zeiten, wenn uns nicht der Sohn Gottes, der jetzt im Himmel thront, mit seiner heiligen und himmlischen Stimme zum Gehorsam gegen ihn treibt und zwingt."[25] Auch wenn wir den dogmatischen Supranaturalismus in Calvins Sätzen auf sich beruhen lassen, geben wir ihm doch recht in dem, worauf er hinaus will: Als Christen haben wir keine Entschuldigung für unsern Unglauben; im Gegenteil: es könnte sein, daß anderwärts unter viel unansehnlicheren Voraussetzungen Christus eine neue Gemeinde findet. Gewiß, auch dies ist zunächst nur ein Topos unserer Kanzelrede, von den Propheten (Am 8, 11) und Aposteln (Röm 11, 21) über Reformatoren und Erweckungsprediger auf uns gekommen, oft genug bloße Phrase und ohnmächtige Pose. Je grandioser die unserer Verkündigung vorgegebenen Worte und Sachen sind, desto mehr werden wir der Ohn-

---

[24] Fr. Schleiermacher, Lit. Nachlaß Predigten, 1. Bd., hrsg. von Friedr. Zabel, Berlin 1835, 415 f. (zu Mk 8, 10–21).

[25] Calvin zu Mt 12, 39 (ed. Tholuck 1838, 306). Der Zusammenhang lautet: Iudaei verbo Domini sedem apud se ac domicilium esse iactabant: si puris oculis intuiti Christum essent, non modo missum coelo doctorem debebant agnoscere, sed Messiam et salutis auctorem sibi promissum. Caeterum si perdita illius populi impietas inde convicta fuit, quod Christum in terra loquentem contempserit, omnium temporum incredulos superamus, nisi Filius Dei nunc in coelo sedens sacra sua et coelesti voce in obsequium suum nos cogat.

macht der menschlichen Rede inne. Und die Dialektik vom Zeichen des Jona — daß Gott in den Schwachen mächtig sei, und daß es uns nicht auf die seelische Kraft und die Wirkung der Rede ankommen dürfe — hilft doch nicht aus aller Anfechtung. Obendrein ist der Bestand der christlichen Überlieferung so tief in unsere Geschichte und Gegenwart eingelassen, daß wir uns ernsthaft gar nicht vorstellen können, es könne mit all dem eines Tages wirklich vorbei sein: „Hin ist hin, sie haben nun nichts" / „Hin ist auch hin, nun haben sie die Türken" / „Hin ist hin, sie haben nun den Papst. Und ihr Deutschen dürft nicht denken, daß ihr ihn ewig haben werdet" (Cl 2, 446, 21). Luther konnte es sich vorstellen; wir können es uns wohl doch nicht vorstellen! Daher sollen wir nicht zu plerophorisch werden. Wie aber dann?

Es liegt nicht an der Methode! Monolog oder Dialog kann nur das Vorletzte betreffen und bewirken. Es liegt auch nicht an der Situation: die Juden waren damals gewiß nicht verweltlicht und haben doch das Licht in Jesus Christus nicht wahrgenommen. Gottes Handeln geht weder auf in dem, was sich als Geschichte verrechnen läßt, noch in dem, was darin unverrechenbar ist. Von außen her gesehen entscheidet oft genug so etwas wie Zufall über Glaube und Unglaube. Von innen her ist es der göttliche Geist, der uns anrührt oder an uns vorübergeht. Im Blick auf den Text heißt das: Der Ruf zur Buße ist die Bitte um den Geist.

Unsere Predigt lebt ja in der Regel von der Wiederholung und in der Wiederholung. Das ist für alle Beteiligten keineswegs nur Plage – das ist es auch, weil darin die Langeweile lauert! –, sondern auch eine gewisse Erleichterung und ein Trost. Jene erste Sendung der Jünger aber geschieht mit allen Zeichen einer atemlosen Einmaligkeit. »Ihr werdet mit den Städten Israels nicht zu Ende kommen, bis des Menschen Sohn kommt«. Denken wir uns von der heutigen Predigt alles weg, was an die eschatologisch-apokalyptischen Vorzeichen und Bedingungen von Mt. 10 erinnert! Dann würde sie zu dem unverbindlichen Gerede, in welches sie oft genug ausartet. In der Ansage des Gottesreichs als des Geschehens des göttlichen Willens – auch in der schlichtesten Predigt – wird nicht nur geredet, sondern es geschieht etwas: Angebot und Gebot zugleich. Auch durch die tausendfältige Wiederholung kann dieser Vorgang sein Wesen nicht verlieren. Dann gilt aber das den Evangelisten so wichtige Wort: Wem viel gegeben ist, von dem wird man viel fordern. Und dann gilt nach der negativen Seite: Corruptio optimi pessima. Wer das Angebot des Evangeliums und seines Friedens verdirbt, indem er es ablehnt, beraubt sich selbst und zieht sich das Verhängnis zu. – Für den Prediger aber, der sich an den Satz über Sodom und Gomorra erinnert sieht, bedeutet dies, daß er über das – ohnehin abwesende – Sodom und Gomorra nicht zu richten hat.

Bußtag

Hebräer 12, 12—17

„Über das hat sie einen harten Knoten, daß sie am 6. und 10. Kap. stracks verneinet und versaget die Buße den Sündern, nach der Taufe, und am 12. (V. 17) spricht: Esau habe Buße gesucht und doch nicht funden. Welchs, wie es lautet, scheinet wider alle Evangelia und Episteln St. Pauli zu sein. Und wiewohl man mag eine Glosse darauf machen, so lauten doch die Worte so klar, daß ich nicht weiß, obs gnug sei. Mich dünket, es sei eine Epistel von vielen Stücken zusammengesetzt, und nicht einerlei ordentlich handele" (Luther, Vorrede auf die Epistel an die Ebräer 1522 E. A. 63, 155 = WA DB 7, 344).

„Historisch-kritische Wahrheitsliebe soll beim Protestanten mit dem dogmatischen Interesse stets Hand in Hand gehn, und wenn der moderne Rationalismus nur *dieses* wollte, so müßte man ihm vollkommen Recht geben ... Die Reformatoren selbst sind auch in dieser kritisch-historischen Wahrheitsliebe Vorbilder gewesen, die man nur zu bald aus den Augen ließ. Was historisch-kritisch *feststand*, wollte Luther auch dem ‚edeln' Volke nicht entziehen; er wußte, was er *behielt*, darum wußte er auch, was er *aufgeben* konnte. Aus diesem edeln Wahrheitsstreben ging es hervor, daß er die Antilegomenen auch in der für das Volk bestimmten Übersetzung als solche bezeichnet wissen wollte, daher die Erscheinung, daß die vier Bücher, der Brief an die Hebräer, Jakobi, Judä und die Offenbarung in den deutschen Bibelausgaben bis in die Mitte des 17. Jahrhunderts keine Nummern haben (auch bei dem 2. Br. Petr. und dem 2ten und 3ten Joh. hätte dieß der Fall seyn müssen, allein es erschien zu unpassend, diese loßzureißen von den zu ihnen gehörenden Homologumenen). So wollte er sogleich andeuten, welches ‚die rechten, edeln Hauptbücher' der Schrift wären" (A. Tholuck, Komm. z. Brief a. d. Hebr. 1840², S. 55 Anm.).

I.

„Der Hebräerbrief ist vom Anfang seiner Überlieferung an bis heute ein Außenseiter geblieben. Trotz zahlreicher neuer Arbeiten über ihn, die ein lebhaftes gesteigertes Interesse bekunden, ist es offensichtlich, daß er das theologische Tagesgespräch in gar keiner Weise bestimmt. Dieses Gespräch beginnt und endet in der Regel mit Paulus und den Evangelien. Sehr zum Schaden der Sache! Denn gerade der Hebräerbrief ist als ein Dokument des ausgehenden Urchristentums ein vorzügliches Beispiel dafür, daß die Predigt des Evangeliums nie in der bloßen Reproduktion von Heilstatsachen bestehen kann, sondern immer nur in der Interpretation des einmaligen Heilshandelns Gottes in Jesus Christus. Der seinen Verfasser dabei leitende Bezug auf die sich wandelnde geschichtliche Situation der Hörer, seine recht eigentlich seelsorgerliche Intention macht unsern Brief zu einem Muster theologischer Hermeneutik. Mir ist während der Arbeit und im ständigen Rückblick auf meine fast fünfjährige Tätigkeit im Pfarramt gerade diese seine ‚Aktualität' deutlich geworden." [1]

Was Erich Gräßer im Vorwort seiner dankenswerten Monographie sagt, entspricht einer heute weitverbreiteten Ansicht, wonach die christliche Wahrheit wesentlich als Interpretation weitergegeben und wirksam wird. Dem Richtigen daran wird sich niemand entziehen wollen. Aber gerade das Schicksal des Hebräerbriefs, auf das er hinweist, lehrt noch etwas anderes: seine „Interpretation des einmaligen Heilshandelns Gottes in Jesus Christus" blieb deswegen am Rande des biblisch-christlichen Denkens und Lehrens, weil es durch die geschichtliche Situation nur allzusehr bestimmt und bedingt war und dadurch hinter dem Ursprungszeugnis des Paulus und der Evangelien zurückblieb. Theologie und Kirche haben, gleichsam instinktiv, recht daran

[1] Erich Gräßer, Der Glaube im Hebräerbrief (Marburger Theol. Studien, hrsg. v. H. Graß u. W. G. Kümmel 2), Marburg 1965, 252.

getan, immer wieder zu den Ursprungszeugnissen zurückzukehren und sich nicht allzulange bei den „Interpretationen" aufzuhalten. Gewiß, auch die Ursprungszeugnisse sind „Interpretationen"; aber sie sind dem Ursprung näher. Alle Erweckung und Reform in der Kirche geschieht nur in der Rückkehr zu diesen Ursprungszeugnissen.

Im übrigen bedeutet die Monographie von Erich Gräßer einen wirklichen Fortschritt in der Erfassung und Auslegung dieses wohl schwierigsten neutestamentlichen Dokuments und ist für alle weitere Arbeit, auch für die Predigtarbeit, unentbehrlich. In den GPM wurde die Perikope von Ernst Käsemann (Jg. 2, H. 4, 63 ff.) und von mir (Jg. 7, 254 ff.) behandelt, bei Eichholz von O. Schmitz (Bd. 4, 545 ff.). Aus der Predigttradition ziehe ich Schleiermacher, Menken und F. L. Steinmeyer heran[2]. Da die Perikope seit der „Eisenacher Reihe" als 2. Epistel für den Bußtag vorgesehen ist, fehlt es an Predigtmustern in der neueren Homiletik nicht.

II.

Auch ohne den „harten Knoten" von der Unmöglichkeit der zweiten Buße nach der Taufe bietet die Perikope Schwierigkeiten genug. Schon ihre Abgrenzung ist fragwürdig. Vers 12 und 13 sind nach rückwärts durch das „dio" verknüpft. Der mit alttestamentlichen Reminiszenzen und Zitaten durchwirkte Wortlaut ist im Text- und Bildbefund ziemlich undurchsichtig: steht das Lahme in Gefahr, sich abzuwenden oder sich auszurenken? Beide Bedeutungen sind möglich. Handelt es sich um Wettkampf oder um Pilgerschaft? Nicht ohne weiteres bieten „die erschlafften Arme und die gelähmten Knie" (Vers 12) einen so einfachen Anknüpfungspunkt, wie manche Prediger meinen; denn die Lage der Briefempfänger ist wirklich sehr anders als die Lage unserer Gemeinden. So spricht vieles dafür, daß wir einmal auf Vers 11 und 12 verzichten und uns auf Vers 14—17 beschränken. Denn die vorgeschlagenen Abgrenzungen sind für uns nicht de fide.

Auch dann bleiben noch Schwierigkeiten genug. Die Mahnung zum Frieden mit jedermann lenkt den Blick notwendig nach außen. Aber spätestens Vers 15 sind wir wieder bei innersten Fragen der Gemeindeverantwortung. Daß diese Verantwortung des einen für den andern nur im Geist des Friedens recht geschehe, hat man oft gesagt; es kommt mir aber etwas künstlich vor. Die Auskunft, daß der Verf. die Paränesen nur äußerlich aneinanderreihe, ist angesichts der sonstigen kunstvollen Verknüpfungen des Hebräers unbefriedigend. So bleibt selbst der Zusammenhang von Vers 14 und 15 undeutlich und kaum bestimmbar.

---

[2] Schleiermacher hat über Hebr. 12, 11 f. gepredigt „Am Sonntage Septuagesimä 1832, als am Dankfest nach der Befreiung von der Cholera" (IV, 209 ff.). Die Art, wie er Vers 11 und 12 verbindet, leuchtet ein und zeigt, wie unbekömmlich die heutige Abgrenzung ist. — G. Menkens Predigt über Hebr. 12, 15—17 zitiere ich nach den von E. H. G. Hasenkamp hrsg. Homilien (Bremen 1831, 311 ff.). — F. L. Steinmeyer (Beitr. z. Schriftverständ. in Pred. I, Berlin 1857, 1 ff.) behandelt nur Vers 14 in einer Predigt zum 1. Advent.

Die „Wurzel der Bitterkeit" ist in christlichen Kreisen sprichwörtlich geworden und hat dabei ihren ursprünglichen Sinn eingebüßt. Wir verstehen darunter psychologische Gefährdungen des Gemeindelebens. Der Text denkt im Anschluß an den alttestamentlichen Befund an einen Naturvorgang: eine Giftpflanze verdirbt ihre Umgebung — gewiß auch ein Vergleich; aber der Text denkt kaum an so etwas wie „Verbitterung".

Vers 16 und 17 sind dann deutlicher. Aber auch hier ist nicht alles ganz einfach. Vom „Hurer" Esau sagt die biblische Geschichte nichts; davon weiß nur die Haggada. Und wie ist „Hurer" gemeint: wörtlich oder metaphorisch? Wird vor Ehebruch oder vor Abfall vom Gottesbund gewarnt? Auf die alte Auskunft, Esau habe die Sinnesänderung Isaaks gesucht, aber nicht gefunden, wird sich niemand mehr einlassen. Kaum auf die These, der Gegenstand seines tränenvollen Suchens sei der Segen (nicht das Ungeschehenmachen des Früheren). Herauszuheben ist, wie sehr sich in dem fatalen Tun des Esau Inneres und Äußeres, Geistliches und Weltliches durchdringen. Wenn er für ein Essen die Erstgeburt dahingibt, so ist zu bedenken, daß auch der besondere Segen dieser Erstgeburt äußerlich-irdischer Art war. Zwischen Jakob und ihm geht es um handfeste Dinge, deren Kenntnis man bei unsern Predigthörern vielleicht nicht mehr überall voraussetzen kann — oder nicht einmal mehr bei den Prädikanten?! Mir scheint, daß die Predigt gerade auf diese Dinge besonders zu achten hat. Aber — die Frage der zweiten Buße drängt alle andern Dinge in den Hintergrund. Ihr wenden wir uns zu.

III.

Erich Gräßer hat dieser Frage einen ziemlich ausführlichen und höchst lehrreichen Exkurs gewidmet und das Ergebnis selbst so zusammengefaßt: „Theologisch ist die Verweigerung der zweiten Buße fest verankert in dem christologischen Motiv von der Einmaligkeit des Opfers Jesu. Geschichtlich ist sie zu sehen auf dem Hintergrund jener eschatologischen Entwicklung, die schließlich zur Preisgabe der Dialektik der gläubigen Existenz führt. Das dem ‚adynaton' zugrunde liegende Glaubensverständnis ist weniger getragen von dem Bewußtsein der Erfüllung als von dem des Mangels und der Ungewißheit. Oder anders ausgedrückt: die Tatsache, ‚daß noch der Hebräerbrief keinen Urlaub gelten läßt: Man ist entweder ganz Christ oder man ist es gar nicht — tertium non datur', ist also nicht Ausdruck der urchristlichen Gewißheit, ‚daß der Glaube sein Ziel erreichen wird'[3], sondern sie hängt gerade zutiefst zusammen mit der oben gezeichneten Depravation des urchristlichen Glaubensverständnisses. Bei aller Rechtgläubigkeit, die sich unser Verf. bei der Modifikation des urchristlichen Glaubensbegriffs bewahrt hat, wird an dieser Stelle doch auch die Gefahr sichtbar, der er sich dabei ausgesetzt hat."[4]

Wie es auch mit der heute so gepriesenen „Dialektik der gläubigen Existenz" stehen mag, es scheint mir richtig und wichtig: die Frage nach der

---

[3] Gegen E. Fuchs, Jesus u. d. Glaube, Ges. Aufs. II, 1960, 242.

[4] E. Gräßer, a.a.O. 198; der Exkurs beginnt 292.

Möglichkeit der zweiten Buße, die die Taufe und den Abfall voraussetzt, kann erst dringlich werden, wenn es längere Fristen gibt: Frist zum Abfall und evtl. Frist zur zweiten Buße, zur nochmaligen Rückkehr. Insofern ist diese Grundfrage der Christenheit bis heute geblieben. Was meint Erich Gräßer als den Schaden beim Hebräer erkennen zu können? Es muß „eine tiefgreifende Veränderung im Verständnis dessen vorausgegangen sein, was Glaube ist. Er ist offenbar nicht mehr verstanden als das Heilwerden der Existenz selber (fides iustificans et salvificans), sondern als die Voraussetzung dazu (Pistis als Haltung). Nur wo die Paradoxie des eschatologischen Zwischen verkannt oder nicht mehr verstanden wird, kann das ‚adynaton palin anakainizein eis metanoian' (Hebr. 6,6) Platz greifen. Der Autor des Hebr. hat wohl noch ein Wissen darum, daß der Christ eine ‚neue Kreatur' ist, die gleichsam jetzt schon ‚himmlisch' existiert (6,4–6). Aber dieses Wissen kommt theologisch nicht zum Tragen, wenn das ‚Hapax' der Neuschöpfung eschatologischer Existenz (6,4) nun eben doch nicht die den Widerstand der Sündenmacht überwindende und stets neu zu vollziehende Glaubensentscheidung sein läßt, sondern darin den einmaligen Erwerb eines habitus sieht, den es unversehrt und auf direktem Wege in die himmlische Ruhe einzubringen gilt. Geht er unterwegs wieder verloren, ist er ein zweites Mal auf gar keine Weise erschwinglich."[5]

Man sieht, es ist auch hier nur das alte Schaukelspiel zwischen Akt und Sein, bei dem um der leidigen Unverfügbarkeit willen der Akt, die Entscheidung u. ä. gegen das Sein, den Habitus, ausgespielt wird. So einfach läßt sich die Paulusexegese Heinrich Schliers nicht aus den Angeln heben, und das Gespräch mit den katholischen Grundkategorien bewegt sich nach wie vor im Kreise. Die ontologische Plerophorie, mit der Paulus vom Christenstand redet, läßt sich mit keiner Dialektik hinwegdisputieren. Und die so strittigen Aussagen des Hebräers gegen eine Möglichkeit der zweiten Buße haben mindestens den einen Vorzug, daß sie die Gefahr des Abfalls in ihrem wahren Gewicht sehen und nicht in die Dialektik der billigen Gnade, der stets offenen Tür des göttlichen Erbarmens ausweichen. Sehen wir zu, ob sich die Sache nicht unter andere Aspekte bringen und von ihnen aus klären läßt.

IV.

Die Paränese, aus der unsere Perikope besteht, hat eine klare und eindeutige Perspektive: die Gottesschau (mit vielen Auslegern meine ich, „kyrios" ist hier Gottesname). Sie ist das Ziel des Weges, auf dem sich der Verf. und die Leser des Hebräer finden. „Das Sehen deutet einerseits die Klarheit, die Genauigkeit der Erkenntnis, im Unterschied von allem bloßen Ahnen und Empfinden ...; und andrerseits betont es in der Unterscheidung von dem bloßen Anblick das gleichzeitige Dahinnehmen dessen, was er für uns hat, das Schöpfen aus seiner Fülle, mithin die Seligkeit, welche mit dem

[5] Ebd. 197.

Sehen unmittelbar verbunden ist."[6] Für diese Schau gilt: „Non aliis oculis videbimus Deum, quam qui reformati fuerint ad eius imaginem."[7] Eben dies ist die Heiligung. Wer aus welchen Gründen immer dieses konkrete Heilsziel ignoriert, verliert den eigentlichen Sinn aller biblischen Aussagen. Für die Bibel gilt nicht, was Goethe an einen Freund schreibt: „Der Zweck des Lebens ist das Leben selbst."[8] Der Zweck des Lebens ist die Gemeinschaft mit Gott; diese und nichts anderes ist das Heil, um welches es sich in der Bibel handelt. Diese Gottesschau ist nicht selbstverständlich wie die Natur, sondern sie ist das Wunder und die Gnade selbst; sie ist an die Bedingung der Gnade gebunden. Es ist für uns auf Erden die Gnade der Erstgeburt, der Gotteskindschaft.

Diese Gnade als Weg und als Ziel verbindet unser Text in eigentümlicher Weise mit der Gemeinde und ihrer inneren Verantwortung. „Das so bestimmte Schauen sey nur unter der Voraussetzung des Friedens, der Verbundenheit mit der Gemeinde möglich", bemerkt F. L. Steinmeyer und widmet daher (mit Recht) seine Predigt besonders dem Problem des einzelnen und der Gemeinde[9]. Nicht als einzelner, sei er Hurer oder Profaner, interessiert Esau und sein Schicksal, sondern als Glied der Verheißungs-, Segens- und Erbengemeinschaft des Alten Testaments. Wie er den Segen und die Erstgeburt verscherzt und nicht mehr gewinnen kann, so der einzelne in der Gemeinde, der „aus der Gemeinde sich ausschließt", indem er sich vom Wege der wandernden Gemeinde abbringen läßt. Die Frage nach der Möglichkeit einer zweiten Buße ist für die ersten Zeiten der Christenheit deswegen so dringlich, weil sich der Abfall von der Gnade als Abfall von der Gemeinde konkretisiert und — weil er in dieser Konkretisierung immer problematischer für Theorie und Praxis wird.

Es ist um nichts unproblematischer, ob die Buße als zweite Buße verneint oder bejaht wird, wenn sie in eins gesetzt wird mit dem Verhältnis zur Gemeinde als sichtbarer, empirischer Körperschaft; d.h. wenn sie zu einem in der Kirche von der Kirche verwalteten Sakrament wird. Nach dieser Seite hin hat Luther den Bann gebrochen mit der ersten seiner 95 Thesen von 1517, wenn er auch der sakramentalen Buße zunächst noch bedingt Raum läßt.

Indem ich also auf die in unserm Text und sonst zu bedenkende problematische Verknüpfung von Bußlehre und Ekklesiologie aufmerksam werde und mache, meine ich nicht, die Frage nach der zweiten Buße auflösen zu können. Sie hat ja auch eine spezifisch theologische Seite. Deswegen hat sie Luther so stark beschäftigt und ihn zu seiner Kritik am Hebräerbrief veranlaßt, über der man nicht vergessen darf, was er in der gleichen Vorrede zu rühmen weiß von dieser „ausbündig feinen Epistel, die vom Priestertum Christi

---

[6] F. L. Steinmeyer, a.a.O.

[7] Calvin im Komm. zu Vers 14: Mit nicht andern Augen werden wir Gott schauen als mit solchen, die nach seinem Bild erneuert sind.

[8] Brief an Heinrich Meyer vom 9. Febr. 1896.

[9] Steinmeyer, a.a.O.

meisterlich und gründlich aus der Schrift redet, dazu das Alte Testament fein und reichlich ausleget".

V.

„Die Gnade Gottes ist da, so gewiß als das Evangelium Gottes da ist, und sie ist dem gläubigen Menschen so nahe, als der Glaube seiner eigenen Seele und das Wort des Gebets in seinem eigenen Munde ihm nahe ist", meint G. Menken[10]. Es kann dann nur am Menschen liegen, wenn er aus ihr fällt und wenn sie ihm versagt bleibt. Auch für den Fall des Esau bieten sich Erklärungen, wobei die Lage des Alten und des Neuen Testaments durchaus beachtet wird: „Wer nun hier handelt, wie dort Esau, wer nun einer solchen Seligkeit nicht achtet, nun um zeitlichen sinnlichen Wohlseins willen Gottes Verheißung und Anstalt im Unglauben ausschlägt und fahren läßt, wieviel ärger handelt der, welch einen unermeßlich größern Verlust leidet der, wenn es von ihm heißen sollte, wie von jenem: Als er den Segen ererben wollte, ward er verworfen."[11] Wir wissen und zitieren es gerade zu unserer Perikope wankellos, daß Luther etwas wußte von der Freiheit der göttlichen Gnade. Sonst könnten wir sein Wort vom fahrenden Platzregen nicht vorbringen[12]. Ich kenne aber keine Predigt oder Meditation zum Bußtag und zu Bußtexten, die die Freiheit Gottes nach der negativen Seite, nach dem Nein hin mehr als hypothetisch ins Spiel bringt. Und gerade das befriedigt nicht. Der Text unserer Perikope kennt und meint ein Zuspät, wenn auch nur im Spiegel der biblischen Geschichte. Auch die apokalyptisch-eschatologischen Gleichnisse der Synoptiker kennen es (Mt. 25, 10 ff.), wenn freilich nur für den Tag der Wiederkunft, während Hebräer doch ein Zuspät innerhalb der irdischen Geschichte meint. So jedenfalls, wenn wir 6, 4–6 und 10, 26 hinzunehmen. Es wäre zu wünschen, daß unsere Predigt hier keine Unklarheit läßt. Je unbestimmter für uns der apokalyptisch-eschatologische Horizont geworden ist, desto dringlicher ist es, hier klar zu sehen und es auch zu sagen.

Wir wagen also nicht, wie unser Text, das Nein eines Menschen zur irdischen Gemeinde mit dem Nein Gottes zu ihm in eins zu setzen. Wir sagen mit der ganzen Hl. Schrift und mit der Christenheit, daß sich ein Mensch selbst vom Heil ausschließen kann: „Wir versäumen Gottes Gnade, wenn wir uns selbst versäumen oder wenn wir durch unsre eigene Schuld das nicht erlangen und nicht werden, was die über unser Leben waltende und um uns bemühte göttliche Gnade uns gerne geben und verleihen, und für das Reich Gottes aus uns machen will."[13] Der Text spitzt sich aber darauf zu, ob Gott den Topos metanoias und den daranhängenden Segen auch dem versagt, der mit Tränen darnach sucht. Die meisten Ausleger geben Antwort, indem sie die Buße Esaus problematisieren. „Doluit non de peccato, sed de damno sui"[14], meint Luther zu wissen; so oder ähnlich viele vor und nach ihm.

---

[10] G. Menken, 313.
[11] Ebd. 323.
[12] Vgl. Clemen 2, 466.
[13] G. Menken, 315.
[14] Luther in der Hebr.-Vorl. 1517/18 ed. Ficker II/67, 18.

Aber der Text deutet das nicht einmal an und die Vorlage im Alten Testament auch nicht (Gen. 27,34 u. 38)[15]. So dürfen wir wohl nicht nach der inneren Beschaffenheit des Suchens Esaus fragen, zumal da die innere Beschaffenheit unseres Suchens ja auch immer problematisch ist. Auch kennen wir weder uns selbst noch den andern so, wie Gott uns und den andern kennt. Es bleibt, soviel ich sehe, nichts anderes als dies: Esau verkauft die Erstgeburt um der Stillung seines augenblicklichen Hungers willen. Damit hat er sich unwiderruflich des Segens und der Verheißung beraubt. So unwiderruflich kann ein Christenmensch aus der Gnade fallen. Davor warnt der Hebräerbrief seine Leser. Es führt kaum zum Ziel, die Vorder- und Hintergründe eines so unwiderruflichen Vorgangs erkennen und auf Formeln bringen zu wollen.

VI.

Wie sollen wir aus diesem Gedränge den Weg zur Predigt finden? Unter allen Umständen ignorieren wir die heute etwas krampfhaft aufrechterhaltene Institution des Bußtags. Die Schwierigkeiten sind ohnedies groß genug. Wir dürfen m. E. auch die geschichtlichen Fragen der zweiten Buße in der Predigt auf sich beruhen lassen. Unser ganzes Interesse richtet sich auf den einen Satz: Jaget nach der Heiligung, ohne welche niemand den Herrn sehen wird. Vielleicht predigen wir überhaupt nur über diesen einen Vers.

Wir leben ja im Schatten und Schutz der Verborgenheit Gottes. Das verführt uns oft zur Gottvergessenheit, manchmal ficht es uns auch an, und wir möchten, daß Gott aus der Verborgenheit heraustritt. Die christliche Gemeinde kommt von der Selbstoffenbarung Gottes in Jesus Christus her. Sie leidet also mehr unter der Verborgenheit Gottes, als daß sie diese genießt. Im Hin und Her unserer religiösen Gefühle und Wünsche ruft uns der Text auf und erinnert uns an Tag und Ziel des Heils: wir werden Ihn sehen, wie er ist.

Schon die Idee der Schau Gottes muß uns erschrecken lassen. „Herr, wer wird bestehen?" Niemand wird Gott schauen ohne Heiligung. Daher heißt die Gemeinde Gemeinde der Heiligen. Denn sie ist auf dem Weg zur Gottesschau, weil sie von der Erkenntnis Christi als des Ebenbildes Gottes herkommt. Dieser Weg ist ein Weg auf der irdischen Erde. Es ist obendrein ein Weg, den keiner allein geht. „Wir Menschen sind immer füreinander gefährlich"

[15] Wenn wir nicht ganz auf Antworten verzichten, die der Text nicht gibt, leuchtet Erwin Reisners Auslegung noch am ehesten ein: „Der giftige Keim, der inmitten der Gemeinde aufwächst, Unheil anrichtet und die Andern ansteckt, ist immer ein Keim von der Art Esaus, des Mannes, der über dem Zeitlichen und Sichtbaren das Unsichtbare und Ewige vergißt, und dessen Geist, wenn er nicht abgewehrt wird, schließlich die ganze Gemeinde durchseucht, sodaß sie sich selbst als eine Gemeinde der Besitzenden und Genießenden und nicht der Wartenden begreift. Wer aber nicht wartet, wer das erst zu Erwartende schon hier haben will, wird zurückgestellt; und an seinen Platz tritt der jüngere Bruder, d. h. eine andere Gemeinde" (Erwin Reisner, Der Brief an die Hebräer. Betrachtungen. München 1938, 281).

[16] Ad. Schlatter, Erläuterungen zum N. T., zu Vers 15 f.

bemerkt hier Schlatter[16]. Auch Jakob und Esau waren füreinander gefährlich. Einer fiel und scheiterte am andern, und nach menschlichem Ermessen war einer so schlimm wie der andere. Der Weg der Heiligung ist ein Weg des Friedens, nach außen und nach innen. Vor allem aber ist es ein Weg, auf dem wir dessen verlustig gehen können, was wir haben und sind: der Erstgeburt, der Gotteskindschaft. Was dazu führt? Es kann der im Irdischen beschlossene Sinn unserer Lebensführung sein. Es kann die Verfehlung der Nächstenschaft sein — wer sich für den andern nicht verantwortlich weiß, vergißt auch die Verantwortung für sich selbst; beides hängt zusammen. Und stets droht gerade dabei die Gefahr, daß aus der Verantwortung für den andern ein Richten über ihn wird.

Ist schon die Art, in der der Text von dem Verlust der Gnade redet, voll Geheimnis, so erst recht die Art, wie er von der Unwiderruflichkeit dieses Verlustes redet. Wir wissen von der Freiheit Gottes, der uns nichts schuldet. Aber wir erinnern uns auch des Wortes Jesu: Wer zu mir kommt, den will ich nicht hinausstoßen. Was die Tränen Esaus wert waren, wissen wir nicht. Wir wissen nur, daß Gottes Wege und unsere Wege sich nicht ohne weiteres treffen: denn „es sind nicht alle Israeliter, die von Israel stammen, auch nicht alle, die Abrahams Nachkommen sind, sind darum auch Kinder" (Röm. 9,6 f.). Und wir wissen, daß Gott seiner nicht spotten läßt.

Aber nicht darüber ins Grübeln oder Richten zu verfallen, ist der Sinn dessen, was wir aus dem Text hören. Vielmehr lassen wir uns an den Ursprung und an das Ziel alles christlichen Lebens und Glaubens, als einzelne und als Gemeinde, erinnern und dazu rufen: Jaget nach der Heiligung, ohne welche niemand Gott schauen wird. Am Ursprung von allem aber steht: Ihr sollt heilig sein, denn ich bin heilig, der Herr euer Gott. Auch der Bußtag kann nichts anderes wollen, sagen und wirken als uns daran zu erinnern.

Bibelstellenregister

Quellenverzeichnis

Diese Aufstellung entspricht in ihrer Reihenfolge dem Inhaltsverzeichnis. Auf der rechten Seite wird der jeweilige Jahrgang der Göttinger Predigt-Meditationen genannt, in dem der Erstdruck erfolgt ist.

1. Advent	34, 1979
2. Advent	28, 1973
3. Advent	22, 1967/68
4. Advent	35, 1980/81
Weihnachten I	26, 1971
Epiphanias	17, 1962/63
1. Sonntag nach Epiphanias	30, 1975
3. Sonntag nach Epiphanias	23, 1968
4. Sonntag nach Epiphanias	27, 1972
Septuagesimae	33, 1978
Estomihi	24, 1969/70
Invokavit	29, 1974
Reminiszere	33, 1979
Okuli	36, 1981/82
Judika	28, 1974
Gründonnerstag	23, 1969
Karfreitag	2, 1947/48
Ostern II	34, 1980
Ostermontag	24, 1970
Quasimodogeniti	26, 1972
Jubilate	31, 1977
Himmelfahrt	32, 1978
Pfingstmontag	25, 1971
Trinitatis	25, 1970/71
1. Sonntag nach Trinitatis	27, 1973
2. Sonntag nach Trinitatis	19, 1964/65
4. Sonntag nach Trinitatis	28, 1974
6. Sonntag nach Trinitatis	30, 1975
7. Sonntag nach Trinitatis	30, 1976
8. Sonntag nach Trinitatis	8, 1953/54
9. Sonntag nach Trinitatis	17, 1962/63
10. Sonntag nach Trinitatis	15, 1960/61
11. Sonntag nach Trinitatis	26, 1972
14. Sonntag nach Trinitatis	5, 1950/51
15. Sonntag nach Trinitatis	22, 1968
Erntedankfest	32, 1978
18. Sonntag nach Trinitatis	20, 1965/66
Reformationsfest	27, 1972/73
21. Sonntag nach Trinitatis	23, 1969
23. Sonntag nach Trinitatis	18, 1963/64
Drittletzter Sonntag im Kirchenjahr	25, 1971
Bußtag	21, 1966/67